KB273427

파워
실전
바둑

파워 실전 바둑

❾ 능률 사활 수읽기

– 사활의 기본·응용·고급단계를 거쳐
수읽기의 힘을 기른다

삼호미디어
samho MEDIA

머리말

바둑에서는 아무리 평화롭고 온건하게 두려고 해도 어디에선가 전투가 벌어지곤 합니다. 결국에는 승부를 가려야 하는 게임이기 때문이죠. 집이 많아야 이기므로 집을 짓는 과정에서 전투는 벌어지게 마련입니다. 전투는 곧 누가 먼저 이기는지 판가름하는 수상전을 동반하게 되며 크게 보면 돌의 사활로 이어집니다.

바둑을 두다가 어떤 모양이 나왔을 때 공격을 하든 수비를 하든 그 모양의 사활에 자신이 없다면 어떤 일이 벌어질까요?

살아 있는 돌에 가일수를 하는 겨우도 생길 것이고, 손을 빼면 안 되는 모양에서도 손을 빼는 경우도 생길 것입니다.

초반 정석이나 포석에서 다소 실수해도 아직 갈 길이 멀기 때문에 언제든 만회할 수 있습니다. 혹은 중반 전투에 약간 밀리더라도 종반 끝내기가 남아 있습니다. 그러나 사활에서의 실수는 용납하기가 어려운 면이 있습니다. 사활에 임할 정도면 어느 정도 돌의 가치가 있기 때문에 꼭 대마가 아니고 사소한 크기라 하더라도 파장이 큽니다. 만일 대마라면 바둑이 끝날 정도로 치명적이겠죠.

이처럼 바둑에서 사활이 차지하는 비중은 상당히 큽니다. 사활은 독립적 테마이지만 바둑 전체를 관통하는 가치를 지니고 있는 것이죠. 그만큼 사활은 초반에서 종반에 이르기까지 줄곧 신경을 쓰고 있어야 합니다.

사활은 아주 기초적인 지식으로부터 시작합니다. 출발은 아주 쉽습니다. 나눠진 두 집을 마련하면 삶이고 두 집을 마련 못하면 죽음입니다. 그런데 바둑 수가 무궁무진하듯이 사활 모양도 그 만큼 무궁무진합니다. 그래서 돌이 많아질수록 어렵습니다.

그래서 사활은 단번에 익힐 수는 없습니다. 모양이 너무 다양해서 특별한 공식도 없습니다. 다시 말해 노력하는 만큼 얻는 법입니다. 다만 능률적인 공부는 필요합니다. 그리고 그런 능률에 필요한 기본적인 맥은 있습니다. 기본 공식이라 해도 좋겠지요.

이런 점에 착안해서 이 책은 다음과 같이 구성했습니다.

우선 '들어가는 장'에서 사활의 몇 가지 기본을 제시해 본격 배움에 앞서 맛을 보도록 했습니다. 이를 통해 약간의 개념을 익힐 것입니다.

1부 '사활 이론편'에서는 궁도와 공배에 따른 사활 관계, 실전에 활용할 수 있는 사활 테크닉을 체계적으로 배웁니다. 보통 사활에서는 집수를 궁도로 표현합니다. 궁도의 크기에 따라 사활은 달라집니다. 공배는 집의 반대 개념이지만 사활에는 중요한 역할을 합니다. 사활의 테크닉은 수학의 방정식처럼 늘 적용되는 공식은 아니지만, 주로 응용되는 급소는 몇 가지로 압축할 수 있습니다. 그런 기본 테크닉과 좀 더 다양한 고급 테크닉에 대해 다루었습니다.

2부 '사활 실전편'에서는 1부에서 배운 이론을 토대로 실전에서는 어떻게 구체화시키는지에 초점을 맞췄습니다. 우선 실전형 사활의 기본을 익힙니다. 여기에서는 실전에 자주 등장하는 사활의 기본형과 유사한 응용형을 제시했습니다. 다음 본격 실전편으로 사활이 실전에서는 어떻게 구사되는지 그 전략을 배웁니다. 고수의 바둑에서는 KO승부보다 계가바둑이 훨씬 많으므로 사활을 배경으로 급소와 뒷맛을 이용한 끝내기 테크닉은 매우 중요합니다. 실전 1탄에서는 사활을 이용한 고급 끝내기 전략에 대해, 실전 2탄에서는 프로의 종합적인 수준 높은 사활 전략에 대해 다루었습니다.

보통 기력 향상을 위해서는 수읽기의 힘을 기르라고 권합니다. 수읽기의 힘을 기르는 데는 사활 공부가 최고입니다. 정석을 외우며 행마의 원리를 터득하듯 사활의 기본과 실전을 익히며 이해하는 과정에서 수읽기 능력은 저절로 높아질 것입니다. 그런 수읽기의 힘을 길러 자신감에 넘친 강한 바둑을 구사하기 바랍니다.

| 차례 |

들어가는 장 ● 사활의 기본 문제

1.. 사활 이론편

1 공배와 사활 관계

2 사활의 기본 테크닉

3 응용력을 기르는 사활 동류항

4 사활의 고급 테크닉

2.. 사활 실전편

1 실전 사활의 기본

2 실전 1탄(사활을 이용한 끝내기 전략)

사활의 기본 문제

※

    사활에는 특별한 공식이 없다. 노력하는 만큼 얻는 법이다. 다만 능률적인 공부는 필요하다. 여러 가지 사활 격언을 굳이 외우는 것도 따지고 보면 그런 이유 때문이라고 말할 수 있다.

    물론 격언은 사활에 접근하는 가이드의 역할을 하는 것뿐이지 그것이 전부일 수는 없다. 배움엔 왕도가 따로 없다는 평범한 진리가 이 경우에도 적용된다.

    그럼 앞으로 소개하는 몇 가지 형태를 갖고 사활의 기본부터 차근차근 접근해 보도록 하자.

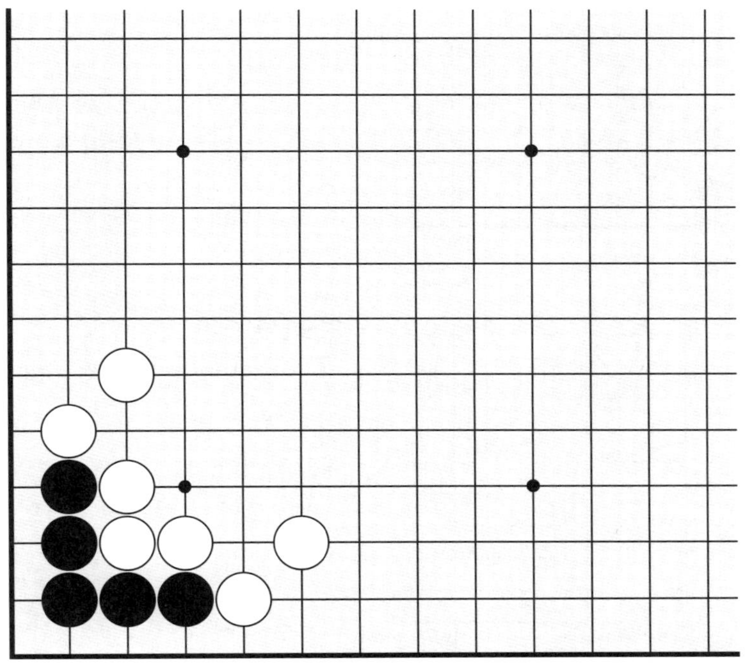

▨ 유일한 묘약

사활문제의 ABC. 궁도(집모양)를 넓혀서 터전을 잡아야 할 것인지, 맥점을 찾아서 활로를 개척할 것인지가 초점이다. 초심자에겐 쉽지 않은 고민거리이다.

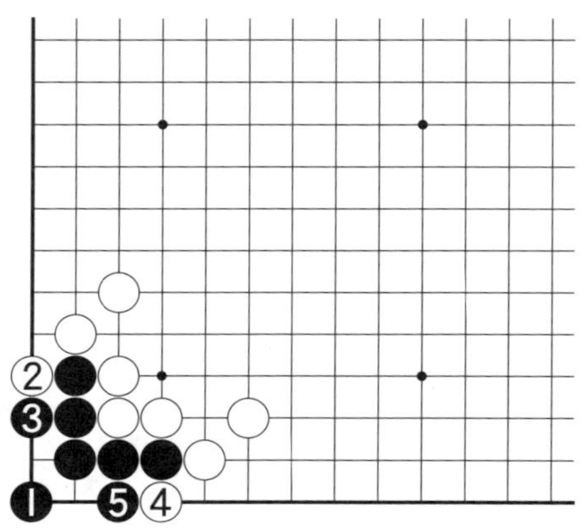

1도

1도 (정답)

흑1로 보금자리를 만드는 것이 유일한 해결책이다. '좌우동형은 중앙이 급소'라는 사활 격언 제1항에 따른 수이다.

백2, 4의 공격을 받더라도 흑은 5까지 알뜰하게 두 집을 만들고 살 수 있다.

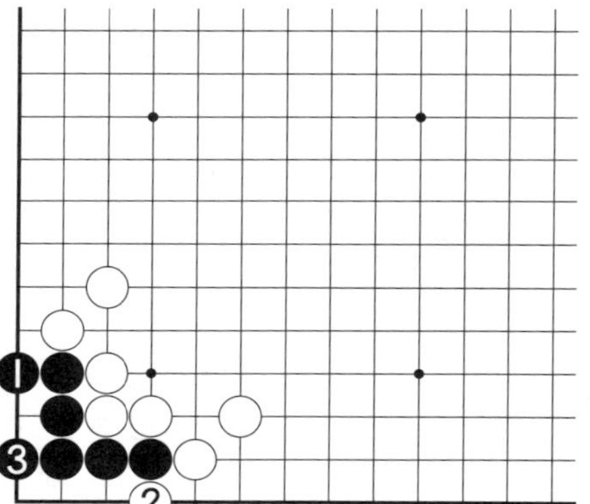

2도

2도 (후보감)

물론 '궁도를 넓히라'는 다른 사활 격언에 의한 흑1도 충분히 정답의 후보감이다.

백2로만 젖혀주면 흑3으로 완생이다. 그러나~

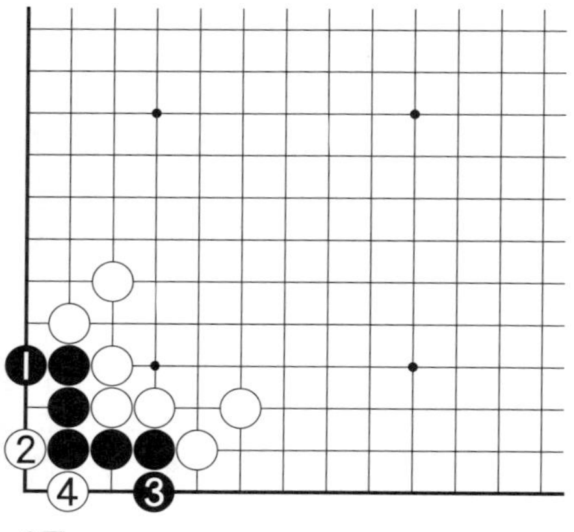

3도

3도 (귀곡사)

백2가 '상대의 급소는 나의 급소'라는 또 다른 격언에 의한 멋진 반격 수단이다. 흑3으로 재차 궁도를 넓히더라도 백4면 흑은 사망이다.

유명한 '귀곡사'에 걸려 살 길이 없는 것이다.

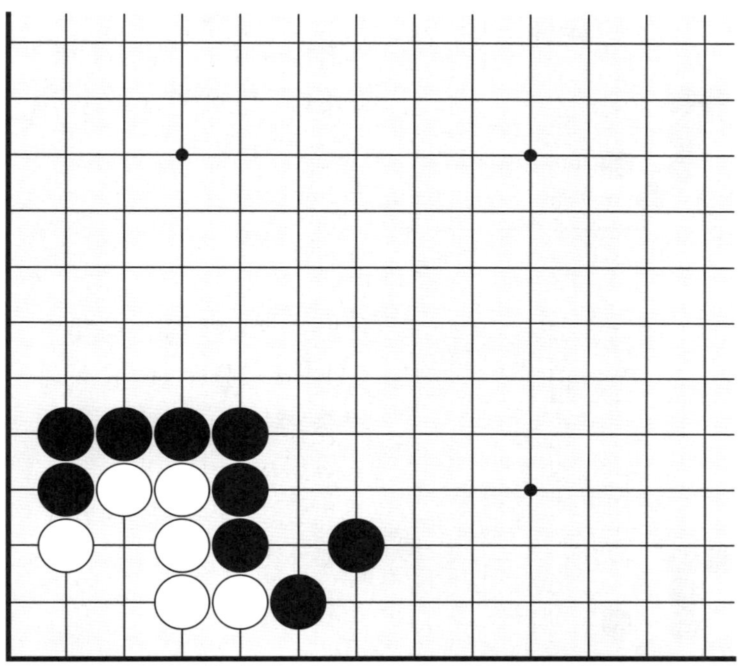

▨ 귀의 급소

　다음은 실전에 자주 등장하는 형태이다. 게다가 사활의 기본 맥점을 묻고 있어 특히 숙지해 둘 필요가 있는 문제이다.

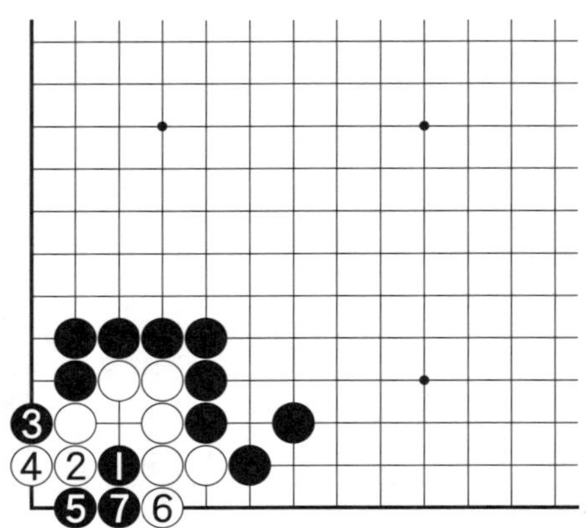

1도

1도 (성급한 발상)

당장 보이는 집을 없앤다고 흑1로 붙이는 것은 성급한 발상이다.

물론 흑3에 백4로 손 따라 막아 준다면 흑5로 젖혀서 백을 잡을 수 있다. 백6에 추궁하는 수는 사활과는 전혀 상관없다.

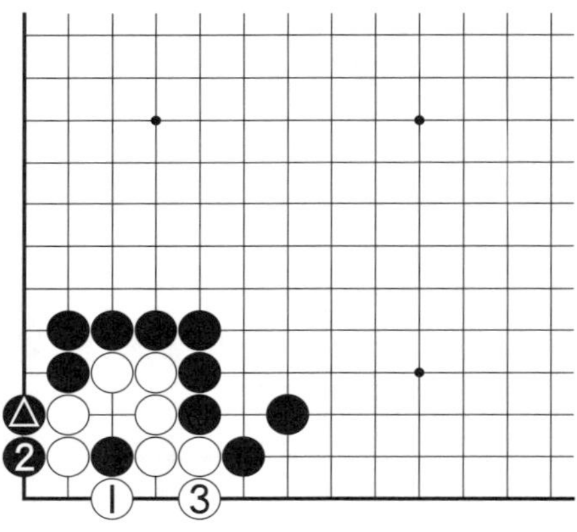

2도

2도 (정확한 실수 응징)

백1이 흑▲의 실수를 제대로 꼬집는 수이다. 흑2를 당하더라도 백3으로 집을 만들면 된다.

앞 그림 흑1은 정답이 아니라는 얘기이다.

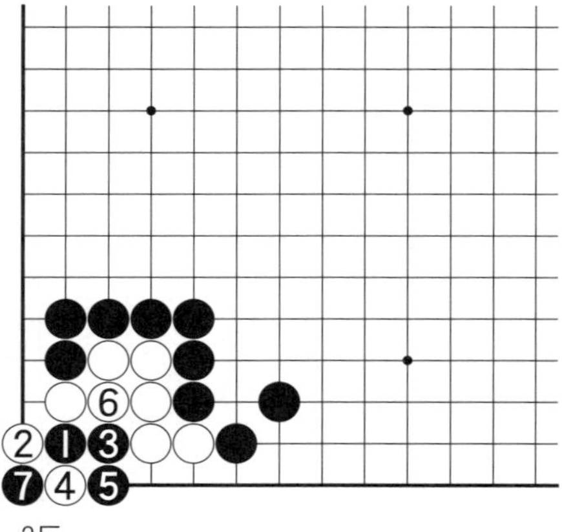

3도

3도 (패가 난다)

흑1에 붙이는 수는 어떨까?

이에 백2는 당연한 차단이다. 흑은 3에 늘어서 계속 공격에 박차를 가하겠지만, 백도 4로 젖힌 다음 6에 이어서 패로 버틸 수 있다.

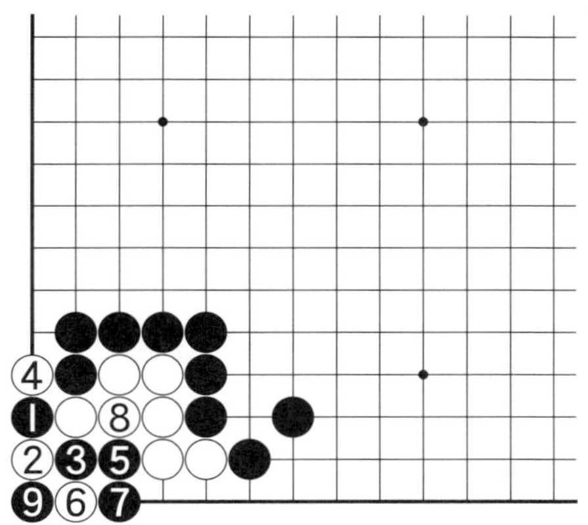

4도

4도 (불리한 이단패 제공)

흑1은 궁도를 좁히면서 공격할 때 유력한 수법이다. '죽음은 젖힘에 있다'는 사활 격언을 적용한 것.

하지만 흑은 9까지 단패보다 불리한 이단패만 만들어줄 뿐이다.

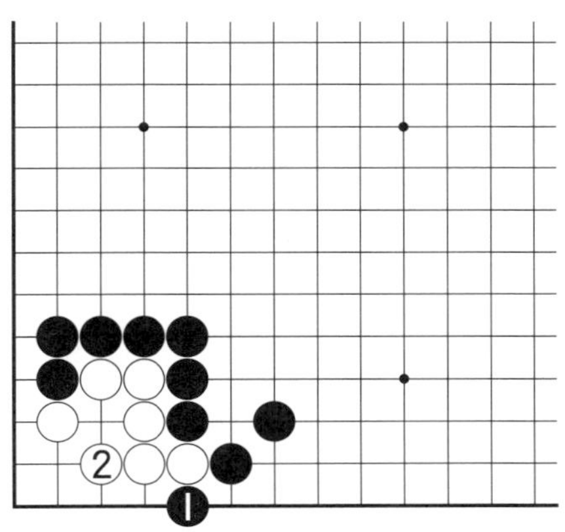

5도

5도 (최악의 상황)

반대쪽에서 흑1로 젖히는 것은 최악이다. 백2로 웅크리기만 하더라도 백은 완생이다.

패도 만들지 못했으니 이건 흑이 말도 안 된다.

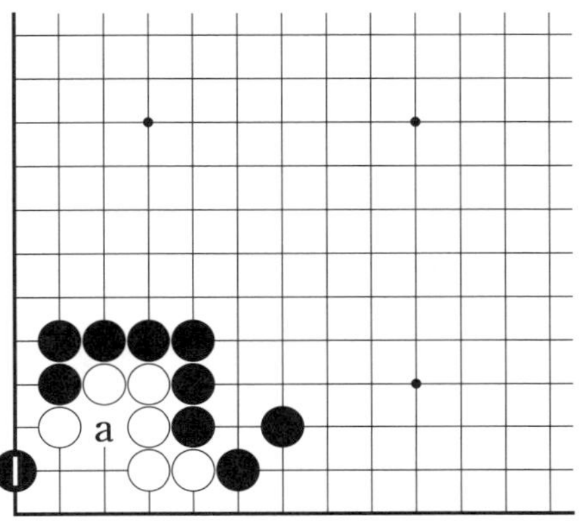

6도

6도 (격언의 맥점)

흑1은 초심자의 경우 잘 떠오르지 않는 맥점이다.

그러나 '귀의 맥은 2의 一에 있다'는 사활 격언을 기억하는 분이라면 손쉽게 발견했을 것이다. 흑1은 a를 옥집으로 만드는 발판이다.

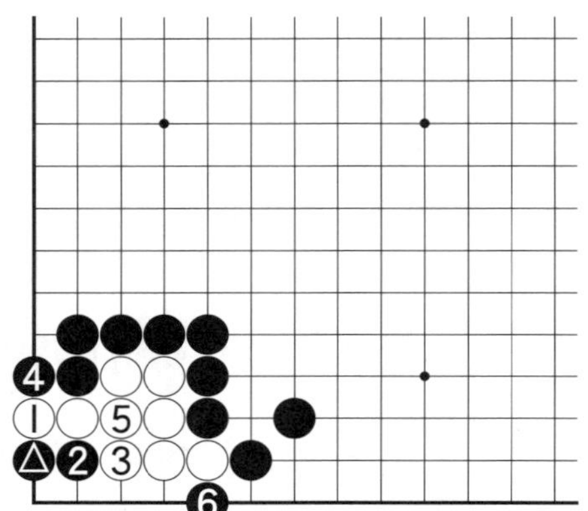

7도

7도 (전멸)

흑▲에 백1은 최강의 버팀이지만 흑2로 올라서는 수가 있어 좋은 결과를 기대하기 힘들다.

백3이 어쩔 수 없을 때 흑은 침착하게 4를 선수해 백돌을 뭉치게 만든 다음 6으로 젖히면 전멸한다.

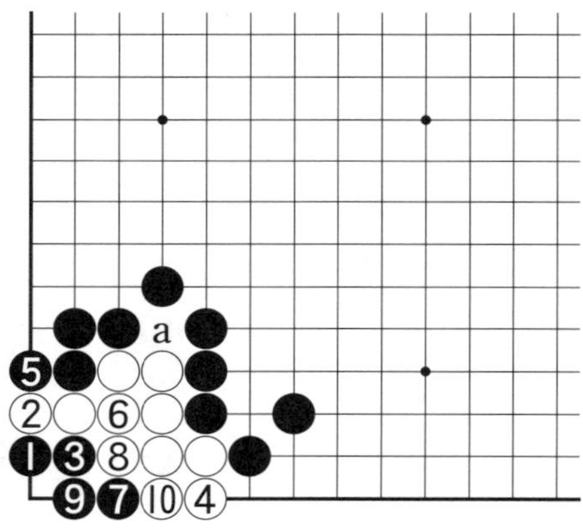

8도

8도 (공배가 하나 비어있는 경우)

a의 곳에 공배가 하나 비어 있을 경우에는 흑3에 백4로 공간을 넓히는 수가 성립한다.

흑7을 당해 꼼짝없이 죽을 것 같지만 백8, 10으로 단수쳐서 버틸 수가 있다.

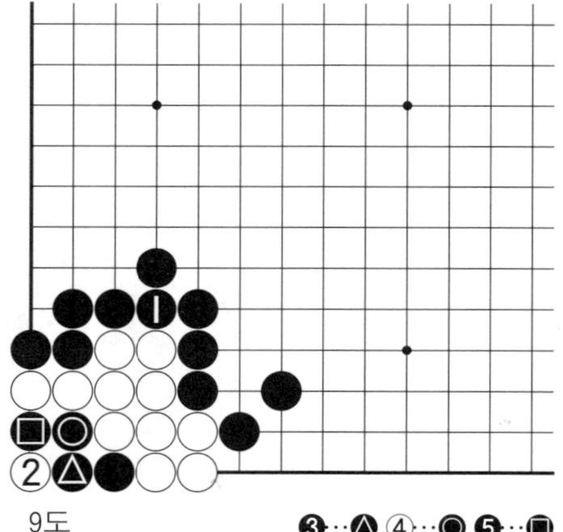

9도

9도 (다시 패 발생)

계속해서 흑은 1로 뒤에서 되몰 수밖에 없는 상황이다. 그러면 백2로 따낸다.

보통은 꼬부라진 넉점을 잡으면 완생이지만 귀에서는 다르다. 흑3으로 다시 모는 수가 있어 패가 나는 것이다.

❸···▲ ④···◉ ❺···■

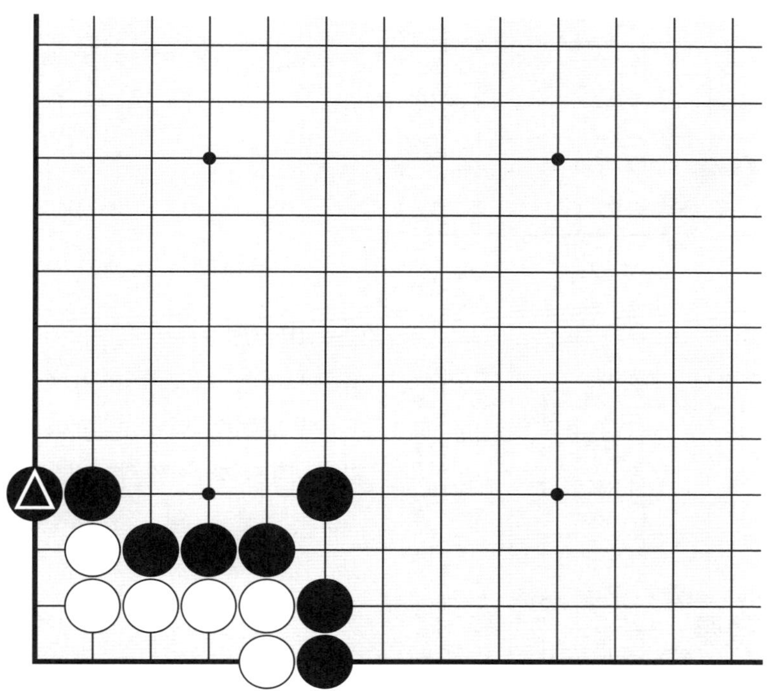

▨ 자충의 묘

흑은 ▲로 1선에 빠져 있는 돌이 엄청난 장점이다. 자충을 이해하며 풀어가기에 더없이 좋은 문제이다.

실전에서도 상당히 많이 나오는 형태이므로 이번 기회에 확실히 알아두자.

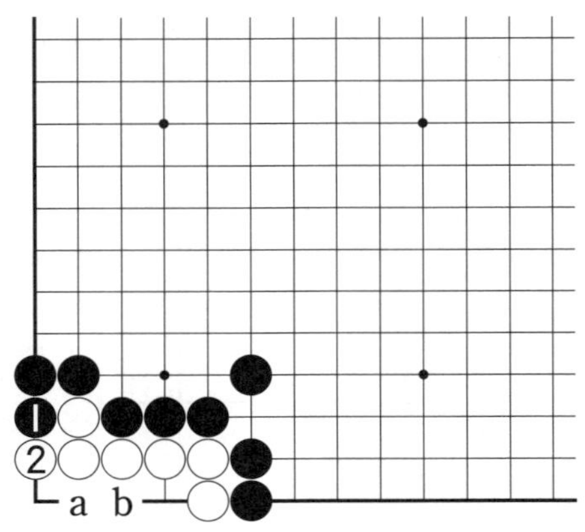

1도

1도 (단순한 수로는 곤란)

단순히 흑1로 밀고 들어가는 수로는 곤란하다.

　백2로 막아서 속수무책이지 않는가. 다음 a, b를 맞보기로 백은 완생이다.

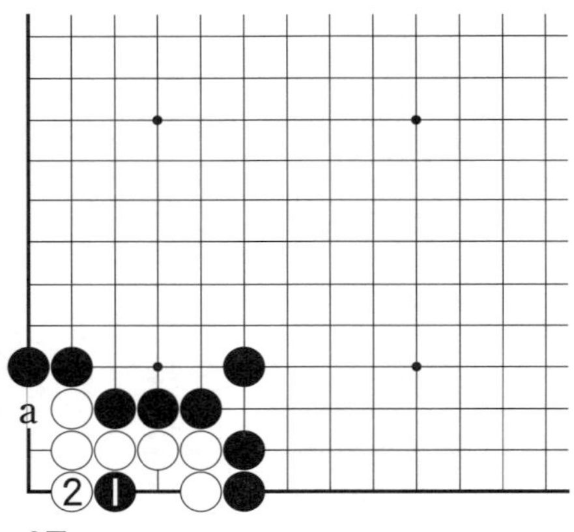

2도

2도 (어설픈 기교)

흑1이 나름 기교를 부린 수이지만 백2를 당하면 역시 다음이 마땅치 않다. 역시 백은 완생이다.

　a를 먼저 둔 앞 그림과 다를 바가 없는 것이다.

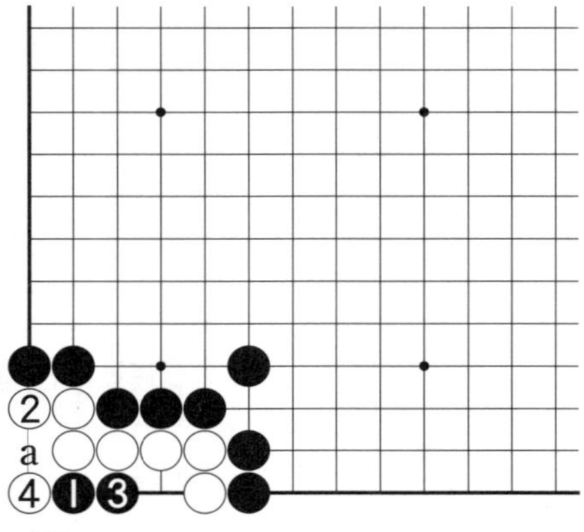

3도

3도 (패가 서로 최선)

흑1이 정확한 맥점이다. 이 문제가 '귀의 맥은 2의 一에 있다'는 사활 격언과도 딱 맞아떨어지는 경우이다. 백2로 차단해서 결국 패가 최선인 것이다.

　여기서 백2로 3 자리에 두면 흑a를 당해 사망이다. 이때 백2로 막을 수 없는 것이 자충의 효과이다.

▦ 문제 04

● 흑 차례

▨ 젖힘의 중요성

역시 사활에서 약방의 감초처럼 등장하는 문제이다.

백a가 언제든지 선수로 듣는다는 사실을 꼭 기억하고 문제를 접해야 실수하지 않는다.

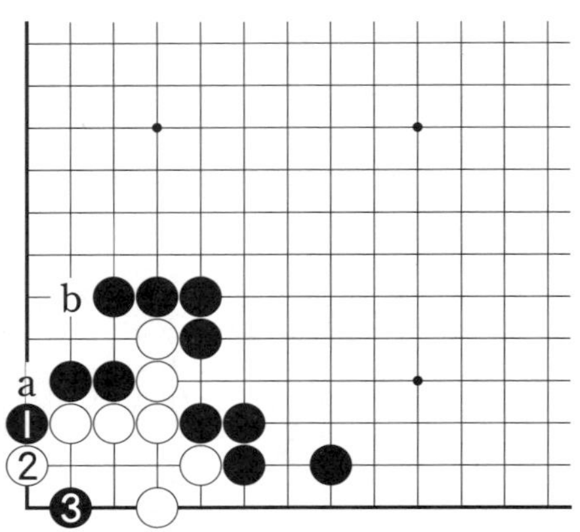

1도

1도 (일단 젖힌다)

역시 '죽음은 젖힘에 있다'는 사활 격언에 따라 흑1로 젖혀 본다. 백2에는 흑3으로 치중해서 백의 심장부에 파고든다.

　다음 백a는 흑b로 받아서 사활의 결과에는 아무런 영향을 미치지 않는다. 계속해서~

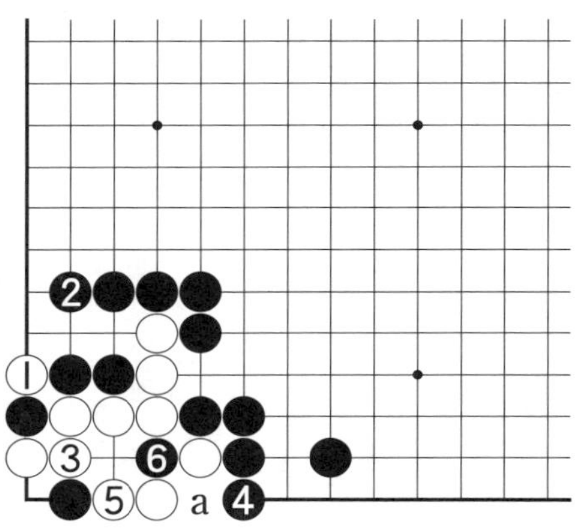

2도

2도 (살 틈이 없다)

백3으로 수습을 하려고 할 때 흑4로 1선에 내려서는 수가 기민하다.

　백5로 두 집을 만들어 살려고 발버둥 쳐도 흑6으로 먹여치는 수에 백은 속수무책이다. 다음 백a에 둬 살 틈을 주지 않는다.

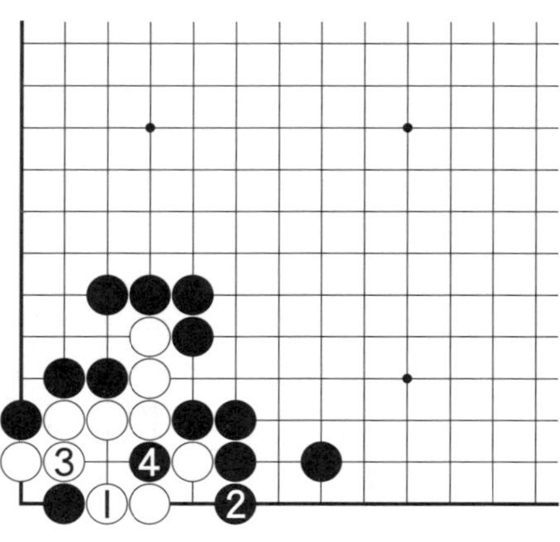

3도

3도 (환원)

이번에는 백1로 일선에서 먼저 삶을 도모해 본다. 역시 흑2로 내려서는 수를 당하면 백은 살 길이 없다.

　수순만 바뀌었을 뿐 앞 그림과 똑같은 결말이다.

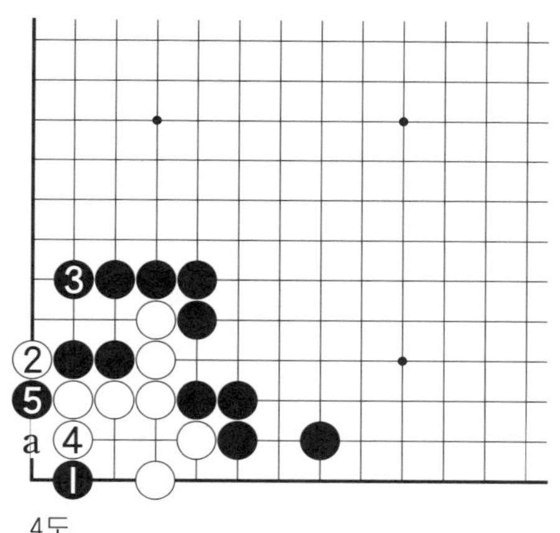

4도

4도 (뒷북치는 격)

흑1로 먼저 치중하는 수가 강력할 경우도 있지만 지금은 그렇지 않다. 백은 2의 젖힘을 선수로 한 다음 4로 웅크려서 기반을 잡는다.

이제 백a를 기대하고 흑5로 먹여 쳐봐야 뒷북치는 격인데~

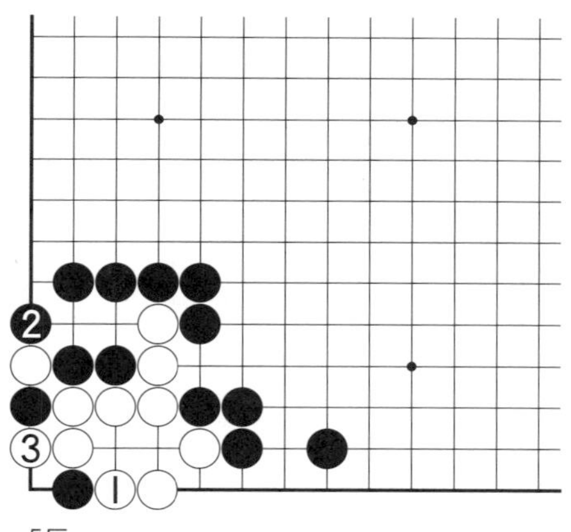

5도

5도 (간단히 산다)

백1로 자세를 잡는 수가 있어 이 백을 잡을 수 없다.

흑2로 따내는 정도인데, 백은 3으로 막고 간단히 살아 버린다.

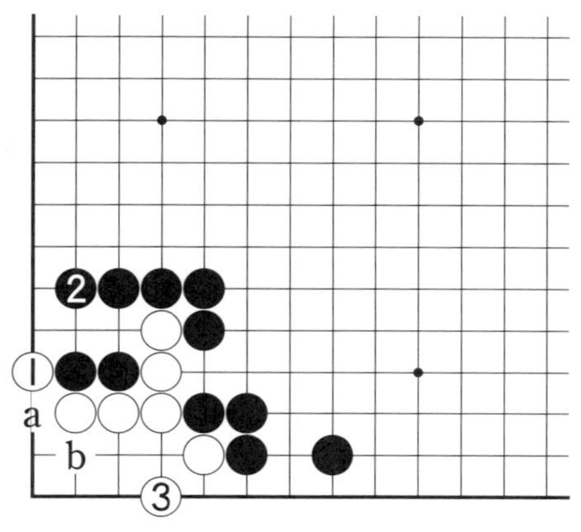

6도

6도 (백의 올바른 처리)

따라서 백은 먼저 1로 젖혀야 무사히 살 수 있었다. 흑2를 기다려 비로소 백3으로 호구치면 된다.

계속해서 흑a로 먹여치더라도 백b로 늦춰 받으면 완생이다. 그러면 수순만 바뀌었을 뿐 4도와 같다.

▨ 알쏭달쏭 가일수 문제!

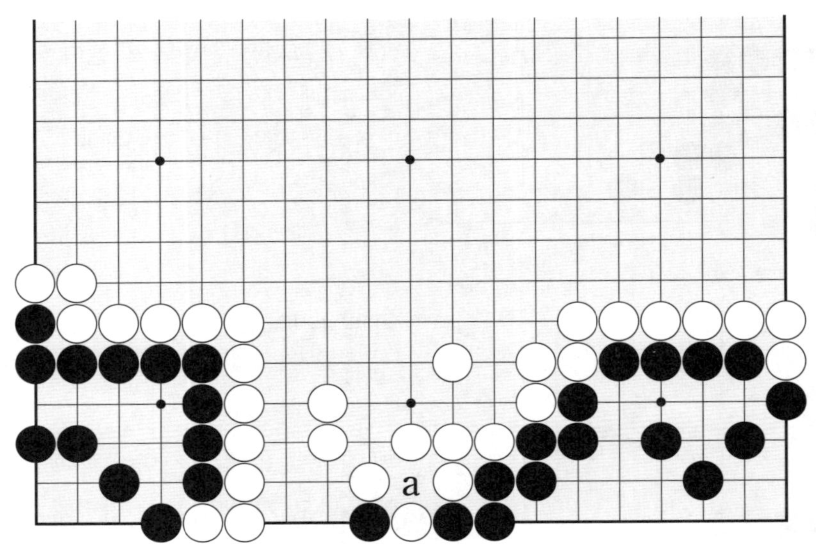

다음 그림에서 a의 가일수 문제를 한번 생각해 보자.

쉽게 생각하면 백은 이곳을 보강하면 된다. 하지만 팻감이 많다고 버티면 어떻게 되는 것일까?

실제로 과거에 이런 일이 일본 프로바둑에서 생긴 적이 있다. 팻감이 많으므로 백은 가일수를 안 하겠다는 것이었다. 물론 일방적으로 틀린 주장이라고 할 수는 없다. 이런 식의 논란 시비는 상당히 복잡한 문제점을 안고 있다.

그래서 일본에서는 그 사건을 계기로 팻감에 상관없이 단패는 가일수를 하도록 룰로 규정짓게 됐다. 우리 룰도 마찬가지다.

사활 이론편

1

1장

공배와
사활 관계

  집을 지을 때 공배는 하등 필요 없는 공간으로 보통 받아들이기 쉽다. 그런데 집의 반대 개념인 이런 공배가 실은 사활에는 상당히 많은 영향을 미친다.

  공배로 인해 옥집이 만들어지기도 하고 옥집이 집으로 둔갑하기도 한다. 특히 공배를 이용해 옥집이나 자충을 만들기 위해서는 사전 공작이 중요한 역할을 하는 경우가 많다.

  여기서는 궁도의 기본적인 지식도 필요하다. 이를 배경으로 다양한 유형을 통해 공배와 사활 관계에 대해 구체적으로 알아보기로 하자.

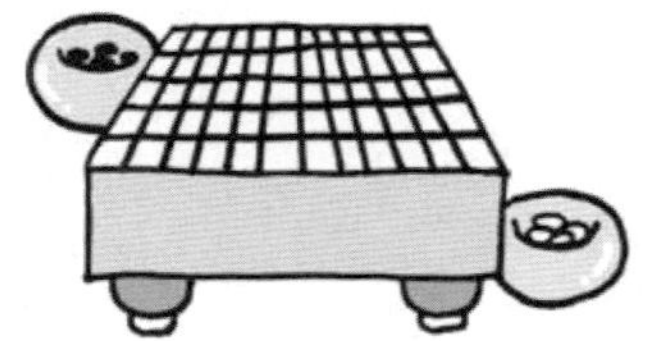

기차 형 (1)

● 흑 차례

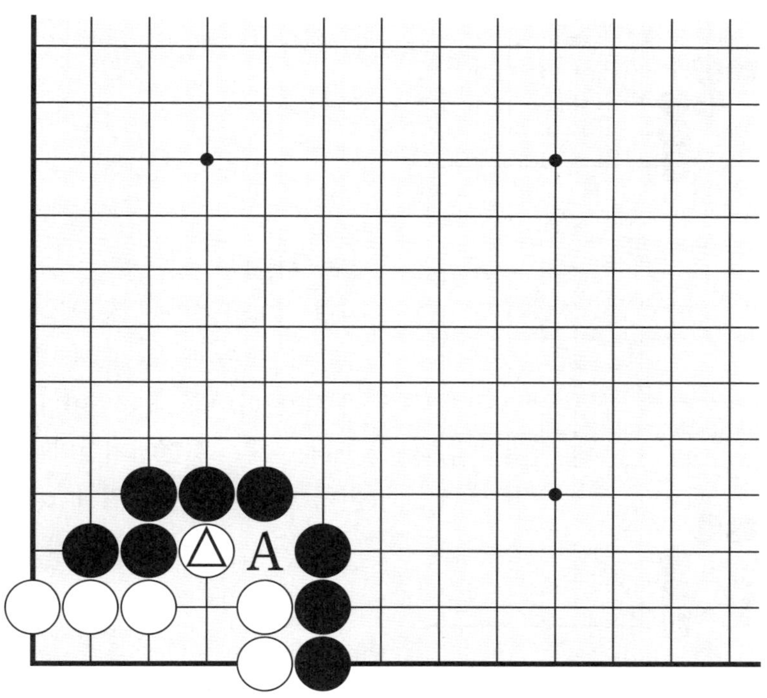

백의 허술한 곳은 △가 유일하다. 흑은 외곽이 비교적 견고하게 채워진 점을 십분 살릴 필요가 있다.

흑이 A의 단수에 현혹되면 대세를 그르칠 수 있는데 발상의 전환이 절실한 대목이다.

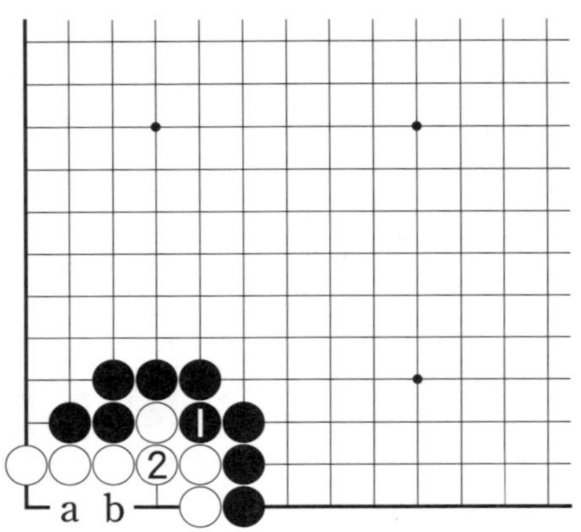

1도

1도 (단순한 단수는 곤란)

흑1로 단수치는 것은 아무 생각 없는 수이다.

백2에 이을 때 흑은 더 이상 공격할 방법이 없다. a, b를 맞보기로 백은 완생이다.

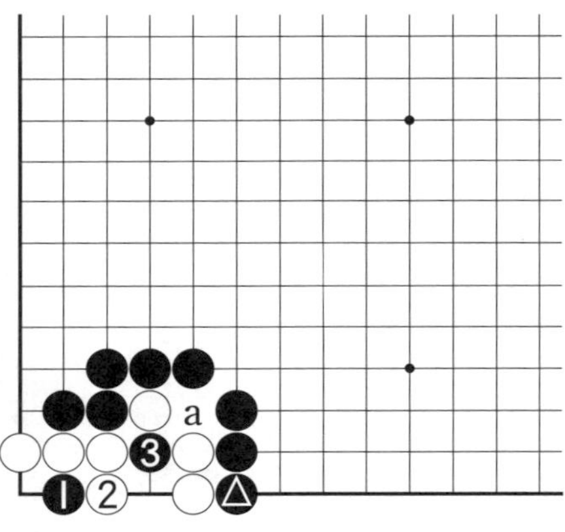

2도

2도 (지충)

일단 흑1로 치중한다. 백2로 막을 수밖에 없을 때 흑3으로 먹여쳐서 마무리한다. 백a가 자충이다.

이 문제는 흑▲까지 a의 곳을 제외한 공배가 모두 채워져 있을 때만 성립한다.

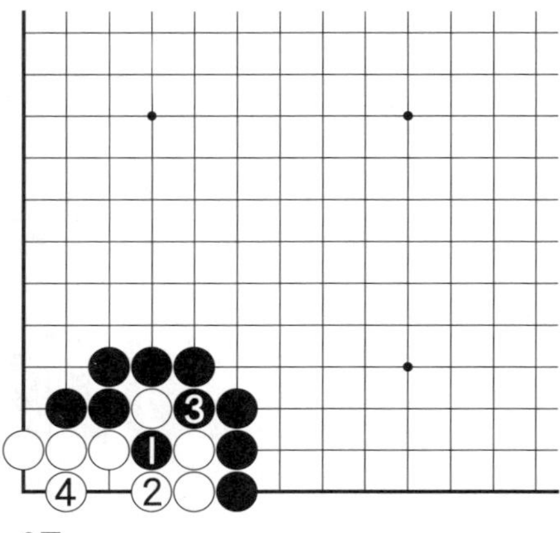

3도

3도 (패)

먹여치는 수를 먼저 두는 것은 서투른 발상이다.

흑3의 단수가 불가피해 백4로 버티는 수단을 만들어준다. 결국 패가 나는 모습이다.

기차 형 (2)

● 흑 차례

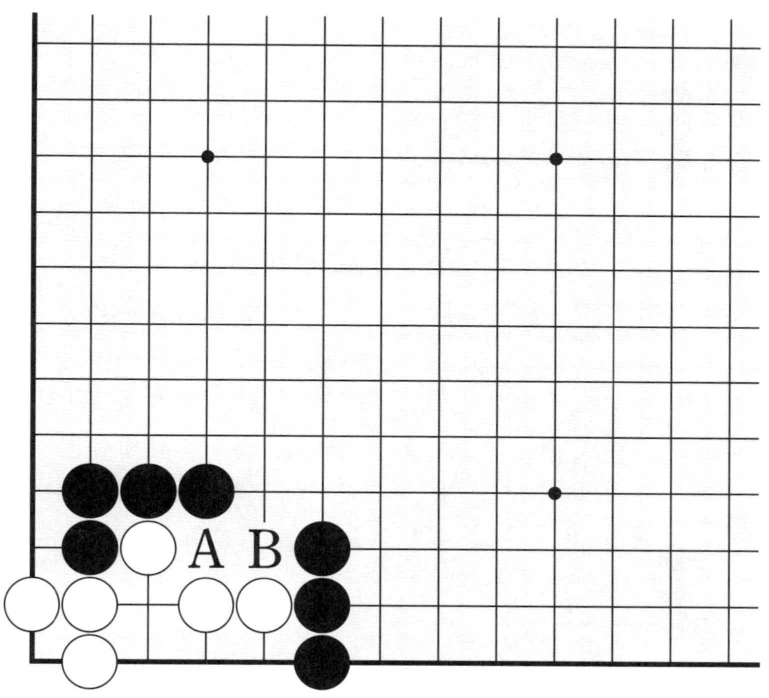

앞서 보여준 문제와 매우 유사한 형태이다. A, B의 두 군데가 비어 있다는 사실이 다르다면 다른 점이다.

그러나 이 모양도 결국 같은 맥락으로 귀결되는 데 주목해야 한다.

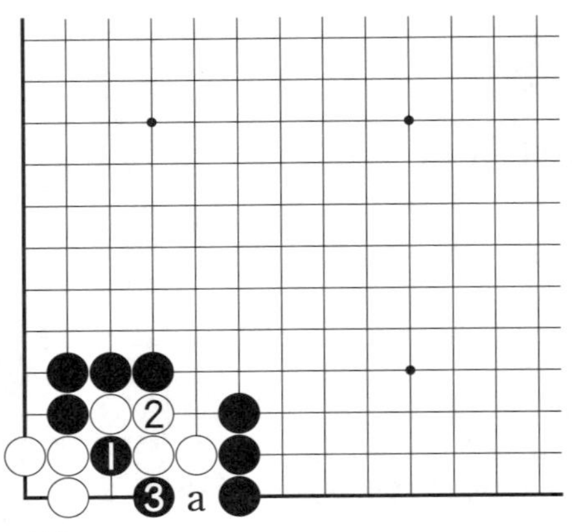

1도

1도 (자충 유도)

흑1로 바로 먹여치는 수가 좋다. 백
2로 잇고 싶지만 흑은 3으로 젖혀서
백을 잡는다. 백2로 채워진 때문에
a가 백의 자충!

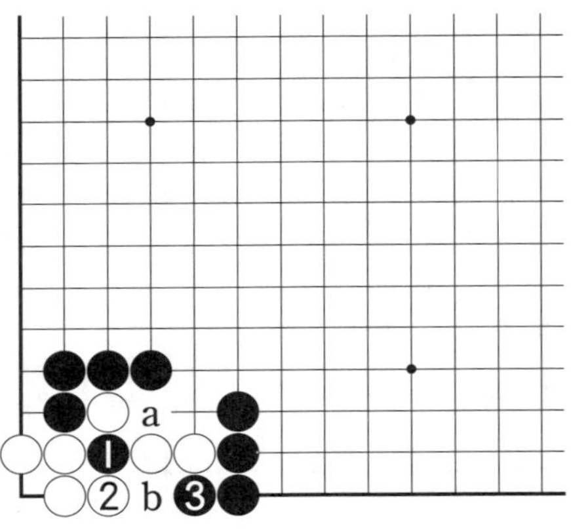

2도

2도 (옥집 유도)

흑1 때 백2로 따내더라도 걱정할 것
없다. 흑3으로 슬그머니 들어가면 a
와 b가 맞보기라 백은 흑1의 자리를
집으로 만들 수 없기 때문이다.

이렇게 옥집으로 유도하려면 흑1
과 같은 사전 공작이 필요하다.

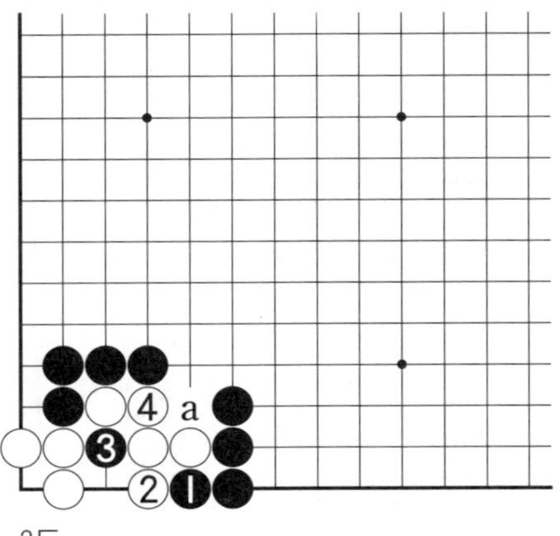

3도

3도 (정직한 작전)

흑1은 지나치게 정직한 작전이다.
백2로 막을 때 공배가 두 군데 비어
있어 흑은 더 이상 공격을 가할 수
없다.

뒤늦게 흑3으로 먹여쳐봐야 백4
로 그만이다. a의 곳이 비어 있다는
점을 기억하라.

밀착 공격

● 흑 차례

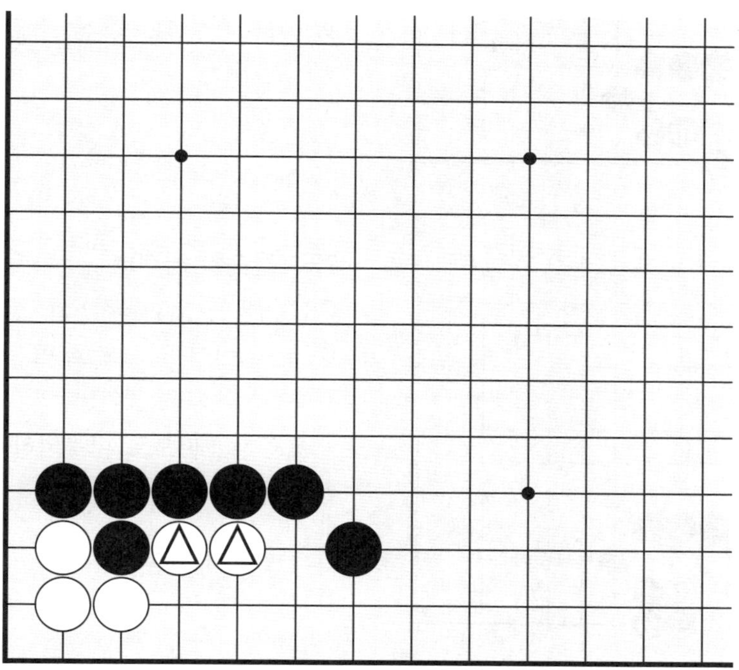

  백 모양이 갖고 있는 약점을 어떤 식으로 파헤치느냐
가 문제해결의 열쇠를 쥐고 있다.
  백△ 두점에 공배가 모두 채워져 있다는 점이 흑은 상
당히 유리한 환경으로 작용한다.

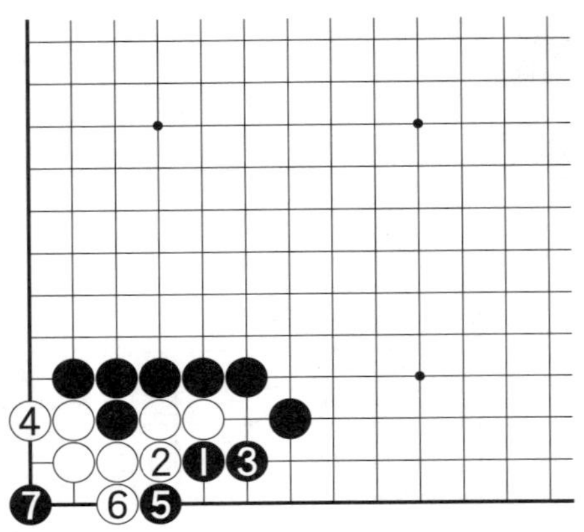

1도

1도 (붙이는 수가 강력)

흑1로 밀착해서 붙이는 수가 강력한 일차공격이다. 백2에는 흑3으로 끌어 다음 공격을 준비한다.

그러면 백은 더 이상 저항할 방법이 없다. 흑7까지 수순을 따라가 보길 바란다.

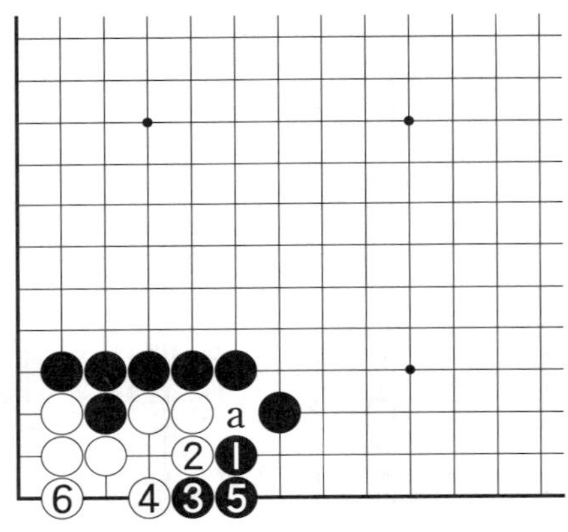

2도

2도 (온순한 공격)

흑1처럼 온순한 공격으로는 곤란하다. a가 비어 있으므로 백은 4까지 선수를 잡을 수 있다.

흑5 때 백6으로 마무리하면 깨끗하게 산다.

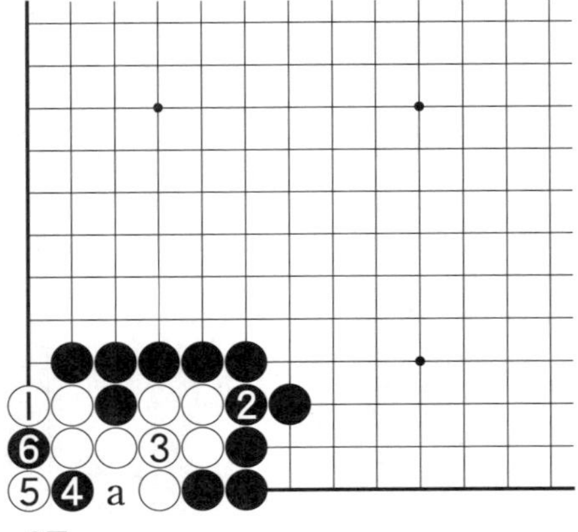

3도

3도 (욕심내면 패)

앞 그림 6 대신 이 그림 백1로 궁도를 넓혀 살려는 생각은 욕심이다. 흑2로 단수칠 때 백3으로 이으면 흑4의 치중을 당해 수가 난다.

바깥 공배가 하나밖에 비어 있지 않으므로 a가 자충이다. 따라서 백은 6까지 패를 피할 재간이 없다.

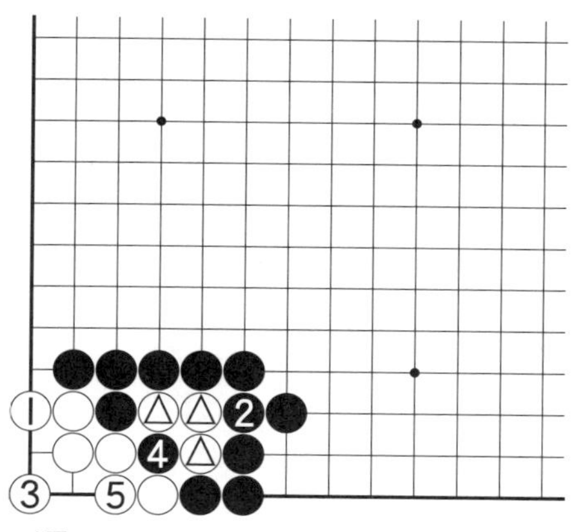

4도

4도 (석점 잡힘)

백1로 뒀더라도 흑2 때 백은 냉정하게 상황을 살펴볼 필요가 있다. 이 때라도 패를 피하려면 백3으로 둬야 한다.

물론 흑4로 백△ 석점이 선수로 떨어지는 아픔은 어쩔 수 없다.

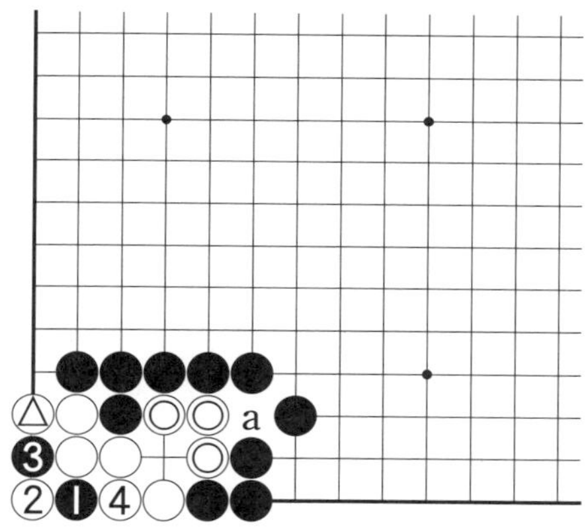

5도

5도 (버리면 된다)

백△ 때 흑1을 먼저 둬서 전체를 도모하긴 힘들다. 백은 2, 4로 뒤로 몰면 살 수 있다.

다음 흑a에는 역시 백◎ 석점을 버린다는 발상이 중요하다.

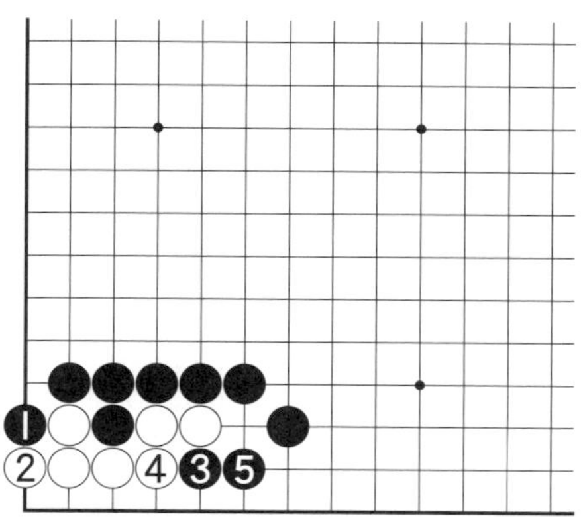

6도

6도 (경솔한 젖힘)

왼쪽 일선을 먼저 흑1로 젖히는 것은 상당히 경솔한 수이다.

물론 백2로 받아주기만 하면 결과는 같아진다. 흑3, 5를 당해 전멸이다.

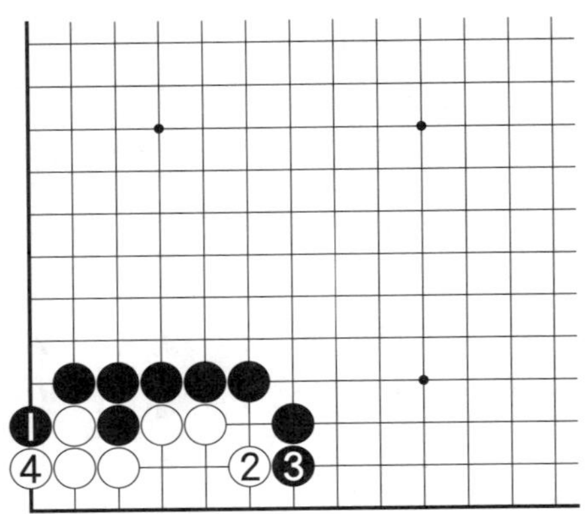

7도

7도 (먼저 처리할 곳)

흑1에는 백2를 먼저 선수로 처리하는 것이 요령이다. 그러면 흑3에 막아야 하는데, 비로소 백4로 막으면 이 백은 완생이다.

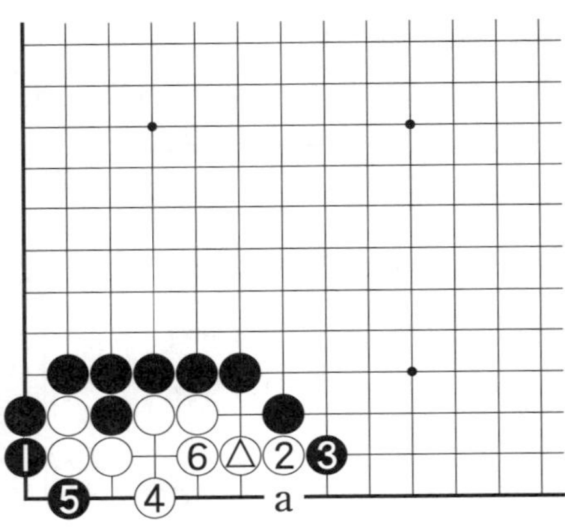

8도

8도 (전혀 걱정 없다)

백△ 때 계속 잡으려면 흑1에 밀고 들어가야 한다.

이 경우에도 백은 전혀 걱정할 필요가 없다. 백2, 4가 선수이므로 흑5 때 백6이나 a로 살 수 있기 때문이다.

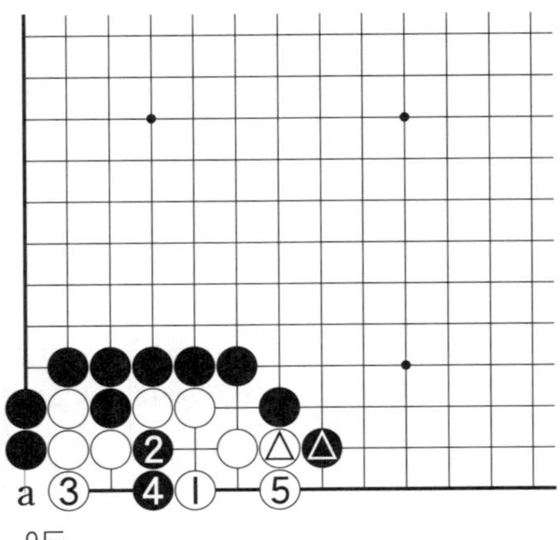

9도

9도 (이래도 산다)

백△와 흑● 를 교환한 다음 백1쪽으로 호구쳐도 사는 데는 지장이 없다. 흑2에 끊기면 곤란할 것 같지만 백3으로 넓히는 수가 성립해 살 수 있는 것이다. 백5 다음 흑이 a로 들어갈 수 없지 않은가.

탄력 풍부한 모양

● 흑 차례

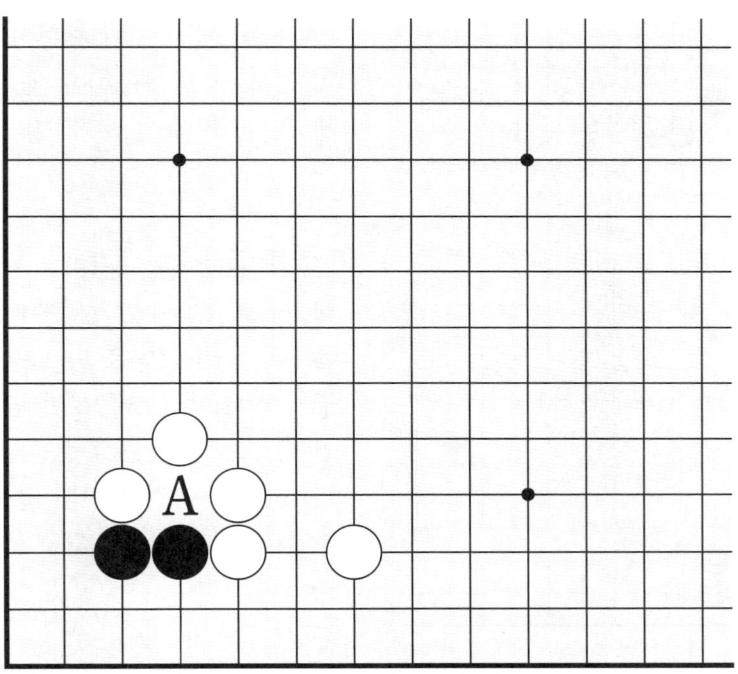

　흑돌이 두 개밖에 없는데도 고무줄처럼 탄력이 풍부한 모습이다.

　A의 공배가 하나 비어 있다는 점이 더욱 흑을 윤기 있게 만들어주고 있다. 첫 수가 특히 중요한 문제이다.

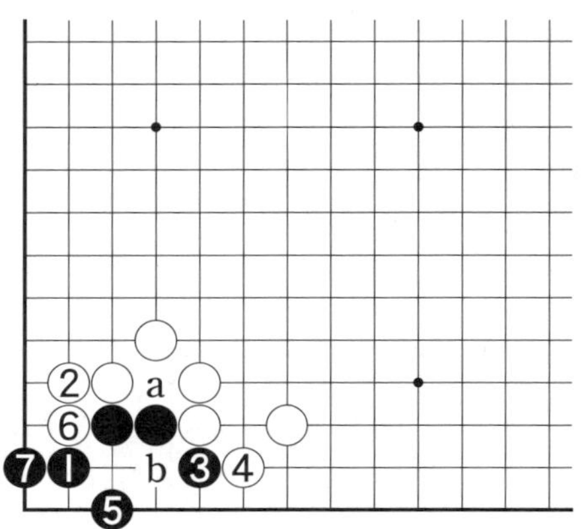

1도

1도 (적절한 공배 활용)

이런 모양에서 흑1의 마늘모 행마가 공식처럼 알아둘 맥점이다.

이때 백2로 위쪽 진출을 막으면 흑3, 5로 아래에서 틀을 잡는 것이 알아둬야 할 수습의 요령이다. a가 비어 있으므로 백6 이후 백b의 공격에 흑은 걱정할 필요가 없다.

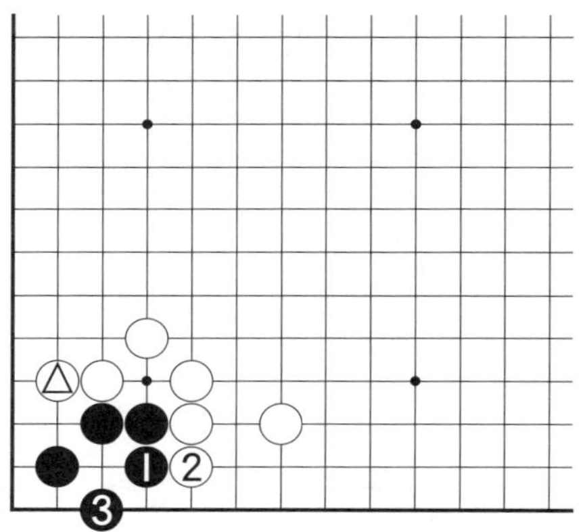

2도

2도 (바로 호구는 곤란)

백△(앞 그림의 2) 때 흑1로 바로 호구쳐 삶의 모양을 만들려는 것은 좋지 않다. 물론 백2로만 받아준다면 흑3으로 모양을 갖추고 살 수 있다. 하지만 이건 흑만의 달콤한 소망일 뿐이다.

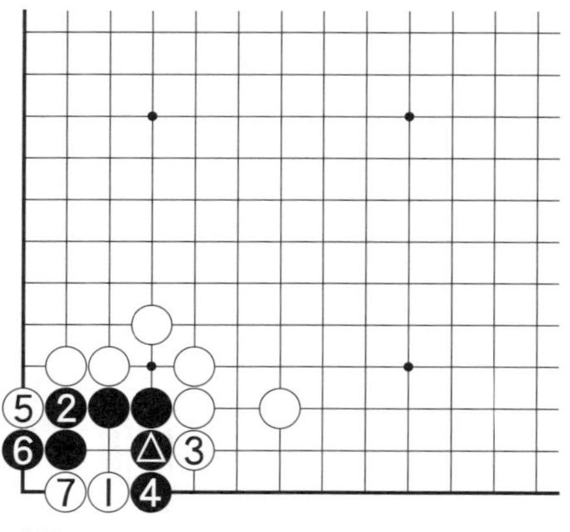

3도

3도 (제대로 응징하는 치중)

백1의 치중이 실착 흑△를 제대로 응징하는 수이다. 흑2로 삶을 모색하는 것은 때가 늦었다.

백이 3으로 막은 다음 5에 젖히면 흑은 살 길이 없다.

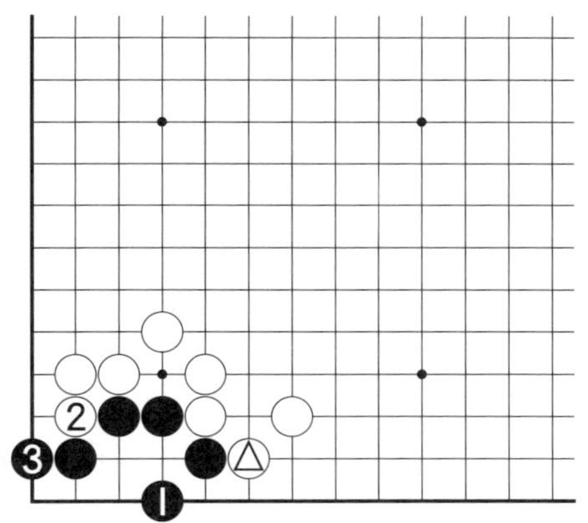

4도

4도 (호구 방향이 중요)

백△에 막을 때 흑1은 실착. 같은 호구라도 방향이 틀렸다.

하지만 이때 백이 2에 찝는다면 오히려 흑은 전화위복이 된다. 흑3에 늘어서 살아버리기 때문이다.

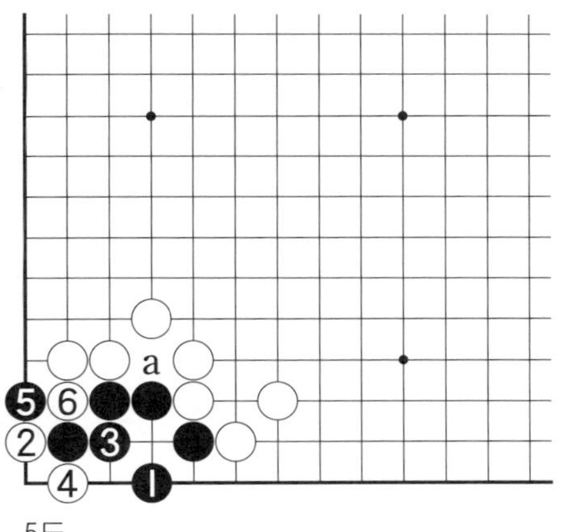

5도

5도 (잘못을 꼬집는 맥점)

흑1에는 백2로 붙여서 응징하는 것이 제대로 흑의 잘못을 꼬집는 맥점이다. 결국 백6까지 흑은 패를 피할 수 없다.

다만 a의 곳마저 백돌로 채워져 있을 경우에는 흑1이 오히려 정수가 된다.

6도 (흑, 전멸)

백△(앞 그림의 2) 때 흑1, 3으로 백 한점을 잡는 것은 사태를 더욱 악화시킬 뿐이다. 백4에 치중해서 공격하는 강수가 있기 때문이다.

백4는 a를 자충으로 만들기 위한 사전 공작이다. 백6까지 흑의 전멸이다.

6도

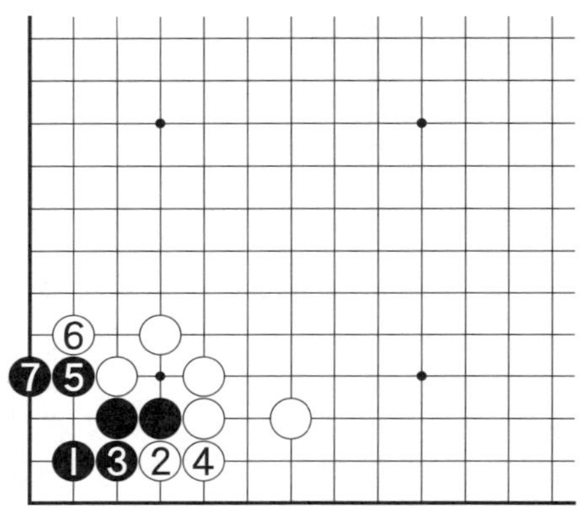

7도

7도 (역시 걱정 없다)

다시 정수 흑1에 대해 알아보자. 이 수는 상당히 탄력 있는 곳이다.

백이 지금까지 해본 공격이 여의 치 않으므로 방향을 바꿔 2, 4로 아래부터 두더라도 흑은 걱정할 것이 없다. 흑5, 7이면 간단히 완생이다.

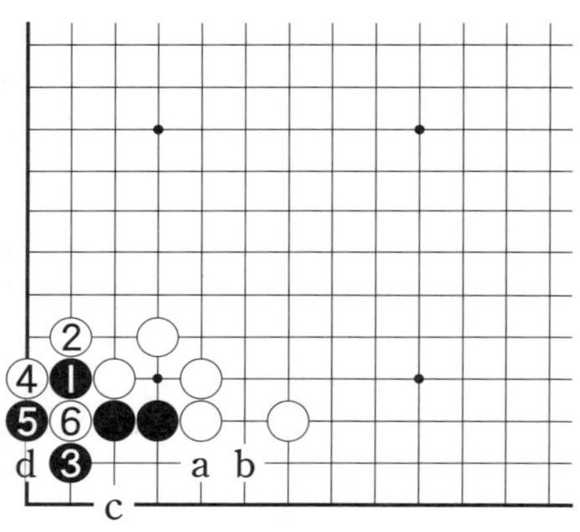

8도

8도 (패 또는 전멸)

먼저 흑1로 젖히는 것은 속수이다. 뒤늦게 흑3으로 자리를 잡으려 해봐야 이젠 백4의 단수가 강력하다. 백6까지 패.

그렇다고 흑5를 a에 두면 백b, 흑c, 백d로 전멸 당한다.

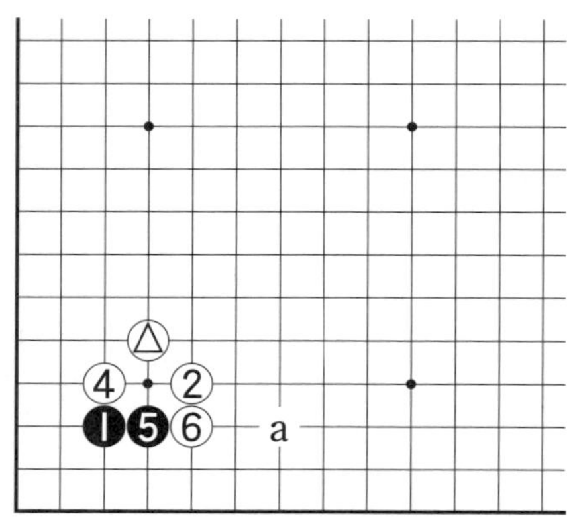

9도

9도 (문제가 나온 과정)

이 문제가 나온 과정이다. 일단 백 △의 고목으로 출발한 장면에서 흑1로 3三에 걸친 것이다.

다음 백2에 흑이 손을 빼자 백6까지 갇혀서 a에 백돌이 첨가된 모양이다.

❸··손뺌

기역자 형

● 흑 차례

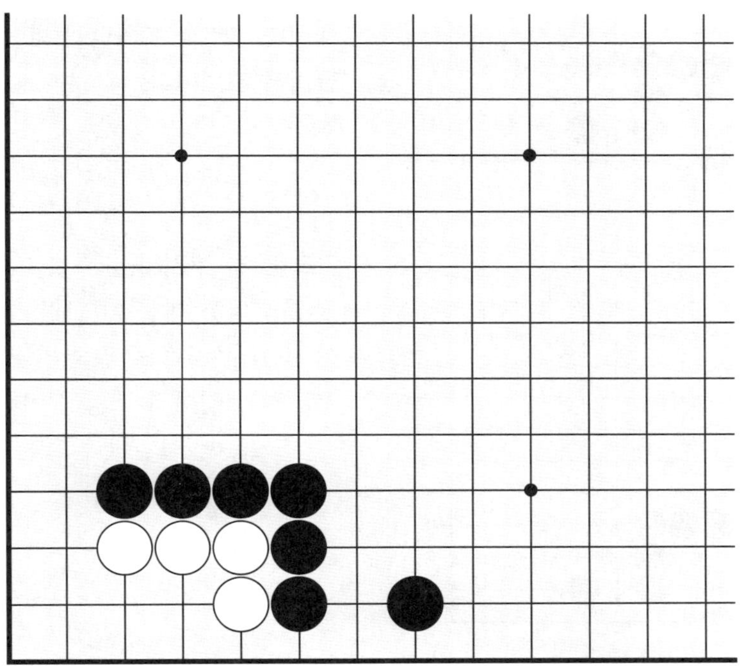

　　실전에서 흔히 접할 수 있는 형태이다. 외곽이 꽉 차 있다는 점을 활용하면 쉽게 문제를 해결할 수 있다. 너무 어렵게 생각하다간 오히려 낭패를 보기 쉽다.

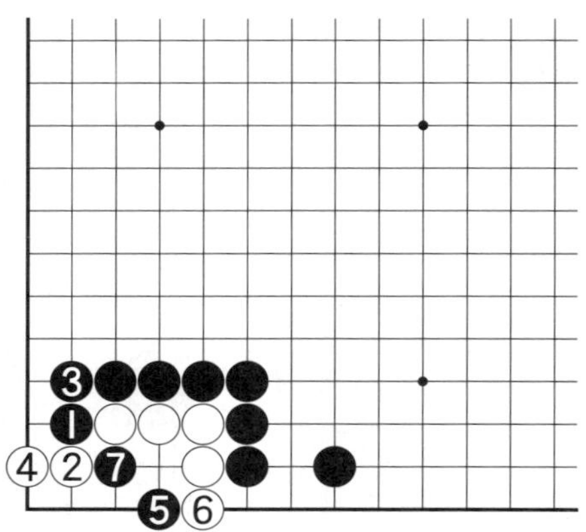

1도

1도 (젖혀이음이 최선)

우직하게 흑1, 3으로 젖혀 잇는 수가 정답이다.

백4로 빠지는 수가 최강의 버팀이지만 흑5의 치중수에 백은 속수무책이다. 백6으로 차단해 봐야 흑7로 끊겨서 그만이다.

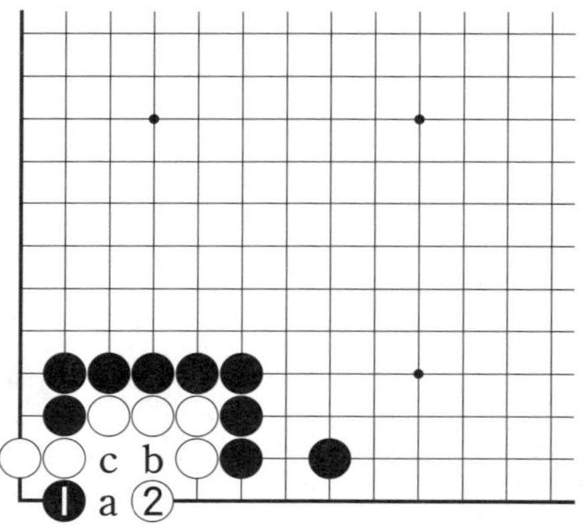

2도

2도 (멋을 부리다간)

앞 그림의 5 대신 이 그림 흑1로 붙여 멋을 부리는 것은 옳지 않다. 백2로 틀을 잡아서 그냥 살아버린다.

참고로 백2를 a에 받으면 흑2, 백b, 흑c로 패가 난다.

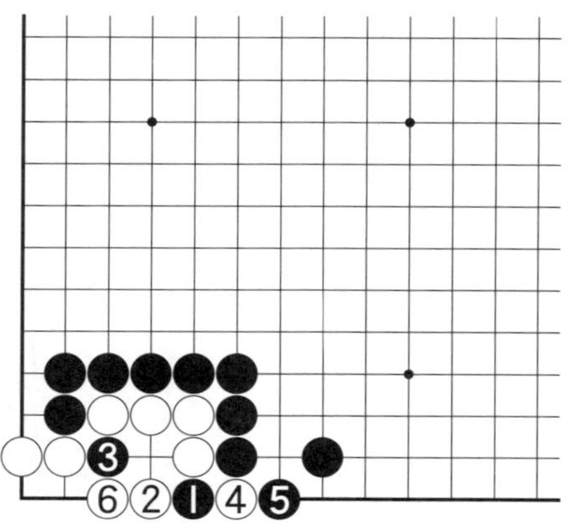

3도

3도 (살아버린다)

또한 흑1로 젖히는 수도 안 된다. 백2로 받을 때 흑3에 끊어서 수단을 부리려 해도 백이 4로 따내면 흑이 곤란하다.

흑5에 막을 수밖에 없을 때 백6으로 살아버려 그만이다.

쪽집게 급소

○ 백 차례

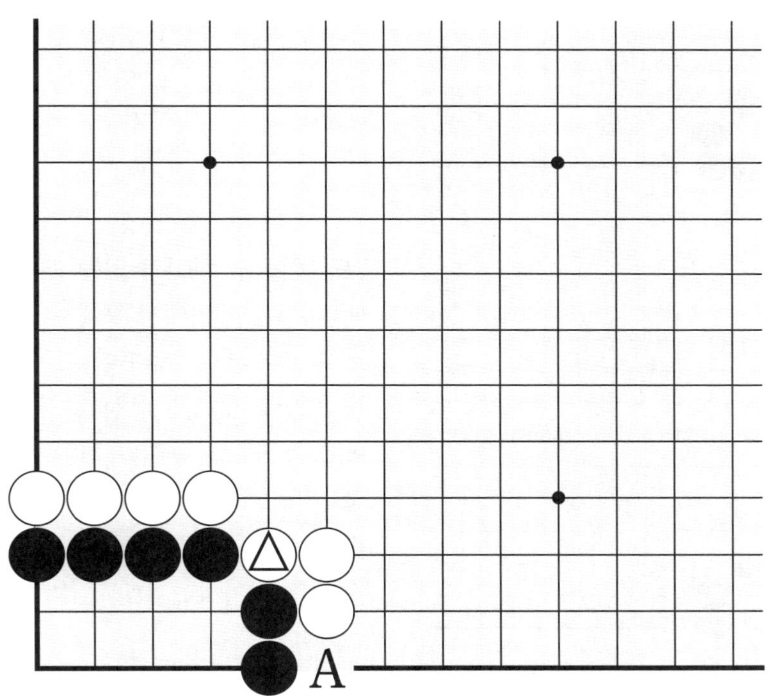

　백△가 흑의 단점을 부각시키고 있다. 더욱이 A의 곳을 제외하곤 바깥이 모두 채워져 있으니 백은 귀의 흑을 공격할 절호의 기회인 셈이다.

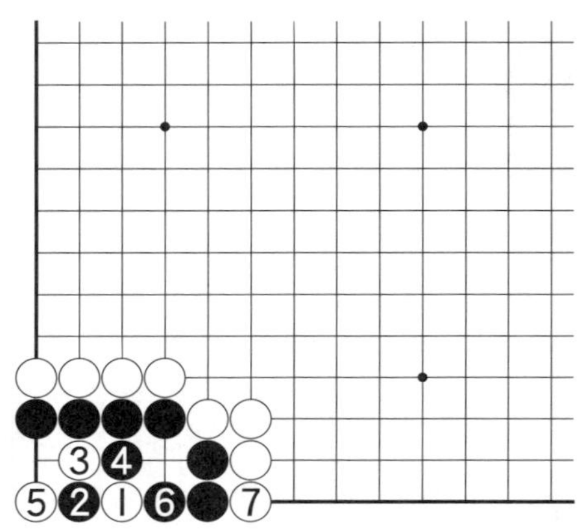

1도

1도 (최선의 결과)

백1의 치중이 이런 모양에서 절대적인 급소점이다. 그러면 흑은 2로 건너붙이는 수가 최선책이다.

　다음 흑3 이하 백7까지 외길 수순으로 패가 난다. 서로 최선의 결과이다.

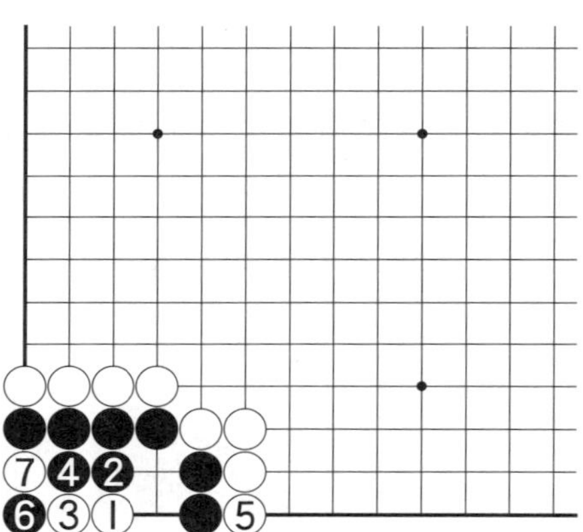

2도

2도 (선후수 차이가 있는 패)

백1에 흑2로 위에서 붙이는 것은 다소 문제가 있는 응수이다. 이때 백은 3으로 하나 물러선 다음 흑4에 비로소 5로 막는다. 그리고 흑6을 강요해 백7로 먼저 따내는 패를 만든다.

　같은 패이지만 앞 그림과 선후수 차이점이 있다.

3도

3도 (서두를 까닭이 없다)

앞 그림의 5로 이 그림 백1로 넣어 패를 먼저 거는 것은 성급한 처사이다. 흑이 2로 먼저 따낼 뿐만 아니라 a도 열려있지 않은가.

　그 전에 백a 때 흑b로 이어도 백2를 당하면 죽기 때문에 백이 패를 서두를 까닭이 없는 것이다.

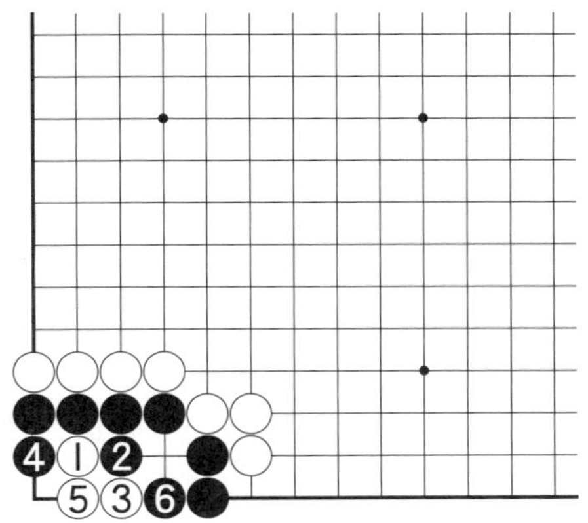

4도

4도 (잘못 짚은 붙임)

백1의 붙임은 진맥을 잘못 짚은 수이다. 흑2로 저항하는 평범한 수에 백의 잘못이 명백히 드러난다.

백3으로 젖혀 보지만 흑6까지 백의 작전이 간단히 수포로 돌아간다.

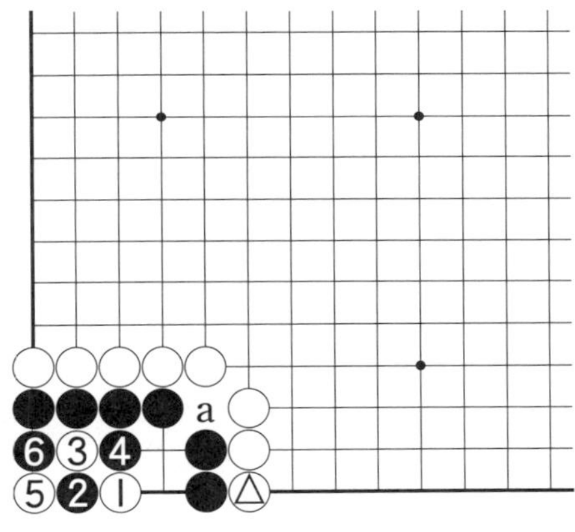

5도

5도 (상황이 변한 경우)

상황을 약간 바꾼 그림. a가 비어 있는 대신 1선에 백△의 돌이 추가된 경우라면 어떻게 공격해야 할까?

마찬가지로 백1로 치중해 보자. 그런데 이 경우에는 a가 비어있는 관계로 흑6으로 몰고 살아버린다.

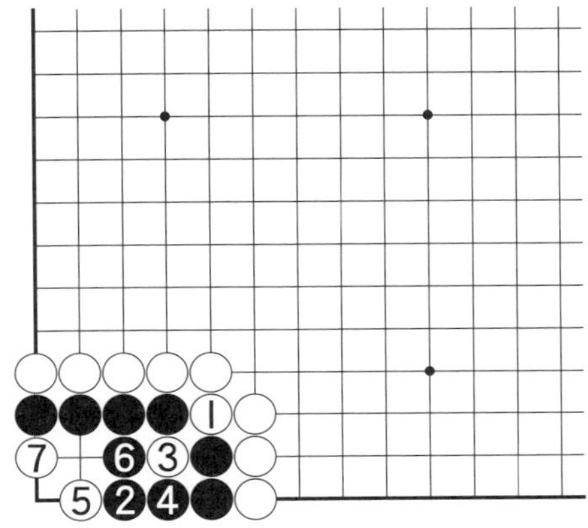

6도

6도 (공배를 먼저 메우는 공격)

그럼 아예 백1로 공배를 메워 공격하면 어떻게 될까?

이때는 흑2가 모양의 급소이다. 이것으로 흑이 죽는 일은 없다. 백은 3을 선수한 다음 7까지 빅을 만드는 정도이다.

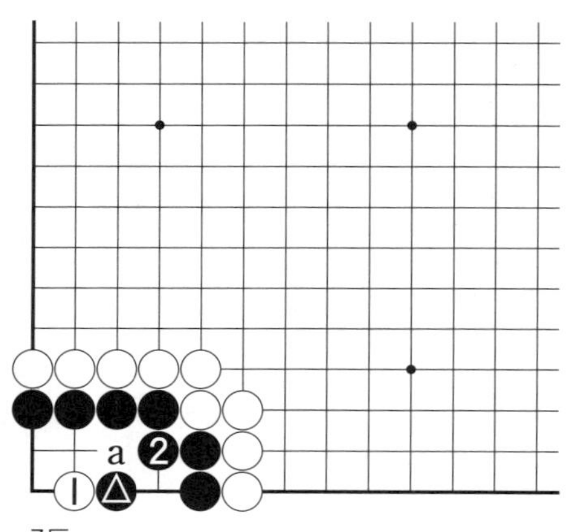

7도

7도 (웅크리는 묘수)

흑▲를 허용해서 흑을 잡을 수 없는 상황이라고 하더라도 그냥 백1에 붙이면 빅도 만들지 못하게 된다.

흑a를 기대하고 기교를 부린 수이지만, 흑2로 웅크리는 묘수에 백은 모든 것이 수포로 돌아간다.

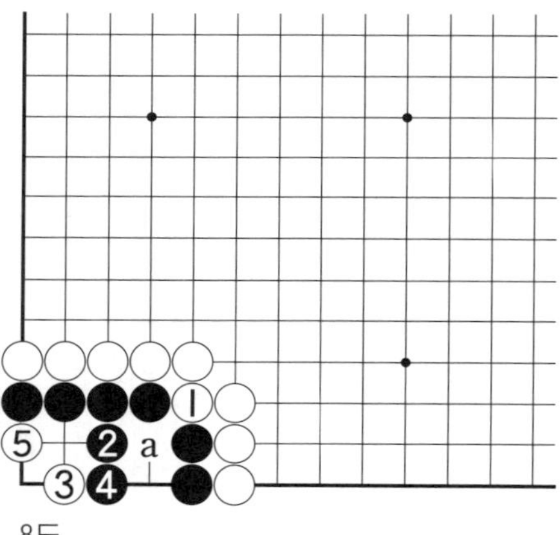

8도

8도 (한 집 손해)

백1에 흑도 2로 두는 것은 한 집 손해이다.

6도와 마찬가지로 빅을 만들고 살긴 하지만, 백은 5로 두기 전에 a의 곳을 먹여치지 않아도 되기 때문이다. 왜냐하면~

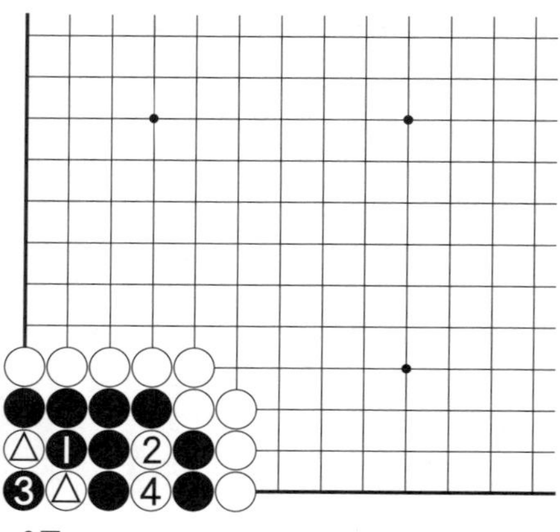

9도

9도 (집은 똑같다)

흑이 1로 백△ 두점을 단수치더라도 백도 2로 같이 단수를 쳐 대항할 수 있다. 두점씩 서로 잡아 똑같은 넉집을 만들었으니 집의 변동이 없지 않은가.

귀의 8궁

○ 백 차례

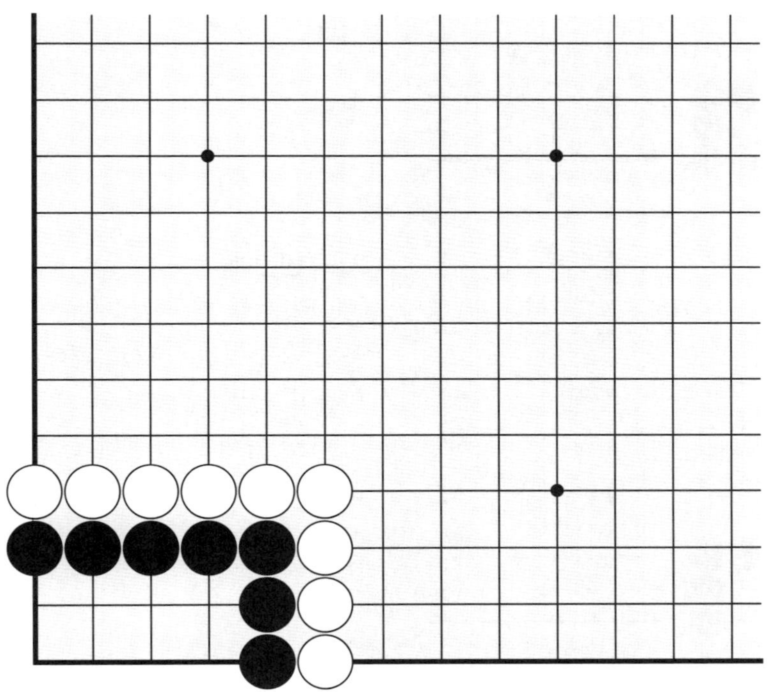

　다음은 귀의 8궁형이다. 변이나 중앙에서 만들어진 8궁이라면 아무런 공격도 받을 염려가 없겠지만 귀는 다르다.
　공배마저 모두 메워진 상황에서 백은 어떤 공격 수단이 있을까?

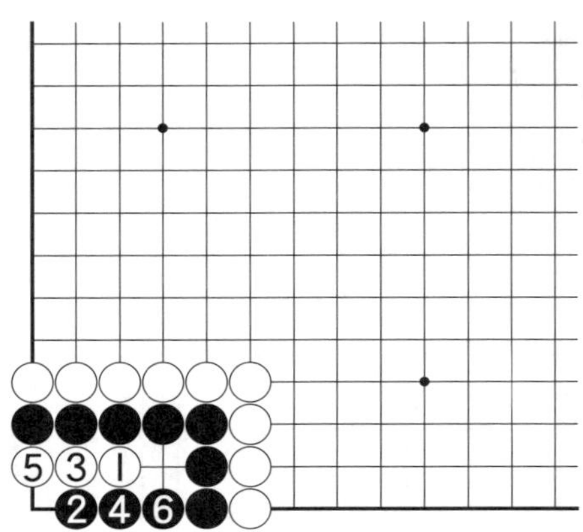

1도

1도 (선수 빅이 최선)

백1의 붙임이 가장 훌륭한 수이다. 흑2도 절대. 백3에 흑4가 또한 요령이다. 백은 5까지 선수로 빅을 만들어 흑집을 완전히 없애는 것이 최선이다.

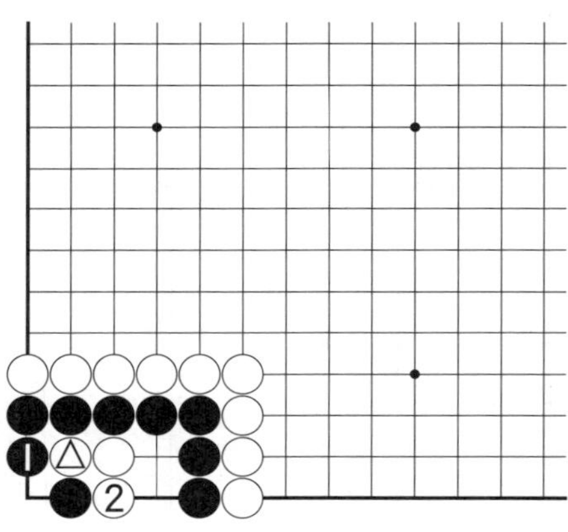

2도

2도 (만년패)

백△로 찌를 때 흑1로 막는 것은 잘못된 응수이다. 백2로 패의 형태가 만들어지기 때문이다.

　다소 늘어진 만년패의 모양이더라도 흑은 이런 패를 만들어줄 이유가 없지 않은가.

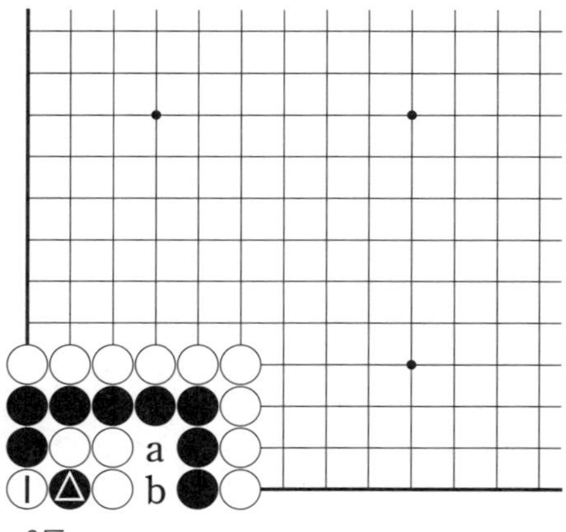

3도

3도 (만년패 상식)

만년패에 대한 부연 설명이다. 앞 그림에 이어 백이 귀를 잡으려면 우선 1로 따내야 한다. 그런 다음 ▲ 자리에 이으면 빅.

　따라서 백이 귀의 흑을 잡고 싶으면 a 또는 b에 둬 패를 벌여야 하는데, 이처럼 여러 수를 들이며 곧장 할 수 없는 패를 만년패라 한다.

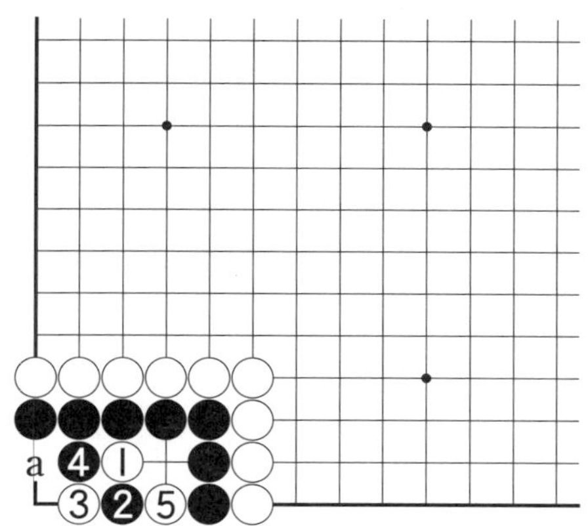

4도

4도 (시한폭탄성 패)

백1에 흑2로 껴붙이는 수는 더욱 과격한 저항이다. 다음 흑4로 몰아봐야 백5면 흑은 a의 시한폭탄성 패를 없앨 재간이 없다.

그곳을 흑이 두면 '오궁도화'에 걸려 자동 사망이다.

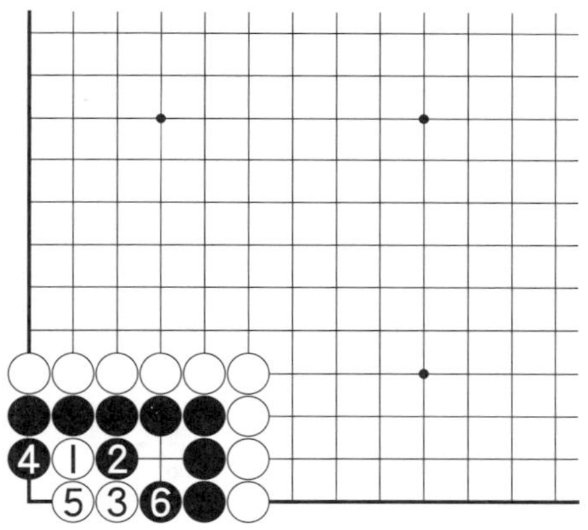

5도

5도 (잘못 짚은 붙임)

백1의 붙임은 일반적인 맥점이지만 지금은 적절하지 않다. 흑2가 있기 때문이다.

백3으로 젖혀 봐야 흑6까지 아무 수도 만들지 못한다.

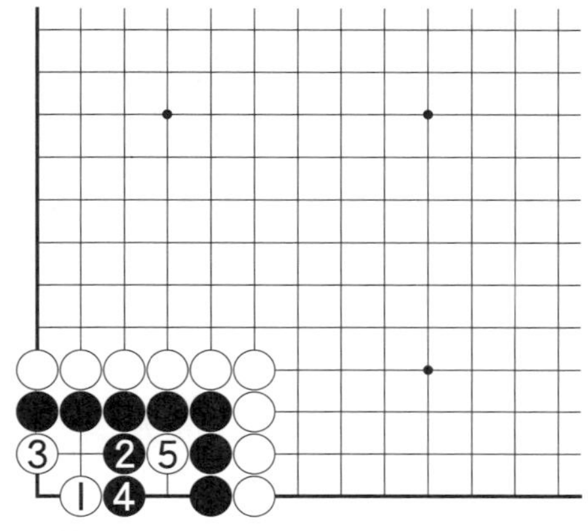

6도

6도 (한 집 손해)

백1의 치중도 빅을 만들 수 있다는 점에서 정답과 일맥상통한다. 이때 백3의 붙임은 약간 문제가 있는 수이다.

흑4에 막으면 백이 5로 한 집을 손해봐야 하기 때문이다.

7도 (한 수 차이)

흑2에는 백3으로 먼저 밀고 들어가야 앞 그림의 한 집 손해를 막을 수 있다. 흑4면 백5에 둬 역시 빅.

　하지만 백이 후수를 잡아 1도와 비교할 때 한 수 차이가 난다. 게다가 흑4는 정수가 아니고 더 좋은 대응이 있다. 그것은~

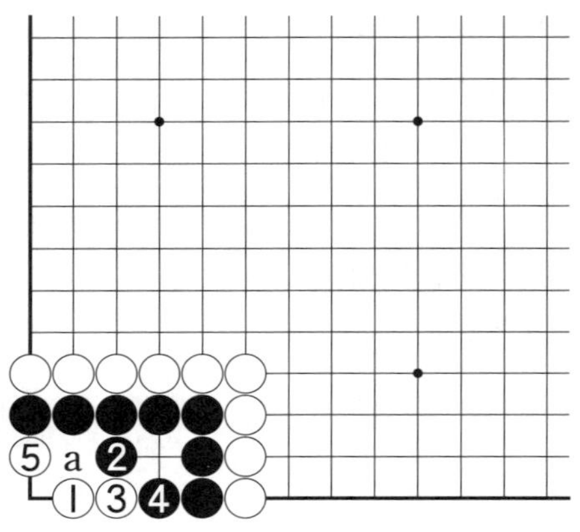

7도

8도 (팻감 가능성까지 차단)

백△에는 흑1이 올바른 수이다. 백2까지 똑같은 빅이지만 다른 점은 무엇일까?

　함부로 두긴 어렵지만 앞 그림이라면 백은 유사시에 a를 팻감으로 사용할 가능성이 있다. 이 그림은 그 가능성까지 없앤 것이다.

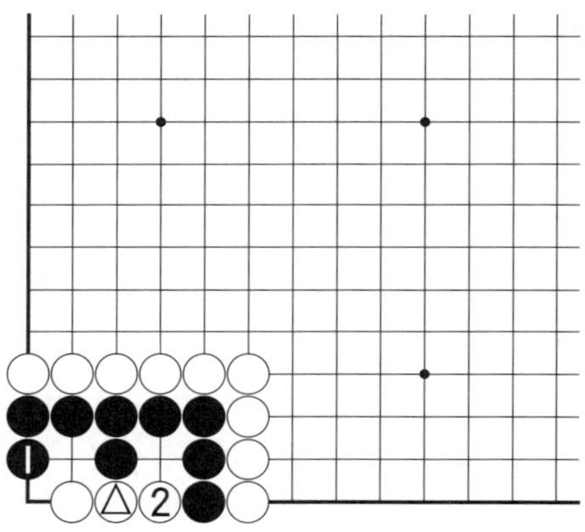

8도

9도 (유가무가)

백1쪽의 치중도 생각해 볼만한 맥점이지만 흑2, 4의 역습을 당하면 더 이상 기대를 걸만한 수단이 없다.

　흑6까지 유가무가 형태로 백돌이 일방적으로 죽는다.

9도

수순의 묘

● 흑 차례

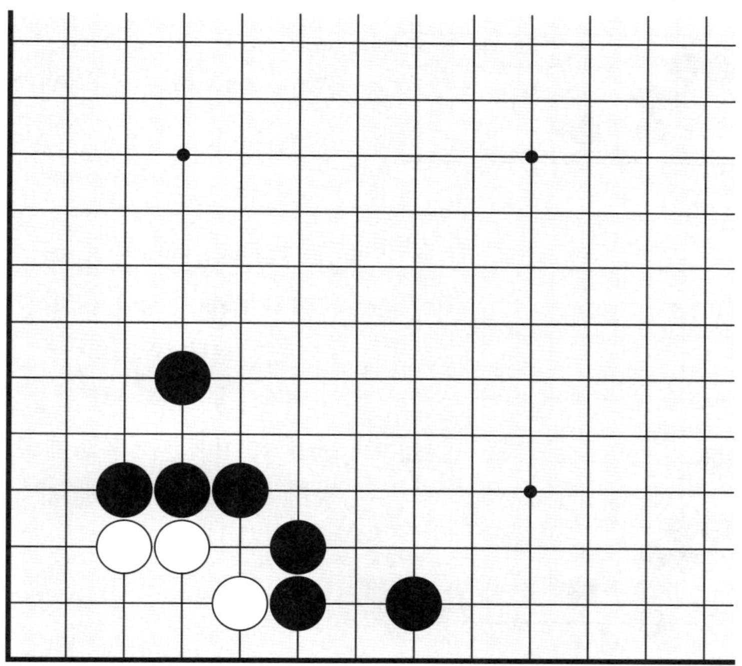

　　섣부른 단정은 실패를 부르기 십상이다. 백돌을 에워싼 흑돌 하나하나를 음미한 연후에 공격의 나팔을 불어도 결코 늦지 않는다. 또한 백의 마지막 끈질긴 저항도 고려해야 한다.

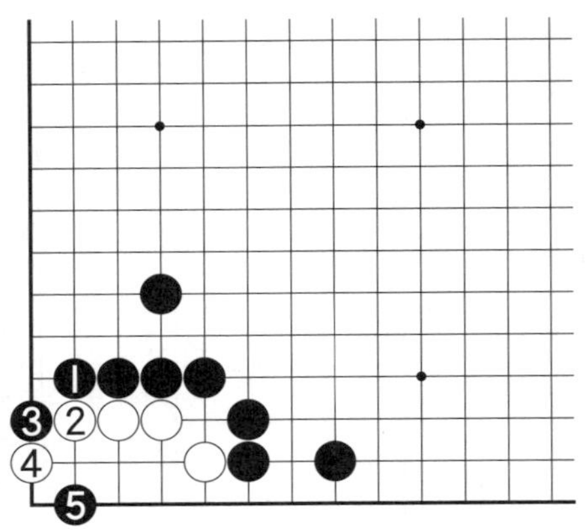

1도

1도 (강력한 내려섬)

아무런 재주도 부리지 말고 평범하게 흑1로 내려서는 수가 가장 강력한 공격이다.

　백2를 기다려 흑3으로 젖혀 차분히 백의 숨통을 조여간다. 그리고 백4에는 흑5의 치중. 계속해서~

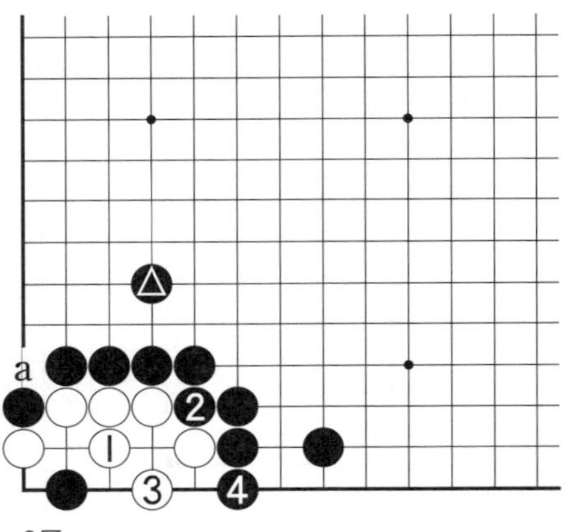

2도

2도 (공배를 메우고 잡다)

여기서 흑▲가 이미 놓여 있는 관계로 백a는 선수가 아니다.

　백은 1로 호구쳐서 틀을 잡는 정도이다. 이때 흑2로 공배를 메우는 것이 멋진 수이다. 백3에는 흑4로 내려서서 백을 잡는다.

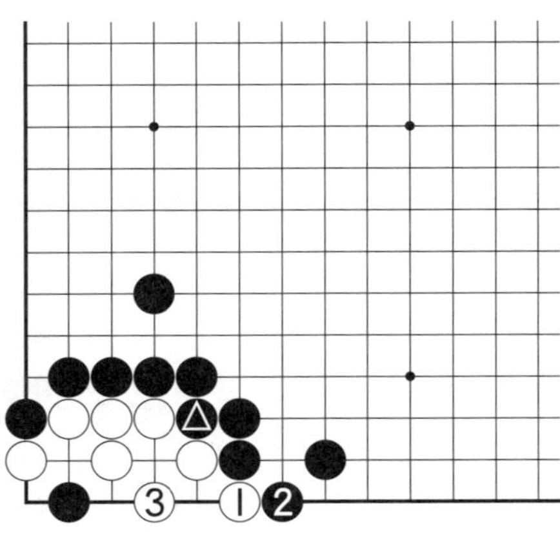

3도

3도 (덜컥수에 주의)

흑▲에 백1로 하나 젖힐 때 주의해야 한다. 흑2로 손 따라 받으면 백3으로 저항하는 수단이 생긴다.

　비록 한 수 늘어졌더라도 패를 만들어준 흑2의 막음은 분명 잘못된 덜컥수이다.

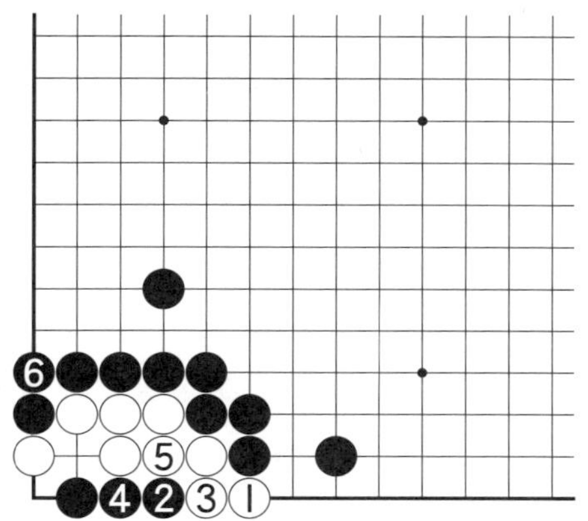

4도

4도 (정확한 수순)

백1에는 '상대의 급소는 나의 급소'라는 사활 격언을 상기할 필요가 있다. 흑2의 치중이 백의 저항을 정확히 응징하는 수이다. 이어 흑4, 6이 정확한 수순이다.

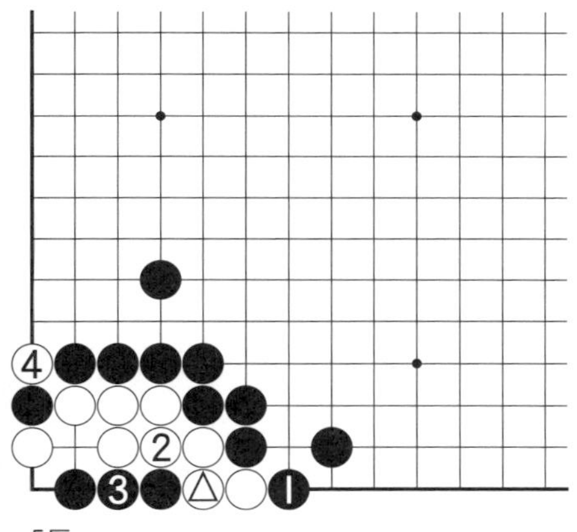

5도

5도 (다된 밥에 빅이 난다)

백△에 흑1로 바깥을 막는 것은 다된 밥에 코를 빠뜨리는 격이다.

백2에 흑3으로 잇지 않을 수 없을 때 백4면 앞 그림과는 달리 빅이 나기 때문이다.

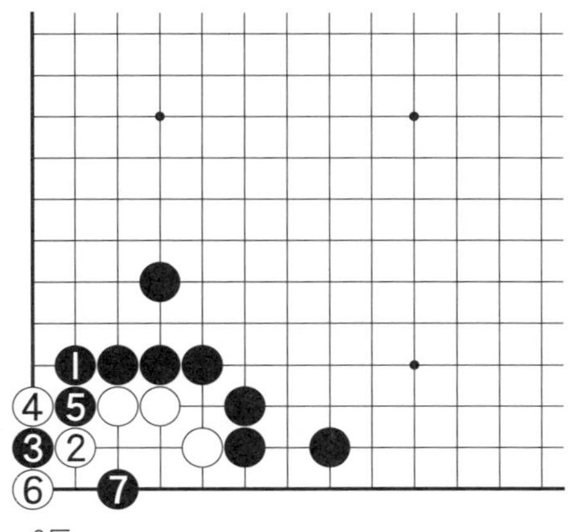

6도

6도 (모양을 일그러뜨린다)

흑1에 백의 다른 저항을 알아보자. 우선 백2의 마늘모 행마. 이때는 흑3의 붙임이 훌륭한 맥점이다.

다음 백4에 비로소 흑5로 끊어 백 모양을 일그러뜨린다. 흑7까지면 백이 사는 길은 없다.

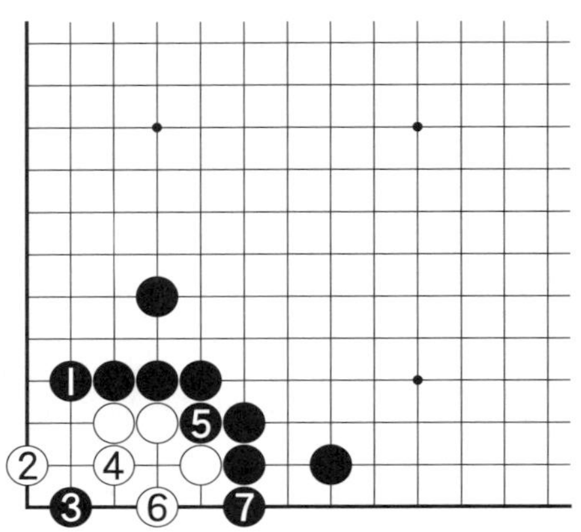

7도

7도 (마지막 저항)

백2의 1선 행마가 마지막으로 생각할 수 있는 저항이다.

　이때는 흑3으로 백의 심장에 비수를 꽂는 것이 좋다. 백4로 틀을 잡으려 하겠지만 역시 흑5가 기다리고 있어 전혀 걱정할 필요가 없다.

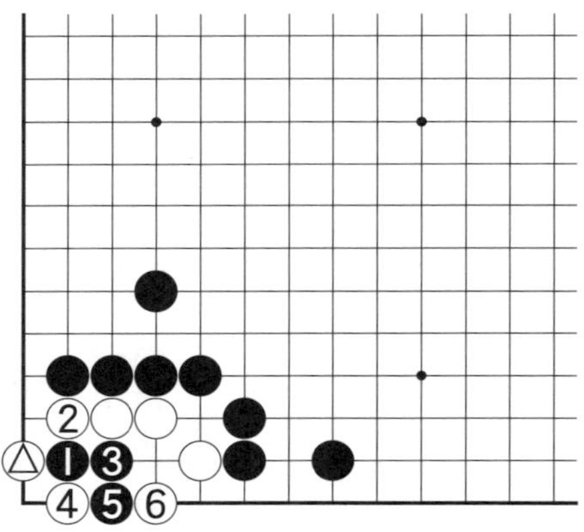

8도

8도 (섣부른 건너붙임)

백△에 섣불리 흑1로 건너붙여서 응징을 하려는 것은 잘못이다.

　이하 백4로 젖히는 수가 있어 패가 나기 때문이다.

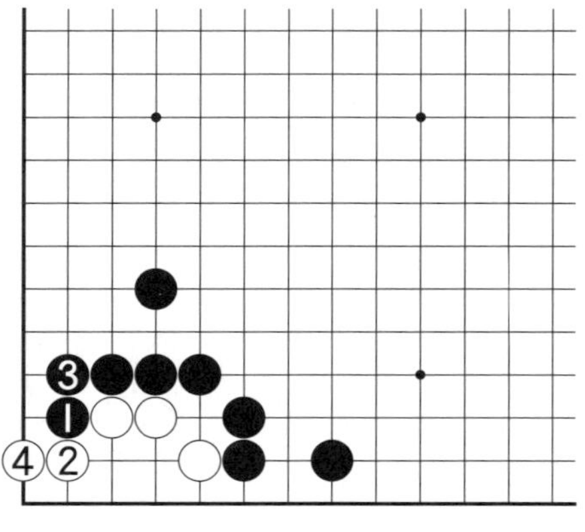

9도

9도 (급한 마음의 젖힘)

초심자들의 실전을 보면 마음만 급한 나머지 흑1로 젖혀서 잡으려는 경우가 많다.

　그리고 자연스럽게 흑3으로 잇는데, 백4로 뻗으면 어떻게 잡는다는 말인가.

웅크림의 묘

● 흑 차례

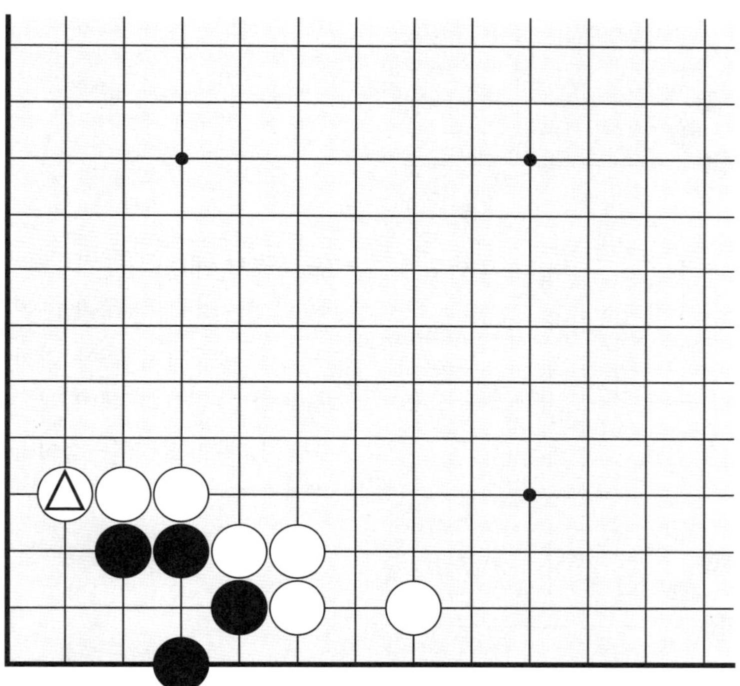

　화점 정석에서 흔히 볼 수 있는 모양인데 백△로 내려선 장면이다.
　실전에서의 활용 범위가 상당히 넓은 문제이므로 특히 잘 알아둘 필요가 있다.

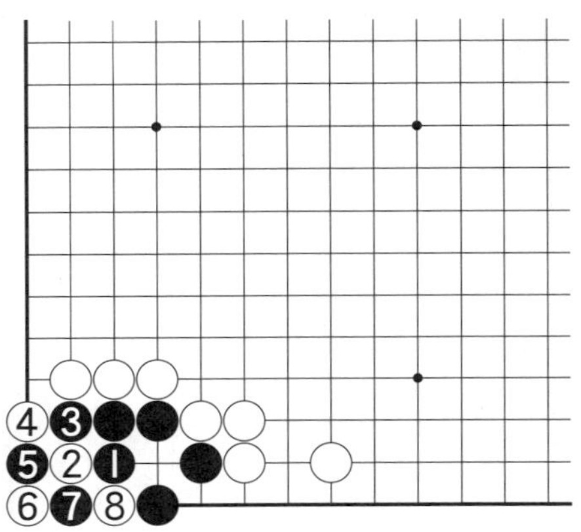

1도

1도 (격언에 역행하는 정수)

'궁도를 넓히라'는 사활 격언에 역행하는 흑1의 웅크림이 뜻밖의 정수이다. 그러면 백2로 붙인 후 8까지 패가 서로 최선이다.

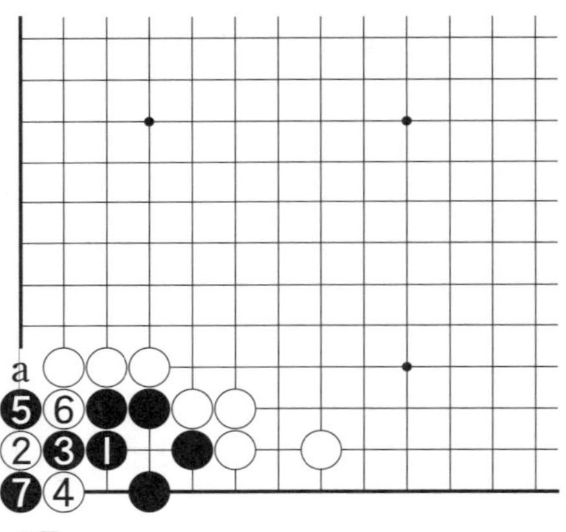

2도

2도 (역시 패)

백2의 날일자로 두더라도 역시 패이다. 그런데 7까지 흑이 먼저 따내는 패라 앞 그림보다 백이 못하다.

　백이 패에 질 경우 흑이 a로 파고드는 맛도 백의 부담이다.

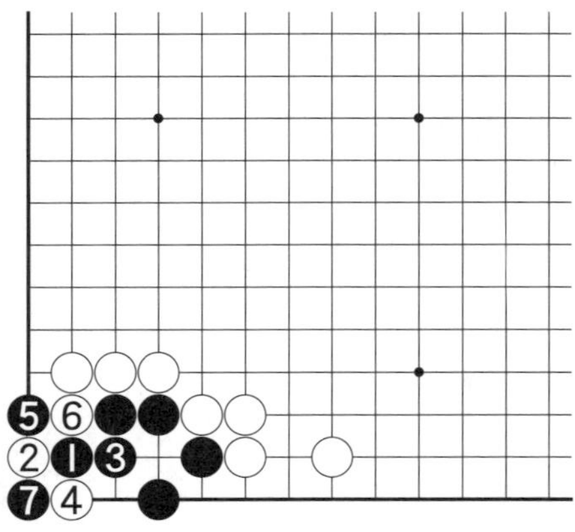

3도

3도 (어정쩡한 자세)

흑1의 어정쩡한 자세로 막는 것은 나쁜 행마이다.

　이때 백2의 붙임은 최선의 공격 수단이 아니다. 흑7까지 수순만 바뀌었을 뿐 앞 그림과 같아진다. 그런데 백2로는~

4도 (1선으로 내려서는 묘수)

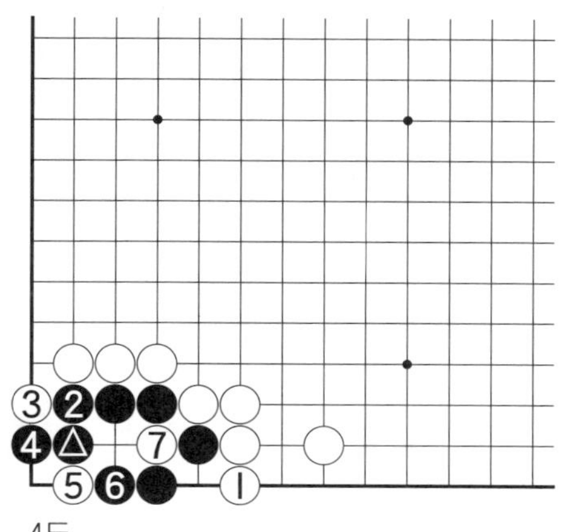

4도

흑●에는 백1로 오른쪽에서 1선으로 내려서는 것이 묘수이다. 흑2를 기다려 백3에 젖힌다.

이어 흑4가 불가피한데, 백5의 치중 한방이면 흑은 꼼짝없이 죽어버린다.

5도 (궁여치책도 효과 없다)

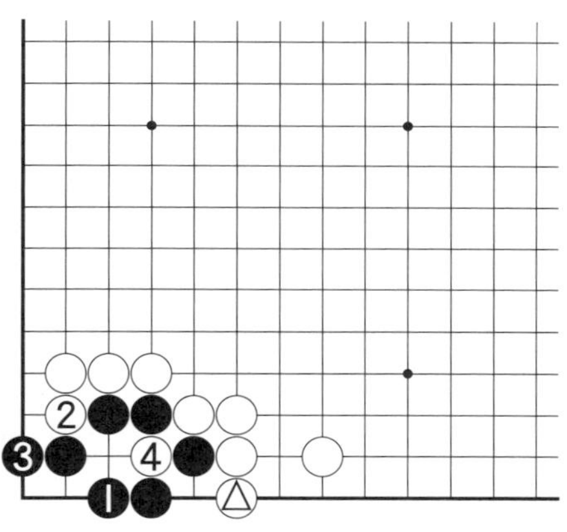

5도

백△에 내려설 때 흑1로 삶을 모색하는 것은 궁여지책이다.

하지만 백2에 가만히 찝는 수로 사는 길은 어차피 없다. 흑3에는 백4의 먹여침으로 그만이다.

6도 (날일자응수에 주목)

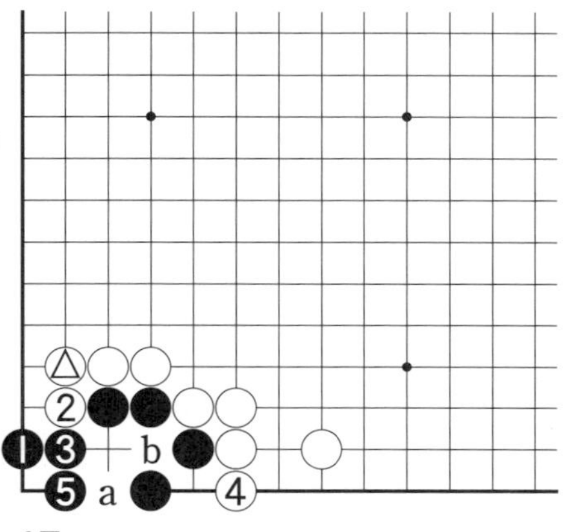

6도

백△로 내려설 때 흑1의 일선 날일자로 받는 수에 주목해야 한다.

이때 백2 같은 평범한 공격으로는 해결하기가 어렵다. 흑5까지 간단히 살아버리기 때문이다. 참고로 흑5를 a에 두면 백b로 죽는다.

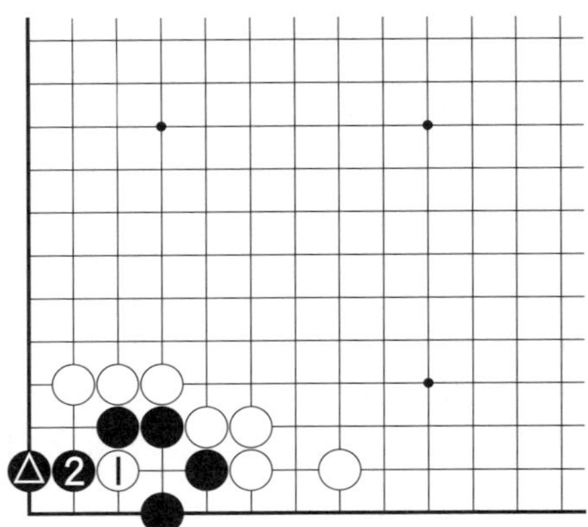

7도

7도 (탄력성 강조)

흑▲는 돌의 탄력성에 역점을 둔 행마이다.

이때 백1로만 공격해 준다면 흑2에 두고 앞 그림과 마찬가지로 아무런 출혈 없이 살 수 있다. 애당초 백1이 잘못된 수로~

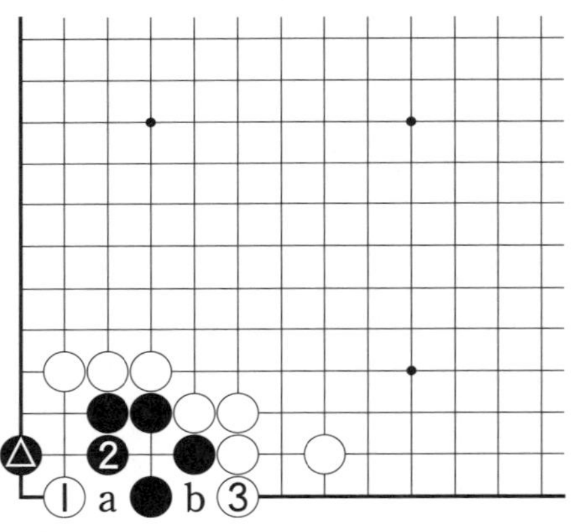

8도

8도 (활로를 차단하는 치중)

흑▲에는 백1의 치중이 상대의 활로를 차단하는 절호의 맥점이다. '귀의 급소는 2의 一에 있다'는 사활 격언에 딱 맞는 예이다.

다음 흑2에는 백3으로 내려서서 a와 b를 맞보기로 하면 흑은 속수무책이다.

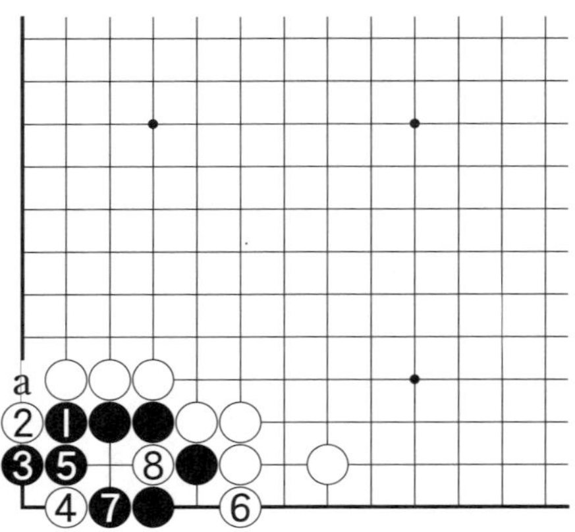

9도

9도 (궁도를 넓혀 보지만)

흑1은 궁도를 넓혀서 삶을 찾겠다는 뜻이다. 그러나 백2, 4로 그 잘못을 정확히 꼬집는 수순이 있어 결국 흑이 죽는다.

이때 흑a로 따내는 수는 사활에 아무런 도움을 주지 않는다.

공배가 비어있는 환경 이용

● 흑 차례

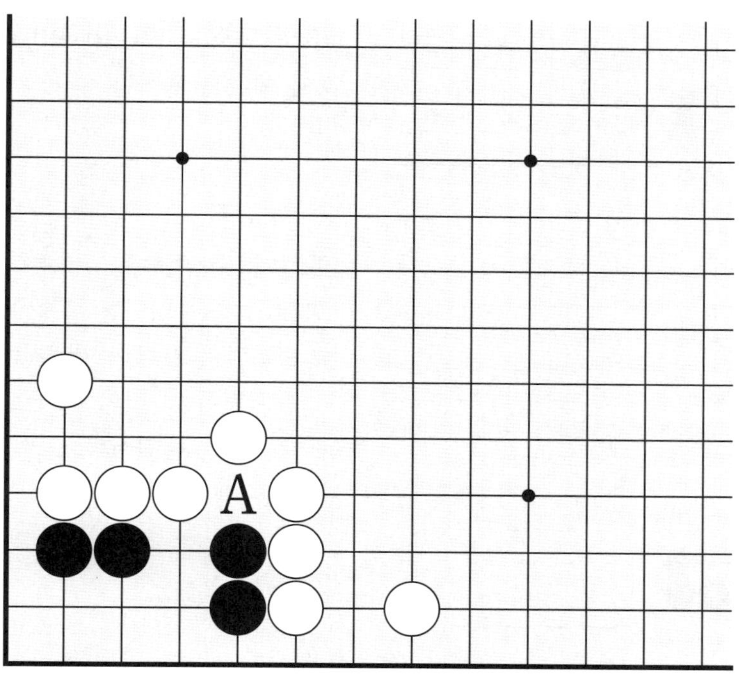

A의 공배 하나가 비어 있다는 점이 흑은 사는 데 더 없이 좋은 찬스이다.

이곳마저 모두 메워져 있을 경우와 비교하면서 검토를 하다보면 자연스럽게 답을 얻어 낼 수 있을 것이다.

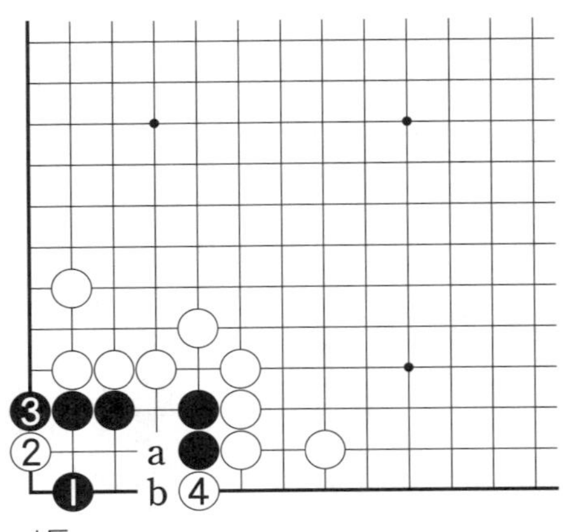

1도 (만점 출발)

흑1로 집모양을 갖추는 수가 일단 만점짜리 출발이다. 백2의 치중은 각오하고 있어야 한다.

다음 백을 연결시켜 줄 수는 없는 노릇이므로 흑3은 절대이다. 백4로 젖힐 때가 중요하다. 흑은 a일까, b일까?

2도 (나약한 응수)

흑1로 늦춤은 나약한 응수이다. 백2를 당하면 살길이 막막해진다.

공든 탑이 한 번의 실착으로 와르르 무너지는 순간이다. 그렇다면 답은 나온 셈이다.

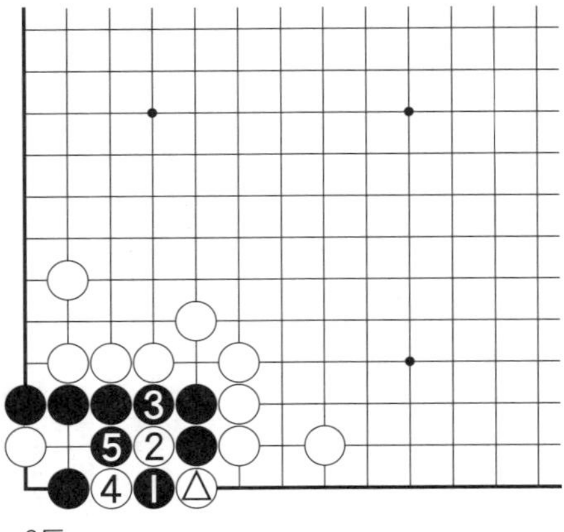

3도 (촉촉수 이용)

백△에 겁내지 말고 흑1로 강하게 젖히는 것이 정수이다. 백2의 단수는 흑3으로 되모는 수가 있어 걱정할 필요가 없다.

백4로 흑 한점을 따내봐야 흑5면 촉촉수로 백 두점을 되잡고 살 수 있다.

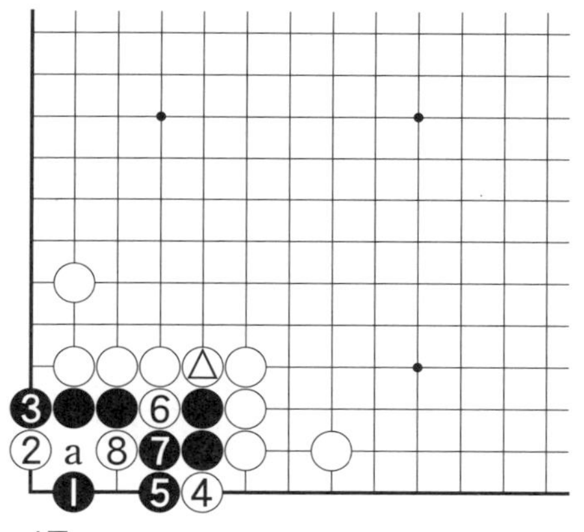

4도

4도 (공배가 메워진 경우)

그런데 백△까지 공배가 전부 메워져 있을 경우라도 흑1이면 살 수 있지 않을까?

그런데 이 경우에는 흑5 때 백6, 8로 쉼 없이 모는 수단이 성립해 흑은 죽는다. 백△가 없다면 흑은 a로 살 수 있겠지만….

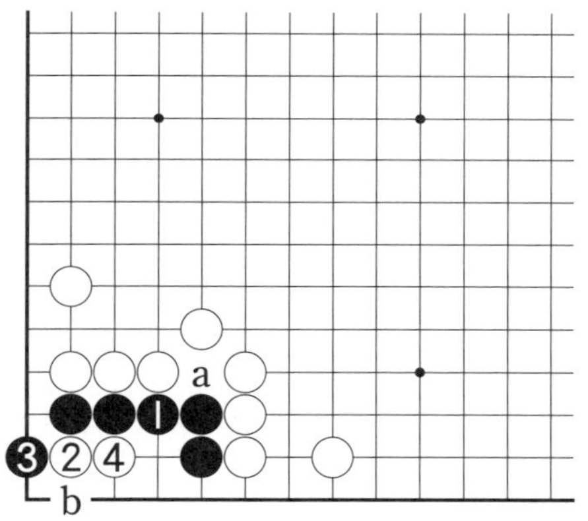

5도

5도 (알아둘 테크닉)

애초 흑1로 막더라도 흑은 목숨을 부지할 수 있다. 백2의 붙임은 절대적인 공격 수단으로 꼭 알아둘 테크닉이다.

다음 백4로 목을 졸라올 때 흑은 잘 받아야 한다. a의 공배가 비어 있다는 점을 염두에 둔다. 당연히 흑b일까?

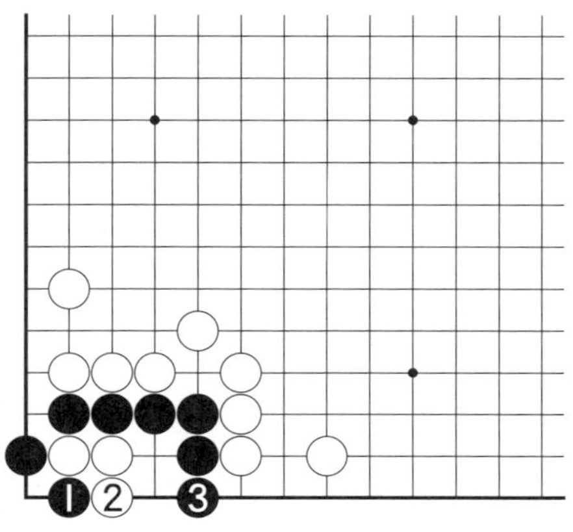

6도

6도 (패의 발생)

흑1로 한번 젖혀보자. 결론부터 얘기하자면 흑1은 잘못된 수이다. 백은 2로 막는 한수이다.

다음 흑3으로 넓혀 보지만 뭔가 심상치 않다. 보다시피 패가 난 것이다.

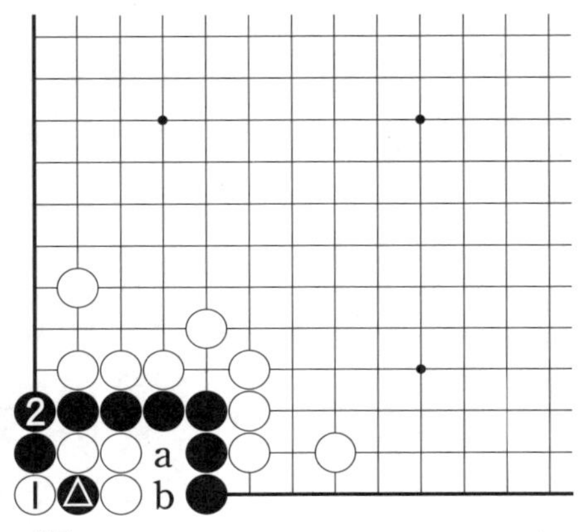

7도

7도 (늘어진 만년패)

백1로 따낼 때 흑은 다행히 2로 이을 수 있다. 이때 백이 따낸 ◐ 자리를 이으면 빅.

백이 패를 고집하려면 바깥을 모두 메운 다음 a나 b로 패를 걸어야 하는데, 이런 만년패는 너무 늘어져 패로 보기 힘들다.

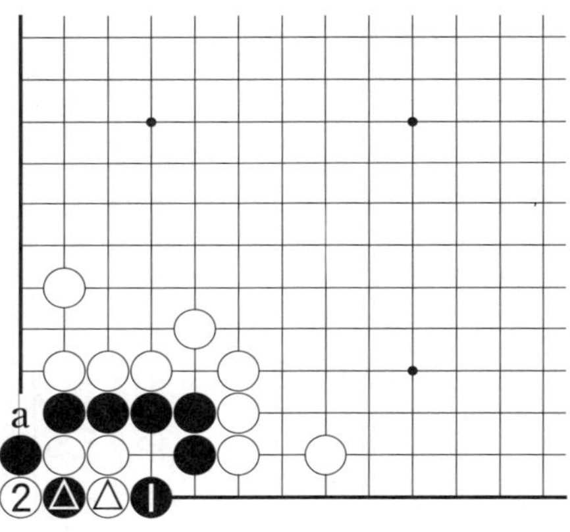

8도

8도 (단패)

백△로 막을 때 흑1로 받으면 큰일이다. 백2로 흑◐ 한점을 따낼 때 흑은 a에 이을 수 없다. 그러면 백◐에 이어 '오궁도화' 모양으로 흑이 죽기 때문이다.

결국 이 그림은 앞 그림과는 달리 단패인 것이다.

9도

9도 (빅으로 산다)

백△로 압박해올 때 흑은 공배 하나(a)가 비어 있다는 점을 인식하고 문제를 해결해야 한다.

흑1의 묘한 붙임이 정수. 백2, 흑3까지 빅으로 산다. 하지만 1도처럼 집을 만들고 사는 것이 최선이 아니겠는가.

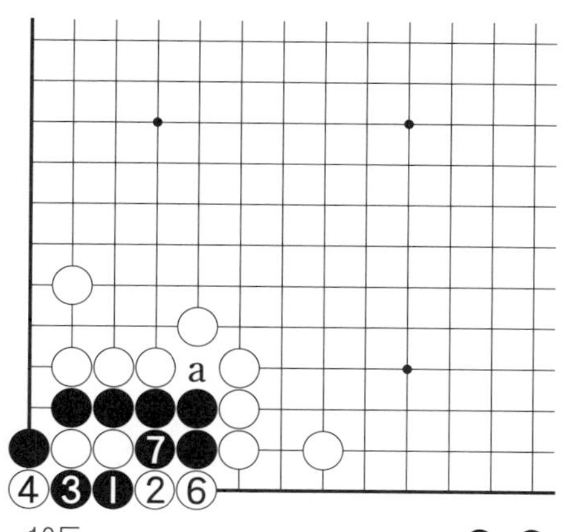

10도

10도 (연단수에 걸림)

흑1에 백2로 흑을 잡으려는 생각은 욕심이다. 흑3으로 키워 죽이는 묘수가 있다.

백4, 6으로 연결을 취해 보지만 흑7로 몰리면 연단수이다. 물론 a가 비어 있기에 가능한 얘기이다.

❺‥❸

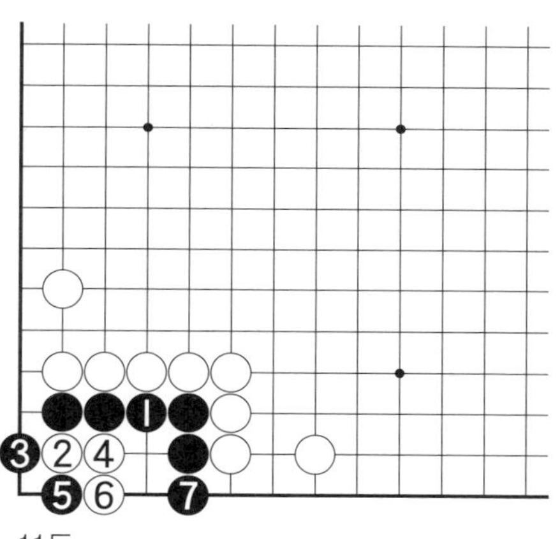

11도

11도 (만년패가 최선)

공배가 완전히 메워져 있을 경우에는 흑1로 막는 것이 정수이다.

그러면 앞에서도 밝혔듯이 백2가 유일한 공격수단이다. 결국 흑7까지 만년패가 서로 최선이다.

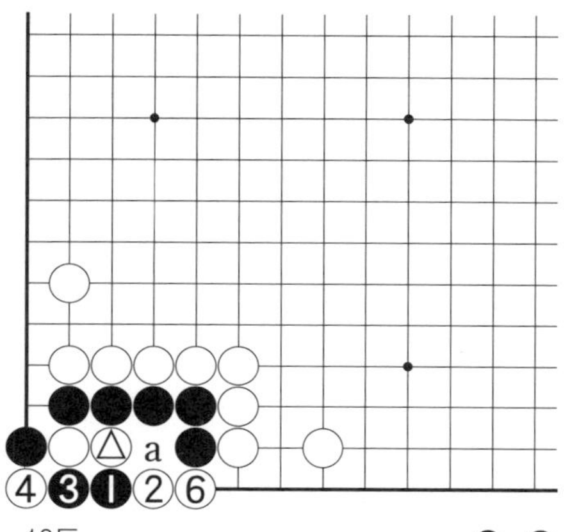

12도

12도 (공배의 위력)

백△에 10도를 머릿속에 그리고 흑1에 붙이는 것은 안 된다. 이하 백6으로 넘을 때 a의 곳이 자충이라 이번에는 연단수로 백을 잡을 수 없기 때문이다.

공배 하나의 위력이 이처럼 크게 작용할 때가 있다.

❺‥❸

▨ 가일수, 해야 할까 말아야 할까?

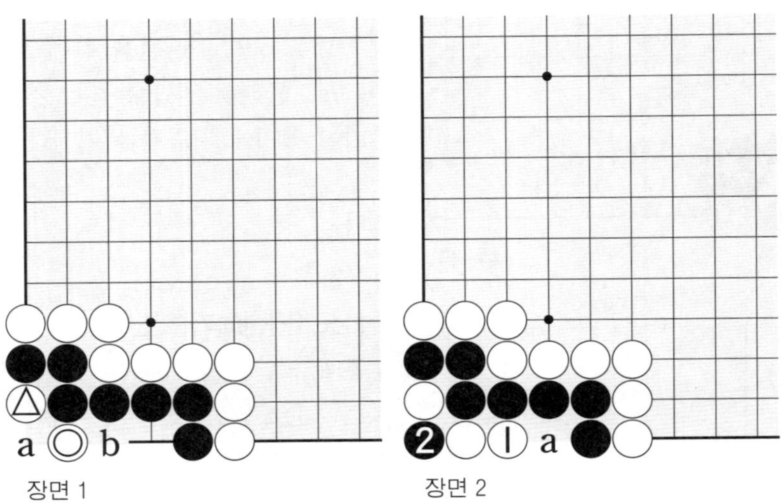

〈장면 1〉에서 흑은 살기 위해 백△와 ◎를 꼭 잡아야 하는 것일까? 혹은 가일수를 어디까지 해야 하는 것일까?

가장 깨끗한 것은 흑이 a와 b를 모두 두고 사는 것이다. 하지만 아주 미세한 바둑이라면 한 집이 아쉬운 마당이므로 가일수 문제는 상당히 중요해진다. 이곳의 가일수는 우선 팻감에 관계없이 흑a까지는 둬야 한다. 그리고 계가를 하면 따낸 돌을 포함해 여섯 집이다. 그런데 팻감이 많다고 흑이 버티면 어찌 될까?

〈장면 2〉를 보자. 백1로 두면 흑2는 절대. 다음 팻감에 상관없이 단패이므로 흑은 a에 마저 두고 패를 해소해야 한다(26쪽 참조). 결국 흑은 따낸 돌을 포함해 여섯 집을 얻는다. 애당초 가일수한 〈장면 1〉과 흑집이 똑같은 것이다.

관찰력 테스트

● 흑 차례

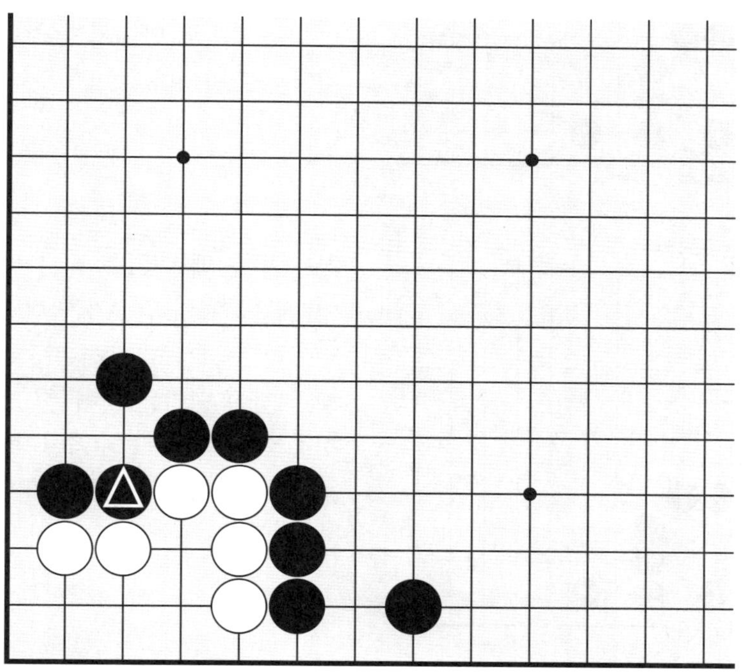

우선 관찰할 사항은 공배인데 모두 메워져 있다. 특히 흑△는 이 문제를 해결해 줄 핵심적인 돌이다.

그 점을 잘 생각하면 백을 공략하는 첫수를 찾기는 어렵지 않을 것이다.

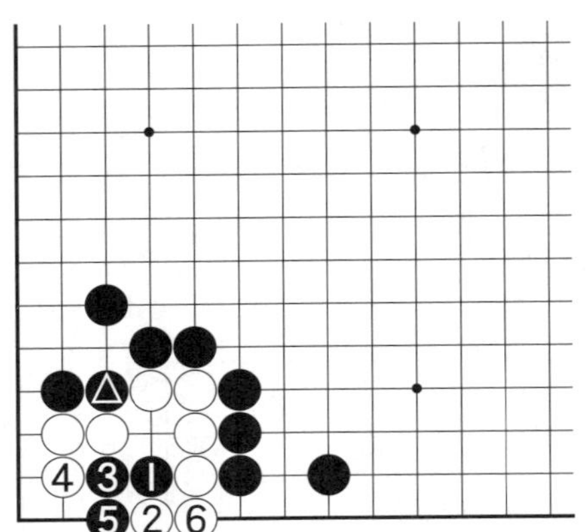

1도

1도 (출발은 껴붙임)

흑1의 껴붙임이 ⬤의 뜻을 이어받은 맥점이다. 그러나 백2의 젖힘에 흑3으로 무심코 늘어버리면 백4를 당해 작전이 수포로 돌아간다.

다음 흑5로 단수쳐봐야 백6으로 이어서 그만이다.

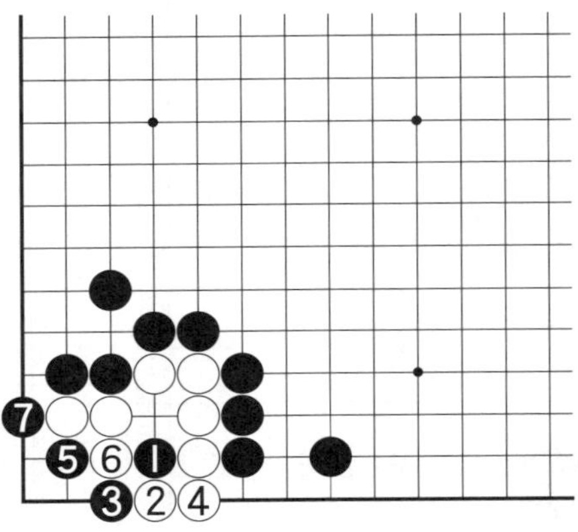

2도

2도 (두 번째 맥점)

백2에는 흑3의 단수가 박력 있는 응수이다. 백4를 기다려 흑5로 두 번째 맥점을 날리는 것이 중요하다.

이때 백6으로 단수치면 흑7로 넘고 백을 그냥 잡을 수 있다.

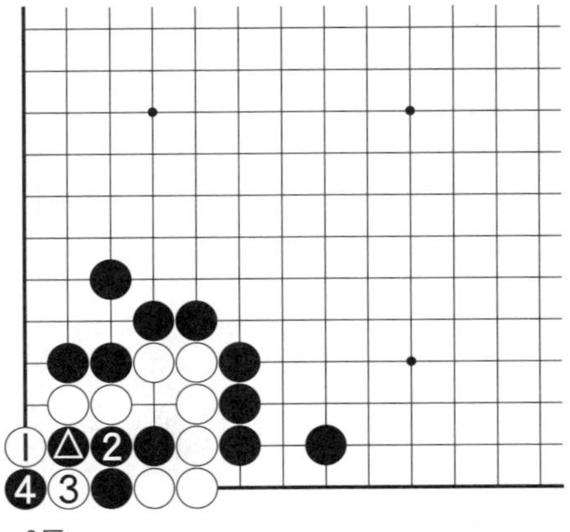

3도

3도 (서로 최선의 결과)

따라서 흑⬤에 백은 무조건 1로 젖혀서 버텨야 한다.

흑2로 잇지 않을 수 없을 때 백3으로 집어넣어 패이다. 이 결과가 서로 최선인 것이다.

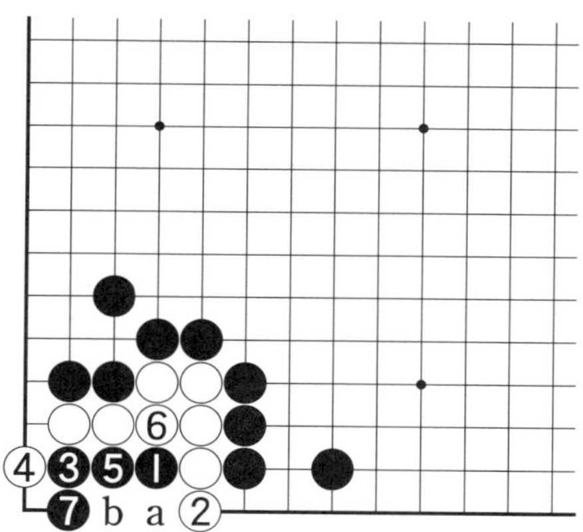

4도

4도 (꼬부림이 묘수)

패가 나는 것이 싫어서 백2로 빠지는 것은 위험하다. 그러면 흑은 곧장 3으로 붙인 다음 5로 연결해 백을 공격한다.

백6에는 흑7의 꼬부림이 묘수. 다음 a와 b를 맞보기로 백을 잡는다.

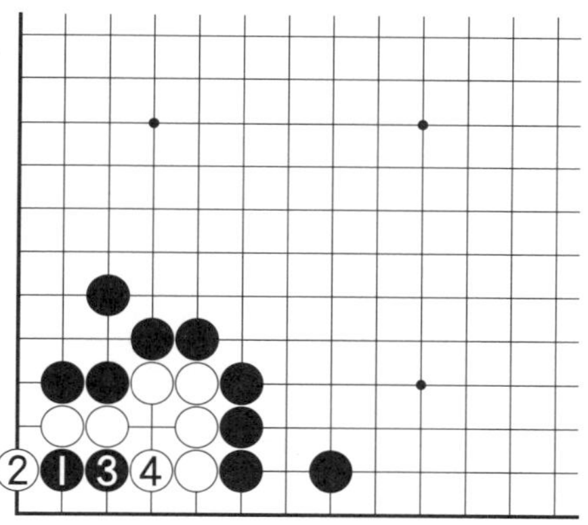

5도

5도 (수순 하나 생략)

곧바로 왼쪽에서 흑1에 붙이는 것은 잘 안 된다.

다음 흑3으로 뭔가 빌미를 찾으려 하더라도 백4에 속수무책이다. 수순 하나를 빠뜨리면 이처럼 엉뚱한 결과가 나온다.

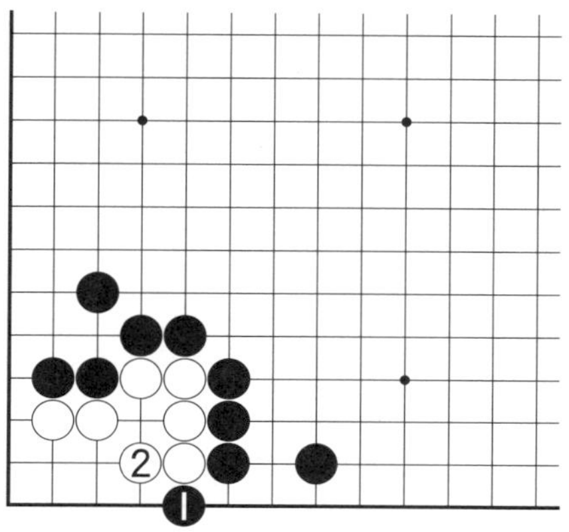

6도

6도 (격언도 상황에 따라야)

또한 흑1로 일선에 젖히는 수도 유력하지 않다. 백2로 웅크리기만 하더라도 더 이상 공격이 보이지 않는다. '죽음은 젖힘에 있다'는 격언은 이 경우에는 어울리지 않는다.

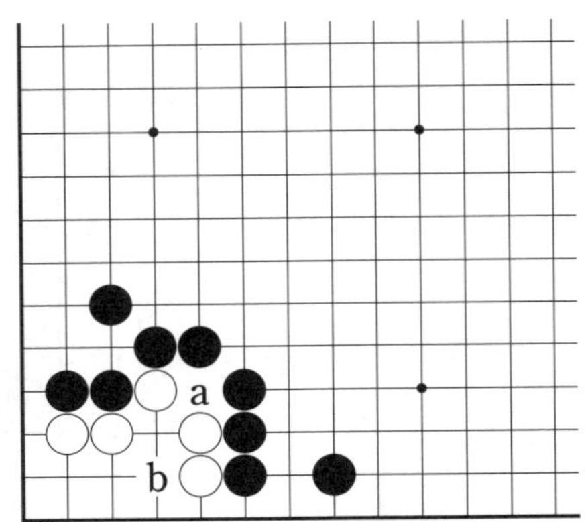

7도

7도 (공배가 비어 있을 경우)

그런데 a의 공배가 하나 비어 있다면 어떻게 접근해야 할까? 이 경우에도 흑이 역시 b로 붙여서 백을 공격하는 것이 올바를까?

공배 하나가 비어 있다는 점이 과연 어느 쪽에 유리하게 작용할는지 알아본다.

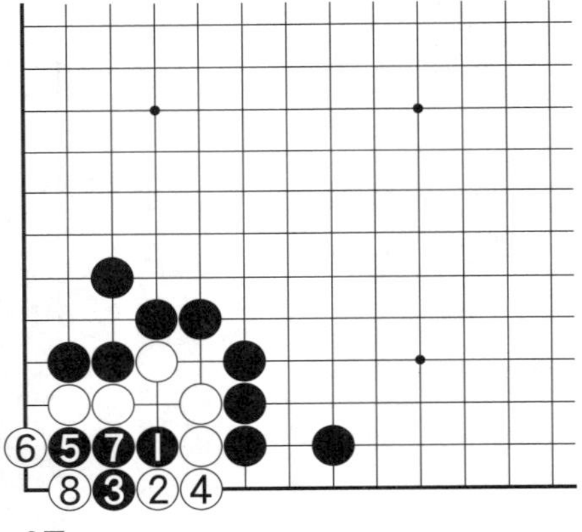

8도

8도 (같은 결과일까?)

같은 느낌으로 흑1에 붙여 보자. 그러면 백2 이하 8까지는 3도처럼 똑같다.

일단 패의 모양이 생긴다. 결국 같은 결과가 나온다는 얘기일까?

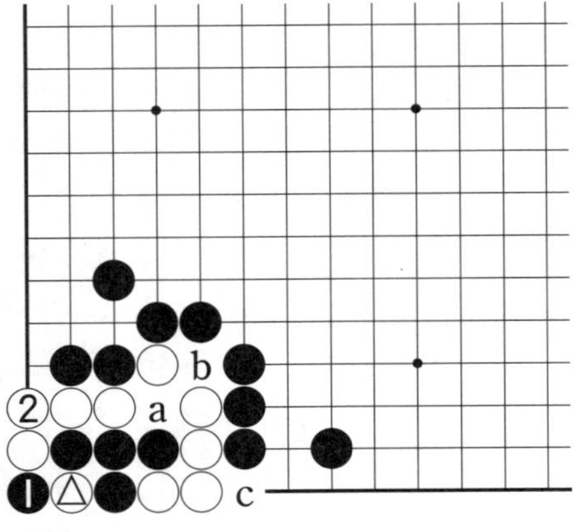

9도

9도 (뒤로 몰려 죽음)

그런데 그게 아니다. 흑1로 백△ 한 점을 따내며 패를 시작하려 해봐야 백2로 이어서 그만이다. 다음 흑은 뒤(a)로 몰리는 것을 막을 수 없기 때문이다.

b의 곳에 백돌이 메워져 있으면 흑c가 있겠지만….

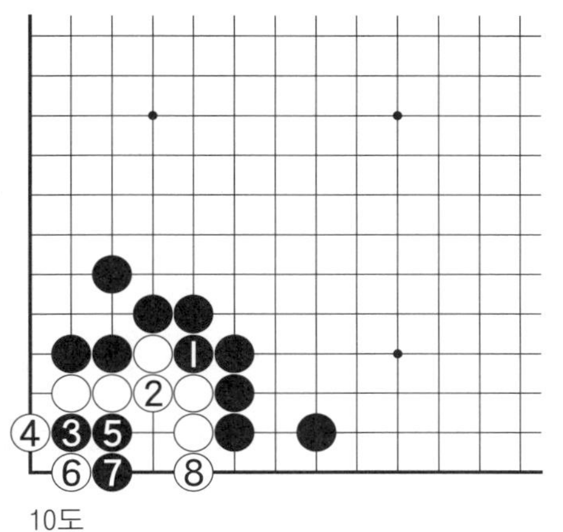

10도

10도 (먼저 단수칠 경우)

다시 원점으로 돌아가서, 흑1로 단수를 먼저 칠 경우는 어떨까?

백은 얌전히 2로 잇는 것이 최선이다. 흑은 3으로 붙여 공격을 퍼붓는다. 결국 백8까지 만년패가 발생한다. 수단을 부리긴 했지만 왠지 부족한 느낌이다.

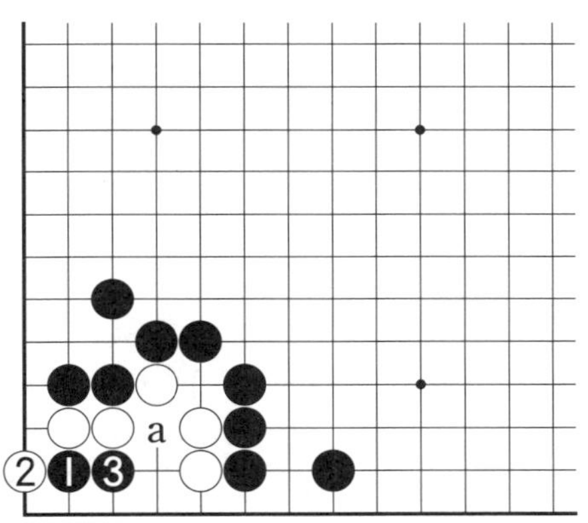

11도

11도 (옥집을 만들겠다는 구상)

왼쪽 흑1의 붙임이 생각하기 어려운 맥점이다. 이때 백2는 당연한 차단이다. 그러면 흑3으로 가만히 늘어두는 것이 중요한 수순이다.

흑은 a의 곳을 옥집으로 만들어 백을 몰살시키려는 작전이다.

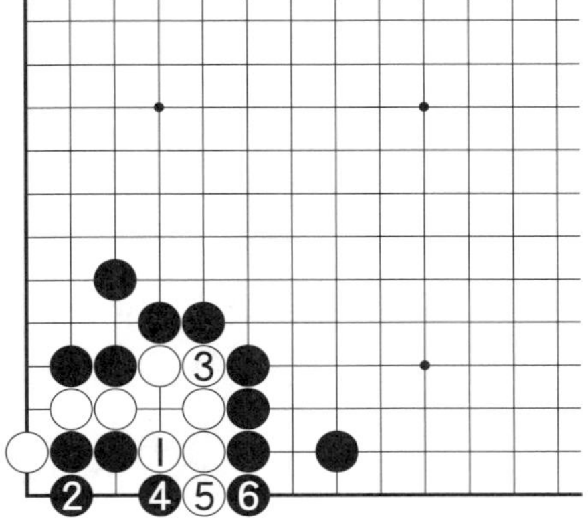

12도

12도 (최선은 단패)

계속해서 백1은 지금으로선 최선의 응수이다.

흑이 힘들 것 같지만 2로 꼬부리는 수가 준비돼 있다. 백3이 불가피할 때 흑은 6까지 단패를 만든다. 이 과정이 최선이다.

▨ 빅에 관한 규정

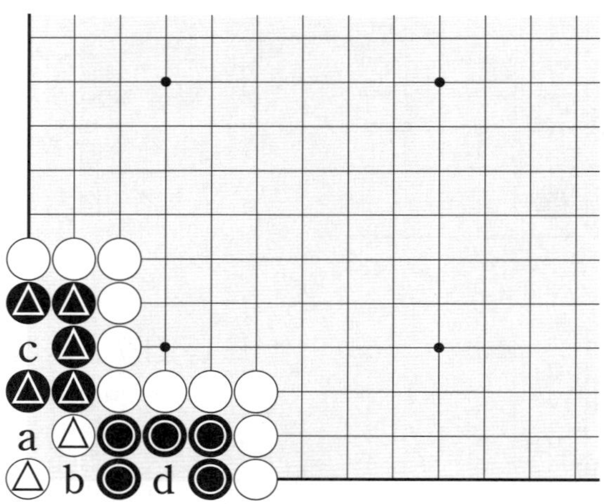

　그림에서 백돌 두 개(△)와 이를 경계로 끊어진 흑돌 열 개(▲와 ●)는 소위 '삼빅'의 형태이다. a나 b를 두는 쪽이 자충에 걸리므로 서로가 서로를 잡을 수가 없는 입장인 것이다. 여기서 궁금한 점은 c와 d의 집 처리에 관한 사항이다. 계가할 때 이곳은 흑집일까 아닐까?

　현행 바둑룰에서는 빅으로 생긴 집은 계가할 때 집으로 인정하지 않는다고 규정하고 있다. 따라서 c와 d는 분명 집의 형태이되 공배와도 같은 것이다. 외국의 경우는 어떨까?

　우리 나라 바둑룰은 근본적으로 일본룰을 답습해 왔다. 개정을 해 약간 변화를 주긴 했지만 그래도 기본 골격에는 커다란 변화가 없다. 따라서 빅에서 생긴 집의 처리는 일본이나 우리나 마찬가지다.

　다만 중국은 다르다. 집의 개념이 다르기 때문이다. 간단히 말해서 중국룰에서 집은 살아있는 돌과 우리가 말하는 집을 모두 더하는 개념이다. 따라서 c와 d는 모두 흑집. 우리 룰과 비교할 때 여기서 2집이 차이 나는 것이다.

견고한 돌의 약점

● 흑 차례

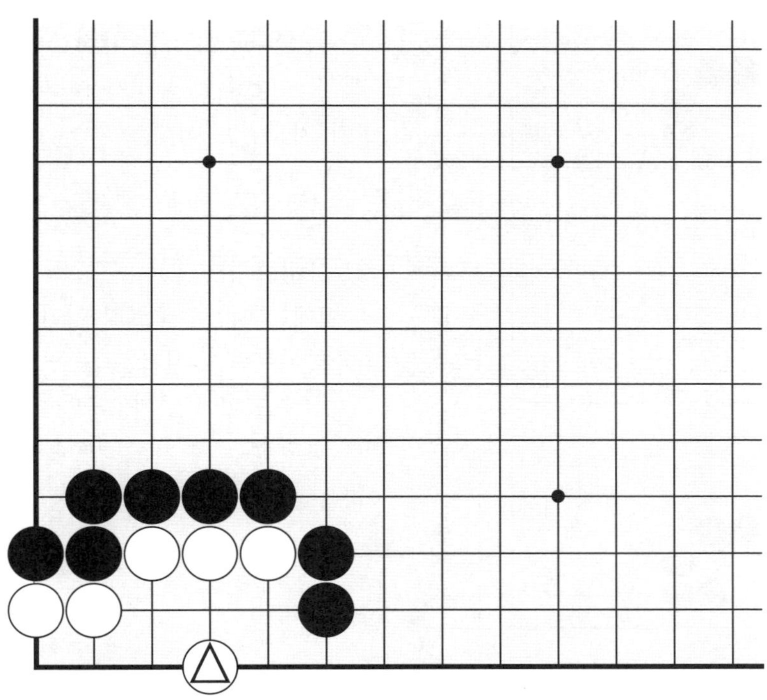

백△로 틀을 갖춘 형태. 일견 견고한 모양이라 흠집이 없어 보인다.

하지만 이런 곳조차도 약점은 존재한다. 공배가 모두 메워져 있기 때문이다.

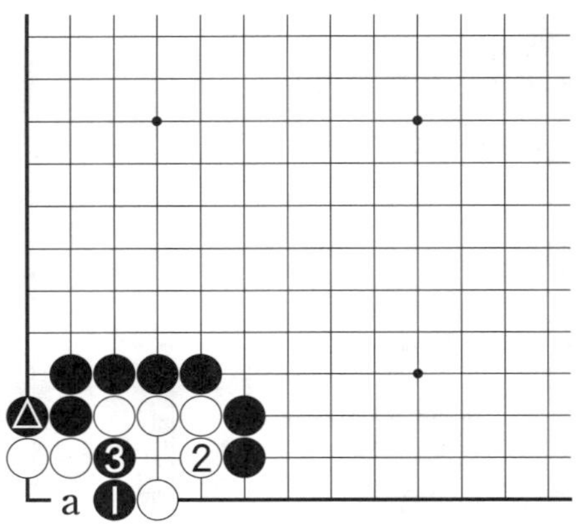

1도 (양자충으로 공격)

흑은 ▲를 구심점으로 백을 공격할
필요가 있다.

흑1의 붙임이 기발한 맥점이다.
백2는 살기 위한 몸부림이다. 그러
나 흑3으로 끊으면 양자충에 걸려
백의 사망이다. 공배가 메워져 있어
a가 자충인 것이다.

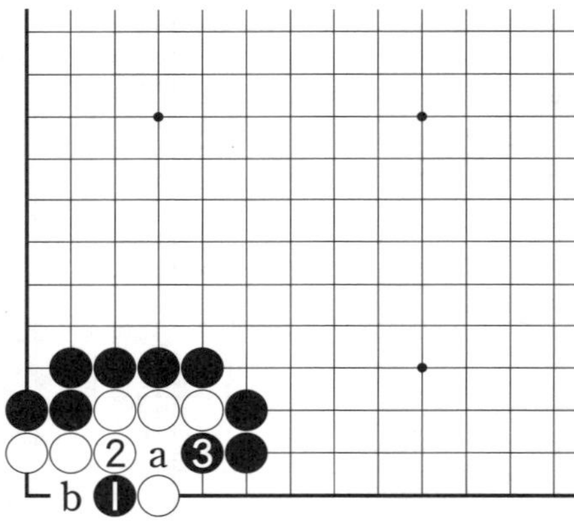

2도 (파호하는 수)

이번에는 백2로 웅크려 이어서 활로
를 찾아보면 어떤가?

이 수도 소용없다. 가만히 흑3으
로 파호하는 수가 있기 때문이다.
다음 a와 b가 맞보기이다.

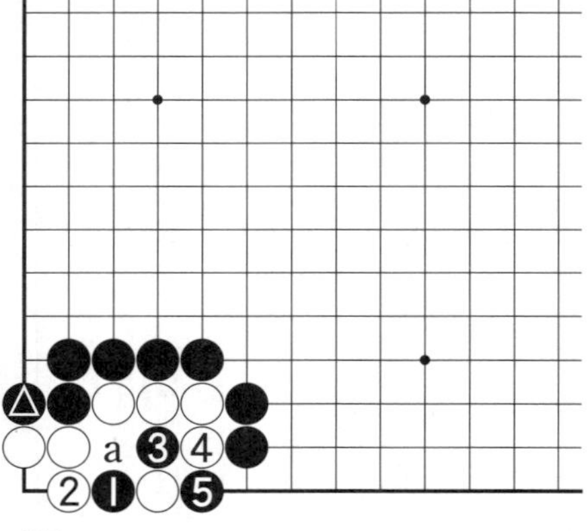

3도 (근본적인 발판)

이처럼 백을 강하게 공격할 수 있는
근본적인 발판은 흑▲의 역할이다.
백2에 흑3으로 백을 잡을 수 있는
것도 따지고 보면 흑▲ 덕분이다. a
를 자충으로 만들어 백을 잡는다.

현혹을 피하는 발상

○ 백 차례

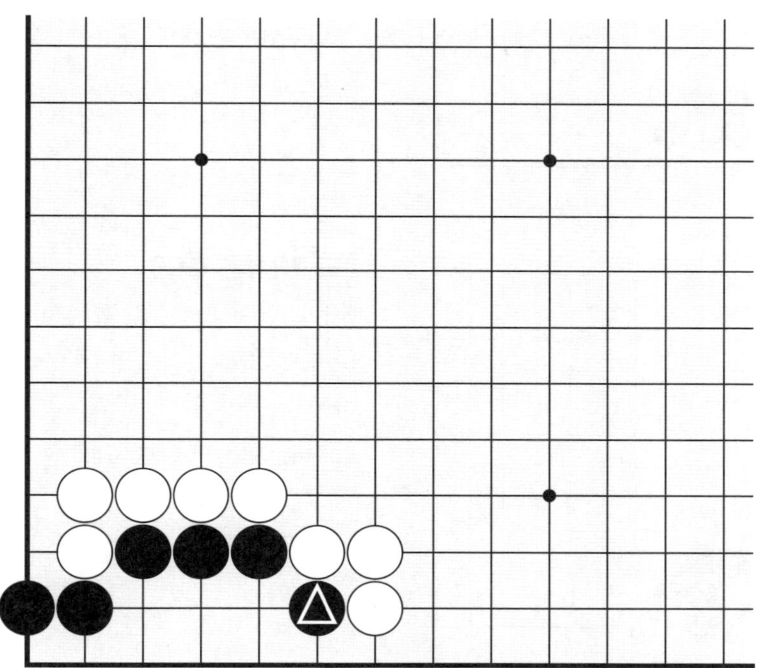

　　흑을 제대로 공격하기 위해서는 최전방에 있는 흑▲를 잘 요리해야 한다.

　　걸림돌에 현혹되지 않으면 백은 오히려 이로울 수도 있다는 생각을 해보길 바란다.

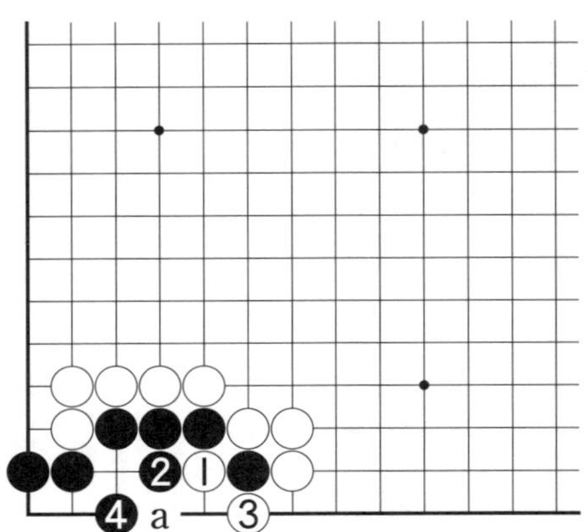

1도

1도 (서로 실수 교환)

실전에서는 백1로 단수치고 흑2 때 백3으로 잡는 경우가 비일비재하다.

또한 흑도 4에 받아 장차 a의 패를 제공하는 실수를 범하곤 한다. 흑4로 a면 편하게 산다는 사실을 깜빡한 채….

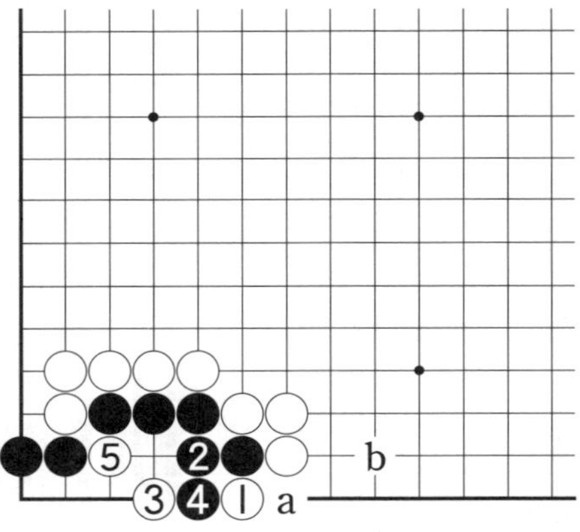

2도

2도 (발상은 좋다)

백1로 일선에서 모는 발상이 그나마 낫다. 흑2로 이어주면 백3으로 치중하는 맥점이 있다.

다음 백5 때 흑a로 백 한점을 따내 봐야 백b면 그만이다. 이렇게만 되면 흑을 잡는 데는 성공이다.

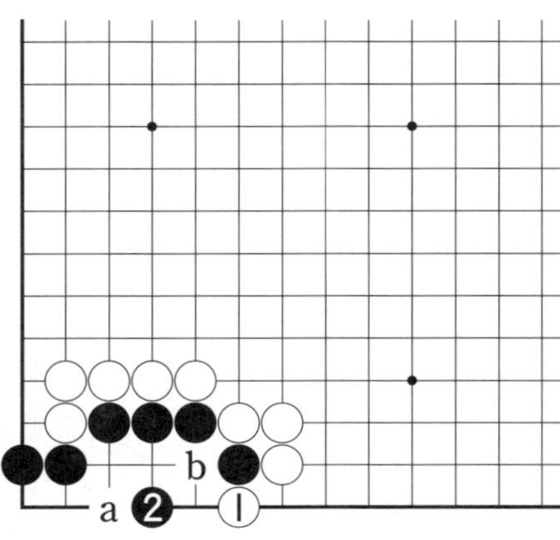

3도

3도 (위기를 극복하는 맥점)

백1에는 흑2가 위기를 극복하는 좋은 맥점이다.

앞서 보여준 그림을 상기해 볼 때 '상대의 급소는 나의 급소'에 해당하는 곳이다. 다음 백a는 흑b에 이어서 무사하다.

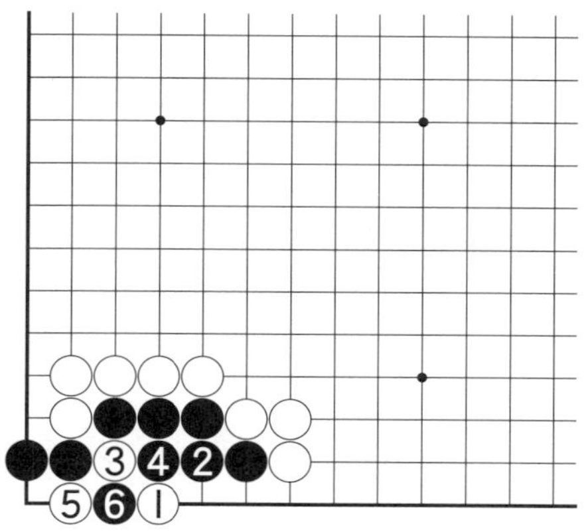

4도

4도 (반쪽 성공)

이런 모양에서 적절한 사활 격언이 있다. '석점의 중앙이 급소'. 백1이 바로 거기에 해당하는 곳이다.

다만 흑2에 이을 때 백3으로 끊어 패를 만드는 것은 50퍼센트만 성공한 결과이다.

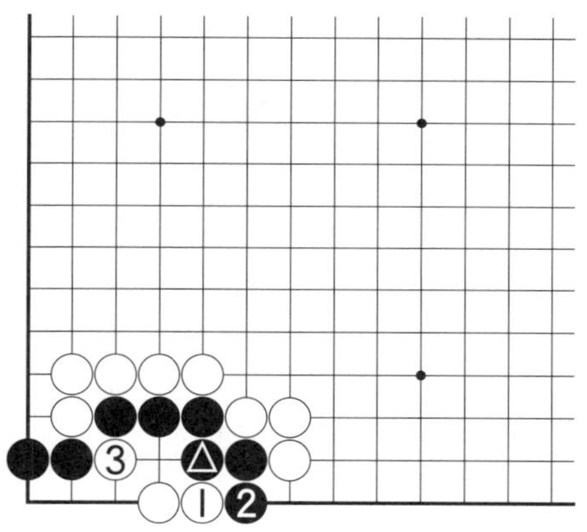

5도

5도 (양자충으로 사망)

흑▲에는 백1로 연결을 꾀하려는 수가 멋진 처리이다. 흑2로 차단할 때 비로소 백3에 끊는다.

어느새 흑은 양자충에 걸려 꼼짝없이 죽어 버린 것이다.

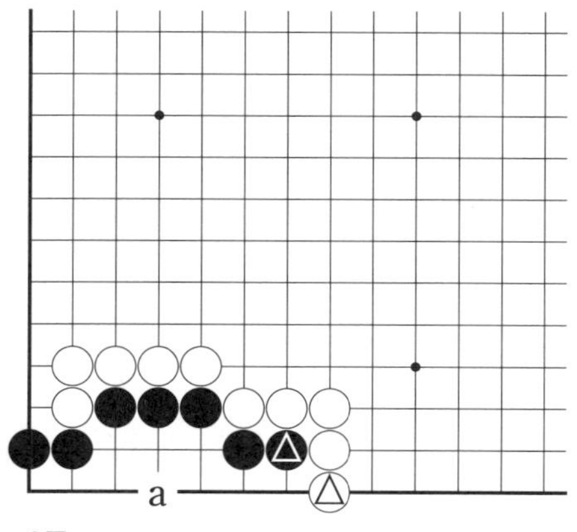

6도

6도 (다른 상황)

이번에는 약간 다른 상황이다. 흑▲로 하나 더 추가된 돌이 일단 흑에게 도움이 될 것이다. 물론 백도 △가 1선에 빠져 있어 섣불리 결과를 단정하긴 어려운 상황이다.

과연 이 경우에도 a 자리가 맥점일까?

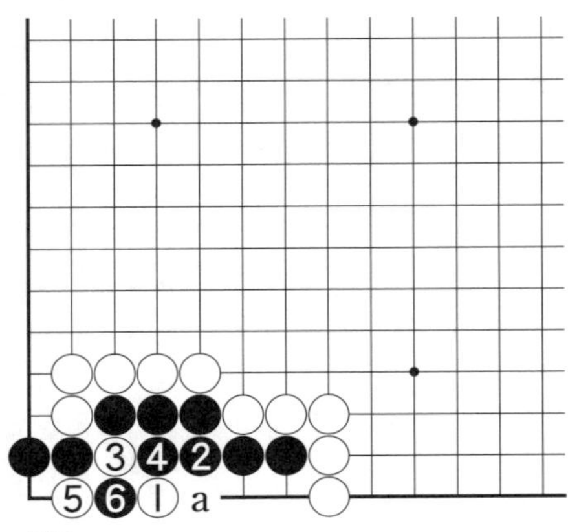

7도

7도 (유일한 공격 수단)

결론부터 밝히면 이 모양에서도 백1의 치중이 유일한 공격 수단이다.

이때 흑2는 최선이다. 이 수로 a에 받으면 백3으로 끊겨 전멸 당한다. 수순에 보듯 흑6까지 패가 최선인 것이다.

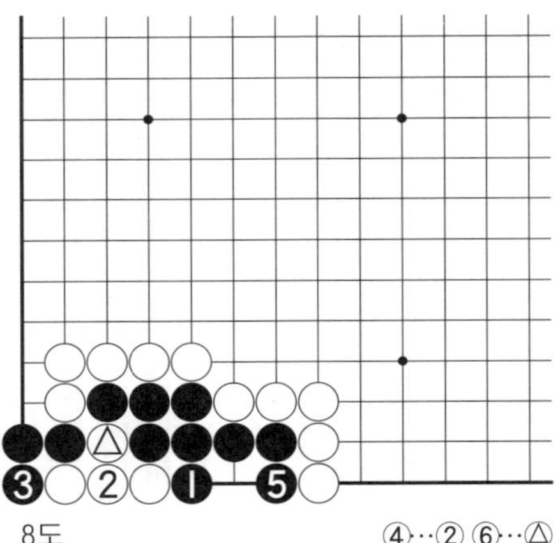

8도   ④‥②⑥‥△

8도 (패를 피하려다 양자충)

앞 그림에서 패를 피하려고 6 대신 이 그림처럼 흑1로 모는 것은 욕심이다. 백2로 잇고 흑3으로 따내는 것은 절대이다.

그런데 백4, 6으로 치중하고 끊으면 흑은 양자충에 걸려 죽는다.

9도 (다른 정답)

애당초 흑2쪽을 잇는 것도 생각할 수 있다.

어차피 백3에 끊고 흑4의 단수를 기다려 백5로 젖히면 역시 패이다. 이렇게 패를 하는 것도 정답이다.

9도

공배라는 이름의 지형지물 이용

● 흑 차례

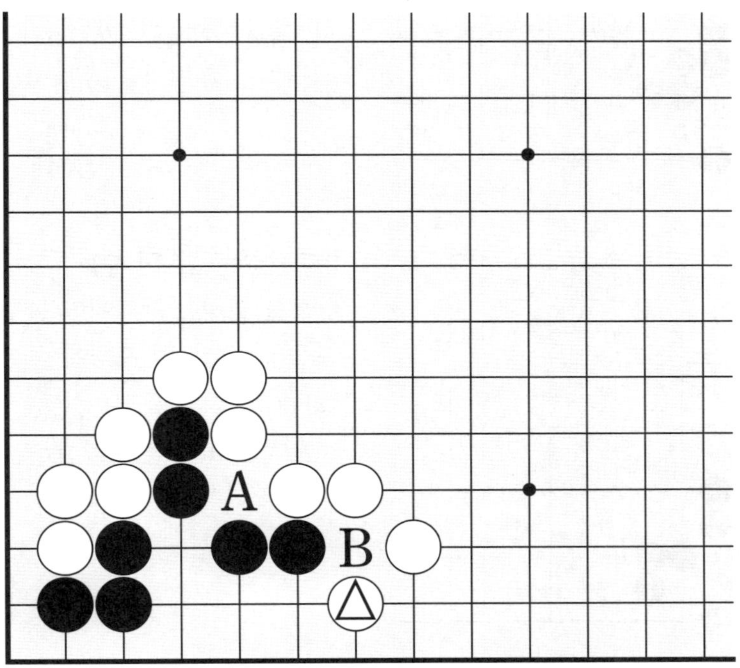

　　백△로 흑을 압박해 온 장면. 문제 해결에 앞서 흑은 먼저 점검할 사항이 있다. 다름 아니라 A, B의 두 군데가 비어 있다는 점을 기억해야 한다.

　　그걸 염두에 두고 충분한 검토를 갖는다면 실수는 최대한 줄일 것이다.

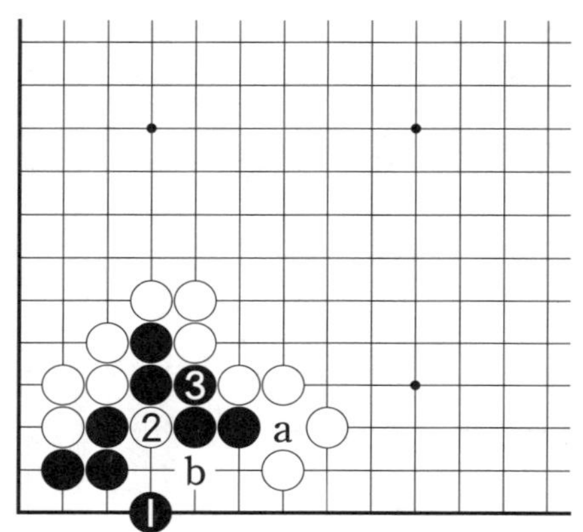

1도

1도 (일선의 묘)

흑1로 일선에 자세를 잡고 둥지를 트는 것이 좋은 작전이다.

　백2로 먹여쳐서 이곳을 옥집으로 만들려고 하더라도 걱정할 것이 없다. 흑3에 이으면 그만. a가 비어 있어 백b로 추궁하는 수단이 없지 않는가.

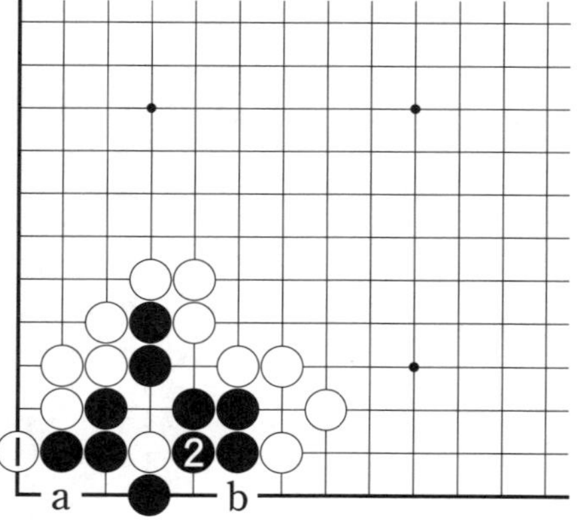

2도

2도 (잘못 응징한 수)

궁도를 넓히는 생각에만 몰두해 흑1로 막는 것은 이 모양에서 적절하지 않다.

　다만 백2의 치중은 흑의 실수를 잘못 응징하는 수인데~

3도 (대가없이 살려줌)

계속해서 백1이면 흑2로 받아서 백은 아무런 대가도 받아내지 못하고 흑을 살려주게 된다. a와 b가 맞보기인 것이다.

3도

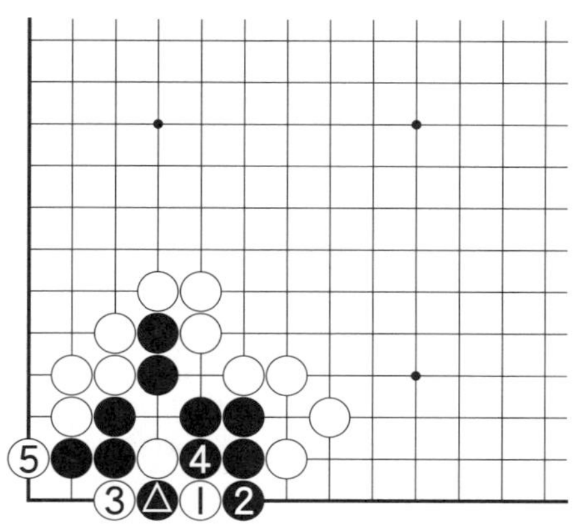

4도

4도 (패를 이끌어낸다)

흑▲에 백은 잘 생각할 필요가 있다. 백1로 막고 볼 자리이다.

이때 흑2로 연결을 방해하면 백3으로 따내서 패를 이끌어낼 수 있는 것이다.

6‥▲

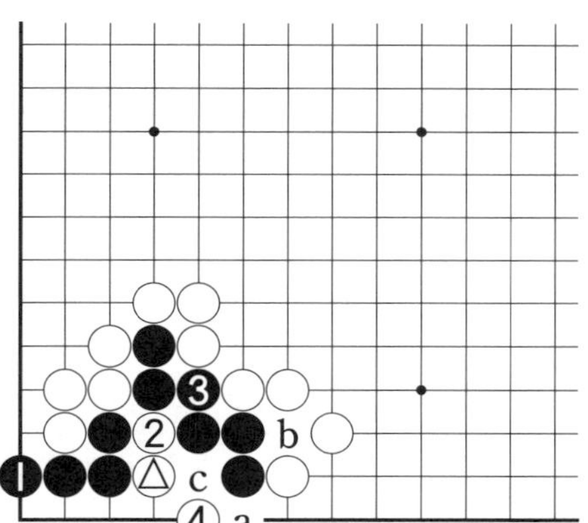

5도

5도 (전화위복)

잘못 치중한 백△에 흑1로 뻗어 앞 그림의 패마저 피하려는 생각은 과욕이다. 물론 백2, 4로 덩달아 실수를 범해 주면 전화위복이다.

백은 흑a에 b로 흑을 잡겠다는 것이지만, 흑은 곧장 c에 단수치고 살아 버린다.

6도

6도 (정확한 처방)

흑▲로 뻗어 욕심을 낼 때에는 백1의 일선 마늘모가 정확한 처방이다.

다음 흑2에 차단할 수밖에 없을 때 비로소 백3을 선수한 다음 5로 바깥을 조이면 a가 자충이라 흑의 죽음이다.

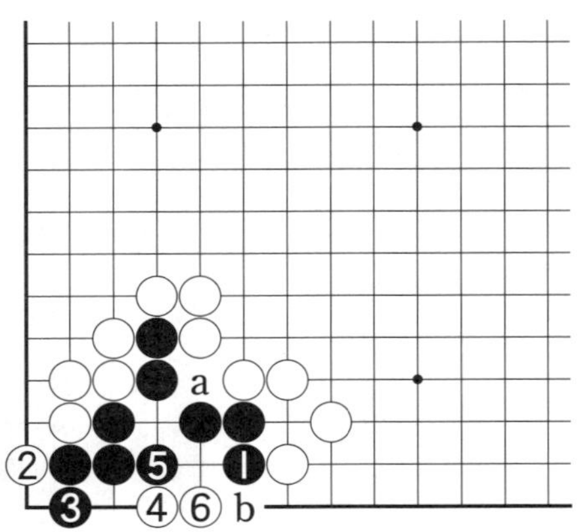

7도

7도 (기초 상식으로 접근)

사실 흑1에는 '궁도를 좁히라'는 사활의 기초 상식으로 접근하면 좋다.

백2의 젖힘이 바로 그런 수이다. 흑3으로 몸부림을 쳐봐야 백4, 6이면 a, b를 맞보기로 흑을 잡을 수 있다.

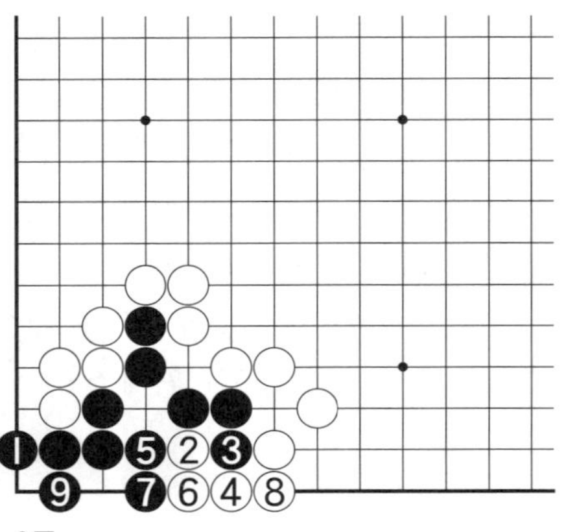

8도

8도 (헛다리 짚음)

애당초 흑1로 늘어 삶을 모색하는 수도 잘못이다.

물론 이때도 백2로 헛다리를 짚으면 다잡은 고기를 놓치게 된다. 흑은 9까지 알뜰한 두 집을 만들고 살 수 있기 때문이다.

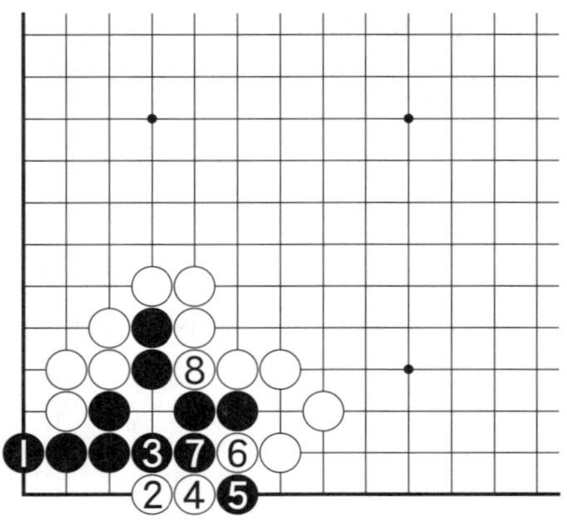

9도

9도 (눈목자 깊은 태클)

흑1에는 백2로 눈목자 깊은 태클을 걸어 처리하는 것이 바람직한 발상이다.

흑3으로 저항하며 위에서 집을 보태려고 하더라도 백4 이하로 쉽게 이를 막을 수 있다.

풍전등화

● 흑 차례

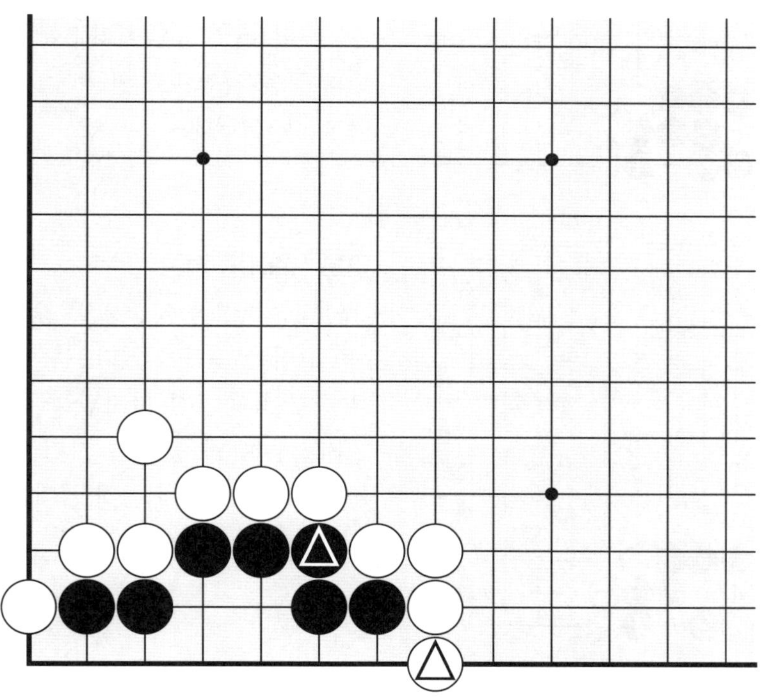

　흑은 ⬤의 든든한 배경을 이용해서 장벽 백△를 넘어
야 한다.
　이 흑⬤를 중심으로 똘똘 뭉칠 수만 있다면 충분히 위
기를 극복할 수 있을 것이다.

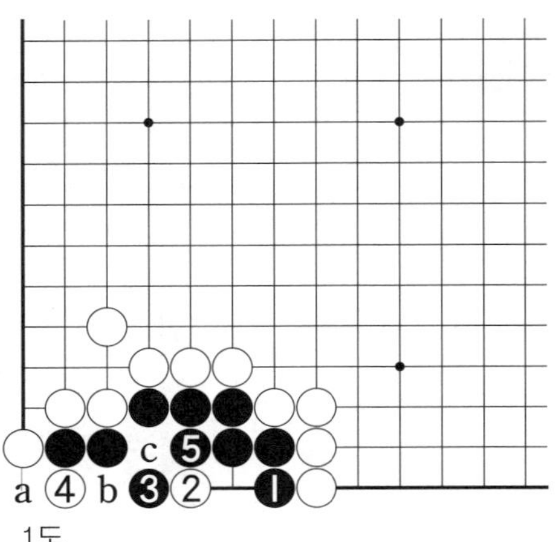

1도

1도 (자충 모양)

우선 흑1로 막아 집을 최대한 넓혀 보는 것은 어떨까?

이때 백2의 치중이면 흑3으로 받아 문제없다. 백은 4에 두더라도 a가 비어 자충 모양이라 b에 단수쳐 c의 곳을 옥집으로 만들 수 없기 때문이다. 그런데~

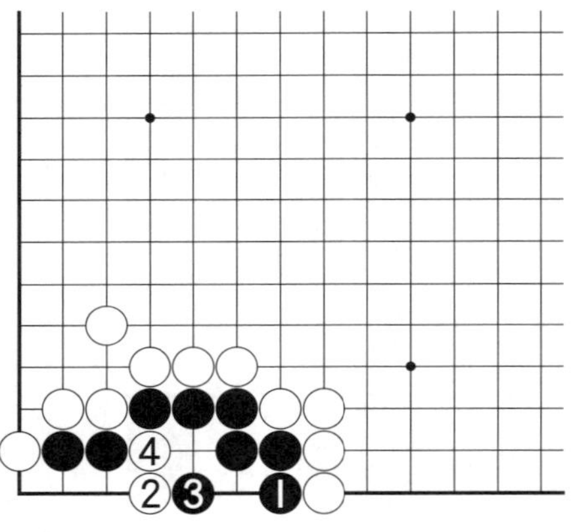

2도

2도 (올바른 치중)

흑1에는 백2쪽 치중으로 흑의 잘못을 꼬집는 수단이 있다.

흑3이 틀이긴 하지만 바깥 공배가 모두 메워져 있는 지금과 같은 모양에서는 백4에 끊겨 꼼짝없이 죽고 만다.

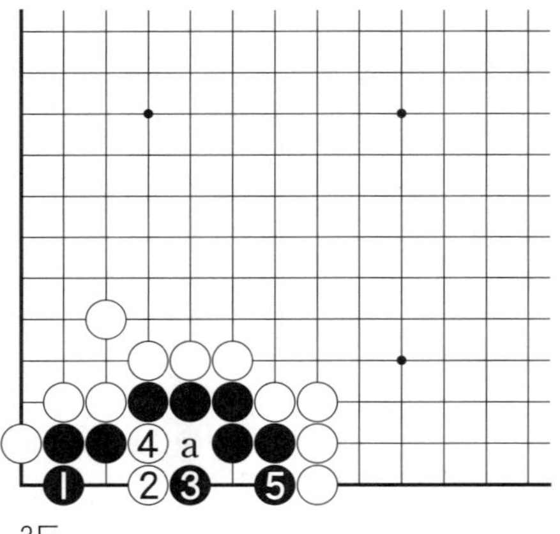

3도

3도 (마찬가지 치중)

반대쪽에서 흑1로 꼬부리면? 이 경우에도 백2의 치중이 급소. 흑3으로 삶을 모색해 봐야 역시 백4에 끊겨 곤란하다.

흑5로 바깥에 집을 만들더라도 a가 자충이라 부질없는 일이다.

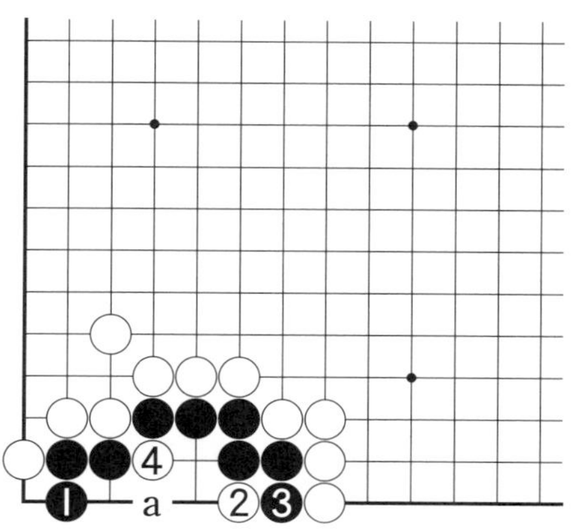

4도

4도 (잘못된 응징)

흑1에 백2로 붙여 응징하려는 것은 잘못된 생각이다. 물론 손 따라 흑3에 막으면 백4를 당해 죽는다.

하지만 백2에는 흑a에 호구쳐 사는 길이 있다.

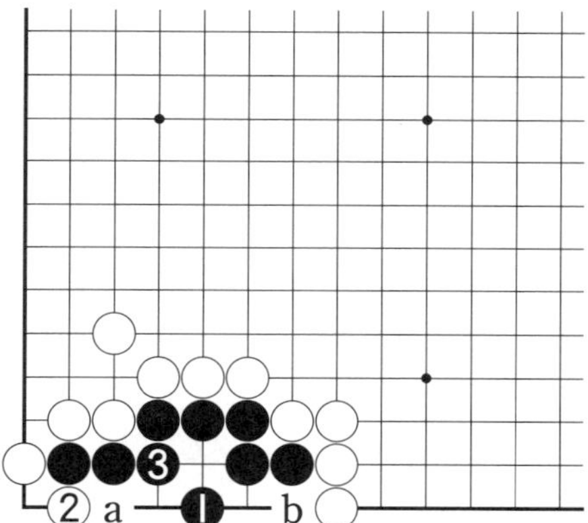

5도

5도 (그럴 듯한 호구)

흑1로 호구치는 것이 그럴 듯해 보이지만 정수가 아니다.

하지만 백2로 젖히면 흑3으로 그냥 살려주게 된다. 다음 흑은 a와 b가 맞보기.

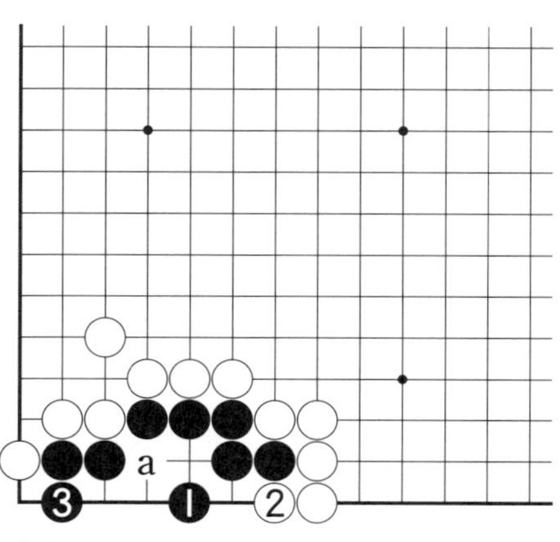

6도

6도 (잘못된 공격)

흑1에 백2쪽에서 공격을 퍼붓는 것도 잘못은 마찬가지다. 흑3으로 꼬부려서 간단히 살 수 있다.

또한 흑은 3을 a에 이어도 사는 데는 지장이 없다. 그런데~

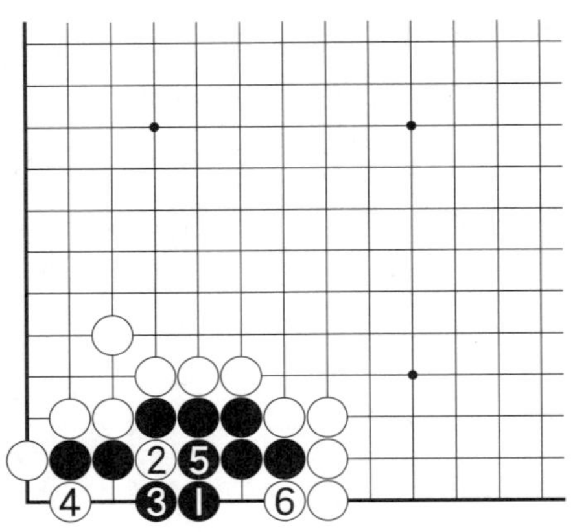

7도

7도 (멋진 발상)

사실 흑1에는 백2로 끊는 것이 생각하기 힘든 멋진 발상이다.

이 수만이 흑1의 잘못을 응징하는 유일한 수단이다. 흑3을 기다려 백은 4를 선수한 다음 6에 둬 흑을 잡는다.

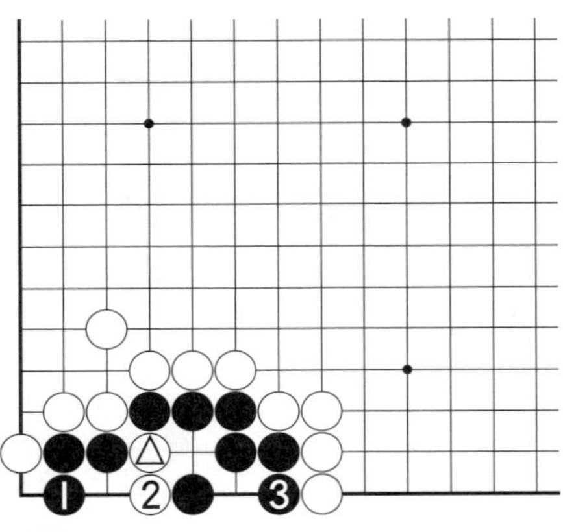

8도

8도 (자충에 걸림)

백△로 끊을 때 흑1은 신중한 자세로 임하려는 것이지만 역시 좋은 결과를 기대하긴 힘들다.

백2로 따라서 빠지는 것이 좋은 수이다. 흑3에 둬 한 집을 만들더라도 자충이라 소용없다.

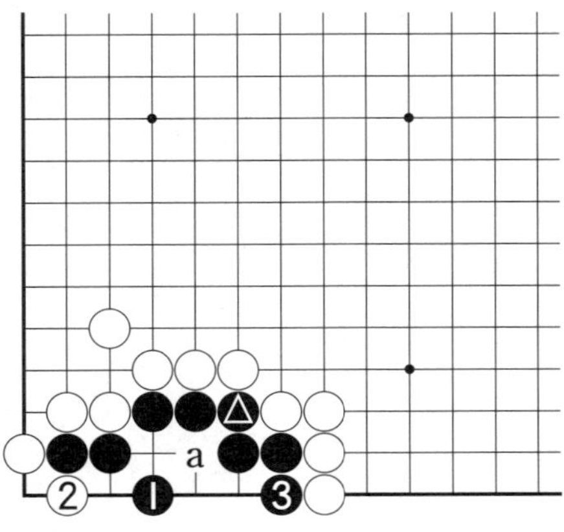

9도

9도 (정확한 호구)

따라서 정답은 흑1이다. 같은 호구라도 자기 진영에 있는 돌들의 환경에 따라 삶과 죽음이 교차된다.

흑△가 든든해 백a로 끊길 염려가 없다는 데 착안한 것이다.

실전형 삶의 여러 가지

● 흑 차례

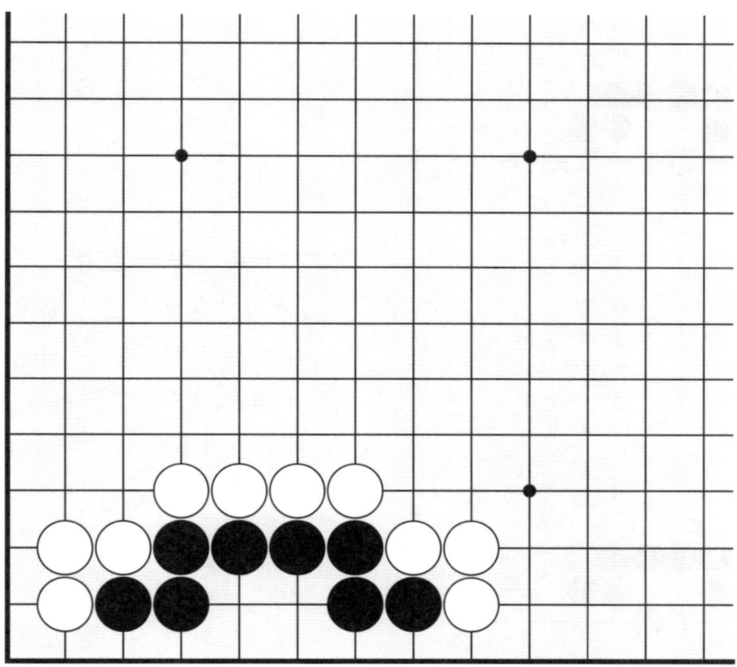

2장을 마무리 지으며 상큼하게 3장을 맞으라는 뜻에서 아주 쉬운 문제를 골랐다.

실전에서 충분히 나올 수 있는 형태로 사는 방법은 여러 가지이다.

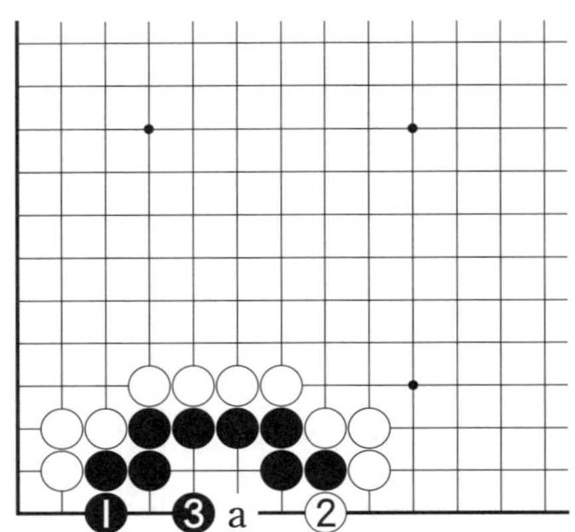

1도

1도 (꼬부리는 수로 삶)

흑1(물론 좌우동형이라 2에 두어도 마찬가지)로 꼬부려서 간단히 살 수 있다. 백2면 흑3으로 그만.

살기로만 본다면 흑3 대신 a에 둬도 무방하다.

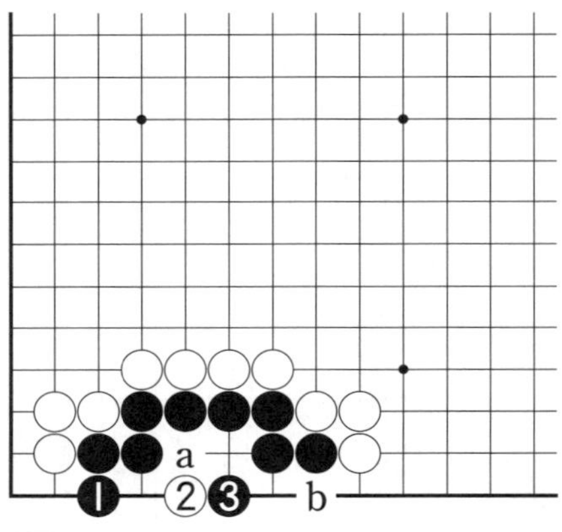

2도

2도 (치중도 부질없다)

흑1에 백2의 치중으로 흑의 목숨을 노리는 것은 부질없는 일이다. 흑3으로 막는 수가 있기 때문이다.

다음 a와 b를 맞보기로 흑은 거뜬히 살 수 있다.

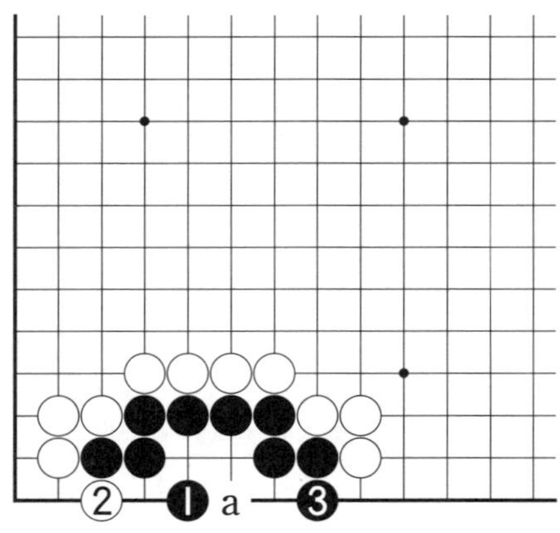

3도

3도 (역시 산다)

흑1로 안쪽에서 먼저 틀을 잡아도 무방하다. 백2로 젖히면 흑3으로 넓혀서 살 수 있다.

물론 좌우동형이므로 흑1을 a에 둬도 똑같다.

2장

사활의 기본 테크닉

사활은 수학의 방정식처럼 몇 가지만으로 늘 적용되는 공식이 따로 없다. 문제를 많이 접해 실전에서 비슷한 형태가 나오면 응용하는 수밖에 달리 방법이 없는 것이다.

다만 눈을 만들거나 없애는 급소는 대체로 몇 가지로 압축할 수 있다. 젖힘, 치중, 먹여침, 붙임, 궁도 관계 등이 사활에서 기본이 되는 테크닉이다. 이런 테크닉을 염두에 두고 사활을 접하면 보다 쉽게 문제를 해결할 수 있을 것이다.

갈림길

● 흑 차례

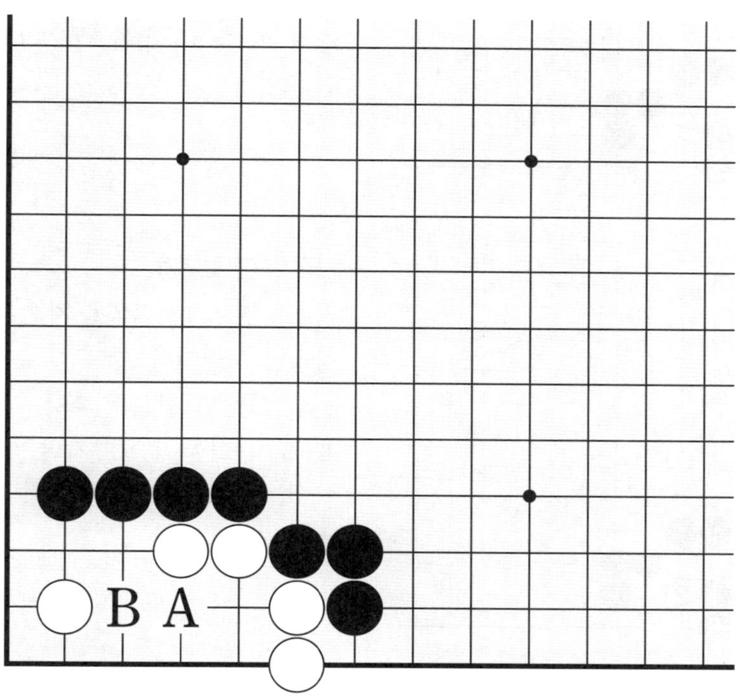

　제일감으로 떠오르는 맥점은 이 문제에서는 두 가지 정도이다.

　우선 A의 붙임을 들 수 있을 것이고, 다음으로 B의 건너붙임을 생각할 수 있을 것이다. 과연 어디가 정수일까?

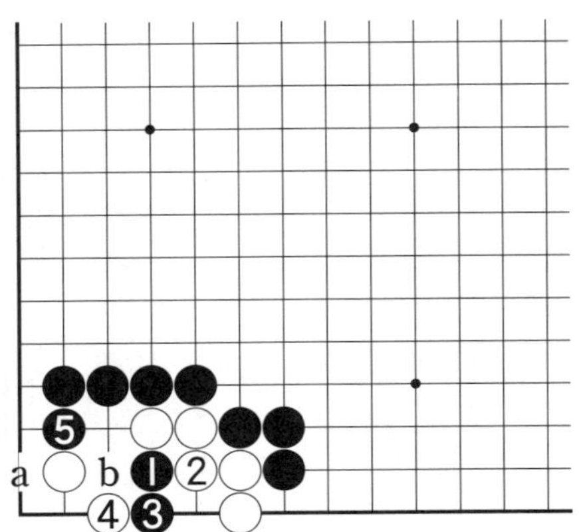

1도

1도 (붙임으로 잡다)

우선 흑1로 붙여보자. 그러면 백2에 잇지 않을 도리가 없다.

이때 흑3으로 침착하게 빠지는 것이 정수이다. 백4에는 흑5로 치받는다. 다음 a와 b를 맞보기로 백을 잡는다.

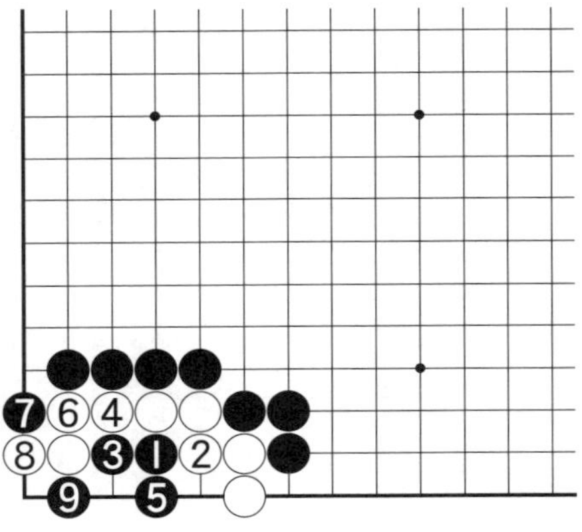

2도

2도 (빅으로 삶)

백2로 받을 때 흑3에 치받는 것은 경솔한 처리이다.

앞 그림과 같은 결과를 기대하고 흑5로 근거를 없애겠지만 백6, 8이면 빅이 난다.

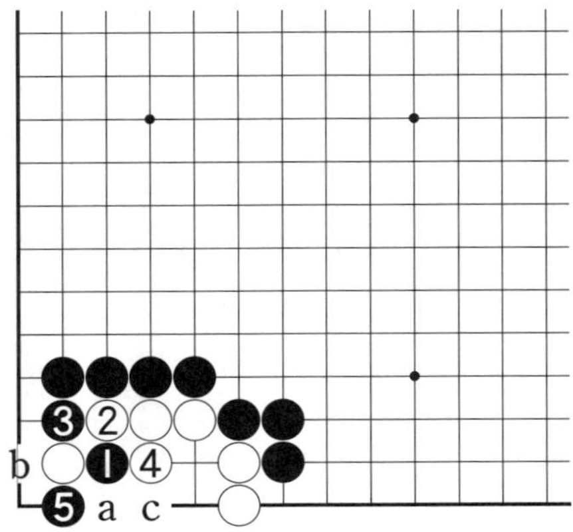

3도

3도 (건너붙이면 패)

흑도 1에 건너붙이는 수는 좋지 않다. 백4 때 흑5면 패(백a는 흑b로, 백b는 흑c로)가 난다.

하지만 그냥 잡을 수 있는 곳에서 패를 만들어줄 이유가 없지 않은가.

귀의 간격 포착

● 흑 차례

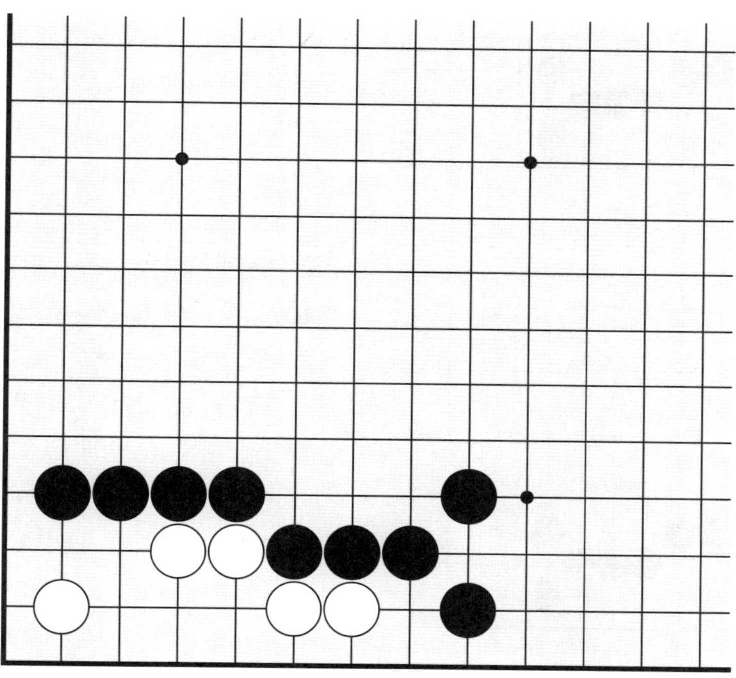

앞에서 선보인 모양과 비슷하면서도 다르다. 과연 이 경우에도 같은 맥점을 이용해야 할까?

변쪽에 백돌이 강화된 만큼 이번에는 귀의 간격을 포착해서 노리는 것이 유효할지도 모른다.

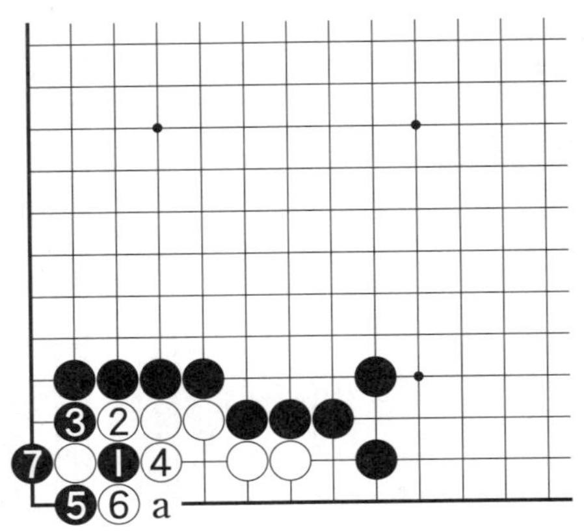

1도

1도 (패가 최선)

이 경우야말로 흑1로 건너붙어서 수단을 부리는 것이 옳다. 백2를 기다려 흑3으로 끊고 이하 7까지 패를 만든다.

백6으로 7 자리에 빠지면 흑a에 두어서 역시 패이다.

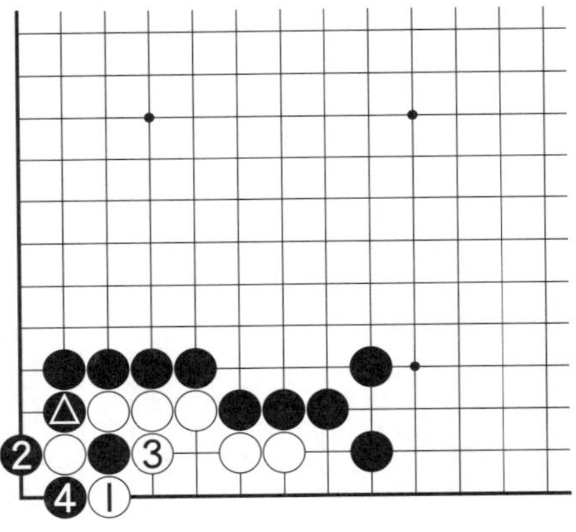

2도

2도 (수순만 바뀜)

흑▲로 끊었을 때 백1로 일선에서 모는 수도 있다. 이때는 흑2로 바깥에서 단수치는 것이 요령이다.

백3에 따낼 수밖에 없을 때 흑4로 집어넣어 역시 패이다. 앞 그림과 수순만 바뀌었을 뿐이다.

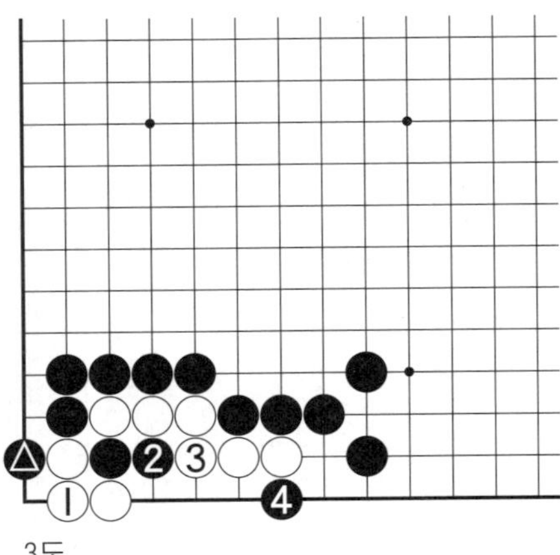

3도

3도 (키워죽이는 묘수)

흑▲ 때 패를 피한답시고 백1에 꽉 잇는 것은 욕심이다.

흑2로 두점을 키워죽이는 묘수가 있어 백이 살 길이 없다. 백3이면 흑4로 붙여 그만이다.

단번에 숨통을 끊는 맥점

● 흑 차례

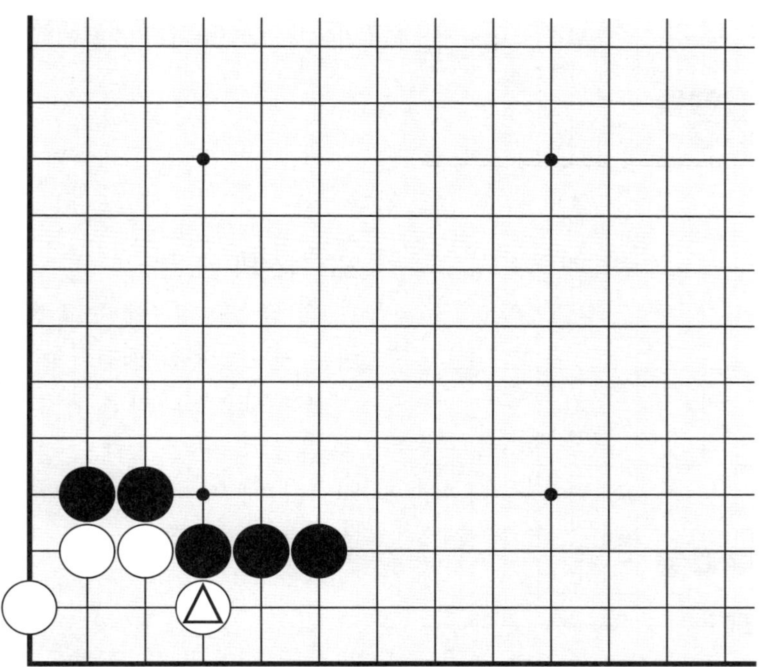

　　소목 굳힘 이후에 나올 수 있는 모양이다. 백△가 신경 쓰여 흑이 알기 쉽게 두면 끝내기에 불과하다.

　　백을 공략하는 방법이 몇 가지 있지만, 단번에 숨통을 끊는 맥점은 단 하나이다. 과연 그곳은 어디일까?

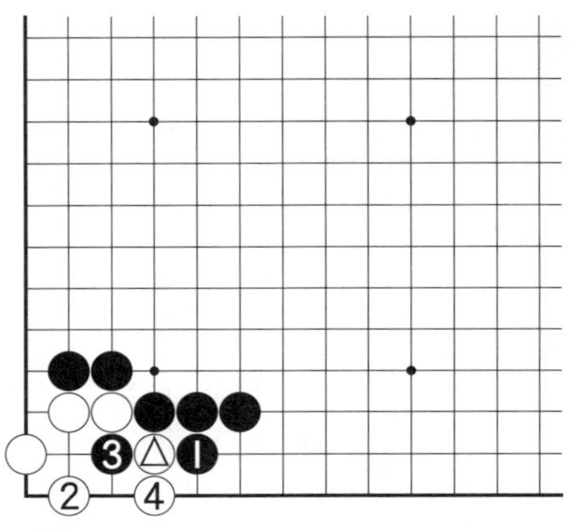

1도

1도 (무책임한 막음)

백△에 흑1로 곧장 막는 것은 무책임한 행동이다.

백2로 틀을 잡으면 아무 수도 나지 않는다. 뒤늦게 흑3에 단수를 쳐봐야 백4로 빠져서 소용이 없다.

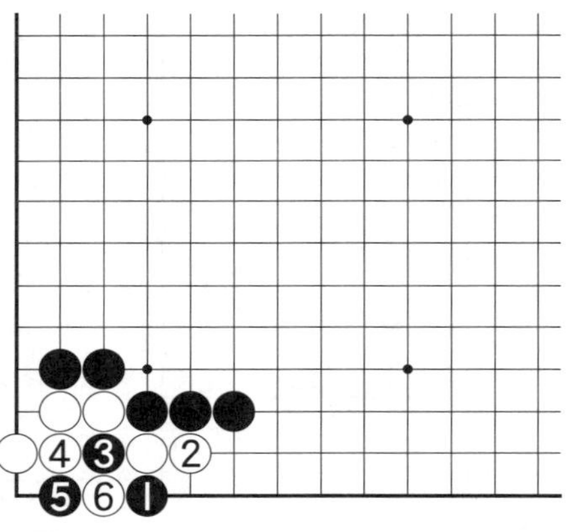

2도

2도 (1선의 급소?)

1선의 급소를 염두에 두고 흑1로 붙이는 것도 정확한 맥점이 아니다.

물론 백2로 빠지면 흑3, 5로 패는 만들 수 있다. 그래도 정답은 아니지만, 백은 2로 3에 웅크려 빅을 내는 수단까지 있다.

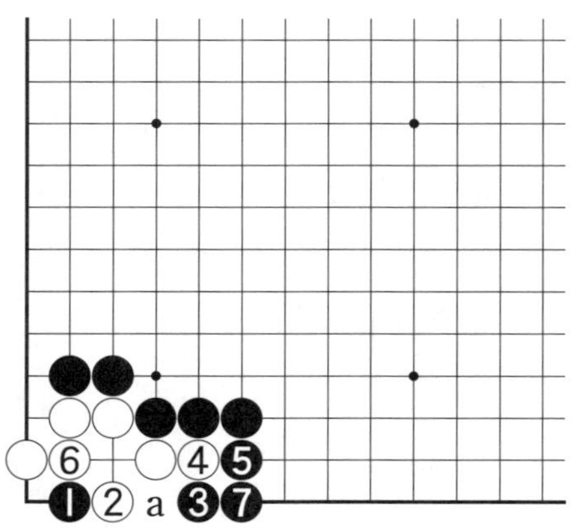

3도

3도 (선치중 후행마)

흑1의 치중이 백을 꼼짝달싹 못하게 만드는 정확한 일침이다. '선치중 후행마'의 대표적인 케이스.

백2로 버티더라도 흑3이면 거뜬히 백을 잡는다. 이하 흑7에 a가 자충이다.

철옹성 격파

● 흑 차례

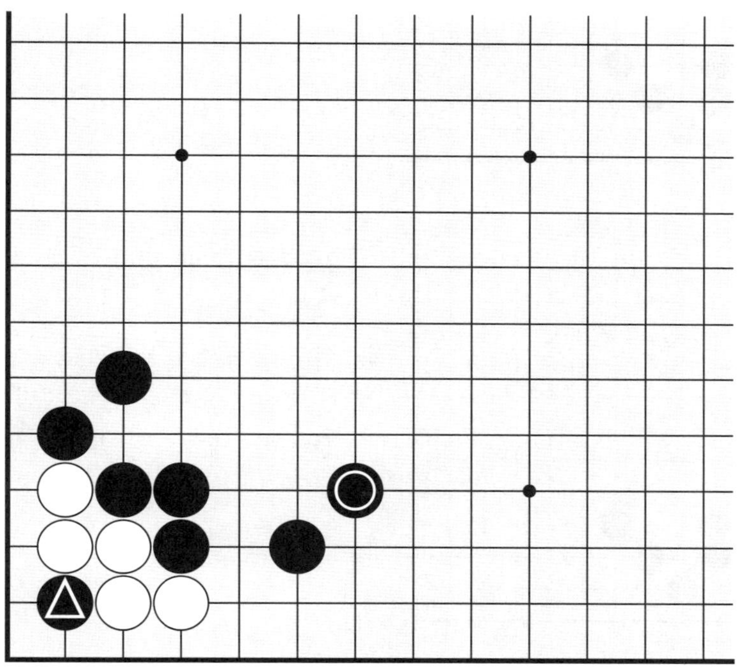

　흑▲가 갇혀 있어 백을 공격하기가 만만치 않다. 하지만 흑은 ◎ 등 주변이 튼튼하다는 장점을 갖고 있다. 발상이 매우 중요한 문제이다.

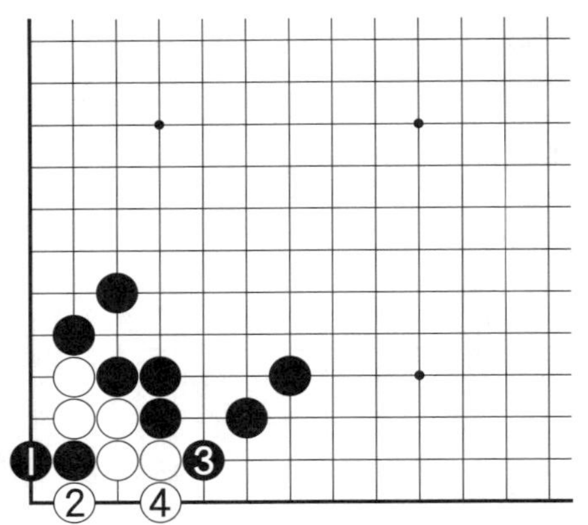

1도 (간단한 실패)

흑1로 늘어 보자. 그러면 백2로 젖히는 수에 간단히 실패한다.

흑3으로 막아봐야 백4로 1선에 꼬부려서 간단히 산다.

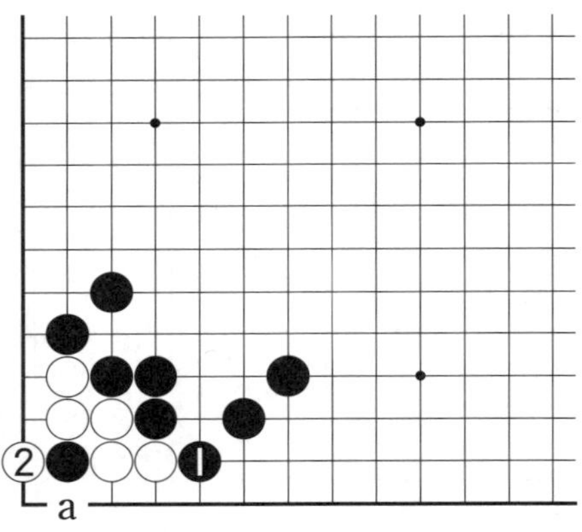

2도 (끝내기에 불과)

그렇다고 흑1로 곧바로 막는 수도 선수 끝내기에 불과하다.

백은 2 또는 a로 흑 한점을 몰고 간단히 수습할 수 있다.

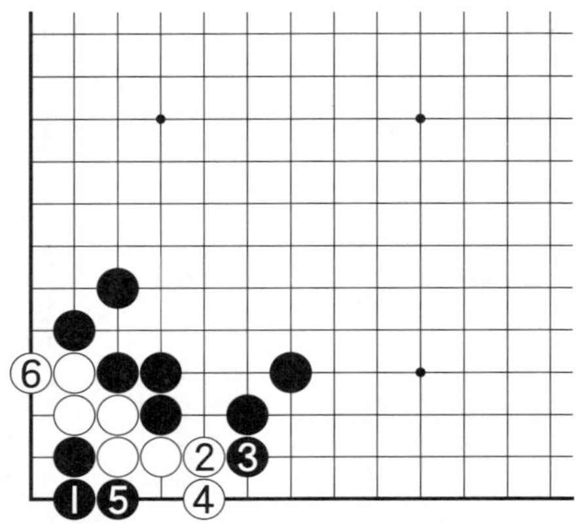

3도 (아래쪽으로 늘기)

이 경우에는 그림처럼 흑1로 아래쪽으로 늘어야 한다.

백2, 4면 흑5로 두 집이 만들어지지 못하도록 방해한다. 이어 백6에 꼬부릴 때가 어려운데~

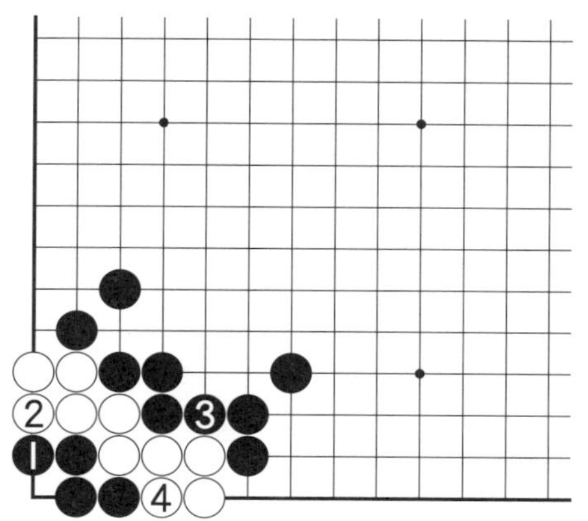

4도

4도 (잘못된 메움)

계속해서 흑1로 버티는 것이 중요하다. 백은 2로 조여 흑 넉점을 잡으려 들 것이다. 이때 흑이 3으로 바깥을 덩달아 메워가는 것은 잘못이다. 계속해서~

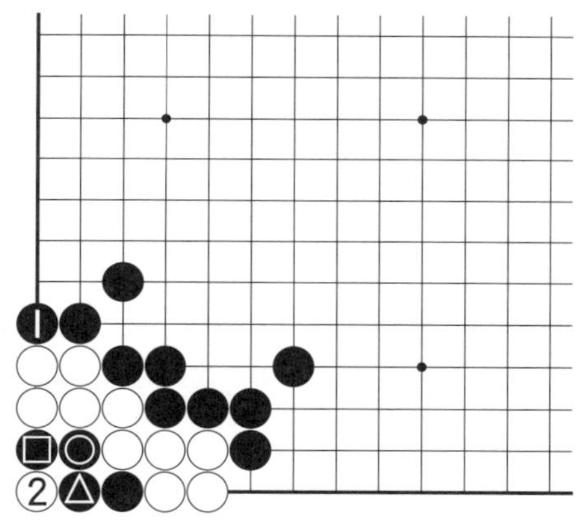

5도

❸…▲ ④…◉ ❺…■

5도 (교묘한 패)

흑1에 몰고 백2로 따내는 것까지는 당연하다.

귀가 아닌 경우라면 곡사궁의 형태라 완생이겠지만, 흑3으로 되모는 수가 성립해서 교묘히 패를 만들 수 있다. 하지만~

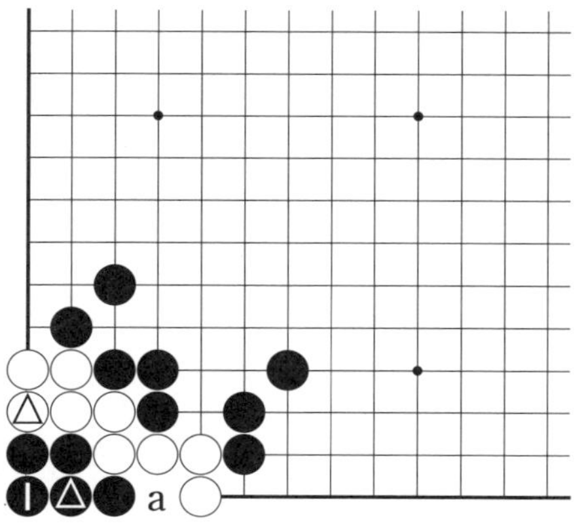

6도

6도 (오궁도화)

백△에 흑은 1에 잇는 수가 간명하고도 정확한 응수이다. 백a로 따내더라도 흑▲에 치중하면 그만이다.

'오궁도화를 만들면 잡는다'는 평범한 사활 진리를 잊지 말자.

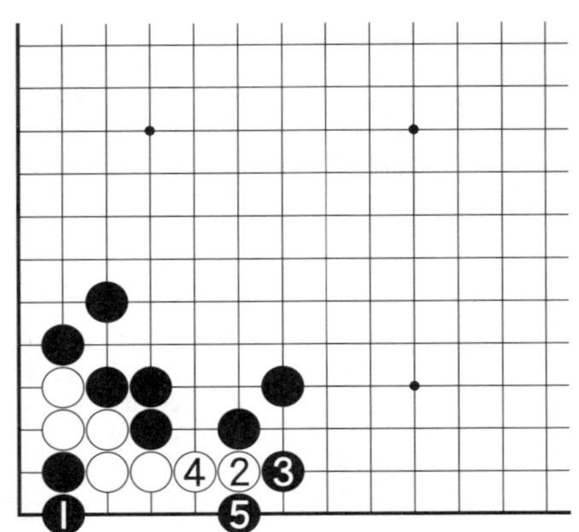

7도

7도 (고분고분 받는다)

흑1에 늘 때 백2로 건너붙여서 버틸 수도 있다. 그러면 흑3으로 고분고분 받는다.

어차피 백4로 이어 연결을 꾀해야 하므로 흑은 5로 젖혀서 백을 잡을 수 있다.

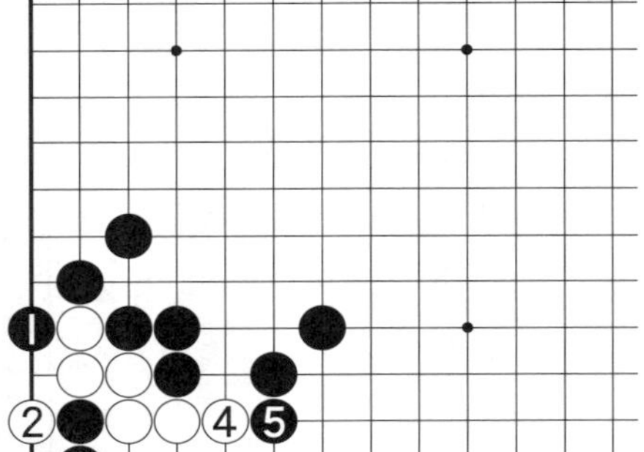

8도

8도 (사활 격언의 잘못 적용)

'죽음은 젖힘에 있다'는 사활 격언을 염두에 두고 흑1로 젖히는 것은 적절하지 않다.

물론 백2로 덩달아 실수를 저지르면 흑5까지 소기의 목적을 달성할 것이다. 그러나~

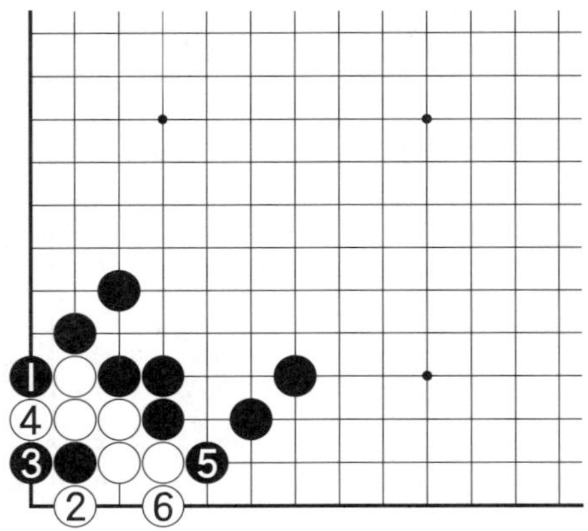

9도

9도 (모는 방향이 중요)

흑1에는 백2쪽에서 모는 것이 흑의 잘못을 정확히 응징하는 수이다.

흑3에 키워 죽이더라도 백6으로 다른 곳에서 집을 만들 수 있다. 이처럼 모는 방향이 중요한 것이다.

견고한 배경 이용

● 흑 차례

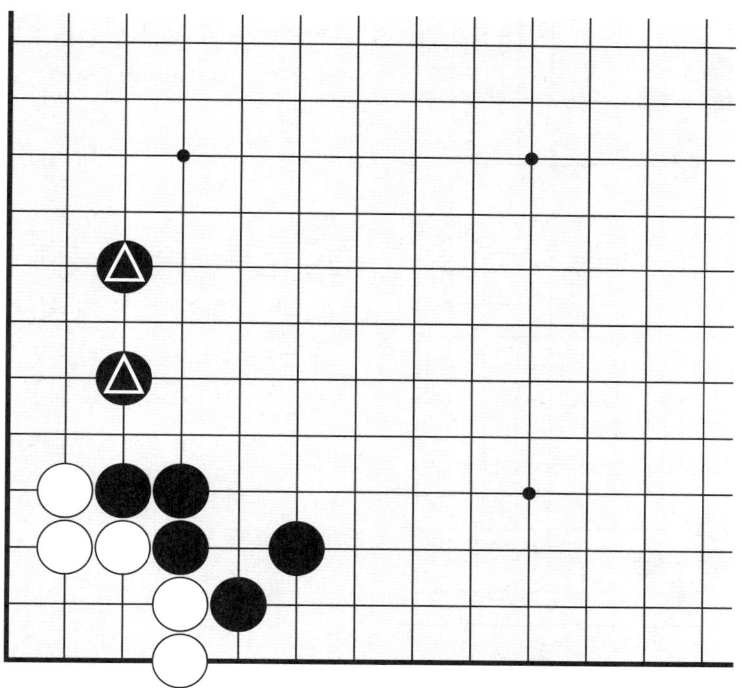

흑▲ 두점이 견고해 백이 밖으로 탈출하기는 불가능한 상태이다.

이제 남은 일이라면 갇혀 있는 백을 공격하는 것인데, 어디서부터 실타래를 풀어가야 할지 생각해보자.

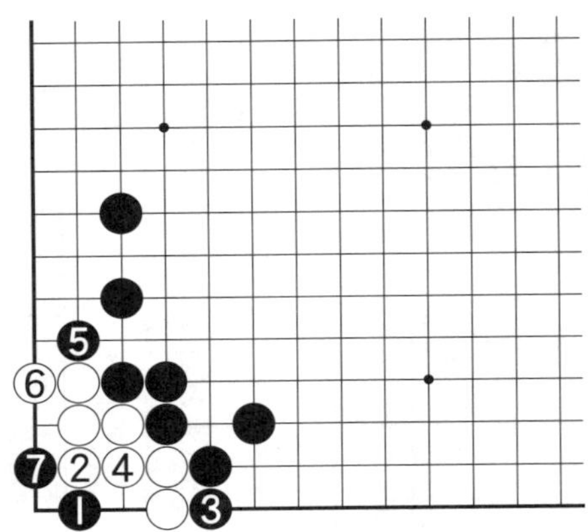

1도

1도 (귀곡사)

흑1의 치중이 정확한 맥점이다. '귀의 급소는 2의 一에 있다'는 사활 격언에 착안한 것이다.

　백2의 호구로 틀을 잡더라도 흑3으로 백을 뭉치게 만들면 된다. 흑7까지 '귀곡사'의 죽음이다.

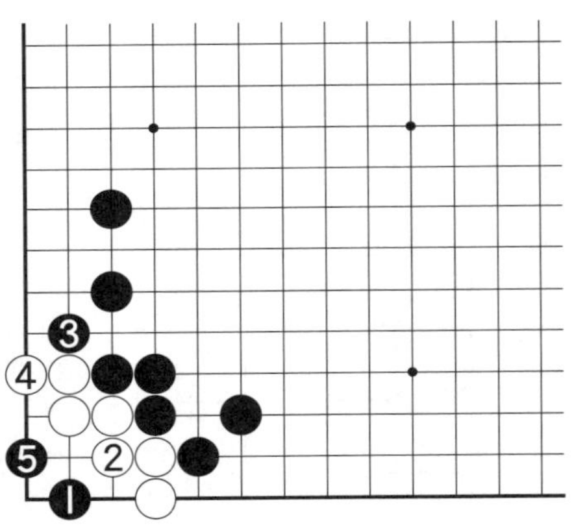

2도

2도 (몸부림에 불과)

흑1의 치중에 백2로 꽉 잇고 몸부림을 쳐봐야 역시 소용없다. 흑3으로 바깥을 가만히 막아두면 된다. 백4에는 흑5로 파호해서 그만이다.

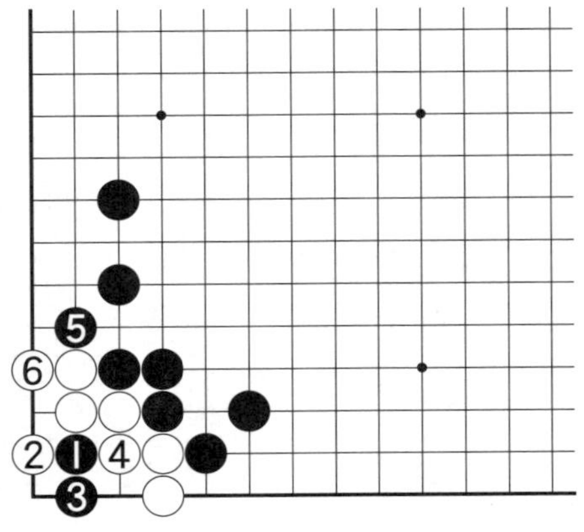

3도

3도 (보태주는 꼴)

흑1의 붙임은 잘못 적용한 맥점이다. 백2로 젖히면 탄력이 풍부해져 잡을 수가 없다.

　백을 잡으려면 흑3에 늘어야 하는데, 백6까지 거꾸로 흑 두점만 보태주는 꼴이다.

화점에서 약방의 감초

○ 백 차례

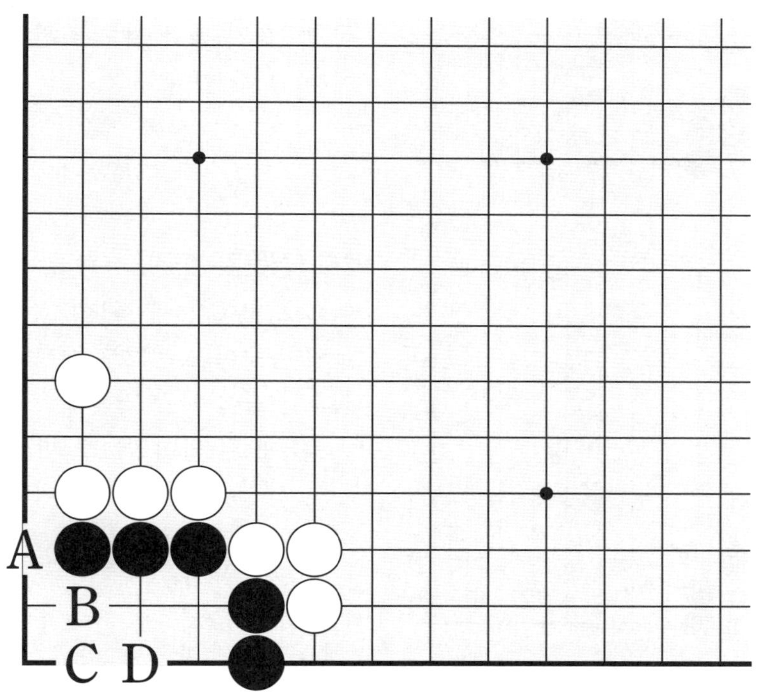

화점 정석에서 약방의 감초처럼 나오는 형태이다. 이번 기회에 잘 알아두면 그만큼 유용한 문제인 셈이다.

백은 A의 젖힘을 비롯해서 B의 붙임, C와 D의 치중 등이 모두 그럴듯해 보이는데 정답은 여러 가지이다.

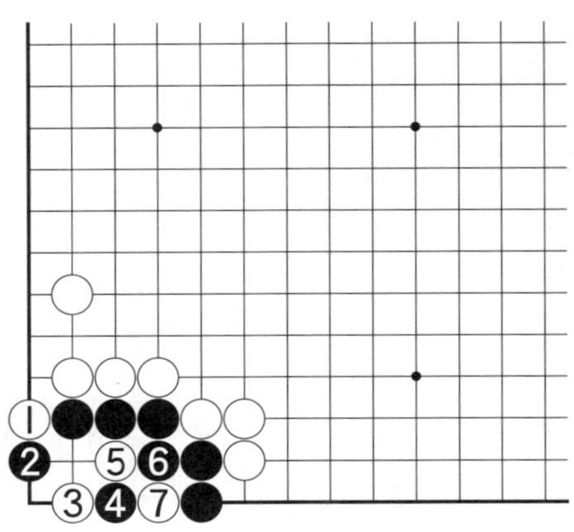

1도

1도 (패가 최선의 응접)

백1로 젖히는 수부터 알아보자. 흑2를 기다려 백3에 치중하는 것은 절대이다.

이때 흑4는 최강의 버팀이다. 결국 백7까지 패가 서로 최선의 응접이라 할 수 있다.

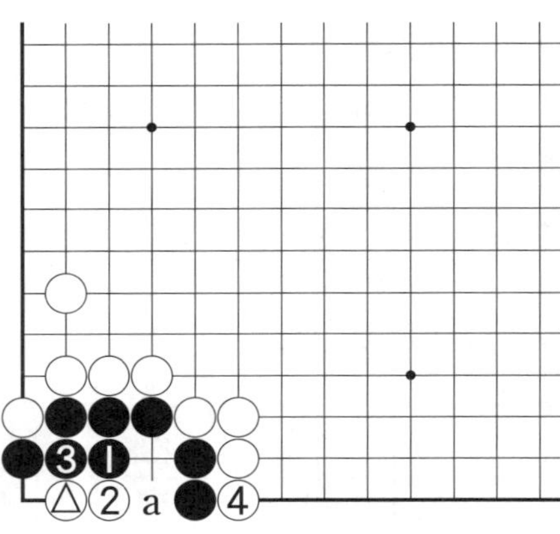

2도

2도 (잘못된 호구)

백△로 치중할 때 흑1의 호구는 잘못된 응수이다. 백2로 슬그머니 들어오면 숨이 콱콱 막힌다.

흑3에 둬 봐야 백4로 바깥을 메우면 사망이다. a가 자충이기 때문이다.

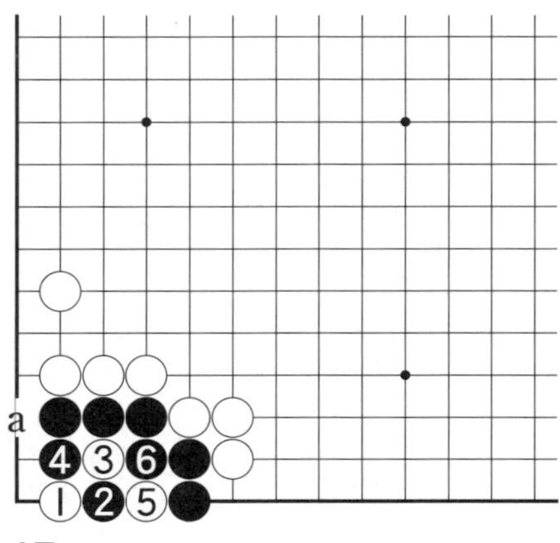

3도

3도 (되모는 묘수)

백a로 젖히는 수를 생략한 채 백1로 치중하면 어떻게 될까?

한마디로 잘못이다. 백3으로 몰 때 흑은 4로 되몰고 역습하는 수가 있다. 흑6까지 완생이다.

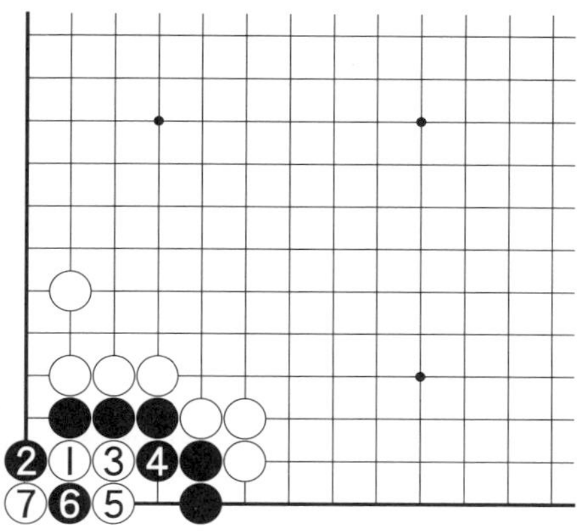

4도

4도 (또 다른 정답)

그럼 백1에 붙이는 수는 어떨까? 흑2에는 백3으로 늘어서 백을 압박해가는 것이 중요하다.

흑4로 잇지 않을 수 없을 때 백5면 패이다. 또 다른 정답이다.

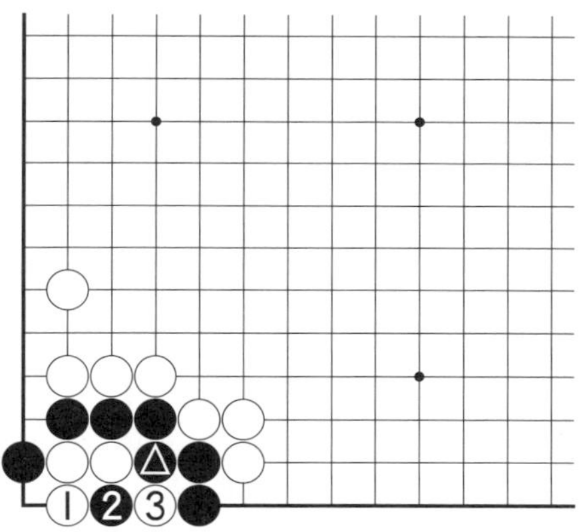

5도

5도 (역시 패)

흑▲로 이을 때 백1로 왼쪽으로 꼬부려도 상관없다.

어차피 흑은 2에 집어넣어 패를 피하지 못하기 때문이다.

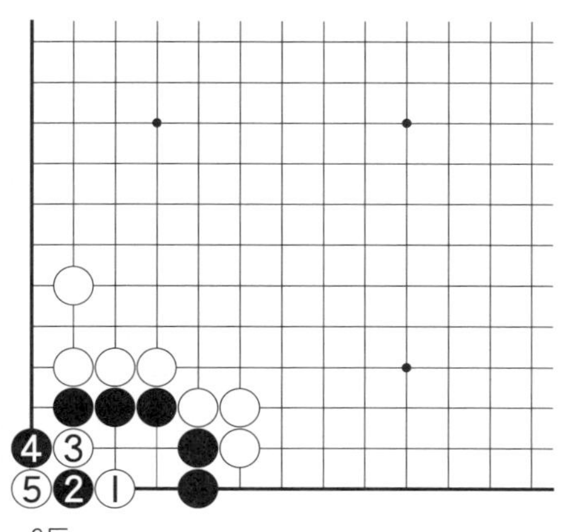

6도

6도 (세 번째 정답)

패를 만든다는 측면에서는 백1쪽의 치중도 가능하다. 흑2로 건너붙이는 수를 기다려 백5까지 패이다.

애당초 이 형태는 패를 만드는 방법이 세 가지인 셈이다.

7도 (어차피 패)

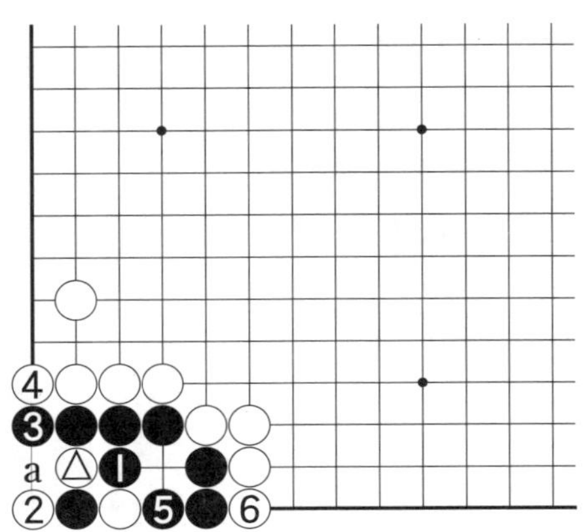

7도

백△로 젖힐 때 흑1로 끊고 패를 피하려 발버둥 쳐봐야 소용없다.

흑3에 빠질 때 백4로 막으면 a의 곳이 자충이라 어차피 흑5에 몰아 패를 해야 한다.

8도 (공배가 있는 경우)

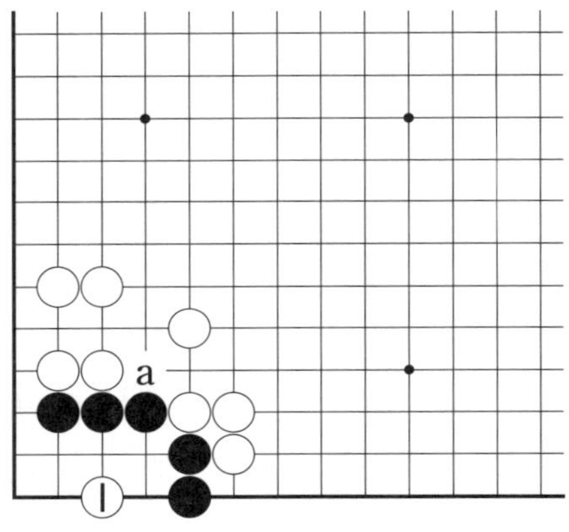

8도

만일 그림처럼 a의 곳에 공배가 하나 비어있는 상황이라면 어떨까. 과연 이때도 백1의 치중이 유효할까?

공배는 상황에 따라 치명적인 영향을 미친다는 사실을 상기하자.

9도 (두점을 버리고 산다)

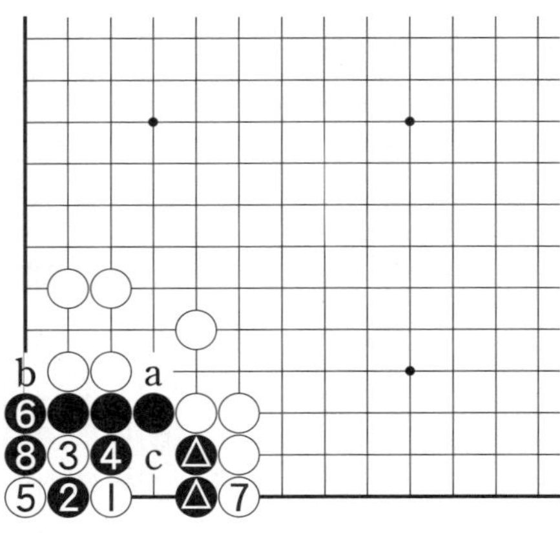

9도

백1에는 흑2의 건너붙임이 맥점이라 설명했다. 그런데 이제는 a와 b의 두 군데가 비어 있어 흑6에 백7로 조일 수밖에 없다.

이때 흑은 c에 잇지 않고 8로 몰고 사는 수가 있다. 흑▲ 두점은 버리면 그만이다.

귀의 이런저런 수단

● 흑 차례

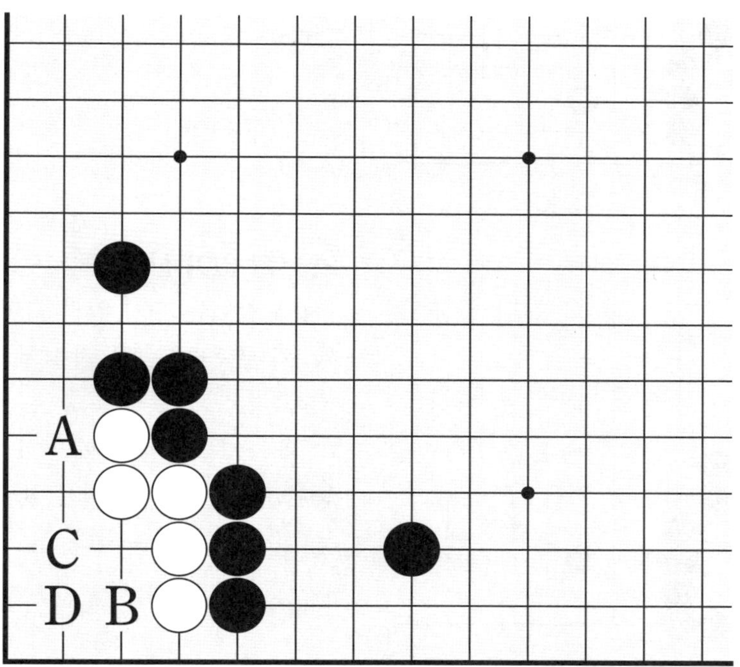

   역시 많이 등장하는 형태이다. 흑은 우선 A로 젖혀 궁
도를 좁히는 것부터 생각할 수 있다.
   B의 붙임, C와 D의 치중도 제일감으로 떠오르는 맥점
인데 꼭 잡으라는 문제는 아니다. 귀에는 이런저런 수단
이 있다는 예로 알아두길 바란다.

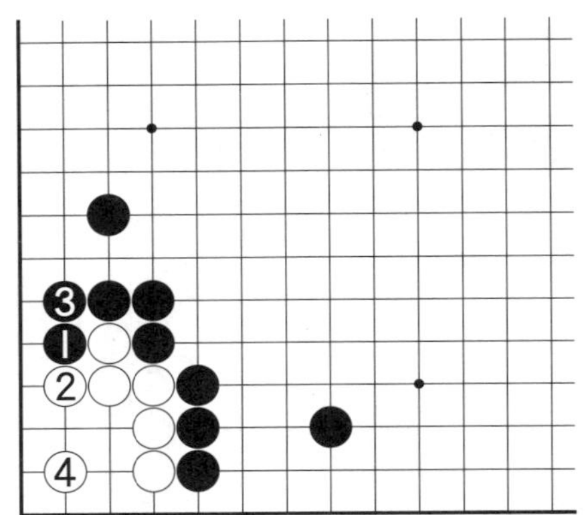

1도

1도 (완벽한 삶)

흑1로 젖히는 수부터 알아보자. 그러면 백은 2로 막고 다음을 기다리면 된다. 흑3에 두는 정도인데, 그때 백은 4로 틀을 잡고 완벽하게 살 수 있다.

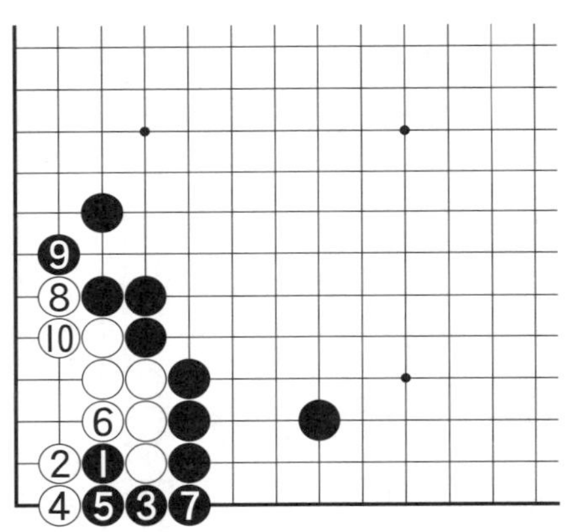

2도

2도 (탈 없이 산다)

흑1에 붙이는 수가 일견 맥점이지만 백2가 좋은 응수라 걱정할 필요가 없다.

흑3으로 넘어갈 때 백4가 또한 눈여겨 볼 수이다. 백은 10까지 아무 탈 없이 살 수 있다.

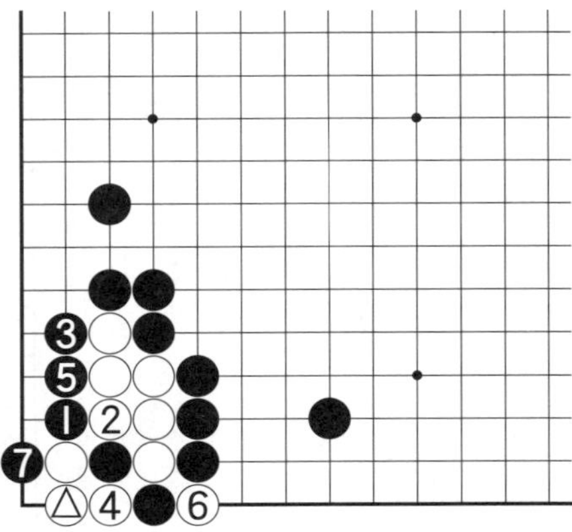

3도

3도 (조임을 당해 죽음)

백△에 대해 흑1로 젖힐 때 주의해야 한다.

만일 백2로 덜컥 끊으면 흑3, 5의 조임을 당해 위험해진다. 백6으로 한점을 따내더라도 흑7의 젖힘을 당하면 죽는다.

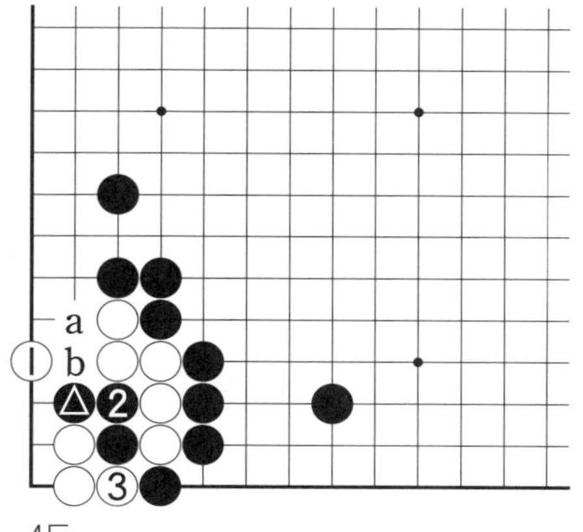

4도

4도 (위기를 탈출하는 뜀)

따라서 흑⬢에는 좀 더 신중한 대처가 필요하다.

　백1의 뜀이 바로 위기를 탈출하는 유일한 응수이다. 흑2에 비로소 백3으로 끊으면 된다. 이어 흑a는 백b로 그만.

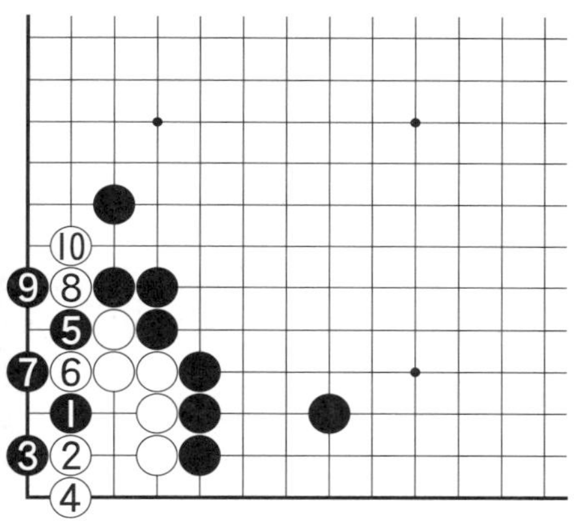

5도

5도 (아무 수도 아님)

이번에는 흑1로 치중하는 수를 알아본다. 백2에는 흑3으로 젖혀 공격의 발판으로 삼는다.

　흑7은 백8일 때 흑9로 젖혀서 패를 하겠다는 계산에서 비롯된 수이다. 하지만 백10으로 늘면 아무 수도 아니다.

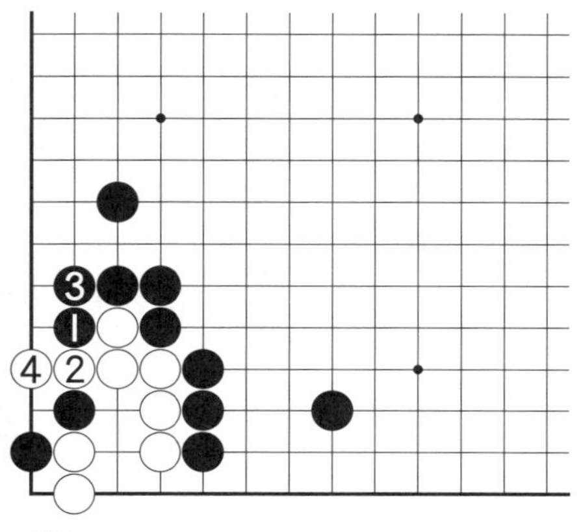

6도

6도 (젖혀 잇는 정도로 만족)

결국 흑은 1에 젖힌 다음 백2면 흑3에 잇는 정도로 만족할 수밖에 없다. 그러면 백은 4로 빠져서 쉽게 살 수 있다.

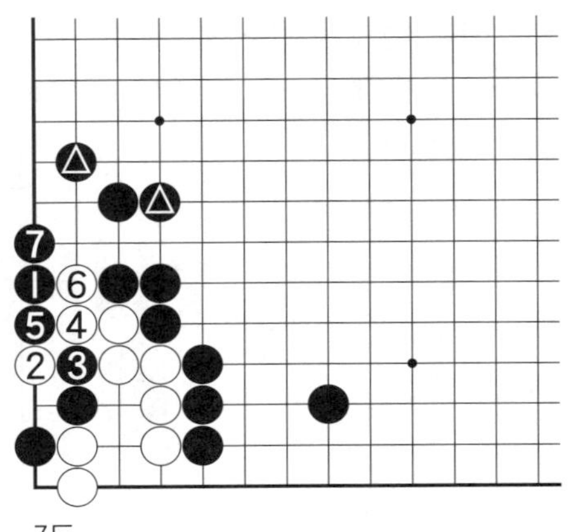

7도

7도 (후일 도모)

다만 외곽이 흑▲ 등으로 강화되면 얘기가 달라진다. 이때는 흑1로 뛰는 묘수가 생긴다. 백이 아무리 차단을 하려고 해도 소용없다.

애당초 이 문제는 백이 완생이므로 흑은 그림처럼 후일을 도모해야 한다.

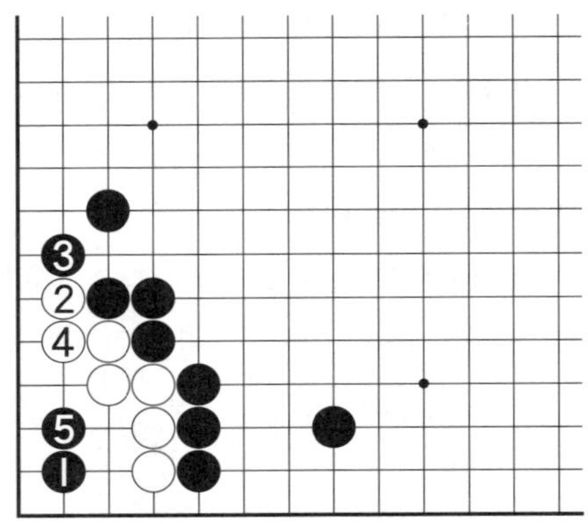

8도

8도 (쉽게 생각하면 낭패)

흑1로 치중하는 수로도 백을 어쩌지 못한다. 물론 백이 쉽게 생각하고 2, 4로 젖혀 이으면 흑5를 당해 곤란해진다.

이 그림이라면 백이 살기가 만만치 않다.

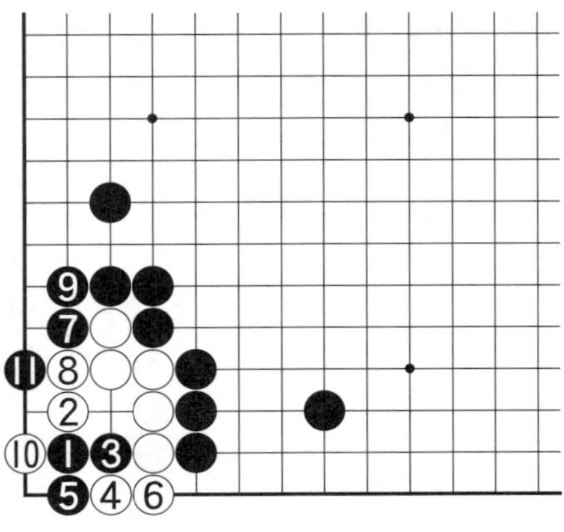

9도

9도 (빅을 만들고 삶)

흑1의 치중에는 백2로 가로막는 수가 좋다. 흑3은 예상된 공격인데, 백4로 젖혀 차단하는 것은 당연하다. 흑5 다음 7, 9로 젖혀 잇더라도 백10이면 빅을 만들고 살 수 있다.

따라서 기본형은 부분적으로 완생의 형태라는 것이 결론이다.

수순의 묘미 (1)

○ 백 차례

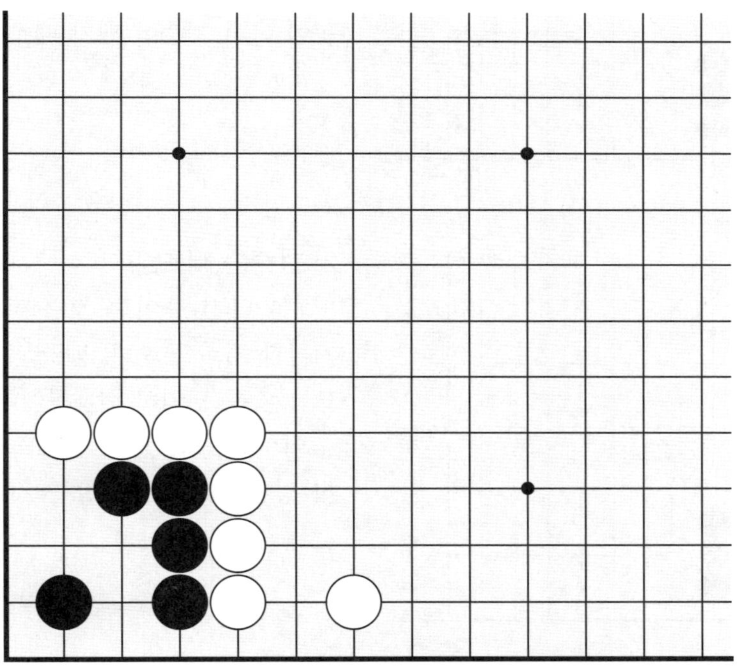

　　사활에 있어 약방의 감초 격으로 등장하는 문제이다. 그럼에도 실전에서 만나면 실수를 저지르는 경우가 의외로 많다. 이번 기회에 제대로 익혀 실전에서 유용하게 써먹자.

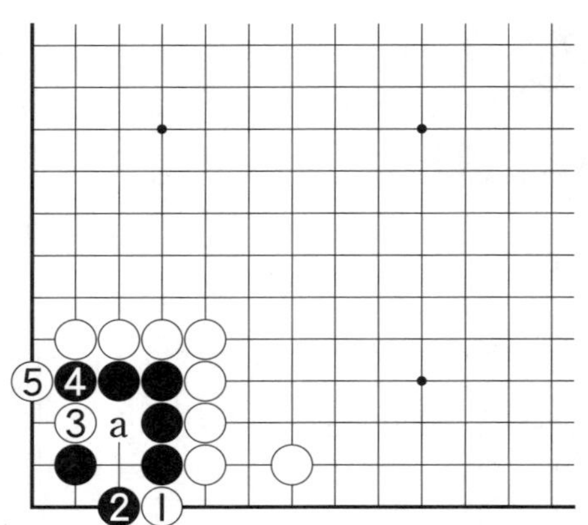

1도

1도 (자충 유도)

백3의 붙임에 앞서 백1로 일선을 젖히는 것이 멋진 수순이다. 흑4로 찔러봐야 백5로 넘으면 그만이다. 바깥 공배가 빈틈없이 막혀 있어 a의 곳이 흑의 자충이 됐기 때문이다.

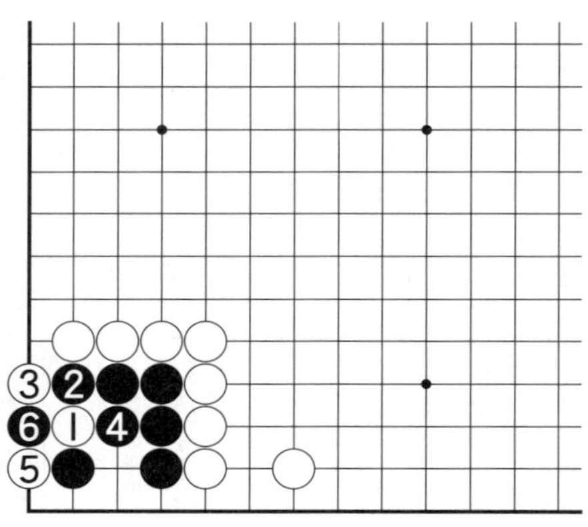

2도

2도 (수순 빠뜨림)

백1로 먼저 붙이는 것은 흑2, 4로 저항할 기회를 준다. 백5로 패를 만드는 것은 당연히 실패작이다.

이처럼 수순을 하나 빠뜨리면 전혀 엉뚱한 결과가 나오는 것이다.

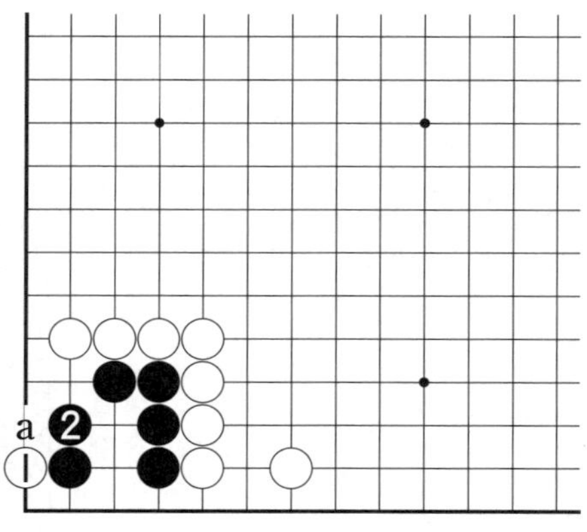

3도

3도 (완벽한 삶)

백1로 귀의 급소인 2·—에 곧장 붙이는 것은 지금과 같은 상황에서는 적절하지 않다.

흑은 a로 젖히지 않고 2 자리에 늘어 완벽하게 산다.

수순의 묘미 (2)

○ 백 차례

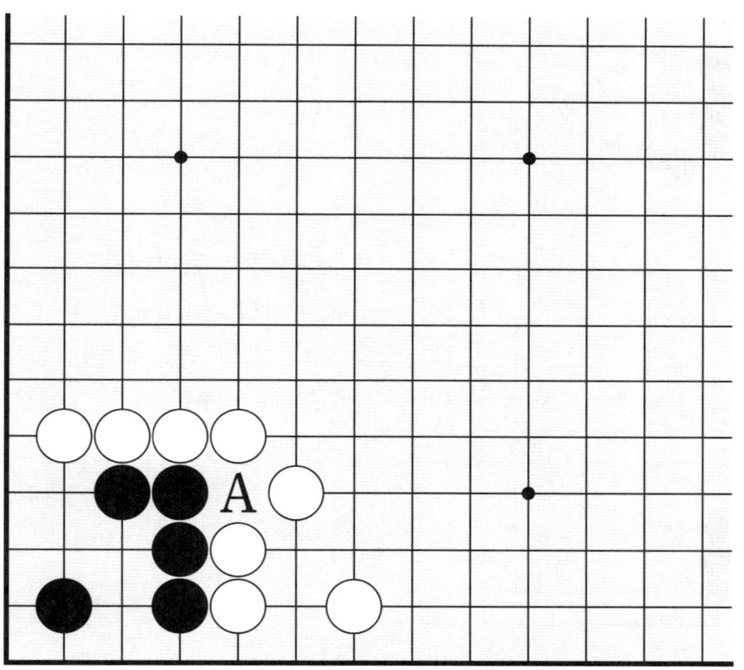

　앞 문제와 기본 골격은 같다. 단지 A의 곳 공배가 하나 비어 있다는 점이 다를 뿐이다. 이 차이가 과연 사활에 미치는 영향은 무엇일까?

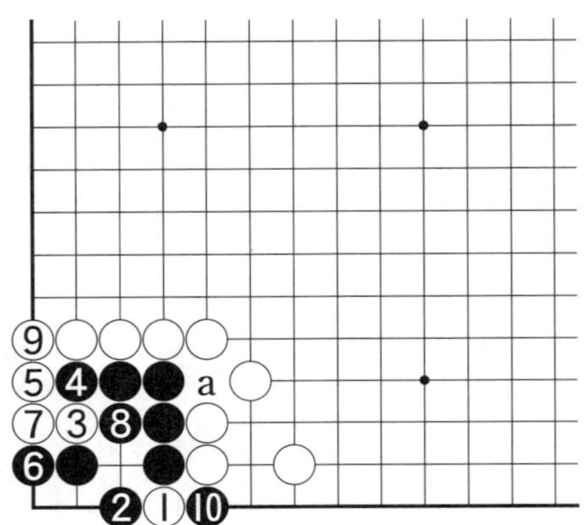

1도

1도 (같은 젖힘은 곤란)

앞 문제와 마찬가지로 백1로 젖혀서 정답을 구하려는 것은 잘못이다.

　이번에는 a의 곳이 비어 있어 흑 6으로 빠지는 수가 성립해 10까지 살기 때문이다.

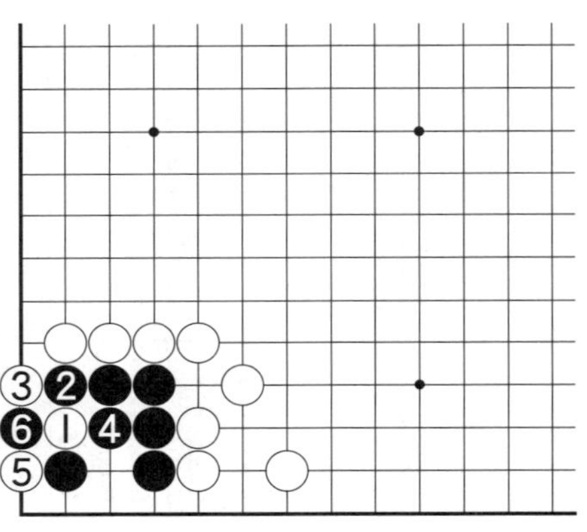

2도

2도 (실수 주고받음)

이때야말로 백1에 붙이는 것이 정수이다. 다만 백3은 잘못. 물론 흑4로 단수를 쳐주면 백은 5에 젖히고 패를 만들어 성공이다.

　흑4는 백의 잘못을 제대로 응징하지 못한 실착인 것이다.

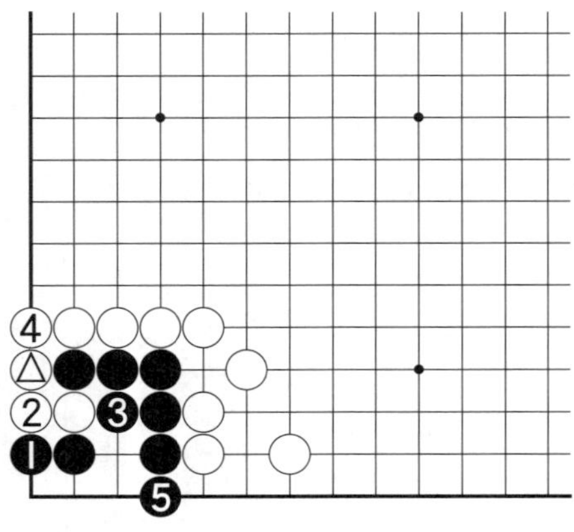

3도

3도 (빠지는 수)

백△로 넘을 때 흑은 1에 빠지는 것이 백의 잘못을 제대로 꼬집는 수이다. 백2에 잇지 않을 수 없을 때 흑은 아낌없이 3을 선수하고 5에 내려서서 살면 된다.

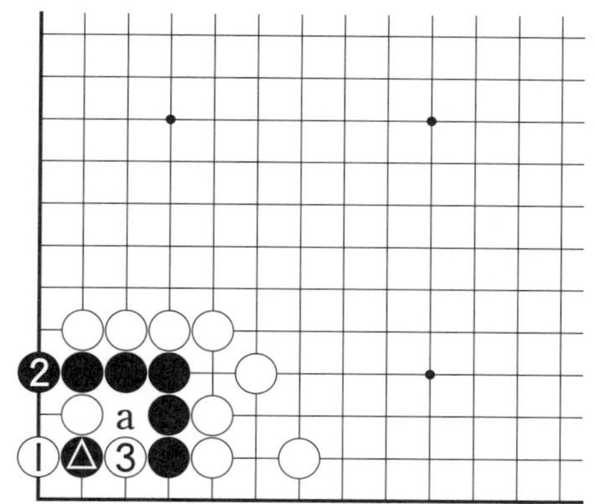

4도

4도 (강력한 차단)

백도 넘지 않고 1로 먼저 젖힘을 생각할 수 있다.

이때 흑a면 백2로 패가 발생하므로 흑은 2로 차단하고 강력하게 싸워야 한다. 이어 백3으로 흑▲ 한점을 몰면~

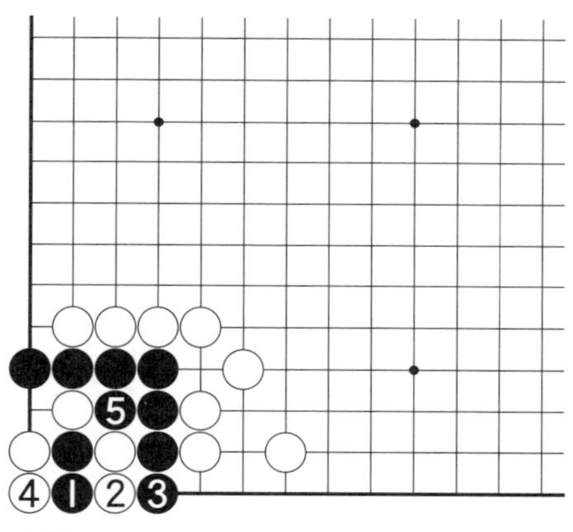

5도

5도 (수상전의 요령)

흑1로 두점으로 키우는 것은 수상전의 요령이자 절대점이다. 백2로 잡을 때 비로소 흑3에 막는다.

그리고 흑5까지, 이 수상전은 대충 살펴보더라도 흑이 우세한 형태이다. 따라서 앞 그림의 백1은 둘 수 없다.

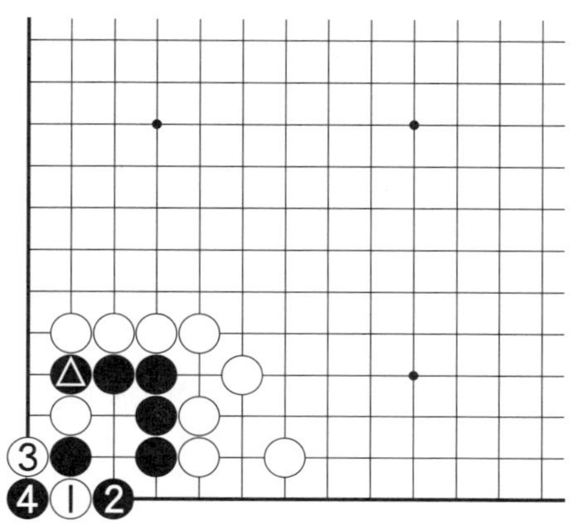

6도

6도 (쌍방 최선)

흑▲에는 백1의 껴붙임이 엉뚱해 보이지만 정수이다.

흑2로 백이 넘지 못하도록 방해할 수밖에 없을 때 백3으로 패를 만든다. 이것이 쌍방 최선의 결과이다.

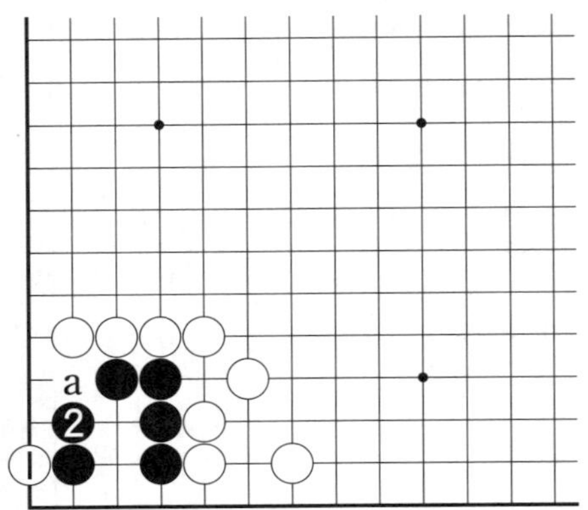

7도

7도 (마찬가지로 실패)

앞 문제에서 알아본 것처럼 백1에 붙이는 것은 역시 흑2로 늘어서 아무 수도 나지 않는다.

백1 대신 a에 꼬부리는 수도 흑2로 받아서 마찬가지다.

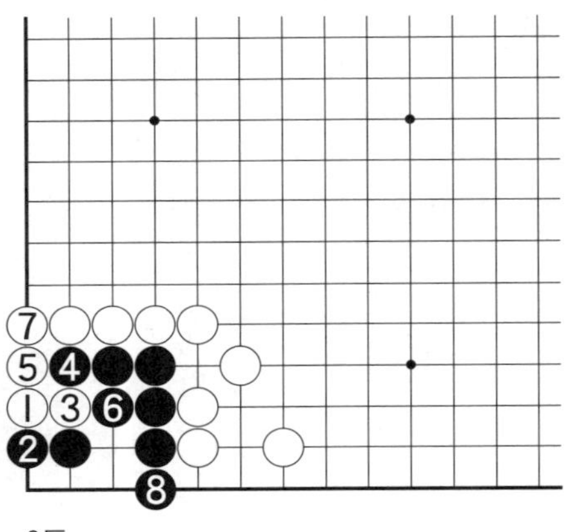

8도

8도 (맥없이 살려준다)

백1의 날일자 행마가 그럴 듯한 추궁으로 보인다. 흑2면 백3으로 올라선다.

하지만 흑이 4에 찌르고 6으로 막은 다음 8이면 백은 맥없이 흑을 살려주는 셈이다.

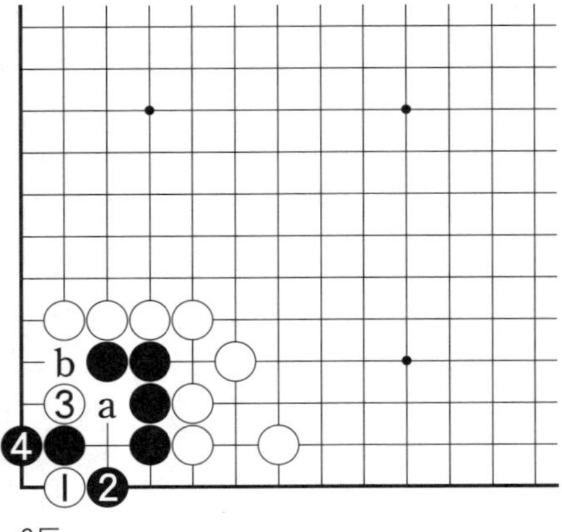

9도

9도 (판단 잘못)

백1의 일선 붙임을 먼저 두는 것은 잘못된 수읽기이다.

다음 백3으로 붙이면 역시 패가 나는 것으로 판단한 것이겠지만 가만히 흑4로 빠지면 그만이다. 다음 a와 b를 맞보기로 흑은 살아있다.

간명한 공격

● 흑 차례

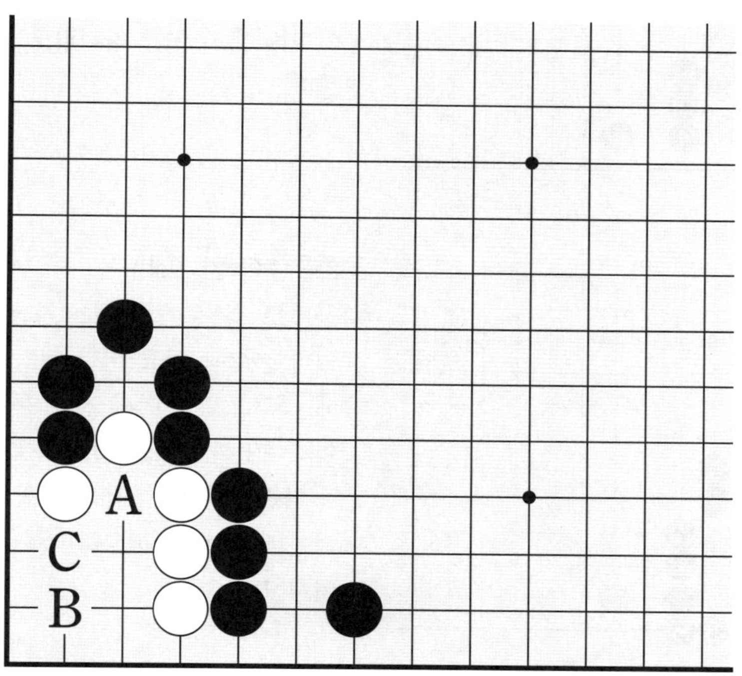

백 모양이 견고한 것처럼 보이지만 잘 살펴보면 단점이 있다.

흑이 공격하는 방법은 대략 세 가지로 압축할 수 있다. A의 먹여침과 B의 치중, 그리고 C의 붙임이다.

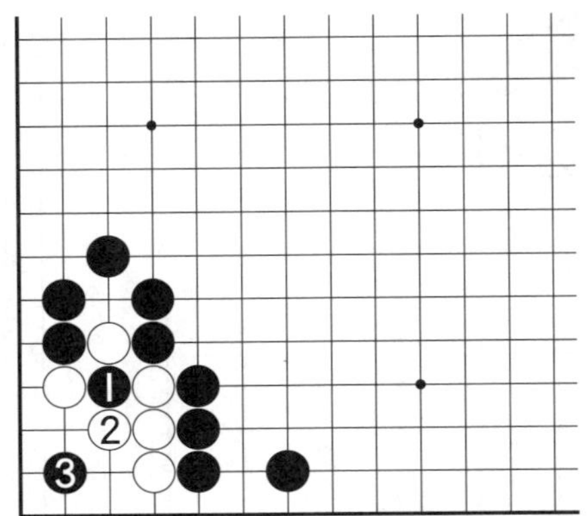

1도

1도 (제일 간명한 치중)

흑1의 먹여침이 제일 간명하다고 할 수 있다. 백은 선택의 여지없이 2로 따내야 한다.

이때 흑3으로 치중하면 이후 백이 어떻게 응수를 하더라도 살지 못한다.

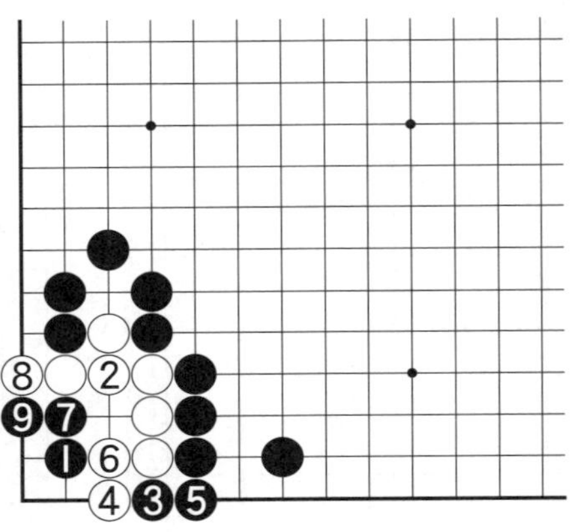

2도

2도 (복잡한 포획)

곧바로 흑1로 치중해도 수를 낼 수 있다. 백2에 잇고 버틸 때가 문제인데, 흑3으로 젖혀서 전혀 문제없다. 이하 흑9까지 포획 성공.

다만 이처럼 복잡하게 잡는 것보다는 앞 그림을 따르는 것이 현명한 처사이다.

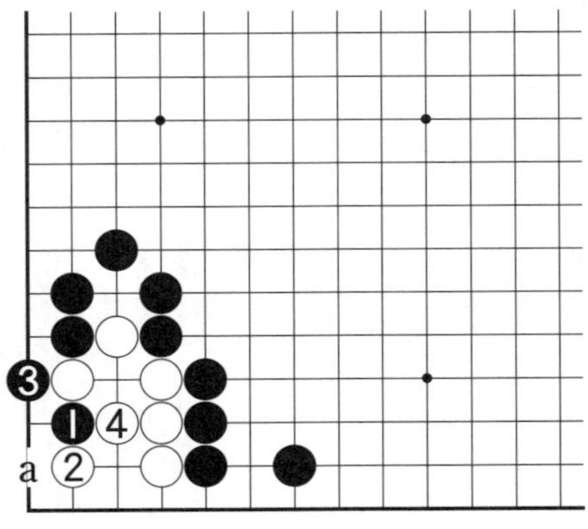

3도

3도 (패)

흑1에 붙이는 수는 일견 맥점이지만 백2로 붙여 반발해 올 때 만만치 않다. 흑3으로 넘어보지만 백4로 맞단 수를 치면 흑은 패를 피할 도리가 없다.

흑3을 a에 둬도 백4에 받아 마찬가지다.

강력한 붙임의 선택

● 흑 차례

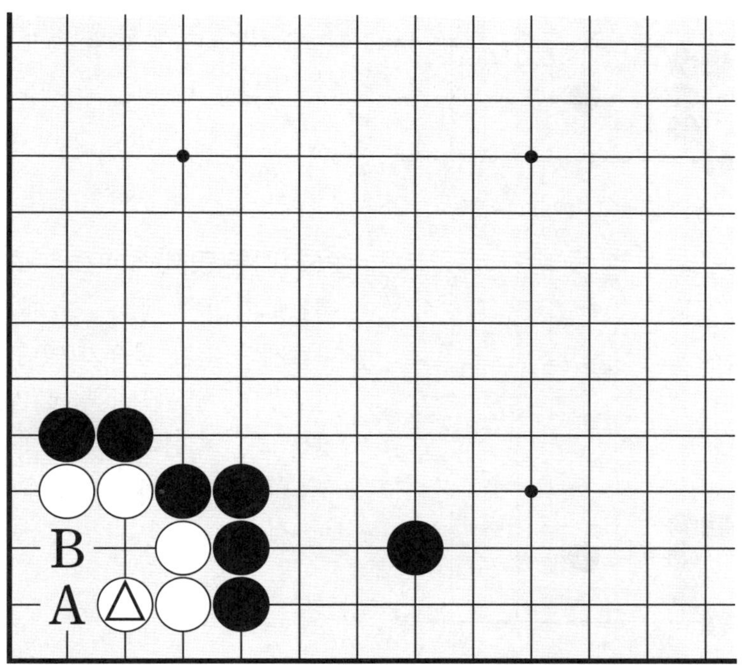

백△로 어설프게 틀을 잡은 모습이다. 이 수로는 A에 보강하면 아무런 탈이 없는데, 지금은 흑에게 기회를 준 셈이다.

흑은 A와 B의 붙임 중 어떤 공격이 강력할까?

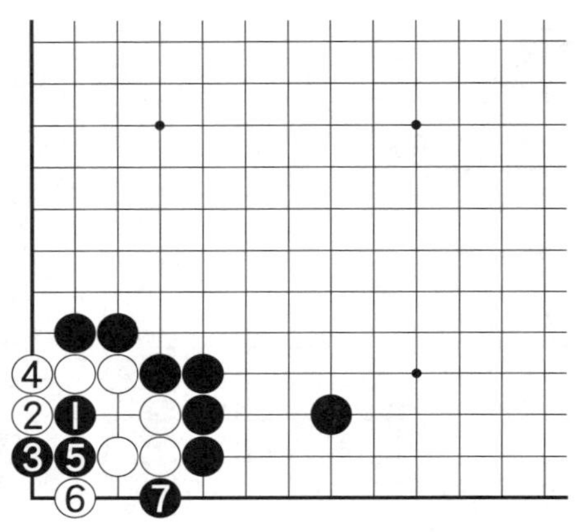

1도

1도 (압박하는 요령)

먼저 흑1로 붙여보자. 실은 이 수가 강력한 공격이다. 백2는 당연.

이때 흑3, 5로 백을 압박하는 것이 좋은 요령이다. 백6에 젖혀봐야 흑7로 바깥쪽에 눈을 없애면 백은 사망이다.

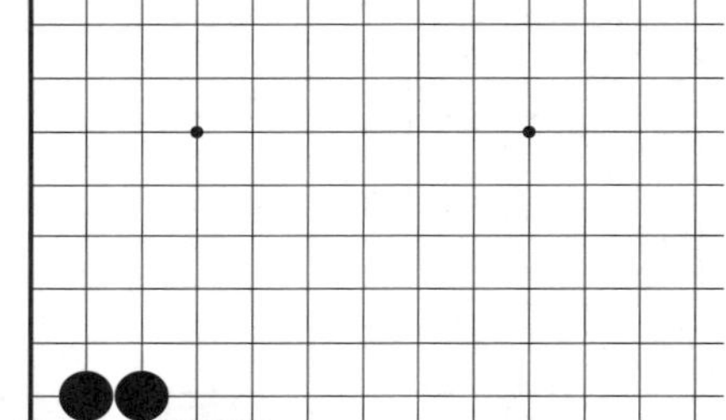

2도

2도 (다른 공격)

흑1에 가만히 백2로 늘 때는 흑도 다르게 공격할 필요가 있다. 흑3이 바로 그것. 백4에는 흑5로 꼬부리는 것이 좋은 수이다.

이후 흑은 6과 7을 맞보기로 백을 잡는다.

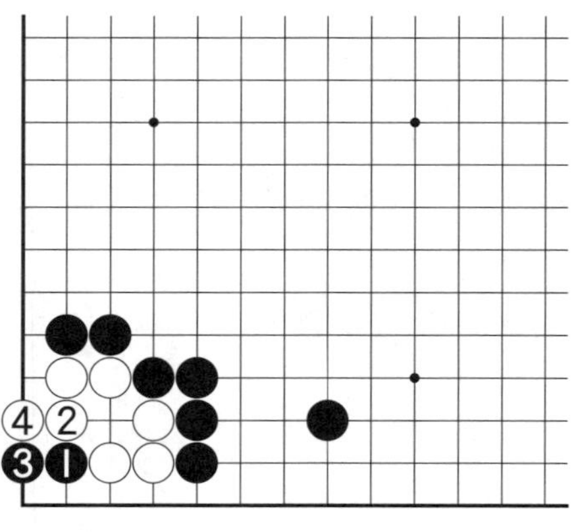

3도

3도 (잘못된 붙임)

'상대의 급소는 나의 급소'라는 사활 격언에 착안해서 흑1에 붙이는 것은 알맞은 적용이 아니다.

백2에 받으면 대번에 탄력이 생긴다. 흑3으로 빠져봐야 백4면 그만이다.

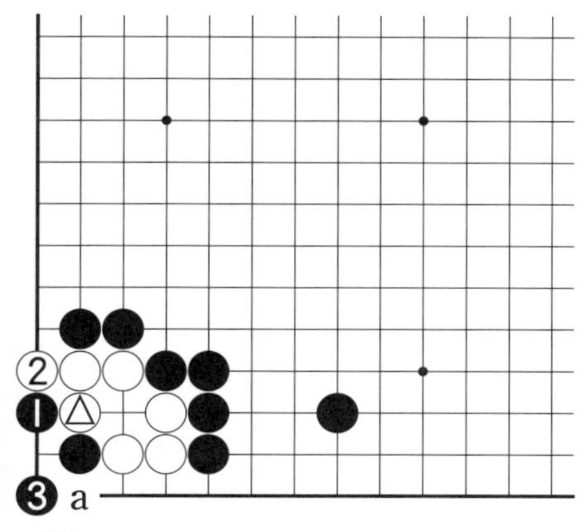

4도

4도 (젖힘도 무산)

백△ 때 물에 빠진 사람이 지푸라기라도 건지려는 심정으로 흑1에 젖히는 수도 소용없다.

물론 백이 2로 받아 장단을 맞춰 주면 흑3으로 패를 만들겠지만, 백2로는 a에 몰아 그만인 것이다.

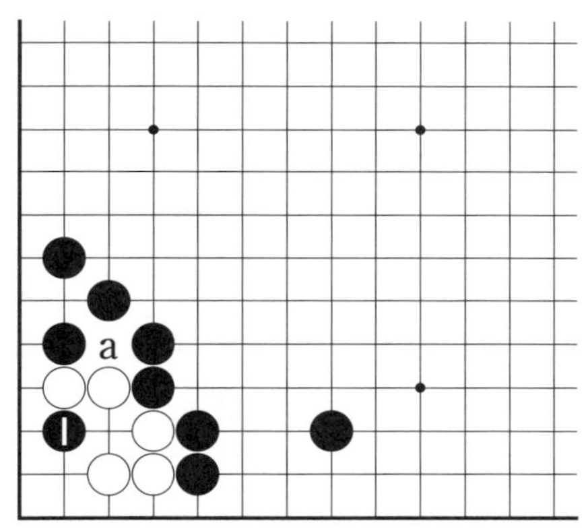

5도

5도 (공배가 있는 경우)

바깥 공배가 하나(a) 비어 있는 경우에도 백을 잡을 수 있을까. 이때도 흑1의 붙임이 가장 강력한 공격 수단일까?

거듭 강조하지만 공배는 사활에서 상당한 비중을 차지한다.

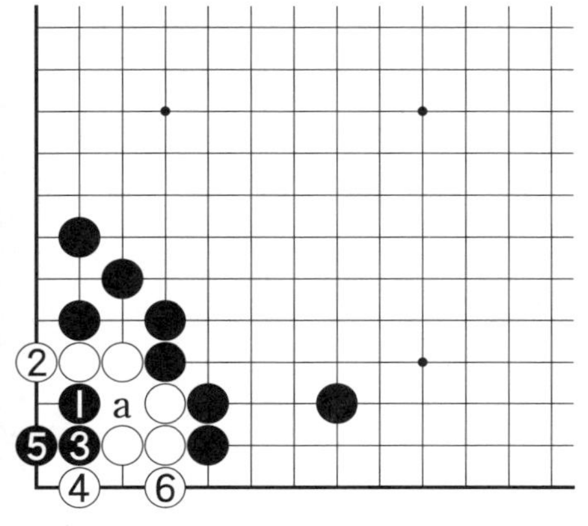

6도

6도 (공배의 역할)

흑1에 백2는 예상되는 버팀이다. 2도처럼 흑5까지 공격하는 것은 당연하다. 그런데 이제는 백6에 한 집 만들고 사는 수가 있다.

공배가 하나 더 비어 있어 흑이 a로 끊고 백을 잡을 수가 없기 때문이다.

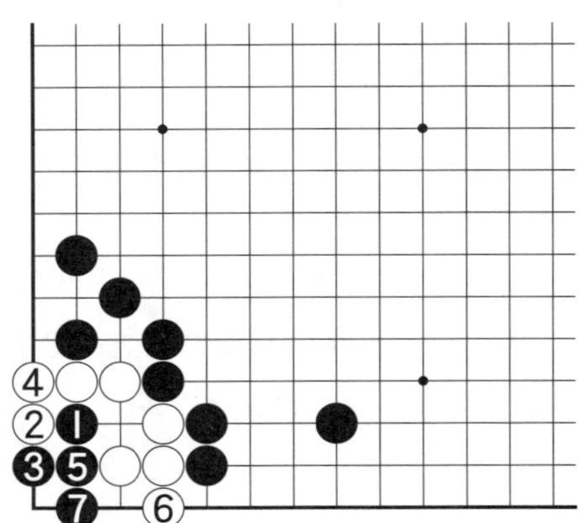

7도

7도 (젖힘은 성급)

다만 흑1에 대해 백2로 젖히는 것은 성급한 처사이다. 흑3, 5면 백이 사는 길이 보이지 않는다.

뒤늦게 백6으로 궁도를 넓히며 몸부림을 쳐봐야 흑7로 간단히 사망한다.

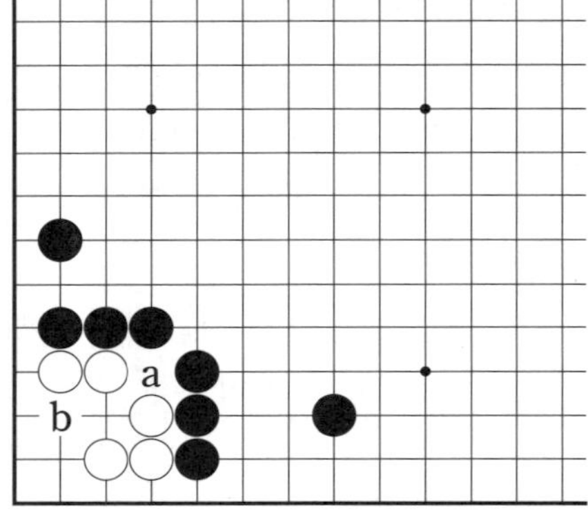

8도

8도 (공배의 이동)

이번에는 중심축에 해당하는 a의 곳에 공배가 비어 있다면?

이때도 흑b에 붙이는 수만 성립하지 않는다면 백돌이 완생일 것이다. 정답을 보기 전에 잠깐이라도 생각하는 습관이 중요하다.

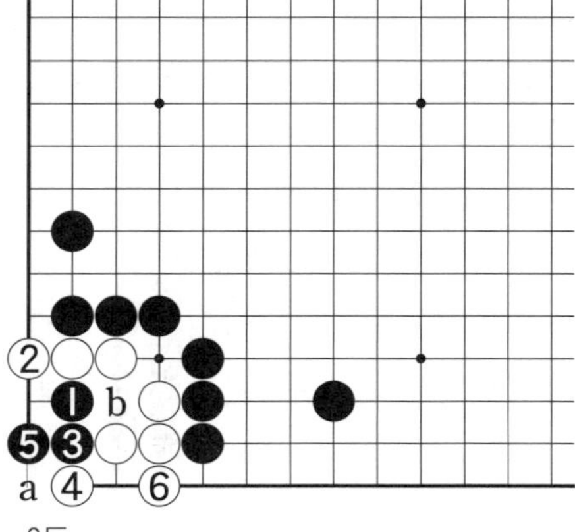

9도

9도 (완생인 모양)

이때도 백2로 내려서는 한 수이다. 그리고 백6까지 똑같이 처리한다.

계속해서 흑이 백을 공격하려면 a로 단수쳐야 하는데, 백은 b로 되몰아서 간단히 수습할 수 있다. 즉 이 모양도 완생이다.

정확한 맥점 구사

○ 백 차례

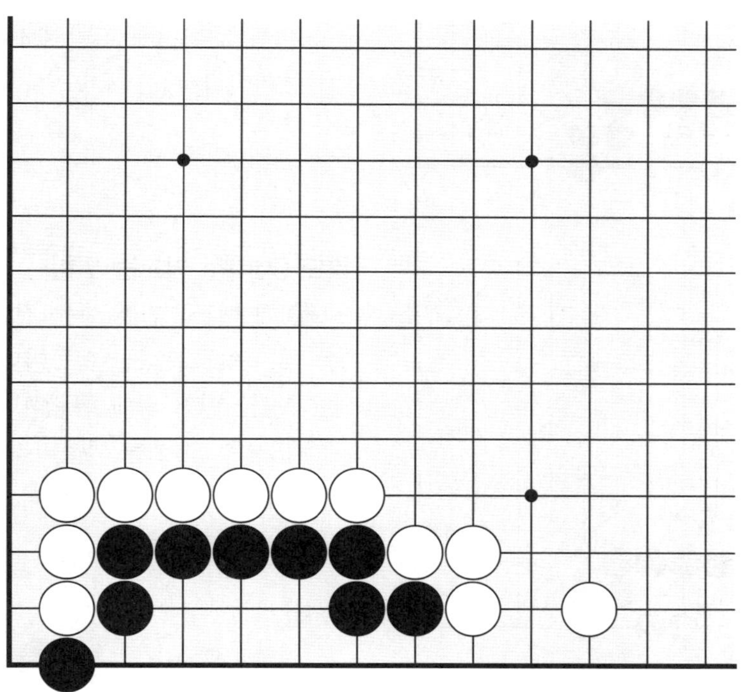

　기다랗게 누운 매우 견고한 모습이다. 게다가 궁도도 넓은 편이라 도저히 수단을 부릴 여지가 없어 보인다. 하지만 정확한 맥점만 구사할 수 있다면 꼭 그렇지 않다.

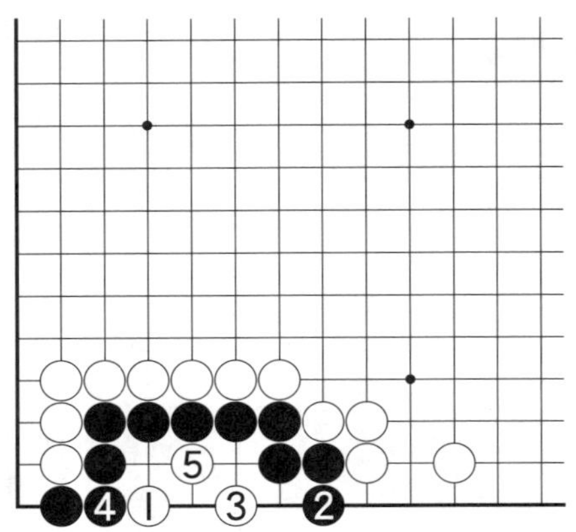

1도

1도 (기민한 치중)

백1이 기민한 치중이다. 흑2가 최강의 버팀이지만 백3으로 파호해 흑을 공격하면 꼼짝할 수 없다. 백5까지 오궁도화를 만들고 잡는다.

흑4를 5 자리에 두면 백4에 끊어서 그만이다.

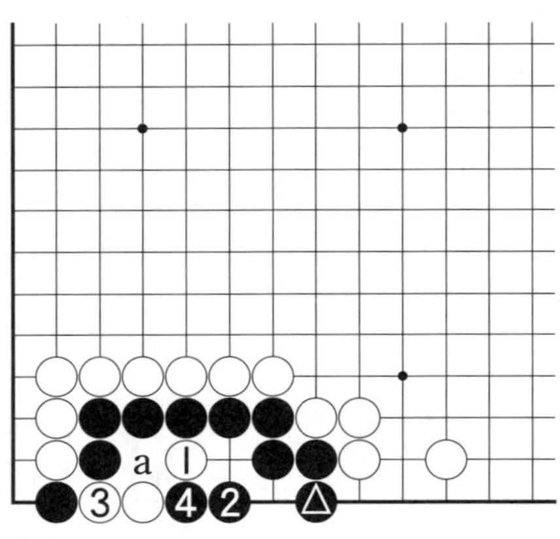

2도

2도 (지나친 기교는 위험)

흑▲ 때 백1을 먼저 두는 것은 기교를 지나치게 부리는 행동이다. 이제는 흑2를 먼저 당해 곤란하다.

백3으로 연결을 꾀하더라도 흑4의 단수에 후속 수단이 없다. a의 곳이 자충이다.

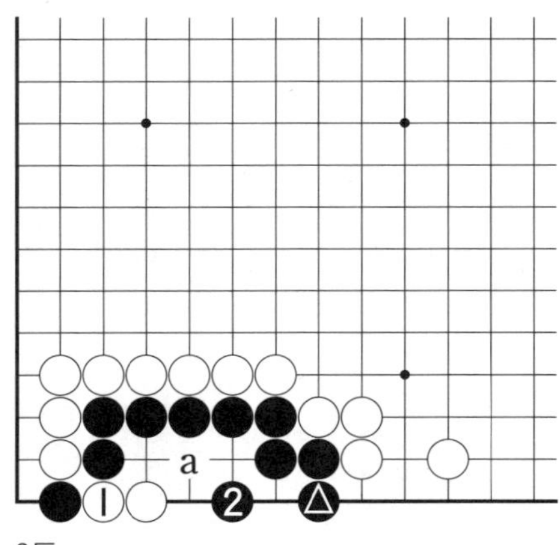

3도

3도 (같은 맥락)

흑▲ 때 서둘러 백1에 끊고 연결해 두는 것은 좋지 않다.

역시 흑2로 틀을 잡으면 완생이다. 백a를 두지 못하기 때문이다. 앞 그림과 같은 맥락이다.

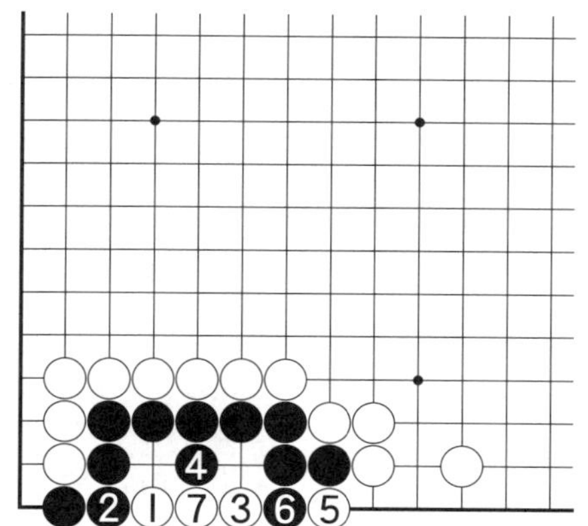

4도

4도 (수순 착오)

백1의 치중에 흑2로 이으면 주의할 필요가 있다.

　1도를 염두에 두고 백3으로 뛰는 것은 바람직하지 않다. 이번에는 흑이 먼저 급소자리인 4를 차지하면 빅이 되기 때문이다.

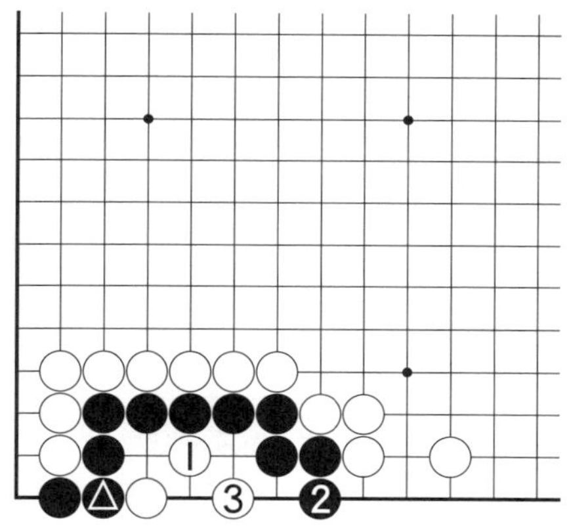

5도

5도 (1도로 환원)

따라서 흑▲로 이을 때는 백도 먼저 1에 둬야 한다. 흑2로 꼬부려서 버티더라도 백3에 두면 된다.

　수순만 바뀌었을 뿐 1도의 정답과 같은 결과이다.

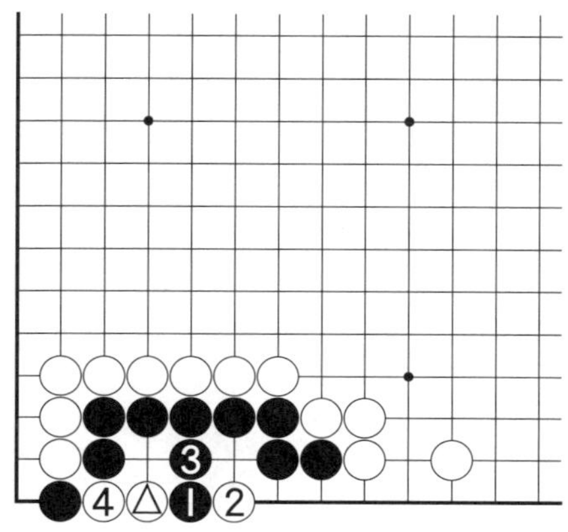

6도

6도 (먹여치기에 앞서 단수)

거슬러 올라가, 애당초 백△의 치중 때 흑1로 붙여 막으면 어떻게 받아야 할까?

　이때는 백4의 먹여치기에 앞서 백2로 단수치는 것이 요령이다. 이것으로 흑은 죽는다.

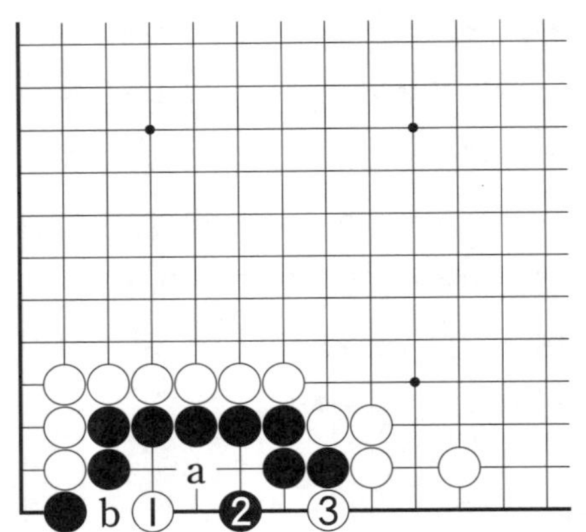

7도

7도 (침착한 젖힘)

흑2의 호구로도 위기를 탈출하긴 불가능하다. 백은 침착하게 3에 젖혀서 다음을 기다리면 된다.

다음 a의 파호와 b의 먹여침을 맞보기로 하면 그만이다.

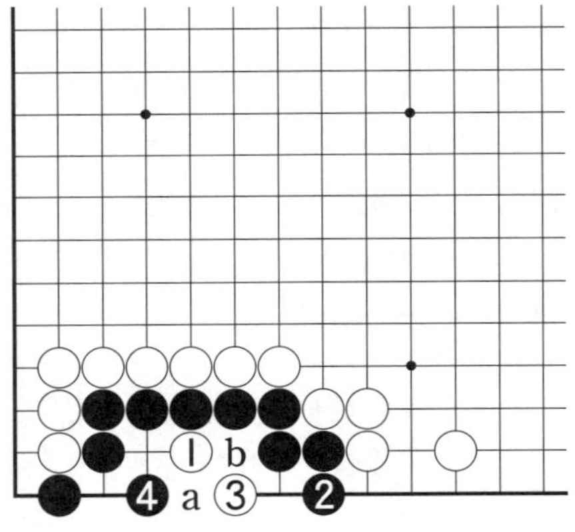

8도

8도 (빅으로 삶)

모양 상으로는 백1의 배붙임도 강력해 보인다. 하지만 흑2에 이어 4면 잡을 수가 없다.

다음 흑은 a와 b를 맞보기로 빅이 된다.

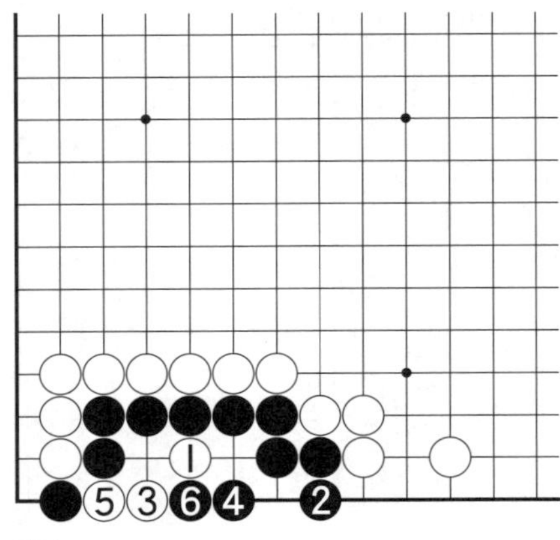

9도

9도 (역습으로 한점 잡힘)

1도를 유도하려는 생각으로 백3을 먼저 들여다보는 것도 잘 안 된다.

이때 흑은 5 자리에 이어주지를 않고 4로 역습하기 때문이다. 백5로 끊어봐야 흑6에 몰면 백1의 한점이 잡힌다.

아킬레스건

● 흑 차례

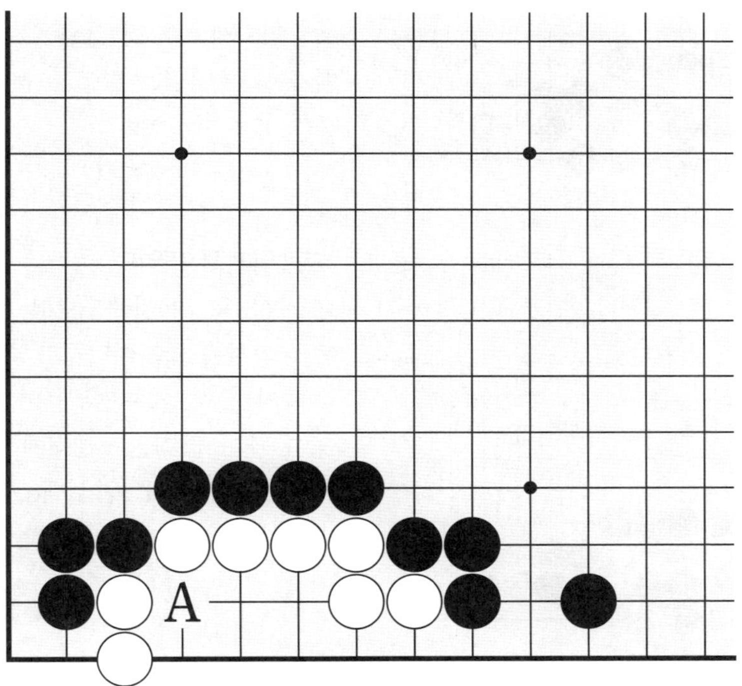

A가 백의 아킬레스건이다. 이곳을 어떤 식으로 공격하느냐에 따라 성패가 달려 있다.

더불어 공배가 모두 메워져 있다는 점이 흑의 유리한 조건이다.

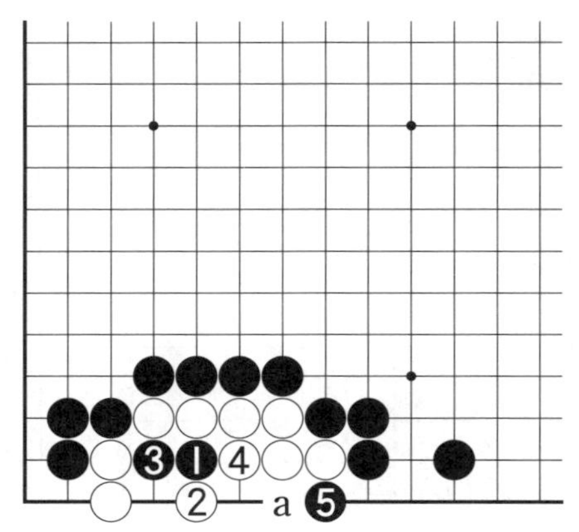

1도

1도 (자충 이용)

흑1의 배붙임이 유일한 공격 방법이다. 백2로 붙여서 저항을 하면 흑3에 끊고 다음을 기다린다.

백4에 잡는 정도인데, 이때 흑은 5에 힘차게 젖히면 상황 끝이다. 공배가 모두 메워져 있어 a가 백의 자충이다.

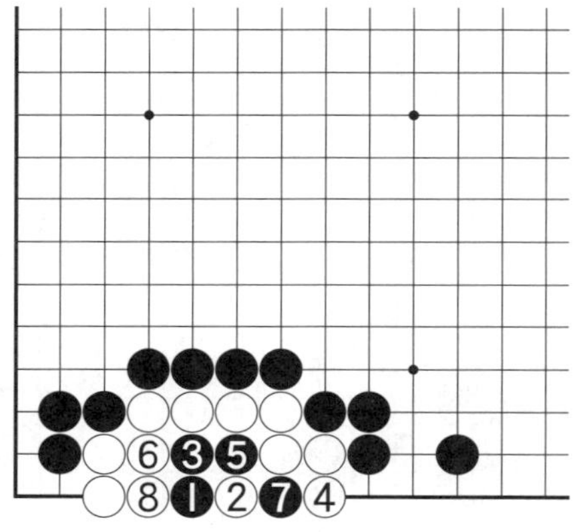

2도

2도 (뒤에서 조임)

모양 상 흑1의 치중도 보통은 급소에 해당하는 자리이다.

하지만 백2의 저항에 마땅한 후속 수단이 없다. 흑은 3에 올라선 다음 5로 단수쳐 봐야 백6, 8로 뒤에서 조임을 당해 실패한다.

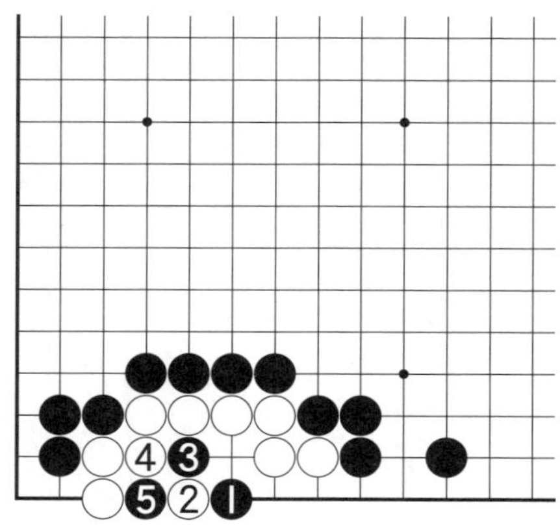

3도

3도 (패라도 만든다)

차라리 흑1쪽으로 치중하는 편이 앞그림보다는 낫다. 백2로 건너붙임을 기다려 흑3으로 단수친다. 계속해서 백4가 불가피할 때 흑5로 따내서 패라도 만들 수 있으니까.

기발한 맥점

● 흑 차례

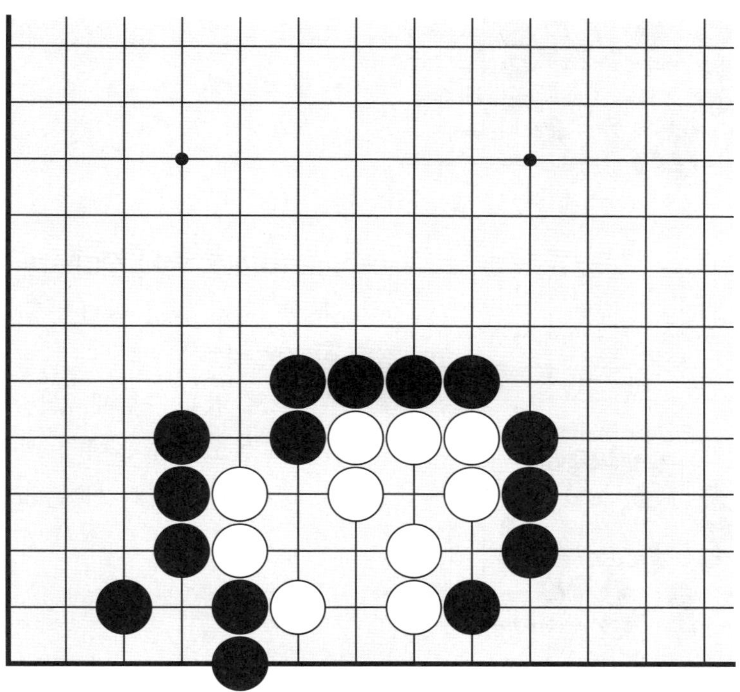

　　실전에서 지나치기 쉬운 형태이다. 백집의 틀이 잡혀 있어 완벽하게 살아 있는 것처럼 보이지만 잘 보면 그렇지 않다. 이런 모양의 맥점이라면 어디일까?

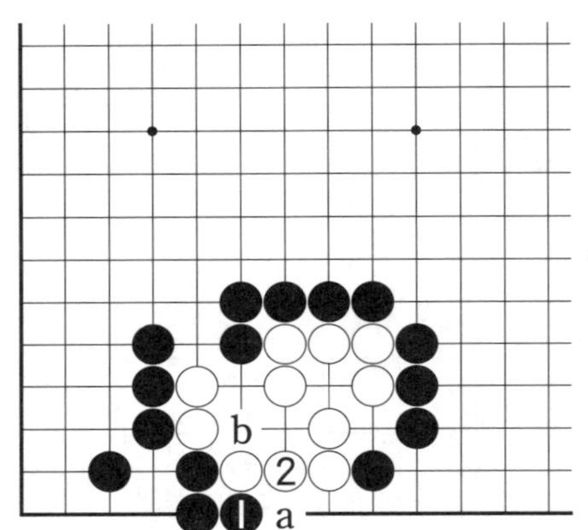

1도

1도 (혼자만의 수읽기)

흑1은 무책임한 진입이다. 백a를 기대해 흑b로 몰고 잡으려는 혼자만의 달콤한 수읽기이다.

　그러나 백2로 늦춰 받으면 아무 수도 나지 않는다. 흑은 평범한 응수를 간과했다.

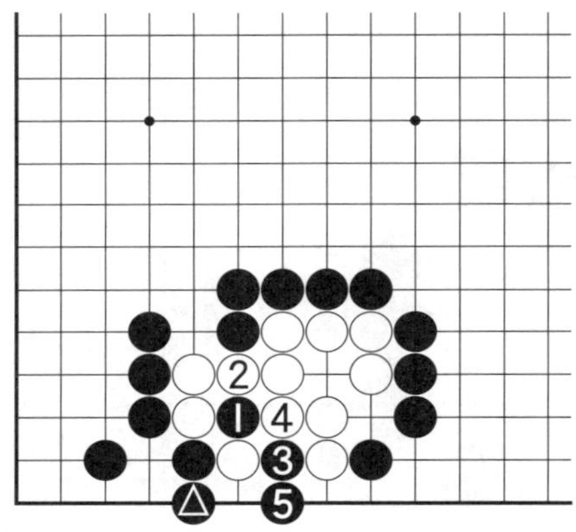

2도

2도 (미끼를 던져 잡다)

흑1로 끊어 곧장 미끼를 던지는 것이 정수이다.

　백2로 잡을 수밖에 없을 때 흑은 3으로 몰고 5에 늘어서 백을 잡는다. 흑▲가 있기에 가능한 모양이다.

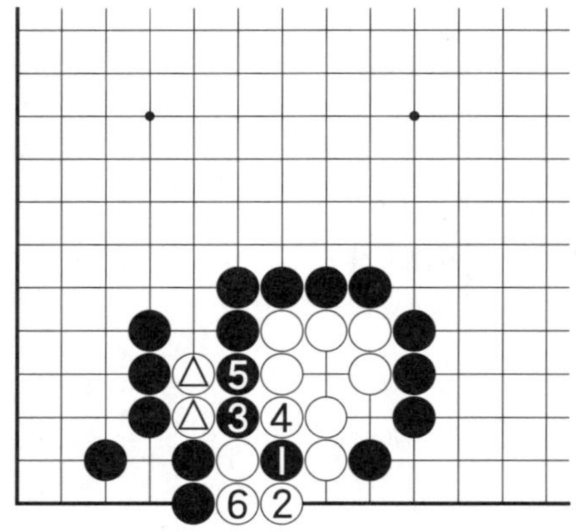

3도

3도 (수순을 바꾸면 실패)

수순을 바꿔 흑1에 끼우는 미끼를 먼저 사용하는 것은 옳지 않다. 백은 2, 4로 흑 한점을 잡고 살 수 있기 때문이다.

　왼쪽 백△ 두점 정도는 얼마든지 버릴 수 있는 것이다.

맞보기의 묘

○ 백 차례

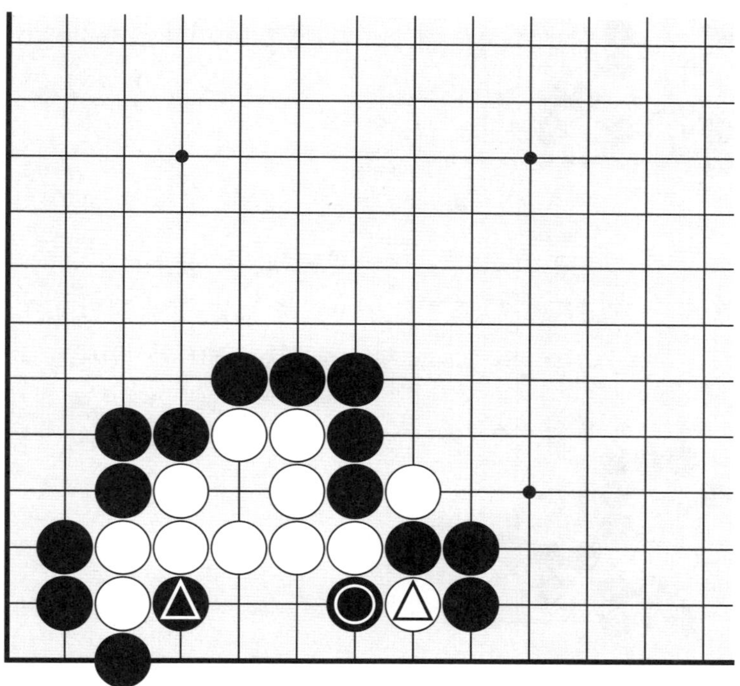

　　백이 한 집을 보태고 살려면 흑▲와 ◎ 중 하나를 잡아야 할 것이다.

　　그런데 백△가 단수로 몰린 상황이라 백이 쉽게 뜻을 이룰 수 있을지 의문이다. 어떤 식으로 접근해야 할까?

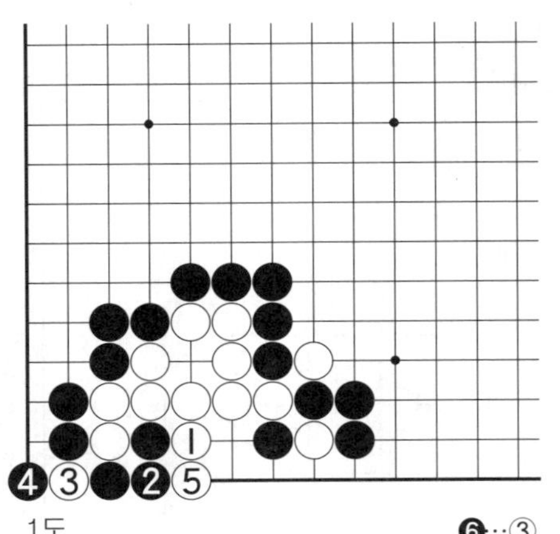

1도

1도 (노골적인 수단)

백1로 단수치는 것은 아주 노골적인 방법이다. 이어 흑2에 잇기를 기다려 백3에 먹여치고 전단을 모색해 보지만 뜻대로 잘 안 된다. 흑6에 이으면 더 이상 둘 데가 없다.

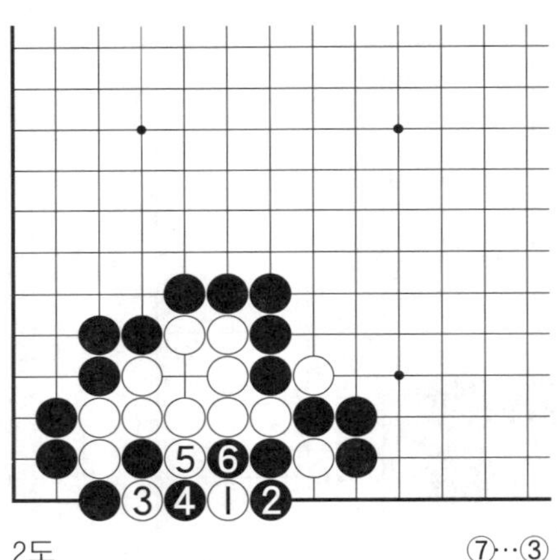

2도

2도 (패가 최선)

백1로 뛰는 것이 맥이다. 이때 흑2로 막는 수가 최선인데, 그러면 백3 이하 7까지 필연적으로 패가 난다.

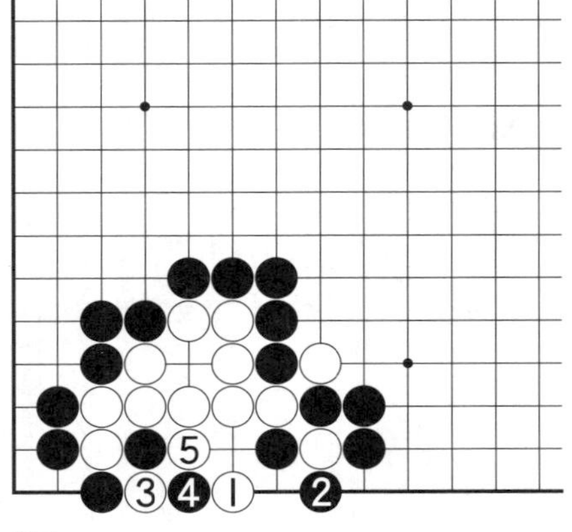

3도

3도 (양쪽 노림)

역시 백1이 좌우 양쪽을 동시에 노리는 고급 수법이다. 흑2로 오른쪽을 따내면 백3, 5로 먹여치고 조여서 산다.

　물론 흑2를 3 자리에 잇는 것도 백이 2 자리에 늘어 살 수 있다.

3장

응용력을 기르는 사활 동류항

사활은 상당히 유사한 형태가 많다. 특히 귀에서는 더욱 그렇다. 이런 유사한 모양들을 모아 소개한다. 공배 하나의 차이나 돌 하나의 차이에 따라 사활은 많은 영향을 받는다.

유사 형태를 함께 공부하는 것은 학습의 효과를 배가시켜 준다. 소개하는 이런 사활 동류항과 친숙해지면 응용력이 생겨 실전에서도 상당한 자신감을 갖고 대국에 임할 수 있을 것이다.

그럼 비슷한 형태가 상황에 따라 얼마나 많은 차이점을 보이는지 살펴보기로 한다.

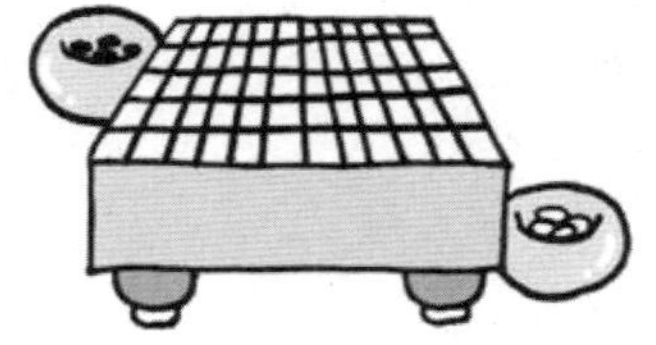

이빨 빠진 기역자 형 (1)

● 흑 차례

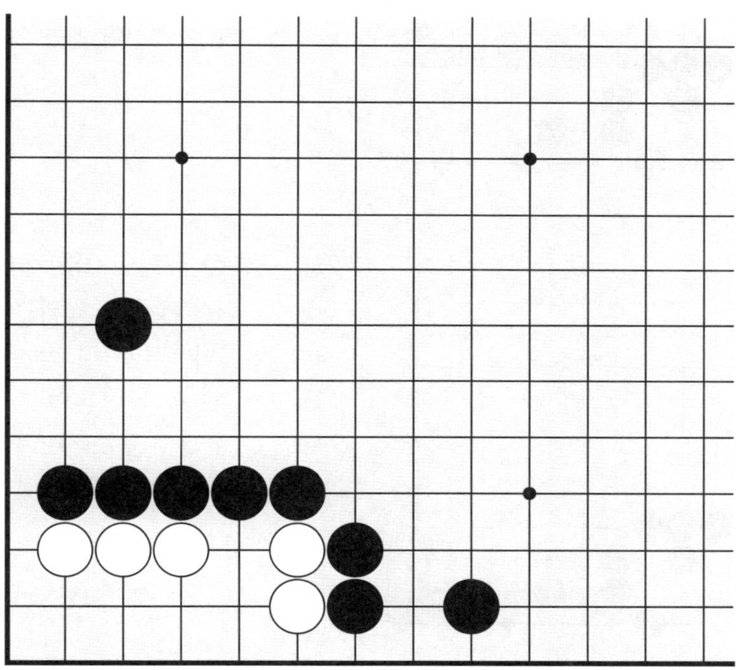

　화점 정석에서 흔히 볼 수 있는 모양이다. 공배가 모두 메워져 있는 상황이다.

　이 점을 흑이 충분히 이용할 수만 있다면 좋은 결과를 기대해도 좋다.

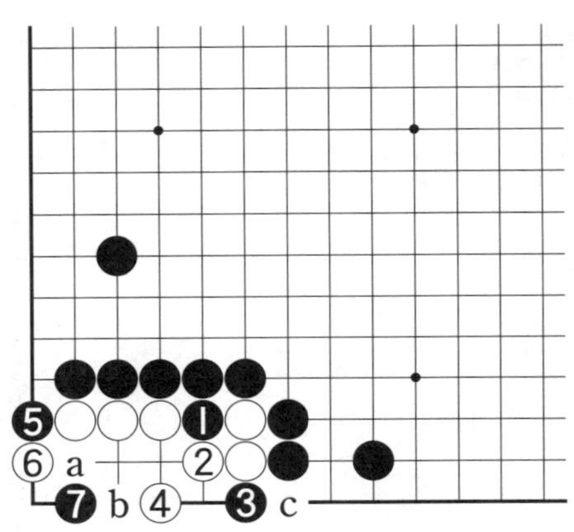

1도 (두번 젖혀서 잡는다)

흑1로 찌르고 백2에 막을 때 흑3으로 젖히는 것이 가장 쉬운 접근법이다. 백4의 호구를 기다려 흑5로 젖힌 후 7에 치중하면 상황 종료이다.

이후 백a 또는 백b에는 흑c로 그만이다.

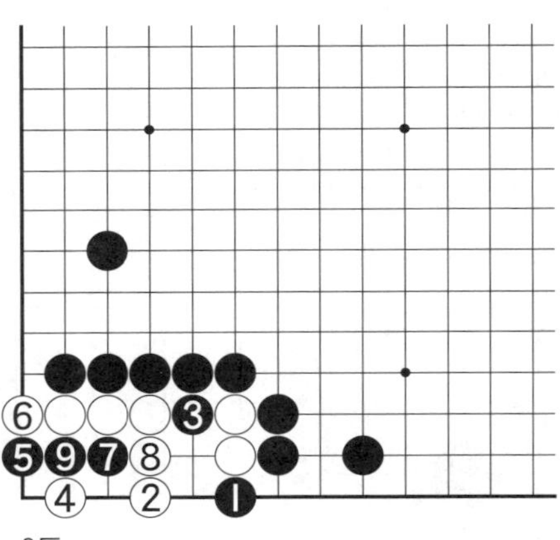

2도 (단순한 젖힘도 마찬가지)

단순히 흑1에 젖혀도 결과는 마찬가지다. 어차피 백은 2에 받는 정도인데, 그때 흑3을 두면 된다.

백4로 변화를 모색하더라도 흑이 5에 치중한 다음 7, 9면 백을 보기 좋게 잡는다. 흑7로는 8에 끼워도 된다.

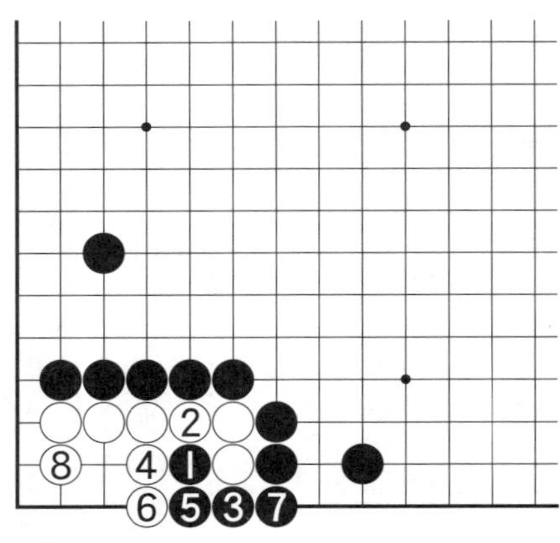

3도 (하수의 발상)

흑1, 3으로 붙이고 넘는 것은 전형적인 하수의 발상이다.

백은 4, 6을 선수해 기반을 잡은 다음 8로 꼬부려 산다.

이빨 빠진 기역자 형 (2)

● 흑 차례

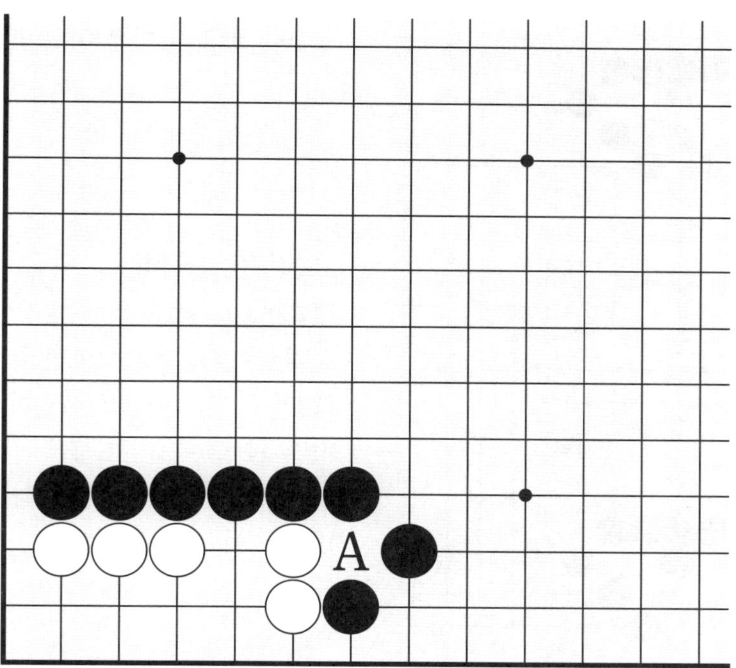

　앞 문제와 상황은 매우 비슷하다. A의 곳 공배가 하나 비어 있다는 사실이 유일한 차이점이다.

　이건 공격하는 흑이 다소 불리한 요인으로 작용할 것이다.

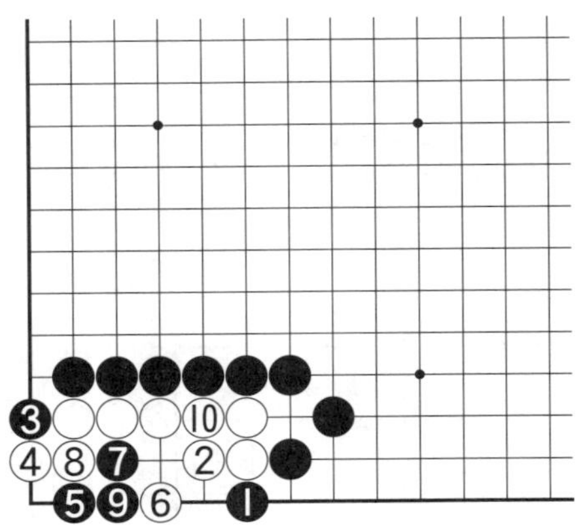

1도

1도 (일단 유일한 젖힘)

이 경우에는 흑1의 젖힘이 일단 유일한 수단이다.

그런 연후에 흑3에 재차 젖혀서 궁도를 좁혀가는 것은 백6이 좋은 응수라 10까지 빅으로 살려준다.

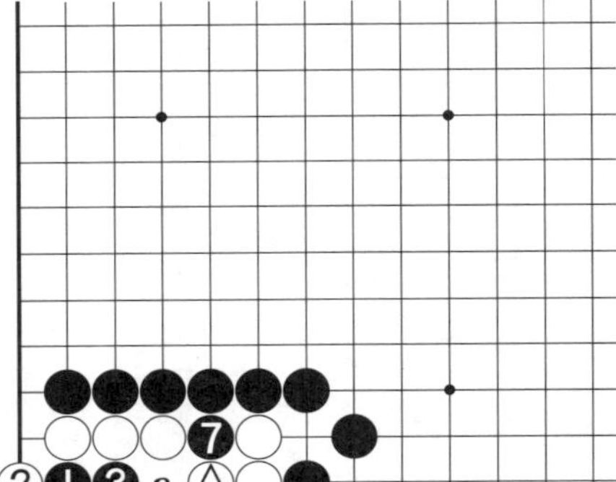

2도

2도 (좋은 공격법)

백△에는 흑1로 붙이는 것이 좋은 공격법이다. 백2의 차단을 기다려 흑3에 늘어서 백을 압박한다. 백6에 버티더라도 흑7이면 단패.

a의 곳을 백이 메워야 하므로 만년패가 아닌 점을 유의한다.

3도 (빅으로 삶)

따라서 백도 2에 뛰어서 받는 것이 정수이다. 어차피 흑3의 공격은 똑같은데, 백은 이하 10을 선수로 둔 다음 12에 찔러 빅을 만들고 살 수 있기 때문이다.

그러므로 애당초 이 백은 살아 있는 것이다.

3도

❶…❶

이빨 빠진 기역자 형 (3)

● 흑 차례

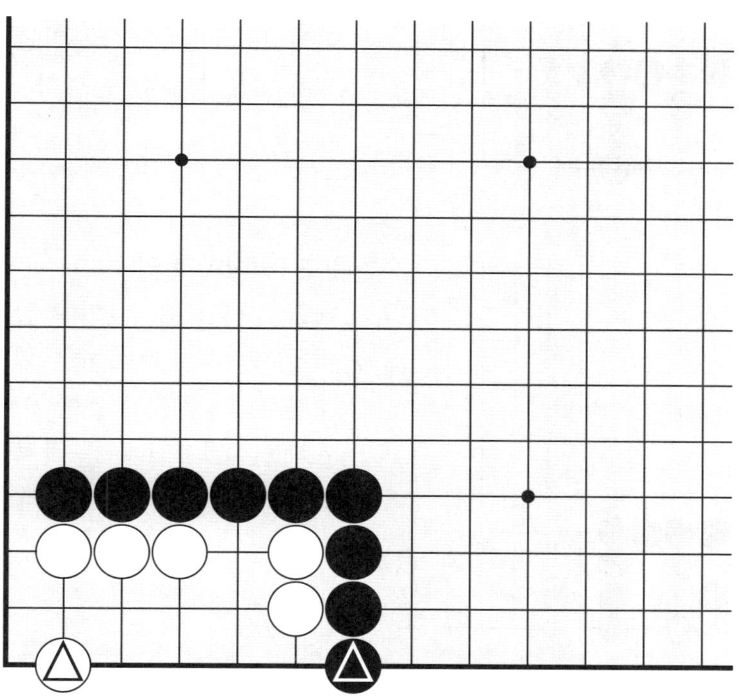

백△로 보강이 돼 공격하기가 더욱 어려워 보인다. 흑은 1선에 빠져있는 ▲를 이용해서 최강의 공격을 퍼부어야 할 것이다.

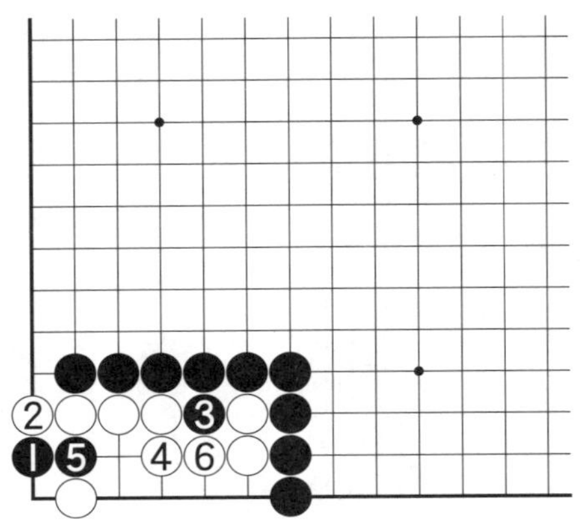

1도

1도 (제일감만 좋다)

흑1의 치중은 제일감으로 떠오르는 맥점이다. 문제는 백2에 막을 때 흑3으로 찌르는 수이다.

　이 수는 다된 밥에 코를 빠뜨리는 격이다. 백은 4에 꼬부리는 묘수가 있어 삶을 확보할 수 있다.

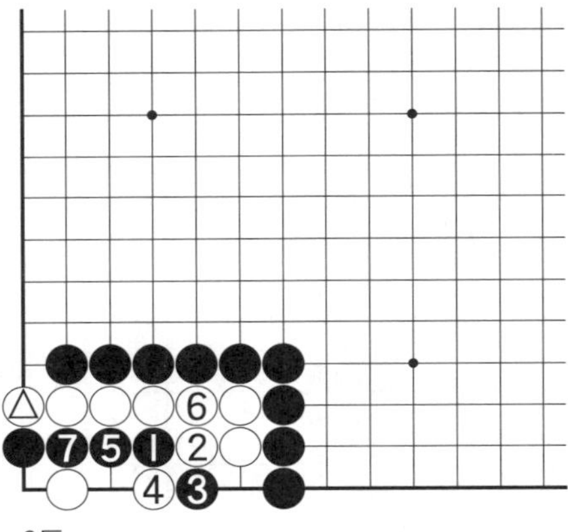

2도

2도 (비장의 붙임)

백△로 막을 때 흑1의 붙임이 비장의 카드이다. 백2로 계속 차단을 해오면 흑3에 젖히는 것이 요령이다.

　백4의 먹여침에는 흑5로 늘어야 한다. 이것으로 흑7까지 백을 잡을 수 있다.

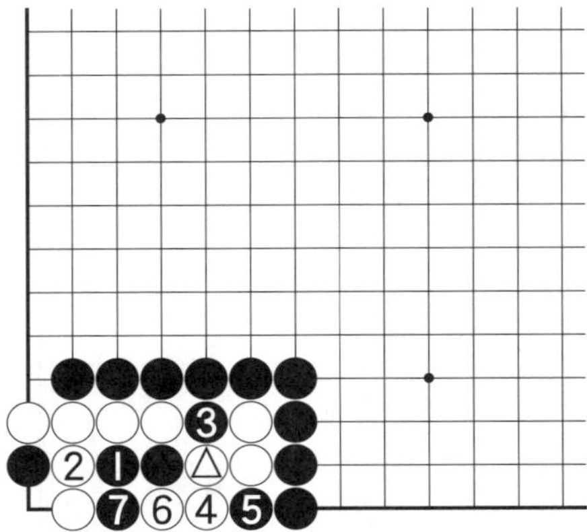

3도　　　　　　　　⑧…△

3도 (후절수로 삶)

백△ 때 먼저 흑1은 곤란하다. 다음 흑3에는 백4의 묘수가 있어 모든 것이 수포로 돌아간다.

　백은 6까지 키워죽인 다음 8로 △의 곳에 끊어서 되잡고 살 수 있는 것이다. 이런 수법을 '후절수'라 한다.

이빨 빠진 기역자 형 (4)

● 흑 차례

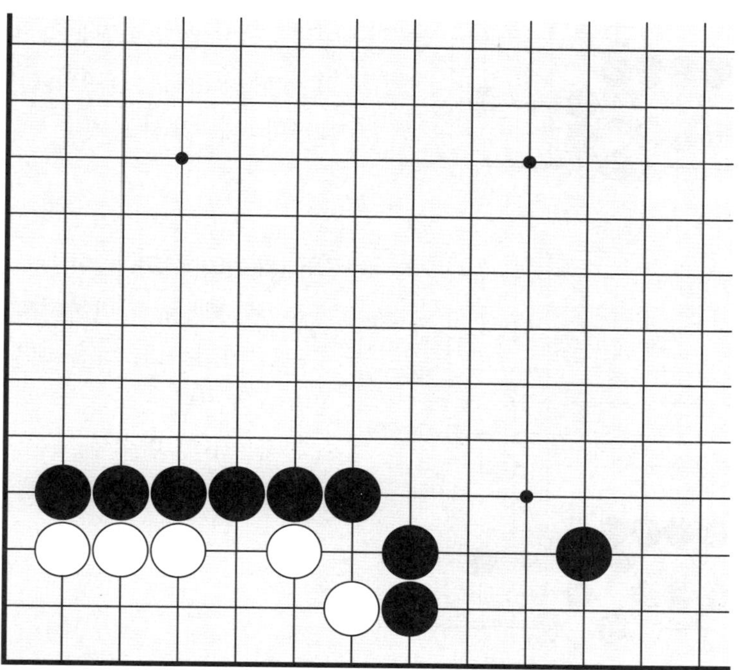

　　백은 좀 더 넓은 영토를 장악하고 있다. 그러나 그 점이 오히려 백은 악조건일 수가 있다. 백의 허술한 틈바구니를 파헤치는 고급 수법이 요구된다.

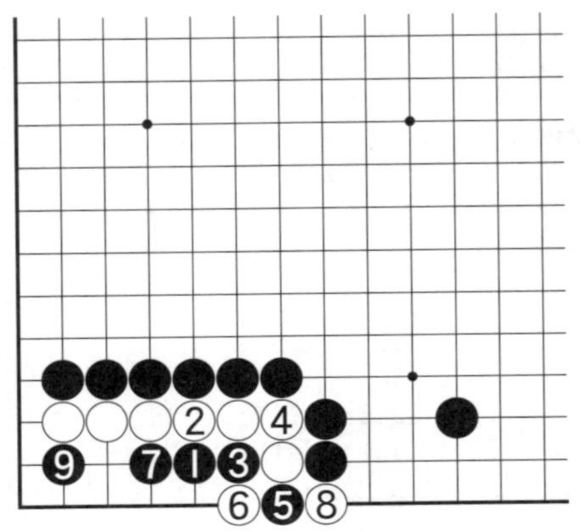

1도

1도 (절묘한 붙임)

제일감으로 떠오르는 흑1의 치중은 너무 당연한 수이다. 그리고 흑5로 넘는 것까지도 순리이다.

　문제는 백6으로 먹여칠 때인데, 아랑곳하지 않고 흑7에 늘어두는 것이 좋다. 백8에는 흑9의 붙임이 절묘하다. 계속해서~

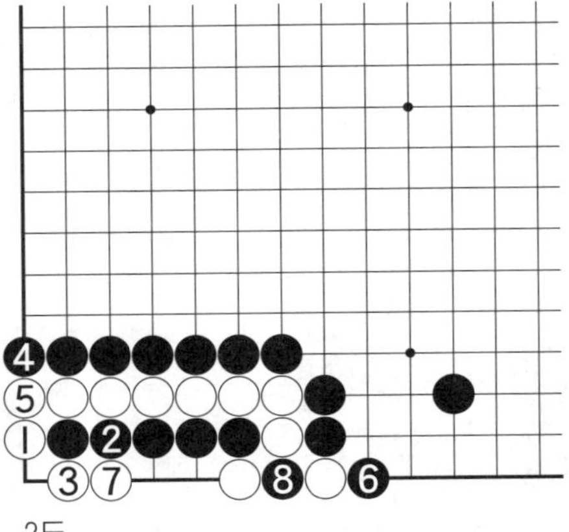

2도

2도 (최선의 결과)

계속해서 백1로 차단하면 흑2의 연결은 절대점이다. 다음 백3부터 수상전이 시작된다.

　결국 흑6의 단수에 백이 이을 수가 없으므로 패가 발생한다. 서로 최선의 결과라 할 수 있다.

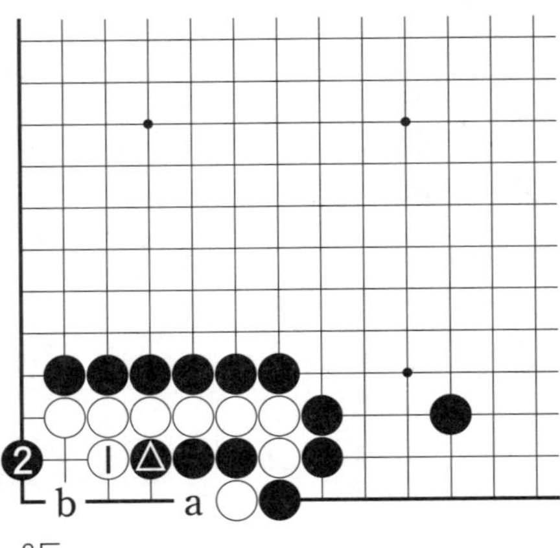

3도

3도 (의표를 찌르는 치중)

흑▲에 늘 때 백1로 차단하는 것은 잘못이다.

　흑a에 받아주길 기다려 백b로 모양을 갖추려는 생각인데, 흑2의 치중이 백의 의표를 찌르는 수이다. 이것으로 백은 살지 못한다.

3三침입 형 (1)

● 흑 차례

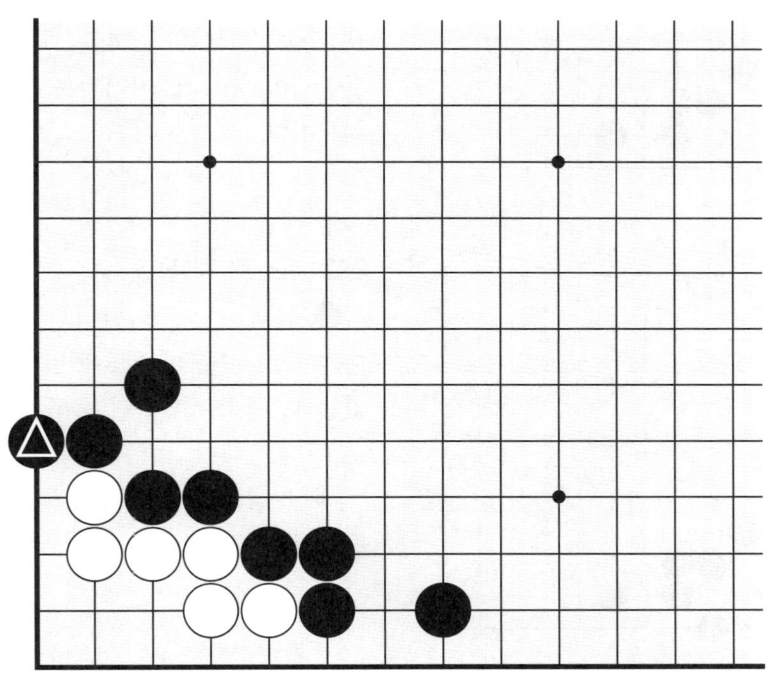

화점 정석에서 아주 많이 나오는 형태라 할 수 있다.
흑▲에 내려선 돌이 없다면 귀의 백은 완생이다. 흑은 ▲
를 발판 삼아 백을 공격할 수 있다.

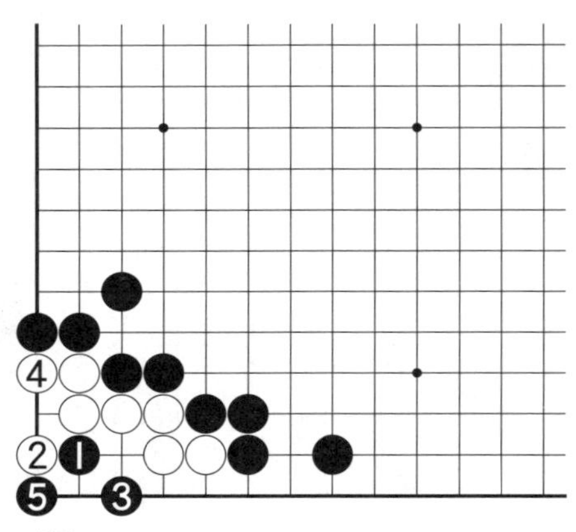

1도

1도 (유일한 붙임/ 패)

흑1로 붙이는 것이 백을 괴롭히는 유일한 맥점이다. 그러면 백2가 최선의 응수이다.

이때 흑3의 마늘모가 찾기 어려운 후속 수단이다. 백4를 기다려 흑5에 집어넣고 패. 여기서는 이 패가 최선이다.

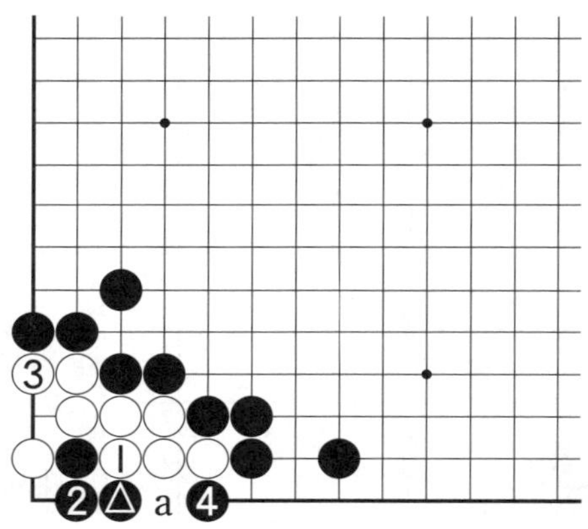

2도

2도 (스스로 자충)

흑❹에 백1은 아주 위험한 단수이다. 흑2로 이을 때 백3에 둘 수밖에 없는데, 흑4로 젖히면 꼼짝없이 죽고 만다.

백1로 a의 곳을 스스로 자충으로 만들어 버린 탓이다.

3도 (비슷한 상황 다른 결과)

a의 곳이 아닌 반대쪽 흑❹로 내려서 있는 경우에도 똑같을까?

역시 흑1이 유일한 수단이다. 하지만 이 경우에는 백4가 성립해 8까지 백을 잡을 수 없다.

비슷한 상황이라도 돌 하나의 차이에 따라 이처럼 전혀 다른 경우가 있다.

3도

3드침입 형 (2)

● 흑 차례

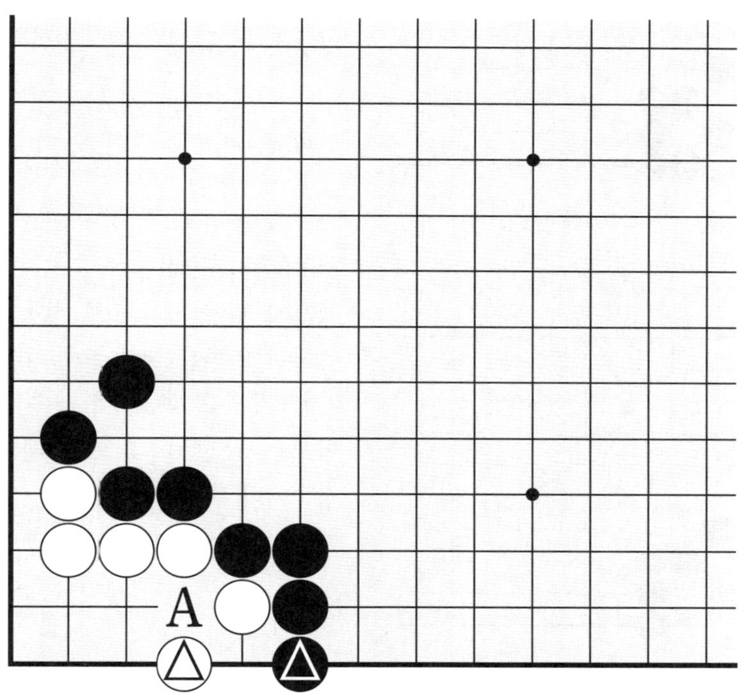

애당초 귀에서 백이 A에 이어 살지 않고 △로 호구치고 살아둔 모습이다. 이 경우에 흑△로 내려선다면 선수일까 아닐까?

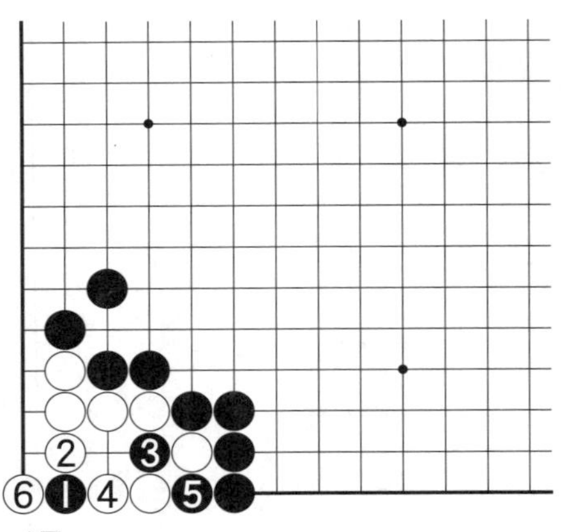

1도

1도 (치받는 묘수)

흑1의 치중은 가장 먼저 떠오르는 맥점이다. 백2에는 흑3으로 먹여친다. 그런데 여기서 백은 4로 치받는 묘수가 있어 위기를 탈출할 수 있다. 흑5로 한점만 희생될 뿐이다.

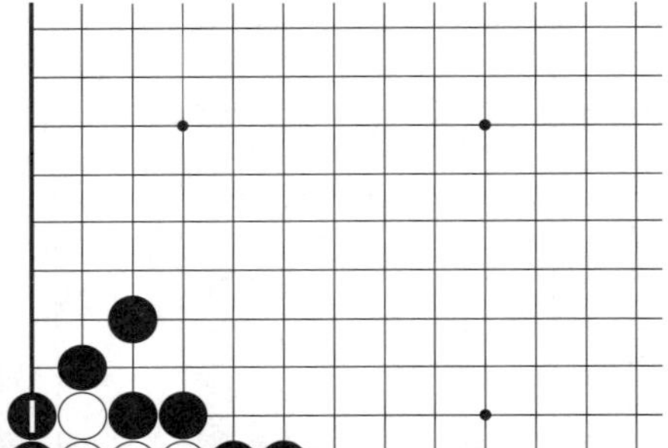

2도

2도 (흑의 변화)

백△로 받을 때 흑1로 젖혀 궁도를 좁혀서 변화를 구해보자. 이때도 백2가 좋은 수. 흑3으로 계속 밀고 들어오면 얌전히 백4로 따내는 것이 정수이다.

백4 대신 a면 흑b를 당해 백의 사망이다.

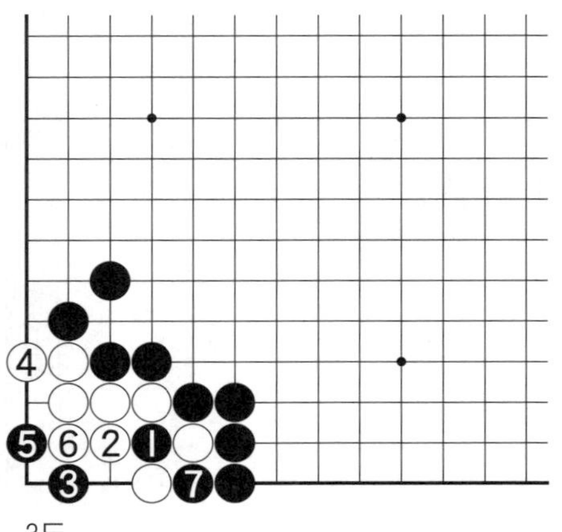

3도

3도 (귀곡사 유도)

여기는 곧바로 흑1에 먹여쳐서 첫 단추를 꿰는 것이 생각하기 힘든 수법이다.

백2에 비로소 흑3에 치중하면 된다. 이어 흑7까지 백을 귀곡사로 잡는다.

3드침입 형 (3)

● 흑 차례

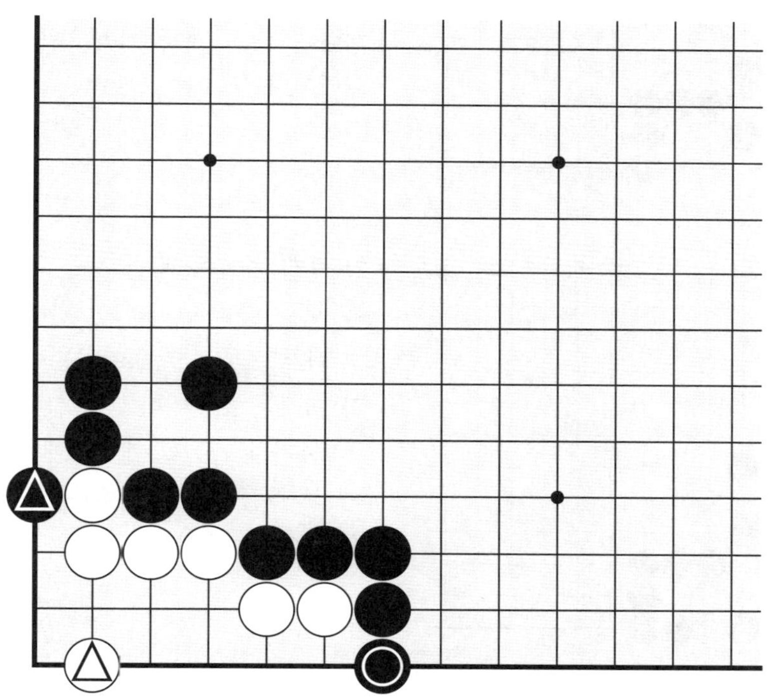

　　배석이 좀 더 복잡하다. 흑△로 젖히고 흑◉에 내려서서 백돌을 압박하고 있는 가운데, 백△가 바리케이드를 치며 저항하고 있는 장면이다. 흑의 신선한 발상이 절실하다.

1도 (노골적인 미끼)

흑1에 끊어 노골적인 미끼를 사용하는 것은 곤란하다. 백2는 당연한 응수이다.

계속해서 흑3에 치중해 계속 공격을 하려고 해도 백4로 차단하면 그만이다.

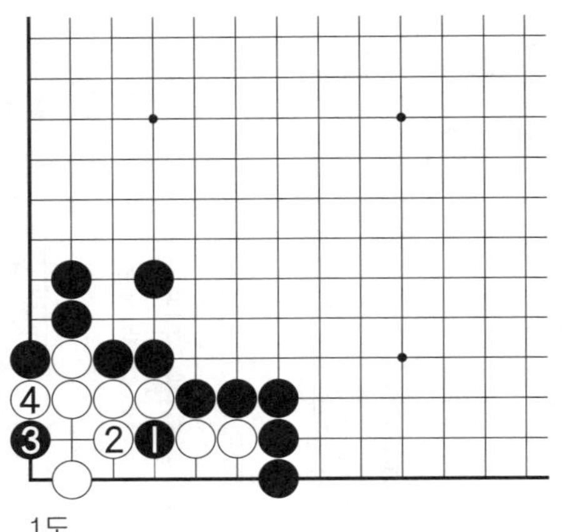

1도

2도 (백, 속수무책)

흑1로 치중을 먼저 해야 한다. 그리고 백2에 흑3으로 밀어가는 것이 찾기 어려운 수순이다.

백4가 불가피할 때 흑5에 치중하는 수가 결정타이다. 백은 흑7의 단수에 속수무책이다.

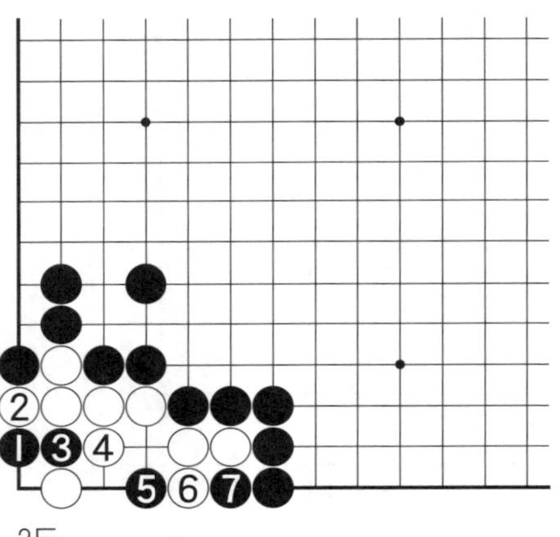

2도

3도 (먹여치는 묘수)

흑1에 백2로 호구쳐서 비틀어 봐야 소용없다. 이 경우에는 흑3의 연속 치중이 따끔한 일침이다.

이후 백6에 따낼 때 흑7로 먼저 먹여치는 묘수를 잘 기억해야 한다. 그리고 흑9면 백의 죽음.

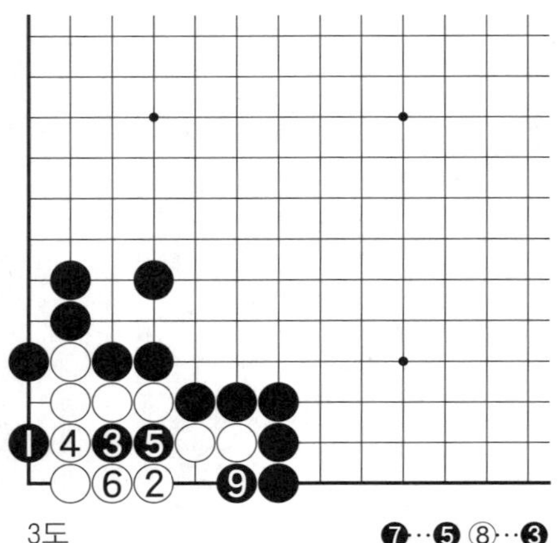

3도

❼…❺ ⑧…❸

3三침입 형 (4)

● 흑 차례

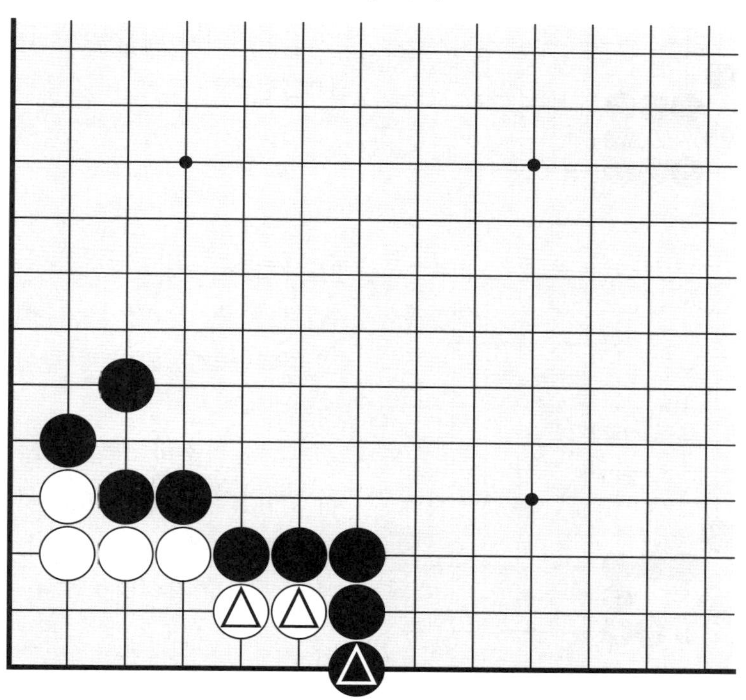

백△ 두점이 2선으로 나란히 늘어 있는 상황에서 흑도 1선에 ▲로 내려져 있는 경우라면 어떤 노림수가 있을까?

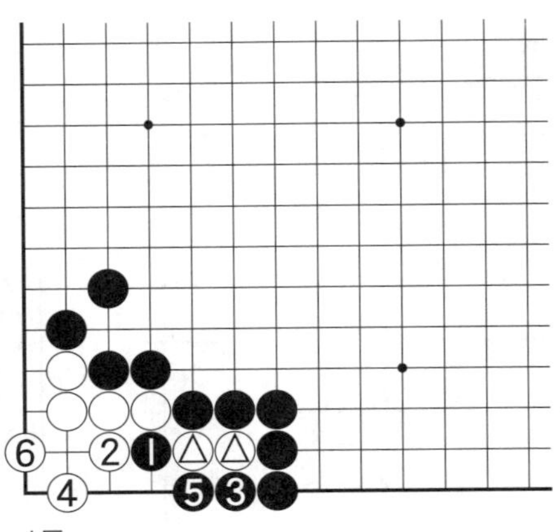

1도

1도 (첫수만 좋음)

흑1로 우선 끊는 것은 좋은 발상이다. 그러나 백2에 흑3의 단수는 실착이다.

　그러면 백4로 백△ 두점을 버리고 살아버리기 때문이다. 따라서 흑3으로는~

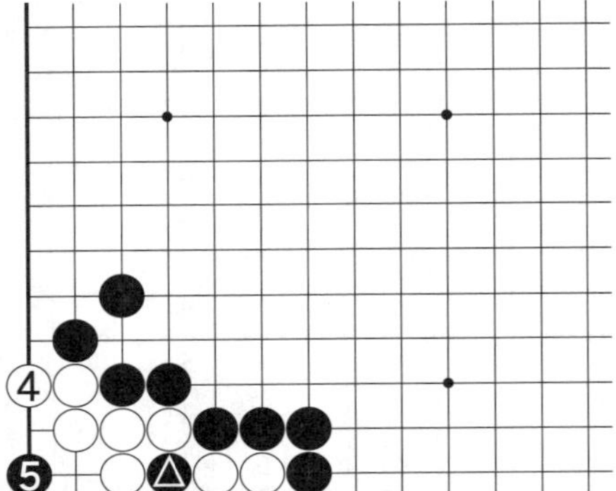

2도

2도 (치중)

흑1에 치중하는 것이 정수이다. 백2로 따내더라도 흑3으로 들어가서 문제없다.

　백4가 최후의 저항이지만 흑5로 파호하면 백은 ●를 따낸 곳이 집이 안 되므로 곤란하다. a와 b를 맞보기로 백의 죽음이다.

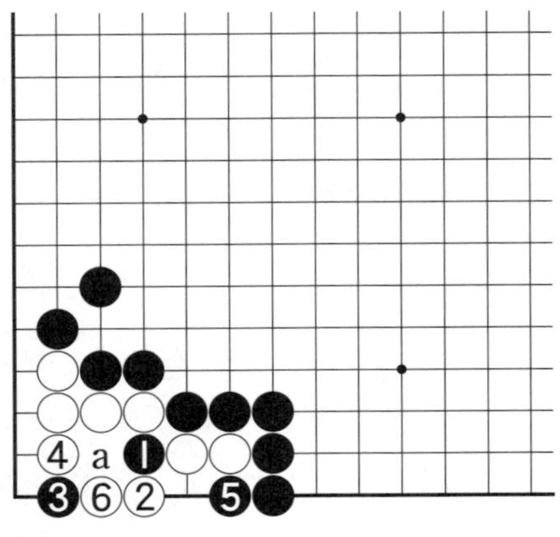

3도

3도 (치중하면 큰일)

백2로 1선에서 단수해도 당황할 필요가 없다. 이때 흑3에 치중하면 큰일 난다. 백은 얼씨구나 하고 4에 치받아 살아버린다. 흑5에 백6이 정확한 대응이다.

　백6으로 a에 따내지 않는 것이 포인트이다.

4도 (잘못된 요령)

흑1로 키워서 죽이는 것이 요령일 경우도 있지만 여기서는 적절하지 않다.

흑3, 5로 먹여쳐서 일단 백을 괴롭히더라도 백8로 틀을 잡고 살아버리면 말짱 도루묵이다.

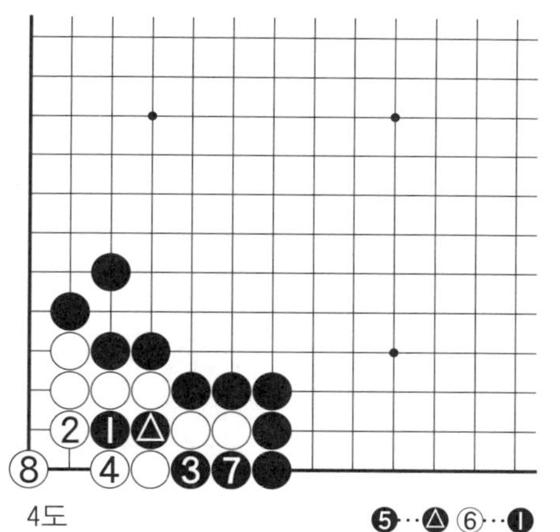

4도

5도 (평범한 접근)

백1에는 기교를 부리려고 발버둥 칠 필요가 없다. 흑2로 그냥 되모는 것으로 충분하다.

어차피 백은 3에 따낼 수밖에 없는데, 그때 흑은 4에 치중하고 잡으면 되는 것이다. 다음 a와 b가 맞보기이다.

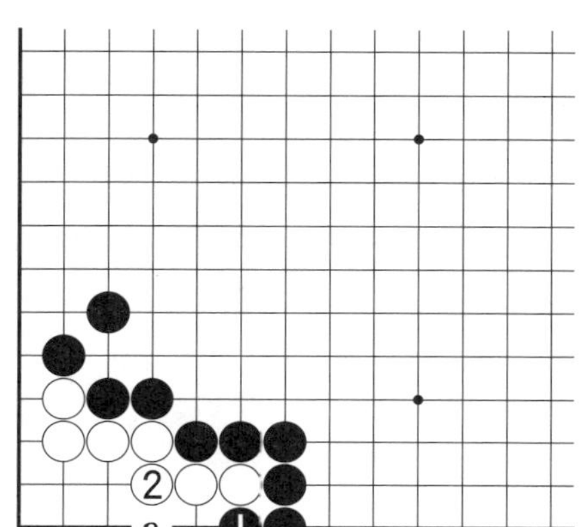

5도

6도 (이어서 그만)

애당초 밋밋한 흑1로는 곤란하다. 백2로 이으면 더 이상 공격할 수 없기 때문이다.

물론 백2를 a에 호구치면 흑2에 먹여쳐서 앞 그림으로 환원된다.

6도

▨ 이단패의 실체

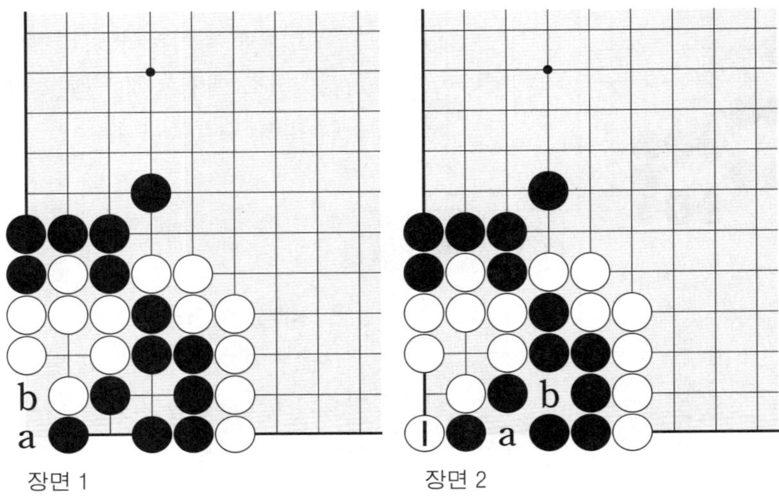

장면 1에서 흑이든 백이든 평화적인 해결을 원한다면 빅을 만들면 된다. 흑이라면 a, 백이라면 b에 두어 빅의 뜻을 쉽게 이룰 수 있는 것이다. 문제는 서로 먼저 두는 쪽이 한 수를 놀리는 꼴이며 또한 굴복이다. 따라서 서로 눈치를 보며 상대가 보강하길 바랄 것이다. 그러다 보면 패가 발생하기도 한다.

가령 장면 2처럼 백1에 집어넣으면 패가 된다. 그런데 이 패는 백이 a를 따내고도 또 b마저 둬야 완전히 끝나게 된다. 즉 패를 두 번씩이나 이겨야 하는 것이다. 이런 패를 이단패라 부른다. 두 번을 이겨야 하므로 이단패는 값어치가 상당히 떨어진다. 전체 이득의 3분의 1 정도 밖에 쳐주지 않는 이유도 바도 거기에 있는 것이다.

막힌 기역자 형 (1)

○ 백 차례

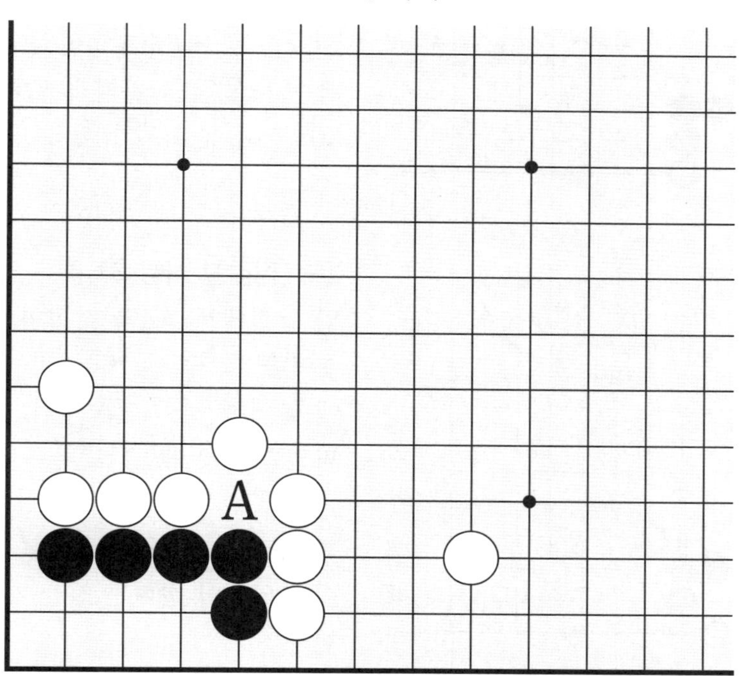

    기역자 형의 대표적인 모양이다. A의 곳 공배가 하나 비어 있어 만만치 않다. 이 흑을 공격할 수 있는 방법이 있을까?

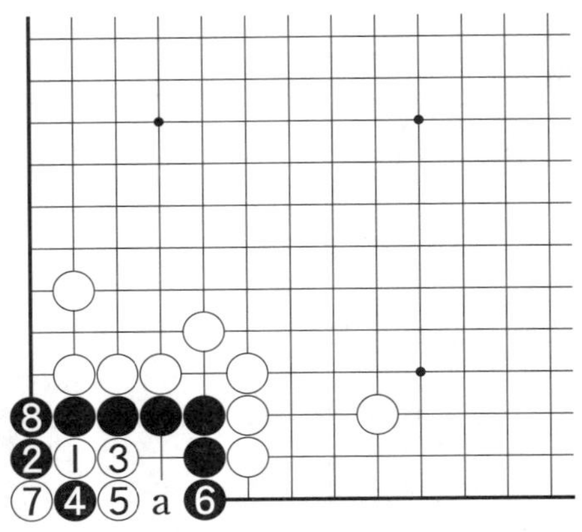

1도

1도 (만년패)

백1의 붙임은 절대. 흑2를 기다려 백3에 늘어두는 것도 당연한 수이다. 계속해서 흑4면 백5에 막아 만년패를 만든다.

수순 중 흑6으로 a면 단패가 된다는 사실을 꼭 기억해야 한다. 그런데~

2도 (점검할 사항 하나)

앞 그림에서 흑4의 젖힘이 잘못된 수이다. 그 수로는 이 그림처럼 흑1에 붙이는 것이 정수이다. 그러면 빅으로 흑은 살 수 있다.

이때 반드시 점검할 사항이 하나 있다. 적어도 공배가 하나(a) 이상 비어 있어야 한다는 점을 기억해야 한다.

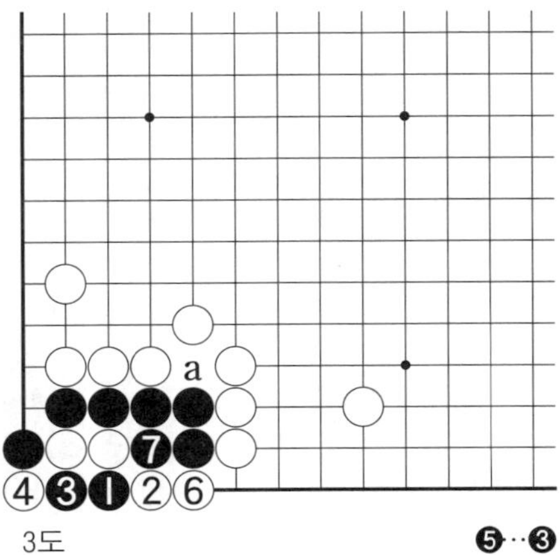

2도

3도 (저항에 대비)

이는 앞 그림처럼 빅을 만들어 주지 않으려고 백2로 저항할 때를 대비한 것이다.

이어 백6까지 진행될 경우 흑7로 몰 수 있으나 없느냐는 순전히 a의 공배에 달려 있기 때문이다.

3도

⑤…❸

막힌 기역자 형 (2)

○ 백 차례

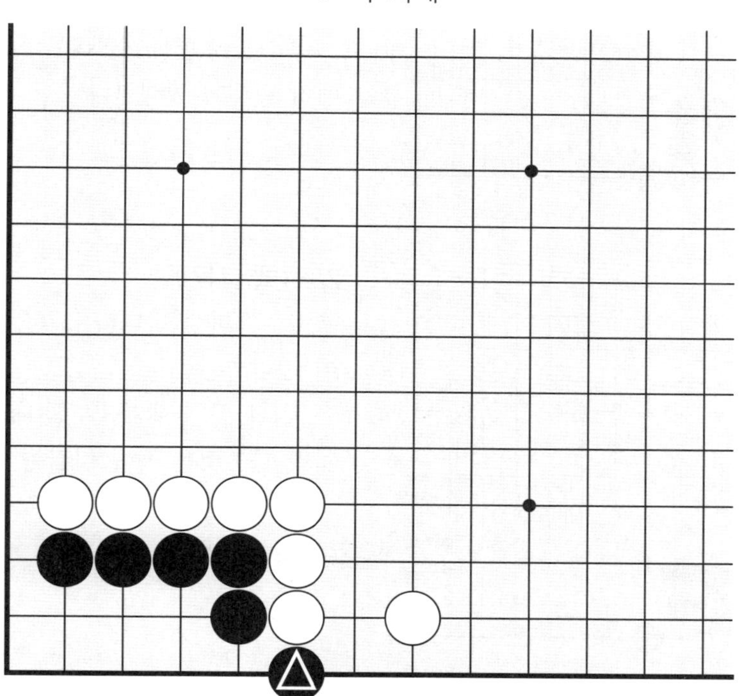

　　앞서 소개한 그림과는 달리 흑의 공배가 모두 메워져 있어 백은 절호의 기회인 셈이다. 반면 흑▲의 젖힘은 눈엣가시가 아닐 수 없다.

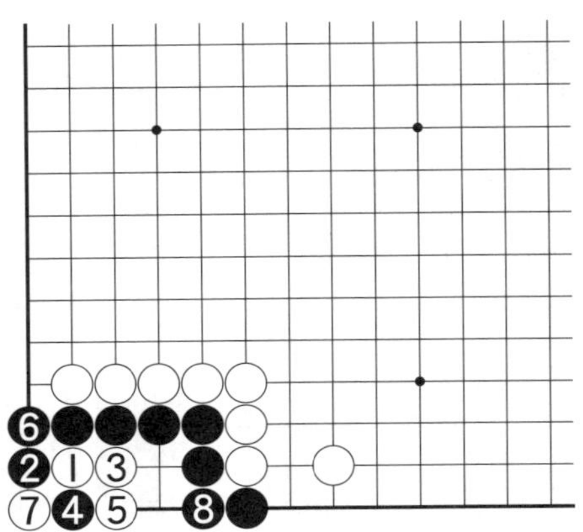

1도

1도 (만년패)

역시 백1의 붙임에는 이견이 있을 수 없다. 이하 백7로 따낼 때 흑8에 잇고 마무리해 만년패를 만들어야 한다.

흑8을 생략하면 백이 그곳을 먹여쳐 단패가 발생한다.

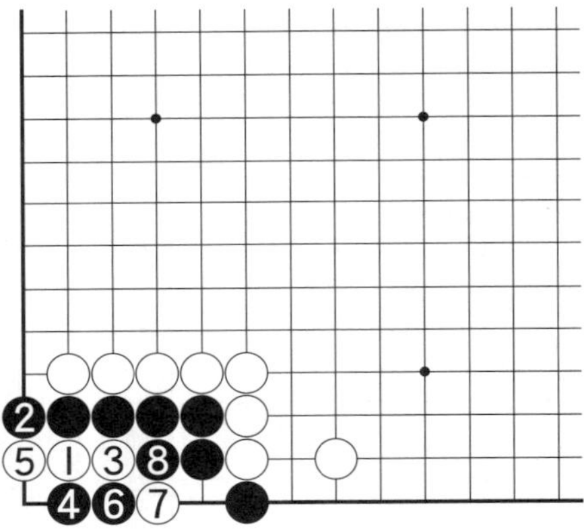

2도

2도 (백, 사망)

흑2로 빠져서 받더라도 백3은 변함이 없다.

흑4에 붙일 때가 중요한데, 백5로 차단하는 것은 흑이 바라는 수이다. 흑6, 8이면 백의 공격군 모두 사망이다.

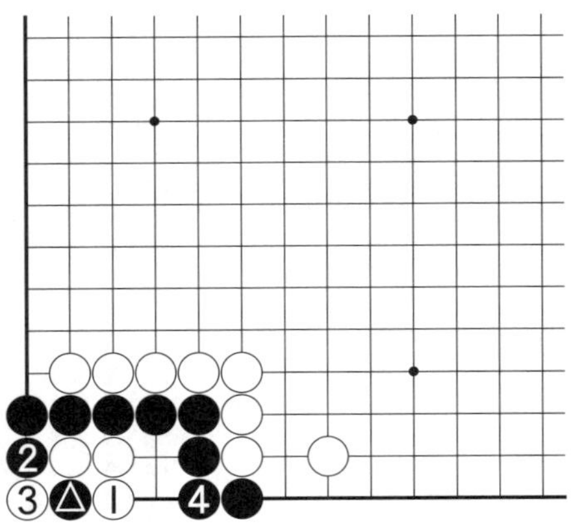

3도

3도 (순조로운 진행)

흑❷에는 백1로 이쪽을 막는 것이 순조로운 진행이다. 흑2면 백3으로 따낸다.

흑4까지 수순만 다를 뿐이지 정답인 1도와 차이점이 없다.

막힌 기역자 형 (3)

○ 백 차례

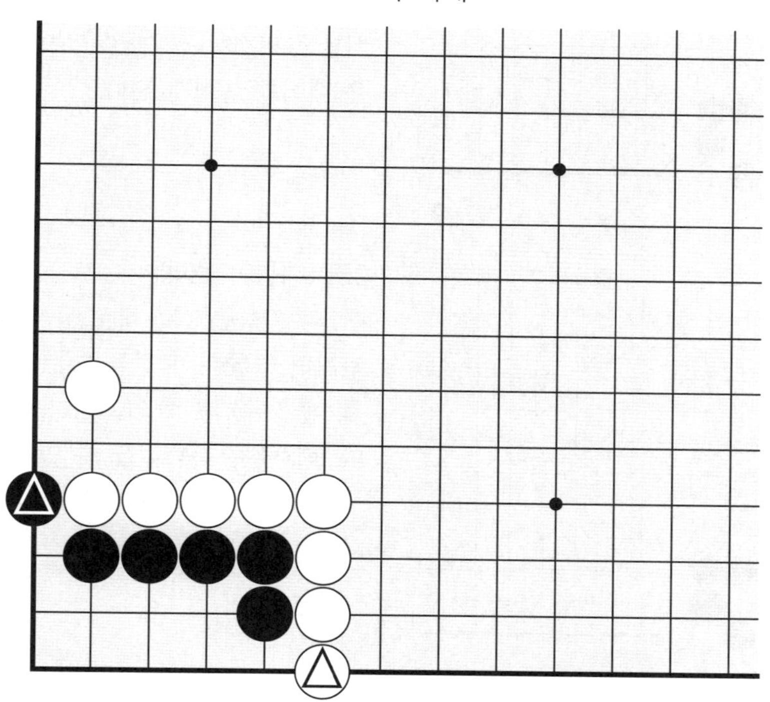

　　이번에는 흑▲가 젖혀 있는 경우를 알아보자. 백도 1
선에 내려선 △ 덕분에 힘이 충만한 상황이다.
　　백은 어디서부터 공격하는 것이 정수일까?

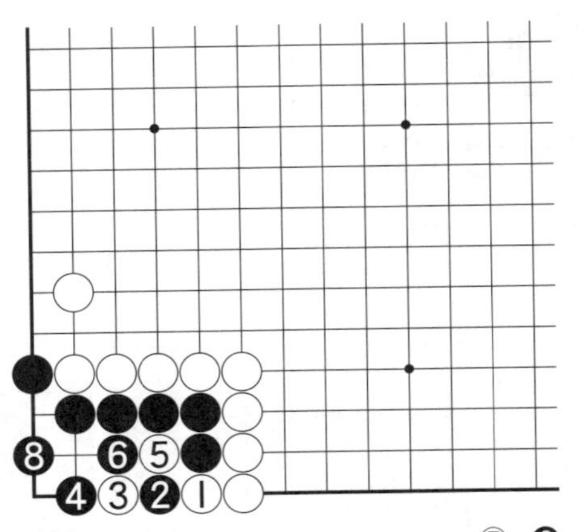

1도

⑦…❷

1도 (반격하는 수단에 조심)

단순히 백1로 전진하는 작전이 최선이다.

　다만 흑2에 막을 때 백3으로 단수치는 것으로는 곤란하다. 흑4로 되몰고 반격하는 수단이 있어 다 잡은 대어를 놓치게 된다.

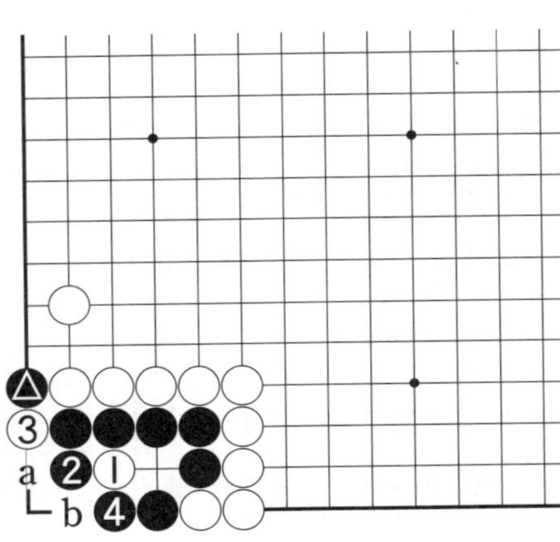

2도

2도 (배경의 효과)

백1의 치중은 나름대로 급소 자리. 하지만 흑▲의 배경을 염두에 두고 흑2에 꼬부리면 백의 의도가 무산된다. 백3에는 흑4로 살 수 있다.

　참고로 흑4를 a에 두는 것은 백b로 전멸 당한다.

3도 (패가 최선)

이 상태에서 흑▲를 공격하는 수는 백1 밖에 없다.

　흑2와 흑4는 수순을 바꿔도 무방하다. 백5까지 패가 서로 최선인 것이다.

3도

막힌 기역자 형 (4)

○ 백 차례

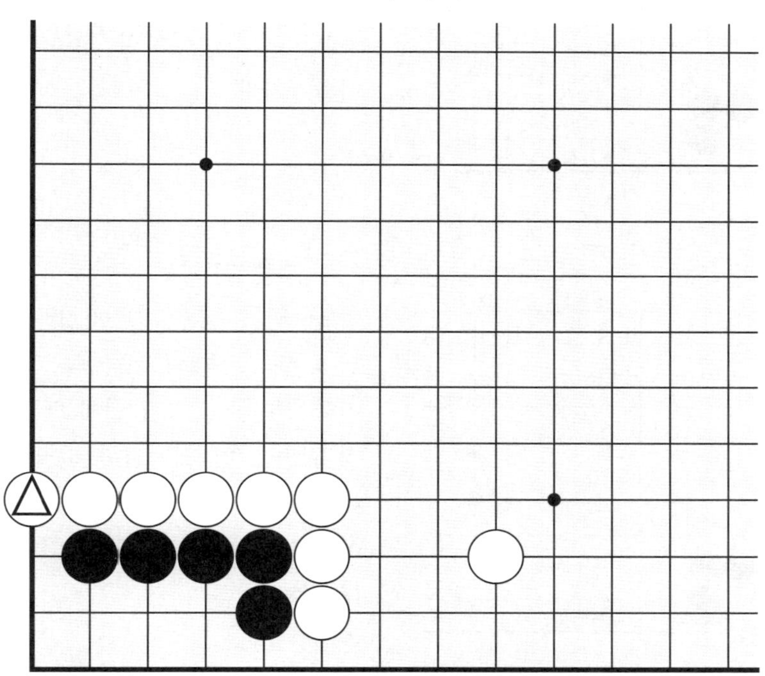

    이번에는 표준 기역자 형에서 백△로 1선에 돌이 하나 내려서 있는 경우이다.

    실전에서 간간이 등장하는 데도 불구하고 정답을 모르는 분들이 의외로 많다. 이번 기회에 꼭 마스터하자.

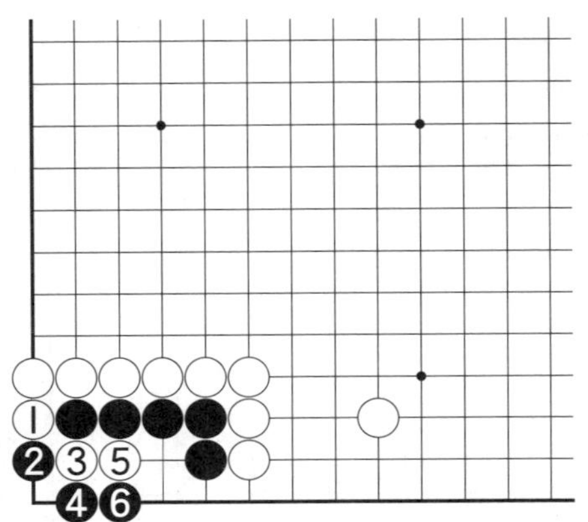

1도

1도 (패의 허용)

가장 많이 범하는 실수가 바로 이 그림이다.

백1로 들어간 다음 3에 단수치는 것. 그러면 흑4의 패를 허용한다. 백5에 늘어봐야 어차피 흑6이면 패는 마찬가지다.

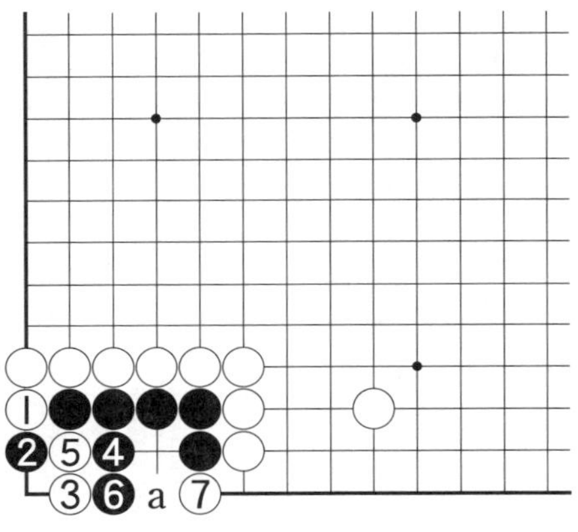

2도

2도 (자충 유도)

일단 백1은 정수. 흑2에 막을 때 잘 둬야 한다. 백3의 치중이 올바른 수이다. 백7을 젖히기 전에 백5와 흑6의 교환은 완벽을 기한 민첩성이다. a의 곳을 자충으로 만들고 잡은 것이다. 실은 백5로 7쪽에 먼저 젖혀도 상관 없다.

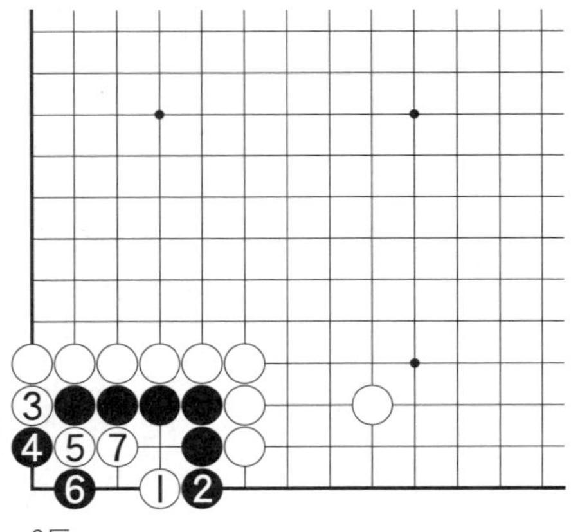

3도

3도 (깔끔한 양자충)

이 그림은 또 다른 정답이다. 사실 백1쪽에 치중하는 것이 깔끔한 처리이다.

흑2로 차단하면 비로소 백3, 5에 끊어 수상전을 벌인다. 흑6에 백7로 늘면 흑이 양자충에 걸려 죽는다.

2선 밀집형 (1)

○ 백 차례

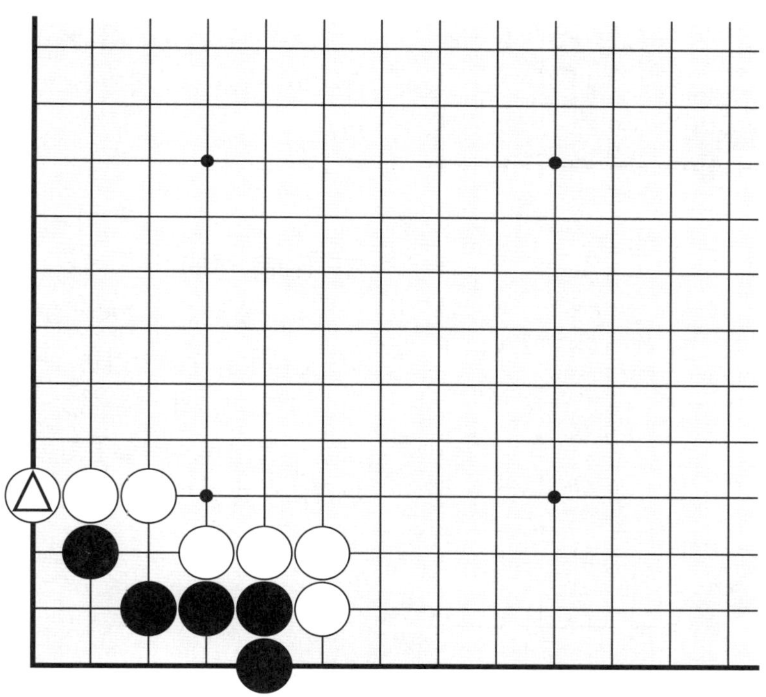

　백△로 1선에 내려설 때 흑이 손을 뺀 장면이다. 백은
귀를 호되게 공격해 대가를 치르게 하고 싶은데, 첫수가
금방 떠오르지 않는다.

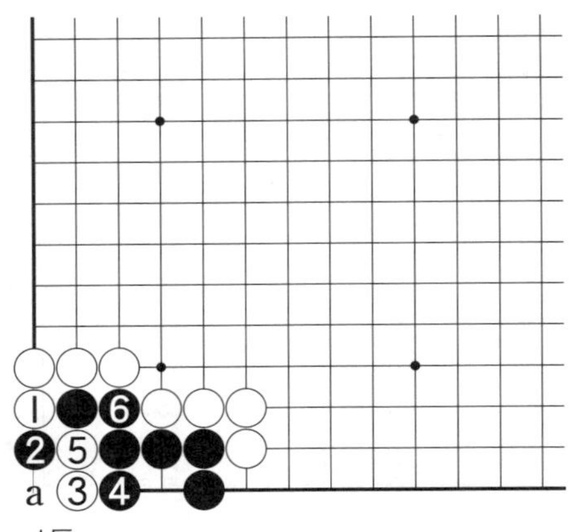

1도

1도 (백, 곤란)

백1, 3은 알기 쉽지만 곤란하다. 흑 4로 집을 나눠서 사는 데 기초를 다져둔다. 백5는 이곳을 옥집으로 만들겠다는 구상이다.

하지만 흑은 a로 따내지 않고 6에 이어 슬기롭게 위기를 벗어날 수 있다.

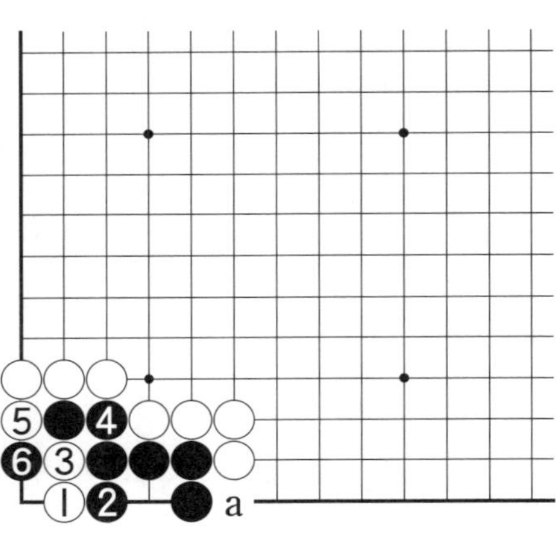

2도

2도 (같은 결과)

백1의 치중을 먼저 두더라도 결과는 같다. 백3이 강수이기는 하지만 역시 흑4에 가만히 잇는 수가 있다.

a의 곳이 하나 비어 있어 백5에는 흑6으로 그만이다.

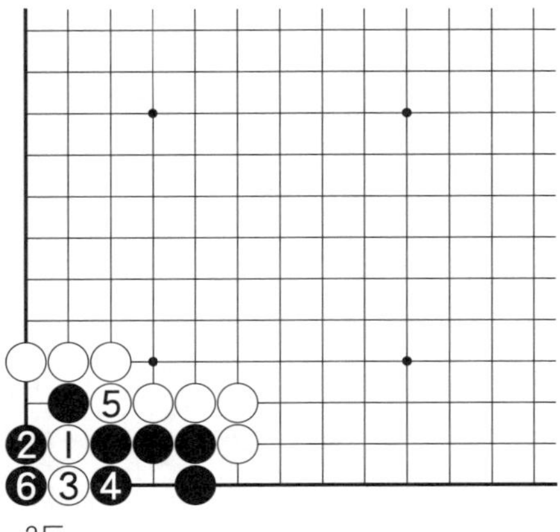

3도

3도 (찝는 수가 맥점)

곧바로 백1에 찝어 거칠게 몰아붙이는 수가 좋은 맥점이다. 흑2, 4가 불가피해 이제는 백5, 7로 먹여치는 수를 피할 수 없다.

수순 중 흑4를 5에 이으면 백4로 들어가 역시 흑이 안 된다.

2선 밀집형 (2)

○ 백 차례

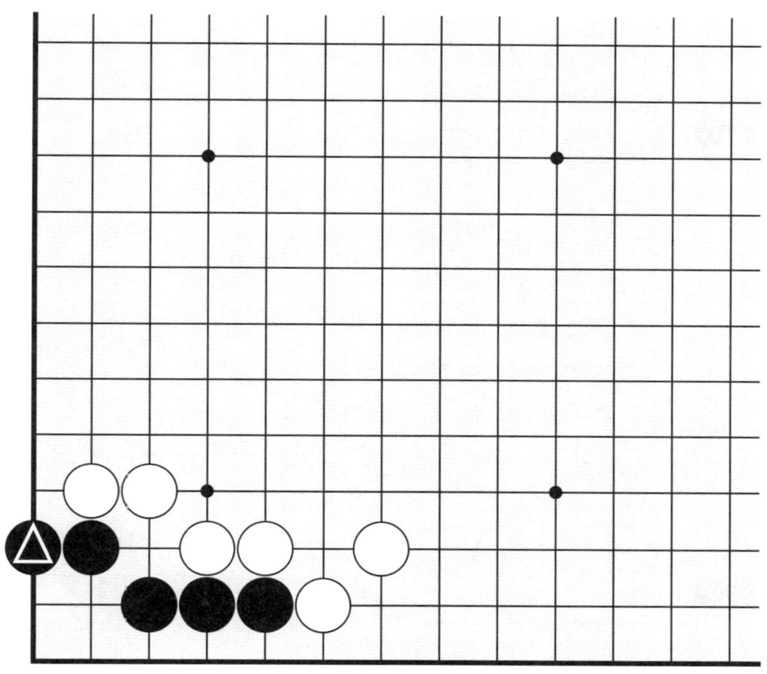

끝내기를 생각하며 능률적으로 살겠다고 흑▲로 내려
선 모습이다. 하지만 이 수는 한마디로 과욕이다.
　백이 귀의 특수성을 잘 적용하면 좋은 결과를 얻어낼
것이다.

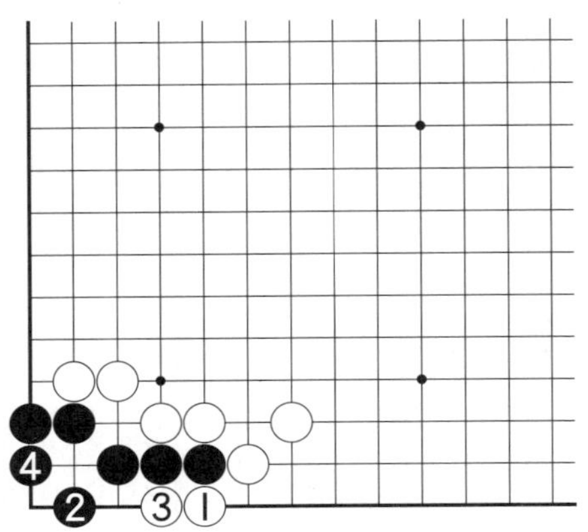

1도

1도 (맞보기로 삶)

단순히 백1로 젖히는 수로는 흑을 혼내 주기가 어렵다.

흑2에 웅크려서 3과 4 자리를 맞보고 살기 때문이다.

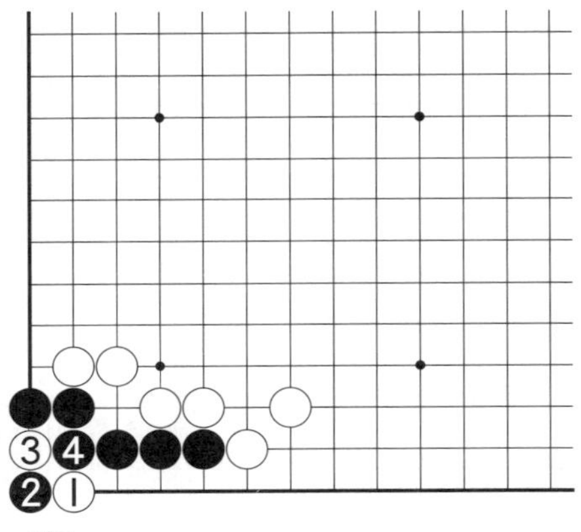

2도

2도 (적절한 치중)

보통 사활의 급소인 2・一의 곳을 바로 들어가는 백1이 아주 적절한 치중이다.

흑2로 스스로 단수를 당하며 유혹할 때 주의해야 한다. 백3으로 덜컥 따내면 흑4를 당해 실패이다. 백3은 4 자리가 정수이다.

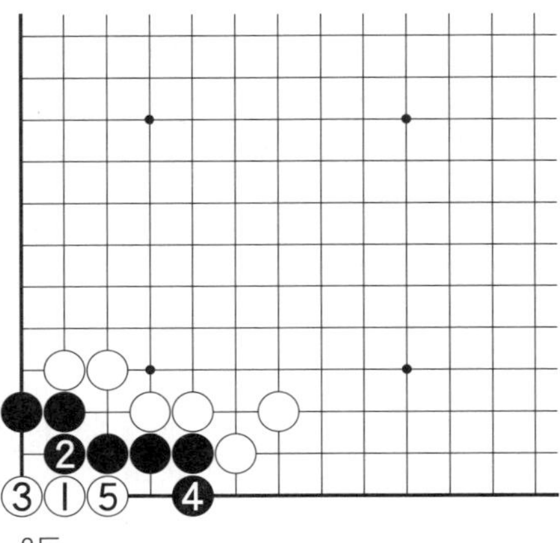

3도

3도 (귀곡사)

백1의 치중에 흑2로 버티더라도 염려할 것이 없다. 백3으로 뻗어 흑이 두 집을 만들지 못하도록 하면 그만이다. 흑4로 궁도를 넓혀봐야 백5면 귀곡사에 걸려 죽을 뿐이다.

2선 밀집형 (3)

○ 백 차례

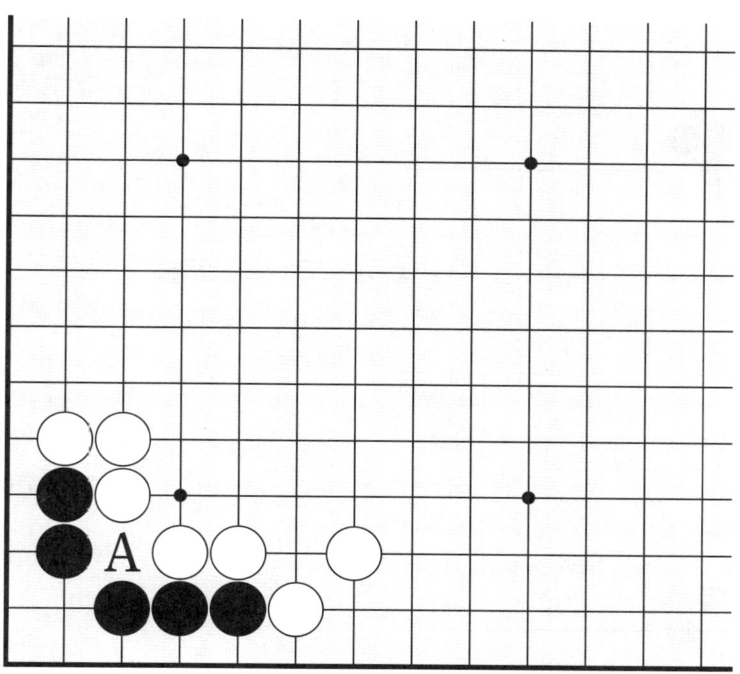

앞 문제에 비해 흑돌이 좀 더 위쪽으로 진출한 모습이다. 더불어 A의 곳마저 비어 있는 상황이라 백은 공격하기가 수월하지 않아 보인다. 역시 귀곡사를 만들어 잡는 것일까?

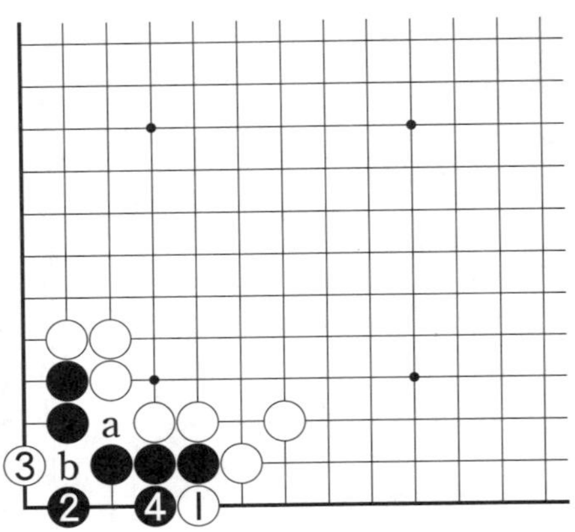

1도

1도 (잘못 적용한 이론)

궁도를 좁힌다는 사활의 기본 이론에 입각해 백1에 젖히는 것은 이 경우에는 맞지 않는 발상이다. 흑2로 틀을 잡아서 그만이다.

　a의 곳에 백돌이 없으므로 백3 다음 b로 끊고 흑을 잡지 못하는 것이다.

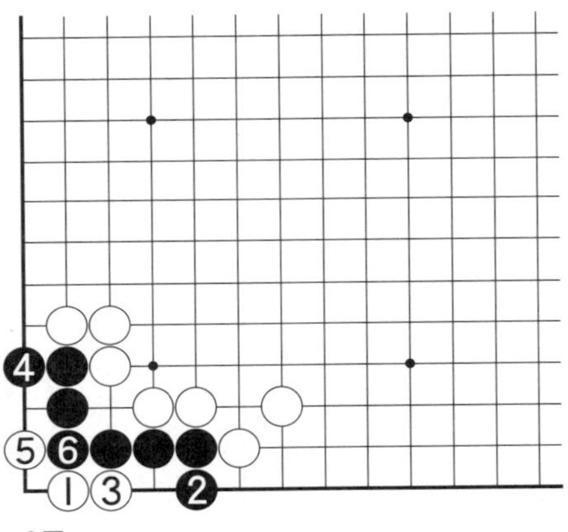

2도

2도 (빅은 실패)

지금은 곧장 백1에 침입해 흑을 괴롭혀야 한다.

　흑2, 4로 궁도를 최대한 넓히고 삶을 도모할 때가 어렵다. 백5의 파호는 잘못된 응수로 흑6에 받아 빅이 난다. 실패작이다.

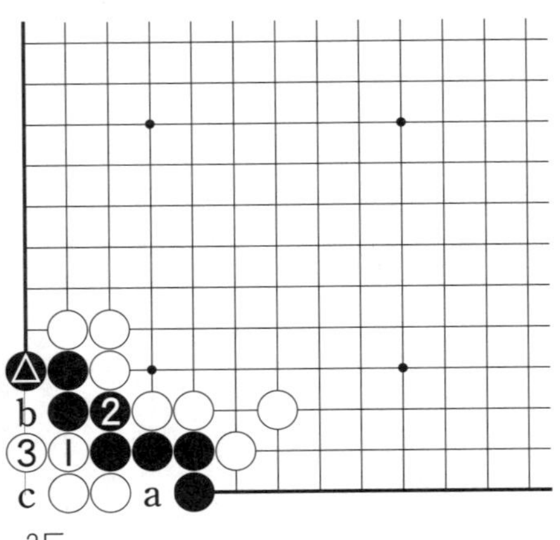

3도

3도 (오궁도화로 죽음)

흑▲로 꼬부릴 때 백은 1로 찝는 것이 정수이다. 흑2의 이음을 기다려 백3으로 삶의 필쟁점을 공격한다. 이것으로 흑의 사망이다.

　흑이 수상전을 벌이려면 a(또는 b)에 메워야 하는데, 그때 백c면 오궁도화에 걸린다.

2선 밀집형 (4)

○ 백 차례

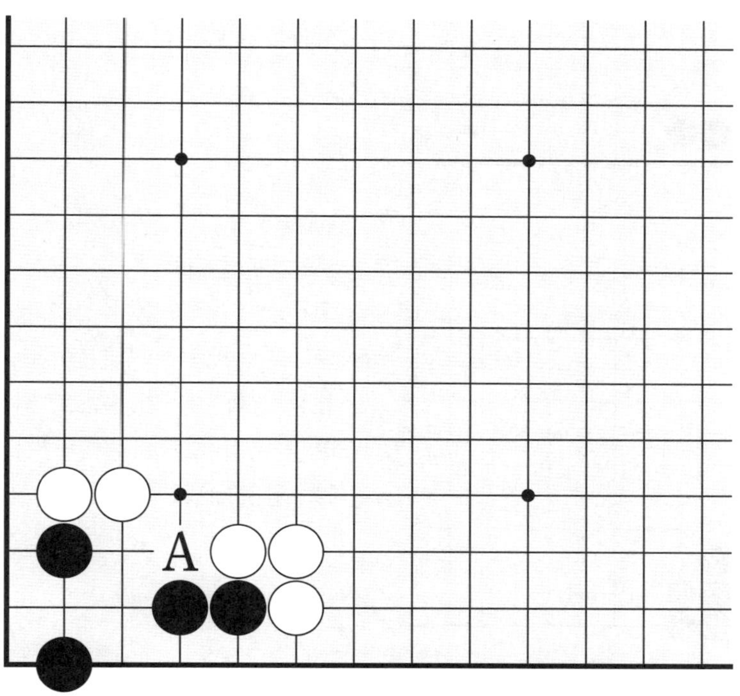

　　모양이 어수선하다고 얕잡아보면 낭패를 보기 쉽다.
흑은 언제든지 A가 선수로 듣는 와일드카드가 있다는 점
을 명심하고 문제에 임해야 실수를 줄일 수 있다.

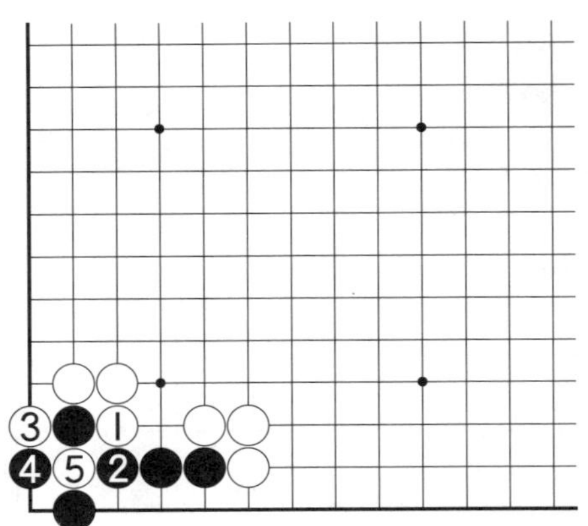

1도

1도 (패는 최선이 아니다)

백1로 찌르고 3에 단수치는 것은 가장 먼저 생각할 수 있는 수단이다. 그러면 흑4에 막고 패가 난다.

그런데 이 모양에서 패는 최선의 성과물이 아니다.

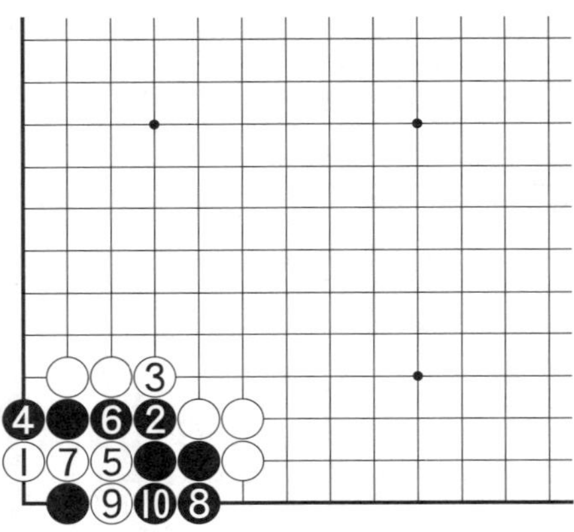

2도

2도 (백, 실패)

우선 백1의 치중이 강력한 대시이다. 다음 백5에 건너붙이는 것이 훌륭한 맥점 같지만, 흑8로 넓히는 기발한 반격 수단에 곤란해진다. 백9는 흑10으로 잡혀서 백의 실패이다.

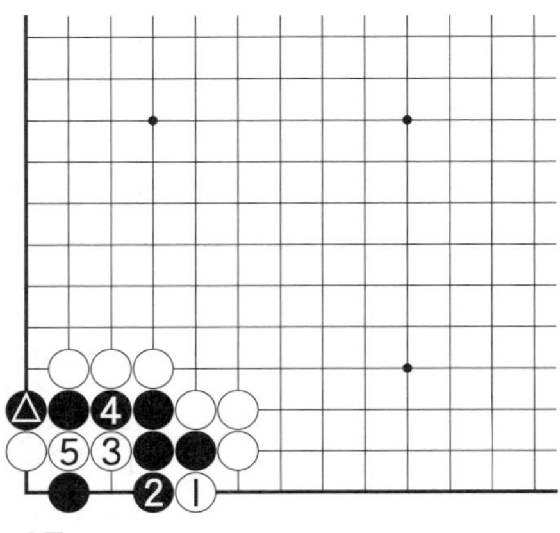

3도

3도 (정확한 수순)

흑▲ 때 백1에 젖혀서 흑의 숨통을 조여가는 것이 정확한 수순이다. 흑2에 비로소 백3으로 치중하는 맥점을 동원하면 된다.

이제는 흑4에 막더라도 백5로 흑을 잡을 수 있다.

거북이 형 (1)

● 흑 차례

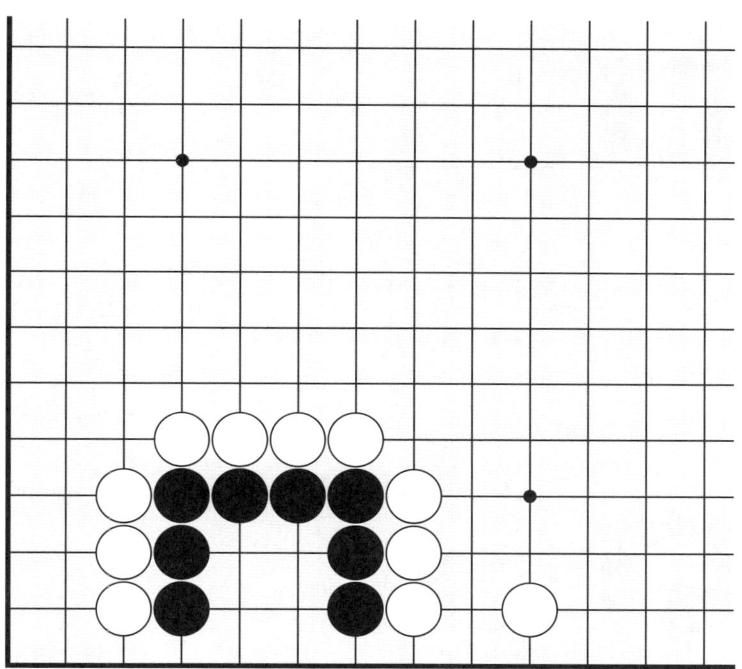

마치 요철을 뒤집어 놓은 것 같은 모습이다. 외부로의
탈출은 물론 공배까지 모두 메워져 있는 악조건 속에서
과연 이 흑이 살아갈 길은 있는 것일까?

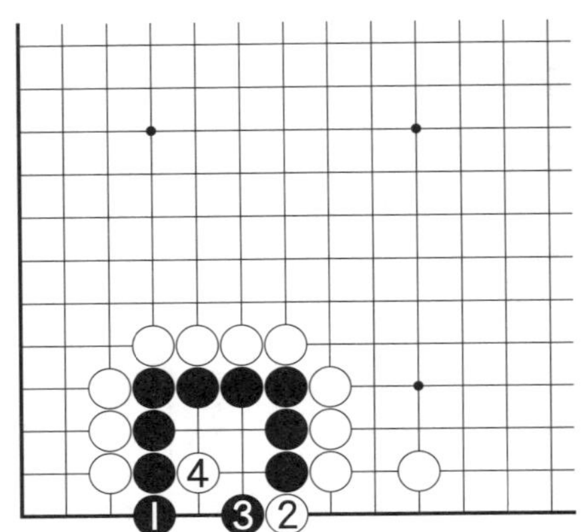

1도

1도 (자체로 죽어 있다)

결론부터 밝히면 이 흑은 자체로 죽어 있다.

　가령 흑1에 내려서 궁도를 넓히더라도 반대쪽에서 백2로 조임을 당하면 속수무책이다. 흑3에는 백4의 치중으로 그만이다.

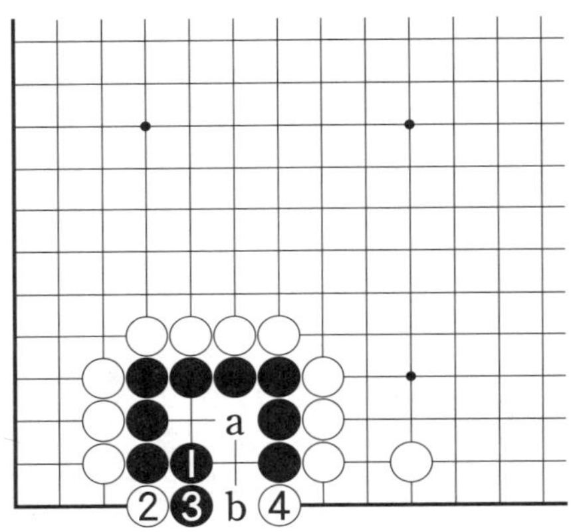

2도

2도 (궁여지책)

흑1로 꼬부리는 것은 궁여지책이다. 그러나 백2, 4로 차례로 젖힘을 당하면 흑은 도저히 두 집을 만들고 살 재간이 없다.

　흑3 대신 a에 두면 백b에 치중해 역시 죽는다.

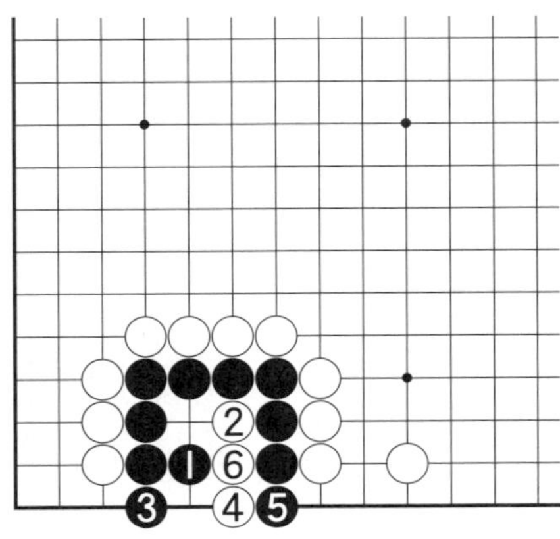

3도

3도 (성급한 치중)

다만 흑1에 백2로 성급하게 치중하면 낭패를 보게 된다.

　흑3에 내려서 백4를 유도한 다음 흑5면 빅으로 사는 길이 생기기 때문이다.

거북이 형 (2)

● 흑 차례

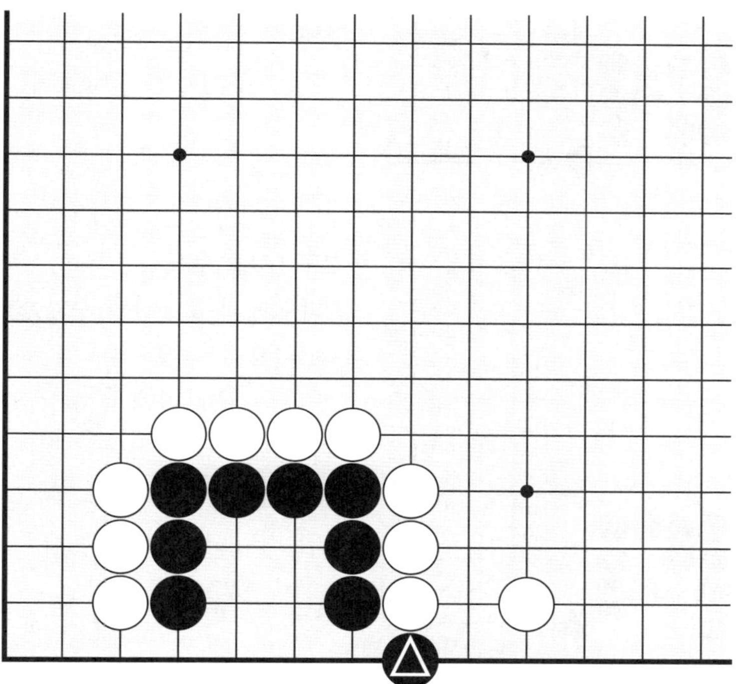

　　앞의 형에서 1선에 흑⬥가 하나 젖혀져 있어도 역시 살 수 없을까?

　　얼핏 그다지 큰 힘이 될 것 같지는 않지만, 정말 그대로 죽어 있는 것일까. 사활은 돌 하나의 차이에 따라 명암이 갈린다는 사실을 기억해야 한다.

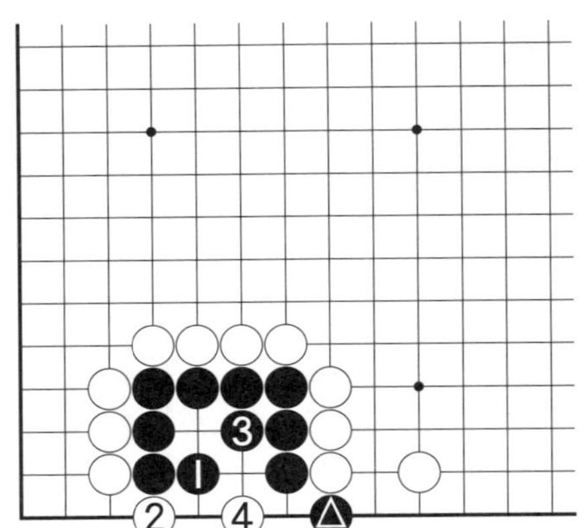

1도

1도 (간단히 사망)

우선 흑1로 웅크려 보자. 역시 백2에 젖히는 수가 준비돼 있다.

흑3에는 백4의 치중으로 간단히 사망한다. 기착점 흑△를 전혀 이용하지 못한 결과이다.

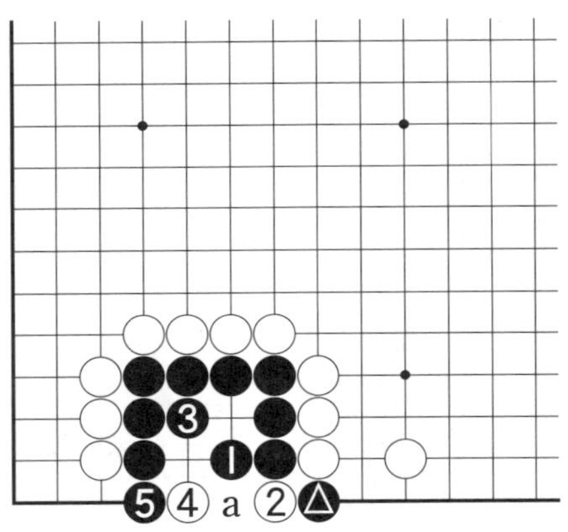

2도

2도 (지충 유도)

흑1쪽에서 꼬부리는 수가 △를 제대로 이용하는 것이다. 백2에 먹여칠 때 흑은 a에 따내지 않고 3에 웅크려서 다음을 대비하는 것이 하이라이트이다. 이어 백4의 치중에 흑5면 a가 백의 자충이다.

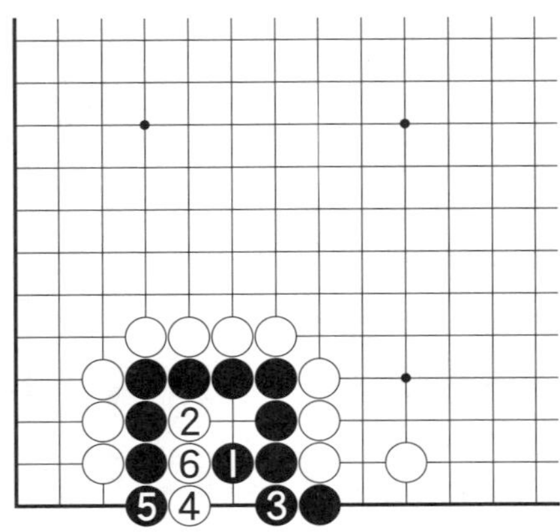

3도

3도 (빅으로 삶)

앞 그림처럼 먹여치지 않고 백2에 곧장 치중을 하더라도 전혀 문제없다. 흑3에 꽉 잇는 것으로 만반의 준비를 갖출 수 있다.

백4에 치중해 계속 공격을 가하더라도 흑5면 빅이다.

거북이 형 (3)

● 흑 차례

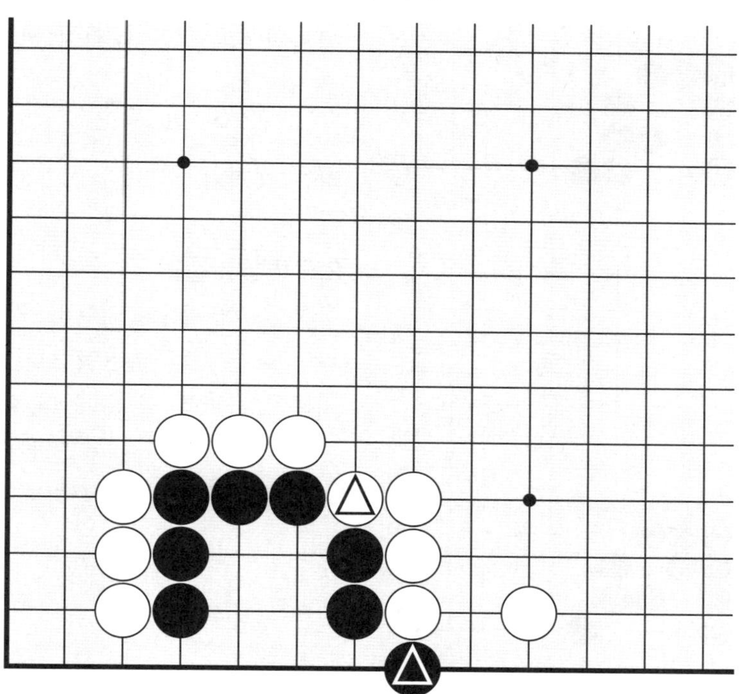

앞 문제와 거의 같다고 볼 수 있는 형태이다. 백이 △의 곳을 점유하고 있다는 것이 유일한 차이점이다. 역시 흑▲가 유일한 희망인데, 그럼 과연 살 수 있을까?

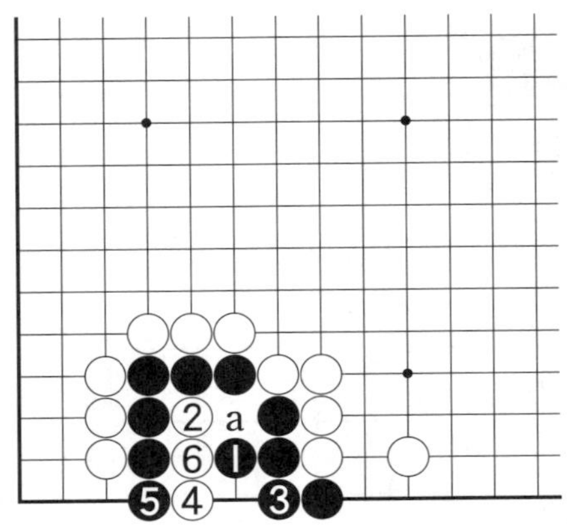

1도

1도(살 수 없는 형태)

일단 흑1의 꼬부림이 최선이다. 그런데 이번에는 백2로 집어넣는 것이 날카롭다. 흑이 5까지 빅을 만들고 살려고 발버둥을 쳐봐야, 이번에는 어차피 a의 곳을 메워야 하므로 죽은 셈이다.

이 모양은 흑이 살 수 없는 형태라는 얘기다.

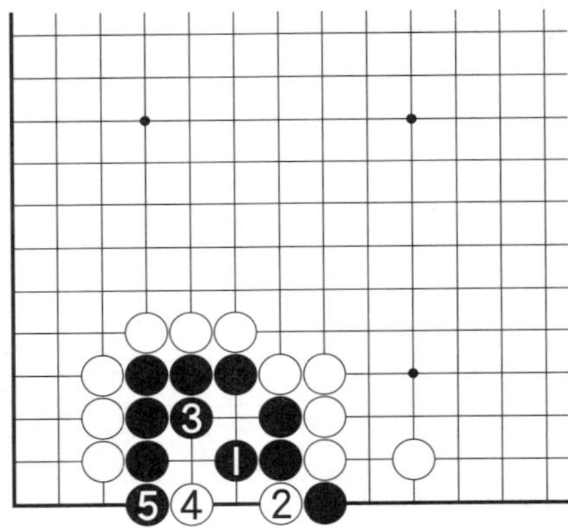

2도

2도 (백의 실수)

물론 흑1에 백2로 먹여쳐 주기만 한다면 흑은 삶의 핵심인 3 자리를 차지하고 활로를 열 수 있다.

백4의 치중은 누차 언급하는 얘기이지만 흑5로 그만이다.

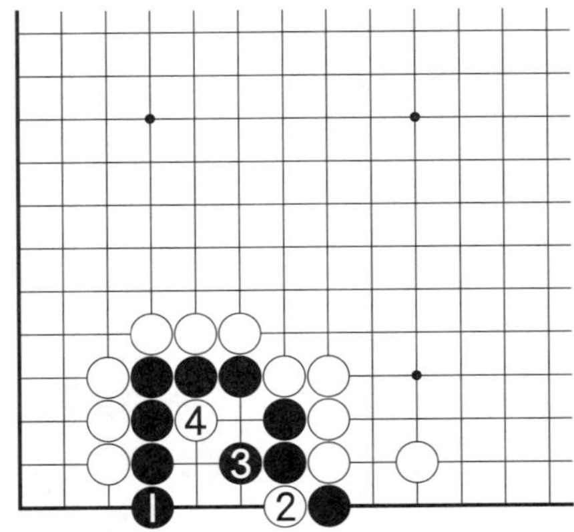

3도

3도 (궁도를 좁힌 후 치중)

흑1로 내려서서 궁도를 넓히더라도 결과는 마찬가지다.

백2에 먹여쳐서 궁도를 좁힌 다음 흑3에 받으면 백4로 치중하는 것까지 간단히 해결할 수 있다.

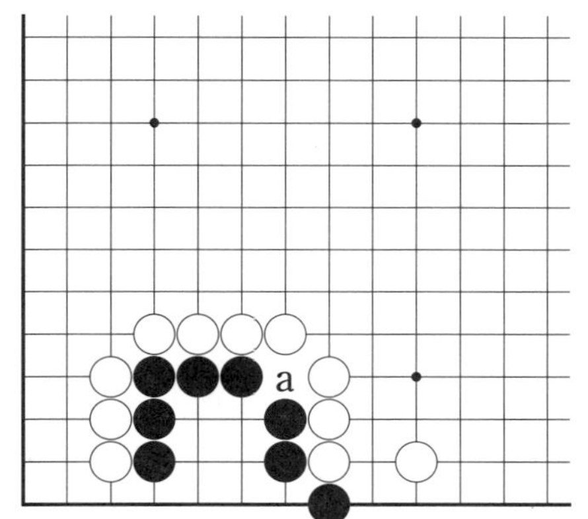

4도

4도 (비어있는 환경)

이번에는 a의 곳이 비어 있는 상황에서 흑이 둘 차례라면 정답이 무엇일까?

역시 그냥 죽어 있는 것일까, 아니면 빅이라도 만들고 살 수 있는 것일까?

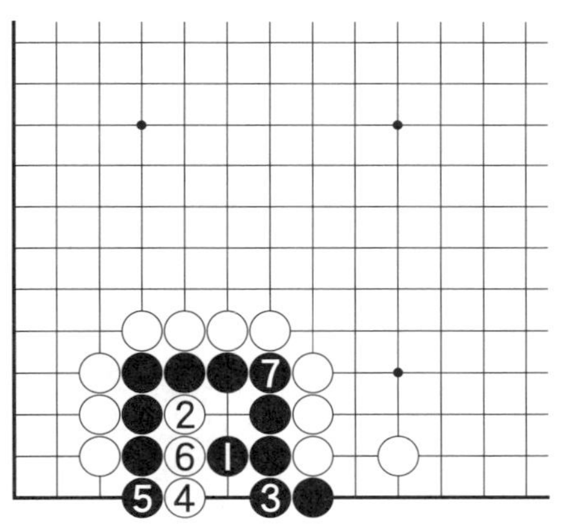

5도

5도 (빅으로 삶)

역시 이 경우에도 검토를 해야 할 점이 흑1의 꼬부림이다. 이때 백2로 치중하면 흑3 이하 백6까지는 외길 수순이다.

그리고 흑이 둘 차례. 공배가 있는 덕분에 흑7로 빅을 만들 수 있는 것이다.

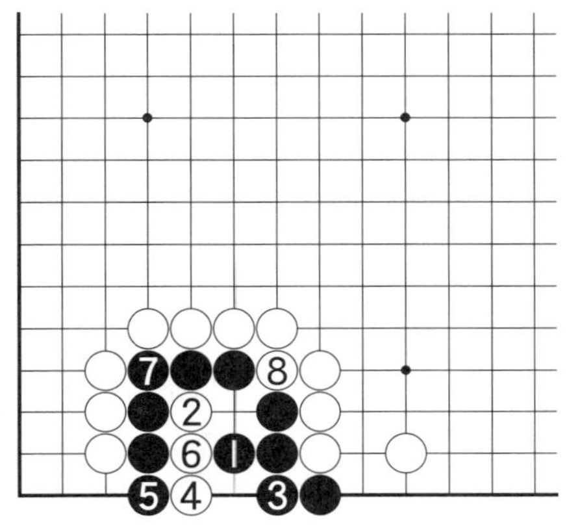

6도

6도 (죽어 있는 모양)

양쪽 모퉁이가 비어 있는 이 모양에서는 흑1에 둬 봐야 살지 못한다.

이하 백6 이후 흑은 약점인 7과 8의 자리를 동시에 보강할 재간이 없기 때문이다. 즉 자체로 죽어 있는 모양이다.

▨ 사활격언 베스트 15가지

사활 공부에 필수적인 격언을 모았다. 무작정 외우더라도 언젠가는 많은 도움이 될 것으로 믿는다.

① 죽음은 젖힘에 있다: 주로 1선의 젖힘이 맥점이다.

② 궁도를 좁혀라(넓혀라): 1선에 젖히거나 꼬부리는 경우가 많다.

③ 좌우동형은 중앙이 급소: 좌우가 같은 모양이면 중앙이 급소이다.

④ 적의 급소는 나의 급소: 답을 풀어갈 때 상대 입장에서 생각해보자.

⑤ 2의 一에 묘수가 있다: 귀퉁이 부근의 두 군데가 맥점일 경우이다.

⑥ 3선에서 1선으로 한 칸 뛰는 데 묘수가 있다: 껴붙이는 경우도 있다.

⑦ 선치중 후행마: 먼저 치중한 후 응수에 따라 다음을 결정한다.

⑧ 6사8활, 4사6활: 2선에 한 줄로 돌 6개면 죽고 8개면 산다. 3선에 한 줄로 돌 4개면 죽고 6개면 산다.

⑨ 빈삼각의 묘수: 빈삼각은 우형이지만 사활에서는 때로 묘수이다.

⑩ 후절수를 만들어라: 따낸 후 다시 끊는 수를 생각해보라.

⑪ 1선으로 가만히 빠져라: 1선에 내려서는 수가 급소일 경우가 많다.

⑫ 매화육궁 같은 죽음의 궁도를 만들어라: 4궁 중 바보사각형과 삿갓형, 오궁도화(자동차형, 십자형), 매화육궁은 죽음의 궁도이다.

⑬ 작은 것을 탐내면 대어를 놓친다: 소탐대실과 통하는 격언이다.

⑭ 우형을 만들어라: 뭉친 모양이 되면 안형 만들기가 어렵다.

⑮ 양지충을 유도하라: 사활은 자충으로 유도하는 경우가 많다.

거북이 형 (4)

○ 백 차례

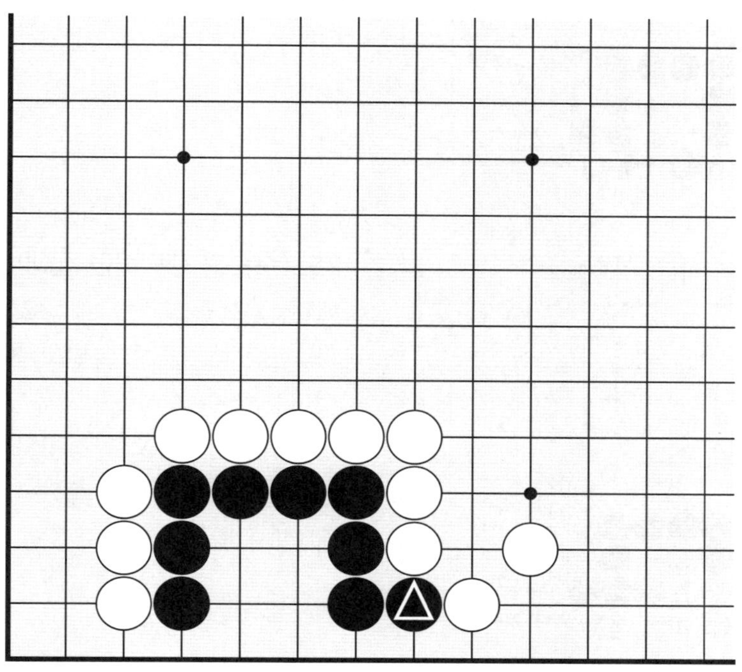

흑△의 꼬부림으로 돌 하나가 추가되어 있을 경우, 여기서 흑이 가일수를 하면 산다.

그런데 백이 먼저 공격을 한다면 어떻게 될까?

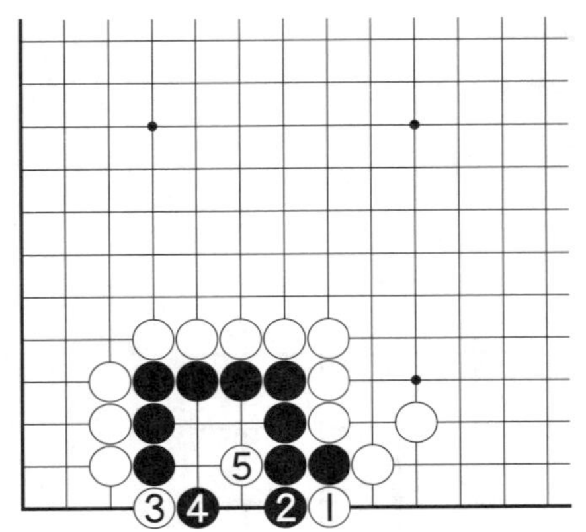

1도

1도 (단순한 모양으로 만든다)

오른쪽에서 백1로 젖혀 흑 모양을 단순하게 만드는 것이 좋은 작전이다. 이에 흑2로 막으면 반대쪽을 마저 백3으로 젖히고 잡는다. 흑4에는 백5로 그만이다.

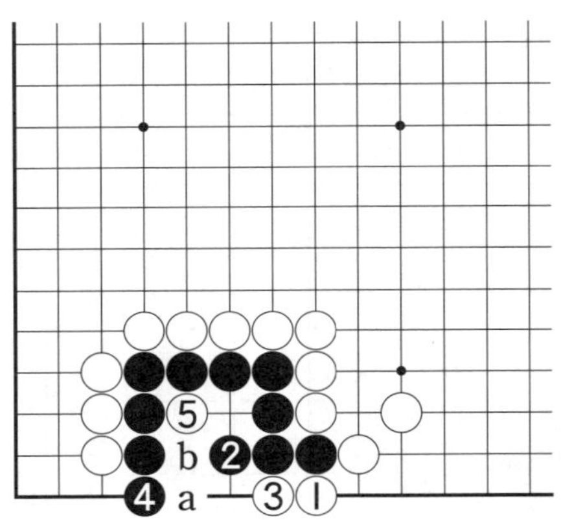

2도

2도 (수순을 생략하면 실패)

백1에 흑2로 꼬부릴 때 주의해야 한다. 한번 더 백3으로 밀고 들어가는 것이 침착한 수이다.

　백3을 생략하고 곧장 5로 치중하면 실패한다. 그러면 흑3, 백a, 흑4, 백b까지 빅이 난다.

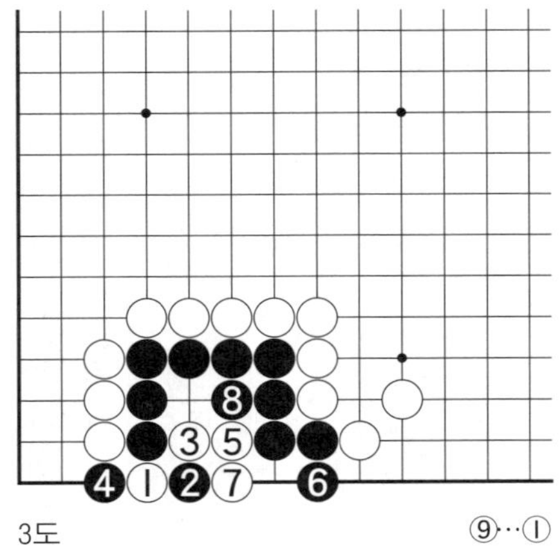

3도　　　⑨…①

3도 (잘못된 젖힘)

똑같은 젖힘이라도 왼쪽에서의 백1은 흑2로 저항하는 수단이 생겨 복잡해진다.

　이하 백7 때 흑8이 묘수로 백9까지 패가 난다. 흑이 패를 이기면 빅으로 살 수 있다.

거북이 형 (5)

● 흑 차례

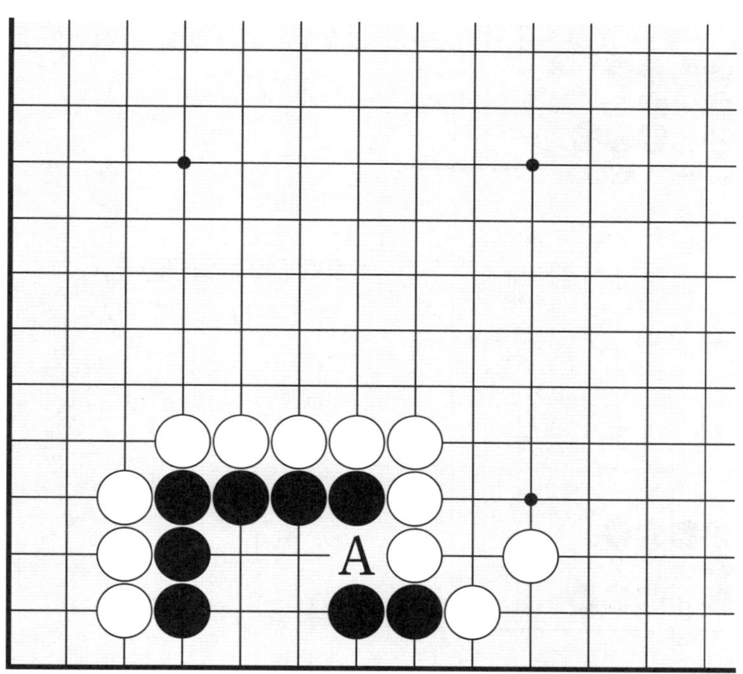

　　A가 비어 있다. 지금 흑이 이곳을 이으면 앞 문제와 똑같아진다. 그것은 죽음이라고 이미 설명했다. 그렇다면 흑은 다른 방법으로 활로를 개척해야 한다.

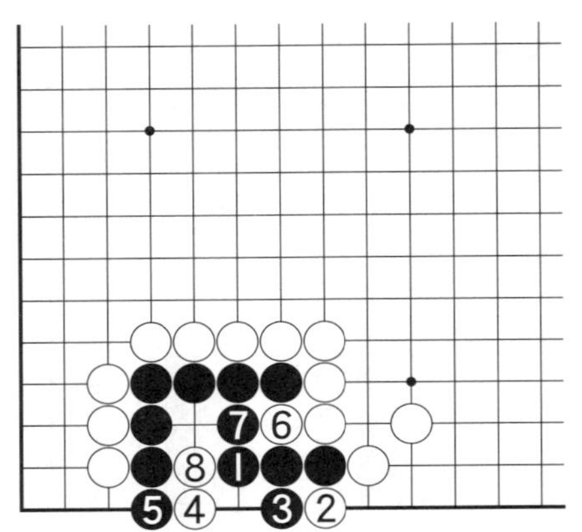

1도

1도 (젖힌 후 치중)

흑1로 늘어 보강하는 것이 일견 맥점 같다.

그러나 백2의 젖힘에 이어 4의 치중을 당하면 대번에 곤란해진다. 흑5로 차단을 해 봐야 백6에 속수무책이다.

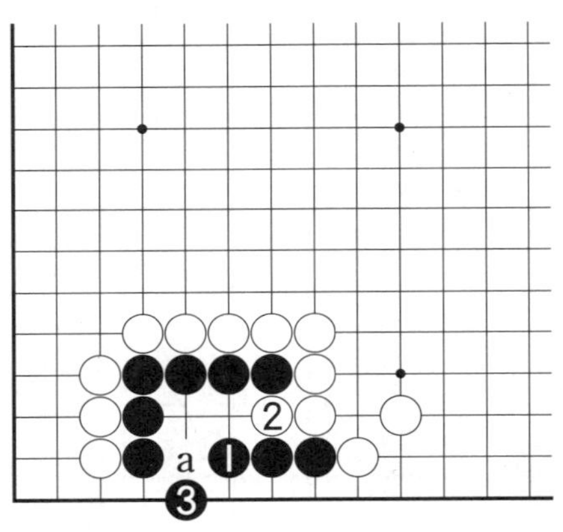

2도

2도 (흑의 달콤한 꿈)

흑의 구상은 1에 백2로 찔러주는 것이다. 그러면 흑3으로 호구쳐 살겠다는 뜻이다. 이것이라면 백이 a의 곳을 옥집으로 만들 수 없기 때문이다. 하지만 이것은 흑의 달콤한 꿈일 뿐이다.

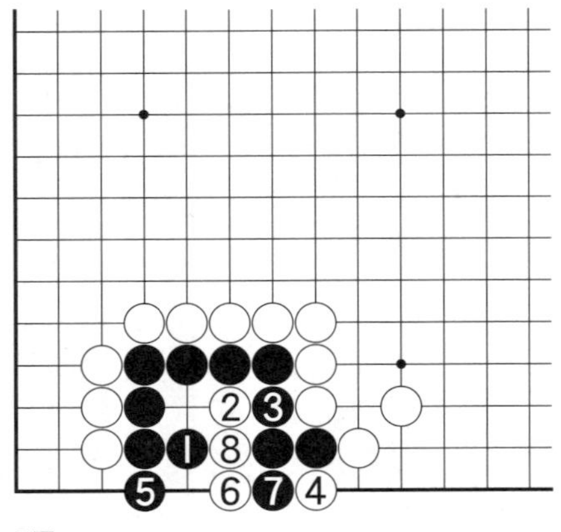

3도

3도 (빅을 만들고 산다)

흑1의 꼬부림이 유일한 활로이다. 이에 대해 백2의 치중과 백4의 젖힘은 최강의 공격이다.

하지만 흑은 걱정할 것이 전혀 없다. 흑5로 백6을 유도한 다음 흑7이면 백8까지 빅으로 산다.

거북이 형 (6)

● 흑 차례

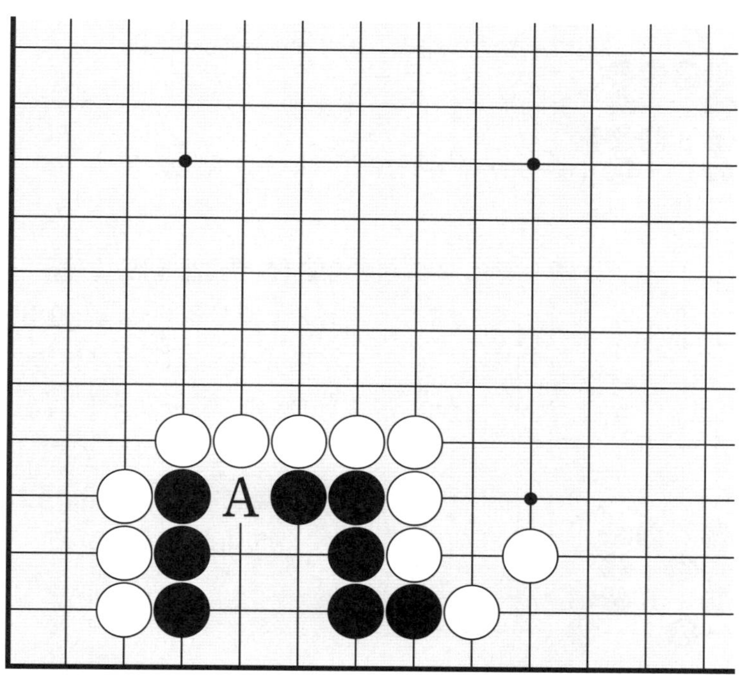

　　이번에는 위쪽 A가 터져 있는 경우를 따져 보기로 하
자. 역시 흑이 이곳을 잇는 것은 죽음이다. 다른 수단을
연구해야 한다는 얘기다.

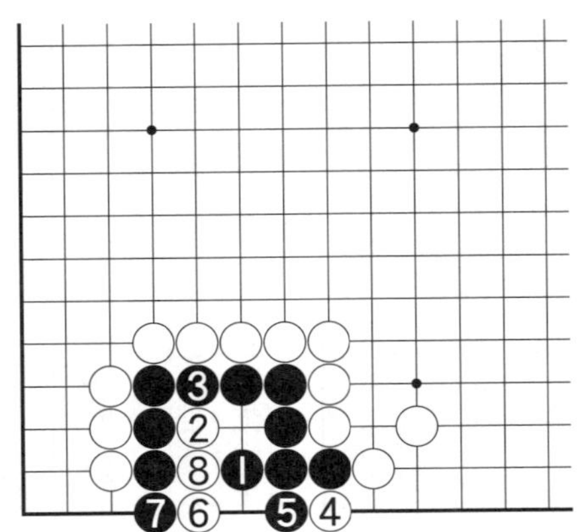

1도

1도 (터진 곳의 반대쪽)

이 경우에야말로 흑1의 곳이 정답이다. 앞의 형과 연계해서 생각해 볼 때 정답은 터진 곳과 반대쪽이라는 사실을 알 수 있다. 역시 백8까지 빅을 이용한 삶이다.

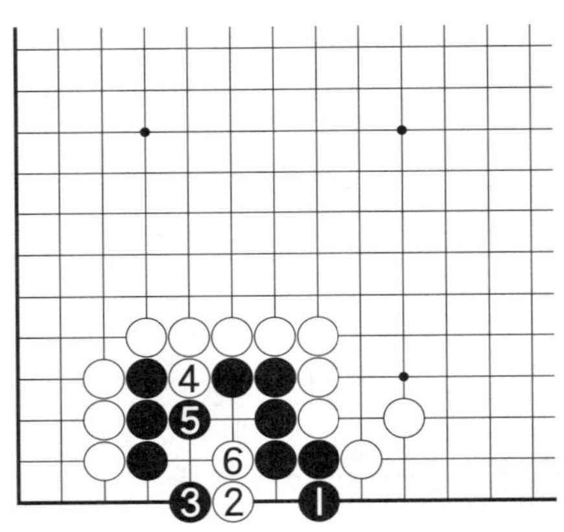

2도

2도 (섣부르게 궁도 넓힘)

흑1에 꼬부려 궁도를 넓히고 삶을 도모하려는 것은 섣부른 생각이다.

백2의 급소 일격에 흑은 휘청거린다. 흑3으로 받는 정도인데, 백4에 찌르고 6에 올라서면 그대로 흑은 사망이다.

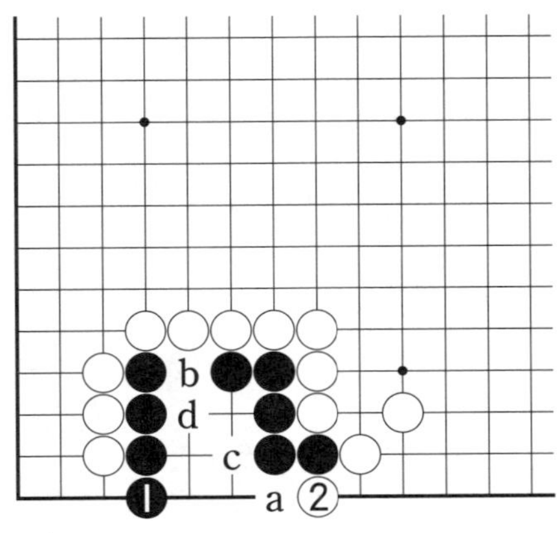

3도

3도 (올바른 응징법)

흑1에 내려서는 것은 바람직하지 못하다.

이 경우에 백도 다른 수로는 곤란하고 얌전히 2에 젖히는 것이 올바른 응징법이다. 다음 흑a면 백b로, 흑c면 백d로 그만이다.

강화된 거북이 형 (1)

● 흑 차례

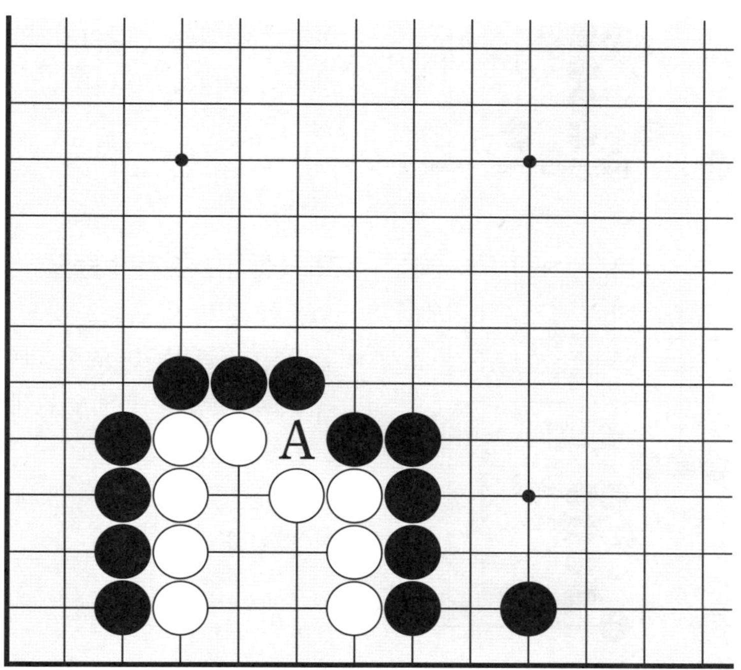

갇혀있는 백이 일반 거북이 형 시리즈보다 강화된 모습이다. 게다가 A의 곳도 비어 있다.

그런데 이런 강한 돌도 약점이 노출되는 순간 와르르 무너지게 된다.

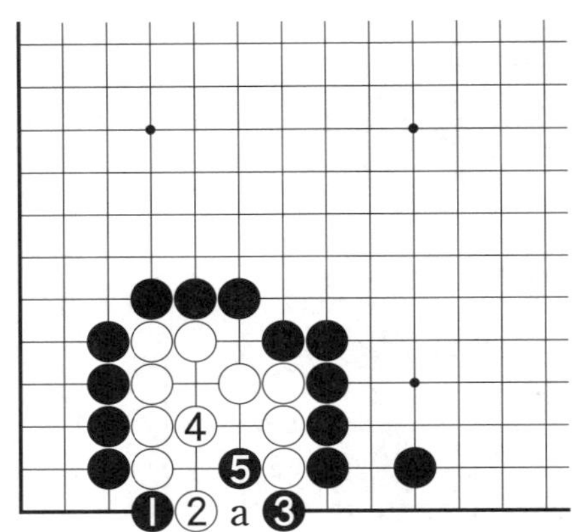

1도

1도 (왼쪽에서 젖힘)

흑1로 왼쪽에서 젖히는 것이 매우 중요하다. 백2에 다시 흑3으로 반대쪽을 마저 젖힌다.

　백4는 흑a를 기대해 백5를 차지하고 살겠다는 구상이지만 흑은 곧장 5로 젖혀서 그만이다.

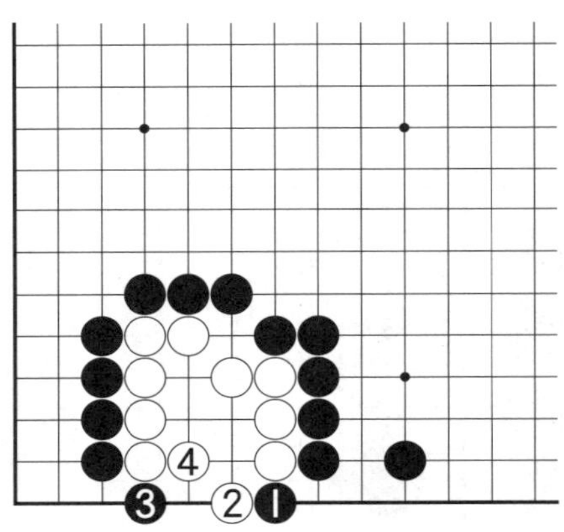

2도

2도 (젖히는 순서가 중요)

오른쪽을 먼저 흑1로 젖히는 것은 곤란하다. 백2는 당연한 차단. 재차 흑3으로 젖힐 수밖에 없는데, 백4에 꼬부리면 완생이다.

　이처럼 젖히는 순서가 매우 중요한 것이다.

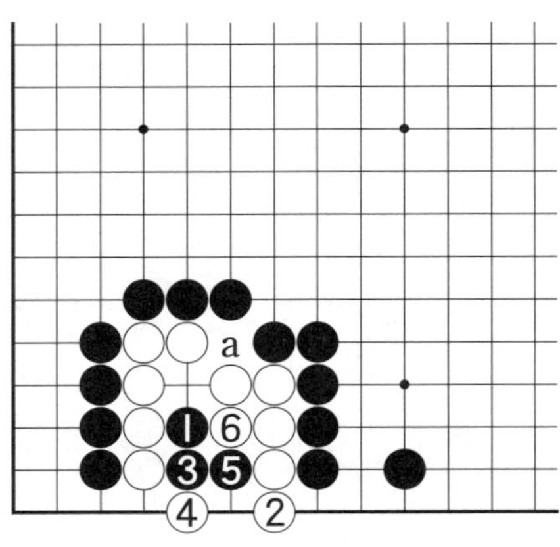

3도

3도 (치중은 위험)

곧장 흑1에 치중해서 수단을 부리는 것은 위험하다. 백2에 내려설 때 흑3, 5로 계속 공격을 퍼붓겠지만 백6이면 간단히 빅이다.

　a의 곳에 흑돌이 있어도 결과는 마찬가지다.

강화된 거북이 형 (2)

● 흑 차례

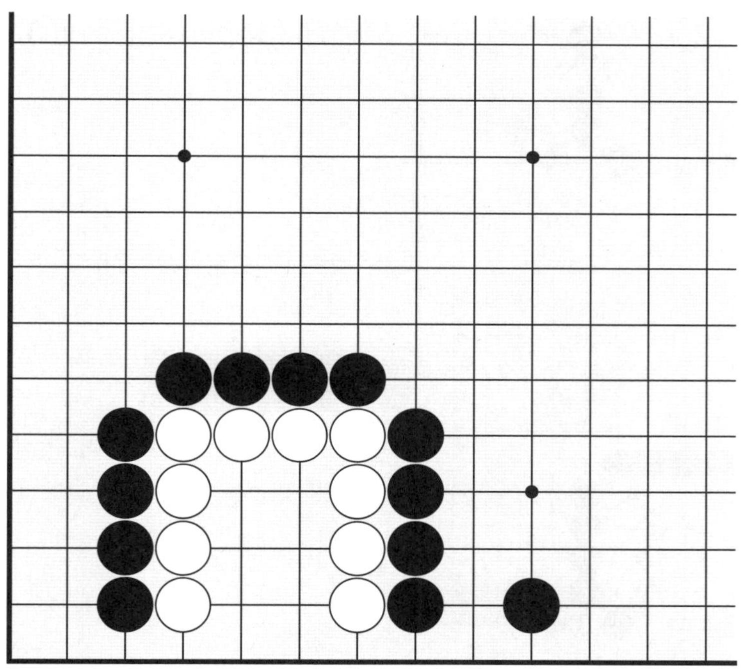

　　앞의 형보다도 공간이 더 넓혀진 모습이다. 좌우동형
의 형태이므로 흑이 젖힌다면 어느 쪽으로 젖히든 마찬
가지일 것이다.

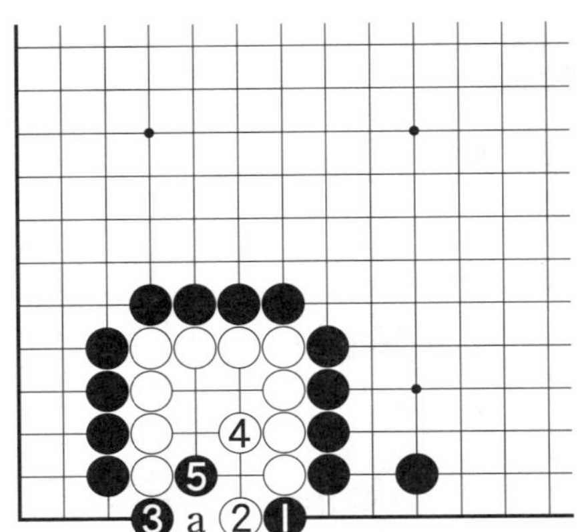

1도

1도 (자충을 간과한 보강)

흑1은 예견된 젖힘. 다음 백2에 다시 흑3으로 마저 젖힌다.

이때 백4는 어설픈 보강이다. 흑5로 젖히는 강수를 간과하고 있다. 백a가 자충이라 살 수 없다.

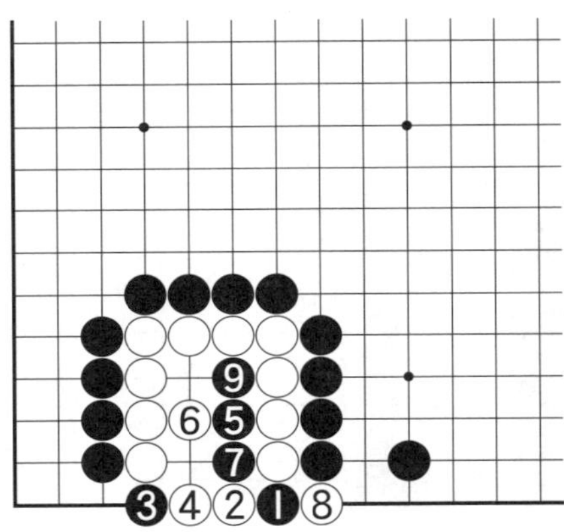

2도

2도 (빅으로 사는 길)

흑3에는 백4로 곧이곧대로 받는 것이 의외로 정수이다. 흑5에는 백6으로 치받으면 된다.

흑7에 단수해 시비를 걸더라도 백8로 따내면 빅으로 살 길이 열려 있다.

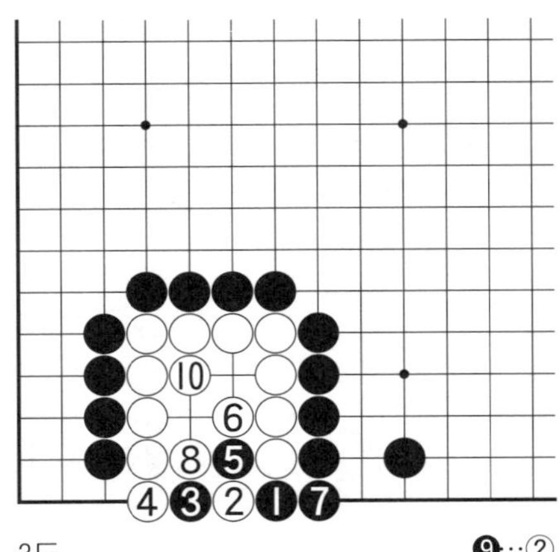

3도

❾…②

3도 (알뜰하게 삶)

흑3의 단수도 별무신통이다. 백4에 되몰아 반격하는 수단이 있다.

연단수를 피하려면 흑7에 이을 수밖에 없는데, 그 틈에 백은 10까지 알뜰하게 두 집을 만들고 살아버린다.

강화된 거북이 형 (3)

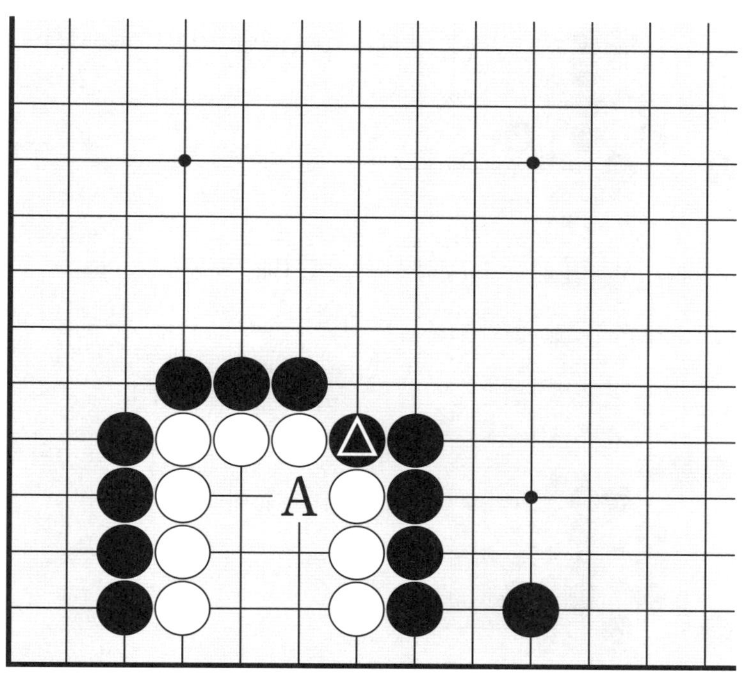

앞의 형과는 달리 흑이 ▲의 곳을 차지할 경우에도 완생일까?

흑▲로 인해 A에 단점이 생겼다는 점을 염두에 두고 문제를 접하면 해결의 단서가 생길 것 같다.

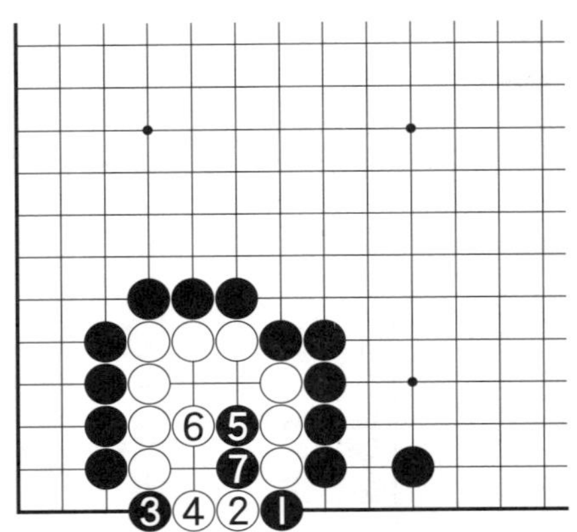

1도

1도 (같은 맥락으로 접근)

흑1, 3으로 연거푸 젖히는 것은 앞서 보여준 유형과 같은 맥락의 접근이다.

그리고 흑5의 치중. 백6에는 흑7로 단수를 친다. 계속해서~

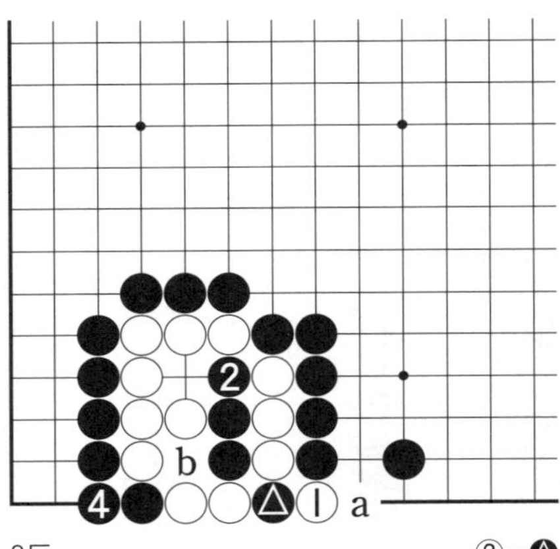

2도

③…▲

2도 (백, 죽음)

백1은 불가피한 따냄이다. 이때 흑은 2에 단수해 백3을 강요한다. 그리고 흑4에 이으면 백은 죽음이다.

언제든 흑a면 백은 b의 곳이 단수로 몰리기 때문이다.

3도

3도 (단수로 몰리지 않는 탓)

백△에 흑1로 왼쪽에서 치중하는 것은 실수이다. 같은 결과를 기대하고 흑3, 5로 둬 봐야 이제는 백6으로 살아버린다. 백6은 두지 않아도 살아있다.

바깥 공배가 메워져도 a의 곳이 단수로 몰리지 않는 탓이다.

그물 형 (1)

○ 백 차례

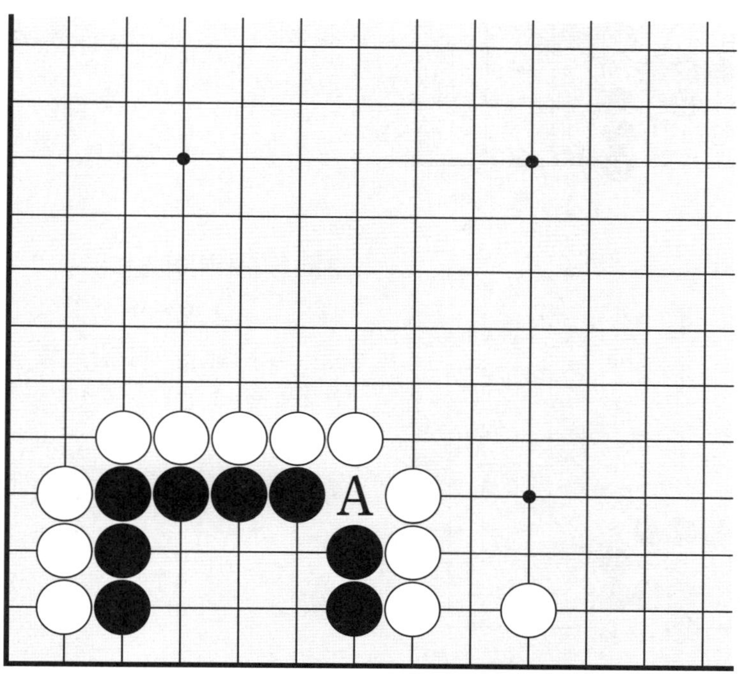

역시 거북이 형에서 파생된 모양이라 할 수 있다. 좌우의 폭이 넓혀져 있다.

다만 미지의 공간인 A의 곳이 비어 있는 상황에서 백은 어떤 수단이 있을까?

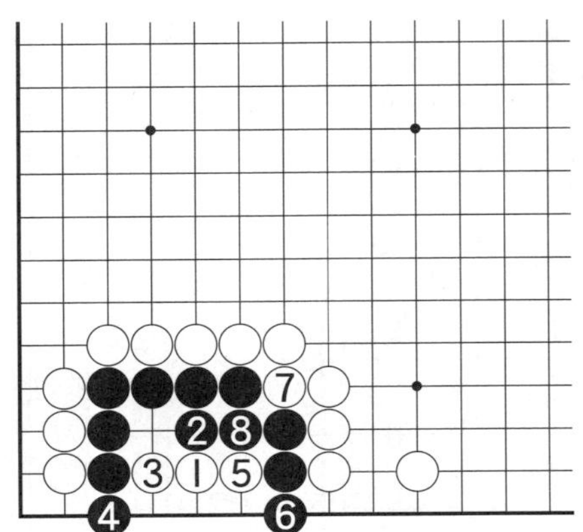

1도

1도 (살아있는 형태)

백1의 치중은 제일감의 공격이다. 이때 흑2의 치받음이 최강의 버팀이다. 백3에는 흑4로 빠지고 백5에도 흑6에 빠지는 것이 좋은 응수이다. 흑8까지 빅. 이 모양은 자체로 살아 있는 것이다.

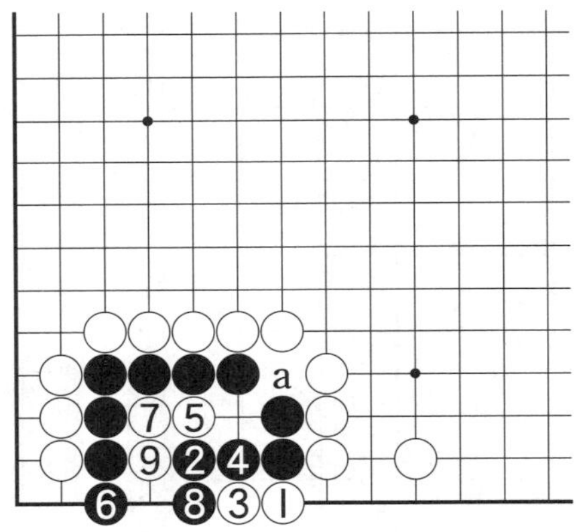

2도

2도 (역시 빅이 난다)

백1로 젖힐 때에는 흑2로 자세를 잡는 것이 좋다. 백3으로 쑥 들어오면 흑4에 받아 둔다.

　백5의 치중에는 흑6, 백7에는 흑8이 각각 정확한 응수이다. 백9까지 역시 빅. a의 곳을 백이 둬도 마찬가지다.

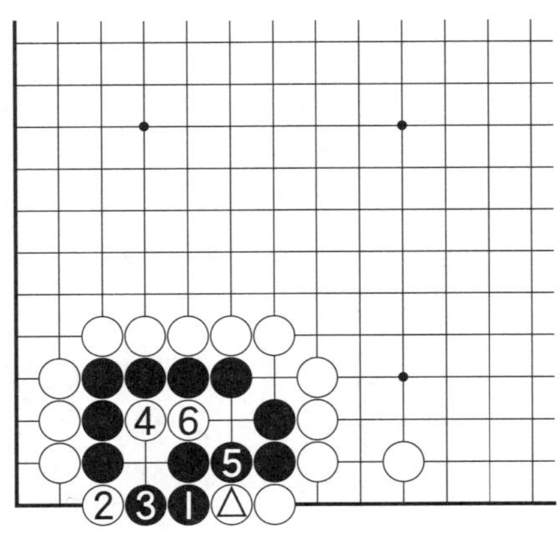

3도

3도 (한 수만 삐끗하면 죽음)

백△로 들어올 때 흑1로 아래쪽을 막으면 걸려든다. 백2에 젖혀 궁도를 좁힌 다음 4의 치중이면 흑이 살 길이 없어진다.

　한 수만 삐끗하면 전혀 다른 결과가 나온다는 점을 명심하자.

그물 형 (2)

○ 백 차례

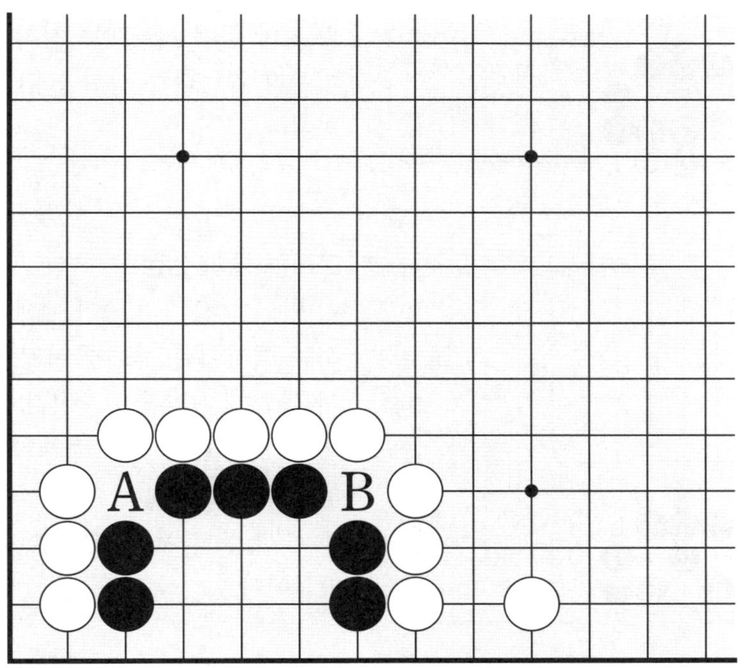

A와 B, 두 군데 어깨 부근이 비어 있을 경우라면 백은 좀 더 신랄한 공격을 퍼부을 수 있을 것 같다. 그러나 흑도 반격수단이 있다는 점을 알아야 한다.

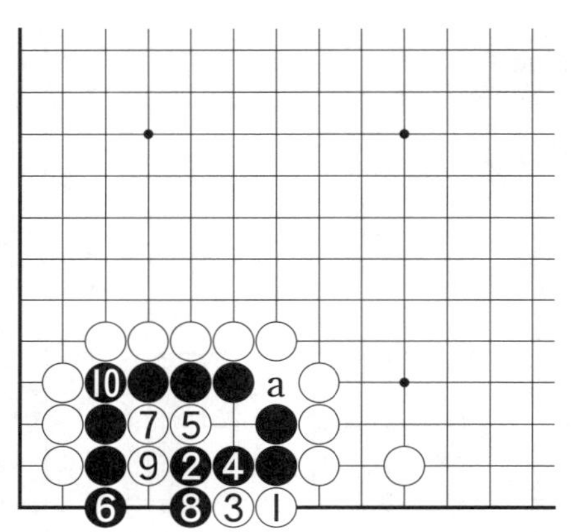

1도 (잘못된 젖힘)

백1의 젖힘은 기교를 부리지 않고 잡겠다는 구상이다. 흑2로 틀을 잡으면 백3 이하 9까지. 그러나 흑10으로 이으면 빅으로 흑이 살아버린다. a의 곳이 사활에는 전혀 영향을 미치지 않는다는 사실을 간과한 결과이다.

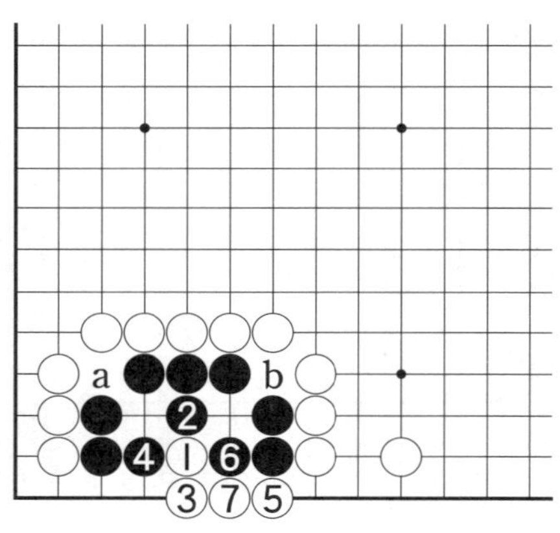

2도 (치중과 쌍점)

이번에는 백1의 치중이 제대로 공격하는 맥점이다. 흑2에 버틸 때 백3의 쌍점이 기발한 묘수이다. 백은 7까지 연결을 해 두는 것만으로 흑을 잡는다.

a와 b를 흑이 동시에 둘 수 없기 때문이다.

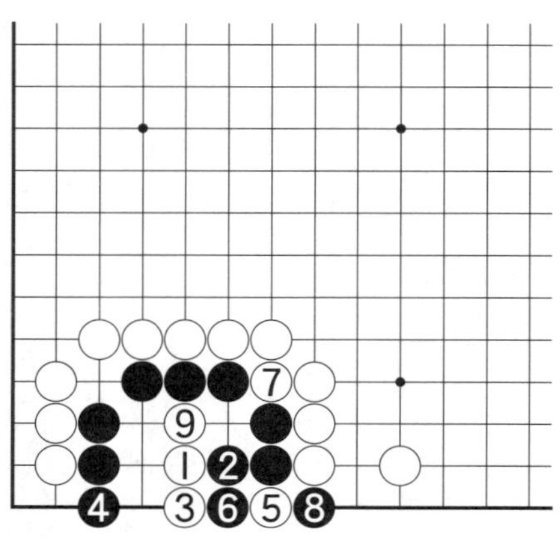

3도 (궁도를 좁히는 테크닉)

백1에 흑2로 옆으로 치받을 때도 백3으로 내려서야 한다.

흑4를 기다려 백5로 젖혀서 흑의 궁도를 좁히는 것이 익혀둘 테크닉이다. 이어 백7, 9면 작전 성공이다.

그물 형 (3)

● 흑 차례

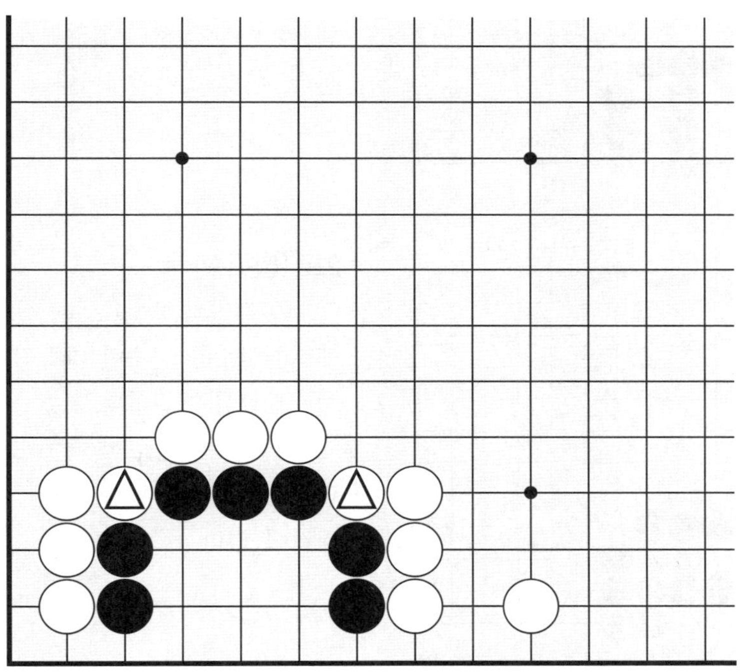

　이번에는 어깨 부근이 백돌(△)로 메워져 있는 경우이다. 다만 흑이 둘 차례.
　어떻게 보면 알기 쉽게 두더라도 살 수 있을 것 같지만 전혀 그렇지 않다.

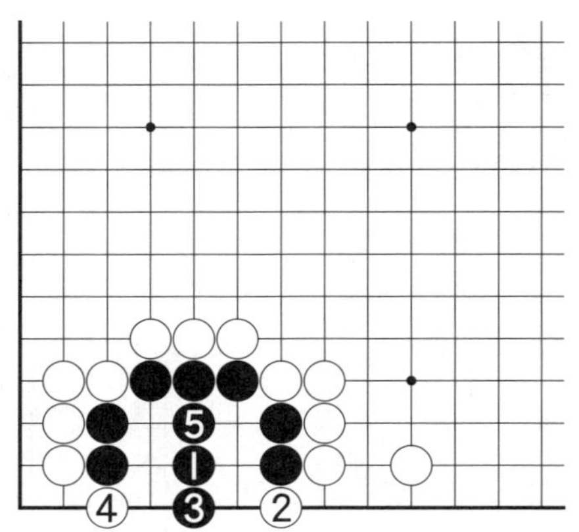

1도

1도 (연속 늘어두는 수)

우선 좌우동형의 중앙인 흑1의 곳이
제일감이며 정수이다. 다음 백2로
젖힐 때 신중하게 받아야 한다.

흑3의 쌍점이 유일한 응수이다.
백4로 다시 젖히면 흑5에 계속 늘어
둔다. 이것으로 완생이다.

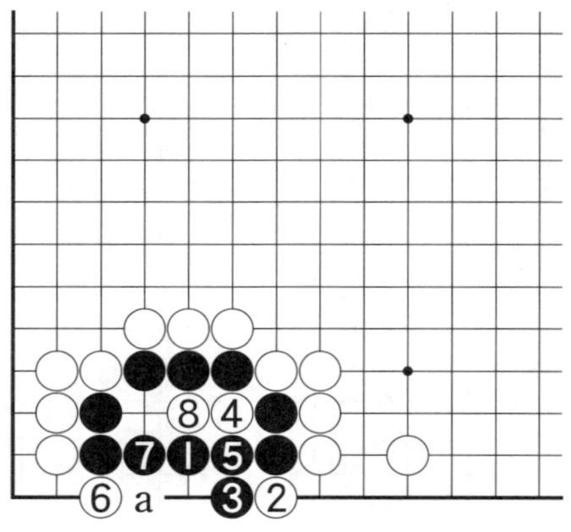

2도

2도 (덜컥수)

흑3으로 덜컥 받는 것은 실수이다.
백4의 단수를 선수한 다음 6에 가만
히 젖힐 때 곤란하다.

흑7이 나름대로 버티는 수단이지
만, 백8이 선수라 흑이 a에 두고 살
시간이 없다.

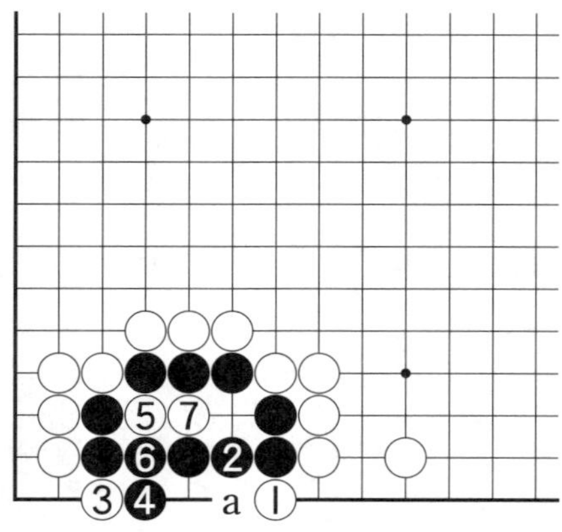

3도

3도 (마찬가지)

흑2로 물러서는 수도 다를 바가 없
다. 역시 백3에 젖혀서 응수를 묻는
다. 흑4에 막으면 백5, 7로 흑을 몰
아붙인다.

역시 흑은 a의 곳을 둘 찬스가 없
는 것이다.

지프차 형 (1)

● 흑 차례

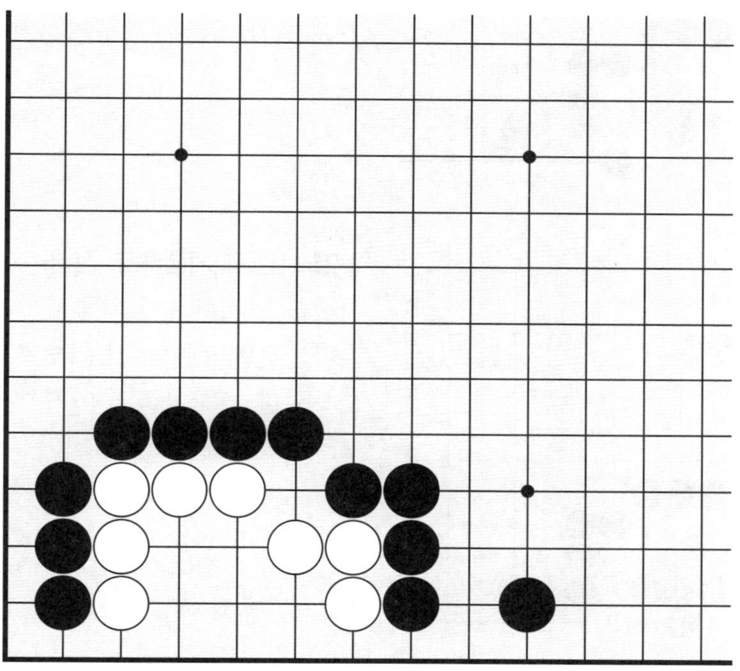

　사활의 궁도를 이해하는 데 큰 도움을 줄 수 있는 모양이다. 매화육궁처럼 큰 집을 만들고도 죽는 형태가 있는가 하면, 석점을 교묘하게 엮어 빅을 만들어 사는 경우도있다.

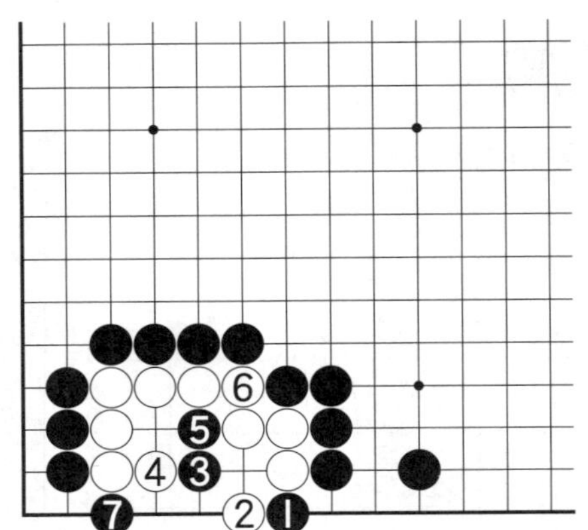

1도

1도 (젖힌 다음 치중)

일단 흑1의 젖힘이 주효하다. 백2에 막을 때 비로소 흑3에 치중해 백을 압박해간다.

백4가 나름대로 버티는 수이지만 흑7까지 거뜬히 잡을 수 있다.

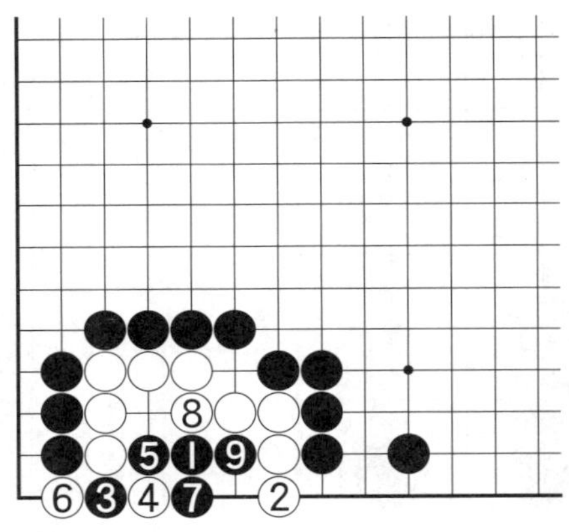

2도

2도 (먼저 치중해도 성공)

사실 먼저 흑1에 치중해도 무방하다. 백2로 내려서서 역으로 그곳을 보강하는 것이 강수이기는 하지만 흑3, 5로 끊으면 걱정 없다.

백8에는 흑9로 빅이 나지 않도록 하면 된다.

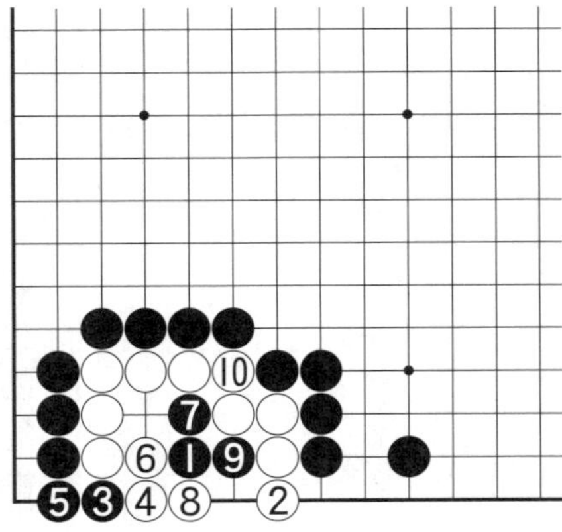

3도

3도 (나약한 이음)

다만 백4 때 흑5는 나약한 연결이다. 백6과 8을 차례로 선수로 처리한 다음 10에 이으면 빅으로 살 수 있는 것이다.

지프차 형 (2)

● 흑 차례

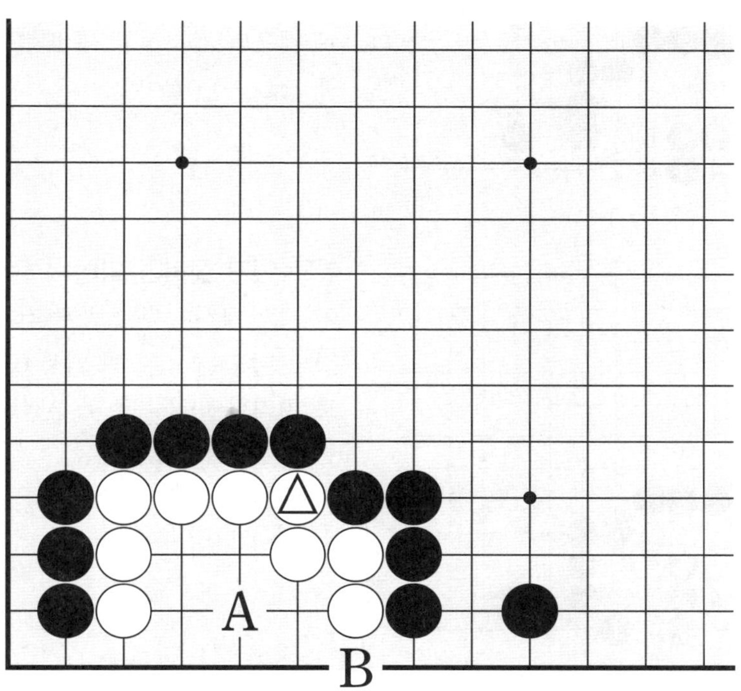

　　바깥이 백△로 보강된 상황이다. 이 경우에도 흑은 A
의 치중과 B의 젖힘이 모두 유효한 공격일까?
　　돌 하나에 따라 어떤 차이점이 있는지 생각해 보자.

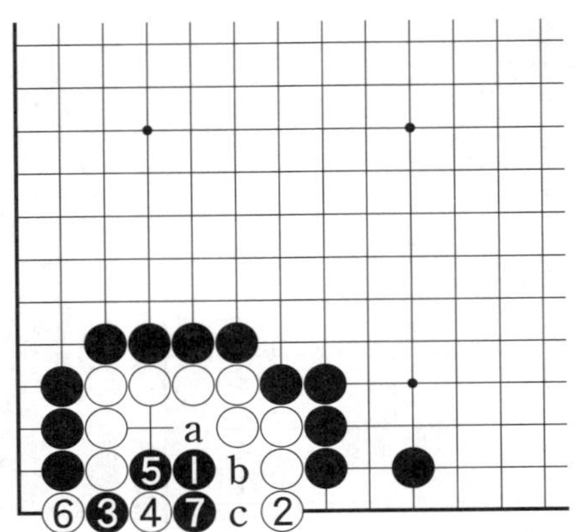

1도

1도 (매화육궁)

흑1의 치중에 이어 7까지는 앞의 유형과 같은 방식의 접근이다.

다음 백이 3 자리에 잇더라도 백은 죽어 있다. 흑이 a, b, c를 차례로 메운다고 가정할 때 백은 매화육궁으로 죽는 것이다.

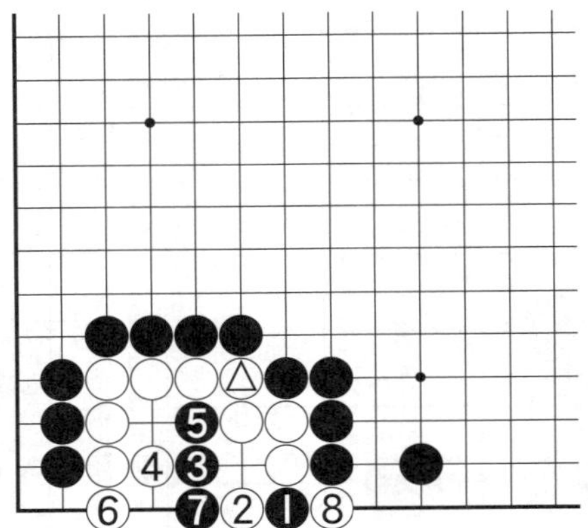

2도

2도 (먼저 젖히면 빅)

이 모양에서는 흑1로 먼저 젖히는 것이 악수이다. 이하 백4, 6을 선수로 처리한 다음 8로 흑 한점을 따내면 빅이기 때문이다.

백△가 미리 포진하고 있다는 점을 흑이 간과한 결과이다.

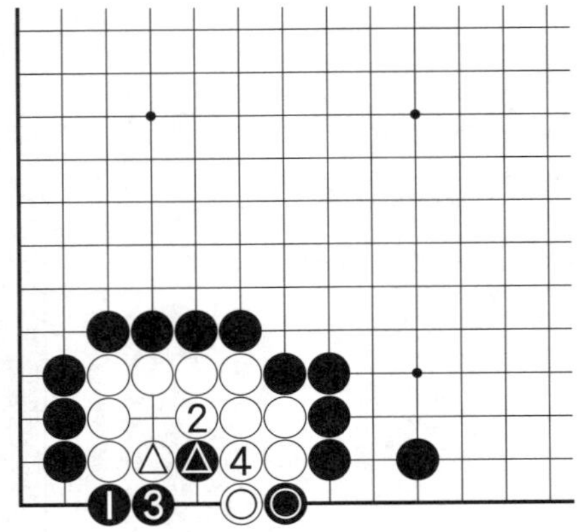

3도

3도 (먼저 교환한 탓)

백△로 치받을 때 흑1로 젖혀 빅을 피하려는 것도 안 된다. 이때는 백2가 있다.

흑3에 밀고 들어가 봐야 백4면 흑▲를 살릴 재간이 없다. 애당초 흑●와 백○를 교환한 탓이다.

지프차 형 (3)

● 흑 차례

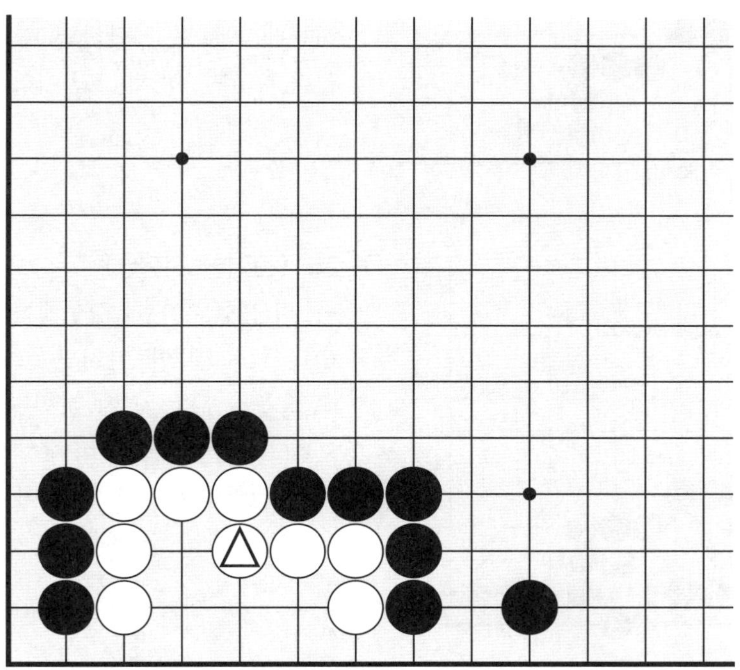

　안에서 백△로 채워진 모양이다. 궁도가 하나 줄어들었다고 너무 쉽게 생각하다간 실패할 가능성이 높다. 첫수가 문제 해결의 실마리를 쥐고 있다.

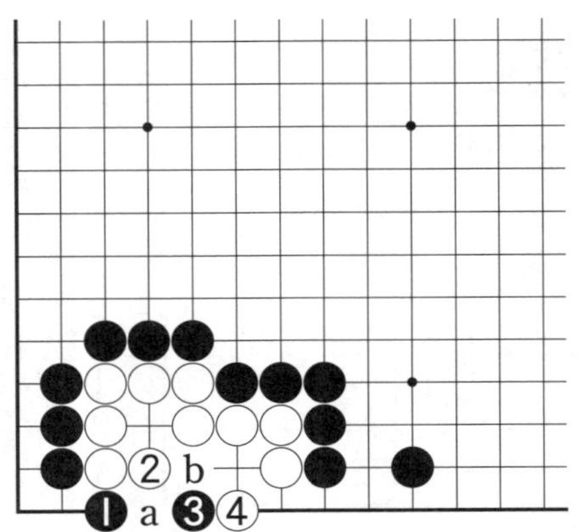

1도

1도 (안일한 젖힘)

흑1로 젖혀서 잡으려는 것은 안일한 생각이다. 백2에 꼬부리기만 하더라도 잘 안 된다.

가령 흑3의 치중수가 성립해야 하는데, 백4로 차단하면 다음 수가 없다. 흑a면 백b로 그만이다.

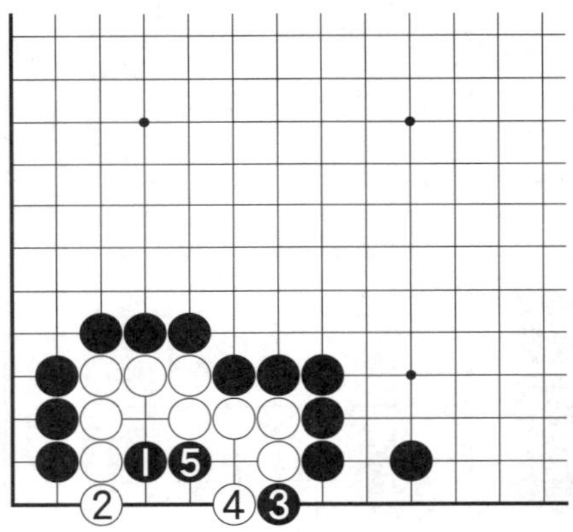

2도

2도 (강력한 껴붙임)

흑1의 껴붙임이 이 경우에는 강력한 수단이다. 백2에 빠지면 그때 비로소 오른쪽에서 흑3에 젖힌다.

백4에는 흑5로 파호해서 그만이다. 오궁도화를 이용한 것이다.

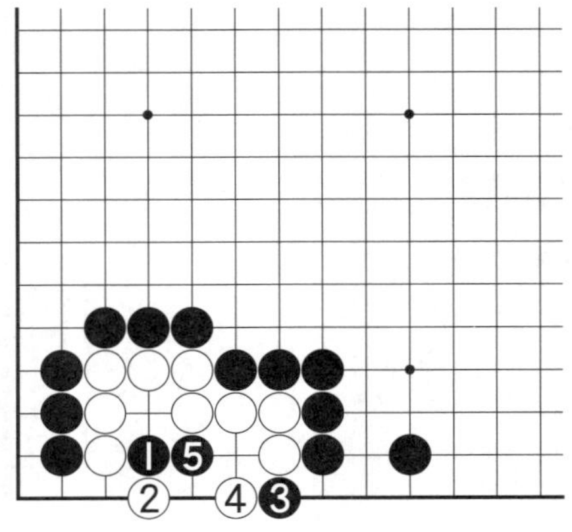

3도

3도 (같은 식으로 처리)

흑1에 백2로 젖혀서 받을 수도 있겠다. 이때도 흑은 전혀 신경 쓸 필요 없이 3쪽을 젖히면 된다.

어차피 백4로 막을 수밖에 없을 때 흑5면 간단히 제압할 수 있다.

4장

사활의 고급 테크닉

　사활은 다양한 수읽기를 요구하는 분야이다. 이번에는 그런 사활의 다양한 고급 기술을 맞볼 수 있다.

　예컨대 죽은 돌을 강시처럼 살려서 수단을 부리는 후절수가 그 대표적인 예라 할 수 있다. '유가무가 불상전'의 기본 이론을 흔들어버리는 경우도 있다. 또 1선으로 한칸 뛰어 상대를 혼쭐 내주는 묘수도 있다.

　앞에서 기본으로 맞본 상대 돌을 절묘하게 자충으로 만들고 잡는 것도 고급 기술이라 하겠다.

　여기서는 이처럼 기기묘묘한 수법을 총동원해야 해결할 수 있는 사활 베스트 유형 14문제를 엄선했다.

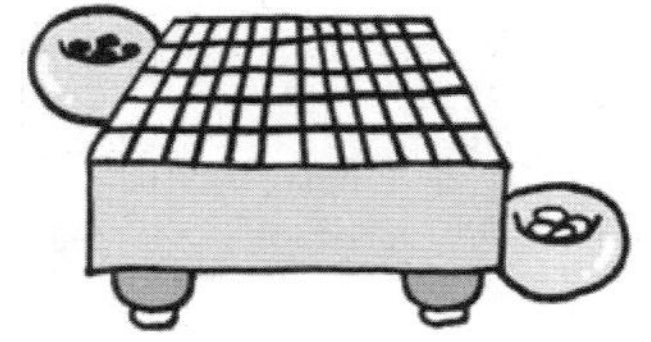

알쏭달쏭 자충 유도

● 흑 차례

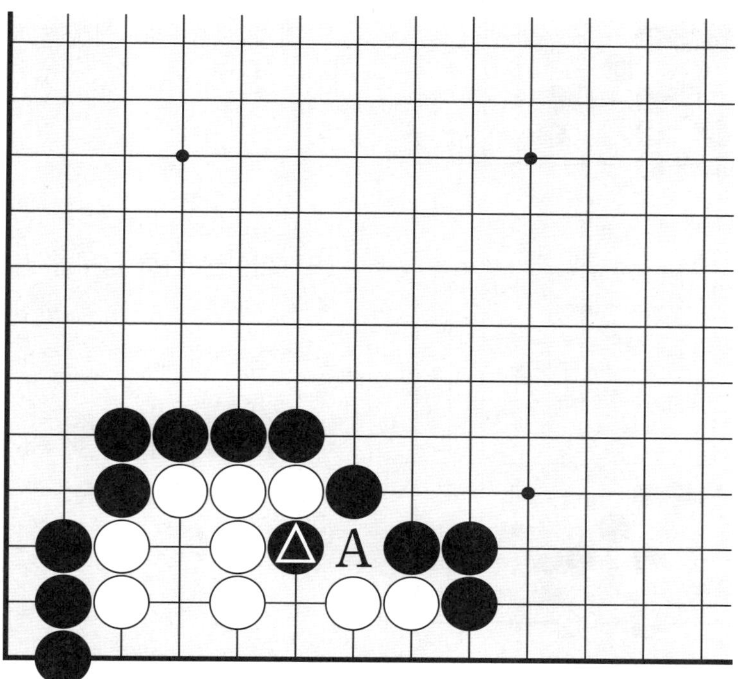

흑⚫가 위급한 상황이다. 그렇다고 흑A로 연결하고 볼 것인가?

뭔가 짜릿하게 백을 괴롭히는 수단이 있을 법하다.

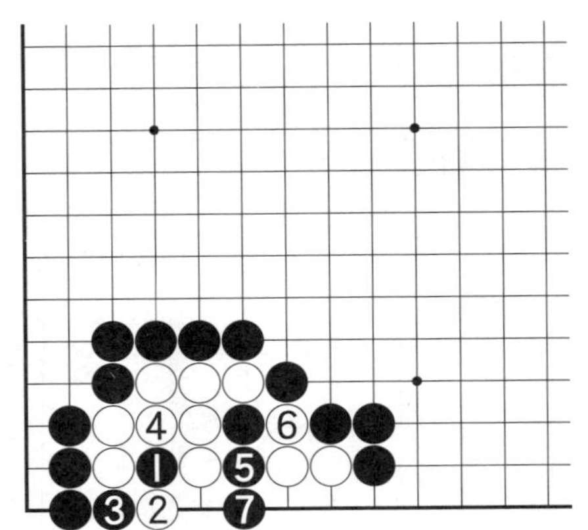

1도

1도 (양자충 유도)

흑1로 곧장 백의 심장에 들어가는 것이 기발한 발상이다.

백2로 잡을 수밖에 없을 때 흑3을 선수한 다음 5로 찌르는 것이 또한 멋진 맥점이다. 백을 양자충으로 잡는 것이다.

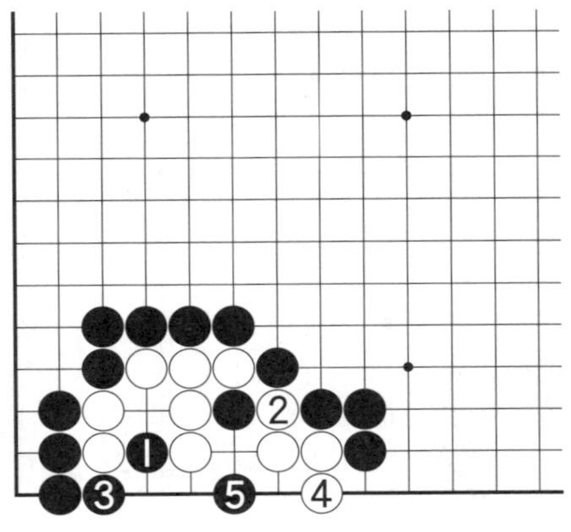

2도

2도 (한점을 잡을 경우)

흑1에 백2로 오른쪽 흑 한점을 잡아도 다를 것이 없다. 흑3으로 넘어가면 그만이다.

백4에 꼬부리더라도 흑5로 치중하면 살 수 없지 않은가.

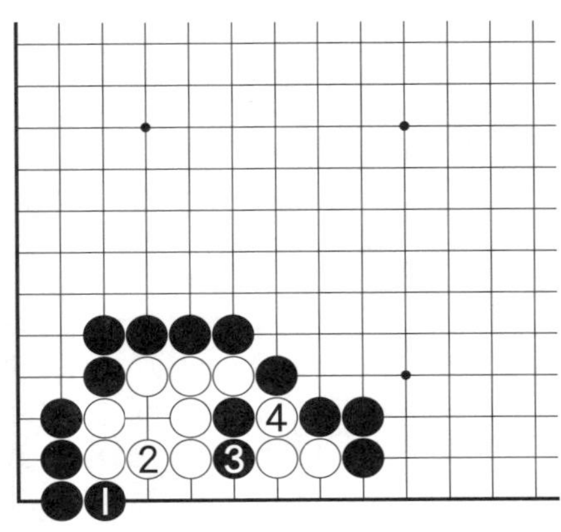

3도

3도 (웅크리는 강수)

단순히 흑1로 밀고 들어가는 수로는 재미를 보기 힘들다. 백2로 웅크리는 강수가 있다.

이제는 흑3에 찔러 백을 자충으로 잡을 수 없다.

눈엣가시를 피하는 공격

● 흑 차례

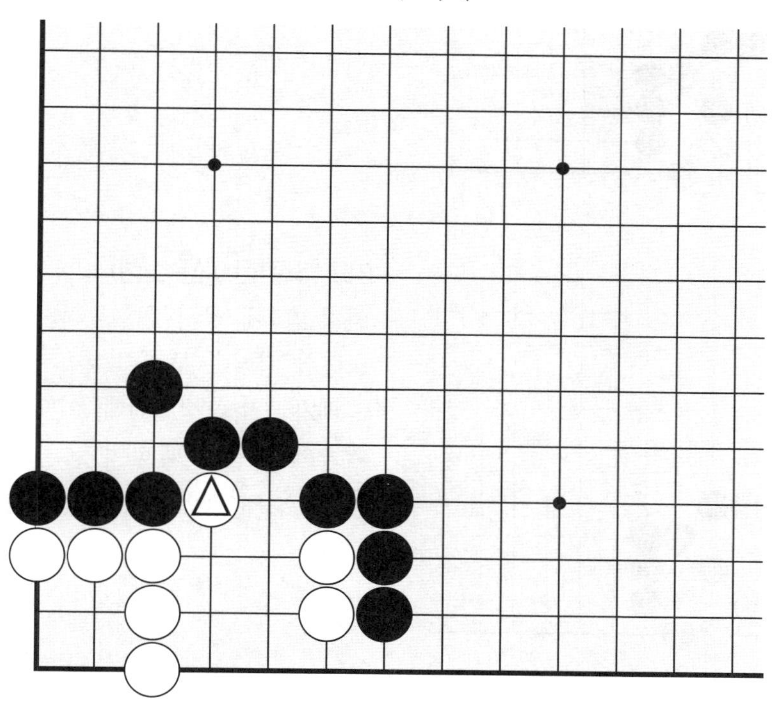

백△가 교묘하게 흑의 공격을 막아내고 있다. 눈엣가시 백△에 무관하게 백을 궁지로 몰아붙일 수 있는 맥점을 흑은 찾아야 한다.

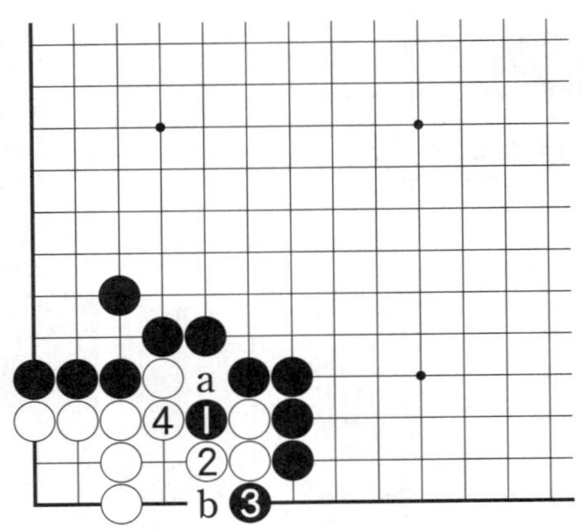

1도

1도 (무책임한 젖힘)

흑1은 무책임한 젖힘이다. 백2로 받아내서 그만이다.

흑3에 젖혀 봐야 백4로 단수치고 완생한다. 다음 a와 b가 맞보기.

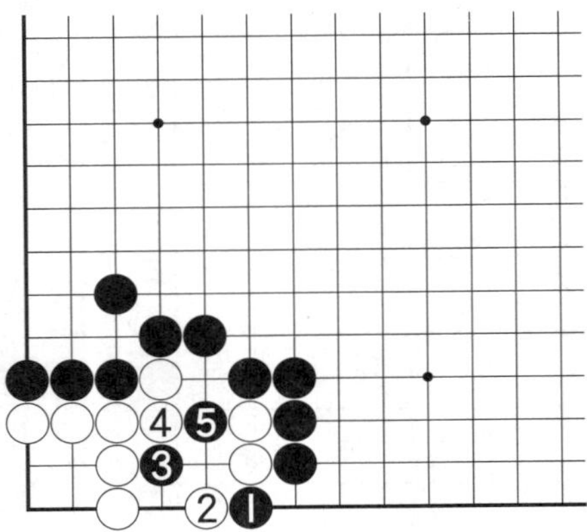

2도

2도 (노련한 1선 젖힘)

먼저 흑1에 젖혀 응수를 묻는 것이 노련한 처리이다.

백2에 막는 정도인데, 이때 흑3의 치중이 준비된 맥점이다. 백4에는 흑5로 몰아 백을 멋지게 섬멸할 수 있다.

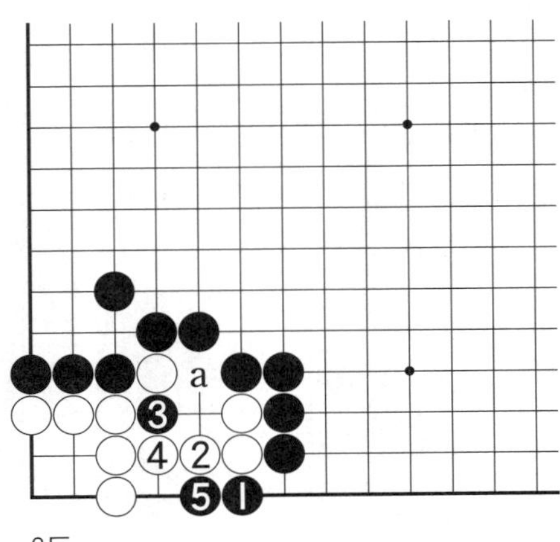

3도

3도 (끊어서 공격)

흑1에 백2로 늦춰 받을 경우에는 흑3으로 끊어서 공격하면 된다. 백4의 단수에는 아랑곳하지 않고 흑5로 밀고 들어가면 그만이다.

백a가 자충이라 두 집을 만들 수 없지 않은가.

문제 해결의 열쇠

● 흑 차례

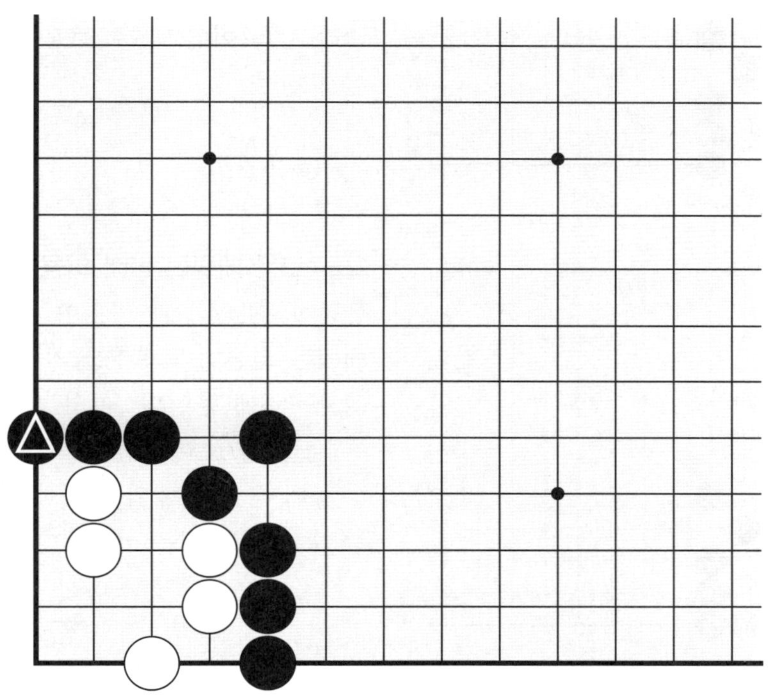

　1선에 내려서 있는 흑❹가 문제 해결의 열쇠를 쥐고 있다.

　그러나 이 돌만 믿고 어설프게 공격을 하면 실패할 수도 있다는 점을 명심하자.

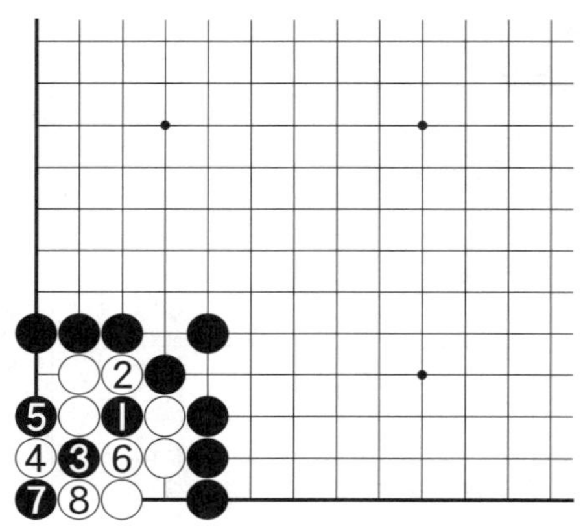

1도

1도 (뒤에서 역습)

일단 흑1에 끼우는 수가 멋져 보인다. 백2로 잡으면 흑3으로 젖힌다.

그러나 흑5로 먹여칠 때 백6으로 뒤에서 몰아 역습하는 수단이 있다. 그리고 흑7이면 백8로 두점을 잡고 살게 된다.

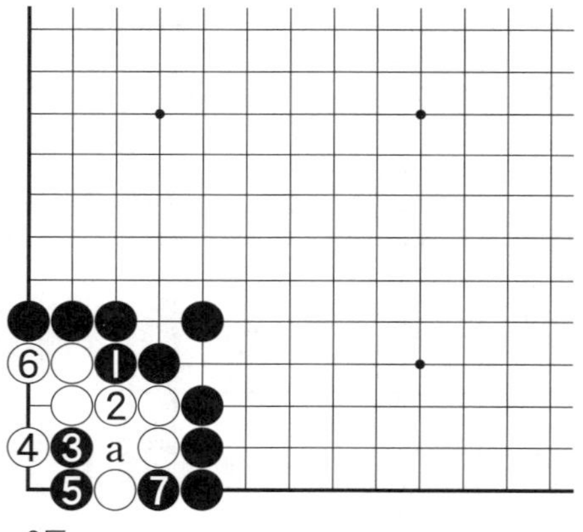

2도

2도 (모두 메워진 공배 이용)

단순한 흑1의 공배 공격이 이 모양에서는 최선이다. 백2를 기다려 비로소 흑3에 붙인다. 이하 백6에는 흑7로 상황 종료이다.

공배가 모두 메워져 있어 백a에 둘 수 없다는 점을 이용한 것이다.

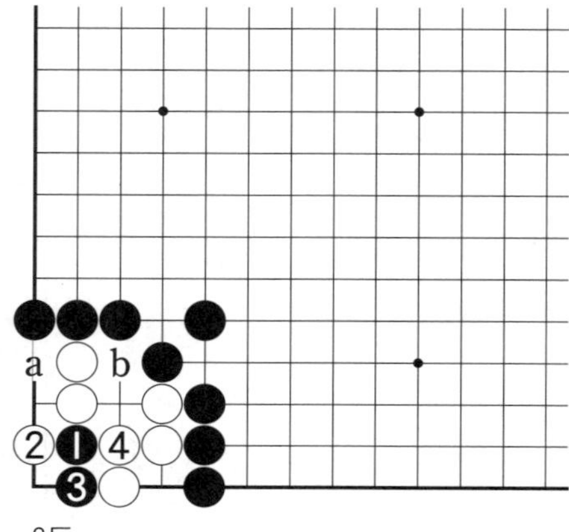

3도

3도 (어설픈 치중)

곧바로 흑1에 치중하는 수도 어설픈 공격이다. 백2의 젖힘이면 흑의 잘못이 여실히 드러난다.

흑3에는 백4로 막고 다음 a와 b를 맞보기로 살 수 있는 것이다.

4형

적절한 미끼

○ 백 차례

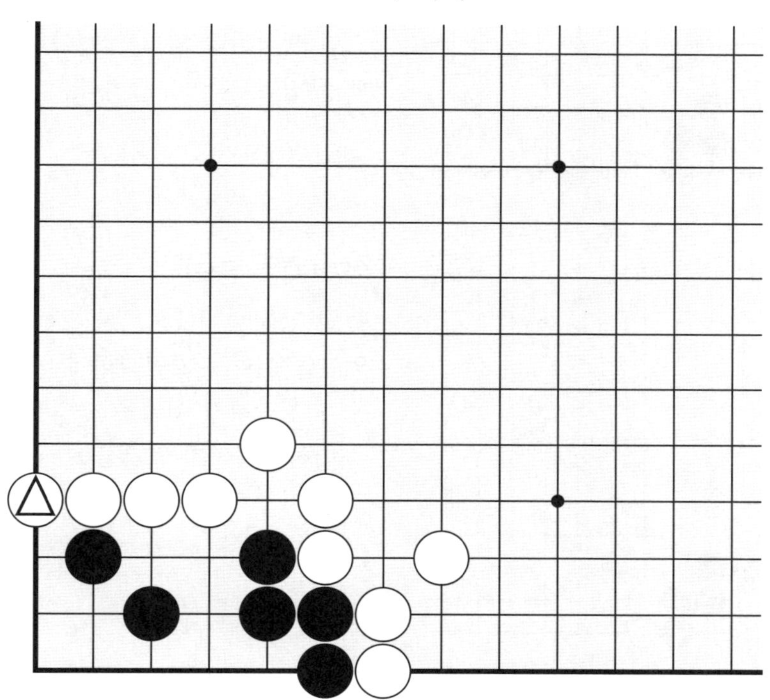

흑이 허술해 보여도 막상 공격하는 백의 눈으로 바라
보면 만만치 않다. 백△를 발판으로 삼아 작전을 펼쳐야
함은 물론이다.

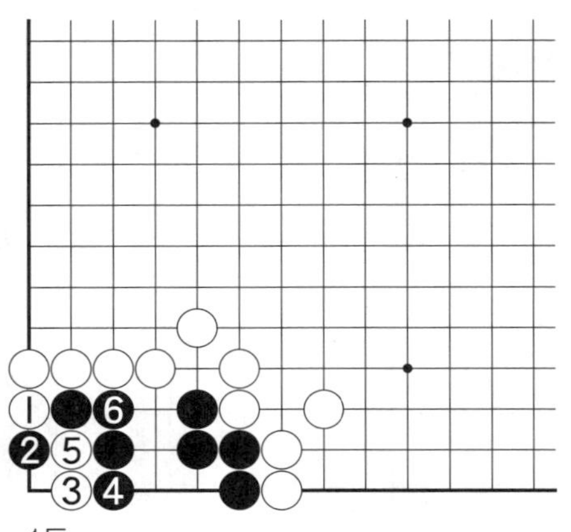

1도

1도 (백, 두점 잡힘)

백1로 밀고 들어가 흑2를 교환하고 백3에 치중하는 수는 어떨까?

흑4에 백5로 넣어 이곳을 옥집으로 만들겠다는 계산이지만 흑6에 이으면 생각처럼 되지 않는다. 오히려 백 두점이 잡힌 모습이다.

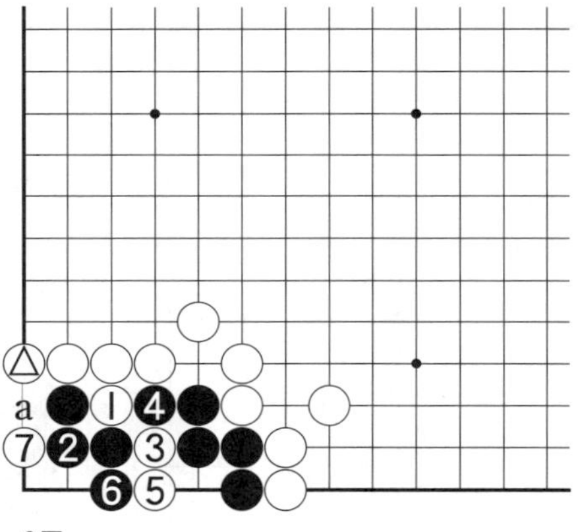

2도

2도 (자충 유도)

일단 단순히 백1로 찝는 것이 묘미 있는 수이다. 흑2면 백3에 끼워넣는 수가 생각하기 어려운 수법이다.

이하 백7까지 백△를 이용해 a의 곳을 자충으로 만들고 흑을 잡는 것이다.

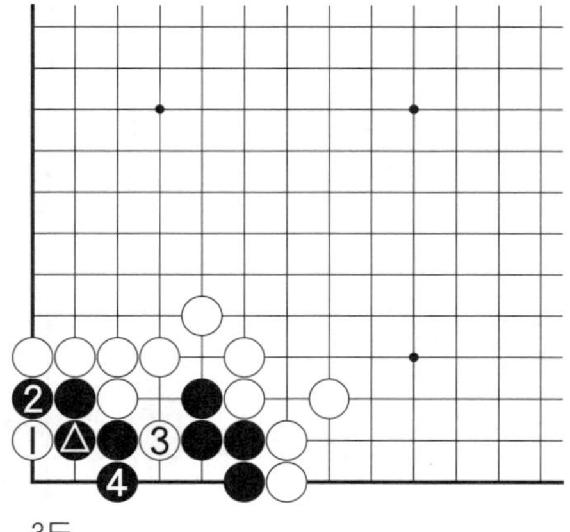

3도

3도 (수순 착오)

흑△에 백1을 먼저 두는 것은 수순 착오이다. 흑은 2로 일단 차단하고 볼 것이다. 이때 백3으로 끼우면 흑 4에 버티는 수가 있다.

이것으로 흑은 적어도 왼쪽 한 덩어리는 죽지 않는다.

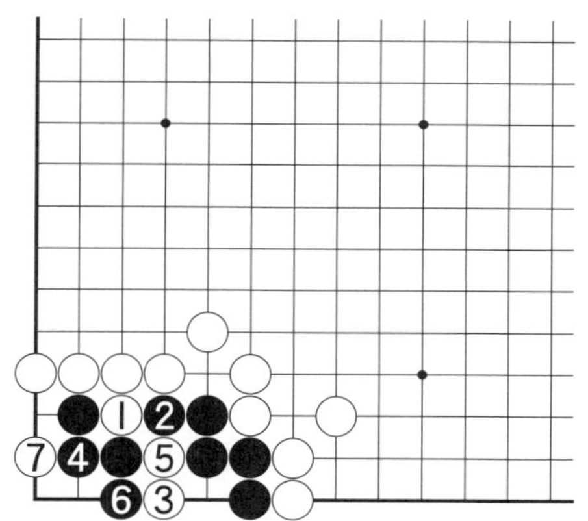

4도

4도 (2도로 환원)

백1에 찝을 때 흑2로 버티면 백3의 치중이 적절한 처방이다.

이때 흑4에 이으면 백5로 끊어 흑을 잡는다. 2도와 수순만 바뀌었을 뿐이다.

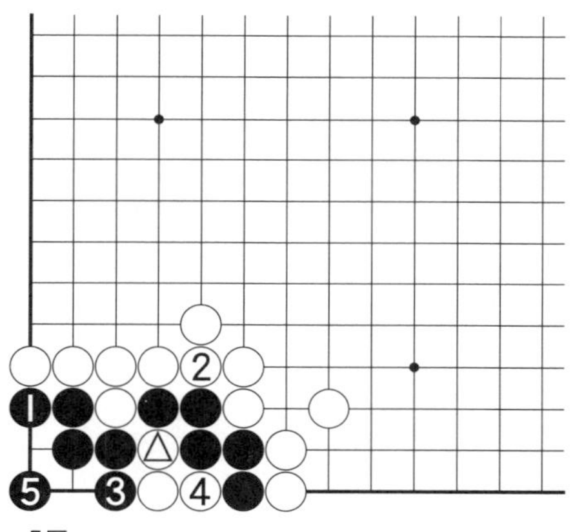

5도

5도 (조심할 일)

백△에 대해 흑1로 막을 경우 조심해야 한다.

백2로 오른쪽을 잡기가 십상인데, 그러면 흑은 3, 5로 왼쪽을 살릴 수 있기 때문이다.

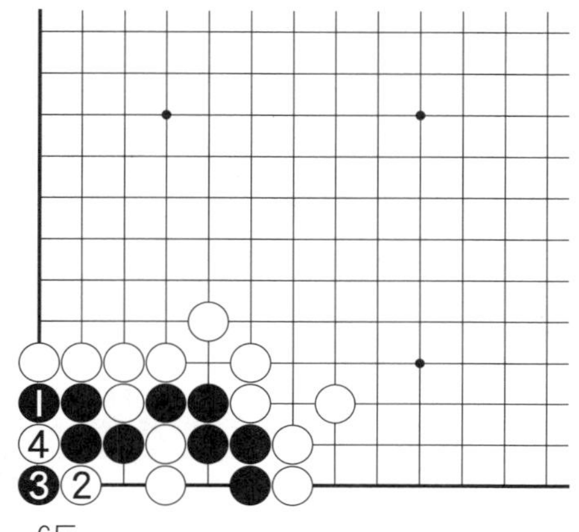

6도

6도 (패의 허용)

그래서 생각해 볼 수 있는 수가 백2의 붙임이다.

하지만 이것은 흑3으로 패를 허용해 백은 불만이 아닐 수 없다.

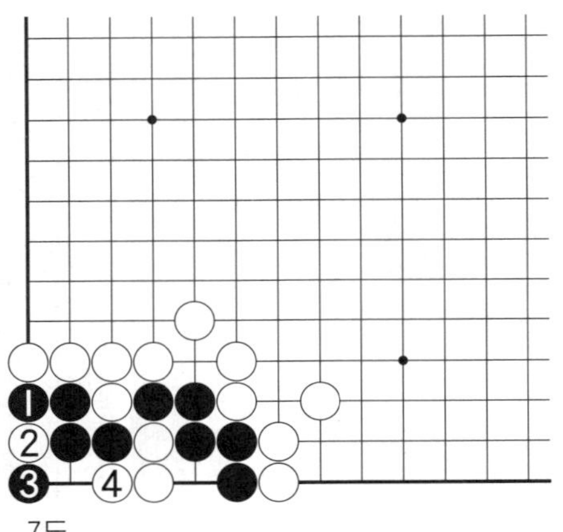

7도

7도 (먹여치는 묘수)

흑1에는 백2의 먹여침이 잘 떠오르지 않는 묘수이다.

흑3으로 따낼 수밖에 없을 때 백4로 밀고 들어가면 흑은 양자충으로 죽는 것이다.

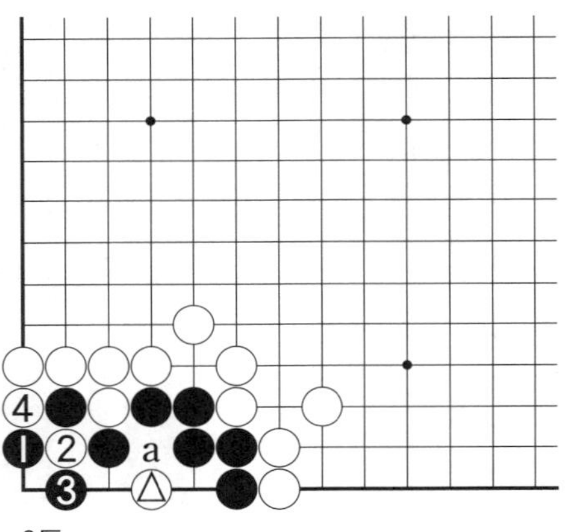

8도

8도 (패가 최선)

흑도 애당초 백△의 치중에는 1로 호구치는 것이 정답이다. 그러면 백2, 4로 먹여치고 단수친다. 다음 흑이 a에 두고 백은 2 자리에 따내는 패가 서로 최선인 것이다.

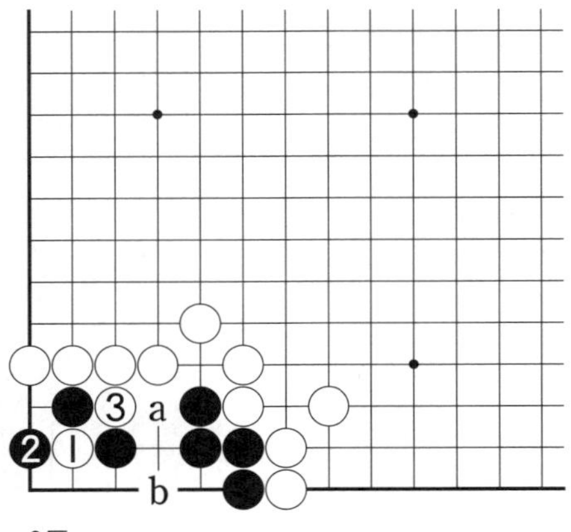

9도

9도 (같은 정답)

백1을 먼저 두는 것도 무방하다. 어차피 흑은 2로 몰아야 하는데, 그때 백3에 끊으면 된다.

다음 흑a면 백b로 치중해 정답으로 환원하는 것이다.

사활 공식의 타파

○ 백 차례

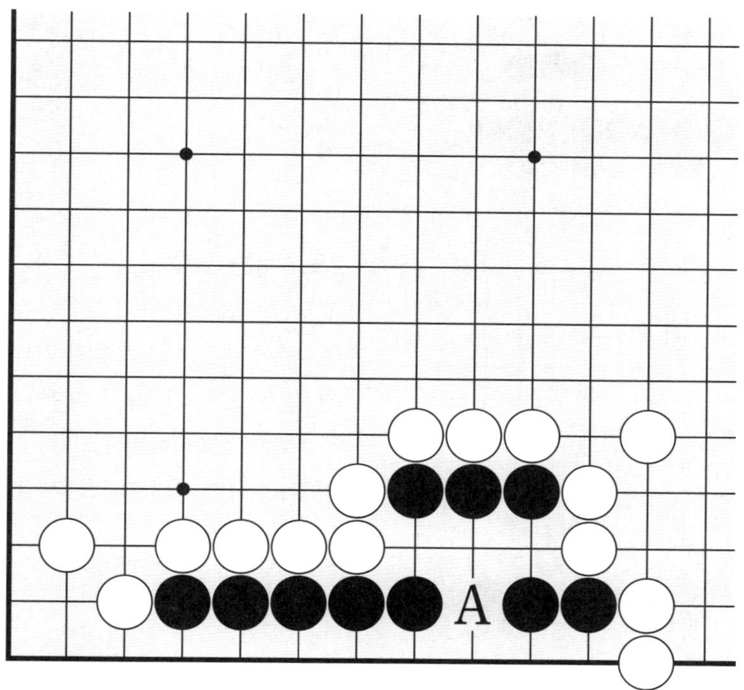

　A의 곳에 흑돌이 있다고 가정하고 따져 보면, 흑돌이 2선에만 8개 늘어서 있는 셈이다. '6사8활'의 사활 공식에 대입하면 흑은 완생이다.

　하지만 A는 아직 비어 있지 않은가. 백은 이 점을 공략하는 것이 관건이다.

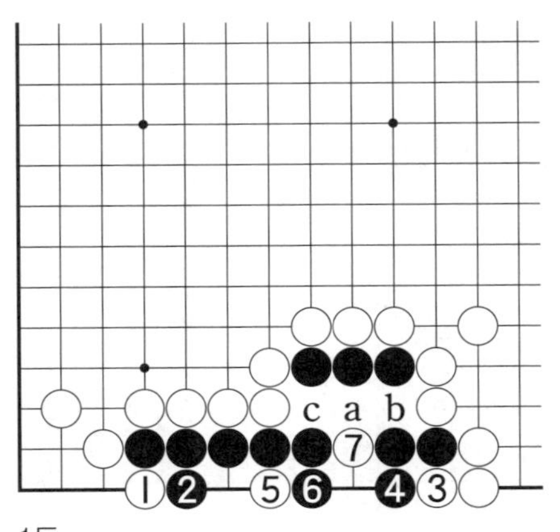

1도

1도 (옥집 유도)

백1로 젖히고 흑2에 막을 때 다시 백3으로 밀고 들어가며 궁도를 좁혀 가는 것이 일단 순조로운 진행이다. 그리고 백5로 치중하고, 흑6에는 백7로 끼운다.

다음 흑a면 백b나 백c로 여기는 옥집이다.

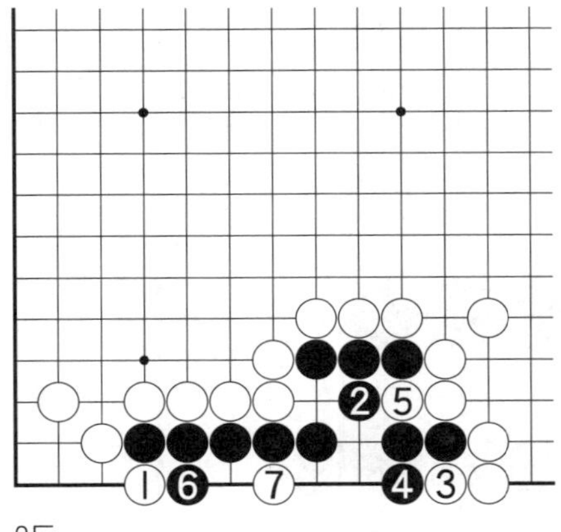

2도

2도 (찝는 묘수)

애당초 흑2로 버틸 경우에도 백3에는 변함이 없다. 흑4를 기다려 백5에 찝는 묘수가 있기 때문이다.

흑6으로 막는 정도인데, 이때 백7의 치중이면 앞 그림과 같은 결과나 다름없다.

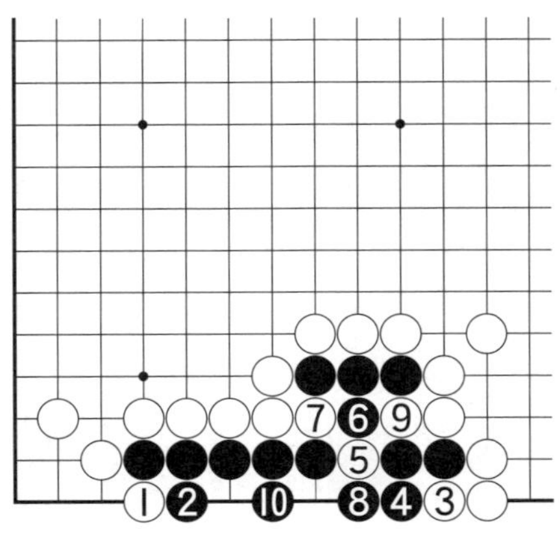

3도

3도 (백의 주의사항)

백이 주의할 사항으로 흑4 때 백5로 먼저 끼우는 것은 실착이다.

흑6에 백은 7, 9로 외곽부터 공격할 수는 있겠지만 흑은 10으로 넉 점을 버리고 살 수 있기 때문이다.

공격의 발판

● 흑 차례

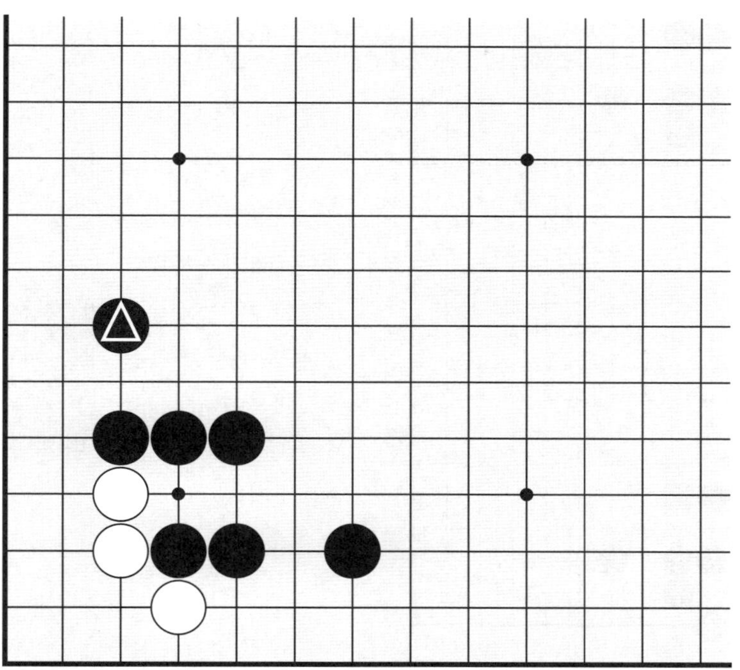

　　소목이나 고목 정석 이후에 간간히 나오는 형태이다.
　　대충 백을 공격해도 성과는 있겠지만 그보다 목표는 높이 잡아야 한다. 더구나 흑▲의 발판이 있으니 완벽하게 격파하고 싶다.

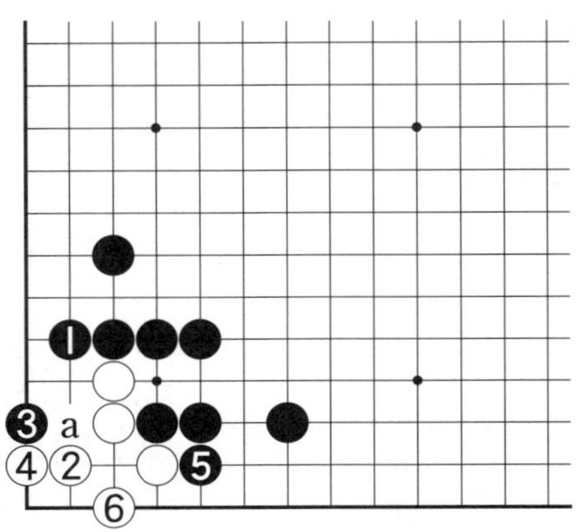

1도 (최악의 상황)

흑1에 내려서는 수는 최악의 공격이다. 백2로 틀을 잡아 그냥 살아버린다. 백6까지 된 다음 흑이 a의 곳을 찝고 백을 잡을 수 없기 때문이다.

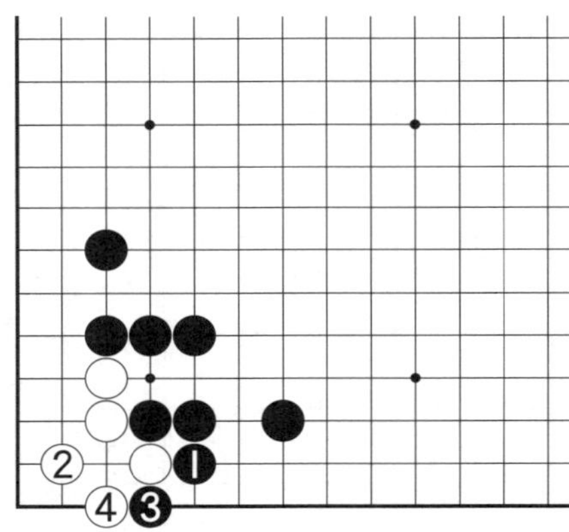

2도 (패가 난다)

흑1로 막는 것은 반만 성공이다. 백2에 호구치면 흑은 패를 피할 수 없기 때문이다.

흑은 뭔가 다른 수단을 연구해야 할 것이다.

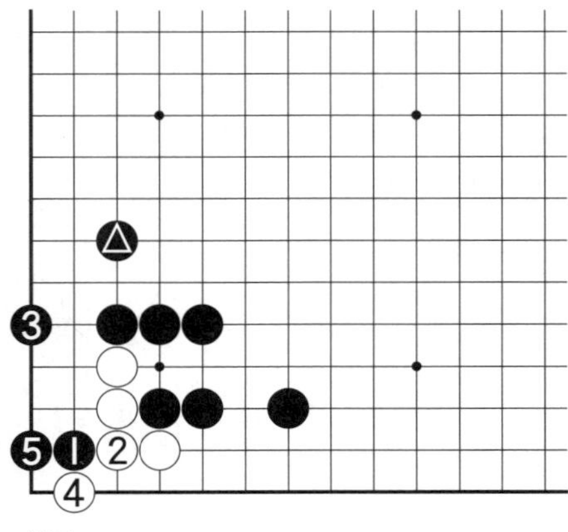

3도 (교묘한 연결)

우선 흑1로 치중해 백의 모양을 뭉치게 만드는 것이 급선무이다.

그리고 흑3으로 1선에 뛰면 흑은 교묘히 연결되며 백은 꼼짝없이 죽는다. 흑▲가 있는 덕분으로 백의 어떤 저항도 흑은 막아낼 수 있는 것이다.

눈에 보이는 상식 탈피

○ 백 차례

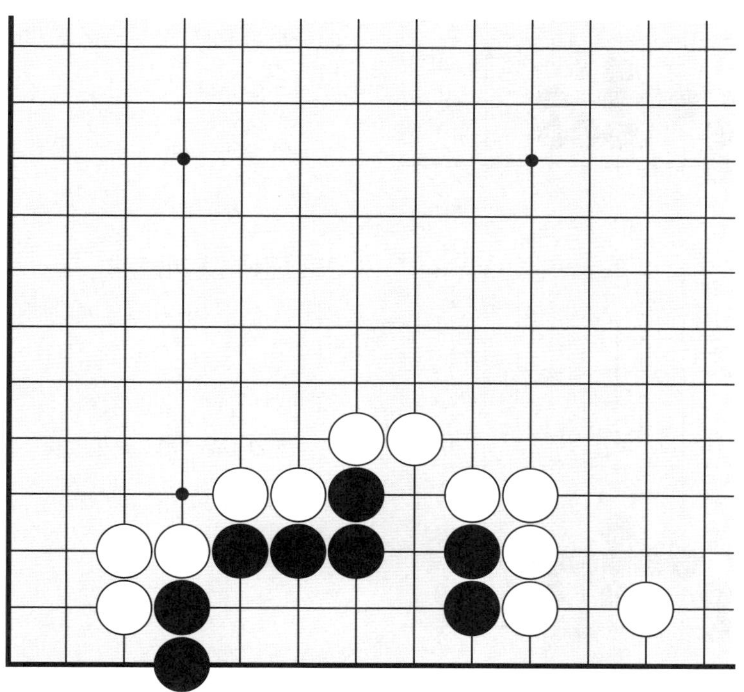

　일단 눈에 보이는 단점을 당장 부각하려는 발상은 여기서는 그런대로 통하지만 그 이상의 뭔가를 찾아야 한다. 흑도 강하게 버티는 비장의 카드가 있다는 점을 잊지 말아야 한다.

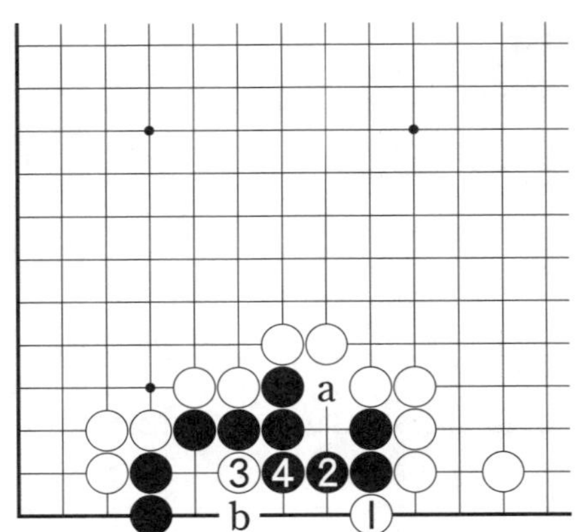

1도

1도 (제일감 젖힘이면)

백1의 젖힘은 제일감으로 생각할 수 있는 곳이다.

그러나 막상 흑2에 물러서서 받을 때 뾰족한 해결책이 없다. 백3에 치중하는 정도로는 흑4로 받아 그만이다. a, b가 맞보기.

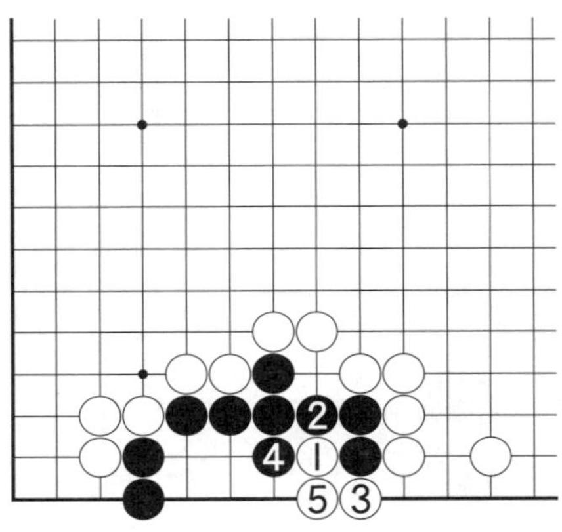

2도

2도 (강력한 껴붙임)

백1에 껴붙이고 흑2 때 백3으로 넘어가는 것은 보통 하수적인 발상이지만 지금은 가장 강력한 수단이다. 백5까지 간단히 흑을 잡을 수 있는 것이다.

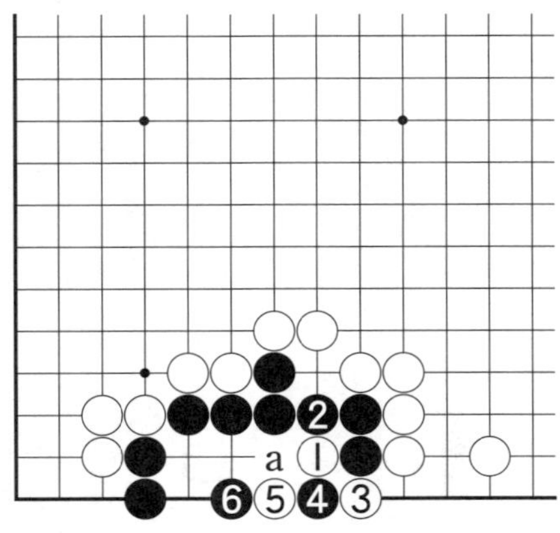

3도

3도 (먹여치는 강수)

그런데 백3으로 넘을 때 흑도 4로 먹여치는 강수가 있다. 이때 백5로 따내면 흑6으로 붙이는 수가 준비돼 있다. 이것으로 완생이다.

흑6을 a에 단수치면 백6에 늘어 패가 난다는 점에 주의한다.

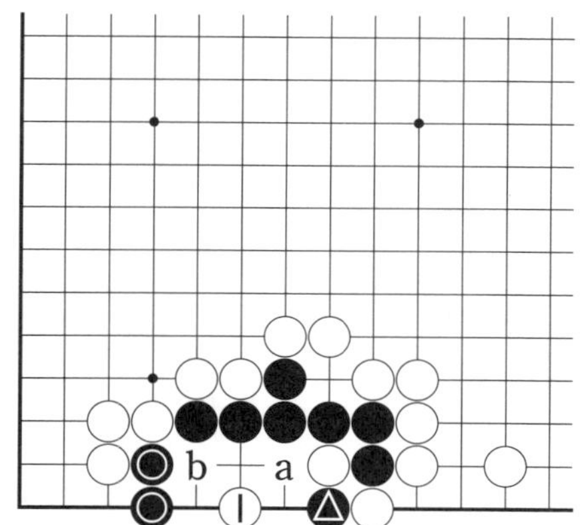

4도

4도 (백의 묘수)

여기서 흑△로 먹여치는 강수를 무색하게 만드는 백의 묘수가 있다. 다름 아닌 백1의 치중이 그것.

이어 흑a로 따내면 백은 b로 끊어 흑●를 잡는다. 그러면 결국 전체를 잡게 된다.

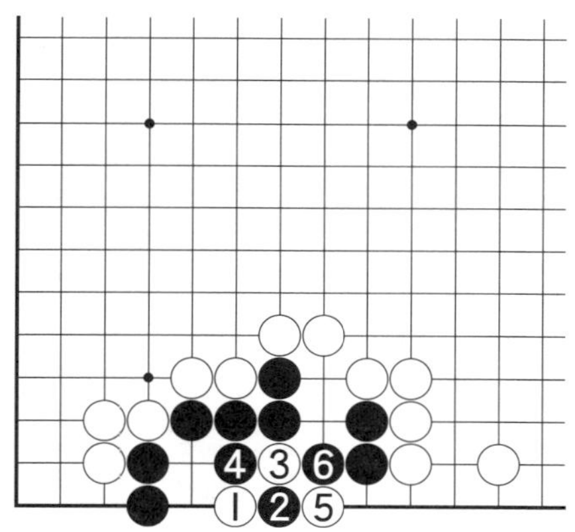

5도

5도 (강한 저항으로 패)

젖히는 수를 생략한 채 백1에 곧장 치중하는 것은 흑2의 강한 저항에 부딪치게 된다. 백3이면 흑4, 6으로 버틴다. 이러면 패.

그냥 잡을 수 있는 상황에서 패를 만들어준 셈이다.

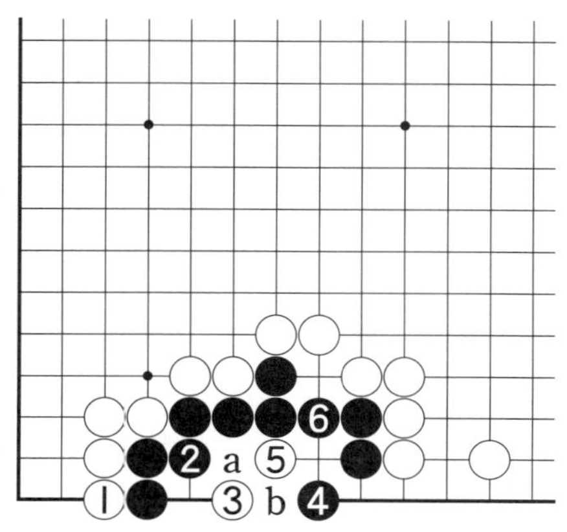

6도

6도 (정직한 수로는 빅)

백1은 너무 정직한 수이다. 단순히 흑2에 잇기만 해도 백이 흑을 잡긴 어렵다.

백3으로 급소 자리를 치중하더라도 흑6까지 산다. a와 b를 맞보기로 빅이다.

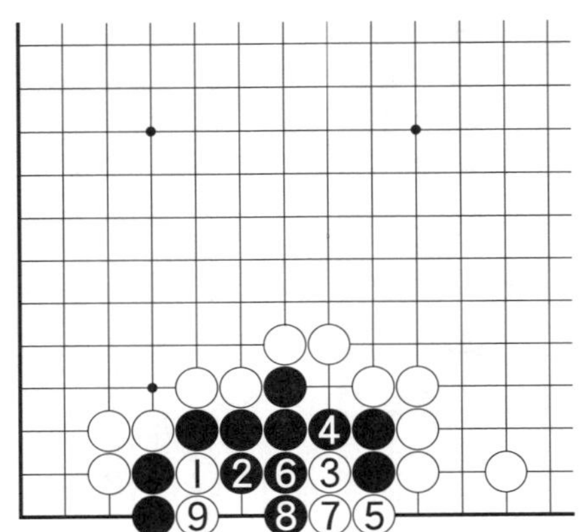

7도

7도 (다른 정답)

이 형태는 정답이 하나 더 있다. 백 1에 곧장 끊는 수. 보통 잘 생각하지 못하는 곳이다.

흑2에 비로소 백3 이하 7까지 넘는다. 흑8 때 백9가 하이라이트. 흑이 양쪽 모두 따낼 수 없어 잡힌다.

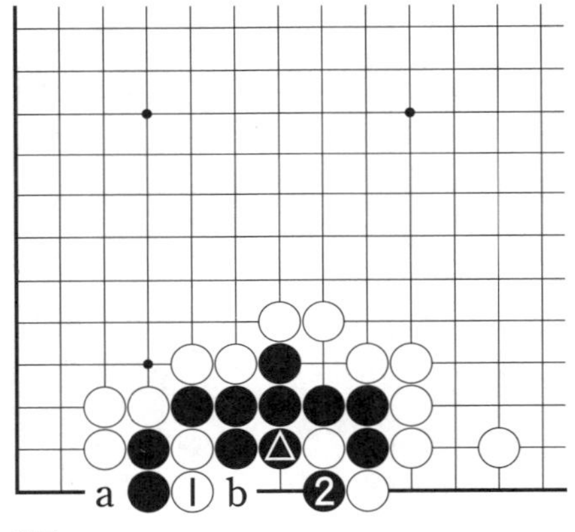

8도

8도 (백의 실수)

흑▲의 단수에 서둘러 백1에 두는 것은 서투른 수읽기이다. 왼쪽 단수를 아랑곳하지 않고 흑2로 따내면 백의 실수가 명백해진다.

백a가 불가피해 흑b로 살려줄 수밖에 없다.

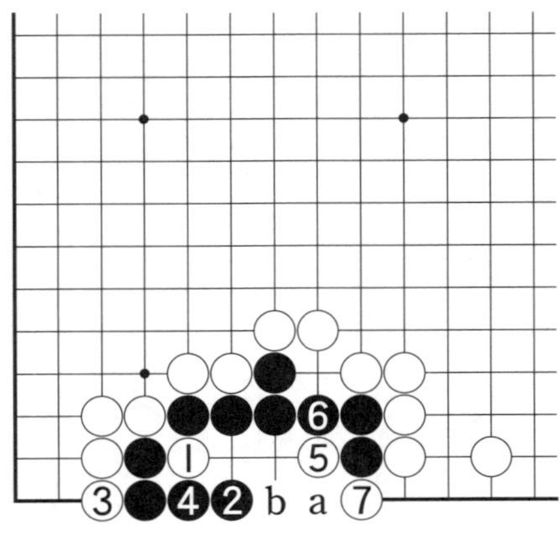

9도

9도 (부질없는 기교)

백1에 흑2의 장문으로도 위기를 극복할 수는 없다. 백은 서두를 필요 없이 3을 선수해 둔다. 다음 가볍게 백5, 7이면 상황 종료이다.

흑a는 백b가 선수라 이제와선 부질없는 기교이다.

정직은 금물

○ 백 차례

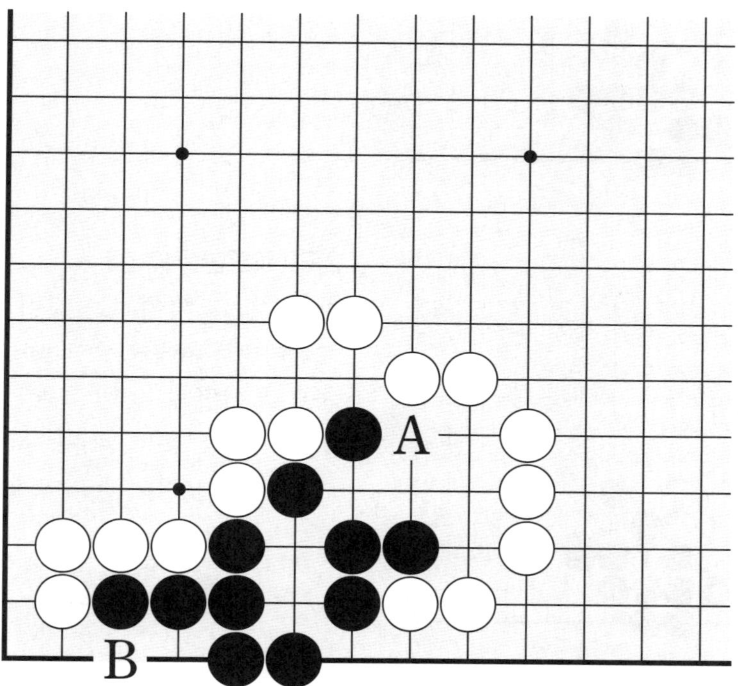

　　중앙에서 이미 한 집을 확보한 흑은 A와 B를 맞보기로 나머지 한 집을 만들고 살 수 있을 것 같아 보인다.
　　그러나 이런 곳에서도 백은 교묘한 수단을 부릴 수 있다. 정직한 수단보다 뭔가 기교가 필요하다.

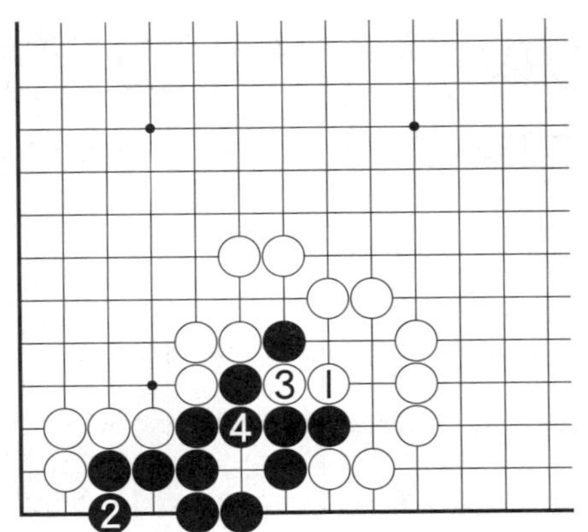

1도

1도 (소탐대실)

백1은 소탐대실의 표본이다. 흑은 2로 나머지 한 집을 마련하면 완생이다. 중앙 흑 한점 정도는 대를 위해서 얼마든지 버릴 수 있는 것이다.

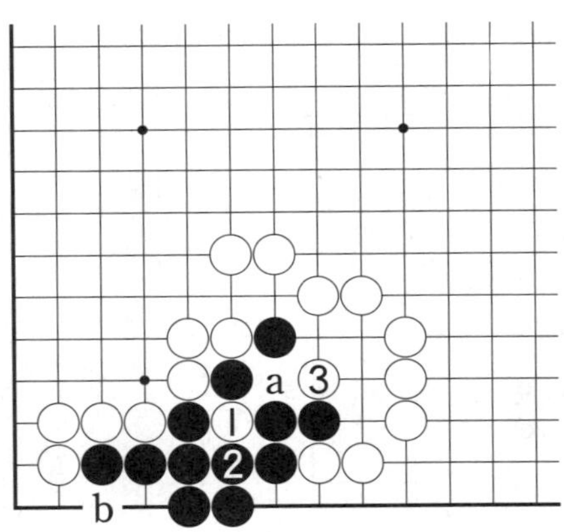

2도

2도 (교묘한 먹여침)

백1로 먼저 먹여치는 것이 교묘한 수단이다. 흑a에 이으면 백b로 즉사하므로 어쩔 수 없이 흑2로 따내더라도 백3에 이번에는 속수무책이다. a와 b를 맞보기로 흑은 죽음이다.

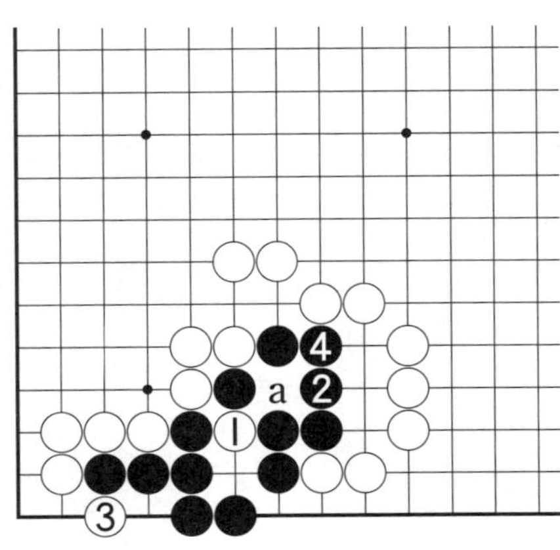

3도

3도 (패가 최선)

백1에는 흑2가 최선의 응수로 백3이면 흑4에 이어 패로 버틸 수 있다. 따라서 백은 흑2 때 바로 a에 따내면서 패를 시작하는 것이 정확한 수순이다.

마술 같은 귀의 특수성

● 흑 차례

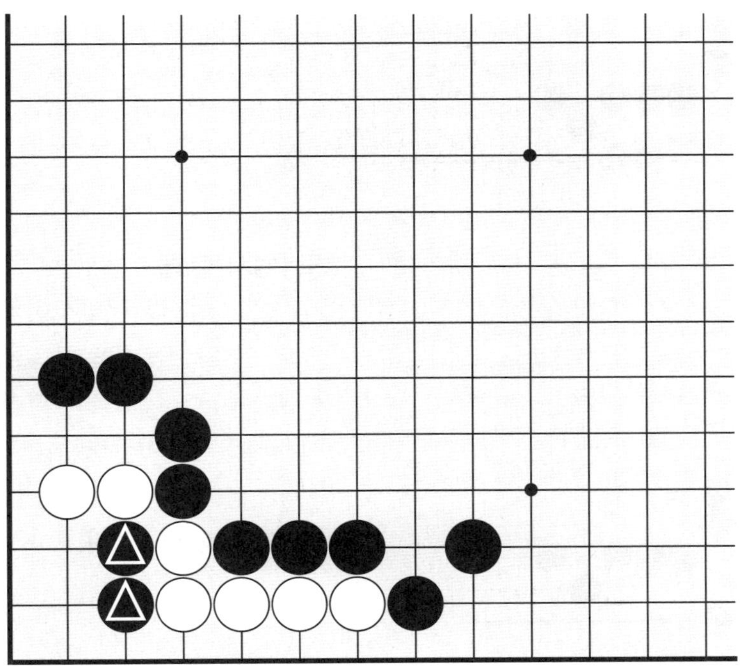

흑△ 두점이 매우 위태로운 상황이다. 별다른 기교를 부리지 못한다면 흑이 죽은 것이다. 흑은 3수인 반면, 백은 어느 쪽과 싸우든 4수이기 때문이다.

하지만 마술사와도 같은 귀의 특수성을 이용한다면 뭔가 기회가 생길지도 모른다.

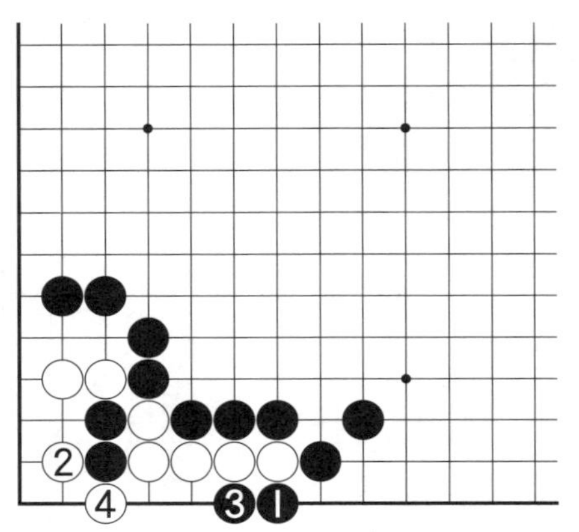

1도

1도 (간단히 실패)

흑1로 젖혀 바로 수상전에 들어가는 것부터 알아보자.

그러면 백2로 제압을 당해 간단히 실패한다는 것을 알 수 있다.

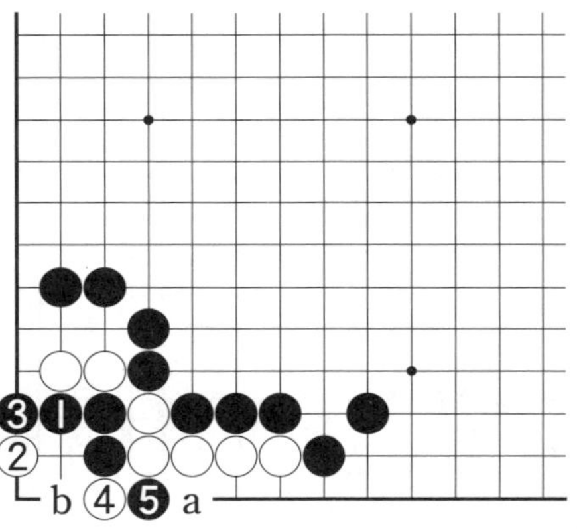

2도

2도 (역시 실패)

흑1이 그나마 나은 발상이다. 하지만 백2의 치중을 당하면 이내 상황이 심각해진다. 흑3을 기다려 백4.

패라도 만들어 보겠다는 생각으로 흑5에 먹여쳐 봐야 백이 a가 아닌 b에 늘면 소용없다.

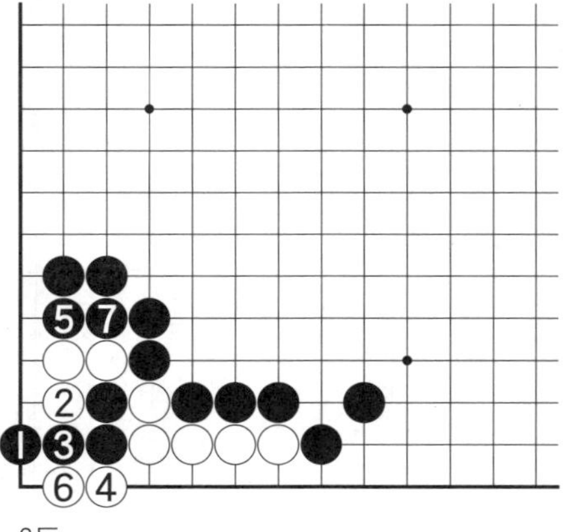

3도

3도 (양자충)

좀 더 강력하기로는 흑1을 들 수 있다. 백2면 흑3으로 잇는다.

이하 흑7까지 수순에서 알 수 있듯이 이러면 백이 양자충에 걸려 죽는다. 그런데~

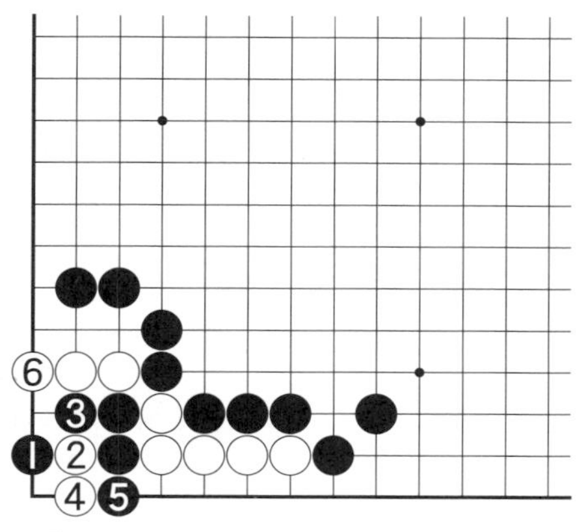

4도 (끼우는 강수)

흑1에는 백2로 끼워서 처리하는 강수가 있다. 흑3을 기다려 백4로 키워죽인다. 그리고 백6에 내려서서 다음을 기다린다.

　이 수상전은 어떻게 끝날까?

4도

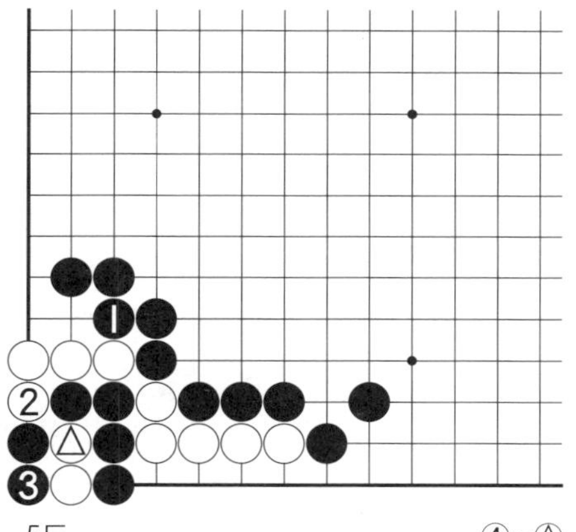

5도 (백, 1수 승)

다음 흑1로 조일 수밖에 없다. 그러면 백도 2로 단수치고 수를 줄여간다. 흑3으로 따낼 때 백4로 치중하면 한 수가 빠르다.

　따라서 3도의 흑1은 정수가 아님이 밝혀졌다.

5도　　　　　　　　④‥△

6도 (백의 주의사항)

백도 주의할 사항이 있다. 흑△로 잡을 때 백1로 오른쪽에서 조이지 말아야 한다는 점이다.

　그러면 거꾸로 흑이 한 수 빠르게 되기 때문이다.

6도

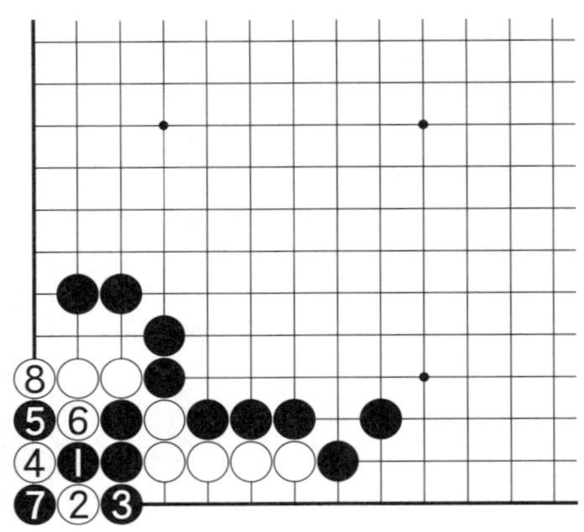

7도

7도 (패가 고작)

흑1의 꼬부림도 나름대로 맥점이긴 하다. 백2로 붙여 저항하는 수단만 없다면 완벽한 수라 할 수 있다. 하지만 보다시피 백8까지 패. 그것도 백이 먼저 따내는 패가 고작이다.

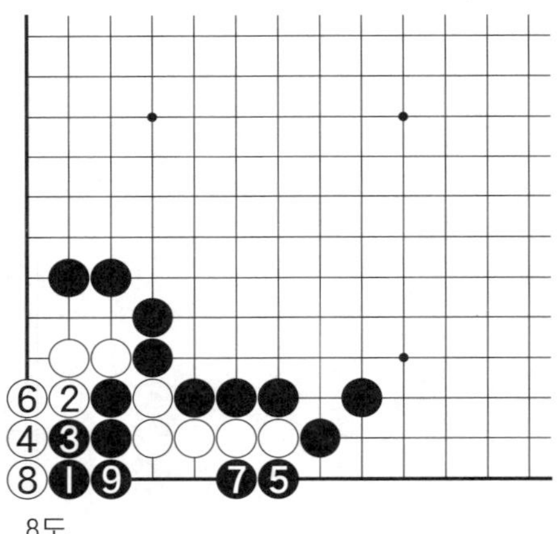

8도

8도 (오궁도화)

정답은 엉뚱해 보이지만, 흑1로 일선 마늘모 행마에 있다. 백2로 수를 줄이면 흑3으로 얌전히 받아둔다. 그러면 당장 수상전은 백이 이긴다.

그런데 백8에 흑9로 키우면 백이 '오궁도화'에 걸려 죽는 것이다.

9도 (의표를 찌르는 치중)

흑▲에 받고 백1로 먹여쳐서 오궁도화를 피하려고 할 경우 흑이 잘 생각해야 한다.

흑2의 치중이 백의 의표를 찌르는 결정타이다. 그렇지 않고 흑a로 따내면 백2로 막아 패가 난다.

9도

사석의 환생 후절수

● 흑 차례

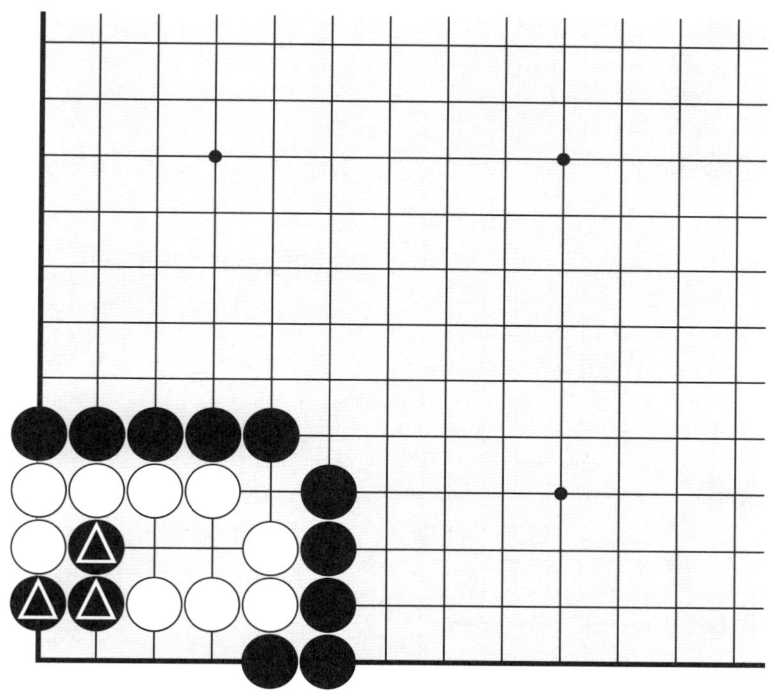

흑⚠ 석점이 잡혀 있는 상황이다. 이 석점을 유효적절
하게 운용하면 백 전체의 목숨을 노릴 수 있다.
역시 귀의 특수성을 이용하는 문제이다.

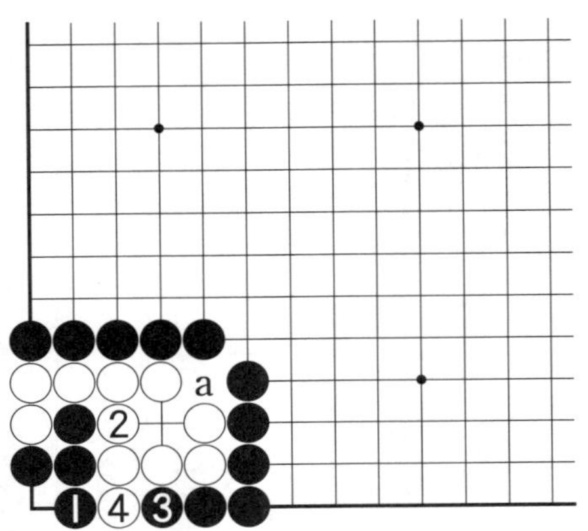

1도

1도 (안일한 생각)

흑1로 한 집을 만들어 전투 준비를 하는 것은 너무 안일한 생각이다.

　백도 덩달아 2로 한 집을 만들면 수상전이 불가피한데, a가 비어 있어 흑이 한 수 부족이다.

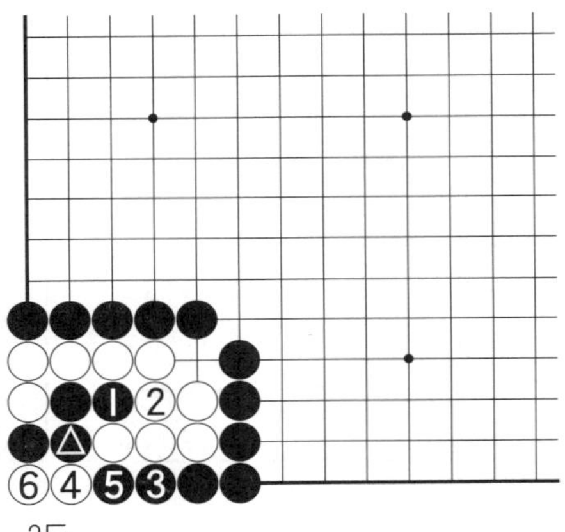

2도

2도 (후절수에 착안)

그렇다고 흑1로 파호해 당장 백이 두 집을 만들지 못하게 하는 수도 문제가 있다.

　이어 흑3, 5는 백이 넉점을 따내고 나도 ⓐ의 곳이 단수가 된다는 점에 착안한 것이기는 한데….

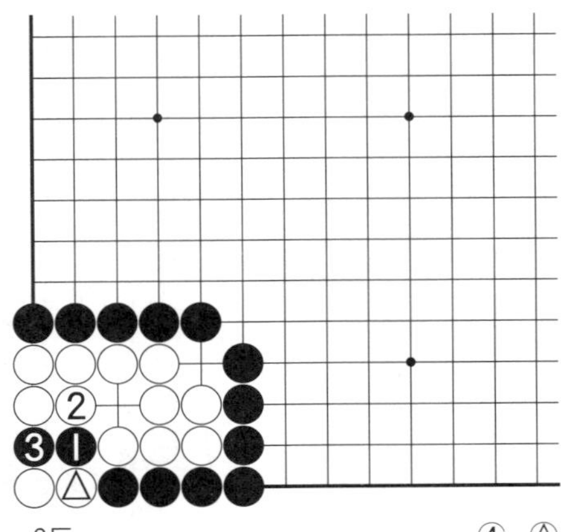

3도

④…△

3도 (환격으로 되잡힌다)

계속해서 흑1은 당연한 단수. 이때 백3에 이어주면 흑2로 늘어 잡을 수 있지만, 백은 2로 되몰아 반격한다.

　흑3으로 두점을 따내봐야 백4의 먹여침이면 환격으로 흑 두점이 되잡힐 뿐이다.

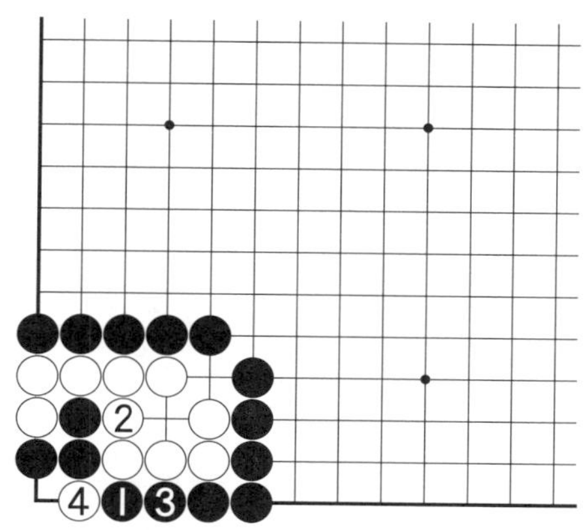

4도

4도 (정답은 젖힘)

이 경우에는 흑1의 젖힘이 정답이다. 백2로 받으면 흑3으로 연결하고 다음 전투를 준비한다.

백4로 석점이 잡혀 상황이 끝나 버린 것 같지만….

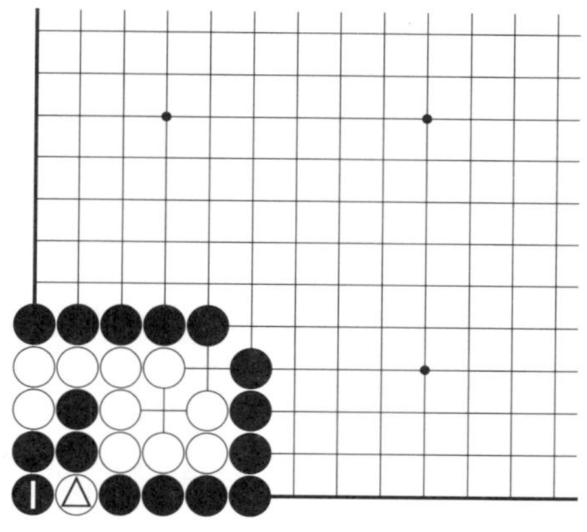

5도

5도 (환격 이후의 수단)

환격으로 잡힌 모습이지만, 계속해서 흑은 1로 한점을 따내는 묘수가 있다.

백2로 넉점을 되따내면 아무 수도 나지 않을 것 같지만 실은 그렇지 않다.

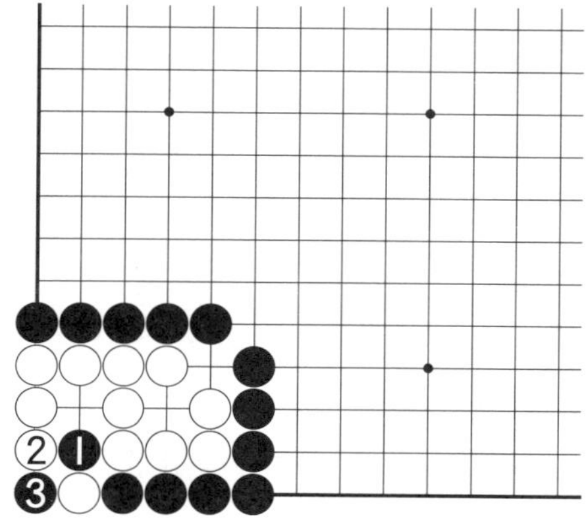

6도

6도 (패가 최선)

귀쪽에서 걸린 환격이므로 백이 넉점을 따내도 흑은 다시 1에 단수칠 수 있는 것이다.

그러면 백2, 흑3까지 패. 일종의 후절수까지 동원된 수단으로 쌍방 최선의 결과이다.

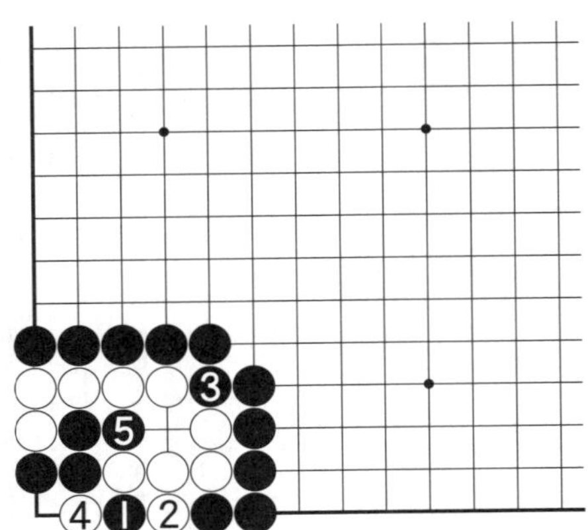

7도

7도 (백, 1수 부족)

흑1에 패를 피하려고 백2로 막아 몸부림을 치는 것은 지나친 욕심이다.

흑3에서 조여 오면 이미 아래쪽이 자충이라 백의 1수 부족이다.

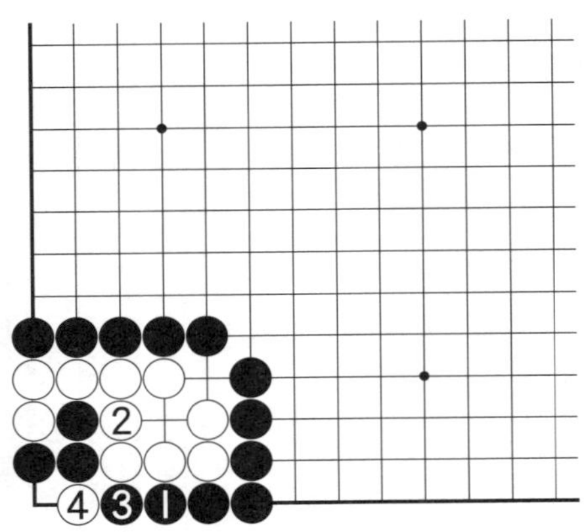

8도

8도 (다른 정답)

사실 흑1로 먼저 밀고 들어가도 정답을 이끌어낼 수 있다. 어차피 백은 2에 받는 정도이다. 그러면 흑3, 백4까지 진행된다.

수순만 바뀌었을 뿐 4도와 같은 결과이다.

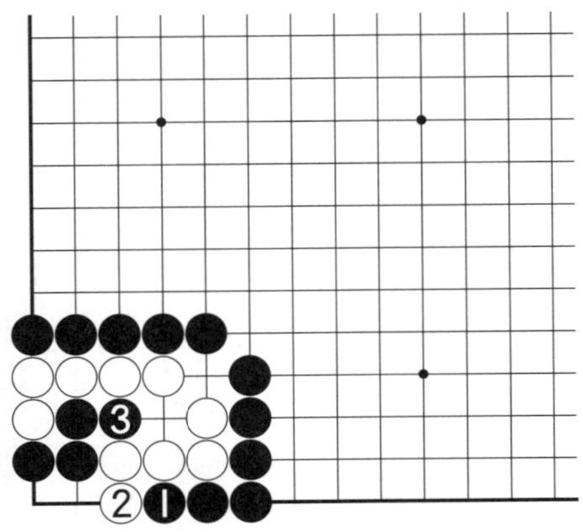

9도

9도 (덜컥수에 주의)

흑1에 대해 백2로 곧장 받는 것은 덜컥수이다.

흑3으로 가만히 파호하면 백이 1수 부족으로 전멸 당한다. 백이 주의할 사항이다.

이론을 무시한 맥점 찾기

● 흑 차례

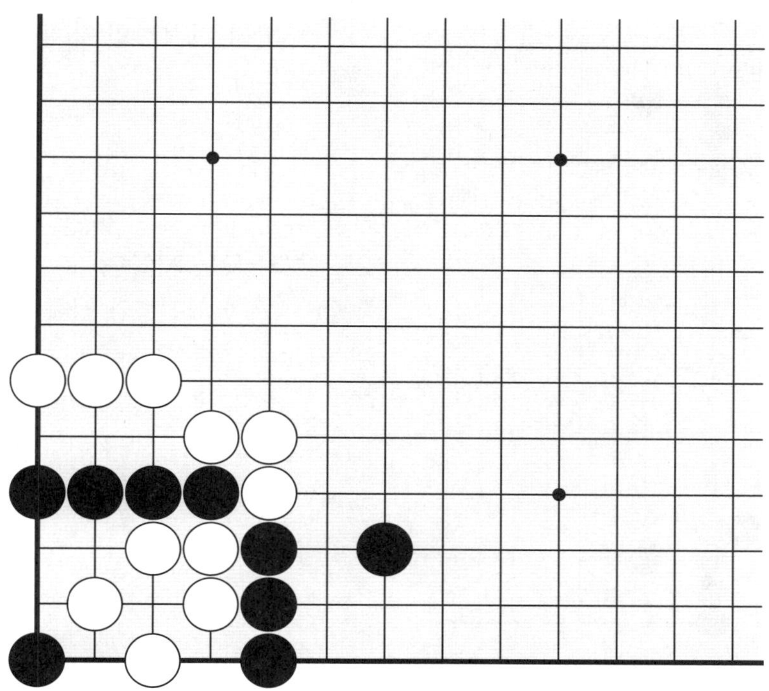

　'유가무가 불상전'의 이론을 무색하게 만드는 맥점을 찾는 문제이다.

　평범하게 수줄임을 하다간 도저히 흑이 수상전에서 승산이 없다.

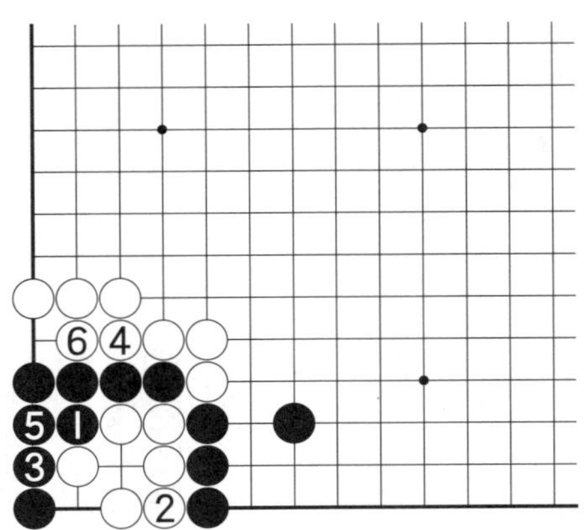

1도

1도 (유가무가)

흑1은 절대 급소점. 백2를 기다려 흑3으로 연결하는 수도 당연하다.

그러나 백4의 조임에 흑5의 이음은 다된 밥에 코를 빠뜨리는 격이다. 백6까지 전형적인 유가무가에 걸려 죽는다.

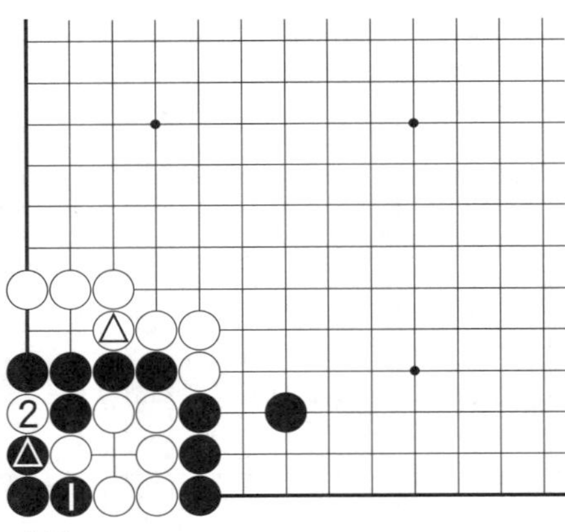

2도

2도 (보기 드문 자살수)

흑▲, 백△까지 진행한 상황에서 흑은 사고의 전환이 필요하다. 바로 흑1로 집어넣어 자살을 결행하는 것이 아주 보기 드문 맥점이다. 백2로 따내면 그만인 것 같지만~

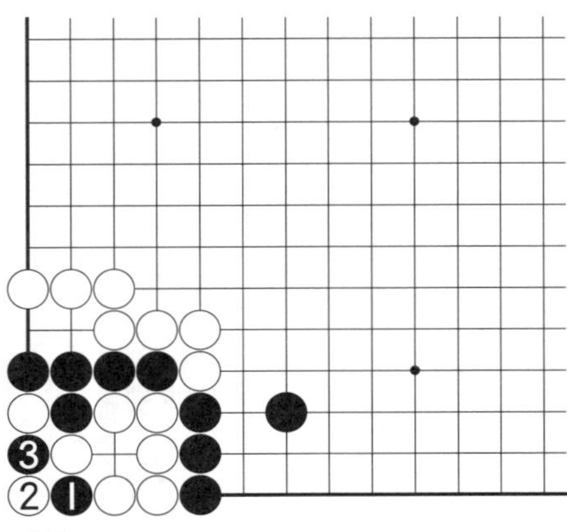

3도

3도 (이단패)

흑3으로 따내기 전에 먼저 흑1에 먹여치는 것이 중요한 수순이다. 흑3까지 이단패를 만들어 성공이다.

흑1을 생략한 채 흑3에 먼저 따내면 백1에 이어 실패이다.

기발한 맥점

● 흑 차례

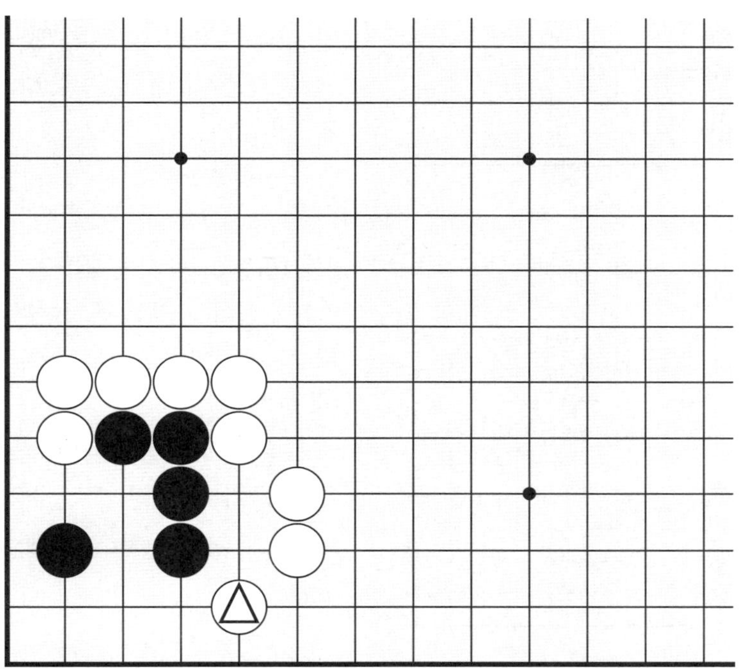

　　백△로 압박해 귀의 흑 전체를 노리고 있다. 분명 활로
는 있으되 상식적인 방법으로는 곤란하다.
　　흑의 첫수가 문제 해결의 열쇠를 쥐고 있다.

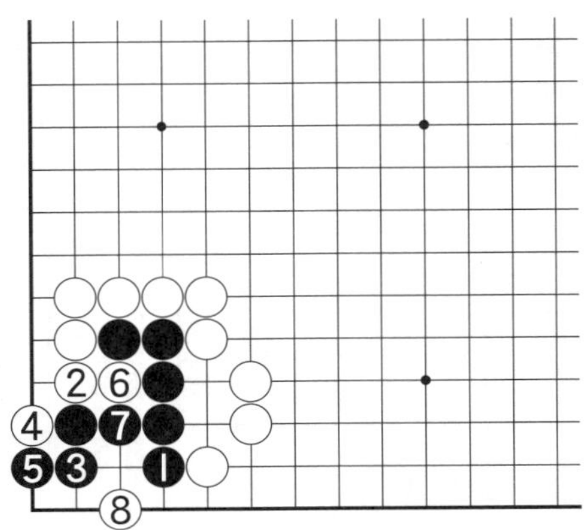

1도

1도 (평범한 응수)

가장 평범한 흑1의 받음부터 알아보자. 백2에는 흑3으로 모양을 갖춰 얼핏 산 것 같다.

하지만 백4 이하의 공격을 당하면 이내 숨통이 끊긴다. 백8의 치중으로 흑은 더 이상 손쓸 방도가 없는 것이다.

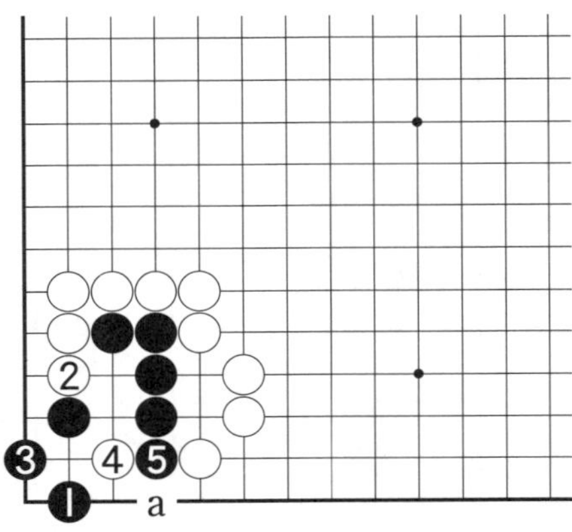

2도

2도 (유일하게 사는 뜀)

흑1의 뜀이 기발한 맥점이며 유일하게 사는 길이다. 이때 백2에 주의해야 한다.

흑은 3으로 물러서며 틀을 잡는 게 정수이다. 백은 4로 치중하더라도 흑5면 결국 a로 넘지 못해 실패한다.

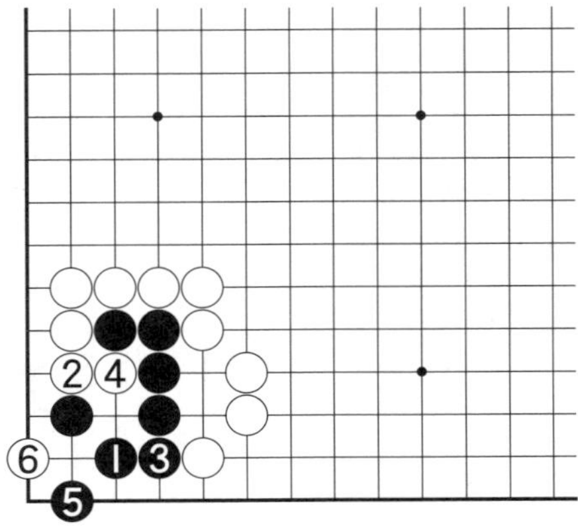

3도

3도 (잘못된 맥점)

흑1도 일감으로 떠올릴 수 있는 맥점이다.

하지만 백2가 이제는 흑의 잘못을 꼬집는 수가 된다. 흑3에는 백4, 흑5에는 백6으로 흑은 꼼짝없이 죽고 만다.

기상천외의 묘수

● 흑 차례

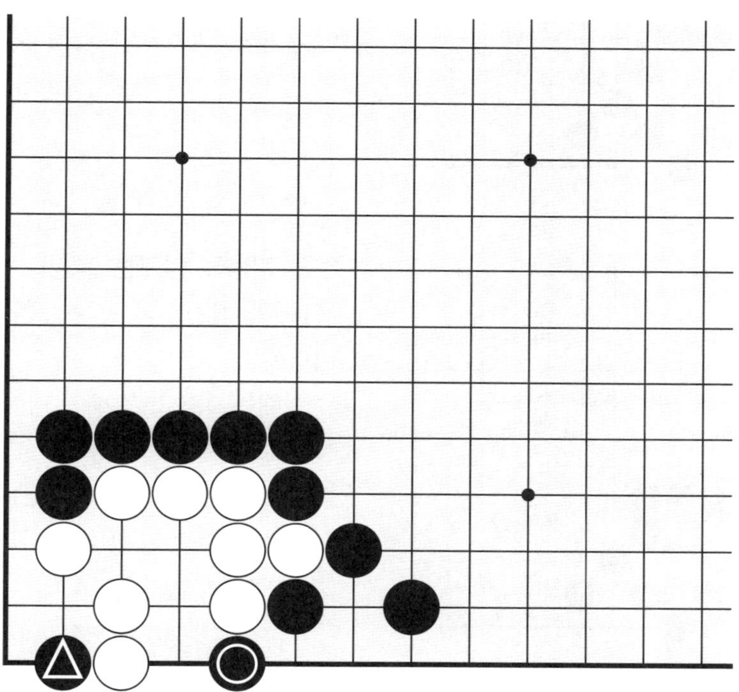

잡혀있는 흑△를 잘 이용해야 수단을 부릴 수 있다. 더불어 흑◎에 젖혀 있는 돌을 발판으로 삼아야 한다. 발상의 전환이 절실하다.

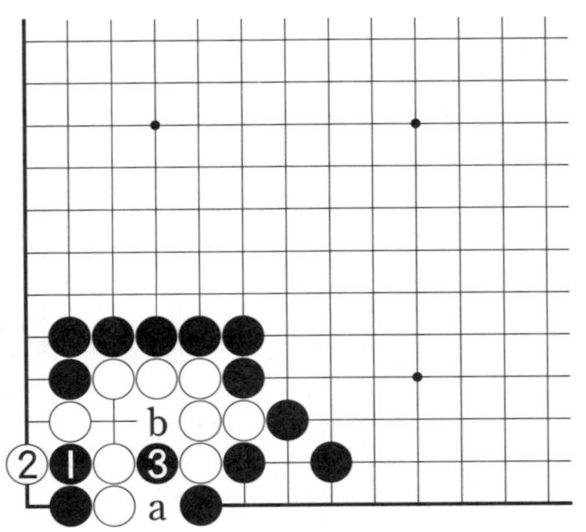

1도

1도 (상식을 벗어난 묘수)

흑1로 스스로 키워 죽이는 수가 상식을 벗어난 묘수이다. 백2로 잡을 때 흑은 비로소 3에 젖혀 끼운다. 흑1 덕분에 a와 b의 곳이 모두 자충이라 백은 꼼짝없이 죽은 것이다.

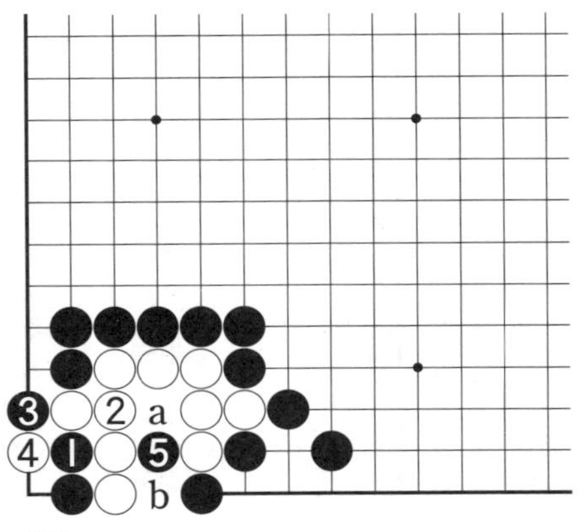

2도

2도 (자충을 만드는 발상)

흑1에는 백2로 꽉 잇는 수가 최강의 버팀이다.

　이때는 흑3으로 계속 넘어서 백4를 강요하는 것이 중요하다. 그런 다음 흑5로 끼우면 역시 a, b의 두 군데를 자충으로 만들고 잡는다.

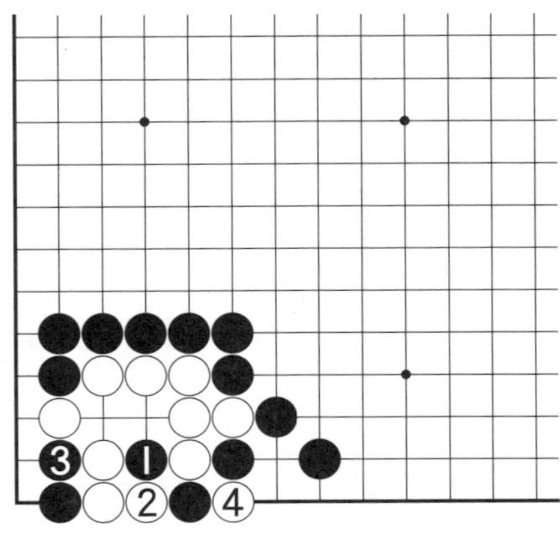

3도

3도 (수순이 바뀌면 곤란)

수순을 바꿔 먼저 흑1로 끼우는 것은 곤란하다. 백2로 잡을 때 더 이상 공격이 여의치 않다.

　뒤늦게 흑3을 둬 봐야 백4로 따내 아무 수도 나지 않는다.

귀를 다스리는 지혜

○ 백 차례

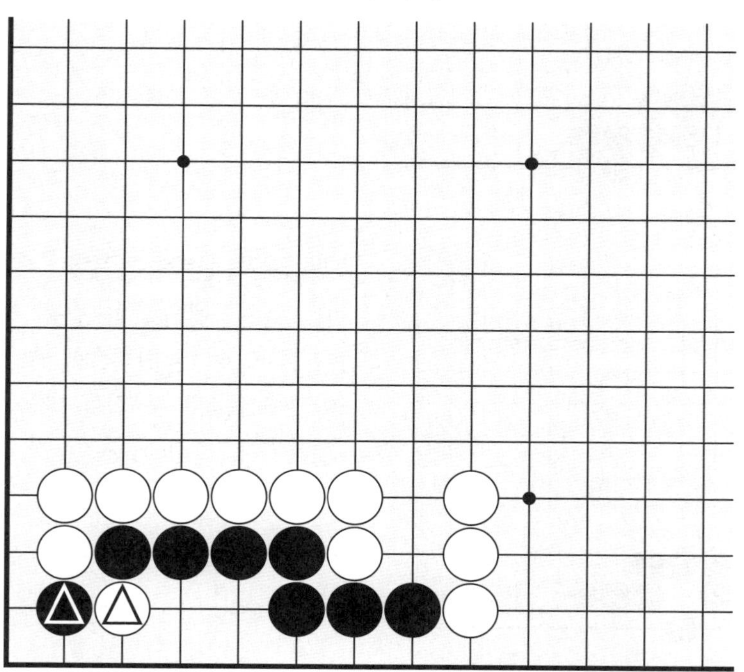

 흑▲와 백△가 팽팽하게 대치하고 있는 상황이다.
 백은 귀의 흑▲가 눈엣가시가 아닐 수 없다. 이를 슬기롭게 다스리는 지혜가 요구된다.

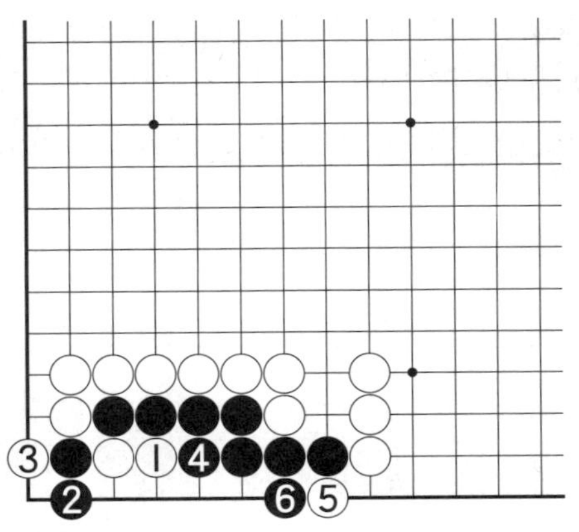

1도

1도 (수상전은 위험)

백1로 곧바로 수상전을 벌이려는 생각은 위험하다.

흑2로 빠지는 수에 대책이 없다. 백3으로 젖히더라도 흑4, 6이면 흑은 완생이다.

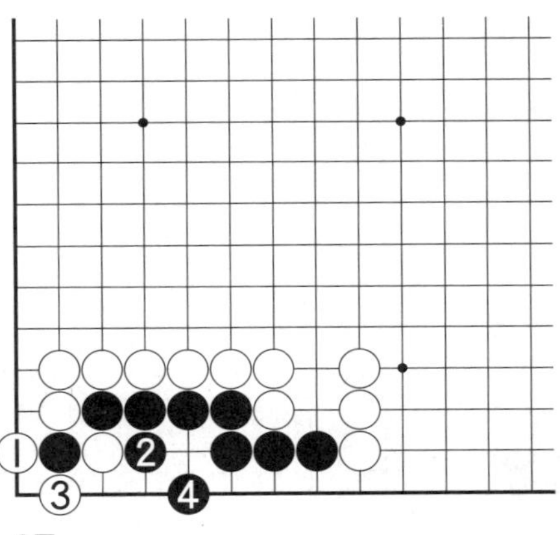

2도

2도 (왼쪽 단수는 곤란)

백1로 왼쪽에서 모는 것은 흑2로 같이 몰아 잘 안 된다. 백3으로 따내더라도 흑4로 두 집을 만들고 살면 그만이다. 그렇다고~

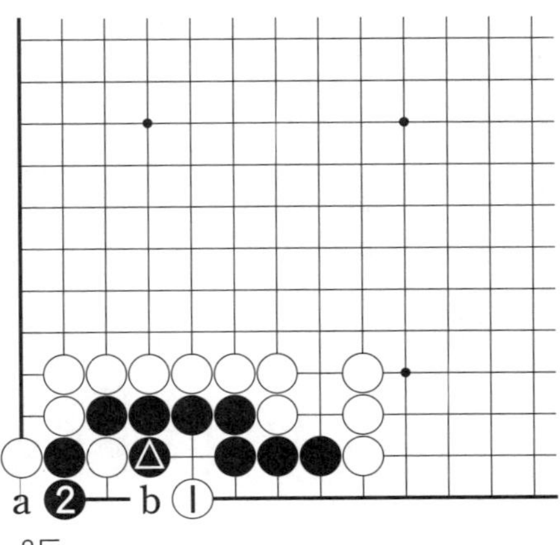

3도

3도 (치중도 자충에 걸린다)

흑▲ 때 백1로 치중을 하는 수도 소용없다. 흑2로 빠지는 침착한 수가 기다리고 있기 때문이다.

a가 자충이라 백b로 흑을 계속 몰아붙일 수도 없는 노릇이 아닌가.

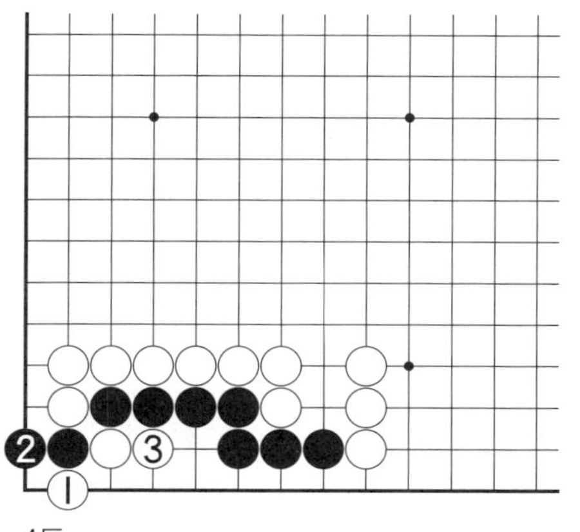

4도

4도 (아래쪽 단수가 정답)

이 그림처럼 백1로 아래쪽에서 흑 한점을 단수치는 것이 정답이다.

흑2에 늘면 비로소 백3으로 흑과 수상전을 벌이면 된다. 이것이라면 알기 쉽게 흑의 죽음이다.

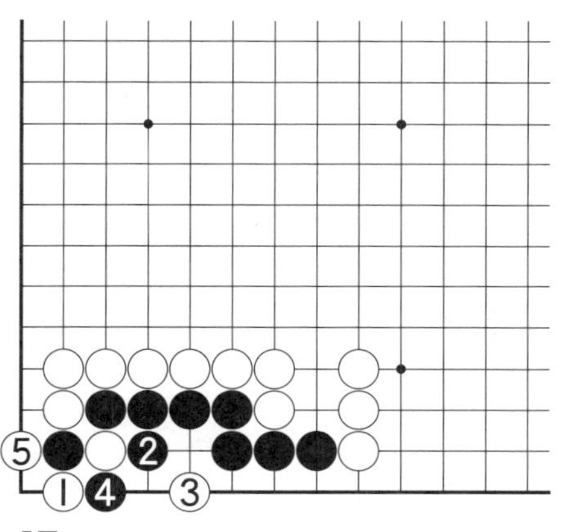

5도

5도 (패가 최선)

따라서 흑도 2로 되모는 것이 최선이다. 이때 백은 3에 치중하는 것이 묘수이다. 흑4를 기다려 백5로 패를 건다.

귀의 특수성을 잘 이용한 결과라 할 수 있다.

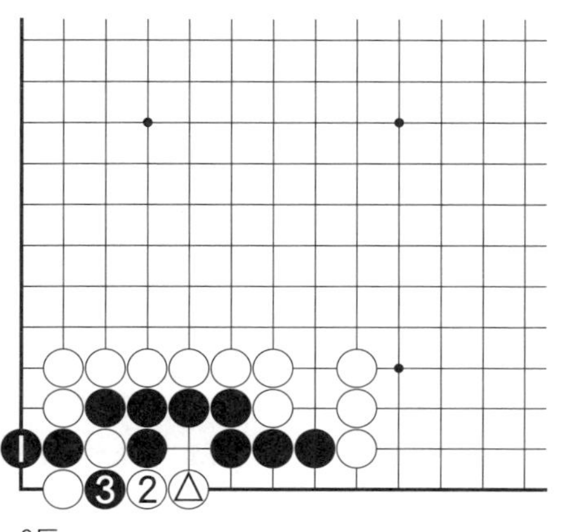

6도

6도 (역시 패가 난다)

백△의 치중에 패를 피하려고 흑1에 빠져도 소용없다. 백은 어차피 2에 두고 패를 만들 수 있기 때문이다.

앞 그림의 패와 이 그림의 패는 큰 차이가 없다.

사활 실전편

2

1장

실전 사활의 기본

사활에서 가장 중요한 것은 물론 수읽기이다. 그러나 실전에서 갖가지 사활의 형태들을 처음부터 일일이 수읽기로 풀어나간다는 것은 어렵기도 하거니와 자칫 실수를 유발하기 십상이다. 특히 수읽기 능력이 상대적으로 뒤떨어지는 하수들에게는 더더욱 힘든 일이 될 것이다.

그렇다고 매번 실수를 거듭할 수는 없지 않은가. 여기서 떠오르는 좋은 방법이 실전형 기본사활들을 미리 숙지해 두는 것이다.

그래서 이 장에서는 실전에 가장 자주 등장하는 사활을 집중 탐구해 보았다. 이해도를 높이기 위해 단순한 기본형은 물론 유사한 응용형도 함께 묶어 사활 동류항 식으로 구성했다.

같은 모양이라도 주변 배석에 따라, 또한 뒷공배 관계에 따라 사활의 결과는 180도 달라질 수 있다는 점에 유념하면서 저절로 암기가 되도록 반복하여 익혀보자.

정석을 외우며 행마의 원리를 터득하듯, 실전형 사활을 익히며 이해하는 과정에서 수읽기 능력은 저절로 큰 향상을 가져올 것이다.

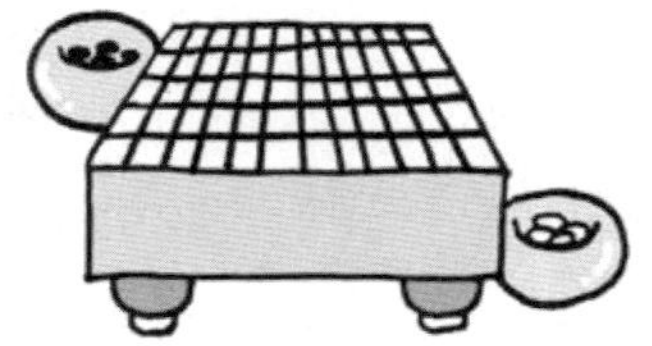

공배와 자충의 상관관계

● 흑 차례

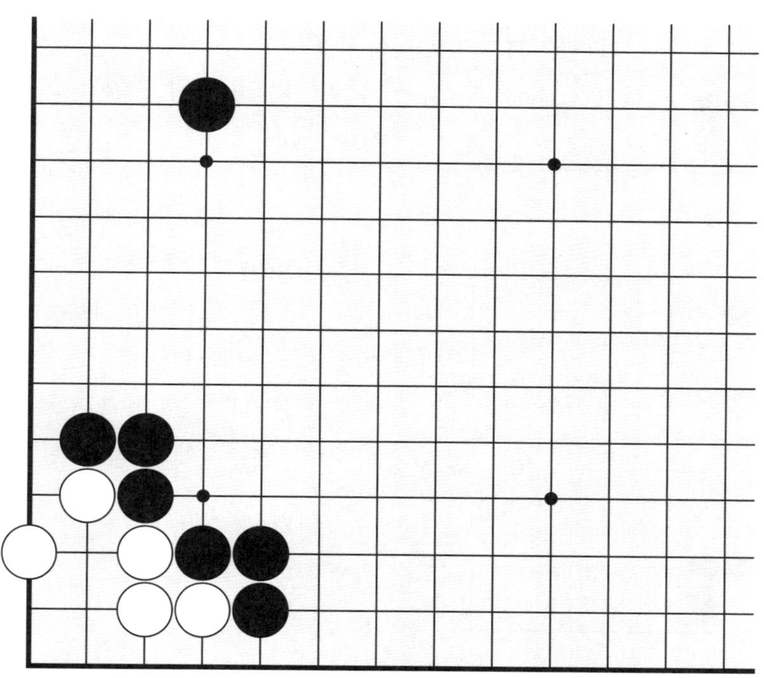

소목 바둑의 실전에서 너무나 흔히 등장하는 형태이다. 좌하귀 백의 사활은 어떻게 될까?

뒷공배와 밀접한 관련이 있다.

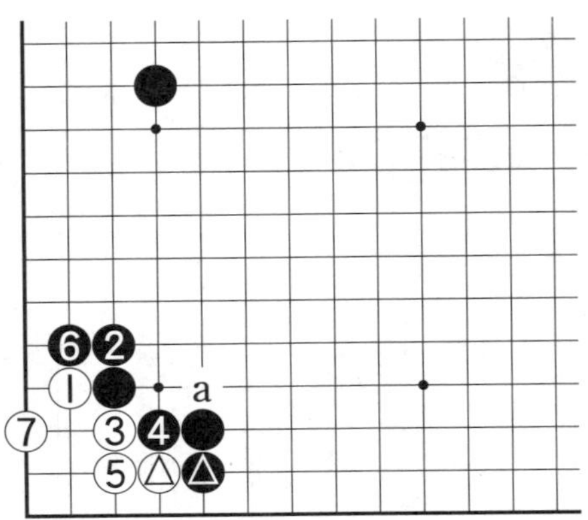

경과도

경과도 (소목 날일자굳힘에서)

기본형이 출현하기까지의 수순이다. 소목의 날일자굳힘이나 a의 한칸굳힘에서 백1로 붙여가는 것은 상용의 침투수법이며 7까지 흔히 나타나는 형태이다.

여기서 백△와 흑●가 교환된 모습이다.

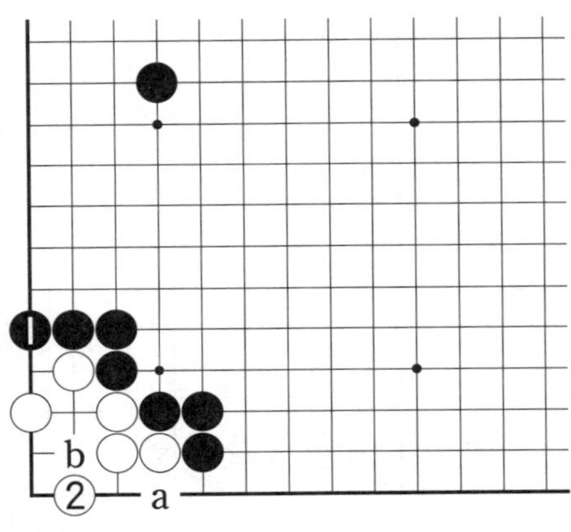

1도

1도 (실패)

흑1로 내려서는 것은 백2로 쉽게 살아 흑의 실패이다.

그렇다고 흑1로 a에 젖히는 것도 백b로 알뜰하게 살아 역시 책략이 없다.

2도 (정해)

흑1의 치중이 백의 숨통을 죄는 급소이다.

'2·一에 급소 있다'라는 격언이 실감나는 장면이다. 계속해서~

2도

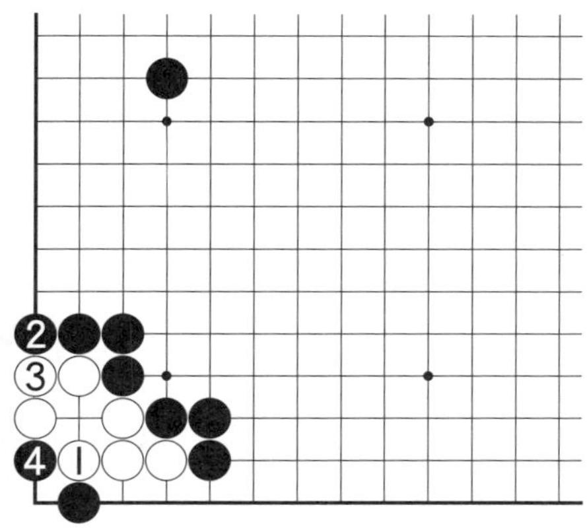

3도

3도 (패)

백은 1로 한 집 내며 막을 수밖에 없는데, 이때 가만히 흑2로 내려서는 것이 좋은 수순이다.

결국 흑4까지 알기 쉽게 패가 나고 만다.

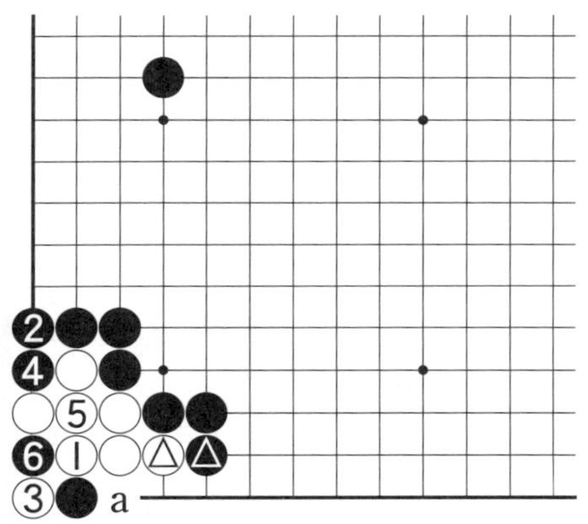

4도

4도 (자충의 악수)

흑2 때 백3이 최강의 버팀이지만, 흑4로 인해 불발에 그치고 만다. 흑6까지 역시 패. 백a로 되몰 수 없는 것이 백의 비극이다.

백△와 흑▲의 교환이 자충의 악수가 되고 있음을 알 수 있다.

5도

5도 (몰아떨구기)

당초 백a와 흑b의 교환이 없었다면 흑6 때 백7의 몰아떨구기가 성립해 거뜬히 사는 모습이다.

앞 그림과 비교해 볼 때 자충의 폐해를 실감할 수 있다.

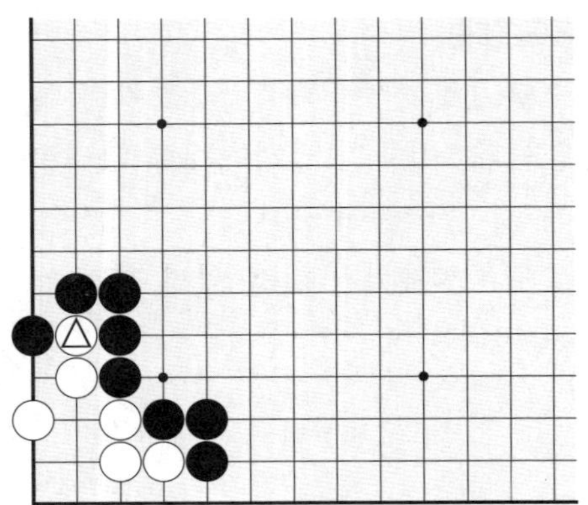

유사형 1

▨ 유사형 1

이번에는 기본형에서 백△가 하나 더 들어가 있는 형태이다.

과연 이 형태의 사활은 기본형과 어떻게 다를까?

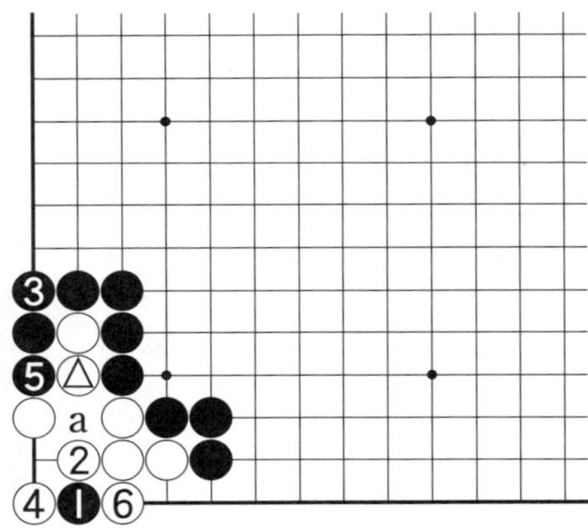

1도

1도 (되따내며 산다)

결론부터 말해 이 백은 죽지 않는다. 흑1의 치중이 급소이지만 이하 백6까지 두 집을 만들 수 있다.

다음 흑a에는 백△로 되따낼 수 있다는 점이 기본형과는 크게 다른 것이다.

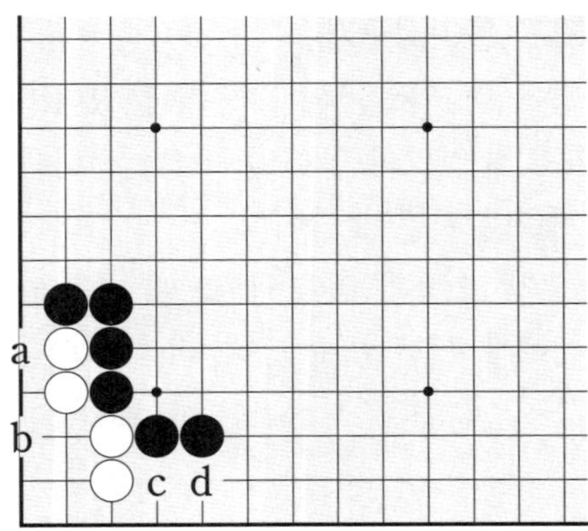

유사형 2

▨ 유사형 2

유사형 1에서 흑a, 백b 그리고 백c, 흑d가 생략되어 있는 형태이다. 이 경우는 또 사활이 어떻게 달라질까?

여기서 물론 섣불리 흑a, 백b를 교환하는 것은 "어서 살아가시오!" 하는 이적행위이므로 논외이다.

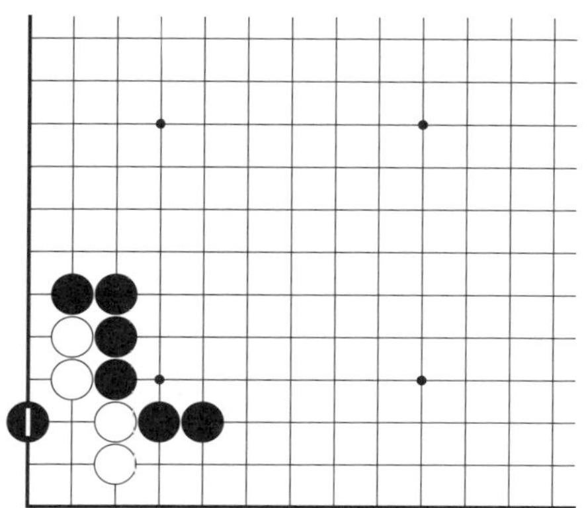

1도

1도 (정해)

여기서는 흑1의 1선 치중이 급소가 된다.

이 수로 인해 백이 거저 사는 수는 없다. 계속해서~

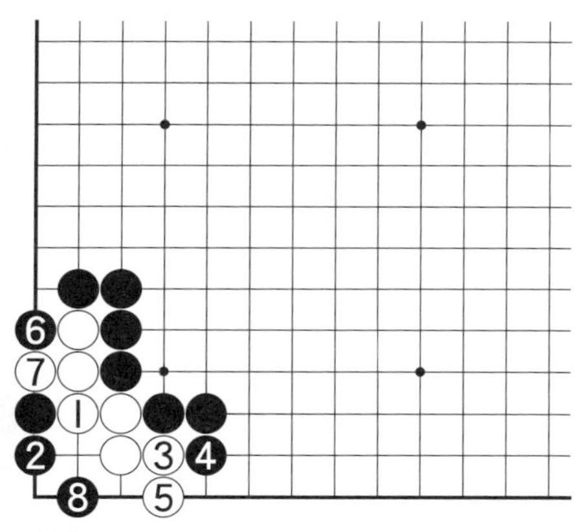

2도

2도 (귀곡사)

백1로 잇는 것은 흑2로 들어가 그냥 죽는다. 이때 백3, 5로 궁도를 넓혀 보아도 흑6의 젖힘이면 귀곡사를 면치 못한다.

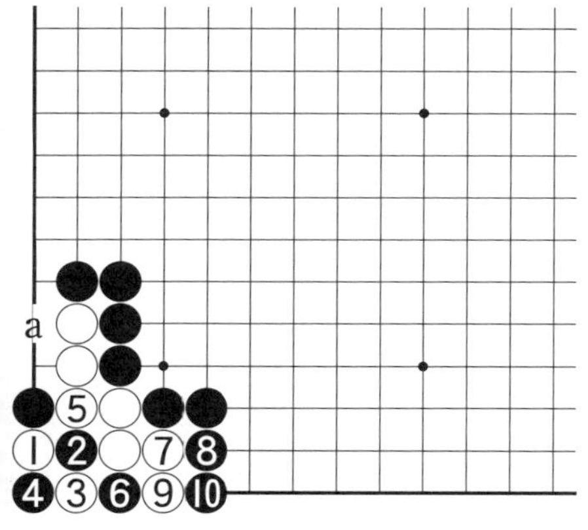

3도

3도 (늘어진 패가 최선)

그러므로 백1로 붙이는 것이 최선의 응수이다.

그러면 이하 흑10까지 외길수순으로 패가 발생하는데, 다음 흑a로 또 두어야 비로소 본패가 되므로 이 형태는 1수 늘어진 패가 된다. 이 진행이 서로 최선이다.

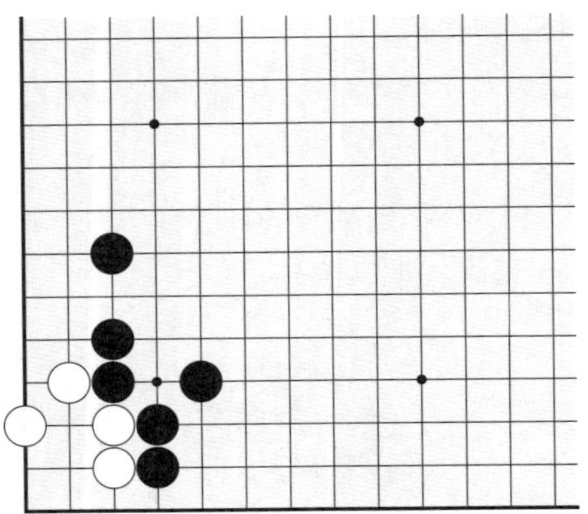

유사형 3

▨ 유사형 3

앞의 형태들과 비슷한 듯 보이면서
도 상당히 다른 모양이다. 이 형태
에서의 급소는 어디일까?

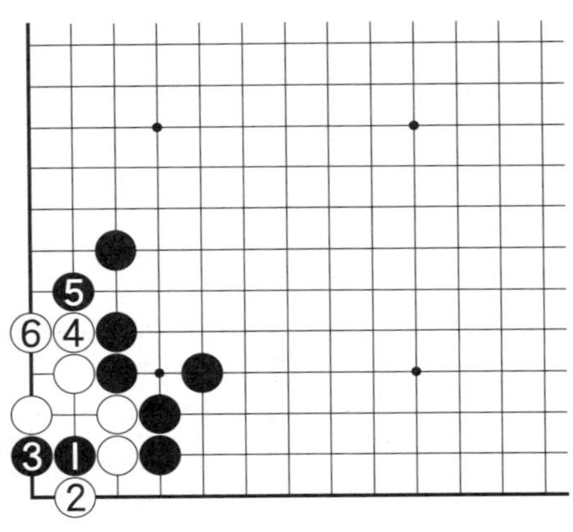

1도 (안이한 공격)

흑1로 치중해 잡으러드는 것은 너무
안이한 생각이다.

　백은 2를 선수한 후 4, 6이면 알
기 쉽게 사는 모습이다.

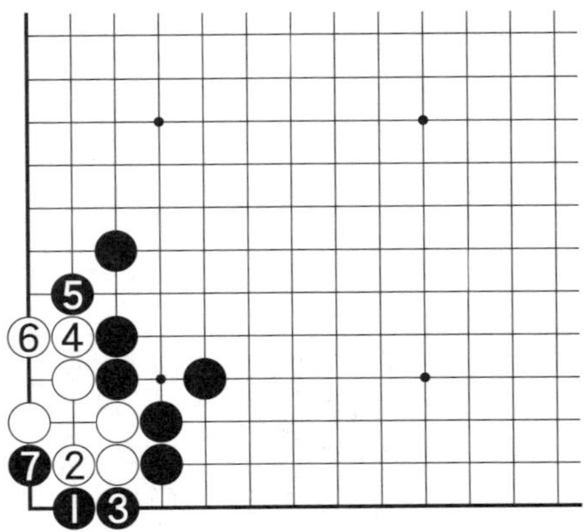

2도 (패)

흑1의 일선 치중이 익혀두어야 할
급소이다. 백2에는 흑3으로 건넌 다
음 흑7로 들어가 패이다. 그렇다고
백2로 3의 곳에 차단하는 것은 흑2
로 들어가 그냥 죽고 만다.

젖힘에 따라 달라지는 생사

● 흑 차례

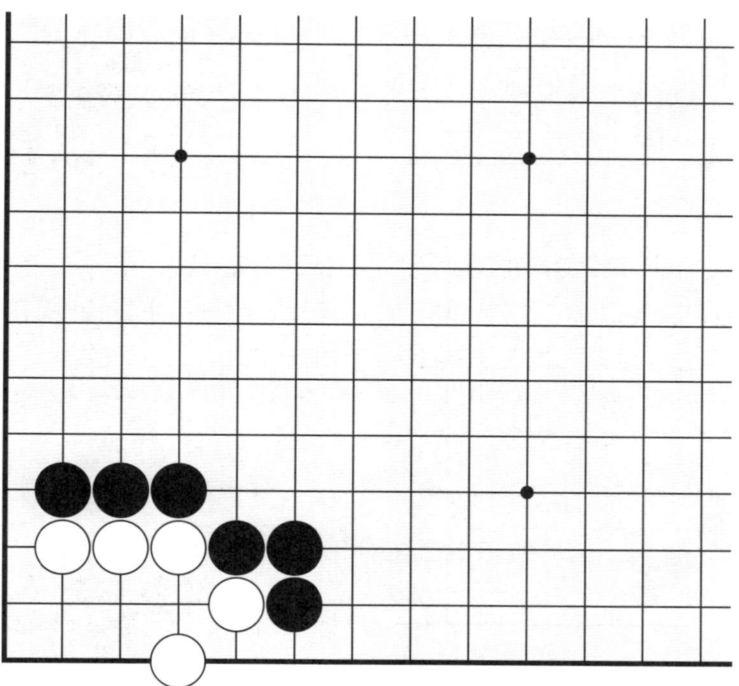

이번에는 화점과 소목을 막론하고 자주 등장하는 형태이다. 좌하귀 백의 생사는 어떻게 될까?

여기서는 1선 젖힘의 여부가 사활을 결정한다.

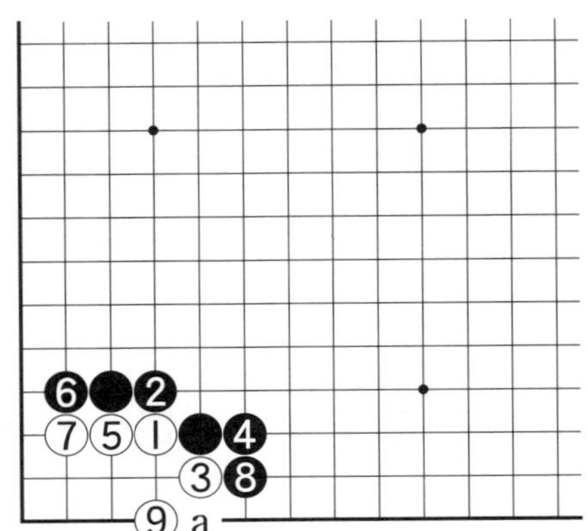

경과도

경과도 (소목 굳힘에서)

소목의 날일자굳힘에 백1로 파고들어 나타나는 형태이다. 또한 화점의 3三침입에 의해서도 만들어질 수 있다. 수순 중 백9는 죽음을 재촉하는 대실착이다. 이 수로는 a에 둘 자리이다.

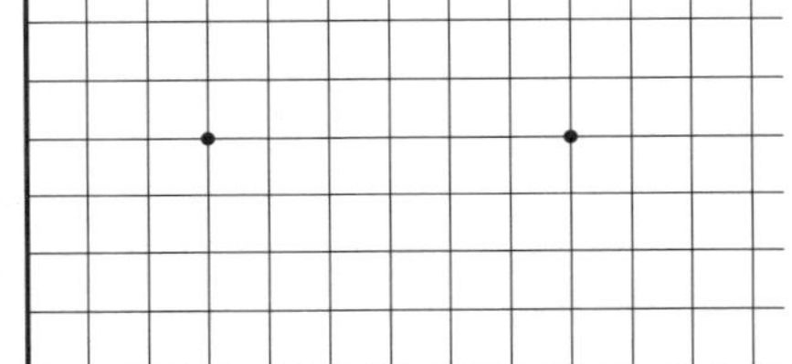

1도

1도 (실패 1)

흑1로 섣불리 치중하는 것은 하수의 발상이다.

　이하 백6까지 쉽게 두 집을 만들어주고 만다.

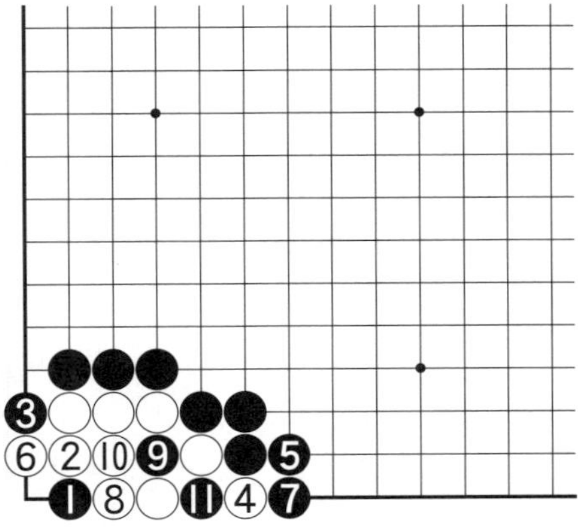

2도

2도 (백의 손해)

흑1의 일선 치중도 빗나간 급소이다. 그런데 백2는 수순 미스이다. 여기서 백이 4, 6으로 끈끈하게 버티는 수가 있지만 패가 되고 만다.

　사는 수가 있는 데도 패가 난다면 그만큼 손해임은 물론이다.

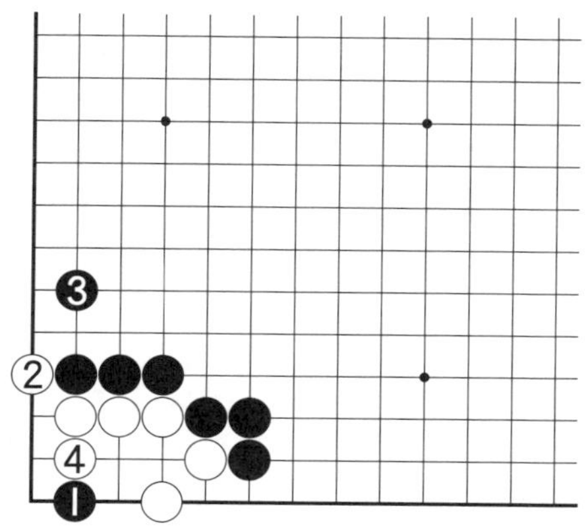

3도

3도 (실패 2)

흑1 때 백은 2로 왼쪽에서 먼저 젖히는 수가 있다. 백2와 흑3의 교환 자체로 백은 이미 살아있는 모습이다(자세한 건 뒤의 **유사형 1** 참조).

그래서 흑1의 일선 치중도 실패인 것이다.

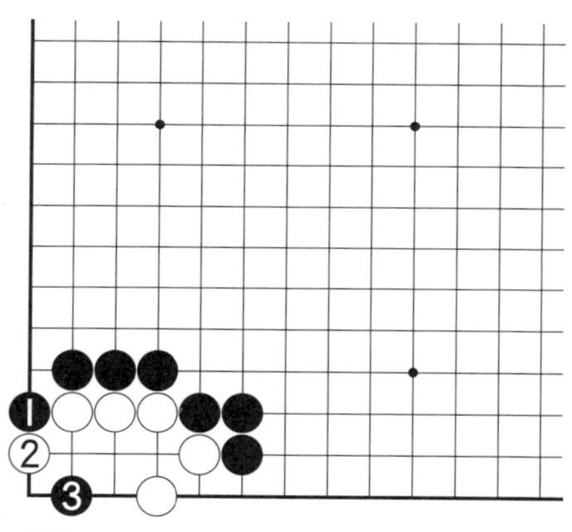

4도

4도 (정해)

흑1로 먼저 젖힌 다음 3으로 치중하는 것이 올바른 공략 수순이다.

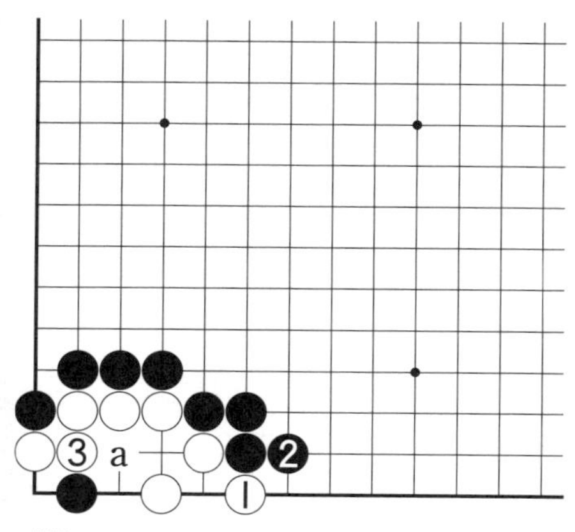

5도

5도 (패)

계속해서 이번에는 백1로 젖혀 버티는 수밖에 없다.

그러면 흑2 다음 백이 3이든 a든 패가 난다.

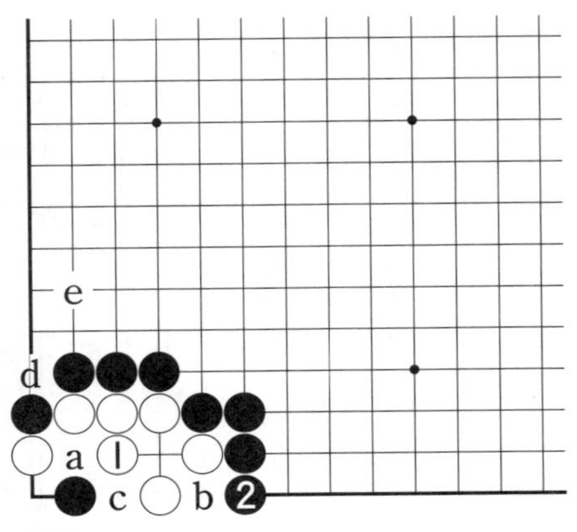
6도

6도 (백, 죽음)

그냥 백1이나 a로 버티는 것은 흑2로 내려서 죽음을 면치 못한다.

　다음 백b도 흑c로 파호당해 소용이 없으며, 백d도 흑e로 받아 그만이다.

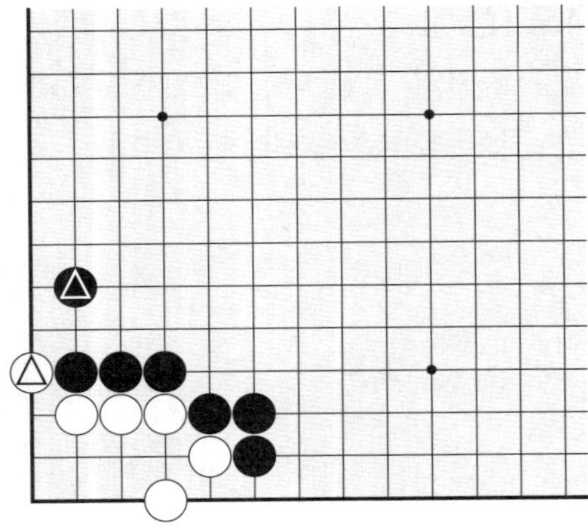
유사형 1

▨ 유사형 1

기본형에서 백△와 흑△가 교환되어 있는 형태이다.

　이 교환 하나가 천국과 지옥을 가르게 된다는 사실을 체감해보자.

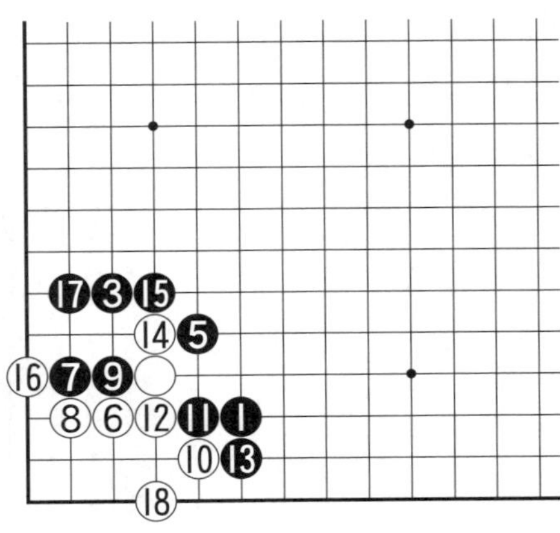
경과도　　　　②④…손뺌

경과도 (화점 손빼기 정석에서)

유사형 1은 화점에 흑1, 3의 양걸침에 이어 5로 봉쇄당한 손빼기 정석에서 파생된 모습이다.

　여기서 백16과 흑17은 어떤 역할을 할까?

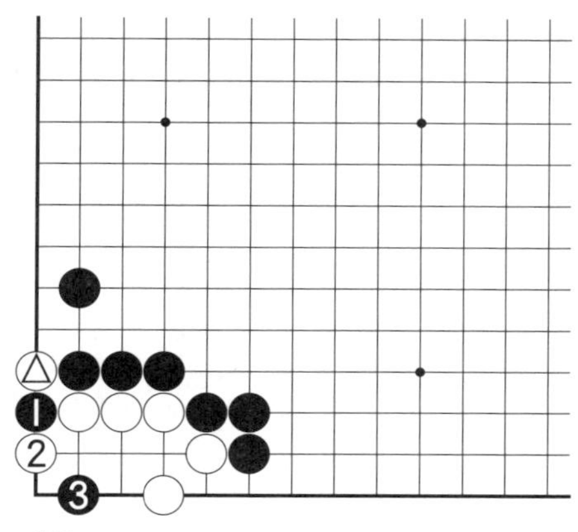

1도 (백, 경솔)

흑1로 먹여치는 것은 궁도를 좁히기 위해 당연한 수이다. 그런데 이때 덥석 백2로 따내는 것은 경솔의 극치이다. 흑3의 치중 일발로 백은 기본형에서 본 것처럼 패가 난다.

이래서는 백△의 효과를 살리지 못한 모습이다.

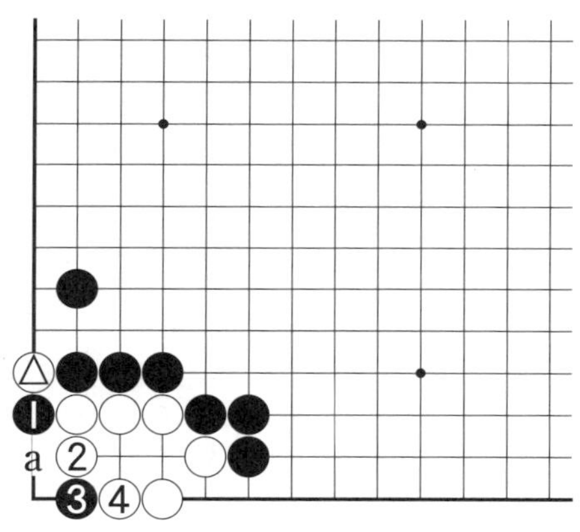

2도 (물러섬이 정수)

흑1에는 백2로 슬그머니 물러서는 것이 의외의 정수이다. 이어 흑3에는 백4로 받아 사는 모습이다.

흑a로 들어올 수 없게 만든 것이 바로 백△의 역할이다.

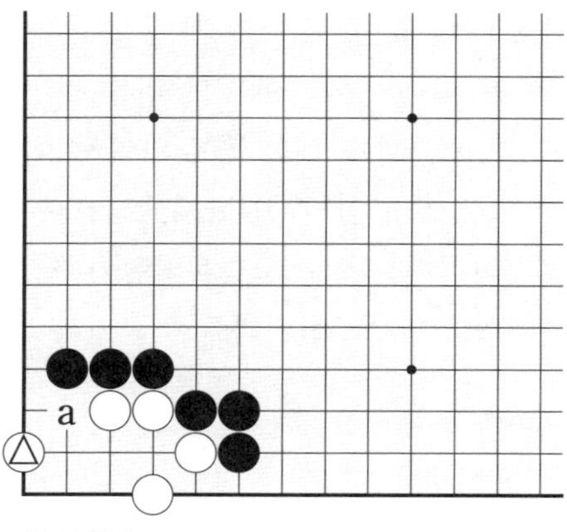

▨ 유사형 2

이번에는 기본형의 응용형이다. 백a로 막는 대신 △의 변화구로 삶을 꾀한 형태이다.

과연 이 백은 뜻대로 살 수 있을까?

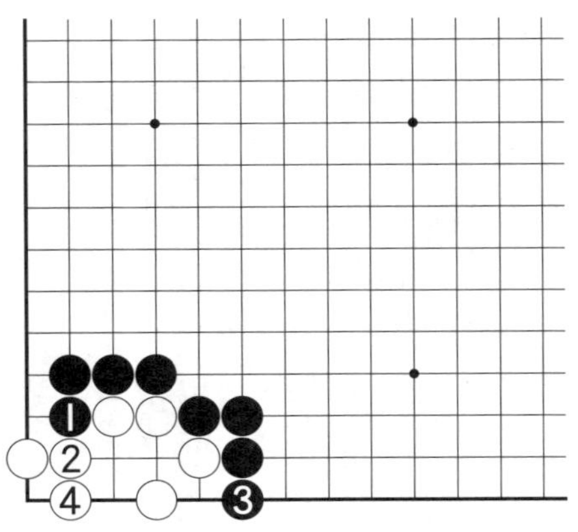

1도

1도 (백의 주문)

흑1로 덥석 찔러가는 것은 백의 주문에 말려든 속수이다.

백4까지 거뜬하게 살고 만다. 물론 흑의 실패이다.

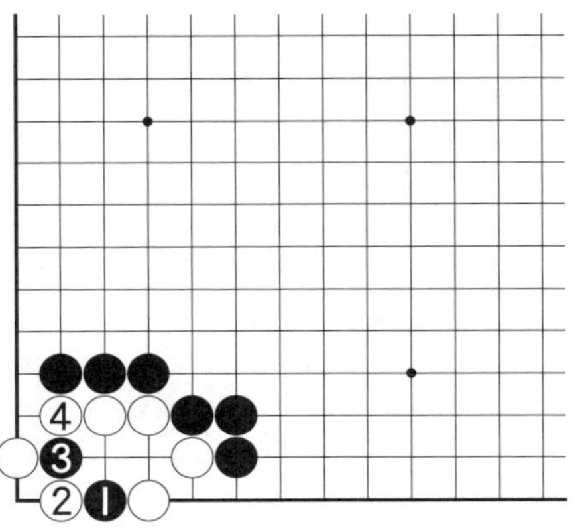

2도

2도 (붙임은 실패)

흑1의 붙임도 생각해볼 수 있지만 여기서는 잘못 짚었다.

백4까지 패가 나서는 역시 흑의 실패이다.

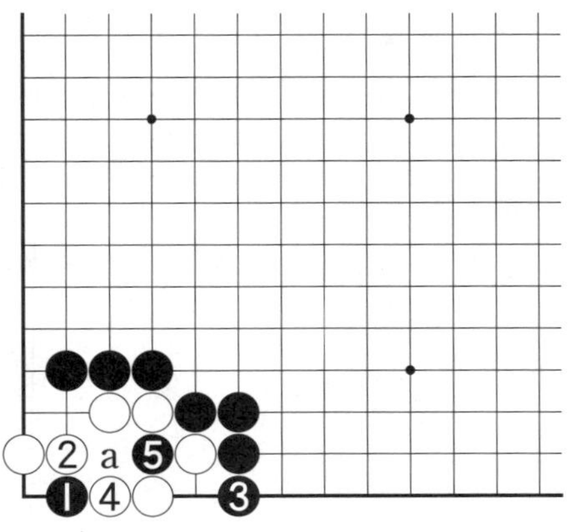

3도

3도 (백, 죽음)

흑1로 나머지 2·—에 치중하는 것이 백의 꿍꿍이를 깨는 필살의 급소이다. 흑5까지 알기 쉽게 파호해 잡는다. 이번에는 백2로 3의 버팀이 흑a의 공격으로 무산된다.

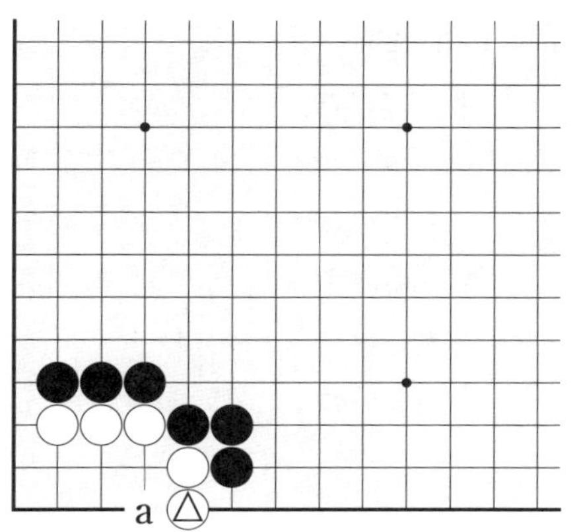

유사형 3

▨ 유사형 3

이번에도 기본형의 응용형이다. 백a로 호구치지 않고 △로 뻗어 버틴 장면이다.

　결론부터 말해 이 백은 그냥 잡히지 않는다.

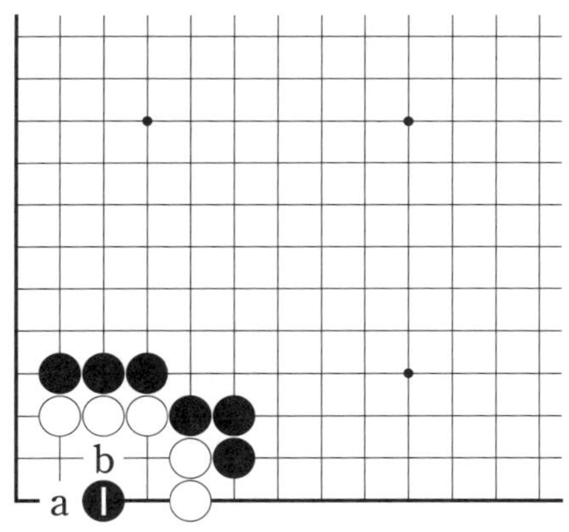

1도

1도 (올바른 급소 치중)

여기서는 흑1의 치중이 백의 삶을 위협하는 강수이다.

　다음 백은 a와 b 가운데 어디로 응수해야 할까?

2도 (패가 최선)

백1로 붙여받는 것이 최선의 응수이다. 이어 흑2의 단수에는 백3으로 받아 패가 나는 것이 쌍방 최선의 코스이다. 그런데~

2도

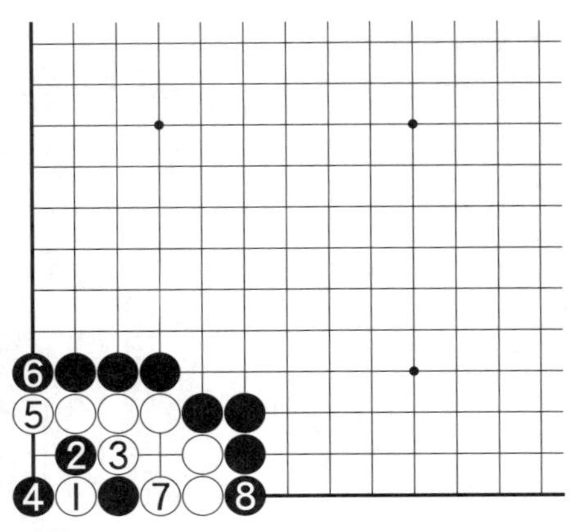

3도

3도 (백, 손해)

흑2 때 백3으로 모는 것은 악수이다. 이하 흑8까지 역시 패이기는 하지만, 이미 흑6과 8을 모조리 선수로 당했다는 점에서 앞 그림에 비해 백이 훨씬 못한 모습이다.

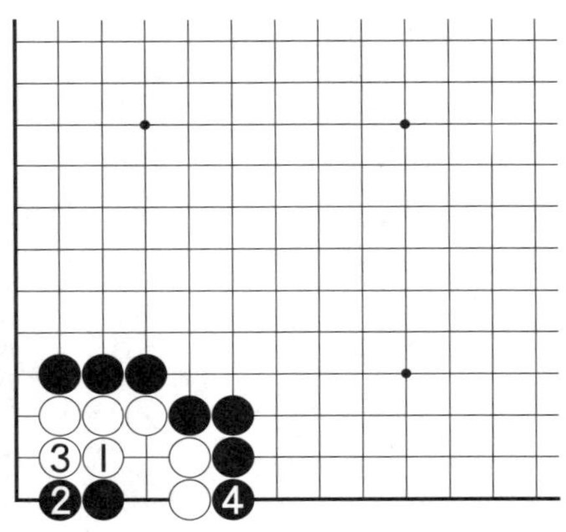

4도

4도 (백, 죽음)

백1로 치받는 것은 무모한 버팀이다. 흑2, 4로 가볍게 잡히고 만다.

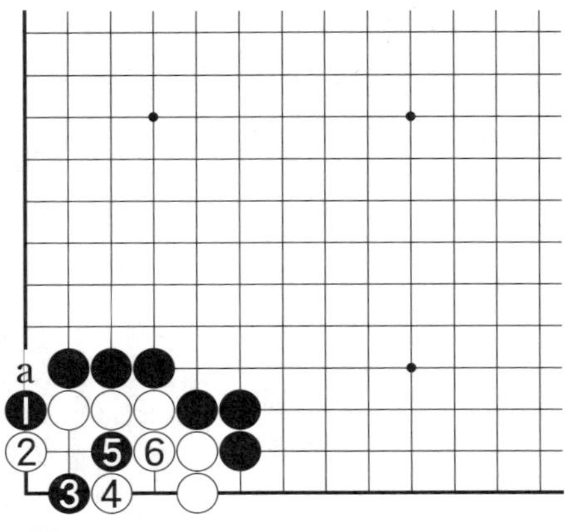

5도

5도 (흑, 미흡한 처리)

참고로 흑1로 젖히고 3으로 치중하는 것은 부적절하다.

백6까지 패가 나는 것은 마찬가지이지만 백a가 남은 만큼 흑의 손해가 분명하다.

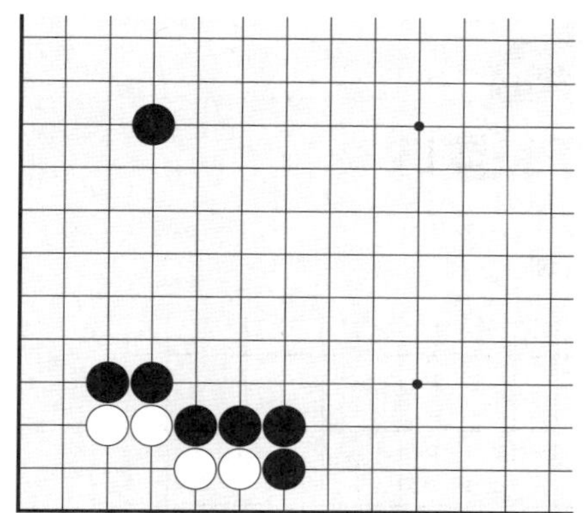

유사형 4

이번에는 화점에서 발생하는 응용형
이다.

백의 사활을 추궁하는 올바른 필
살 수순을 강구해보자.

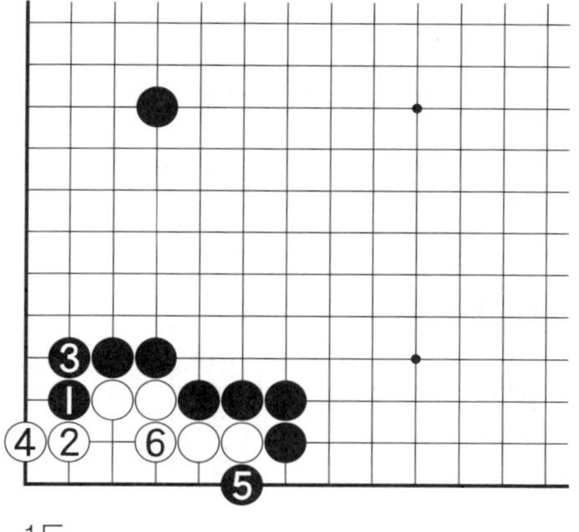

1도

1도 (끝내기에 불과)

흑1, 3으로 젖혀잇는 것은 책략이
없다.

이하 백6까지 쉽게 살아버리면
흑은 고작 선수 끝내기 몇 집 한 것
에 불과하다.

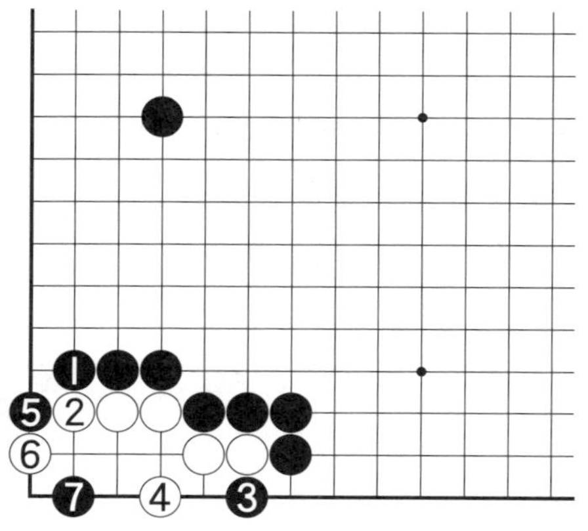

2도

2도 (필살의 수순)

흑1로 가만히 내려서는 것이 좋다.
다음 백2에는 흑3, 5의 양젖힘으로
필살의 수순을 유도해 포획 성공!

1선 내려섬의 효과

● 흑 차례

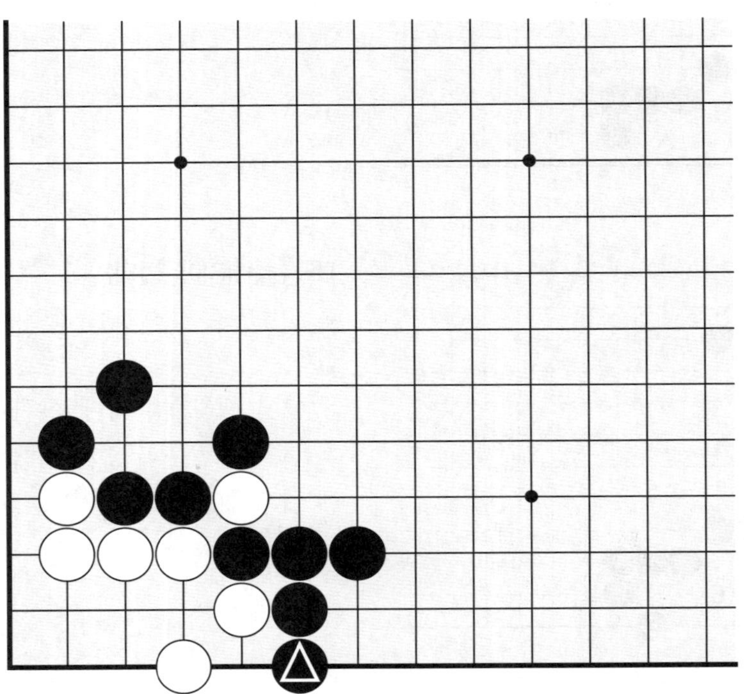

　‘1선에 묘수 있다’라는 격언처럼 사활에서는 1선에 내려선 수가 결정적인 구실을 할 때가 많다. 그럼에도 중저급자들의 실전에서는 이 1선의 위력을 제대로 살리지 못하는 경우가 비일비재하다.

　흑▲의 효과를 살려 귀의 백을 잡는 수를 찾아보자.

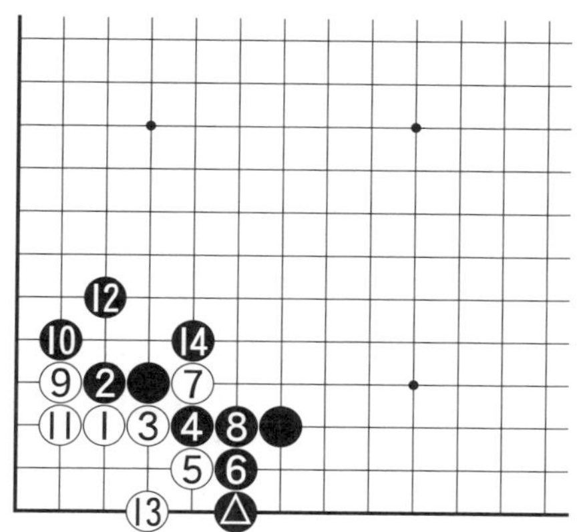

경과도 (화점 눈목자굳힘에 3三침입)

화점의 눈목자굳힘에 백1로 3三에 뛰어들어 나타난 형태이다.

흑14까지는 낯익은 정석이다. 여기에다 흑▲가 더해진 모습이다.

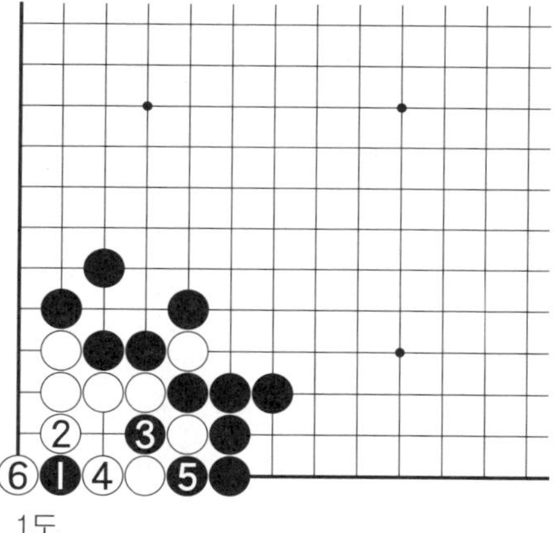

1도 (실패)

일견 흑1의 치중이 급소처럼 보이지만 백2로 치받아 실패하고 만다.

백6까지 알뜰한 삶. 흑은 뭔가 수순을 빠뜨렸다.

2도 (정해)

먼저 흑1로 먹여치는 것이 긴요한 수순이다.

백2를 기다려 다음 흑3으로 치중하는 것이 정확한 필살의 수순이다.

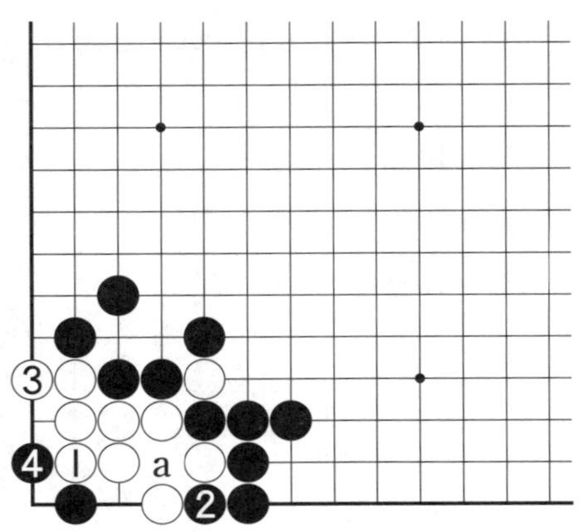

3도

3도 (백, 죽음)

이어 백1로 버텨보아도 흑2로 파호해 살 수 없는 궁도이다. 백3에는 흑4로 그만이다.

　백a로 잇는다 해도 귀곡사에 걸려 백은 죽음을 면치 못한다.

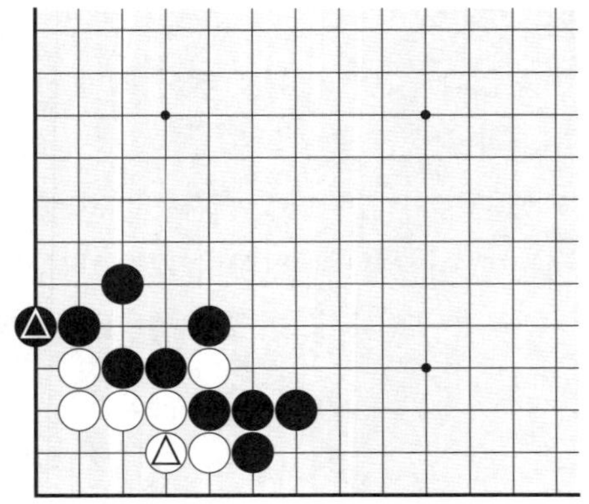

4도

4도 (틀을 잡아 산다)

흑1, 3으로 그냥 궁도를 좁혀가는 것은 백4로 틀을 잡아 그만이다.

　흑5, 7로 공격해도 백8로 따낸 후 a와 b가 맞보기이다.

▨ 유사형 1

기본형에서 약간 변형된 형태이다. 호구 대신 백△로 꽉 이은 점과 반대쪽 1선에 흑●로 내려서져 있는 모습이 다르다.

유사형 1

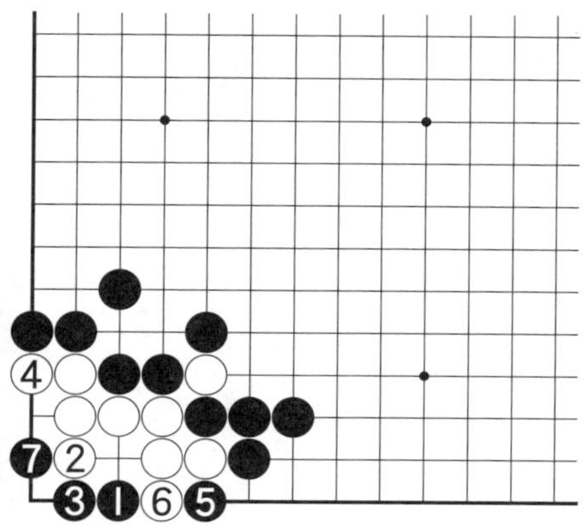

1도

1도 (실패)

흑1의 치중은 잘못된 급소이다. 이하 7까지 백은 거뜬히 살아버린다.

언뜻 귀곡사처럼 보이지만, 실은 이 모양은 빅임을 확인하기 바란다.

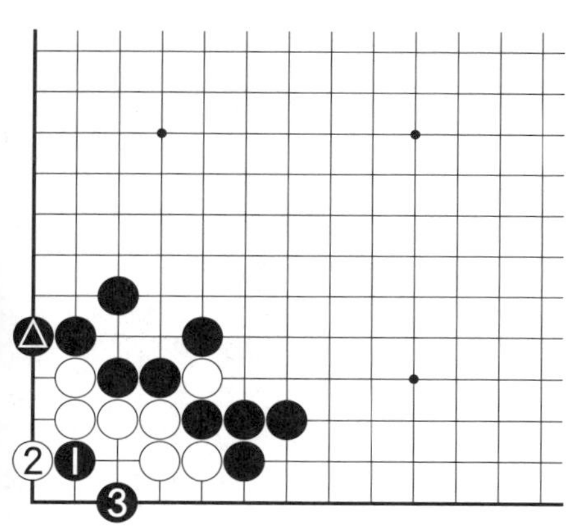

2도

2도 (정해)

여기서는 흑1로 붙여가는 것이 흑△의 위력을 제대로 이용하는 맥점이다. 이어 백2에는 흑3의 마늘모 행마가 준비된 카드이다. 이러면 백이 그냥 사는 수는 없다.

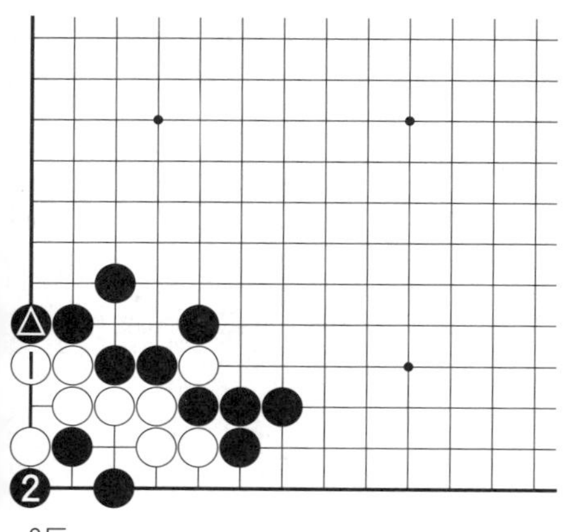

3도

3도 (패가 최선)

계속해서 백1에는 흑2로 들어가 패이다.

결국 흑△는 백의 삶을 위협해 반은 선수가 된다는 결론이다.

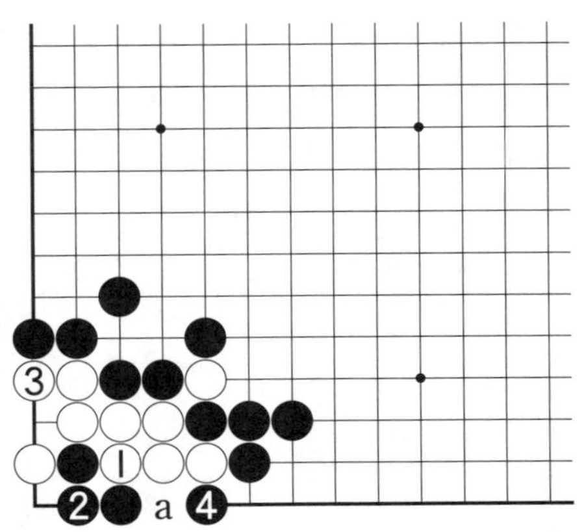

4도

4도 (백, 죽음)

백이 패를 피하고자 1로 몬 다음 3으로 막는 것은 과욕이다.

흑4로 젖힐 때 백a로 받을 수 없어 귀가 죽고 만다.

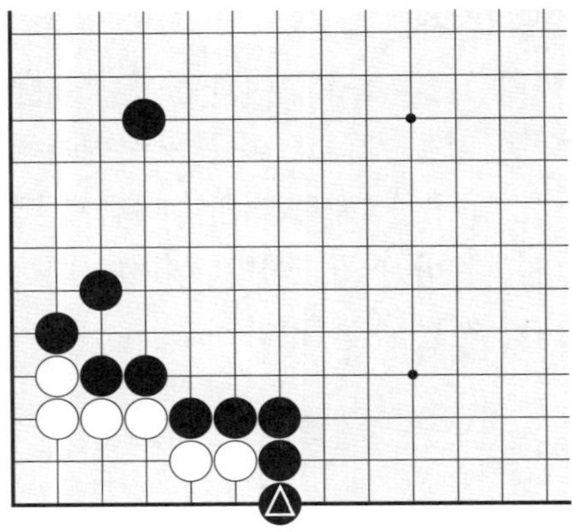

유사형 2

■ 유사형 2

백돌이 변쪽으로 하나 더 나와 있는 형태이다.

여기서도 흑▲는 매우 중요한 사활의 키 구실을 한다.

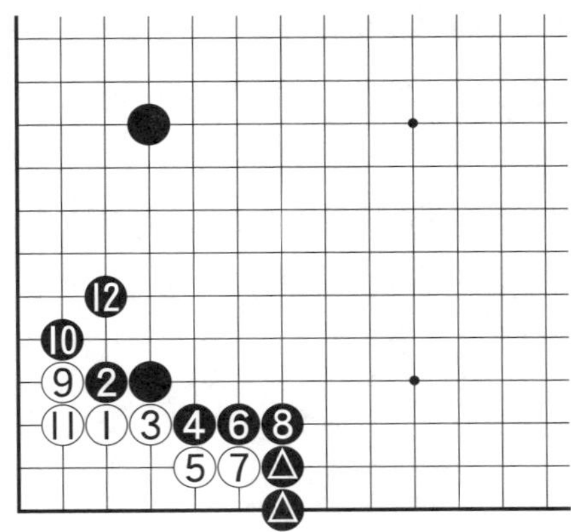

경과도

경과도 (3연성 정석에서)

3연성 바둑에서 흔히 등장하는 형태이다.

백1로 3三에 뛰어든 후 흑12까지는 가장 많이 나오는 화점 정석의 하나이다. 여기에 흑▲들이 더해진 모습이다.

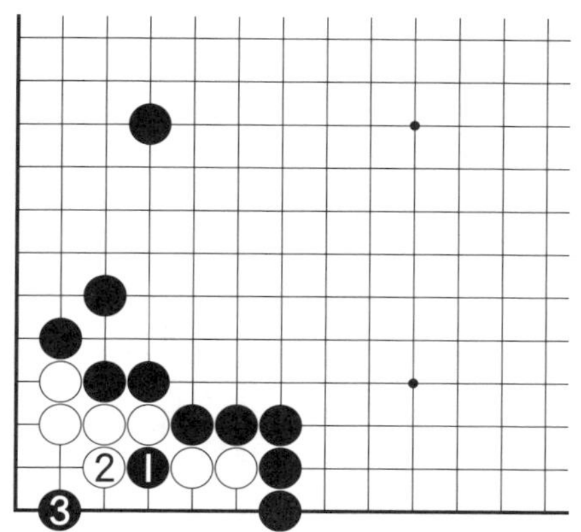

1도

1도 (필살의 수순)

흑1로 하나 끊어둔 다음 3으로 치중하는 것이 기본형에서도 익힌 바 있는 필살의 수순이다.

이후 어떻게 변화해도 이 백은 살 길이 없다.

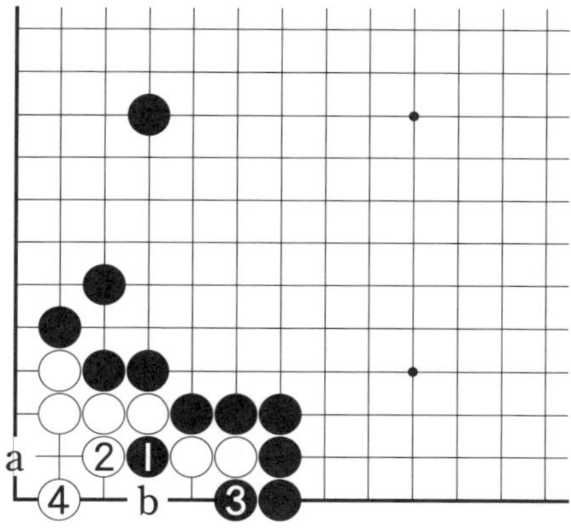

2도

2도 (수순 착오)

그런데 백2 때 덥석 흑3으로 단수치는 것은 중대한 수순 착오이다.

백4로 백의 본체가 부활한다. 다음 백은 a와 b를 맞보기로 산다.

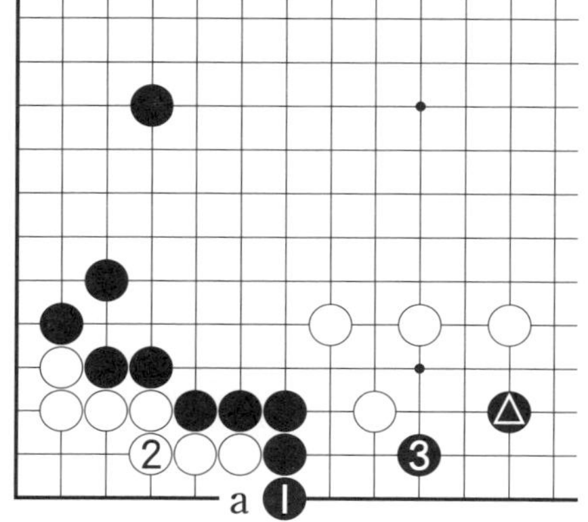

3도

3도 (적절한 선수활용)

지금과 같이 진행된 경우라면 흑1은 흑▲를 구출하기 위한 적절한 선수활용이다.

그러므로 실전이라면 무심코 흑a의 젖힘을 일찍이 선수하는 것은 아둔한 처리이다.

뒷공배에 따른 효과

● 흑 차례

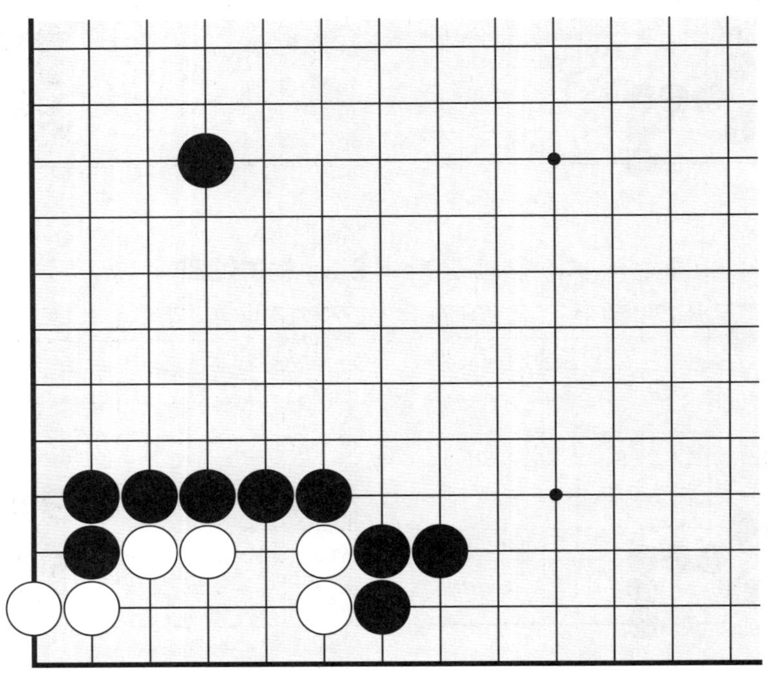

어디선가 많이 본 듯한 모양이다. 뒷공배가 꽉 막혀있
다는 점에 유의하면서 귀의 백을 잡아보자.

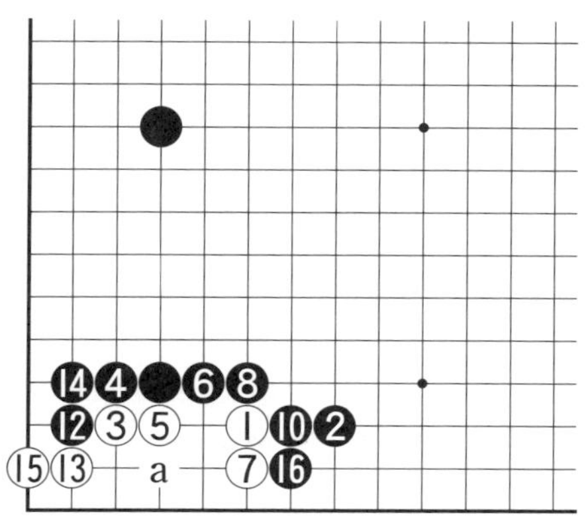

경과도

⑨ ⑪…손뺌

경과도 (화점 협공정석에서)

백1의 걸침에 흑2의 협공으로부터 출발한다. 이하 흑8, 10에 백이 계속 손을 빼자 흑12~16으로 선수 권리행사를 한 장면이다.

　그럼에도 백은 a로 살지 않고 또 손을 뺀 형태이다.

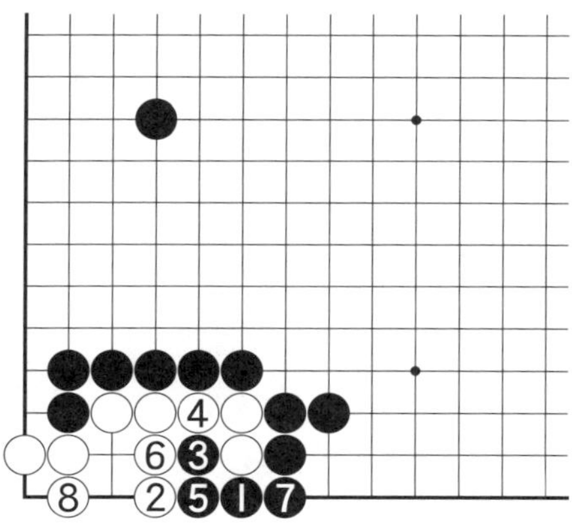

1도

1도 (실패 1)

흑1로 젖히는 것은 책략이 없다. 백2가 멋진 응수로 8까지 쉽게 산다.

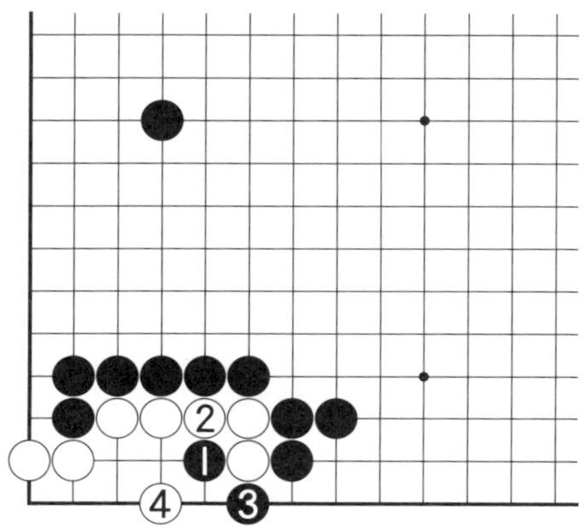

2도

2도 (실패 2)

흑1의 껴붙임은 초심자들이 흔히 범하는 최악의 속수이다.

　백4까지 역시 쉽게 살아서는 흑의 실패이다.

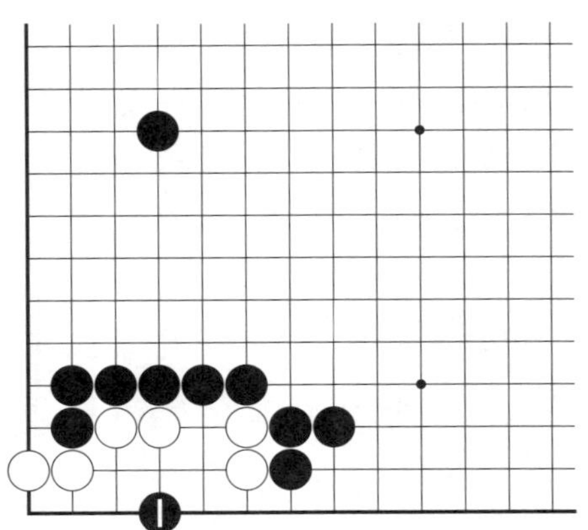

3도

3도 (정해)

여기는 흑1의 일선 치중이 필살의 급소이다. 계속해서~

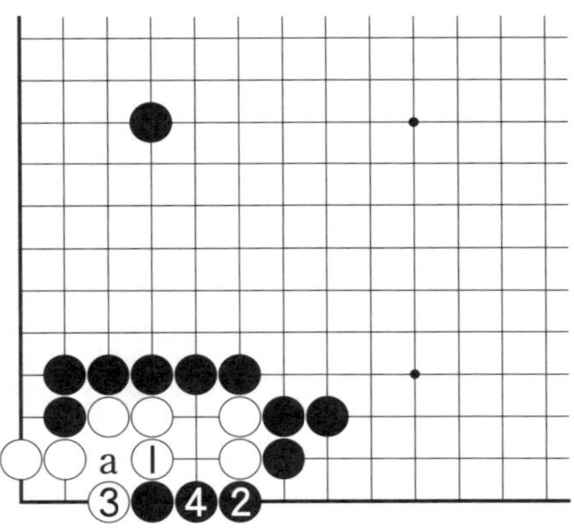

4도

4도 (백, 죽음)

백1에는 흑2로 넘어가 죽음이다. a 가 옥집이 되어 백은 두 집을 만들 길이 없다.

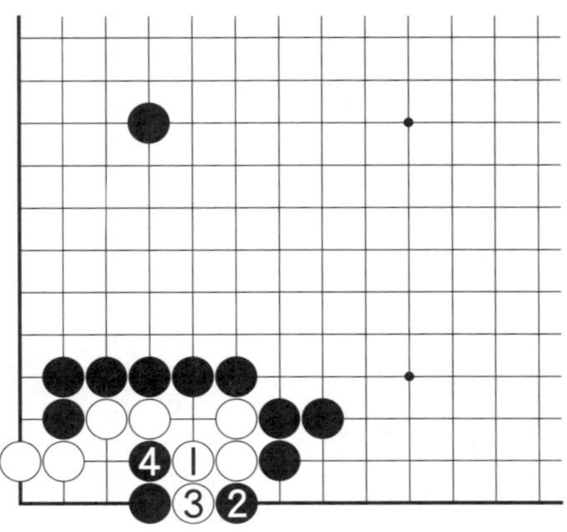

5도

5도 (촉촉수)

백1이 최강으로 버티는 수이지만 이 때는 흑2, 4가 멋진 수순의 촉촉수 이다. 역시 백이 안 되는 모습이다.

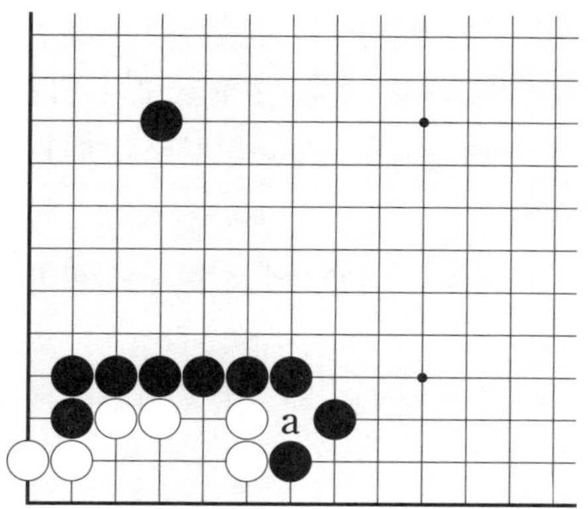

유사형 1

▧ 유사형 1

이번에는 a의 뒷공배 하나가 비어있는 형태이다.

　그러면 과연 사활은 얼마나 달라질까?

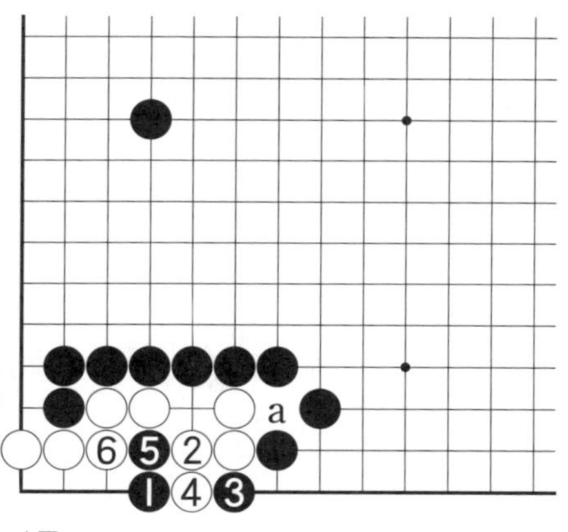

1도

1도 (흑, 헛손질)

여기서도 일단 급소는 흑1의 치중이다. 그런데 백2 때 흑3, 5를 시도하는 것은 배석을 무시한 진행이다.

　a의 뒷공배가 비어 있어 아무 수도 되지 않는다.

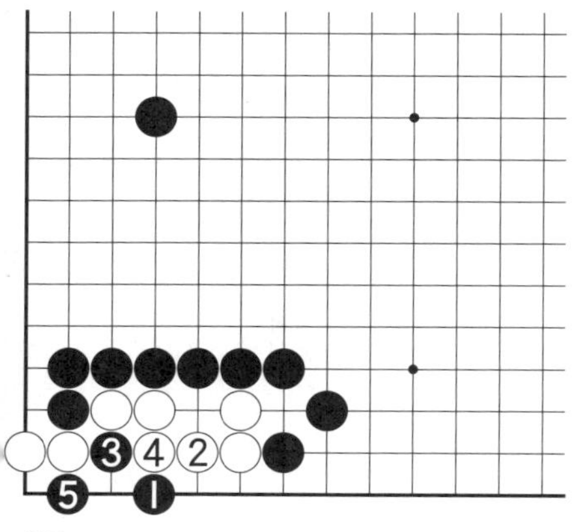

2도

2도 (패가 최선)

여기서는 흑1 다음 3으로 끊는 것이 수순이다.

　그리고 흑5로 패를 만드는 것이 최선이다.

3도 (백, 죽음)

흑1 때 패를 피해 그냥 살고자 백2로 버티는 것은 죽음을 부르는 과욕이다.

흑3, 5로 촉촉수에 걸려 즉사하고 만다.

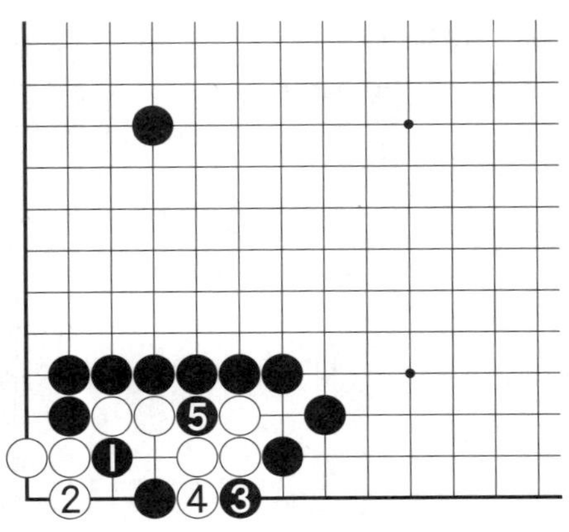

3도

유사형 2

이번에는 뒷공배가 2개 이상 비어있는 형태이다.

이런 경우라면 사활의 결과는 어떻게 될까?

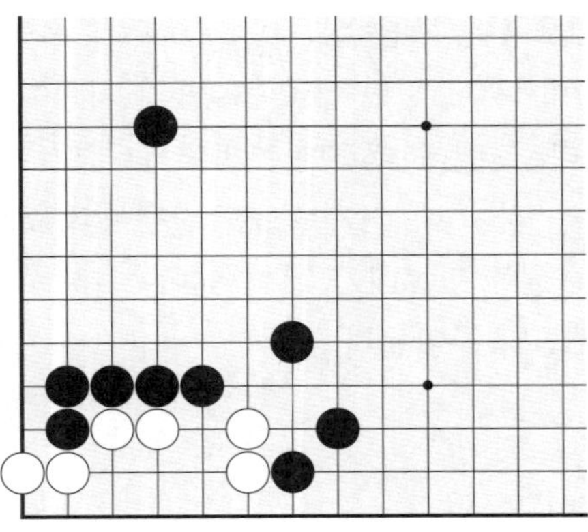

유사형 2

경과도 (화점 협공정석의 유행형)

역시 화점의 협공정석에서 등장하는 형태이다. 흑8의 날일자씌움은 가장 많이 쓰이는 수법이다.

흑14의 마늘모붙임이 과연 선수가 되는지가 궁금한 장면이다.

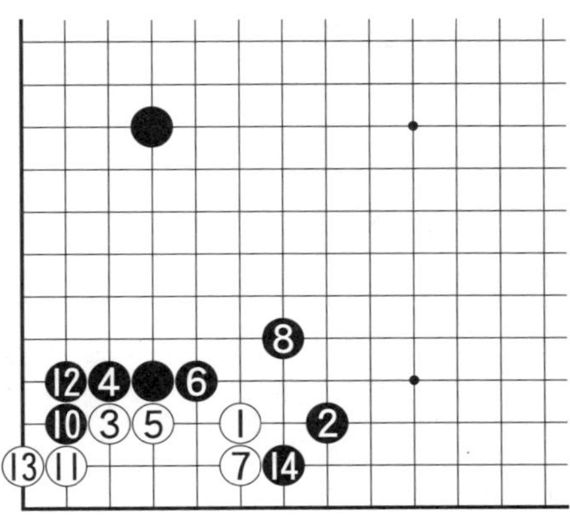

경과도   ⑨…손뺌

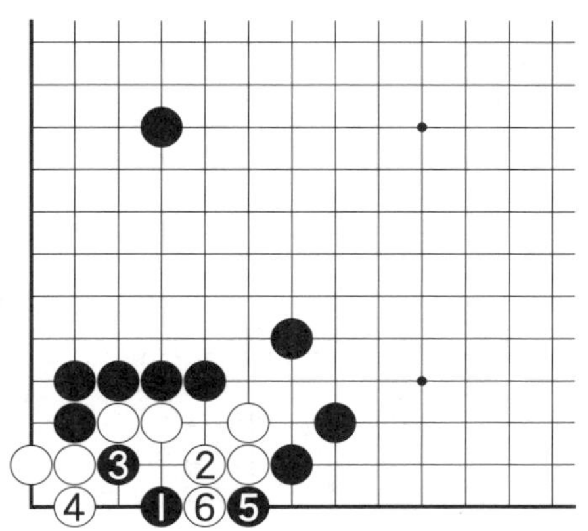

1도

1도 (불발탄 1)

여기서는 흑1의 치중수가 전혀 먹히지 않는다.

　뒷공배가 많은 관계로 백6까지 축축수가 성립하지 않아 흑의 공격이 실패한다.

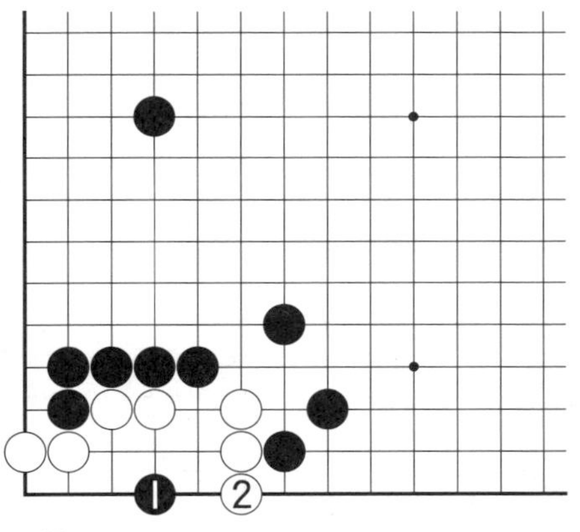

2도

2도 (불발탄 2)

흑1에는 아예 백2로 차단하는 수까지 성립한다.

　결국 공배가 여러 개 비어 있는 상황에서는 흑1의 치중이 통하지 않는다는 결론이다.

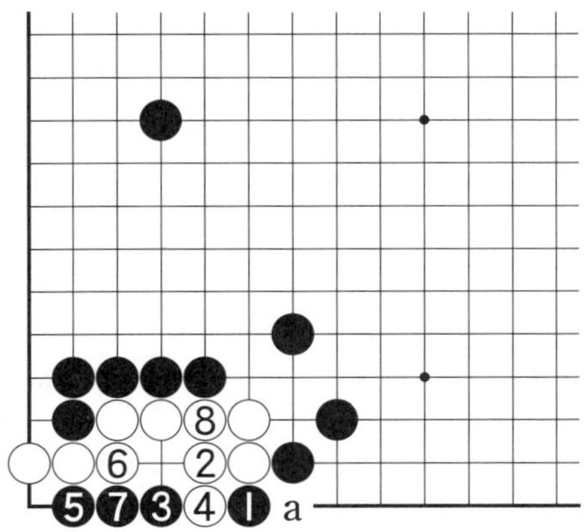

3도

3도 (빅이 최선)

여기서는 흑1로 젖힌 다음 3으로 치중하는 것이 올바른 수순이다. 그렇다고 백을 잡을 수 있다는 것은 아니다.

　백8까지 흑의 선수 빅이 최선이다. 백도 a의 부가 이득이 남은 것이 위안이다.

게릴라 소탕작전

● 흑 차례

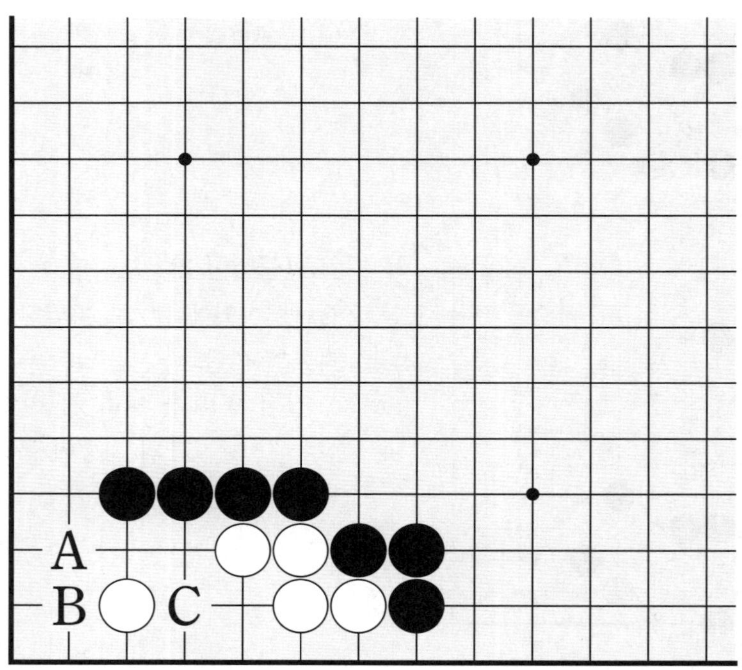

이번에는 상대방의 억지스런 침입군을 섬멸하는 수법을 익혀보자. 귀의 백을 잡는 수는 A~C 중 어디일까?

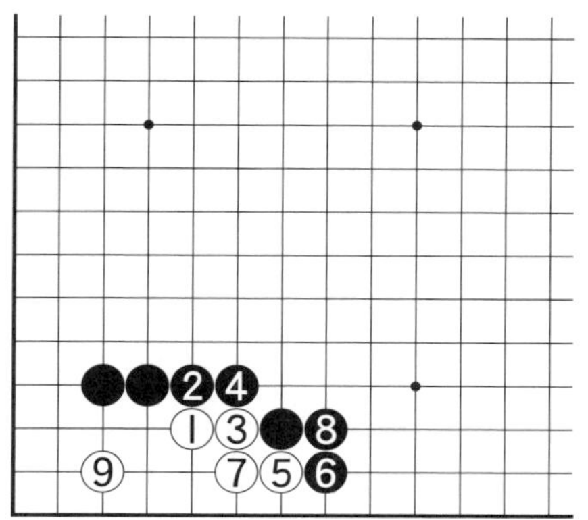

경과도

경과도 (화점 눈목자+쌍점 굳힘에서)

화점에서 눈목자에 이어 쌍점으로 2중 굳힘한 곳에 백1로 뛰어들어 생긴 형태이다.

이하 백9로 달리면 일견 궁도 관계상 백을 잡기 어려워 보이지만, 사활에 익숙하다면 실은 알기 쉽게 잡는 방법이 있다.

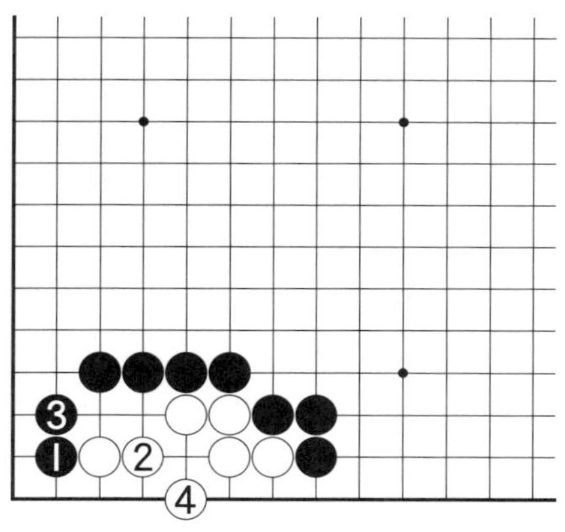

1도

1도 (실패 1)

먼저 흑1로 붙이는 것은 너무 조급한 실착이다. 백2가 선수가 되어 4까지 알뜰하게 산다.

또한 백2로는 3의 곳에 젖혀 변신하는 수도 가능하다.

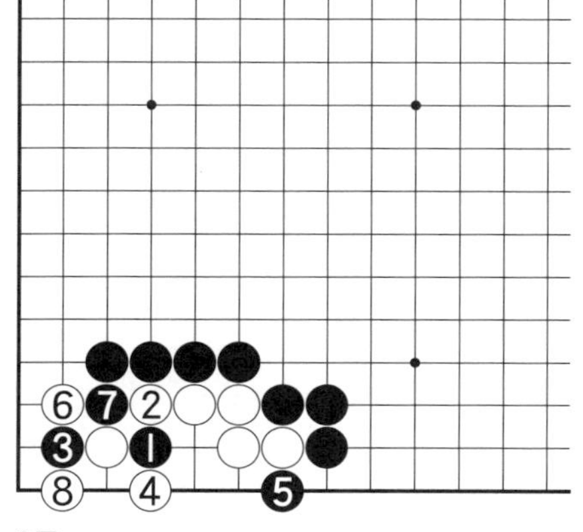

2도

2도 (실패 2)

흑1로 건너붙이는 것도 생각할 수 있지만 역시 실패한다. 이하 백6, 8의 패로 버티는 수가 있어 쉽사리 잡을 수 없다.

이 패를 지는 날이면 흑도 손해가 크다.

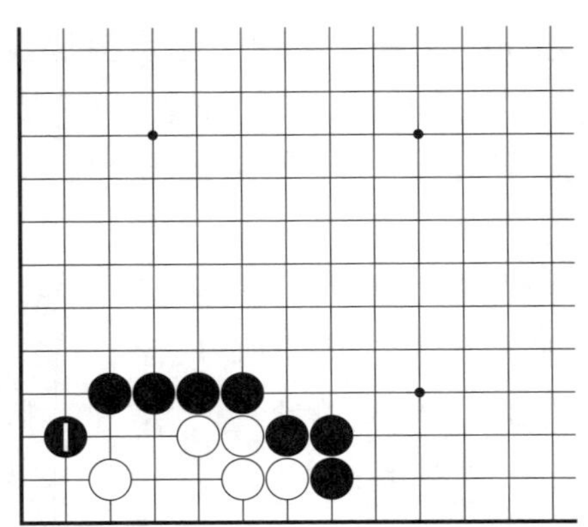

3도

3도 (정해)

흑1의 마늘모 공격이 정수이다. 일견 상대에게 여유를 주는 느슨한 수 같지만, 실은 백을 확실하게 잡는 최강의 응수이다. 계속해서~

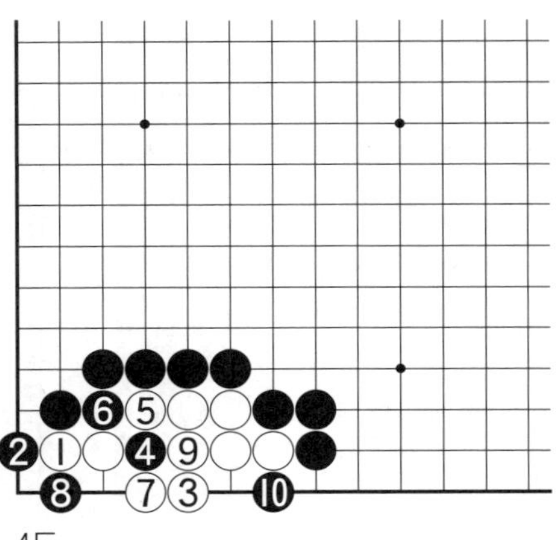

4도

4도 (백, 죽음)

백1, 3으로 몸부림쳐 보아도 흑10까지 백은 두 집이 나지 않는다.

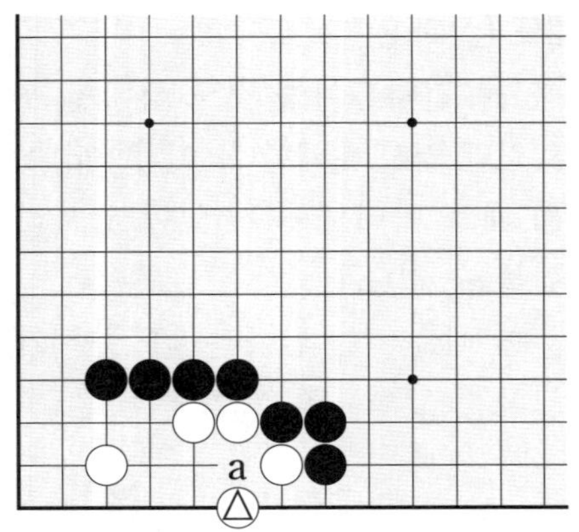

유사형

▨ 유사형

기본형에서 백a로 잇지 않고 △로 호구쳐 탄력을 도모한 형태이다. 과연 이 백은 살아있을까?

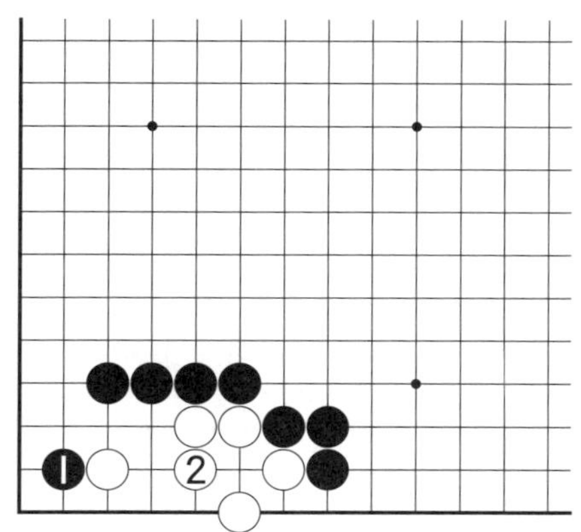

1도

1도 (실패 1)

흑1로 붙이는 수는 백2로 간단히 살아 그만이다. 흑이 기교만 부린 처사이다.

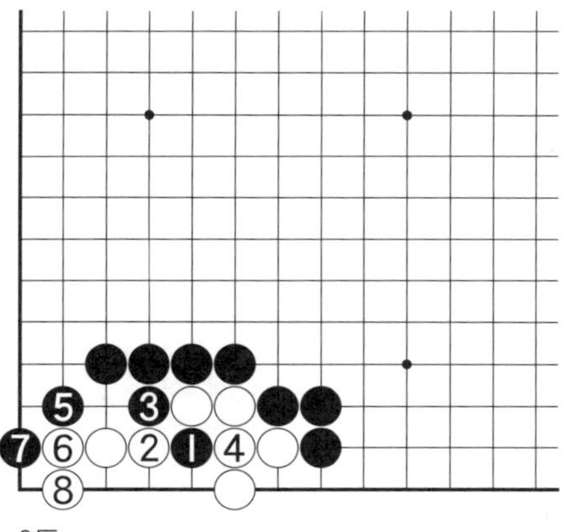

2도

2도 (실패 2)

언뜻 흑1이 급소처럼 보이지만 백2로 받아 실패이다.

이하 백8까지 궁도를 넓혀 쉽게 사는 모습이다.

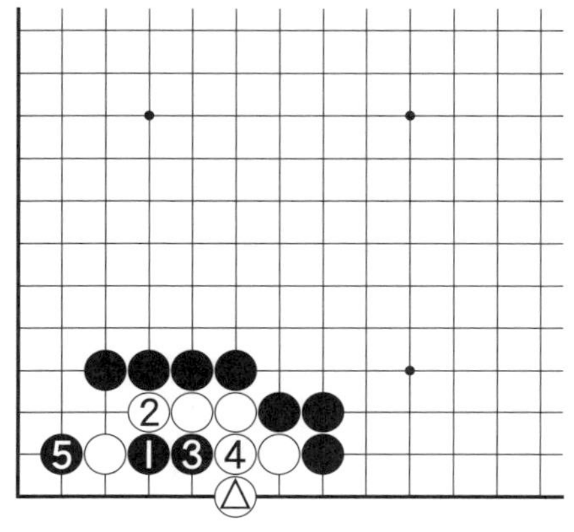

3도

3도 (정해)

여기서는 흑1로 건너붙이는 것이 필살의 맥점이다. 이어 백2에는 흑3으로 들어가는 것이 긴요한 수순이다. 백4를 기다려 흑5로 붙이면 패도 안 내고 잡을 수 있다.

결국 백△의 호구 이음도 불발이라는 결론이다.

접바둑의 단골손님

● 흑 차례

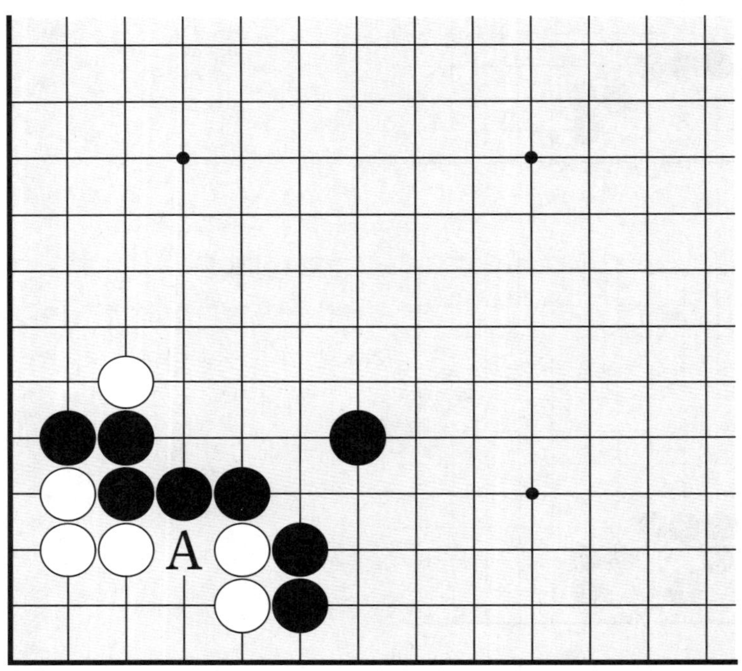

접바둑에서 매번 나타나는 형태이다. 백이 A로 가일수해야 완생인데, 접바둑의 상수들은 흔히 손을 빼고 다니기 마련이다.

그러나 이 백을 잡지 못한다면 상수들은 영원히 손을 빼고 다닐 것이다.

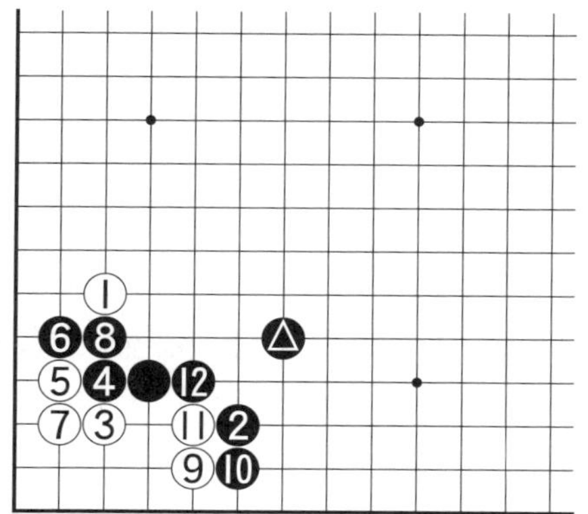

경과도

경과도 (접바둑 정석에서)

화점에 백3으로 파고들어 흑12까지
는 대표적 접바둑용 정석의 하나이
다. 거기에 흑△가 더해진 형태이다.

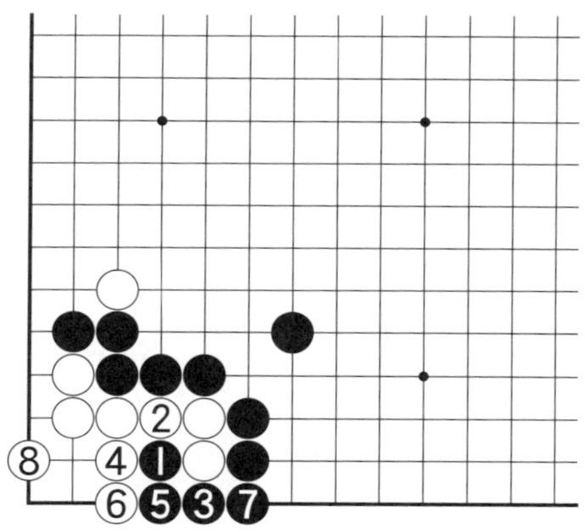

1도

1도 (하수의 껴붙임)

흑1로 껴붙이는 것은 하수가 저지르
기 쉬운 대표적인 속수이다.

　백8까지 깨끗하게 살아 흑의 실
패이다.

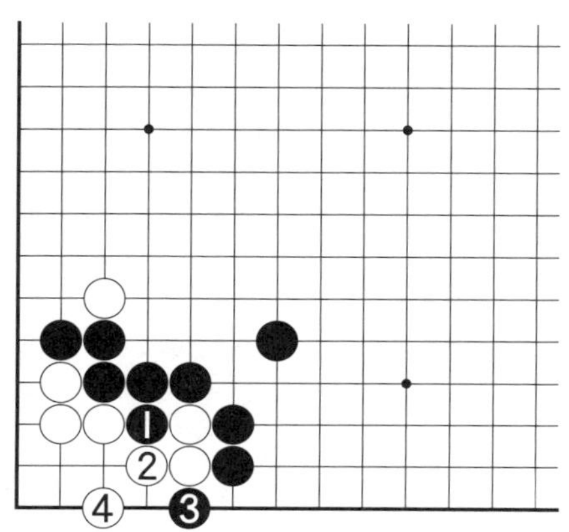

2도

2도 (이적수)

흑1로 찌르는 것도 역시 이적수와
다름없다. 백4까지 쉽게 사는 모습
이다.

　[1형]의 유사형 1과 비슷한 맥락
이다.

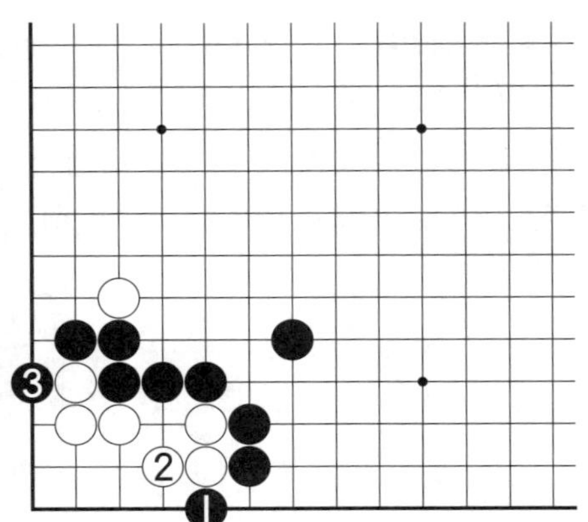

3도

3도 (정해)

흑1로 젖히는 것이 필살의 맥점이다. 이어 백2에는 흑3으로 또 젖혀 알기 쉽게 잡는다.

'죽음은 젖힘에 있다'는 격언의 모델형이라 할 만하다. 계속해서~

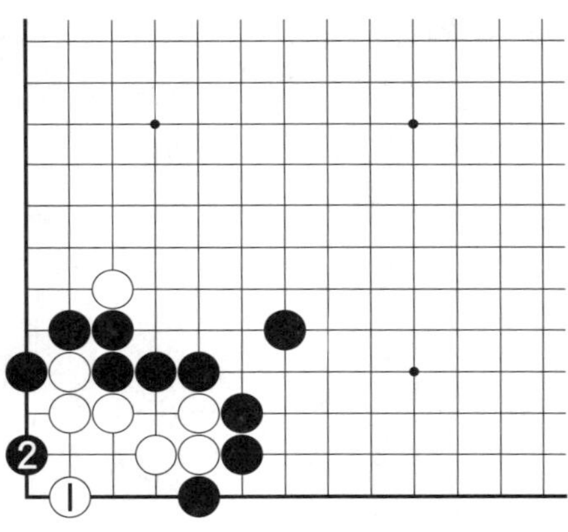

4도

4도 (백, 죽음)

백1로 버텨보아도 흑2의 치중을 당하면 백은 간단히 죽는다.

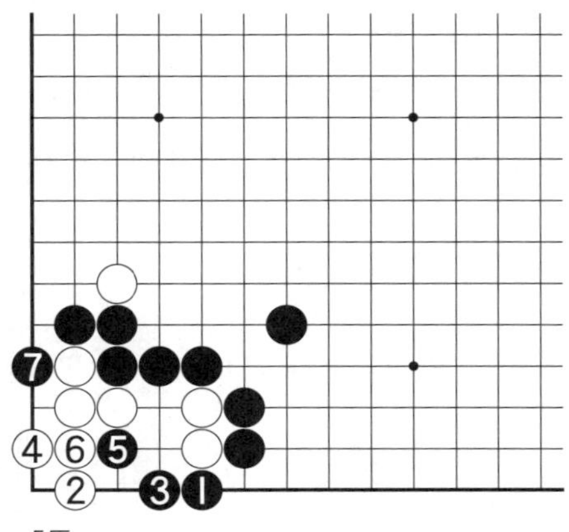

5도

5도 (궁도 부족)

흑1 때 백2로 받는 수도 흑3으로 들어가 그만이다.

흑7까지 살지 못하는 궁도로 몰리기 때문이다.

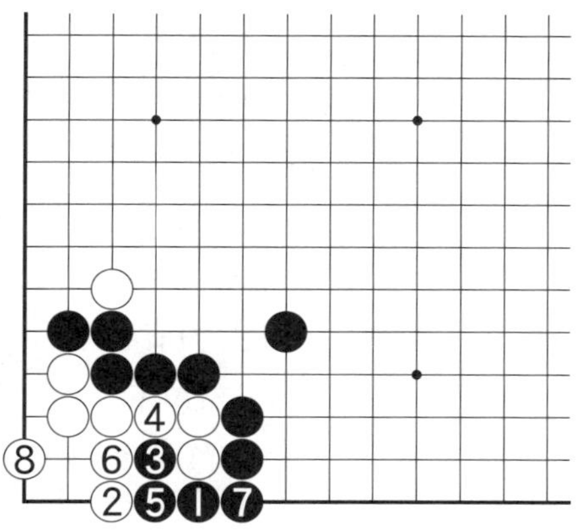

6도

6도 (백의 주문)

백은 2로 받는 것이 취할 수 있는 가장 유력한 수비이다.

만약 이때 덥석 흑3으로 단수치는 것은 걸려드는 수이다. 백8까지 살려주게 된다.

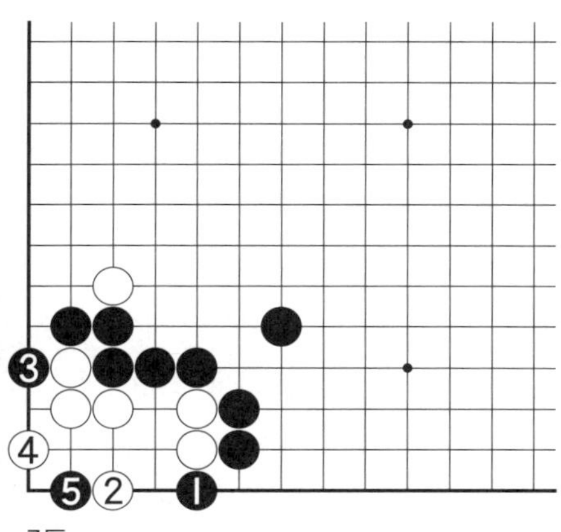

7도

7도 (젖힘으로 죽음)

그러나 백2에는 흑3의 젖힘이 좋은 수이다.

흑5까지 역시 백은 두 집을 내지 못한다.

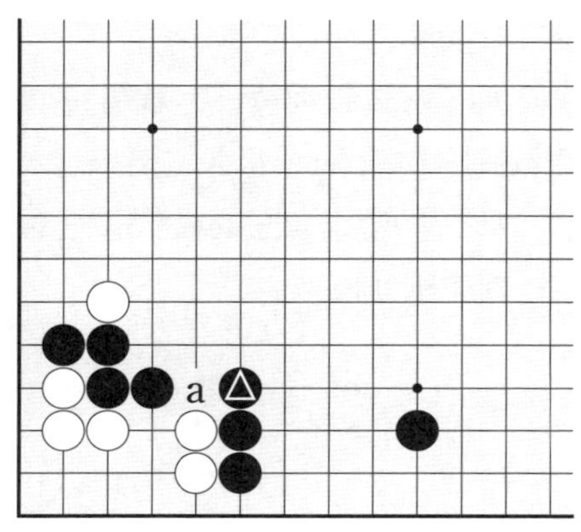

유사형

▨ 유사형

기본형의 응용형으로 역시 실전에 자주 등장하는 형태이다. a 대신 흑▲가 놓여있어 백은 다소 여유가 있는 모습이다.

과연 이곳의 사활은 어떻게 달라질까?

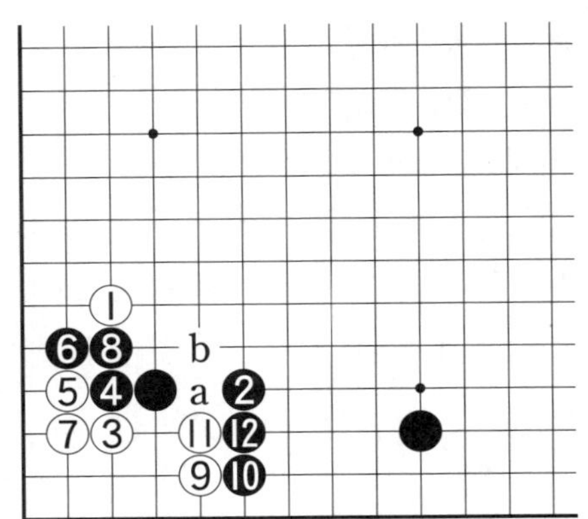

경과도

경과도 (화점 한칸받기에서)

백1의 걸침에 흑은 날일자가 아니라 2의 한칸으로 받아서 나타나는 형태이다.

　여기서 유의할 것은 백a, 흑b를 함부로 교환하는 것은 자살을 재촉하는 자충수가 된다는 점이다.

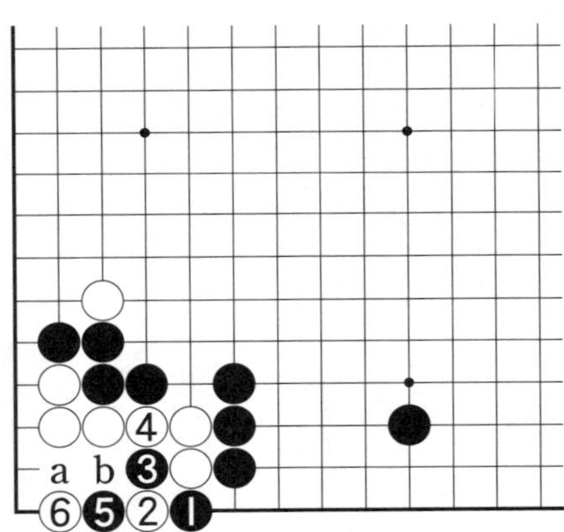

1도

1도 (늘어진 패)

흑은 먼저 1에 젖혀 궁도를 좁히는 것이 급선무이다. 그러나 백2 때 덥석 흑3으로 끊는 것은 반사적인 속수이다.

　이하 백6에 붙이는 맥점이 있어 그냥 죽지 않는다. 다음 흑a에는 백b로 늘어진 패가 난다.

2도 (정해)

백2 때 흑3으로 치중하는 것이 올바른 수순이다.

　그러면 백이 그냥 사는 수는 없다. 계속해서~

2도

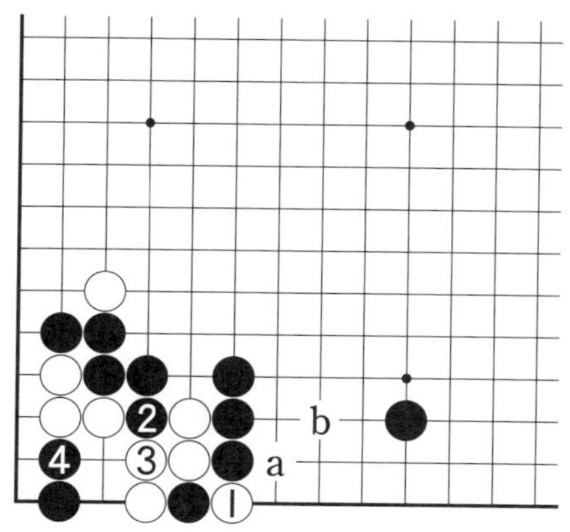

3도

3도 (백, 죽음)

백1로 따내는 것은 흑2, 4로 간단히 잡힌다.

　다음 백a는 흑b로 탈출이 불가능하다.

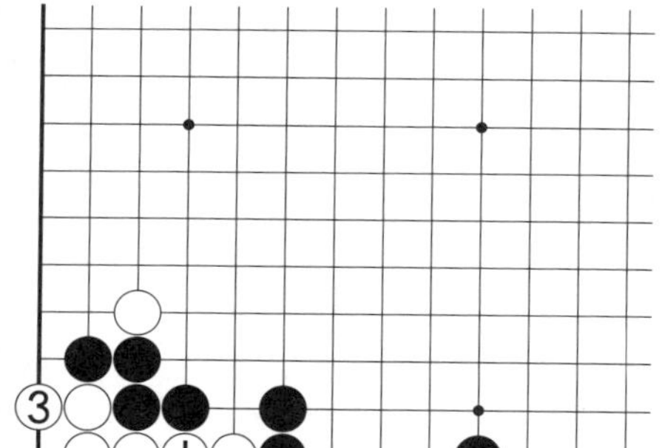

4도

4도 (단패가 최선)

그러므로 백은 1로 막아 궁도를 한껏 넓히는 것이 최강의 버팀수이다.

　결국 백7까지 단패가 쌍방 최선의 코스이다. 그런데~

5도

5도 (백, 미흡)

물론 백은 3, 5로 패를 만드는 수도 있다.

　그러나 이 모양은 백이 패를 이기더라도 앞 그림에 비해 집으로 손해이다. 따라서 앞 그림이 최선이다.

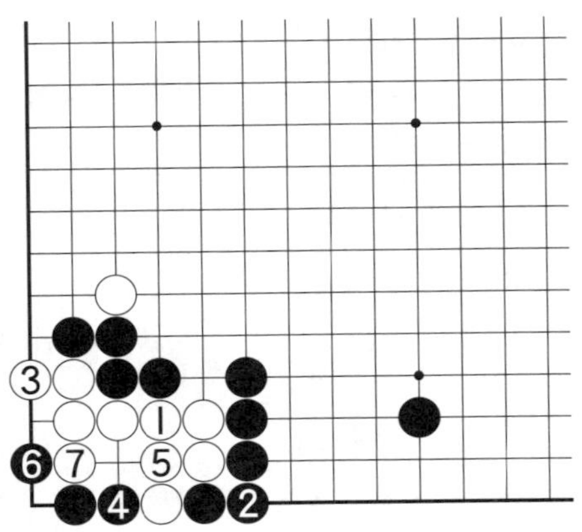

6도

6도 (빅으로 삶)

4도의 수순 중 흑4로 먹여치지 않고 그냥 단수치는 것은 큰 실수이다.

이제는 백7까지 빅이 되어 살고 만다(귀곡사가 아닌 데 유의!).

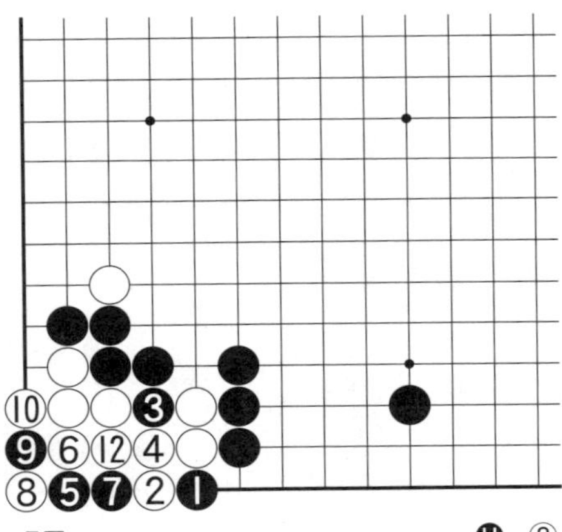

7도

7도 (좁히고 치중은 실패)

흑3으로 좁히고 5로 치중하는 것은 실패이다.

언뜻 귀곡사의 형태 같아 보이지만 그건 흑의 착각이다. 이하 백12까지 진행된 다음~

8도 (몰아떨구기)

백이 흑 넉점을 따낸 다음 흑1로 다시 치중해 보아도 백2, 4면 다시 몰아떨구기이다. 바로 a의 공배가 비어있는 탓이다.

8도

석점의 중앙을 노려라

● 흑 차례

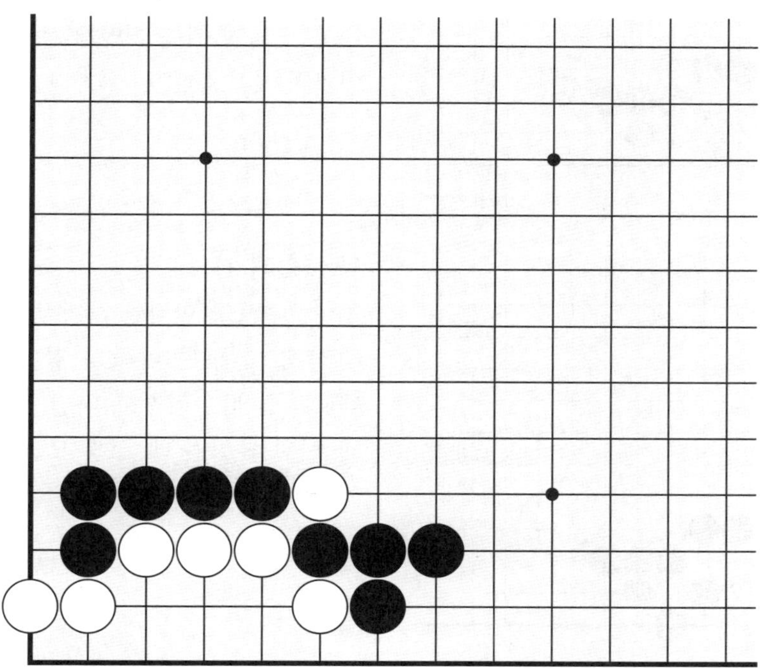

무심코 지나치기 쉬운 형태도 가만히 살펴보면 사활의 급소가 있기 마련이다.

이번에는 그 대표적인 형태를 살펴본다. 백을 일거에 질식시키는 급소는 어디일까?

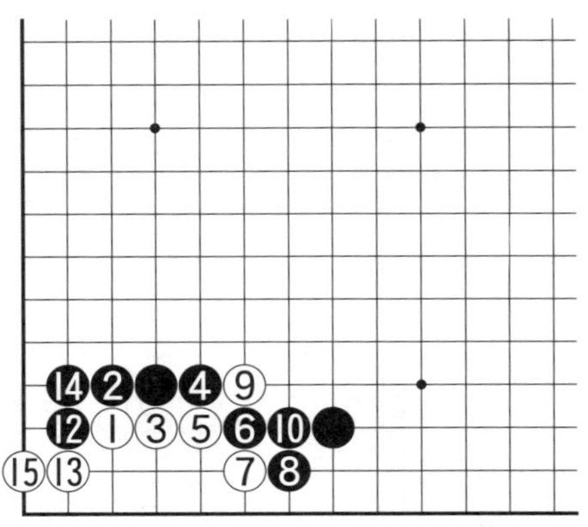

경과도

경과도 (접바둑에서)

특히 접바둑에서 많이 나오는 형태이다. 백1의 침입에 흑10까지 처리한 장면이다. 이때 백이 손을 빼자 흑은 15까지 후딱 해치운다.

흑은 과연 귀를 어떻게 응징할 것인가?

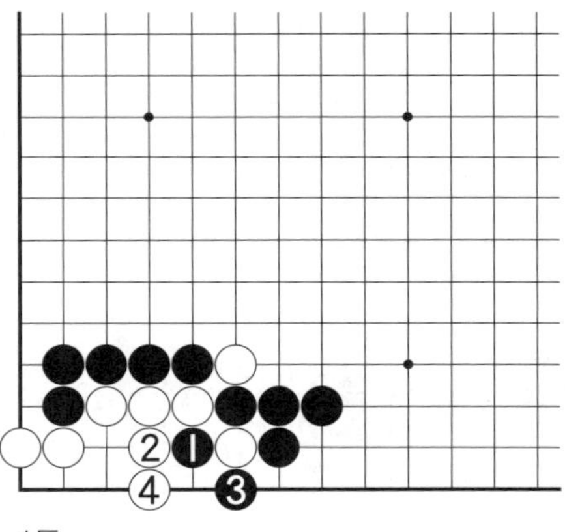

1도

1도 (실패 1)

무심코 흑1로 한점을 끊어잡는 것은 생각 없이 두는 바둑의 전형이다. 백4로 쉽게 살려주고 나면 흑은 고작 한점을 잡는 데 그친 모습이다.

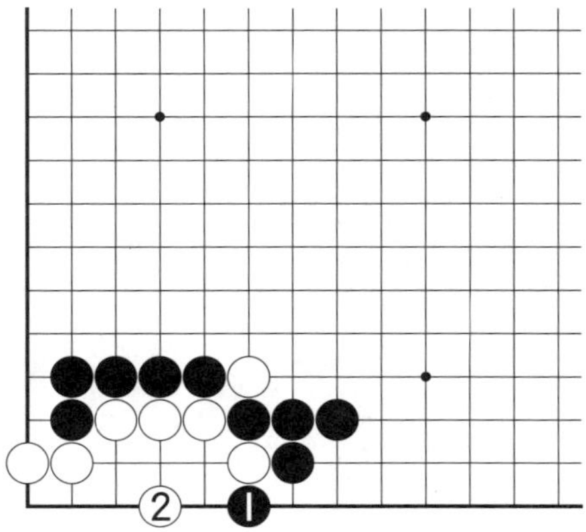

2도

2도 (실패 2)

흑1로 일선에서 모는 것이 그럴듯해 보이지만 흑2의 급소 수비로 역시 실패이다.

그렇다면 이제 과연 급소가 어디인지 눈치 챌 수 있을 것이다.

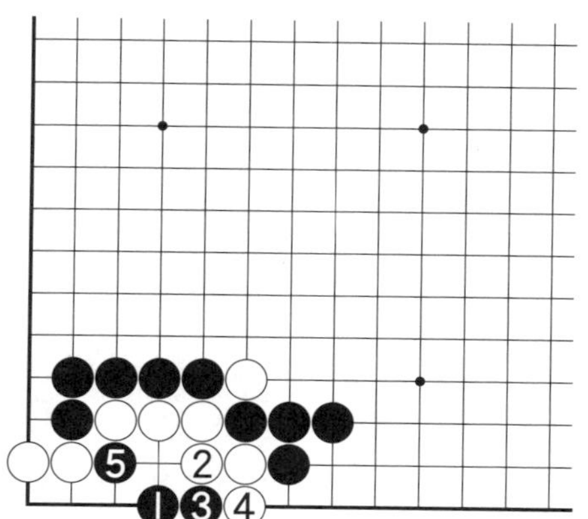

3도

3도 (정해)

석점의 중앙 되는 곳이 급소에 해당한다.

　흑1이 필살의 급소 일발. 이어 백2에는 흑3, 5로 자충을 유도하는 것이 정확한 수순이다.

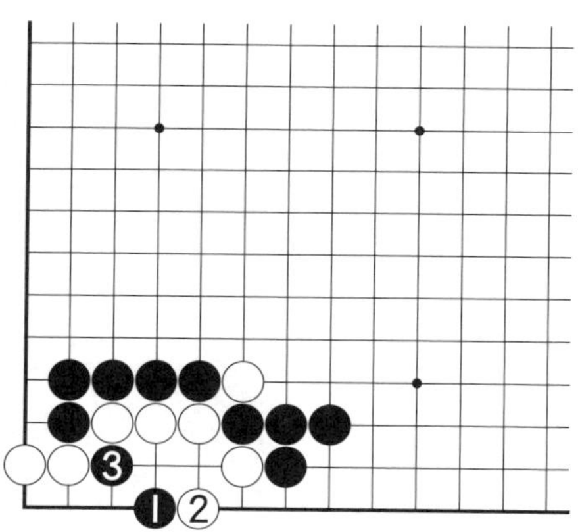

4도

4도 (역시 백 죽음)

흑1에 백2로 호구치는 것은 흑3으로 끊겨 더욱 알기 쉽게 절명을 당한다.

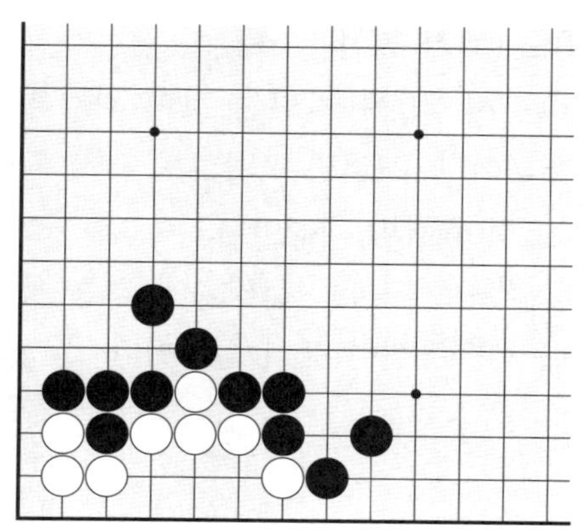

유사형

▨ 유사형

기본형과 비슷하지만 변쪽으로 한 줄씩 이동한 것이 다르다.

　과연 이곳의 사활 결과는 어떻게 될까?

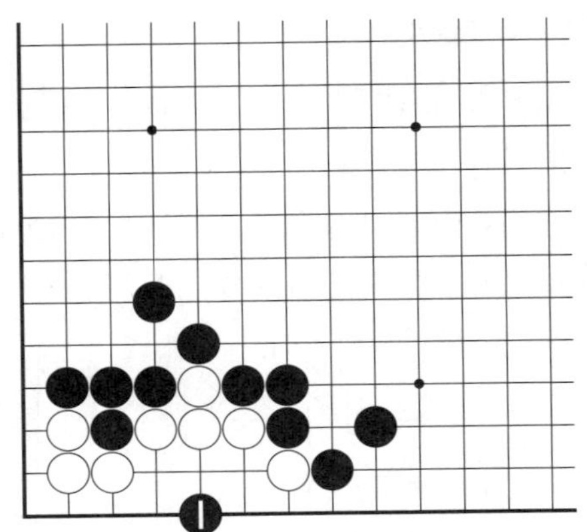

1도

1도 (석점의 급소)

여기서도 역시 석점의 중앙 되는 곳인 흑1이 급소이다.

이 수 외에 달리 두면 백을 살려 주게 된다.

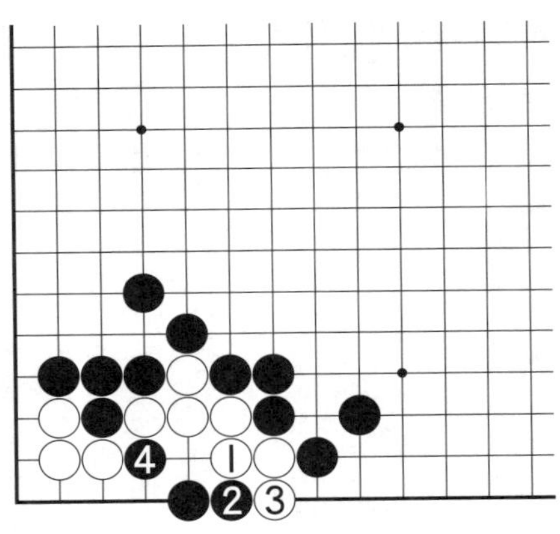

2도

2도 (백, 죽음)

계속해서 백1로 잇는 것은 흑2, 4로 자충을 유도해 백이 죽음을 피할 수 없다.

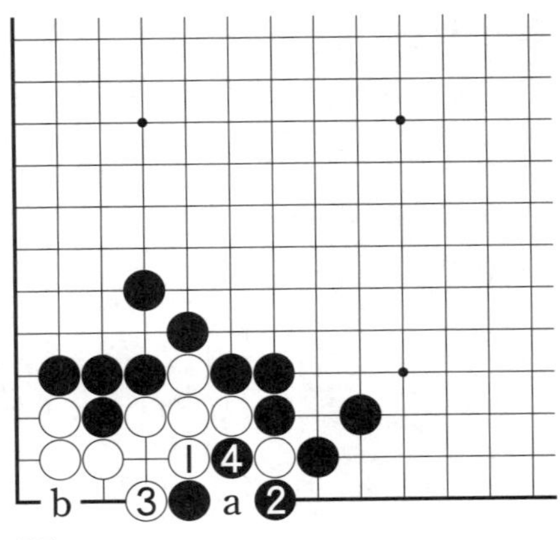

3도

3도 (패가 최선)

따라서 백1로 치받는 것이 최강의 버팀이다. 그러면 흑2, 4로 패가 되는 것이 쌍방 최선이다.

참고로 흑4로 그냥 a에 잇는 것은 백b로 살아 흑의 실패이다.

1선 한칸뜀의 맥 (1)

● 흑 차례

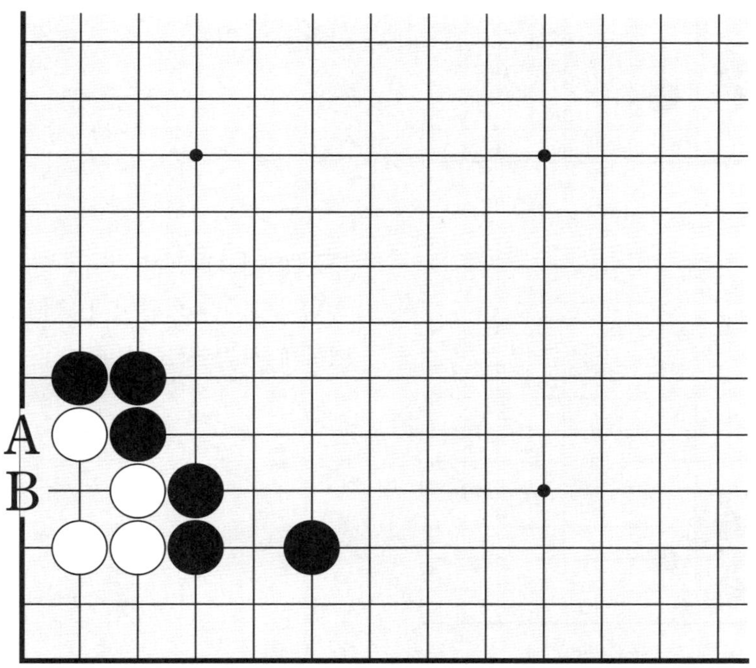

이 형태 역시 접바둑과 화점바둑에서 흔히 출현하는 모양이다. 패도 내지 않고 뒷맛 좋게 백을 잡는 필살의 맥점을 찾아보자.

여기서 흑A로 모는 것은 백B로 패가 되므로 흑의 실패이다. 그냥 잡는 방법을 강구해야 한다.

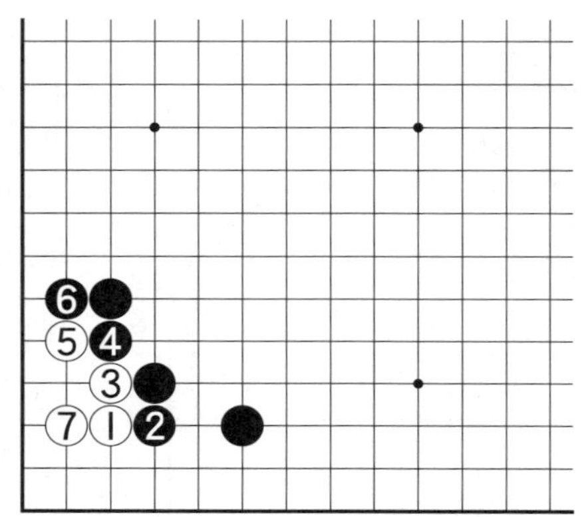

경과도

경과도 (화점 2중굳힘에서)

화점에서 날일자 양굳힘된 곳에 백1로 쳐들어 온 장면이다.

백은 보통의 방법으로는 살기 어렵다 생각하고 7로 호구쳐 변화를 꾀한 상황이다.

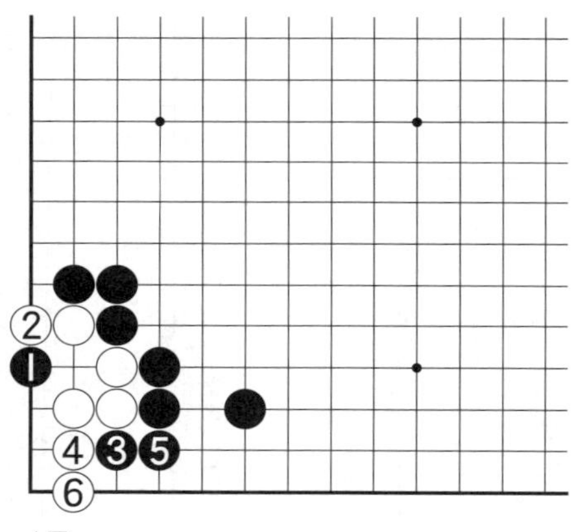

1도

1도 (실패 1)

흑1은 빗나간 치중이다. 백6까지 넉넉하게 사는 궁도이다.

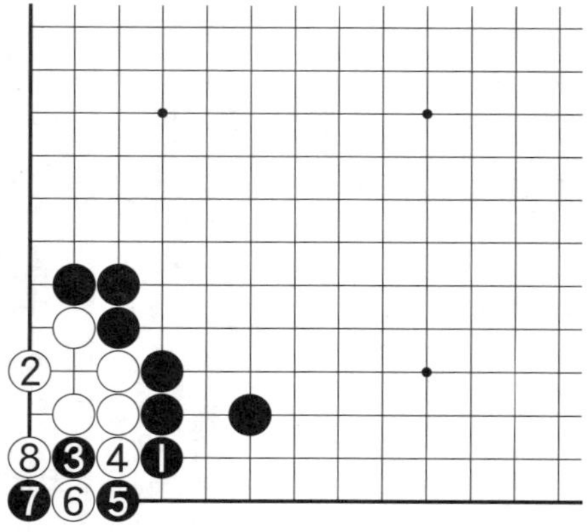

2도

2도 (실패 2)

흑1로 내려서는 수도 미흡하다. 백2로 호구쳐 쉽게 잡히지 않는 모습이다. 흑3으로 잡으러가도 백8까지 패가 고작이다.

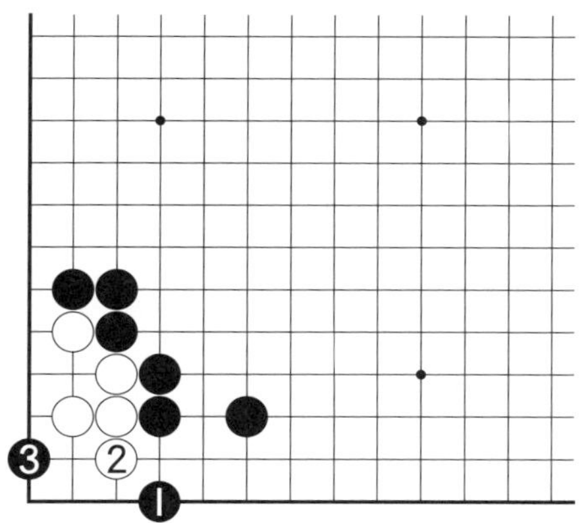

3도

3도 (정해)

흑1로 일선에 한칸 뛰는 것이 기억해 두어야 할 맥점이다.

이어 백2에는 흑3으로 백은 두 집을 낼 수 없다.

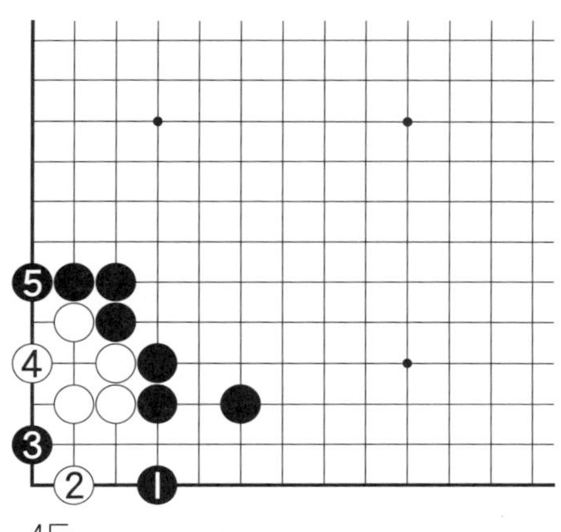

4도

4도 (역시 백 죽음)

흑1에 백2로 버텨보아도 흑3의 치중과 흑5의 내려섬으로 역시 백의 사망이다.

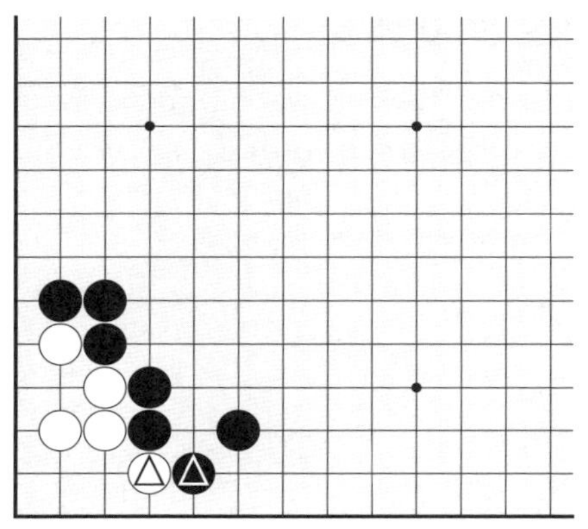

유사형

▨ 유사형

기본형에서 백△와 흑▲가 교환되어 있는 형태이다.

이 교환에 현혹되지 않는 것이 포인트이다.

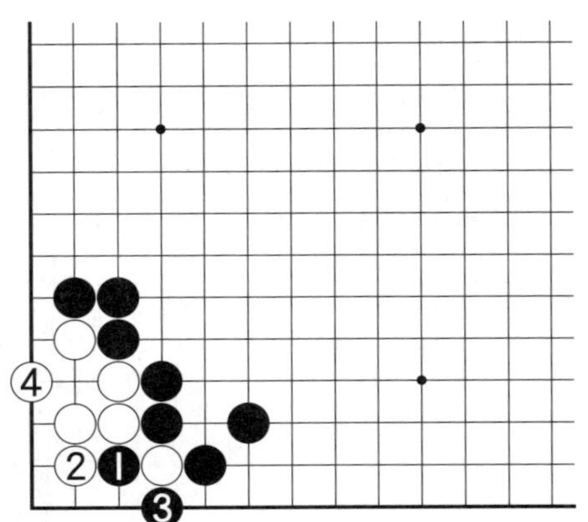

1도

1도 (실패)

흑1로 끊어잡는 수는 백의 젖힘 교환에 말려 헛스윙하는 격이다.

백4까지 간단하게 살아 흑의 실패이다.

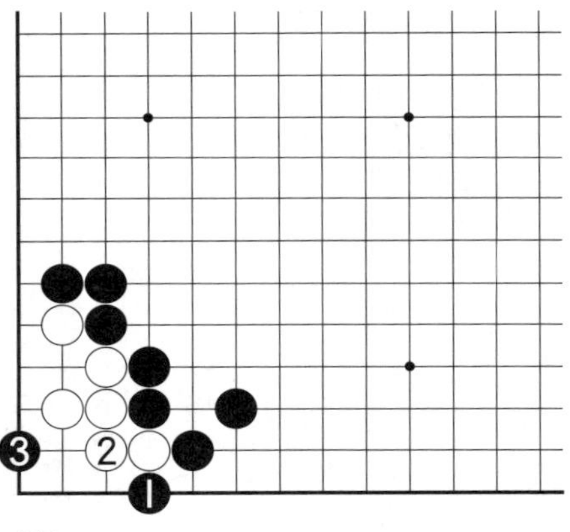

2도

2도 (정해)

여기서는 흑1의 일선 단수가 급소가 된다.

이어 백2에는 흑3으로 어렵지 않게 잡는다.

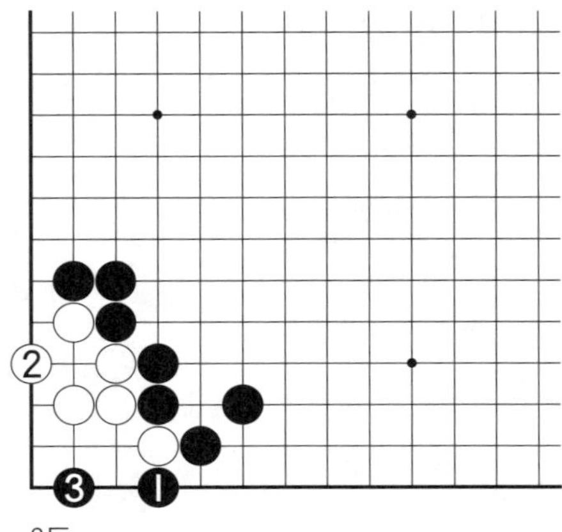

3도

3도 (역시 백 죽음)

흑1에 백2로 웅크리는 수도 흑3으로 역시 죽음을 면치 못한다.

1선 한칸뜀의 맥 (2)

● 흑 차례

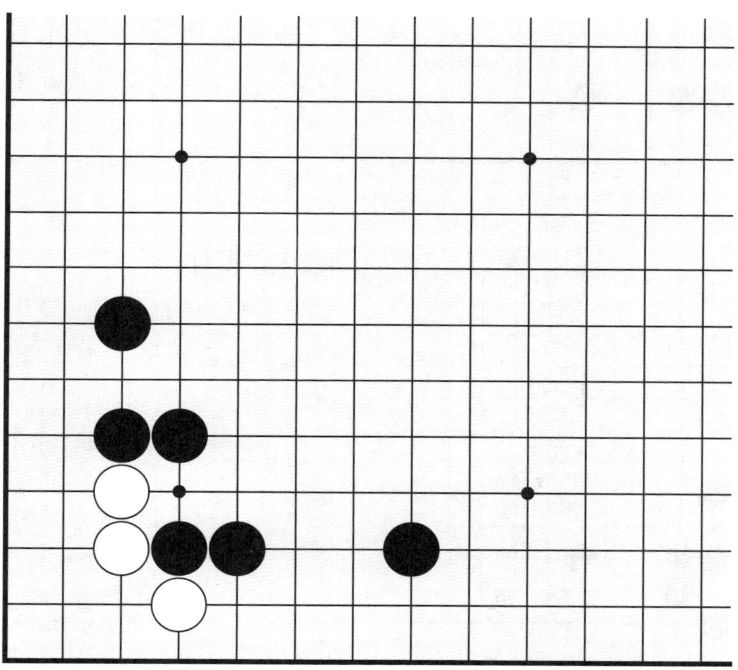

1선에 한칸 뛰는 맥은 사활에 널리 쓰이므로 이번 기회에 숙지해두는 것이 좋다.

역시 실전에 곧잘 등장하는 형태이다. 멋진 맥점으로 백을 잡아보자.

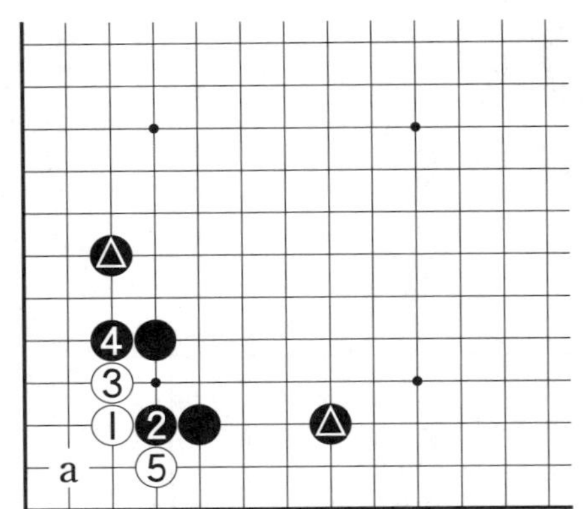

경과도

경과도 (외목+고목 굳힘에서)

외목과 고목으로 이루어진 단단한 굳힘에서 흑▲들이 더해진 형태이다. 이곳에 백1로 뛰어들어 수단을 부리려 하는 장면이다.

수순 중 백5의 젖힘이 실착이었다. 이 수로는 a에 두어야 문제없이 산다.

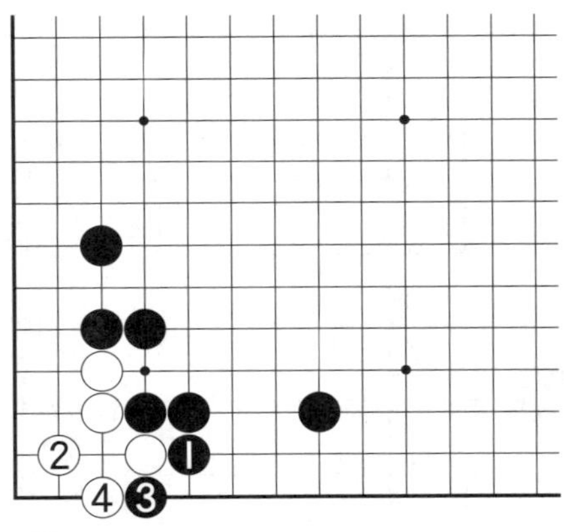

1도

1도 (실패 1)

반사적으로 흑1에 막는 것은 책략이 없다. 백2로 호구쳐 쉽게 잡히지 않는다. 흑3에는 백4로 패.

이 패는 흑도 부담이 있어 만만치 않다.

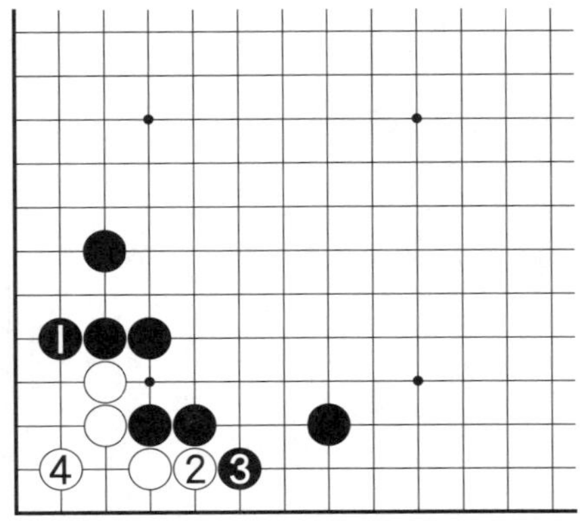

2도

2도 (실패 2)

흑1로 내려서는 수도 헛손질이다. 백2, 4로 거뜬히 완생하여 싱겁다.

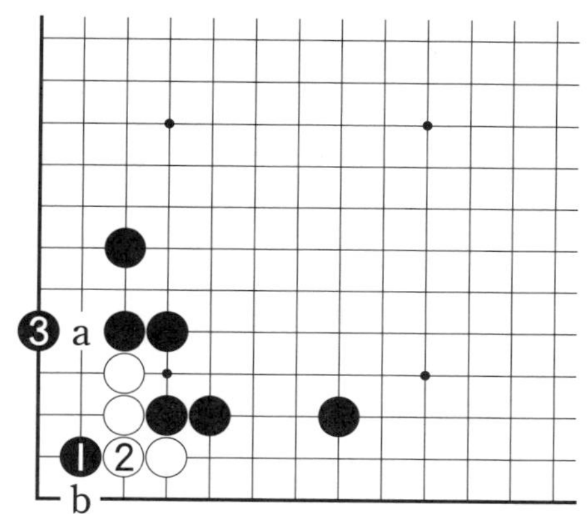

3도

3도 (정해)

흑1로 치중한 뒤 3으로 한칸 뛰는 것이 기막힌 맥점 연타이다.

이제 백은 어떻게 저항해도 죽음을 면치 못한다(흑3의 수로 a에 내려서는 것은 백b로 살게 되어 실패).

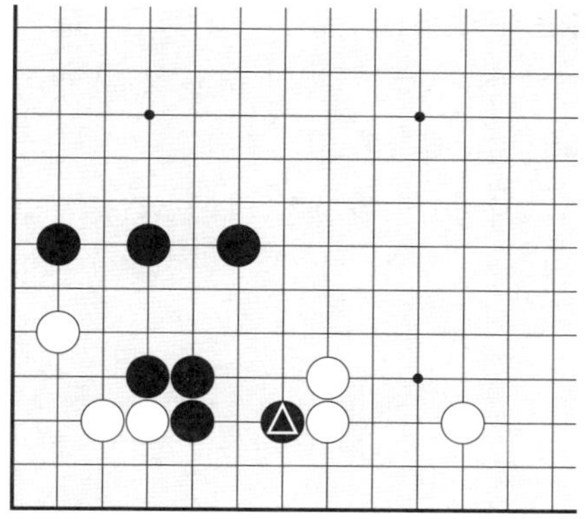

유사형 1

▨ 유사형 1

일견 귀의 백이 안전해 보이지만 실은 그렇지 않다.

흑▲를 효과적으로 이용해 백을 잡아보자.

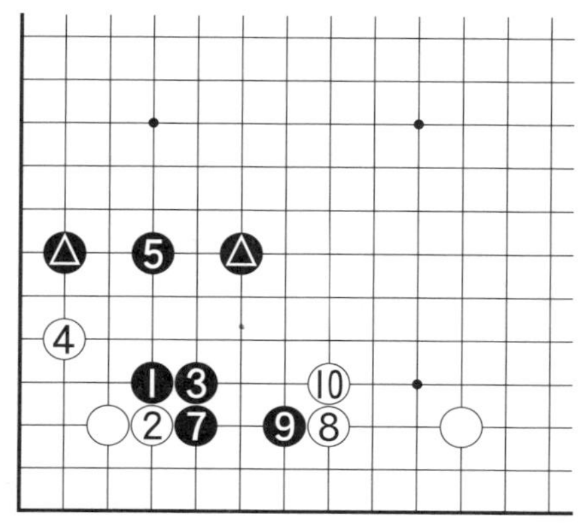

경과도   ⑥…손뺌

경과도 (3三 정석에서)

3三 포석에서 종종 등장하는 형태이다. 흑1로 어깨 짚어 7까지는 기본 정석의 일종이다.

이하 백10 다음 여기에 흑▲들이 더해진 모양이다.

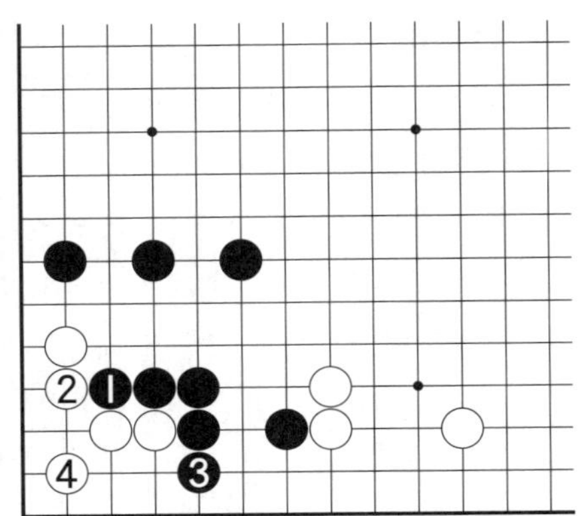

1도

1도 (실패)

얼핏 흑1, 3으로 두기 십상이지만 실은 책략 부족이다.

백4로 알뜰하게 살아 싱겁기 짝이 없다.

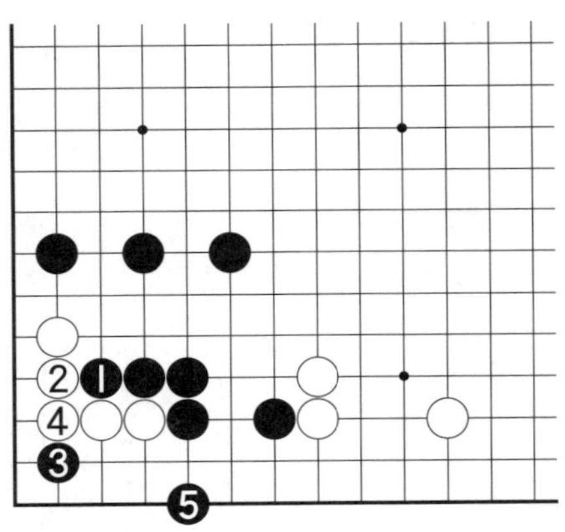

2도

2도 (정해)

흑3으로 치중한 뒤 5로 뛰는 것이 필살의 맥점이다.

'치중 후 한칸뜀'의 공식을 기억해두자.

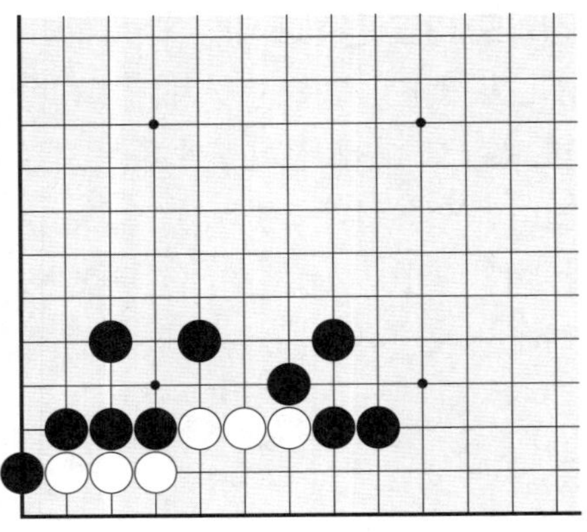

유사형 2

▨ 유사형 2

이번에는 변쪽에서 나타나는 응용형이다. 배석을 한껏 활용해 백을 잡아보자.

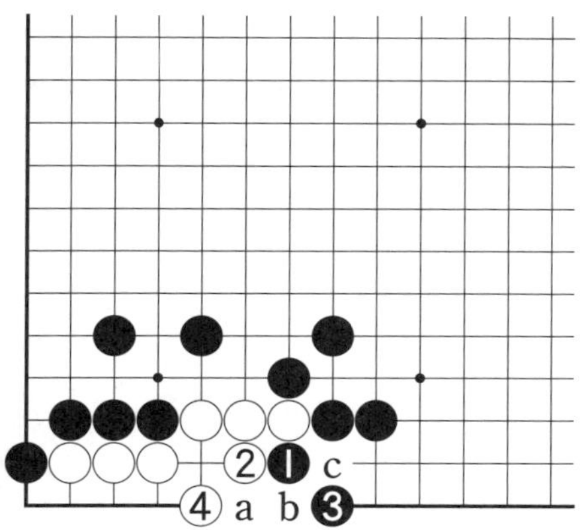

1도

1도 (실패)

흑1, 3의 젖혀이음이 쉽게 떠오르는 수법이지만 백4면 그냥 잡히지 않는다. 다음 흑a로 들어가는 패는 백b, c로 빵빵 따내는 부담이 커 흑도 부담스럽다.

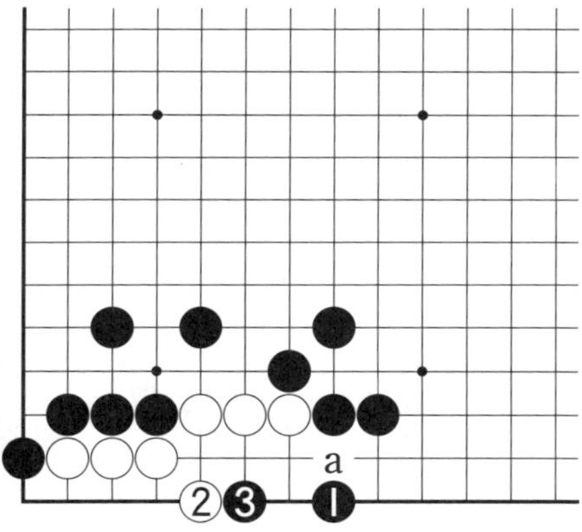

2도

2도 (정해)

흑1로 한칸 뛰는 것이 백을 꼼짝 못하게 만드는 필살의 맥이다.

이어 백2에는 흑3으로 급소에 붙여 간단히 절명이다(흑1로 a에 내려서는 것은 백2로 쉽게 살아 실패).

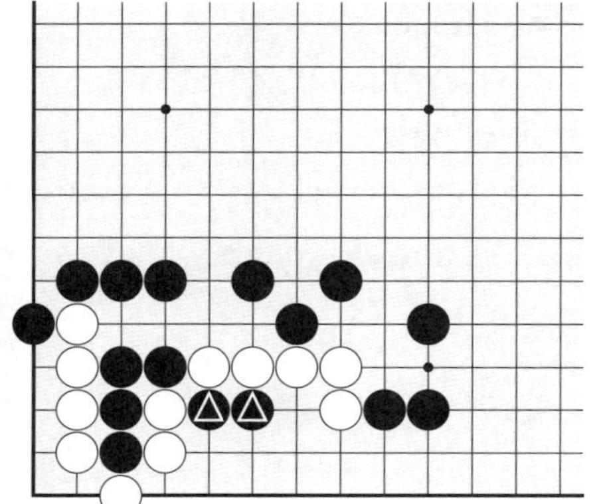

유사형 3

▨ 유사형 3

사활보다는 부분적 맥에 가까운 모양이다. 흑▲ 두점이 꼼짝없이 잡혀 있는 것처럼 보이지만 실은 그렇지 않다.

이 두점을 살려내 사활을 뒤바꾸는 통렬한 역전타는 무엇일까?

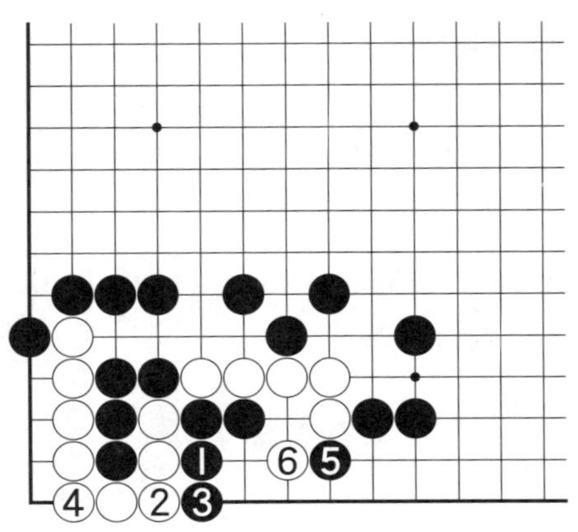

1도

1도 (실패)

선수랍시고 흑1, 3부터 냅다 결정짓는 것은 속수 퍼레이드다. 백6에 이르러 후속수가 막혀버린다.

　'절대 선수는 아끼라'는 격언을 상기해야 한다.

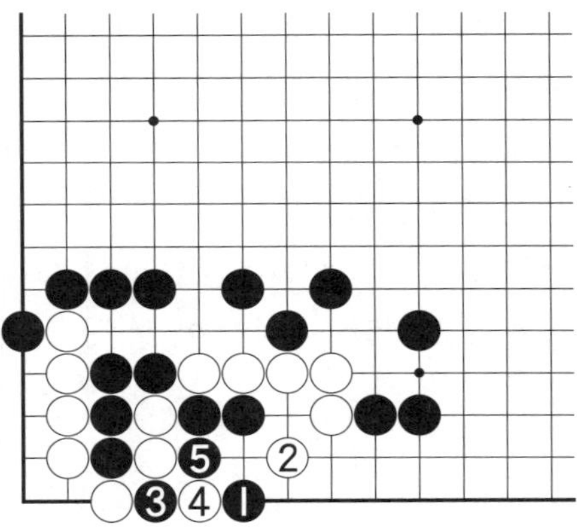

2도

2도 (정해)

흑1로 일선에 한칸 뛰는 것이 절묘한 맥점이다.

　이때 백2로 차단하는 것은 흑3, 5로 백이 궤멸한다.

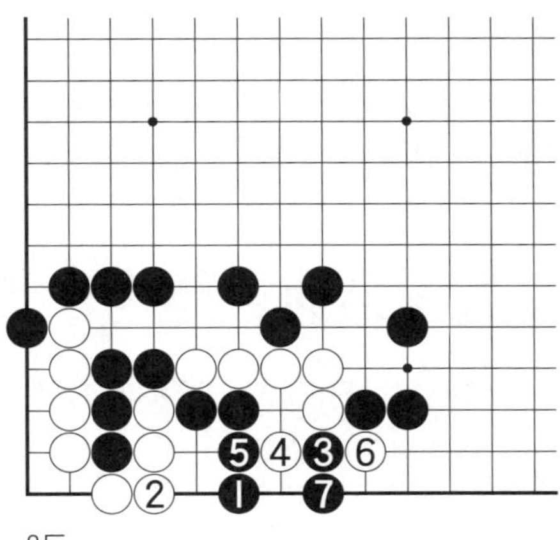

3도

3도 (연결 성공)

그렇다고 백2로 잇는 것은 흑3~7로 넘어간다.

　이처럼 한칸뜀의 맥은 사활에서 아주 유용하게 사용되곤 한다.

공배의 위치에 따른 사활의 운명

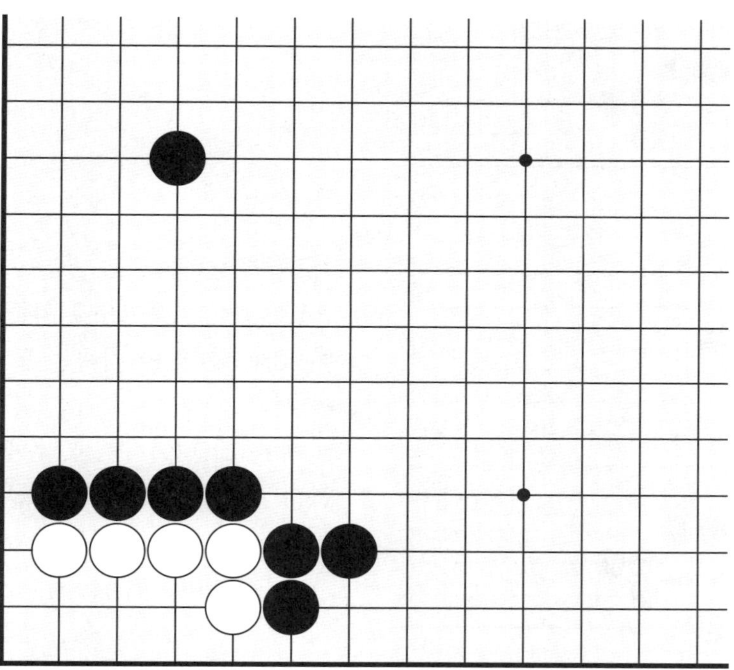

　　배석 하나 차이로 사활의 결과가 판이하게 달라지는 대표적 형태를 살펴보자.

　　먼저 공배가 모두 메워져 있는 기본형부터 알아본다. 그럴 경우 이 백은 과연 살아있을까?

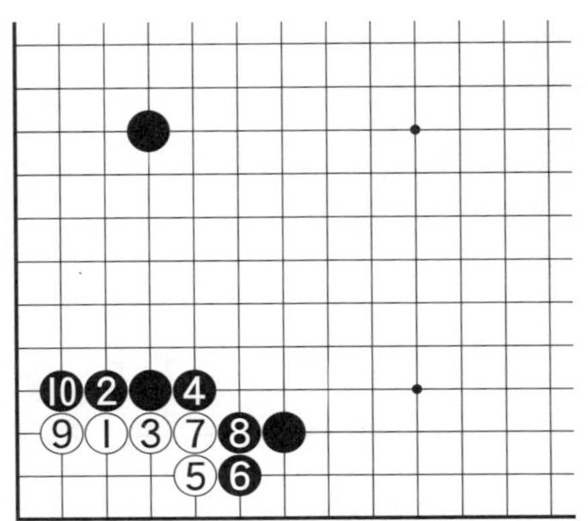

경과도

경과도 (화점 눈목자굳힘에 침입)

화점 눈목자굳힘에 백1로 뛰어들어 생기는 형태이다.

백9는 선수로 살고 손을 빼기 위한 의도를 지닌 수법이다.

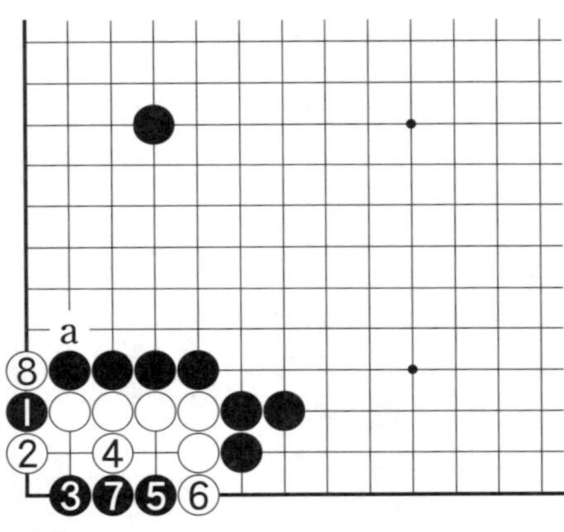

1도

1도 (흑, 손해)

흑1로 좁힌 다음 3으로 치중하는 것이 떠오르지만 여기서는 통하지 않는다.

백8까지 빅이지만 훗날 백a를 당하는 것을 감안하면 흑은 얻은 것이 없다.

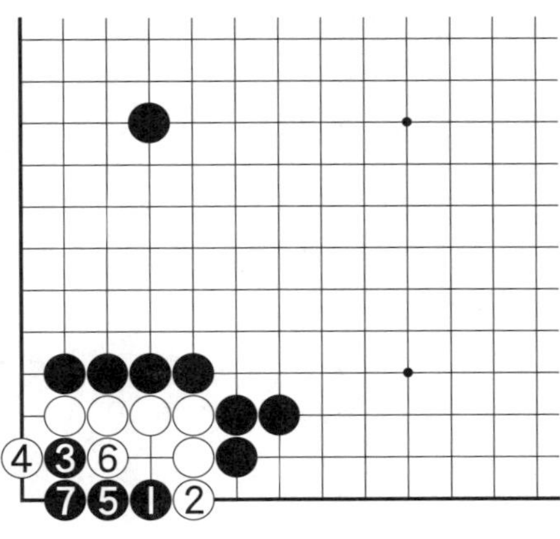

2도

2도 (빅이 고작)

흑1로 치중하는 수도 백2로 받아 별무신통이다. 흑7까지 후수 빅이다.

결국 흑은 몇 집 끝내기를 한 셈에 불과하다.

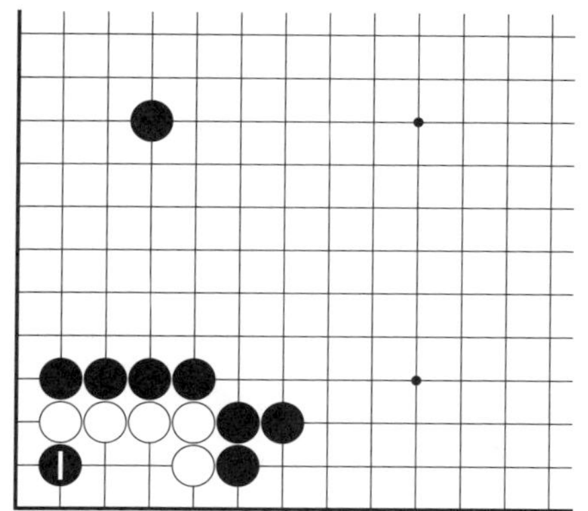

3도

3도 (최선의 추궁)

흑1로 붙이는 수가 백의 사활을 제대로 추궁하는 최선의 맥점이다.

　이 수 외에는 백이 편하게 살게 되므로 모두 실패이다. 계속해서~

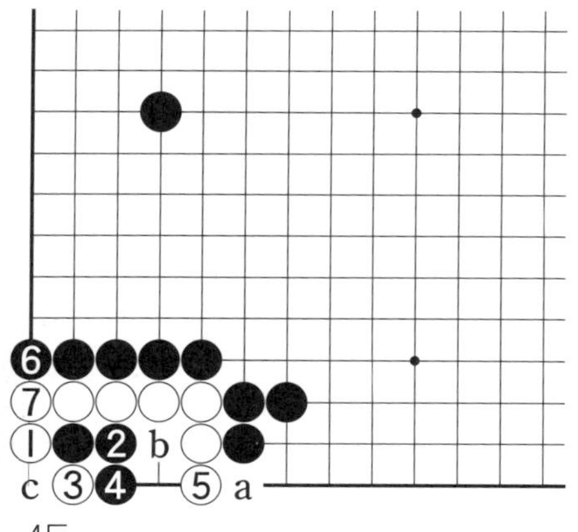

4도

4도 (만년패가 정답)

백1과 5가 꼭 기억해야 할 최선의 응수이다. 백7까지 만년패가 쌍방 최선이다.

　흑이 백을 잡기 위해서는 a, b를 모두 메우고 c의 패까지 이겨야 하므로 상당히 요원하지만 어쨌든 백도 약간은 부담스런 일이다.

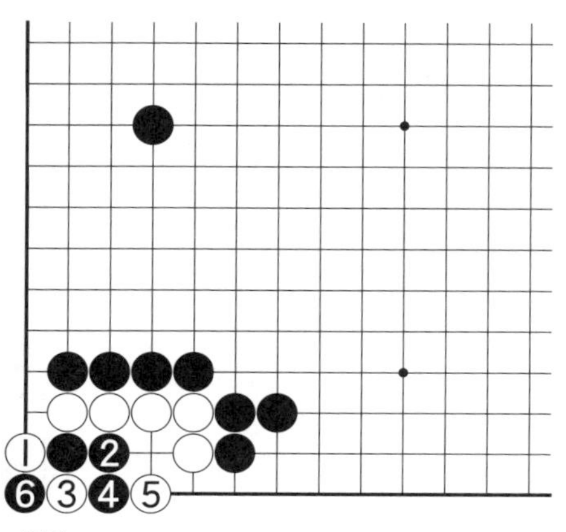

5도

5도 (백, 실착)

그런데 흑4 때 백5로 곧장 모는 것은 스스로 궁도를 줄이는 실착이 된다. 흑6까지 단패가 되어 백의 생사가 경각에 처한다.

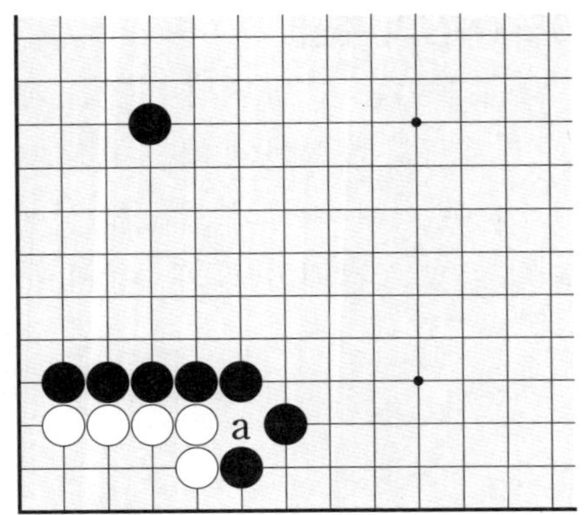

유사형 1

유사형 1

이번에는 a의 공배가 비어있는 형태
이다.

이 공배에 따라 사활의 양상도 상
당히 달라진다.

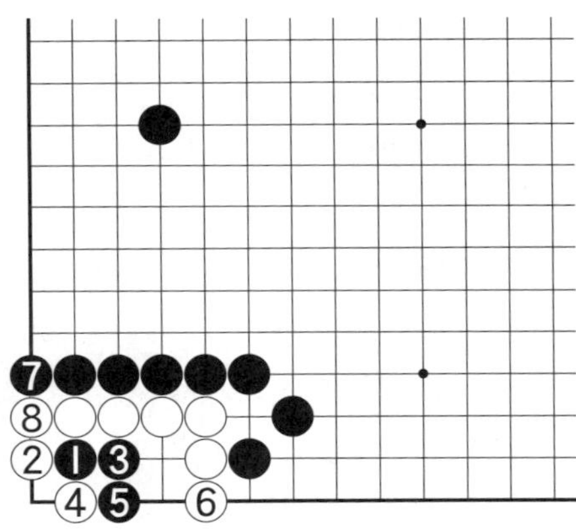

1도

1도 (만년패)

여기서도 일단 흑1로 붙이는 것이
급소이다. 이하 백8까지 만년패. 다
만 백은 기본형보다 1수 더 여유 있
는 모습이다.

그런데 사실 백은 더 유력한 대응
이 있다.

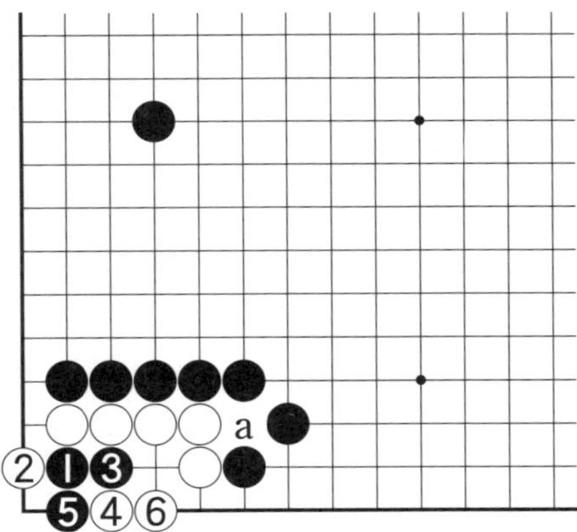

2도

2도 (빅이 최선)

백4로 묘한 데 붙이는 것이 맥점이
다. 그러면 백6까지 빅. 백은 삶의
부담을 완전히 덜었으므로 이것이
최선이라고 할 수 있다.

a의 공배가 비어 있기 때문에 성
립하는 응수법이다.

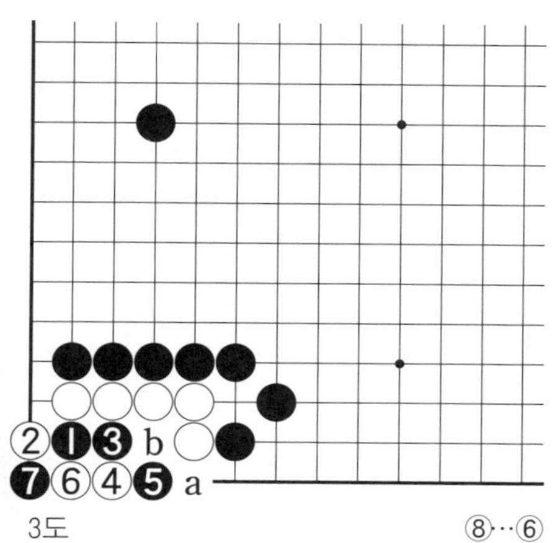

3도

⑧…⑥

3도 (자살의 묘수)

백4에 흑5로 젖히는 것은 백6이 준비된 '자살의 묘수'이다.

　백8까지 백이 크게 살아 흑의 실패이다. 다음 흑a에는 백b로 몰아떨구기.

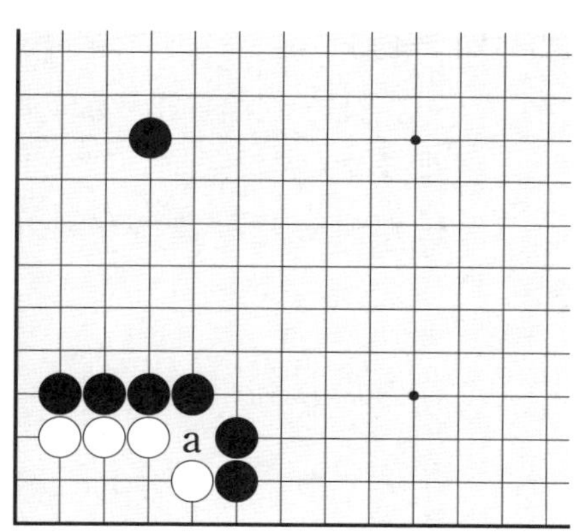

유사형 2

▧ 유사형 2

이번에는 a의 공배가 비어있는 형태이다.

　백 모양이 허술해진 만큼 불리하게 작용할 것은 당연한데, 과연 흑은 어떻게 추궁해야 할까?

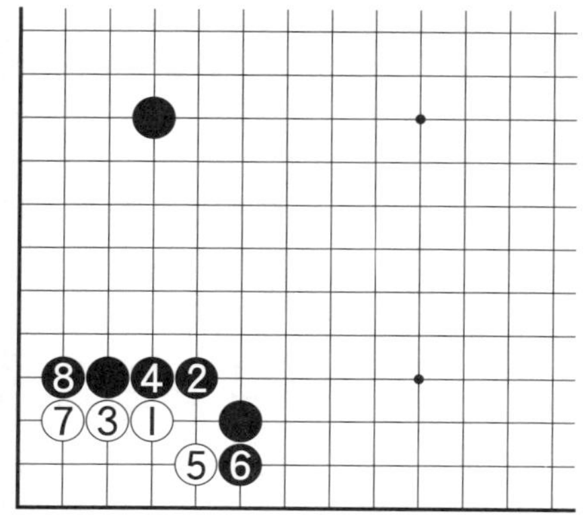

경과도

경과도 (소목 눈목자굳힘에서)

소목의 눈목자굳힘에 백1로 뛰어들어 생긴 형태이다.

　이하 흑8 다음 백은 한 수 가일수하는 것이 정수이지만, 상수는 손을 빼고 다니기 마련이다.

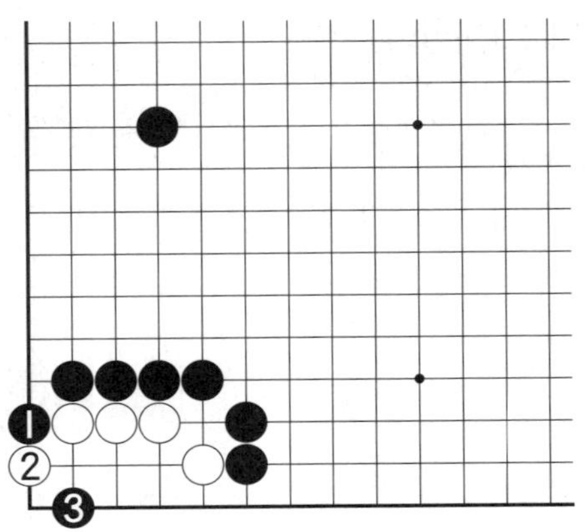

1도

1도 (정해)

여기서는 흑1로 젖힌 뒤 3으로 치중하는 것이 올바른 수순이다.

이제 이 수로 백이 그냥 사는 수는 없다. 계속해서~

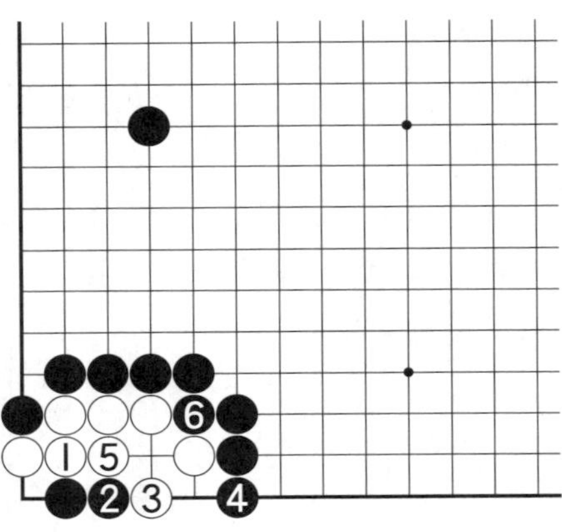

2도

2도 (백, 죽음)

백1로 그냥 잇는 것은 흑2~6으로 알기 쉽게 잡힌다.

그러므로 백도 변화를 강구해야 한다.

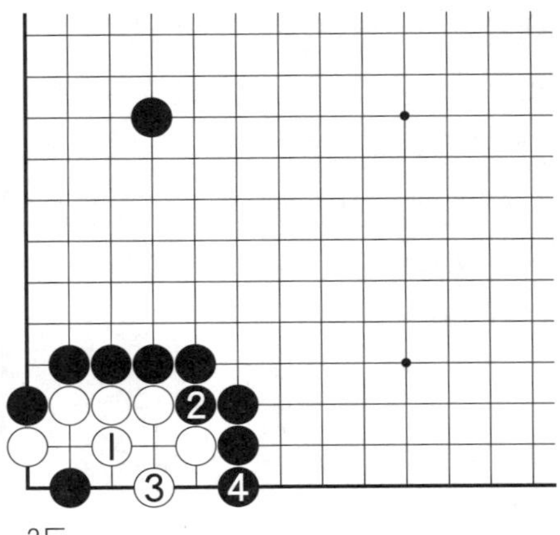

3도

3도 (버틸 여지를 주는 호구)

백1로 호구치는 수가 좀 더 버틸 여지를 준다.

그런데 흑2에 백3이면 흑4로 내려서서 죽음을 면치 못한다.

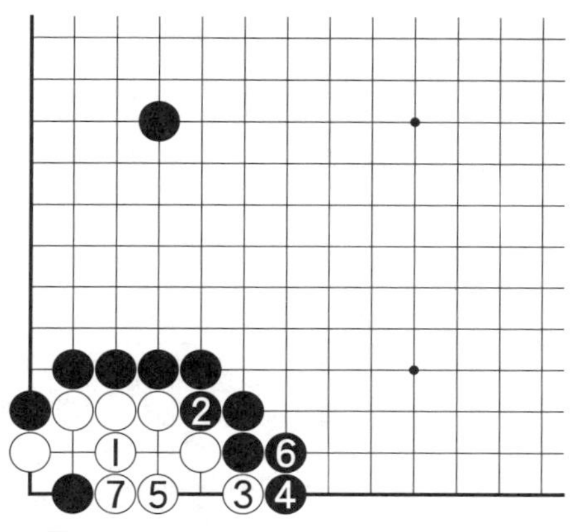

4도

4도 (패가 최선)

흑2 때 백3으로 젖혀두는 것이 끈끈한 저항이다.

흑4에는 백5로 패 모양을 만들어 버티는 것이 다소 골치 아프다. 결국 백7까지 패가 최선이다.

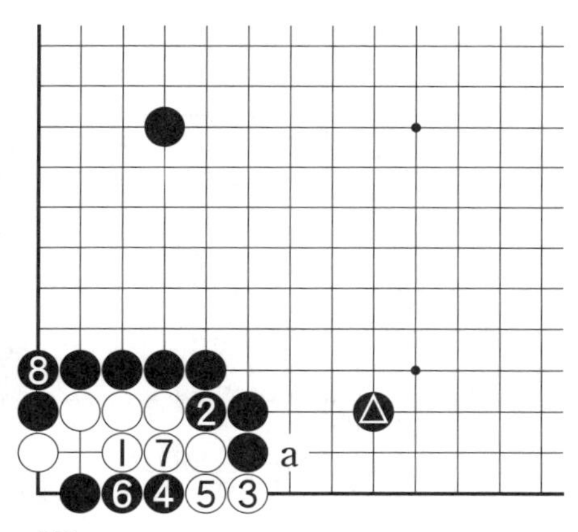

5도

5도 (필살의 급소)

그런데 지금처럼 주위에 흑▲ 같은 배석이 포위망을 형성하고 있다면 백3의 시도도 여의치 않다. 흑4가 날카로운 필살의 급소로 이하 8까지 백이 죽는다.

다음 백a로 젖혀봐야 흑▲로 가로막혀 탈출할 수 없기 때문이다.

6도 (젖혀이음이면 패)

참고로 백1 때 그냥 흑2, 4로 젖혀 잇는 것도 백5의 버팀수가 성립해 그냥 잡히지 않으니 유의하자. 백7까지 역시 패가 난다.

6도

내려서진 방향에 따른 사활

● 흑 차례

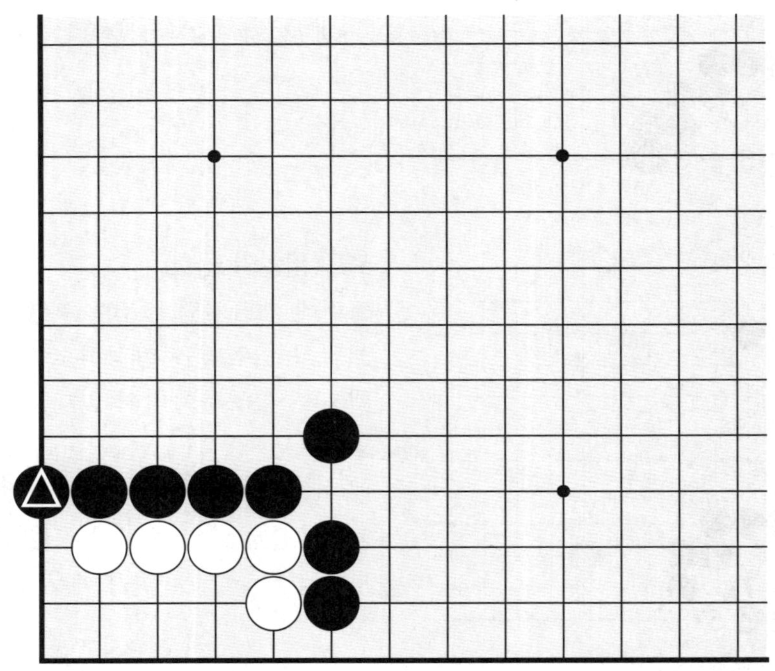

[10형]의 기본형에서 흑▲가 더해진 형태이다. 접바둑 실전에서는 빈번하게 등장하는 모양이기도 하다.

흑▲의 가치를 최대한 살려 귀의 백을 잡는 수는 무엇일까?

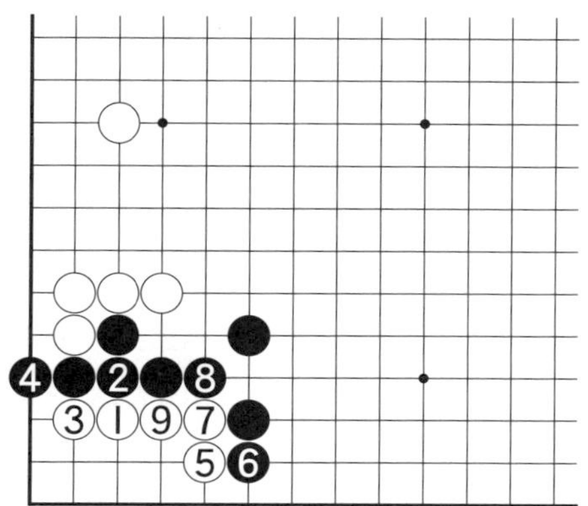

경과도

경과도 (접바둑의 단골사활)

여러 수가 놓여 완전해 보이는 귀의 흑 모양에 백1로 뛰어들어 교란하는 것은 상수들의 단골 수법이다. 백9까지 얼추 삶의 모습이다.

　여기에서 흑이 빗나간 귀의 추궁으로 손해를 보는 경우가 얼마나 많은가.

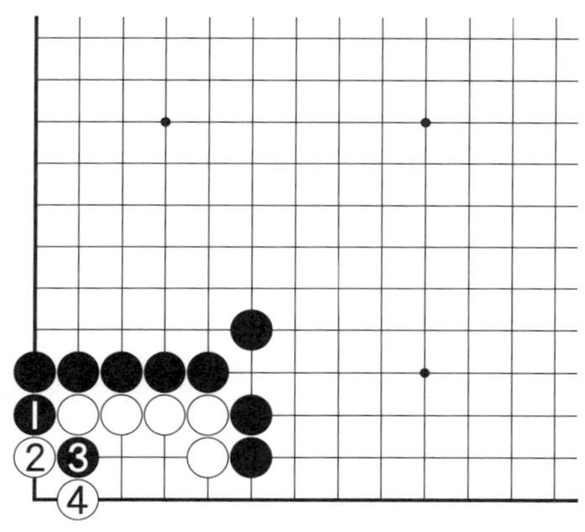

1도

1도 (실패 1)

흑1, 3은 알기 쉽지만 단세포적 발상이다.

　백2, 4로 패가 나서는 귀의 절반이 살아 있는 셈이다. 당연히 흑의 실패작이다.

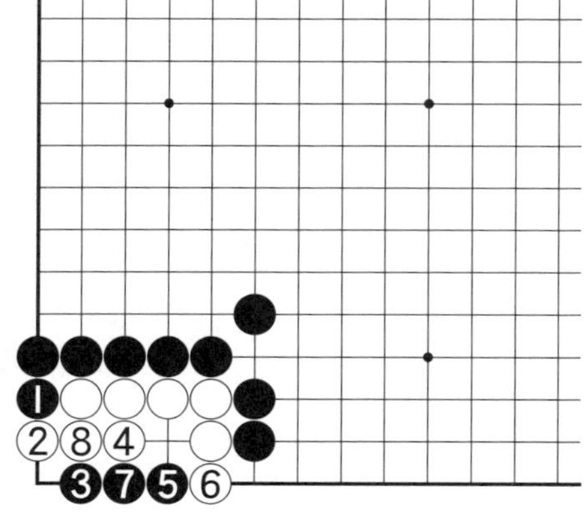

2도

2도 (실패 2)

그렇다고 백2 때 흑3으로 치중하는 것도 백4가 좋은 응수여서 여의치 않다. 백8까지 빅으로 깨끗하게 살면 흑은 영락없이 안방을 빼앗긴 꼴이다.

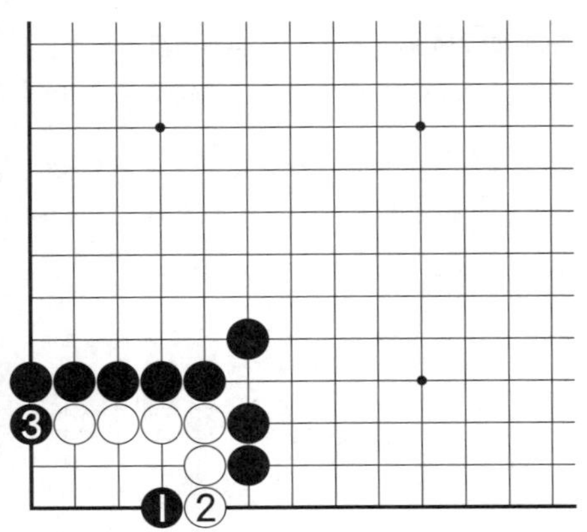

3도

3도 (정해)

흑1로 치중한 다음 3으로 밀고 들어가는 것이 기착점의 가치를 최대한 살린 필살의 수순이다. 계속해서~

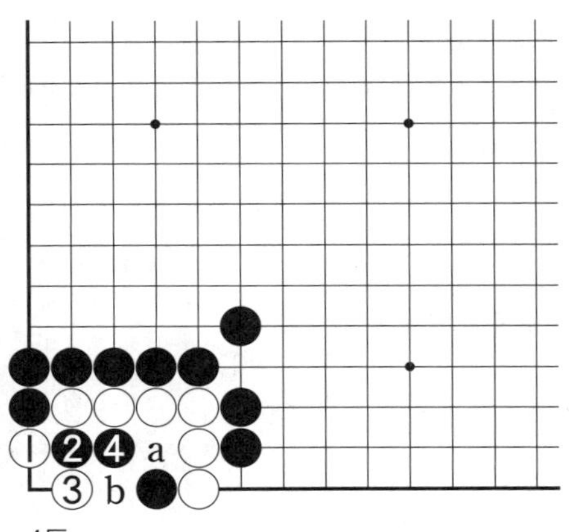

4도

4도 (양자충 유도)

백1에는 흑2로 끊는다. 이어 백3의 젖힘이면 일견 패 같지만, 흑4로 나가는 수가 성립해 백의 꿈은 깨지고 만다.

다음 백은 a로도 b로도 들어갈 수 없으니 꼼짝없이 양자충에 걸린 것이다.

▨ 유사형

오른쪽에 흑▲로 내려서져 있는 형태이다.

이번에는 이 원군을 이용해 백을 잡는 방법이다.

유사형

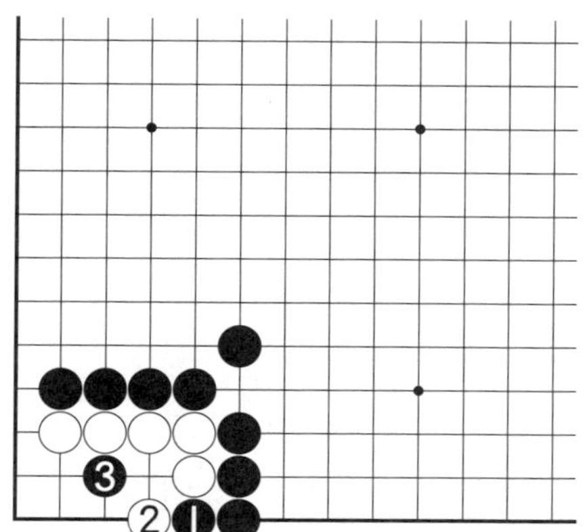

1도

1도 (정해)

이 모양에서는 흑1로 들어간 다음 3으로 치중하는 것이 최선의 추궁 수법이다.

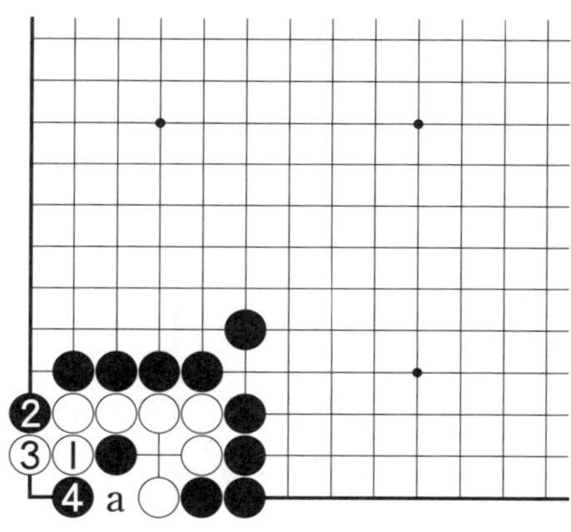

2도

2도 (백, 죽음)

계속해서 백1에는 흑2, 4가 절호의 수순이다.

백은 a로 들어갈 수 없는 한 죽음을 면치 못한다.

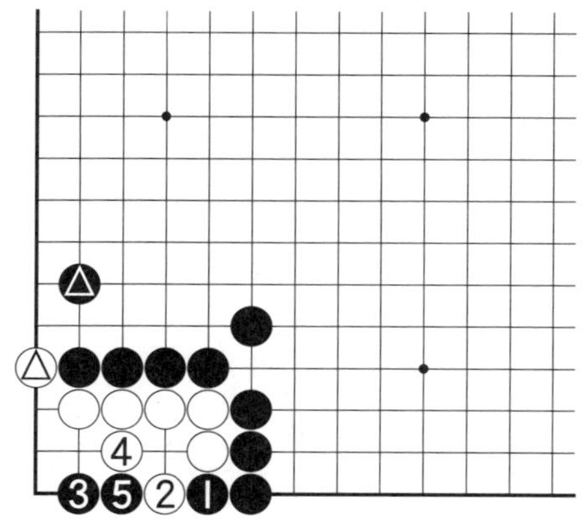

3도

3도 (배석에 따라)

그런데 지금처럼 백△와 흑△가 교환되어 있다면 상황은 약간 달라진다. 여기서는 1～2도가 성립하지 않으므로 흑3쪽 치중이 정수이다.

결국 흑5까지 패가 나는 것이 쌍방 최선이다.

변칙 침입군 처단법

● 흑 차례

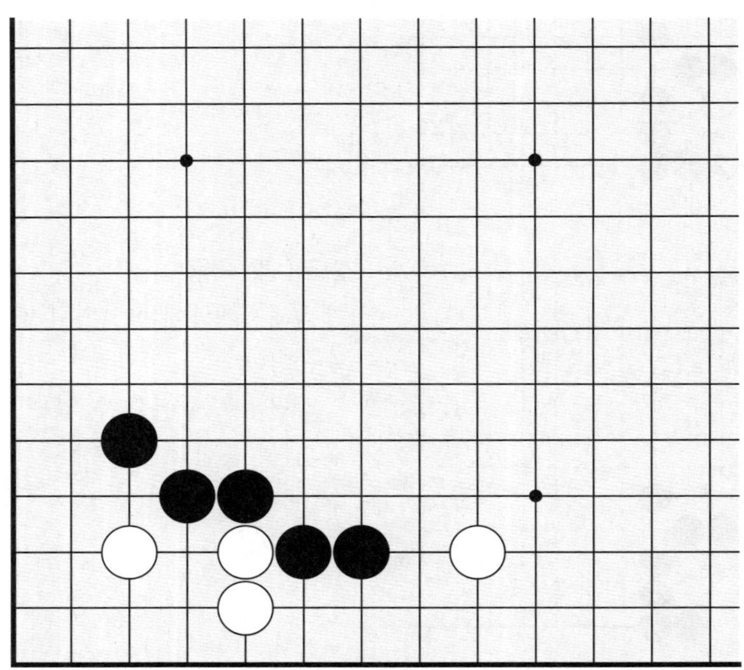

상대의 변칙적인 침입군을 제대로 응수하지 못하면 그만큼 손해를 보기 마련이다. 이번에는 그와 관련된 사활을 검토해본다.

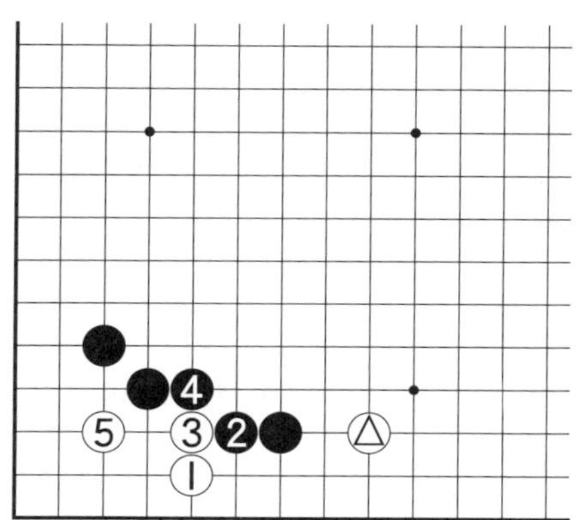

경과도

경과도 (화점에서의 저공비행)

화점 굳힘에 대해 백1의 저공비행은 바깥 △의 배석이 있을 때 유력한 변칙 수법이다.

　백5까지 화점 바둑에서 종종 나타나는 형태이다.

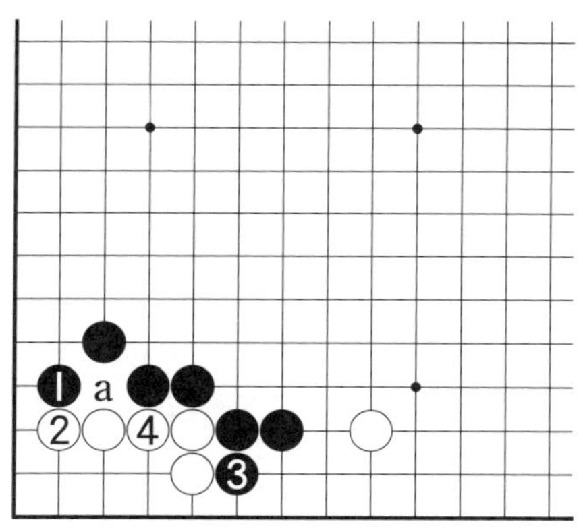

1도

1도 (실패)

흑1, 3은 어설프기 짝이 없는 완착이다. 백4까지 넉넉하게 살게 되어 흑의 실패이다.

　a의 뒷공배도 비어 있어 백은 한결 여유롭다.

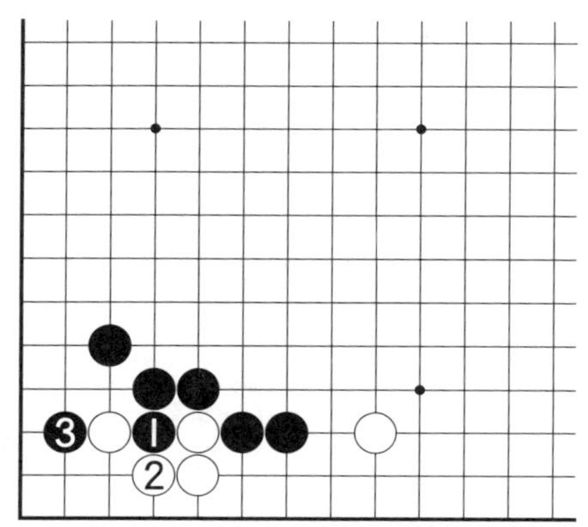

2도

2도 (정해)

흑1, 3이 백의 숨통을 조이는 필살 수법이다.

　그런데 여기서는 그 다음 수순도 그에 못지않게 중요하다.

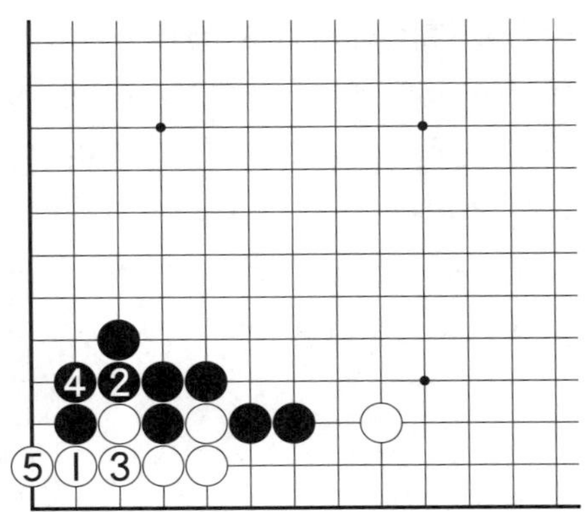

3도

3도 (후속타 불발)

백1에 덥석 흑2로 모는 것은 속수이다. 백3 때 흑4의 후퇴가 불가피해 흑의 실패이다. 백5로 거뜬히 산다.

물론 흑4로 5에 젖혀 패는 나지만 흑도 지면 손해가 크다.

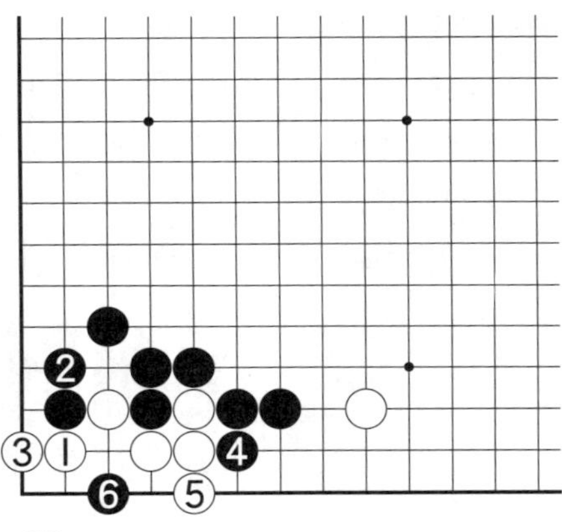

4도

4도 (정확한 수순)

흑2로 가만히 끌어두는 것이 침착한 정수이다.

백3에는 흑4, 6으로 조여 잡을 수 있다.

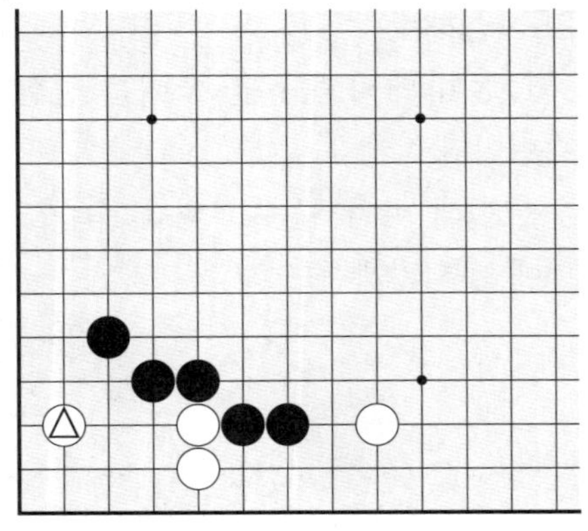

유사형

▨ 유사형

이번에는 백△로 한칸 더 간 장면이다. 이 형태는 기본형에 비해 변화가 약간 어렵지만, 어쨌든 그냥 살려줄 수는 없는 일이다.

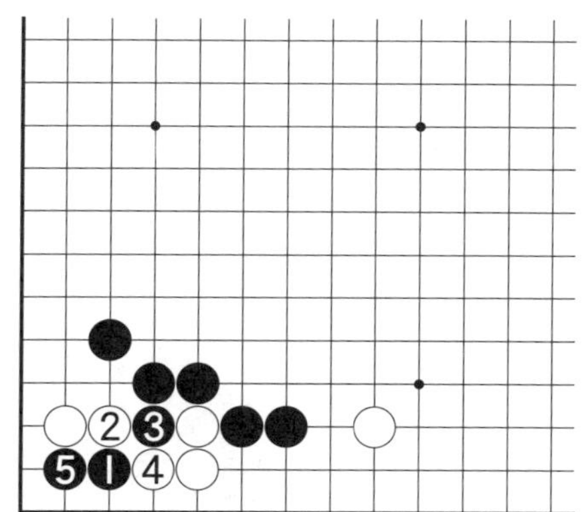

1도

1도 (정해)

여기서는 흑1의 치중이 맥점이다.
백2, 4에 흑5로 밀어 두는 데까지는
외길 수순이다.

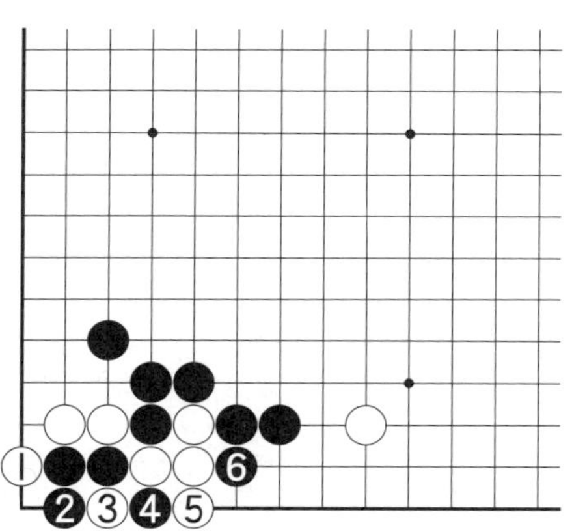

2도

2도 (패가 최선)

다음 백1에 흑2로 꼬부리는 것이 급
소이다.

　백도 3으로 먹여치는 수를 찾지
못하면 사는 궁도가 부족해 그냥 잡
힌다. 결국 흑6까지 패가 최선이다.

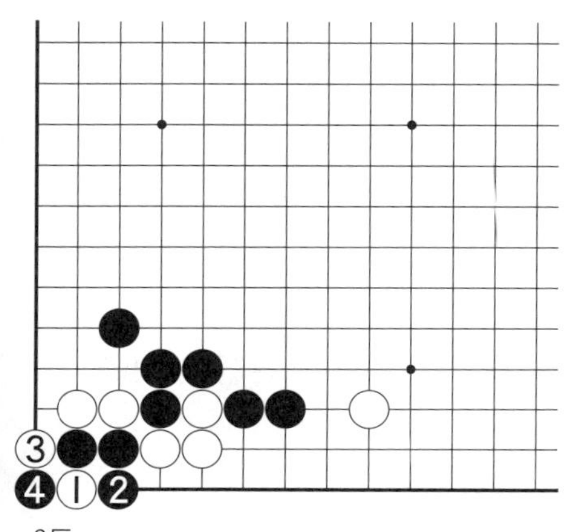

3도

3도 (역시 패)

백1의 붙임이 그럴듯한 변화구이지
만 흑2, 4로 패가 나는 것을 막을
수 없다.

2장

실전 1탄
(사활을 이용한 끝내기 전략)

　사활이 부분의 삶과 죽음에만 직결되는 것은 아니다. 사활을 통해 급소를 찾는 감각과 수읽기 능력이 뛰어나게 되면, 특히 흑백의 돌들이 밀착된 중종반에 큰 힘을 발휘할 수 있다.

　그런 와중에 돌의 사활관계를 적절히 이용해 상대의 집수를 최소한으로 줄일 수 있다면 꼭 상대의 대마를 잡지 않더라도 필승의 지름길이 될 수 있는 법이다. 이제 그저 단순히 젖혀잇고 마는 속수 끝내기에서 벗어나 뒷맛을 이용해 상대의 집을 최소한으로 줄이는 고급 끝내기의 발상을 익혀보자.

　실제로 고수의 바둑에서는 대마의 생사로 승부가 갈리는 KO승부보다는 집수의 다소로 승패가 갈리는 계가바둑이 훨씬 많기 때문에 급소와 뒷맛을 이용한 끝내기 테크닉은 매우 중요한 요소가 된다.

　이 장에서는 사활과 형태의 뒷맛을 볼모로 삼아 끝내기에서 최대한의 이득을 구하는 발상과 테크닉을 집중적으로 다루어 보았다. 프로와 아마 고수들의 바둑에서 발췌해 실전 응용도를 높였다. 대마를 잡지 않고도 이길 수 있는 비결! 이번 기회에 터득하자.

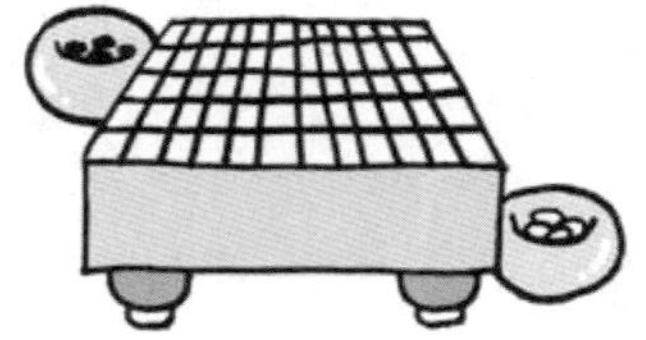

양쪽을 맞보는 1선 내려섬

● 흑 차례

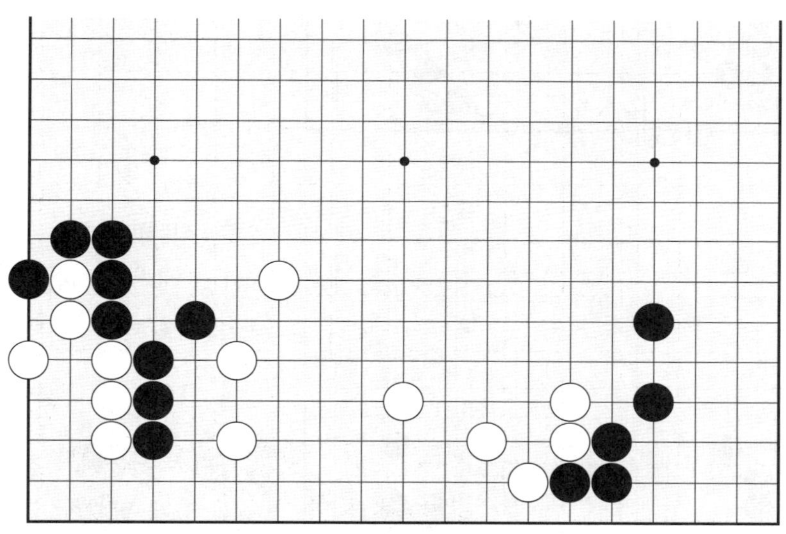

　　비교적 쉬운 문제이다. 좌하귀 백이 뭔가 박약한 형태를 하고 있다.

　　이 백의 삶을 추궁하면서 하변 백집을 최소한으로 줄이는 끝내기 수단을 연구해보자.

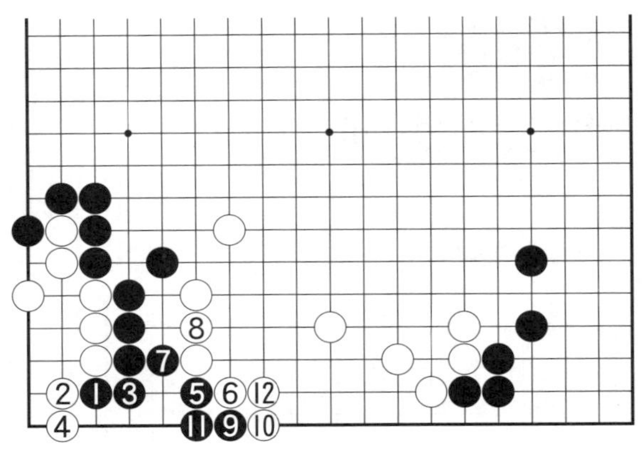

1도

1도 (실패)

흑1, 3으로 젖혀잇는 것은 무신경의 소치이다.

　이하 12까지 백은 상당한 선수 끝내기를 했지만 이 정도로는 양이 차지 않는다.

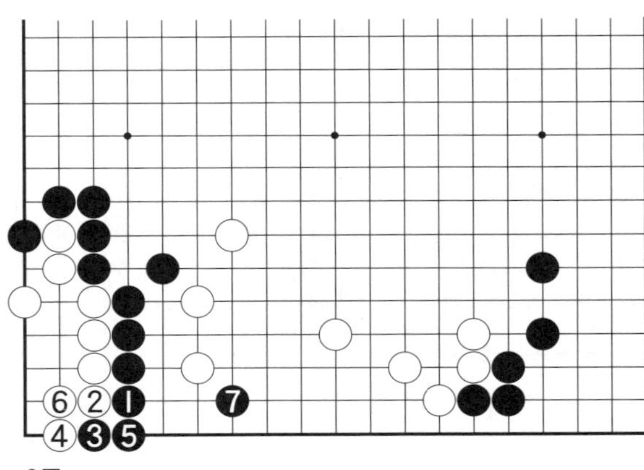

2도

2도 (정해)

흑1로 내려선 다음 3, 5로 1선을 젖혀잇는 것이 좋은 수순이다.

　흑5의 선수를 바탕으로 7까지 뛰어들어가 하변 백집을 크게 잠식할 수 있다.

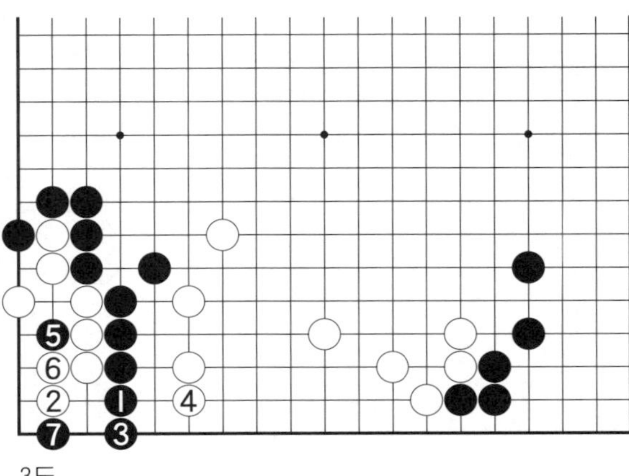

3도

3도 (안 통하는 조치)

백2의 마늘모 늦춤은 앞그림을 피하겠다는 조치이지만, 여전히 흑3이 선수가 되므로 불발이다. 이어 백4로 버틴다면 흑5, 7로 귀의 백이 함몰한다.

치명적인 약점 공략

● 흑 차례

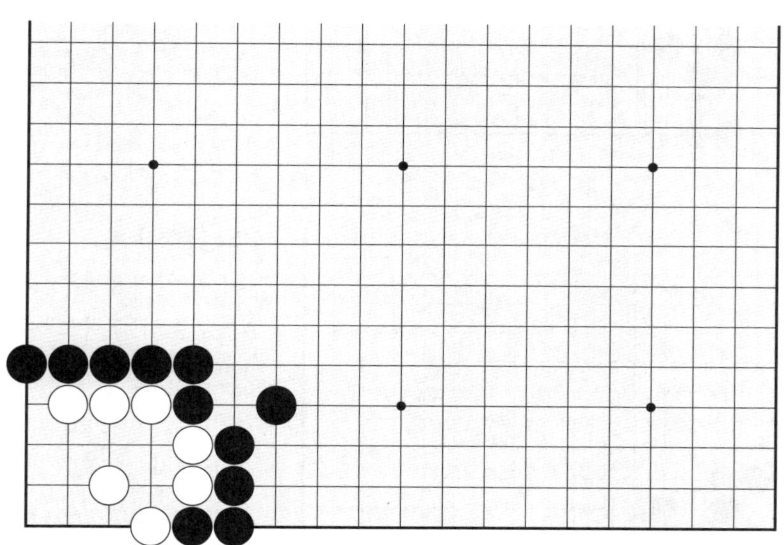

　백이 언뜻 완벽한 삶의 자세를 하고 있는 것 같지만, 실은 치명적인 약점을 안고 있다.

　흑이 그 약점을 추궁해 이득을 구하는 문제이다. 귀의 급소는 어디일까?

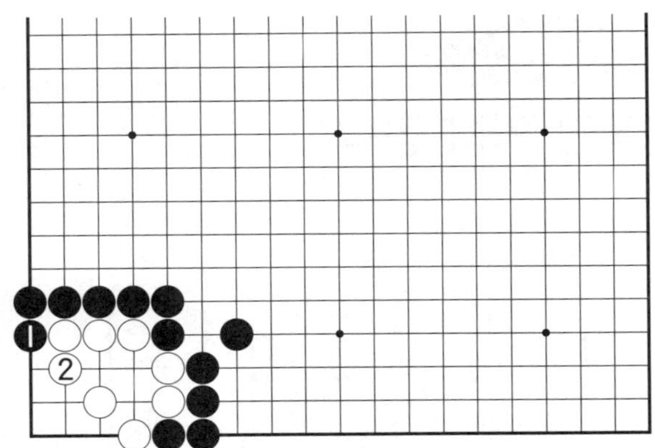

1도

1도 (속수)

흑1로 들어가는 것은 반사적인 속수이다.

백2로 받아 아무 일도 일어나지 않는다.

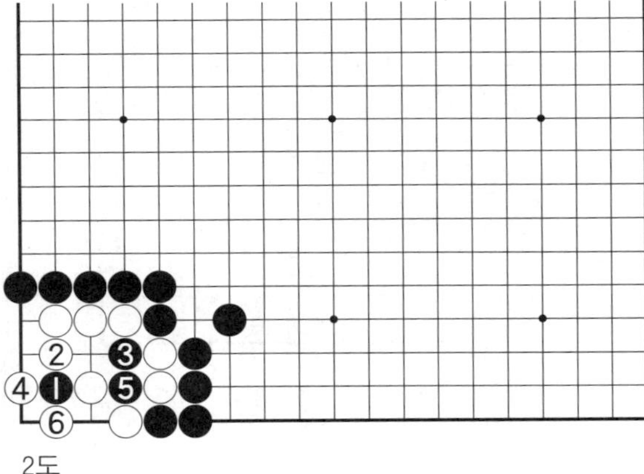

2도

2도 (정해)

흑1로 살며시 붙여보는 것이 교묘한 응수타진이다. 백2로 차단할 때 흑3으로 끊어 수가 난다. 이하 흑은 6까지 선수로 백 두점을 잡아 대성공이다.

이렇게 되면 백집(3집)보다 흑집(4집)이 더 많이 난 결과이다.

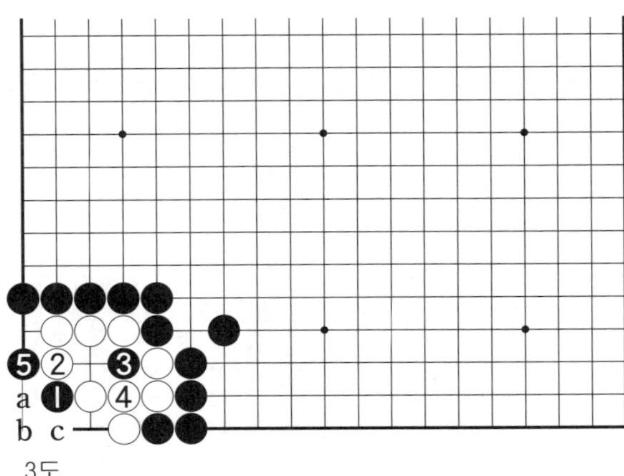

3도

3도 (백, 위험)

흑3에 백4로 잇는 것은 흑5로 넘어가 백 전체가 위험해진다.

그러면 백a, 흑b, 백c로 패를 걸어 삶을 구걸할 수밖에 없다.

알쏭달쏭한 공간의 사활

● 흑 차례

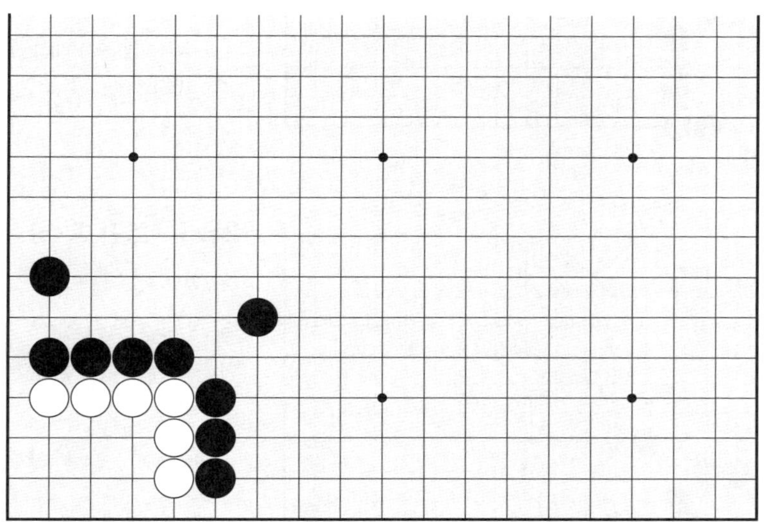

　실전에 빈번하게 등장하는 형태이다. 그런데 막상 최선의 끝내기 방법을 아는 사람은 그리 많지 않다. 그만큼 보기에도 알쏭달쏭한 공간이다.

　백의 삶을 담보삼아 최대한 이득을 취하는 수단은 무엇일까?

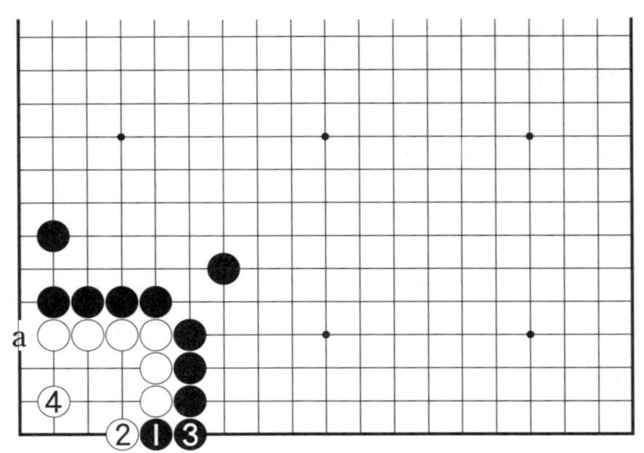

1도

1도 (속수 끝내기)

흑1, 3으로 젖혀잇는 것은 무감각한 속수이다. 백4가 흑a의 끝내기까지 방지하는 양수겸장이어서 흑의 불만이다.

　귀의 백은 무려 10집으로 완성되고 말았다.

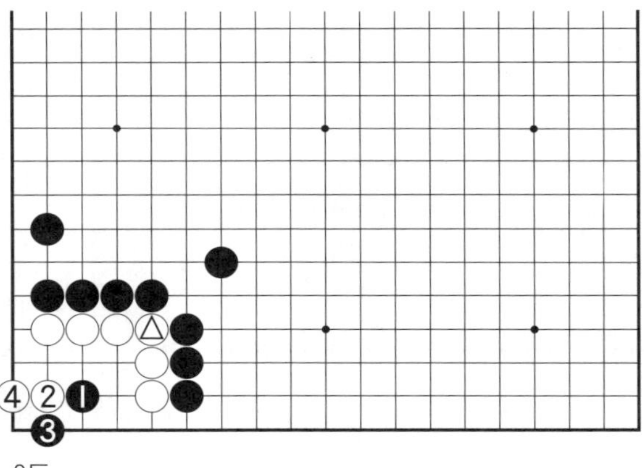

2도

2도 (무심한 치중)

얼핏 흑1의 치중이 급소 같지만, 여기서는 헛손질에 불과하다. 백2, 4로 받아 별무신통이다.

　백△가 공배 막힘을 받치고 있어 무사하다.

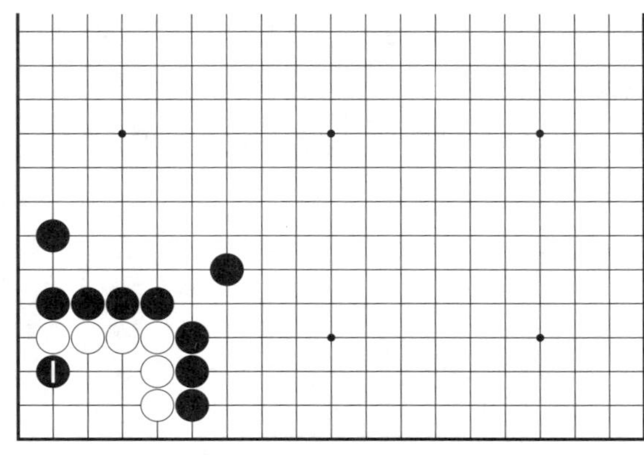

3도

3도 (정해)

흑1로 붙여가는 수가 좋은 끝내기 맥점이다.

　이 수에 대해 백도 잘못 응수하다가는 전체의 삶이 위험해지므로 주의를 요한다. 계속해서~

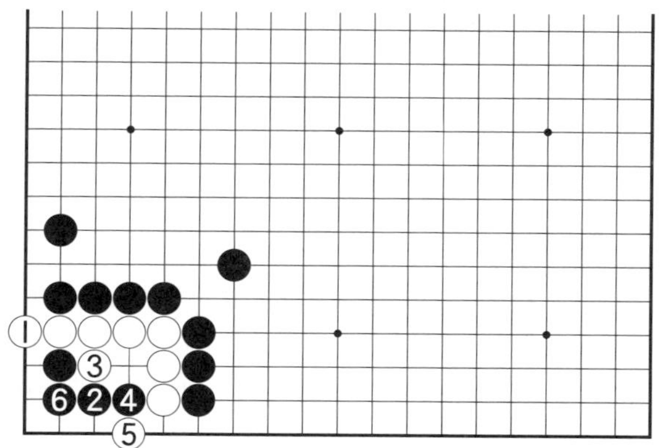

4도

4도 (백, 무모한 차단)

백1로 차단하는 것은 무모하다.

흑2가 집모양의 급소로 이하 6까지 유가무가의 형태가 되어 백이 곤란한 모습이다.

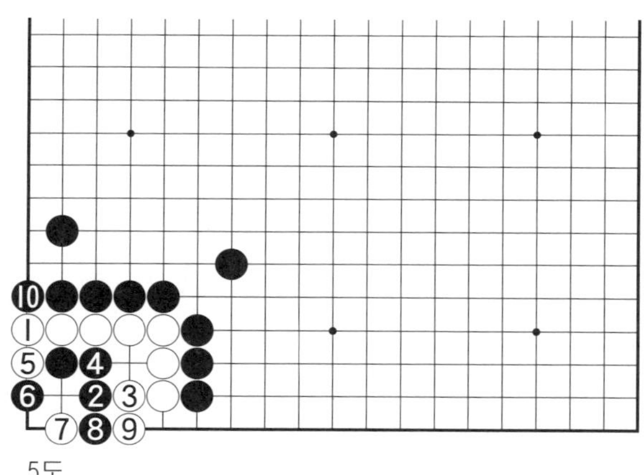

5도

5도 (유가무가)

그렇다고 흑2 때 백3으로 치받는 수도 흑4로 파호당해 역시 백이 곤경에 처한다. 흑10까지 전형적인 유가무가로 백의 사망이다.

결국 백1의 차단은 안 된다는 결론이다.

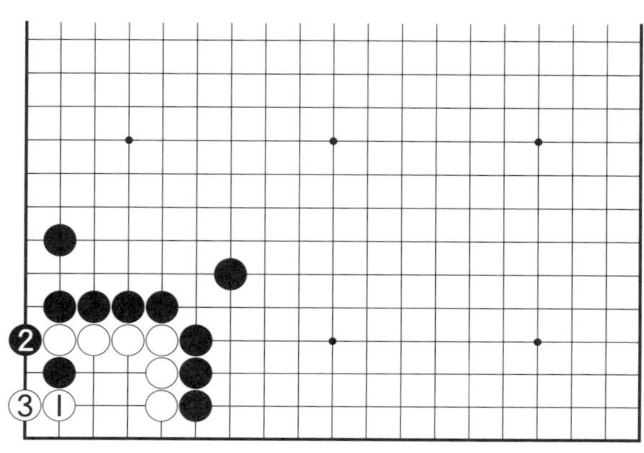

6도

6도 (흑, 경술)

백1로 껴붙이는 것이 피해를 최소로 하는 수습의 맥점이다.

그런데 이때 덥석 흑2로 넘어가는 것은 경솔하다. 백3으로 내려서서 흑은 더 이상 진격할 길이 없다.

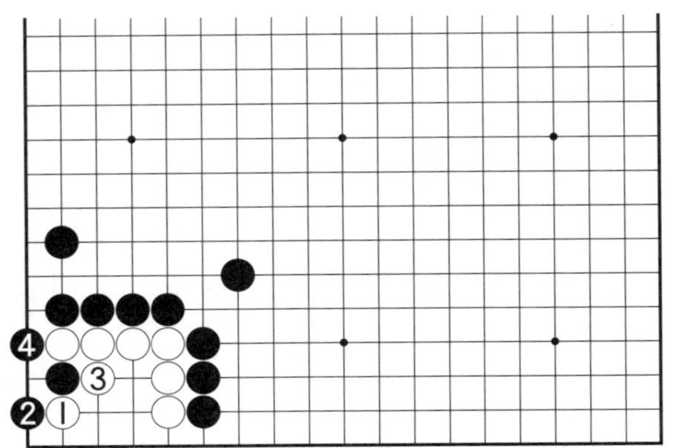

7도

7도 (젖힘의 맥)

백1에는 흑2로 젖히는 수가 이어지는 맥점이다.

이어 백3에는 흑4로 버텨 패 모양을 만드는 것이 준비된 수순이다. 계속해서~

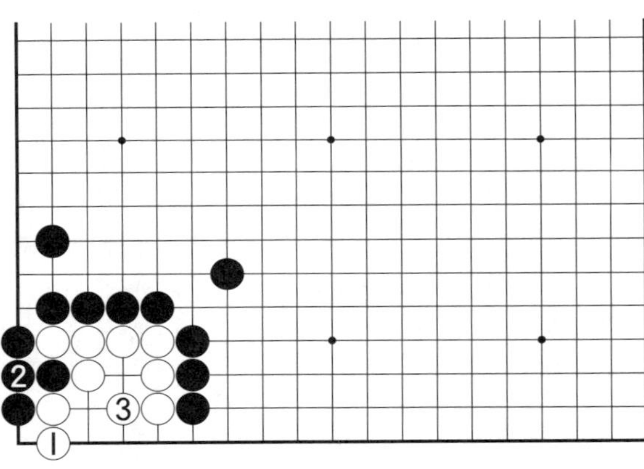

8도

8도 (6집의 이득)

이 패는 백 전체의 생사가 걸린 만큼 결국 백은 1로 물러설 수밖에 없다.

그러면 백3까지 흑은 백집을 최소화시키는 데 성공한다. 지금은 귀가 4집이니 1도와는 무려 6집의 차이가 난다.

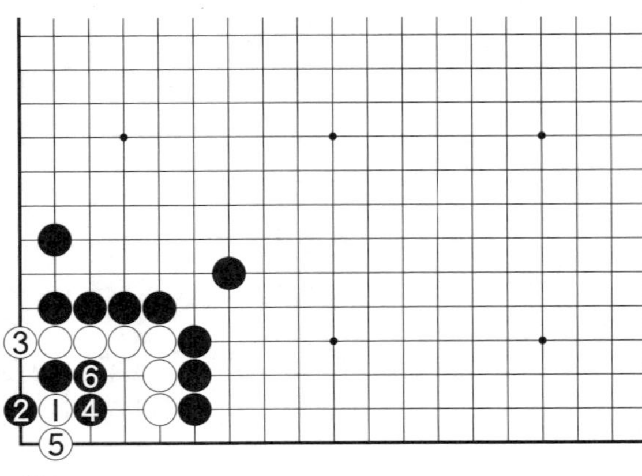

9도

9도 (유가무가)

참고로 흑2 때 백3으로 차단하는 것은 객기나 다름 없다. 흑4, 6이면 백 전체가 유가무가로 죽음이다.

절호의 희생번트 (1)

● 흑 차례

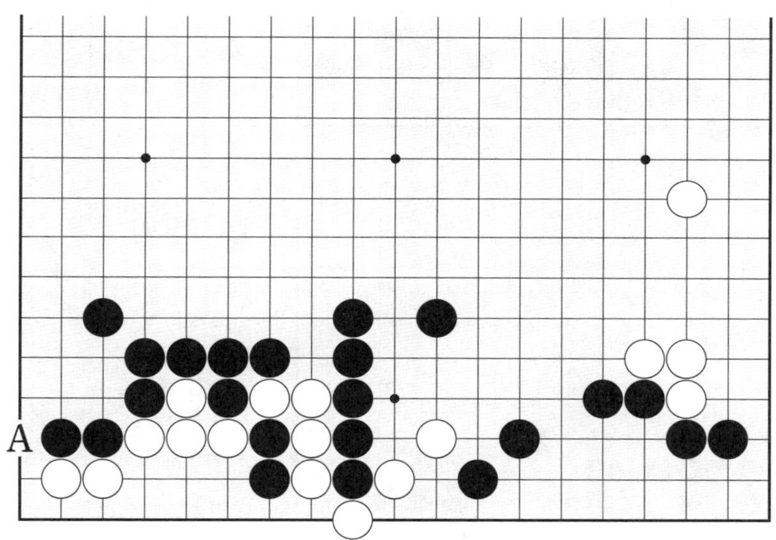

좌하귀 쪽은 이대로 방치하면 백A의 큰 끝내기를 선수로 당하게 된다.

흑은 그런 수단을 없애며 하변 백집을 최소화시키는 절호의 맥점 한방이 있다. 야구로 치면 절호의 희생번트에 해당되지 않을까. 과연 어디일까?

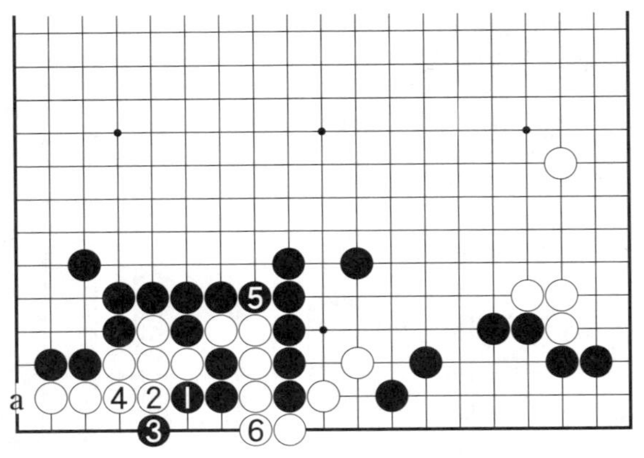

1도

1도 (속수)

손길가는 대로 흑1~5를 마구 해치우는 것은 속수이다.

기분만 냈을 뿐 백6에 이르러 후속수단이 없다. 흑a도 선수가 되지 않아서는 흑이 한 것이 없는 결과이다.

2도 (정해)

흑1로 끊는 것이 멋진 맥점이다. 백2에는 흑3이 이어지는 후속타이다. 이하 백6의 후수 삶이 불가피해서는 흑의 대성공이다.

다음 흑a로 잡는 이득이 크며, 흑5를 선수로 두었으므로 이미 상당한 끝내기를 한 셈이다.

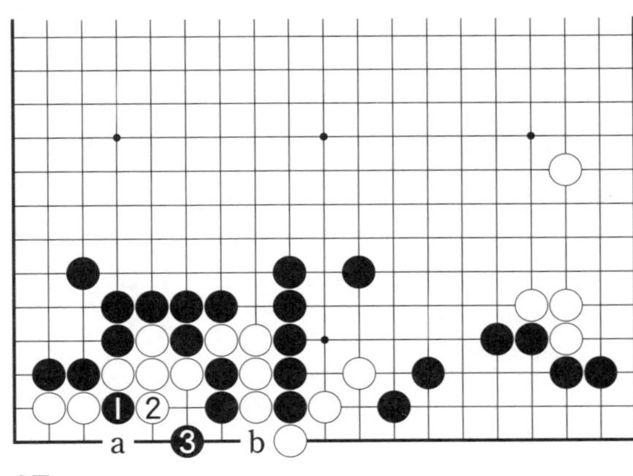

2도

3도 (마늘모가 묘수)

흑1에 백2로 잡고 버티는 것도 결과는 신통치 않다. 흑3의 마늘모 행마가 a와 b를 맞보는 묘수로 백이 견디기 힘들다.

3도

절호의 희생번트 (2)

● 흑 차례

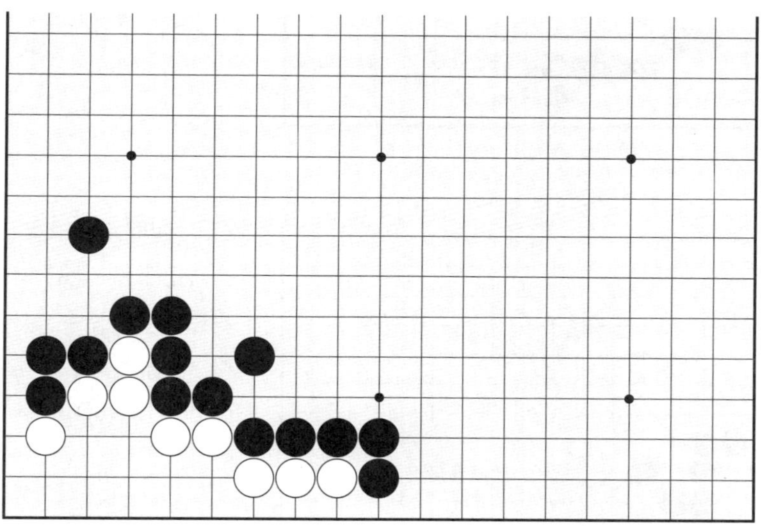

예로부터 전해오는 유명한 형태이다. 하변 백진이 일견
완벽해 보이지만 실은 그렇지 않다.
수순의 묘를 한껏 발휘해 백집을 초토화시켜 보자.

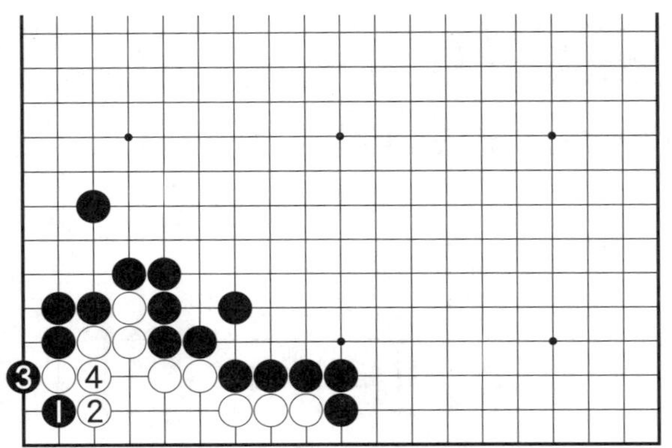

1도

1도 (실패 1)

좌하귀 쪽만을 놓고 볼 때는 흑1의 껴붙임이 부분적인 끝내기 맥점이다. 그러나 여기서는 좀 더 큰 수단이 있기에 실격이다.

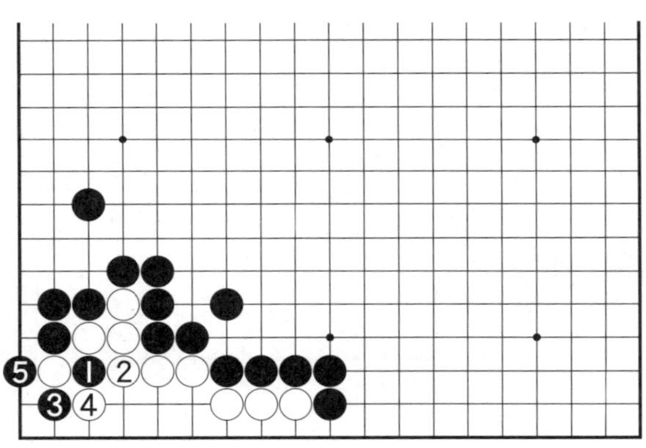

2도

2도 (실패 2)

흑1, 3으로 끊고 넘어가는 것도 생각할 수 있지만 역시 미흡하다. 앞 그림과 별 차이가 없다.

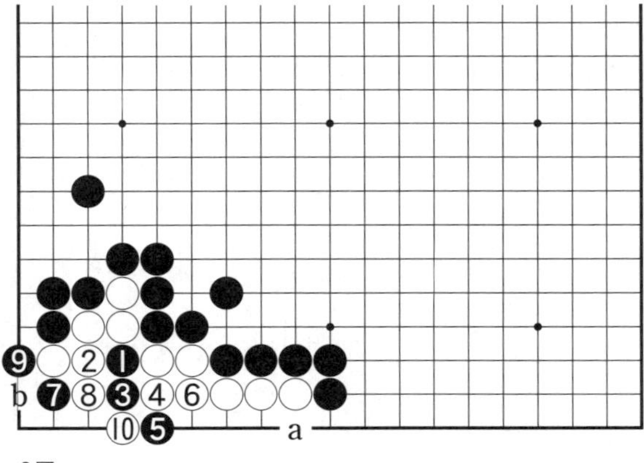

3도

3도 (실패 3)

흑1, 3으로 끊어뻗는 수도 떠오른다. 흑은 9까지 조이며 넘어가 한껏 기분을 낸 모습이다. 그러나 이 결과는 a쪽의 끝내기 수단을 없앨 뿐더러 훗날 백b의 수단도 남아 생각보다 소득이 없다.

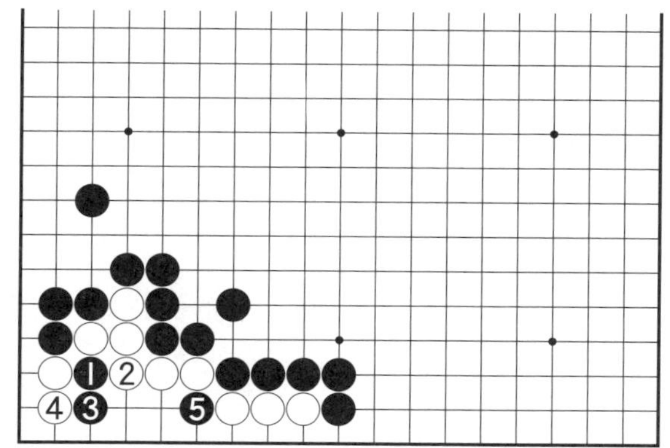

4도

4도 (정해)

여기는 흑1, 3으로 끊어뻗은 다음 5로 반대쪽을 끊어가는 것이 절묘한 수순이다. 계속해서~

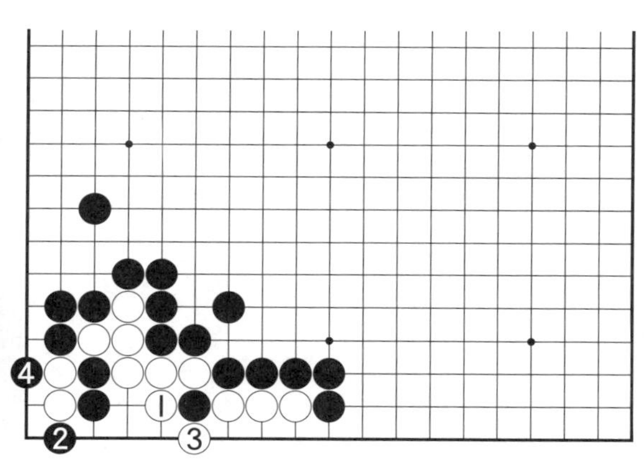

5도

5도 (혁혁한 성과)

백1을 기다려 흑2로 젖히는 것이 준비된 맥점이다.

결국 흑4까지 두점을 잡아 흑의 혁혁한 성공이다.

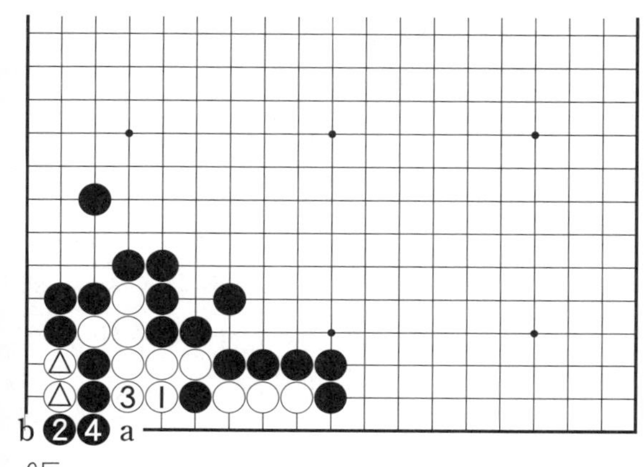

6도

6도 (양자충)

흑2 때 백3으로 모는 것은 흑4로 이어 백은 양자충이다. 다음 백은 a나 b로 둘 수 없어 △ 두점은 살아갈 길이 없다.

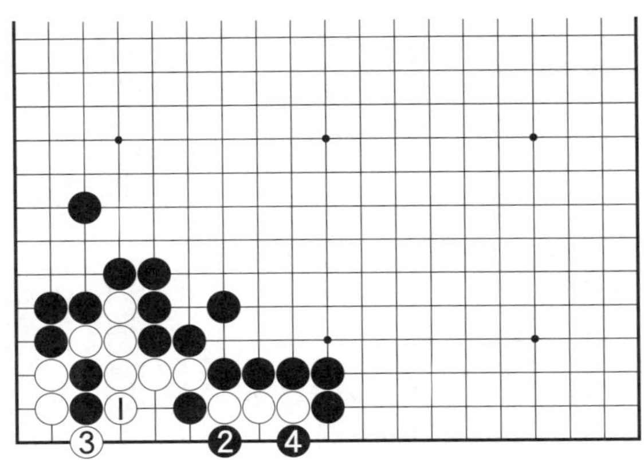

7도

7도 (하변에서 젖힘)

그렇다고 백1쪽으로 잡는 것은 흑2로 하변에서 젖히는 수가 기다린다.

역시 흑4까지 백은 출혈을 피할 길이 없다.

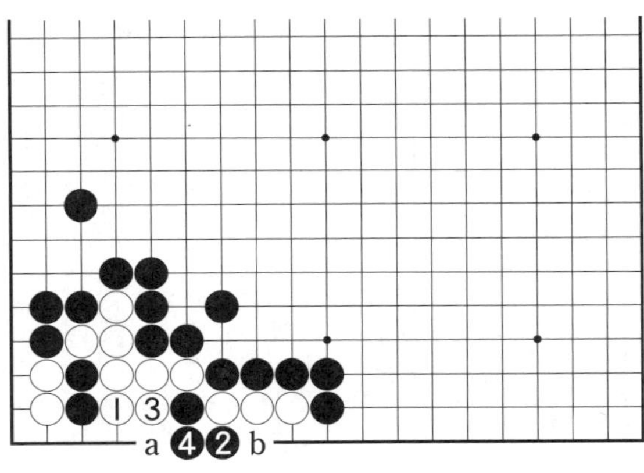

8도

8도 (역시 양자충)

흑2 때 백3으로 몰아보아도 흑4로 이으면 역시 백은 a와 b의 어디로도 들어갈 수 없는 양자충에 직면한다.

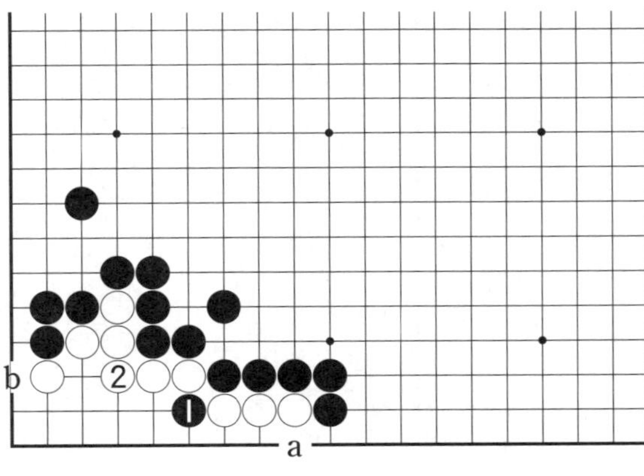

9도

9도 (수순 착오)

흑1쪽으로 먼저 끊는 것은 중대한 수순 착오이다. 백2로 이어 이제는 아무런 수도 나지 않는다.

흑a와 b를 선수하는 정도로는 너무 억울하지 않은가.

폐석으로 진주를 꿰다

● 흑 차례

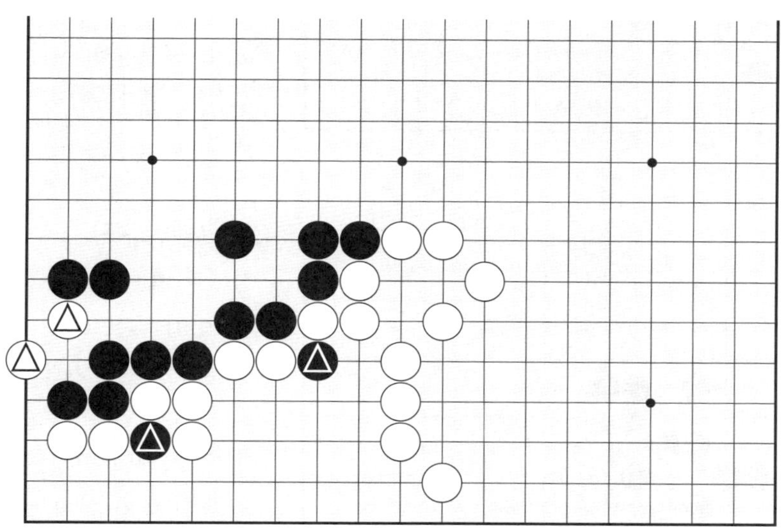

　백진 속에서 힘을 못 쓰고 있는 흑▲ 두점을 엮어 뭔가 수단을 내보고 싶은데, 백△들이 방해하고 있어 뜻대로 될지 의문이다.

　수순의 묘를 상기하면서 멋진 수를 내 보자.

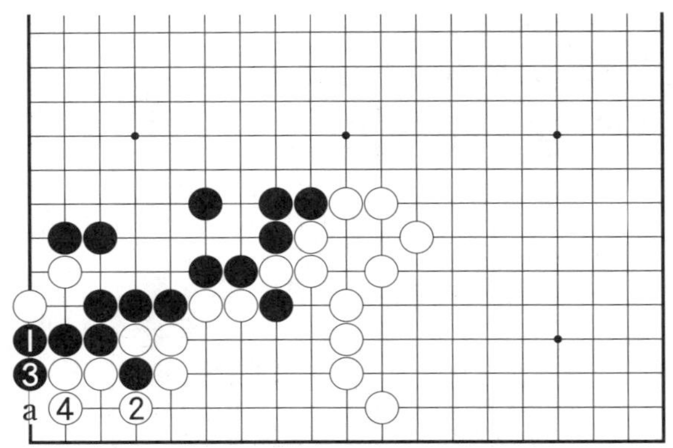

1도

1도 (실패 1)

흑1로 내려서는 것은 대책 없는 수이다. 백2로 개운하게 따내 너무 싱겁다.

흑3을 선수하는 정도로는 서운한 감을 지울 길이 없다. 다음 흑a는 후수 끝내기에 불과하다.

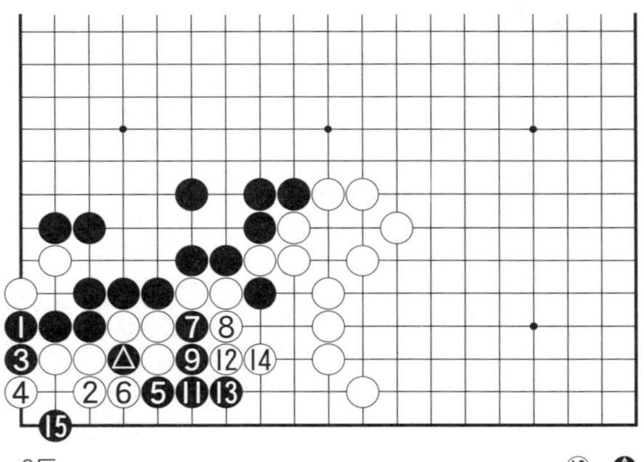

2도

⑩…△

2도 (백, 과욕)

참고로 흑1 때 한 집도 손해 보지 않으려고 백2로 한껏 버티는 것은 과욕이다. 흑5, 7의 묘 수순에 의해 큰 사건이 발생한다. 이하 흑15까지 귀의 백이 궤멸한다.

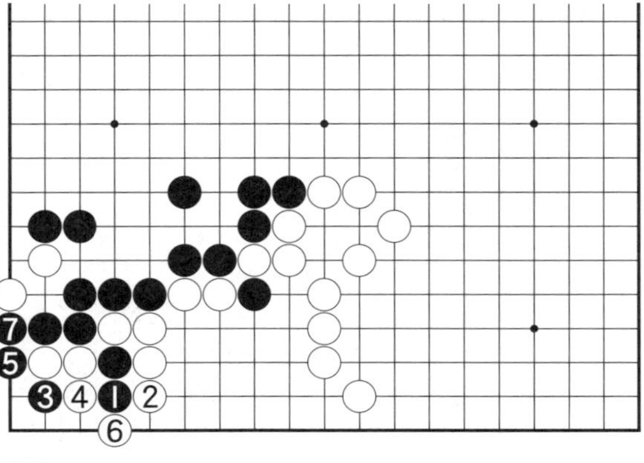

3도

3도 (실패 2)

흑1로 뻗은 다음 3, 5로 조여붙이는 수가 쉽게 떠오른다.

그러나 흑7로 후수를 잡아야 한다는 점이 가슴 아프다. 약간의 끝내기를 했을 뿐이다.

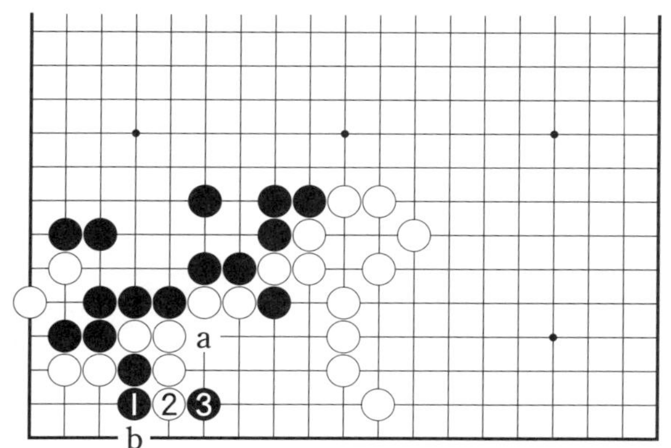

4도

4도 (정해)

여기는 흑1에 이어 3으로 갖다붙이는 수가 생각해 내기 어려운 묘착이다.

다음 백의 응수는 a와 b가 가능한데, 어디가 정수일까?

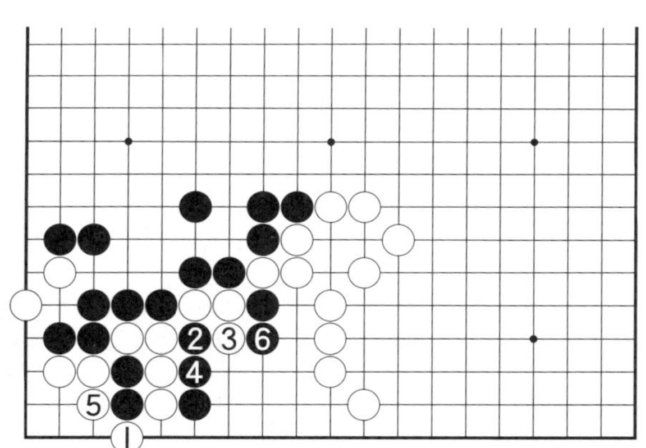

5도

5도 (백, 망하다)

백1로 잡는 것은 너무 많이 욕심을 부린 수이다.

흑2, 4가 선수로 들어 6의 축이 성립해서는 백이 망한 꼴이다.

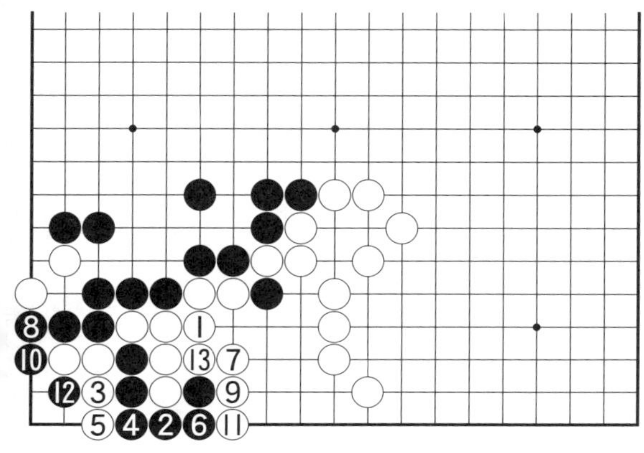

6도

6도 (선수 끝내기 성공)

따라서 백1로 잇는 것이 정수이다. 이제 흑2~6을 선수한 다음 8로 내려서는 것이 좋은 수순이다.

백9로 잡을 수밖에 없을 때 흑10, 12를 선수로 해치워 성공이다. 후수인 3도와 비교해 보라.

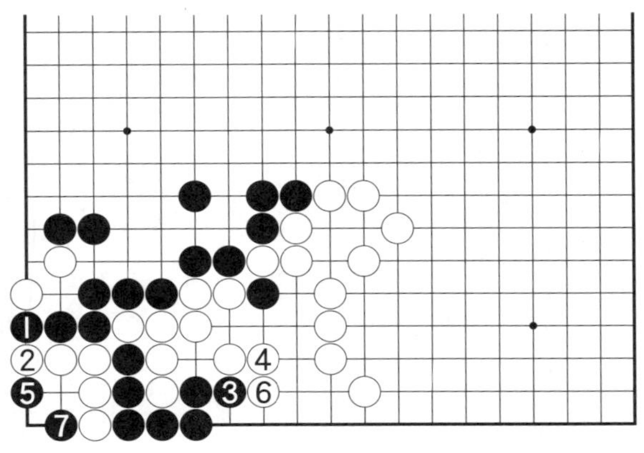

7도

7도 (백, 대무리)

흑1(앞 그림의 8) 때 백2로 막는 것은 대무리이다.

흑3으로 수가 늘어나 7까지 거꾸로 백이 잡힌다.

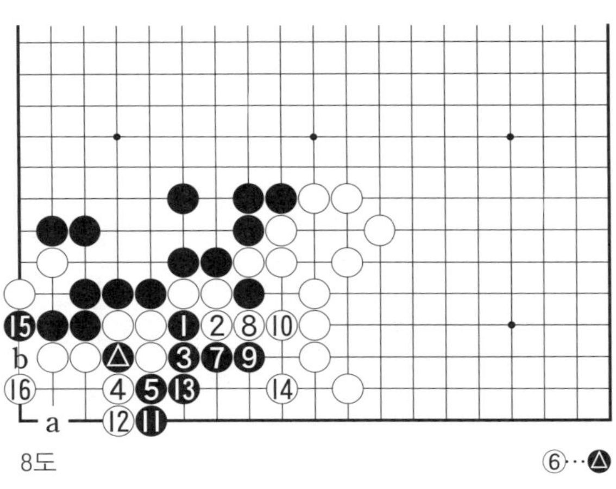

8도

⑥…⦿

8도 (실패 3)

언뜻 흑1로 먼저 끊는 데 손이 나가기 십상이지만 별무신통이다. 이하 백14까지 흑이 수부족이다. 그저 흑15를 선수로 두었다는 정도에 불과하다(다음 흑a는 백b로 5궁도가 되어 흑은 수상전이 안 된다).

9도

⑥…⦿

9도 (실패 4)

일견 흑1의 되젖힘도 맥점 같지만, 백2로 따내면 역시 별 볼일이 없다.

앞 그림과 비슷한 모습이다.

기기묘묘한 후절의 맥

● 흑 차례

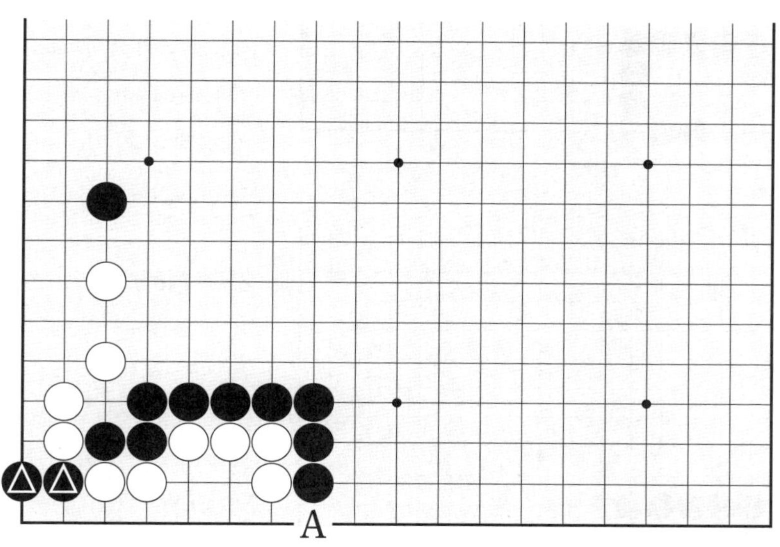

　흑▲ 두점이 완전무결하게 잡혀있는 만큼 백집에는 별다른 수가 없어 보인다. 그러나 이 좁은 곳에 기기묘묘한 수단이 숨어있을 줄이야.

　백A의 선수 끝내기를 당하기 전에 바로 지금 수를 내야 한다. 힌트는 후절수!

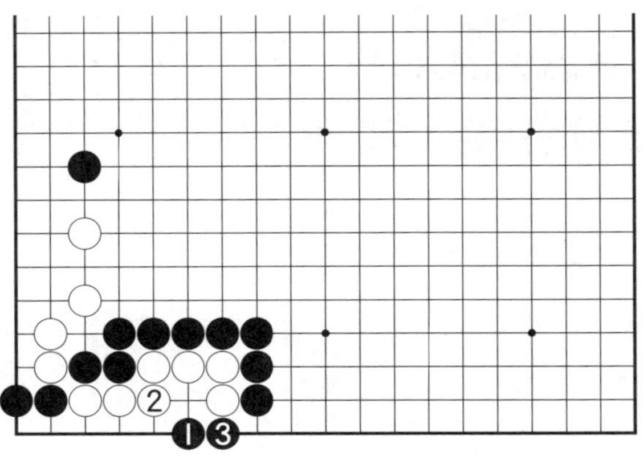

1도

1도 (후수 끝내기)

흑1의 치중을 한눈에 찾아 낸다면 상당한 기력의 소유자이다. 그러나 여기서는 후수 끝내기에 불과해 낙제점이다. 백2로 이어 별 수가 없기 때문이다. 흑3에 백이 손을 빼 큰 곳을 차지해버리면 흑은 헛물 켠 모습이다.

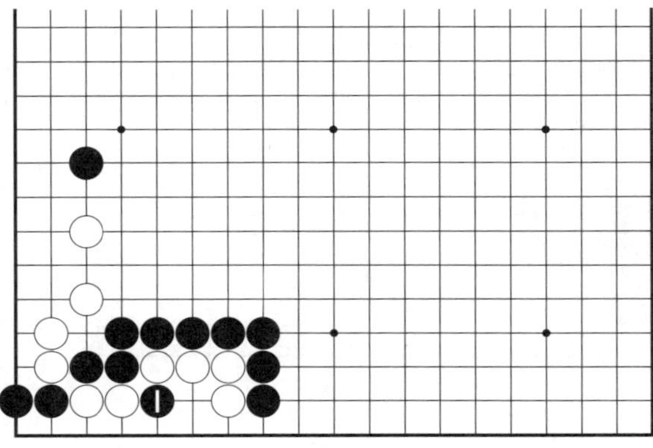

2도

2도 (정해)

흑1로 끊는 것이 거대한 음모의 시발점이다.

'기자절야(바둑이란 끊는 것)'의 격언이 여실히 적용되는 장면이다. 계속해서~

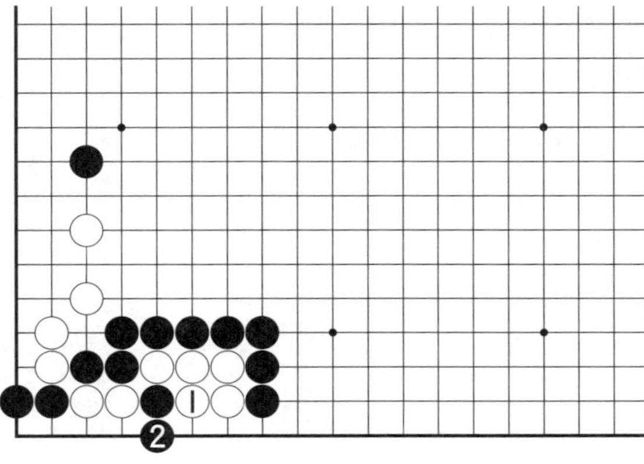

3도

3도 (양자충)

백1로 모는 것은 흑2로 뻗어 양자충이다. 백이 일거에 망한다.

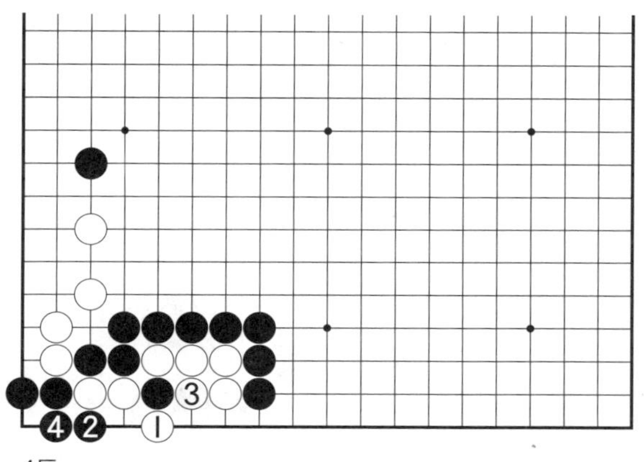

4도

4도 (수순의 묘)

백1로 잡기를 기다려 흑2, 4가 준비된 수순이다.

"도대체 죽은 돌을 움직여 무엇 하려나?" 의문이 드는 분들은 다음을 주목하시길….

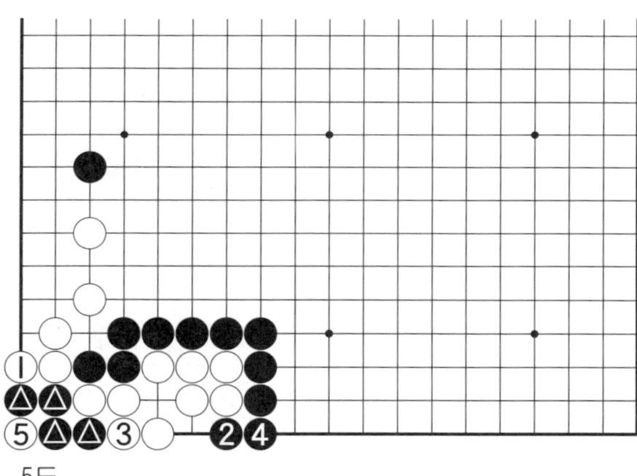

5도

5도 (넉점 모양에 주목)

백1~5로 수를 메워가면 물론 흑 넉점을 잡을 수는 있다.

그런데 그 과정에 이 흑돌(▲)이 어느새 뱀처럼 꼬부라져 있지 않은가. 계속해서~

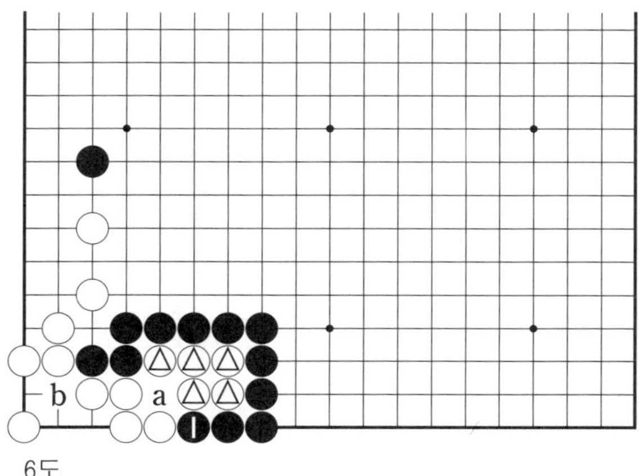

6도

6도 (다섯점 포획)

지금껏 눈치를 못 챈 분은 흑1 때야 외마디 비명을 지를 것이다. 백a로 이으면 흑b로 후절수이다.

결국 백△ 다섯점이 속절없이 떨어진 것. 수순의 묘를 통해 멋진 후절수를 엮어낸 장면이다.

지충을 이용한 귀와 변의 연계

● 흑 차례

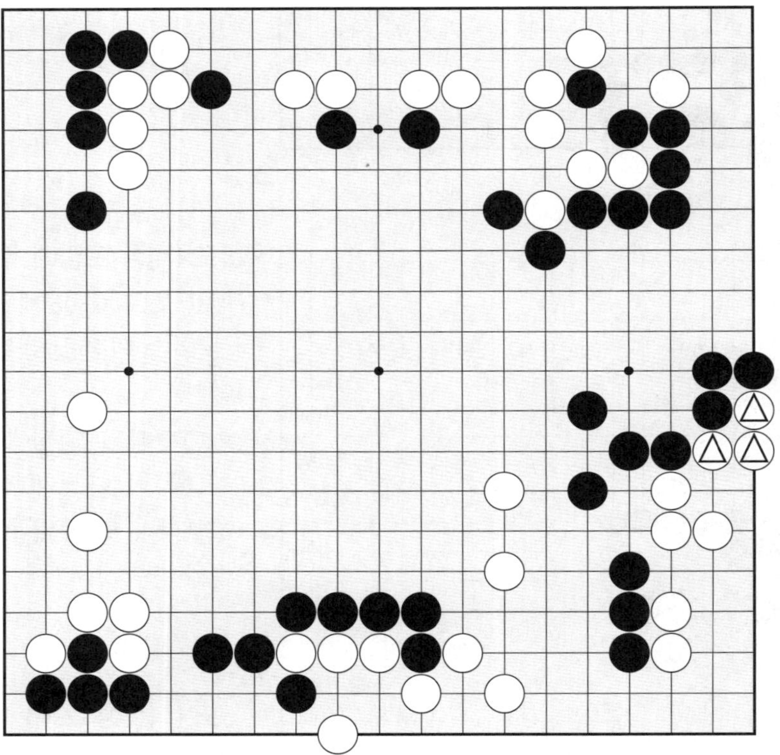

　　조훈현과 이창호의 실전에서 발췌한 장면이다. 우하귀 백진이 주목의 대상. 언뜻 보기에는 아무런 이상이 없어 보인다.

　　그러나 백이 서둘러 선수 끝내기해 둔 백△들을 후회하게 만들 기막힌 맥점이 숨어있다. 하변 백 대마의 연관성도 고려해야 하는 고급 사활이다.

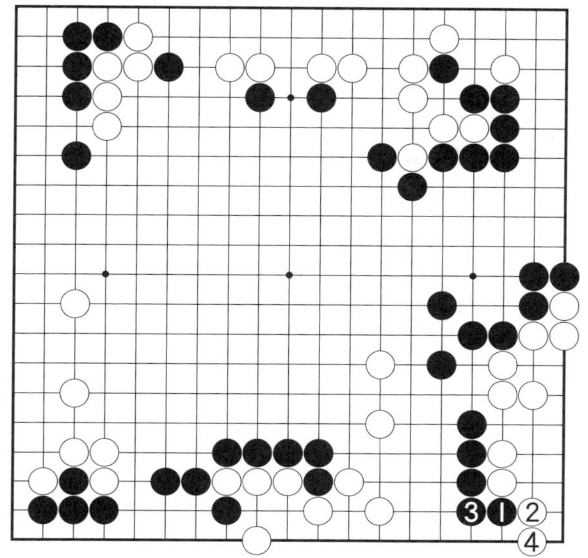

1도

1도 (책략 부족)

단순히 흑1, 3으로 젖혀 잇는 것은 백4로 받아 백 집이 최대한으로 완성되므로 흑의 불만이다.

게다가 하변 백 대마에도 아무런 영향력이 없어 흑의 실패가 역력하다.

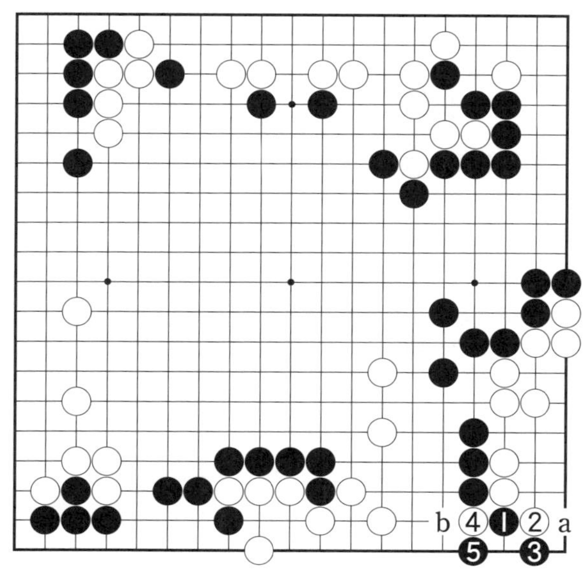

2도

2도 (그래도 미흡)

흑1, 3의 이단젖힘이 좀 나은 수법이다. 다음 백4 에는 흑5로 버틴다. 흑의 꽃놀이패이므로 결국 백 은 a로 물러설 수밖에 없는데, 그때 흑b면 하중앙 백 대마도 위협할 수 있어 상당한 이득이다.

그래도 이 정도로는 흑이 미흡하다.

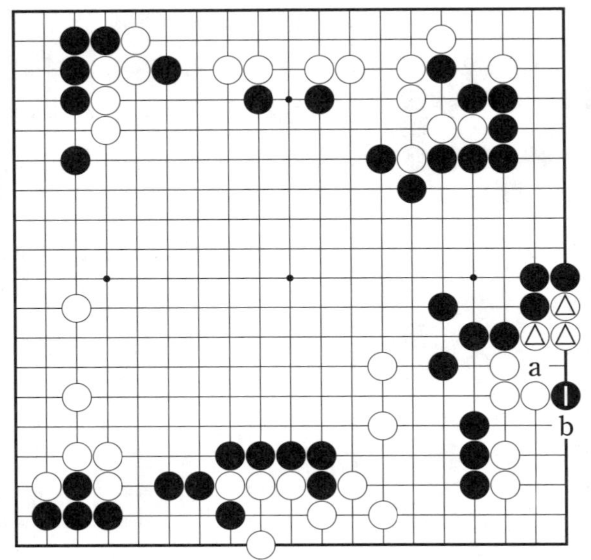

3도

3도 (정해)

자충으로 뭉쳐진 백△들을 한껏 노려본 다음, 흑1로 일선에 갖다붙이는 수가 기상천외의 맥점이다.

다음 백의 응수는 a와 b의 두 가지를 생각할 수 있다.

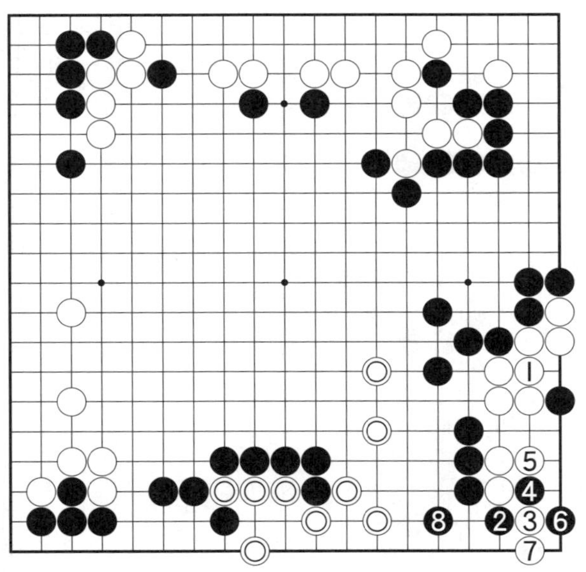

4도

4도 (좌우를 맞본다)

백1로 잇는다면 흑2~6이 멋진 수순이다. 백7로 버티면 흑8로 호구쳐 좌우를 맞본다.

이렇게 되면 하변 대마(◎)나 우하귀 둘 중의 하나가 다칠 양상이어서 백이 곤란한 모습이다.

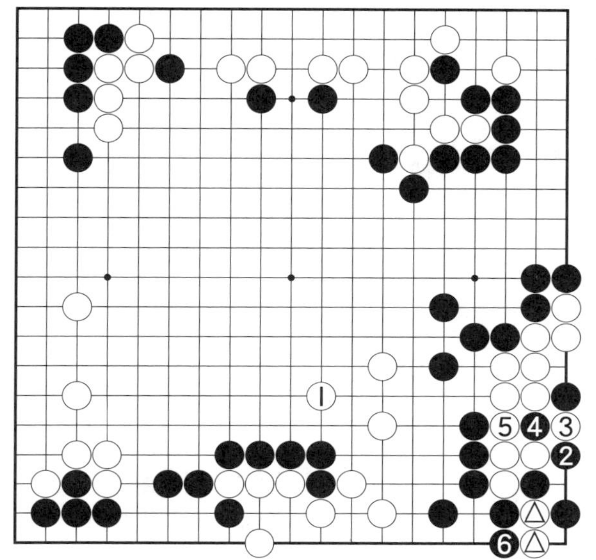

5도 (혁혁한 성과)

가령 백1로 하변 대마를 돌본다면 흑2로 젖혀 수가 난다. 백3, 5로 수습할 수는 있지만, 그 사이 백△ 두점이 선수로 떨어진다. 이 정도면 흑의 혁혁한 성과이다.

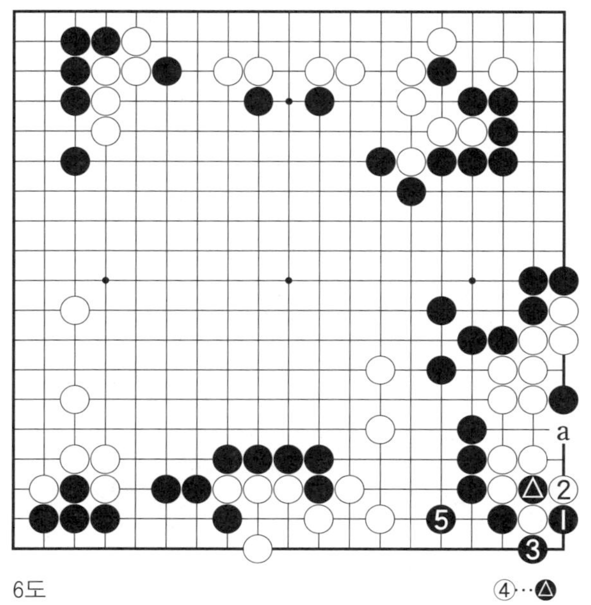

6도 (백, 사면초가)

흑1 때 백2로 따내는 것은 흑3으로 되몰려 더욱 곤란하다. 다음 흑5로 호구쳐 두면 백은 하변 대마도 박약하고 우하귀도 a의 가일수가 필요해 사면초가에 몰린다.

그렇다고 백4로 잇지 않을 수도 없는 노릇 아닌가.

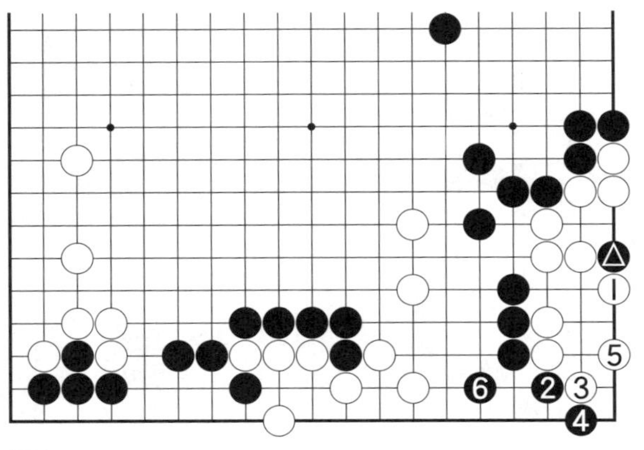

7도

7도 (이단젖힘)

이번에는 흑▲에 백1로 받는 수를 살펴본다. 이때는 흑2, 4로 이단젖히는 것이 준비된 카드이다. 다음 백5에는 흑6으로 지키고 역시 양쪽을 맞본다. 우하귀는 흑▲로 인해 아직 소화 불량 상태임에 주목한다.

8도 (흑, 대성공)

계속해서 백1로 대마를 돌보면 흑2, 4의 수단이 기다리고 있다. 흑은 6까지 백▲ 석점을 품에 넣어 대성공이다.

결국 백은 ▲를 당한 순간 어딘가 한 군데 떨어질 운명이다.

8도

9도 (물러서도 큰 손해)

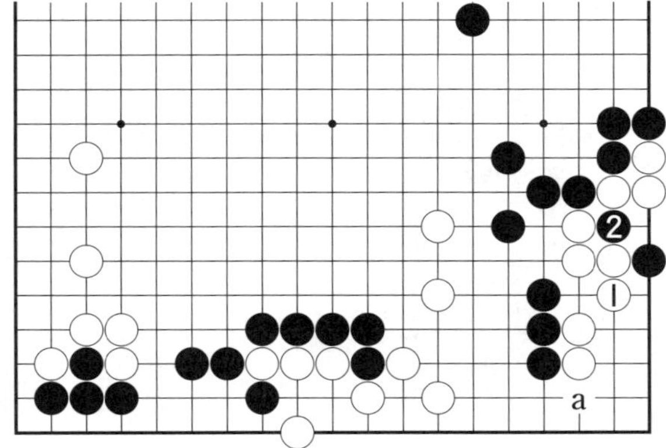

9도

그렇다고 아예 백1로 물러서는 것은 흑2로 잡혀 큰 손해이다.

기세 상으로도 용납되지 않을 뿐더러 어차피 흑 a까지 선수로 당하게 되므로 앞 그림보다 나을 것이 없다.

수순의 중요성

● 흑 차례

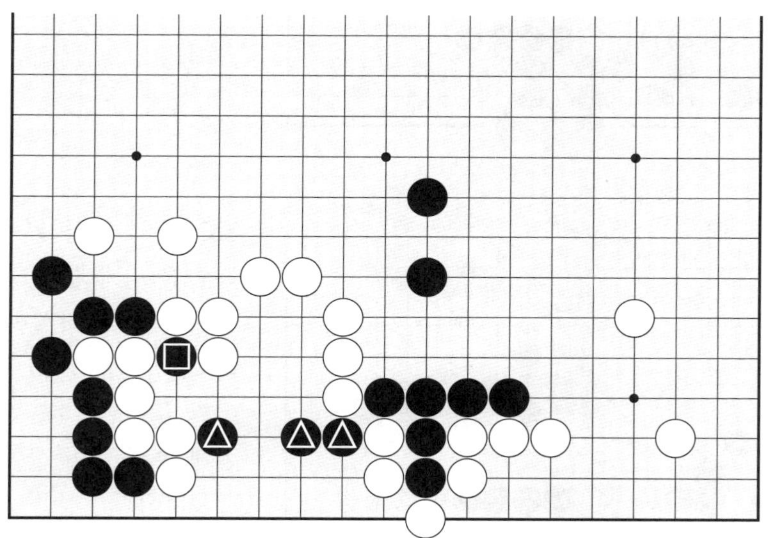

　흑△들이 갇혀있는 하변 백진에 뭔가 수가 있다. 그런데 중요한 것은 수순이다.

　흑■의 뒷맛까지도 최대한 이용하면서 수순의 묘를 한껏 발휘해 멋진 수를 내보자.

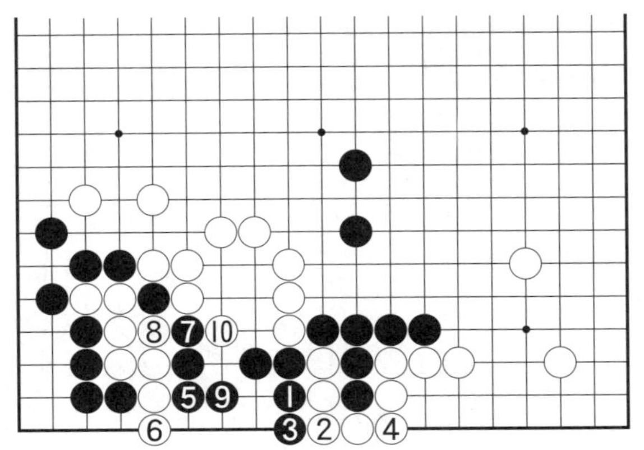

1도

1도 (속수)

흑1, 3을 사정없이 선수하는 것은 속수이다.

다음 흑5～9로 몸부림쳐 봐도 백10까지 아무것도 안 된다.

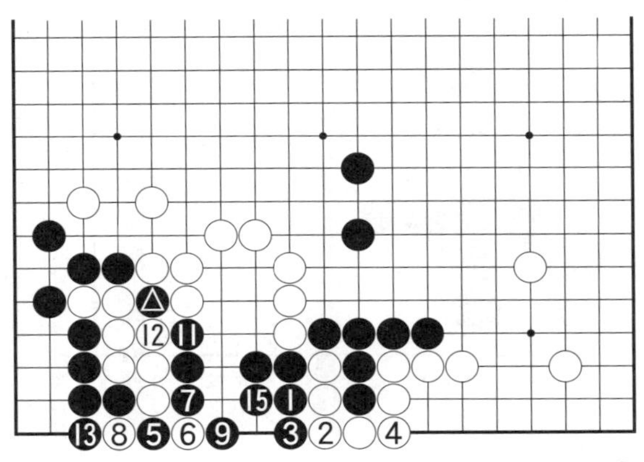

2도

⑩…❺ ⑭…▲

2도 (흑의 아전인수)

흑1, 3 다음 5로 젖히는 것이 흑의 책략일지 모른다. 만약 덥석 백6으로 받아만 준다면 흑15까지 멋지게 수를 내며 살아 흑의 대성공이다.

그러나 이건 흑 혼자만의 생각이다.

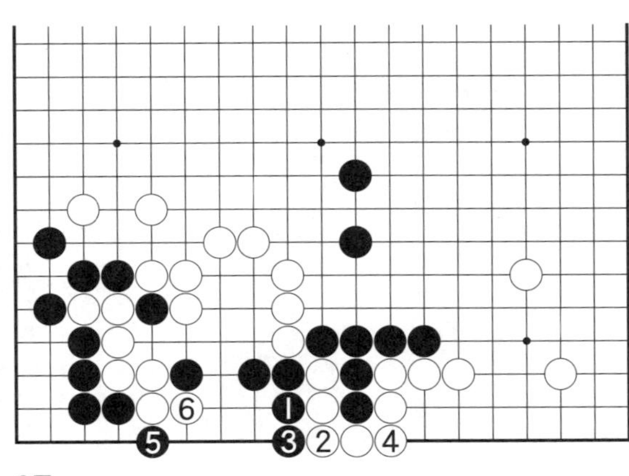

3도

3도 (성급 입증)

흑5에는 백6으로 슬쩍 물러나는 수가 있기 때문이다. 이렇게 되고 보니 흑1, 3이 성급했다는 것을 알 수 있을 것이다.

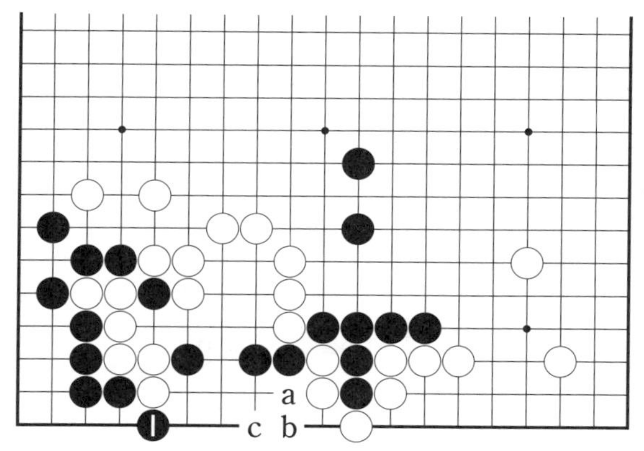

4도

4도 (정해)

하변 쪽에 대한 모든 선수를 보류한 채 흑1로 먼저 젖혀보는 것이 올바른 수순이다.

　하변 쪽은 어차피 흑a~c가 모두 선수이므로 백의 응수여하에 따라 활용하겠다는 작전인 것이다.

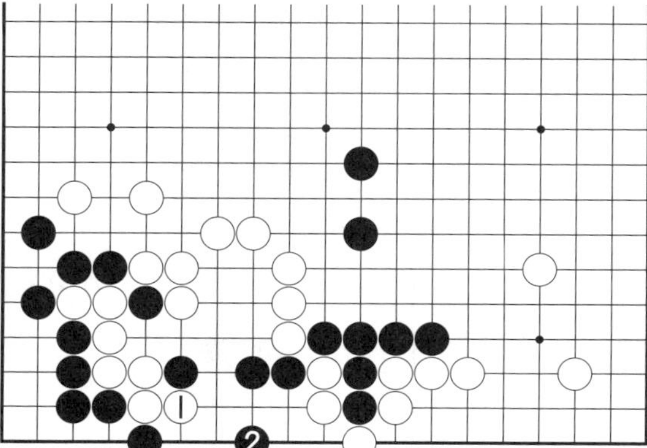

5도

5도 (손쉬운 완생)

만약 백1로 젖혀 받는다면 흑은 2~8을 선수한 다음 10~14로 쉽게 산다.

　2도가 비로소 실현된 것이다.

6도 (비장의 묘수)

그렇다고 백1로 물러서면 이때는 흑2의 뜀이 비장의 묘수이다.

　이 수가 있기에 이곳은 백집이 아니었던 것이다.

계속해서~

6도

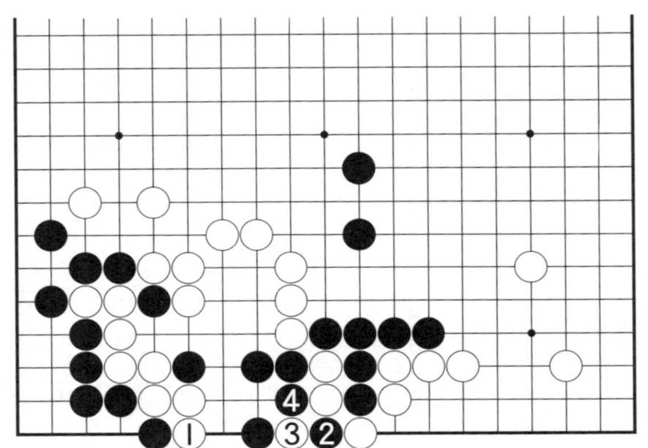

7도

7도 (촉촉수)

계속해서 백1로 차단하는 것은 흑2, 4로 촉촉수에 걸린다.

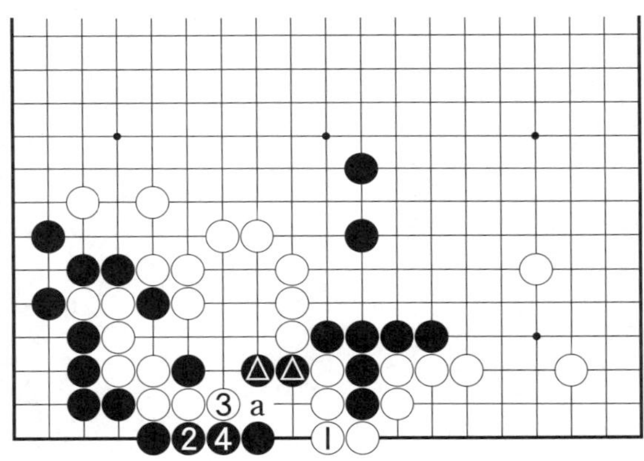

8도

8도 (흑, 성공)

결국 백은 1로 이을 수밖에 없는데 흑2, 4로 넘어가 흑의 성공이다.

다음 백a로 끊을 수 없으므로 흑▲ 두점까지 살아간 셈이다.

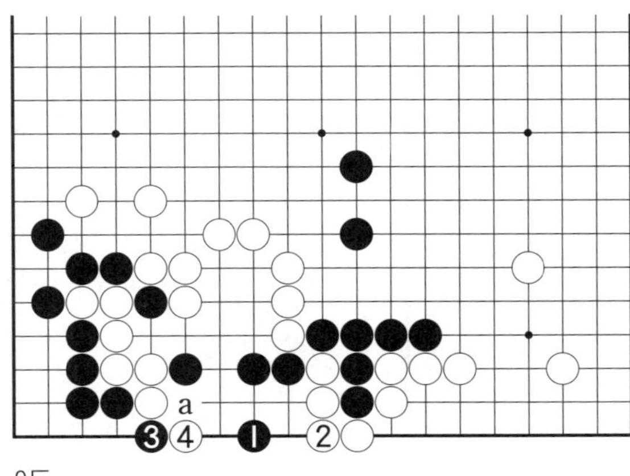

9도

9도 (흑의 착각)

그런데 수순을 바꿔 흑1, 백2를 먼저 결정하는 것은 착각이다. 흑3에는 백4로 막아 만사휴의.

이제는 흑a로 끊어 사는 수가 안 된다.

양자충의 진수

● 흑 차례

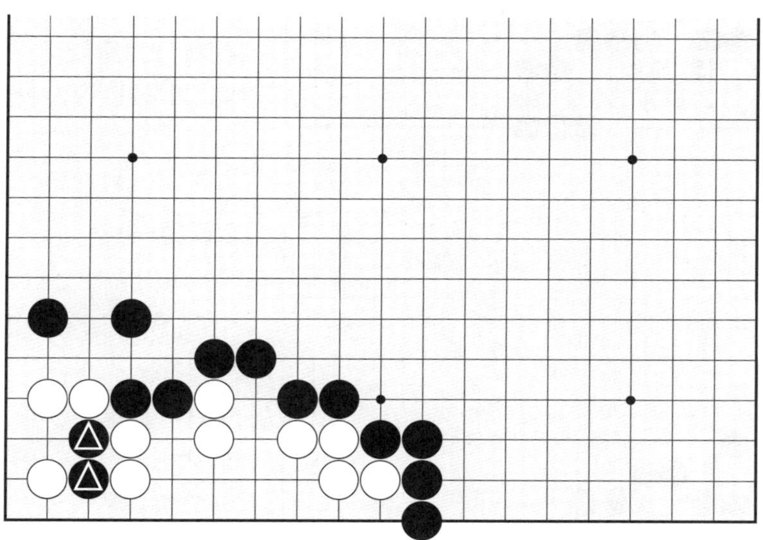

　　흑▲ 두점이 거의 완벽하게 잡혀있어 백진에 별 수가 없어 보인다.
　　그러나 정확한 수읽기로 백진을 초토화시키는 수단이 있다. 물론 여기서는 흑▲의 포로도 톡톡히 역할을 한다.

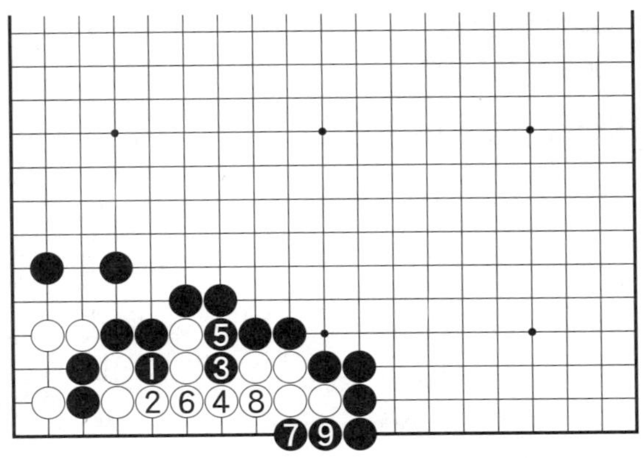

1도 (어설픈 끝내기)

흑1로 찌른 다음 3으로 끼우는 것은 한눈에 보이는 수단이다.

이하 흑9까지 제법 백집을 줄일 수는 있다. 그러나 정답과는 거리가 멀다. 더욱이 후수 아닌가.

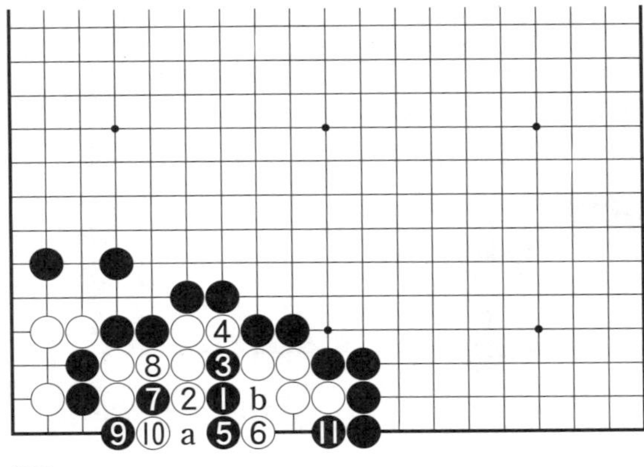

2도 (정해)

흑1의 치중이 일단 급소이며 3, 5로 늘어두는 것이 이어지는 맥이다. 백6으로 버틴다면 흑7, 9의 교묘한 희생타 작전으로 양자충을 유도해 백 5점을 잡는다.

흑11 다음 백은 a에도 b에도 못 들어 가는 것이 비극이다.

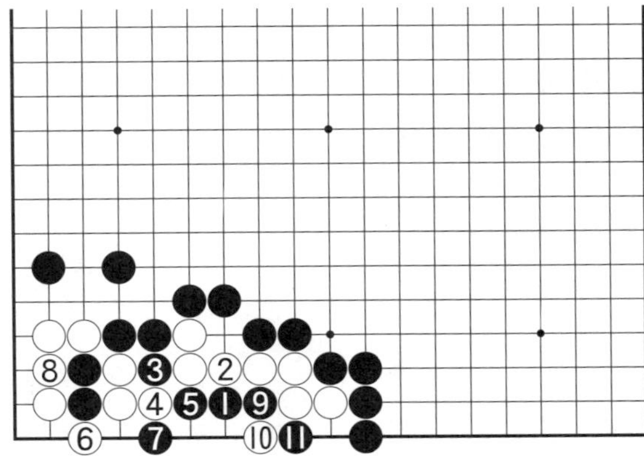

3도 (백, 무리)

흑1에 백2로 잇는 것은 무리이다. 흑3, 5로 끊어 더 큰 수가 난다. 흑7이 선수로 듣는 것이 흑의 자랑이다. 흑은 11까지 백의 몸통을 잡아 대성공이다.

시한폭탄의 숨은 뇌관 찾기

● 흑 차례

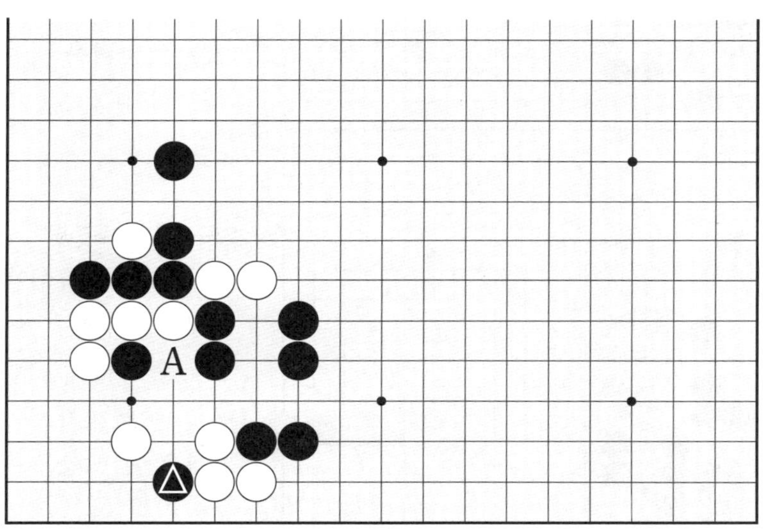

　백이 A에 가일수하지 않고 손을 뺀 장면이다. 무사해 보이는 백진 속에 무시무시한 시한폭탄이 숨어 있다.
　수순의 묘로 숨은 뇌관을 찾아내 보자. 고목나무의 매미 같은 흑▲가 큰 역할을 하게 된다.

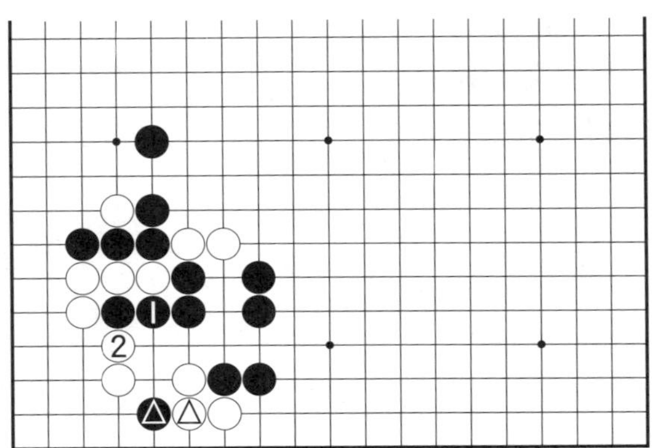

1도

1도 (무책임한 속수)

흑1로 잇는 것은 무책임한 속수이다. 백2로 지키면 모든 뒷맛이 소멸되고 흑❶와 백△의 교환은 큰 손해수가 되고 만다.

백의 가려운 곳을 긁어 주는 격이다.

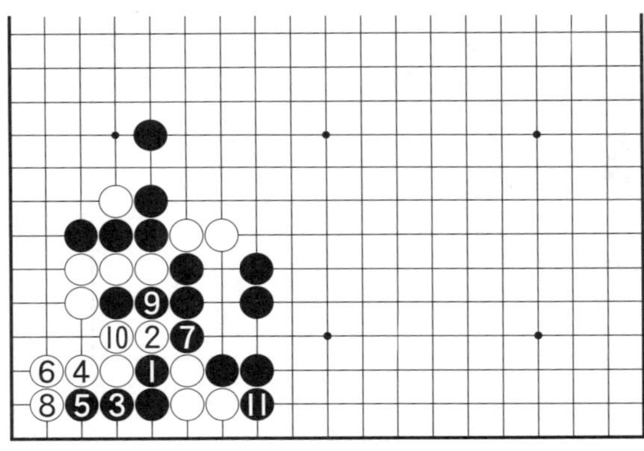

2도

2도 (흑의 독단)

흑1~5로 움직이는 수가 얼핏 떠오른다. 만약 백6으로 물러서 주기만 한다면 흑은 11까지 백 석점을 크게 잡아 대성공이다.

그러나 이건 흑의 독단에 불과할 뿐이다.

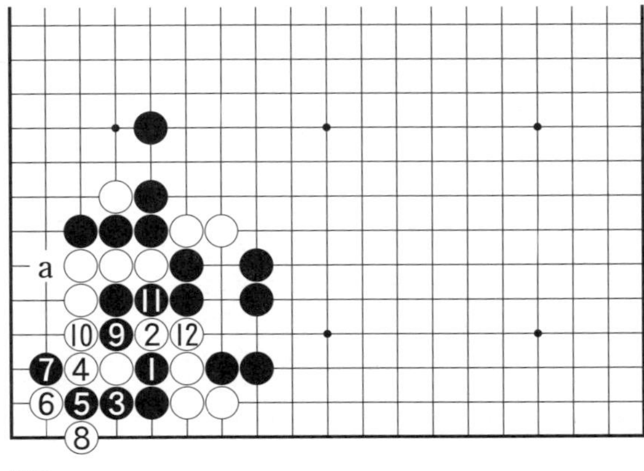

3도

3도 (흑, 넉점 잡힘)

흑5에는 백6으로 젖히는 강수가 기다리고 있다. 흑7의 끊음에는 백8의 젖힘이 묘수로 아래 흑 넉점이 잡힌다.

이제 와서 흑a를 선수하는 정도로는 양이 차지 않는다.

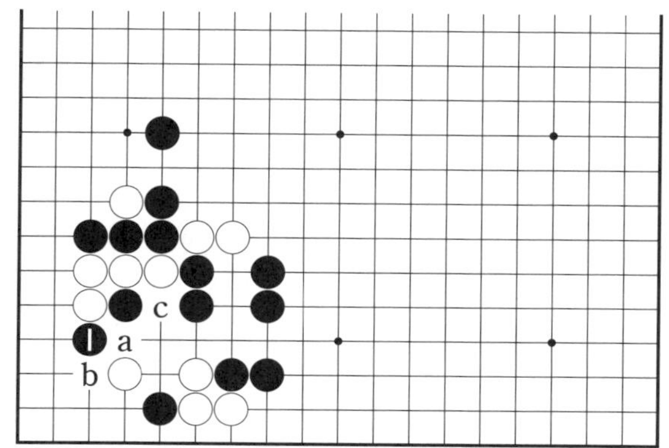

4도

4도 (정해)

흑은 1로 젖혀가는 것이 교묘한 응수타진이다. 이 수로 흑은 안에서 살거나 아니면 큰 끝내기를 할 수 있다.

계속해서 백의 응수는 a~c가 있는데~

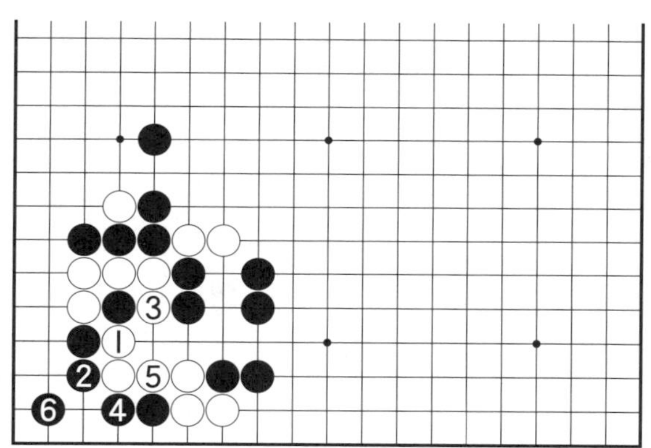

5도

5도 (안방살이 성공)

백1로 끊는다면 흑은 2~6까지 안방을 유린하며 알뜰하게 살아 대만족이다.

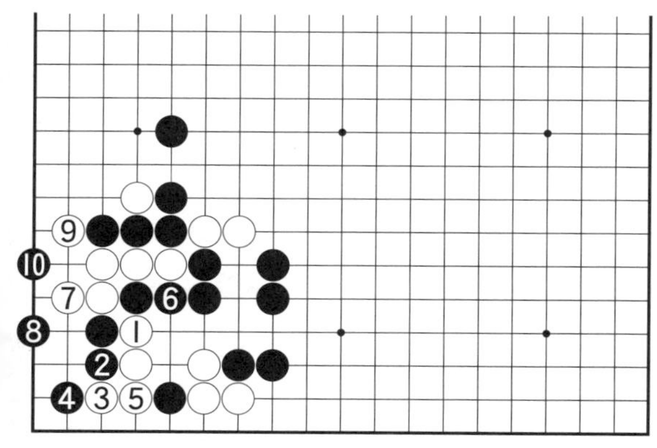

6도

6도 (수상전의 급소)

그렇다고 흑2 때 백3, 5로 버티는 것은 흑6으로 끊겨 무리이다.

백7, 9에는 흑8, 10이 잇따른 수상전의 급소로 백의 역부족이다.

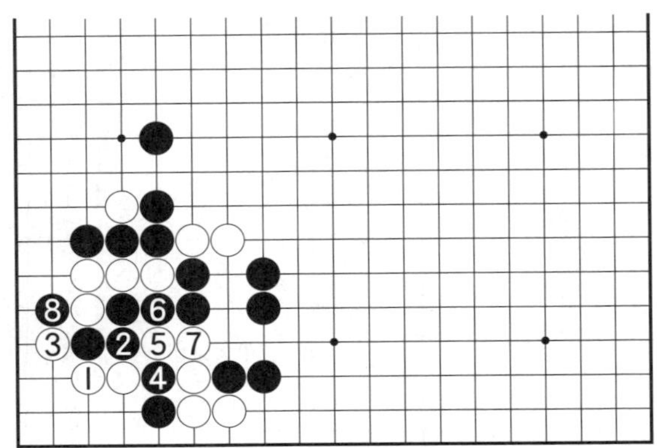

7도

7도 (큰 수가 난다)

그럼 백1로 물러서 받으면 무사할까?

　그러나 이때는 흑2~6을 거쳐 8로 역시 큰 수가 나버린다.

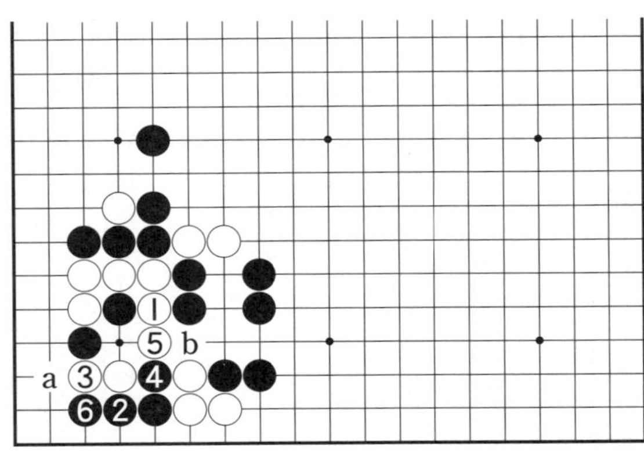

8도

8도 (백, 곤란)

백1로 몰아 버티는 수가 최강의 응수이지만, 이번에는 흑2~6으로 움직이는 수단이 성립한다.

　다음 흑a와 b가 맞보기라 백이 곤란하다.

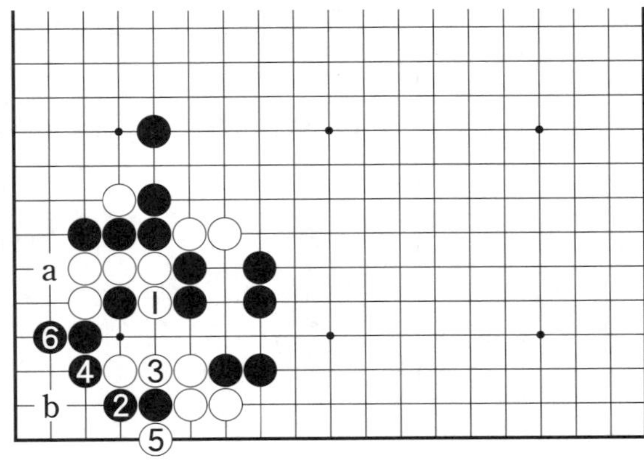

9도

9도 (손쉬운 삶)

흑2 때 백3으로 잇는 것은 흑4로 넘어가 쉽게 사는 형태이다.

　백5의 공격에는 흑6이 좋은 대응으로 a와 b가 맞보기이다.

맞보기와 수순의 묘 (1)

● 흑 차례

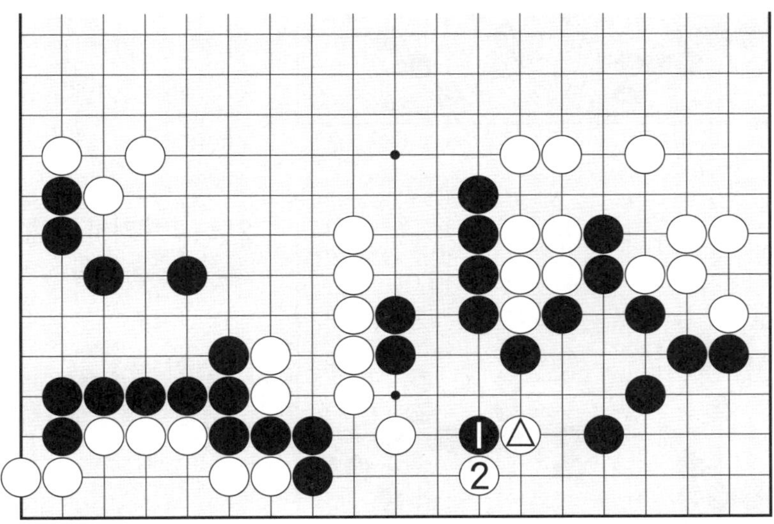

    유창혁과 일본의 아와지(淡路修三)가 벌인 실전에서 응용한 장면이다. 흑1로 붙여 백△ 한점을 압박하자 백2로 버틴 상황이다. 그러나 이 수는 사실 무리이다.

    백의 무리를 응징하며 최대한 이득을 구하는 수순을 찾아보자.

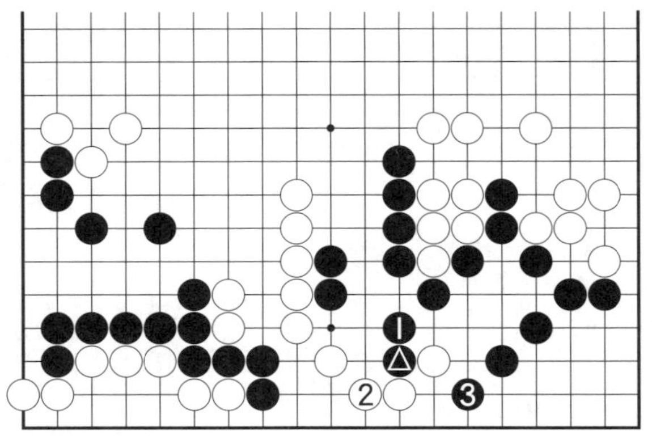

1도

1도 (실패)

흑1은 나약한 응수이다. 백2로 무사히 연결하고 나면 싱겁기 짝이 없다. 더구나 흑3이 불가피해서는 (생략하면 백3을 선수로 당해 큰 손해) 명백한 흑의 실패이다. 이래서는 흑▲가 악수로 돌변하고 있다.

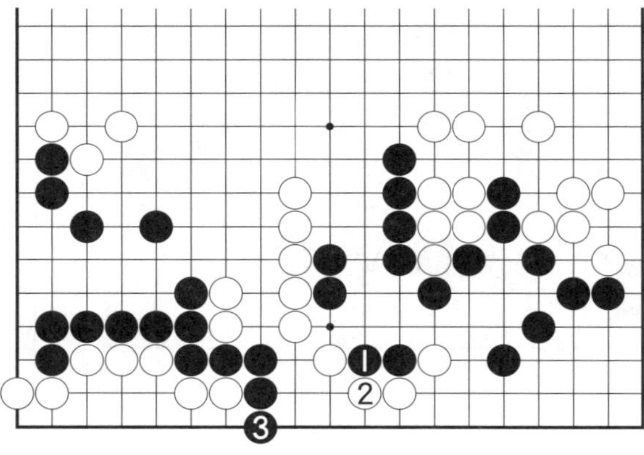

2도

2도 (맞보기의 맥점)

흑1로 먼저 치받아 응수를 묻는 것이 좋은 수순이다.

만약 무심코 백2로 받는다면 흑3으로 내려서는 것이 양쪽을 맞보는 기막힌 곳이 된다. 계속해서~

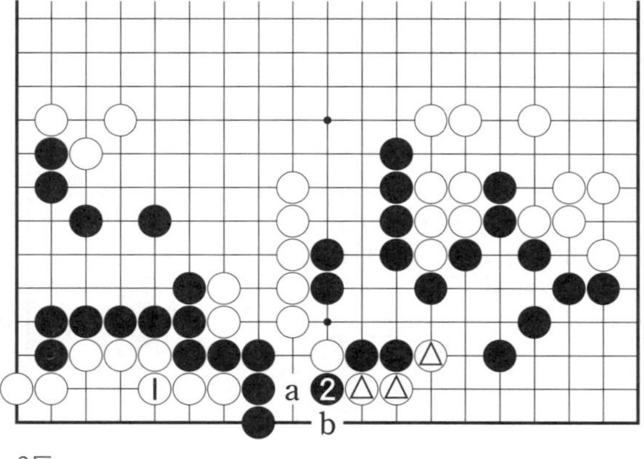

3도

3도 (흑, 대성공)

귀의 뒷맛을 꺼려 백1로 잇는다면 흑2의 끊음으로 백△들이 흑의 수중에 떨어진다.

다음 백a에는 흑b가 성립한다. 이건 흑의 대성공이다.

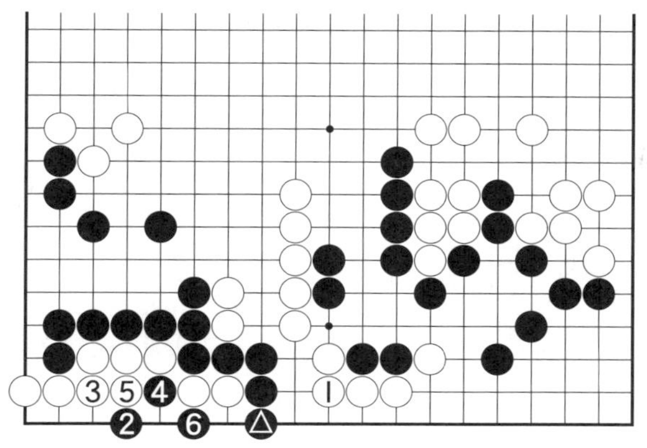

4도

4도 (꽃놀이패 발생)

그렇다고 백1쪽을 이으면 이번에는 흑▲를 발판으로 귀에서 수가 난다.

흑2가 급소 일격으로 이하 6까지 백 대마의 생사가 걸린 꽃놀이패이다.

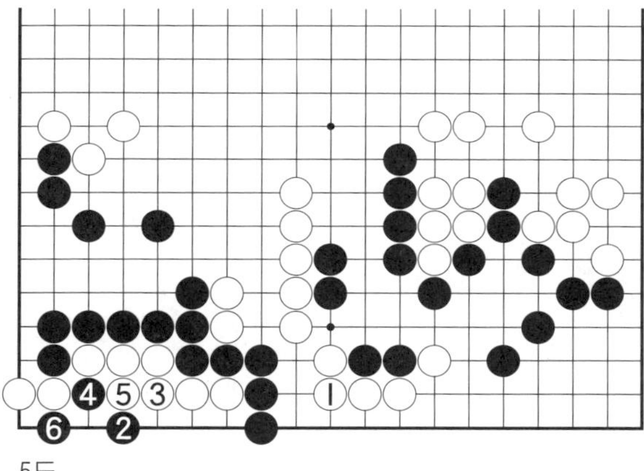

5도

5도 (역시 꽃놀이패)

흑2에 백3으로 이어도 흑 4, 6의 묘수로 역시 패가 난다.

물론 이렇게 꽃놀이패 가 나서는 백이 망한 모양 이다.

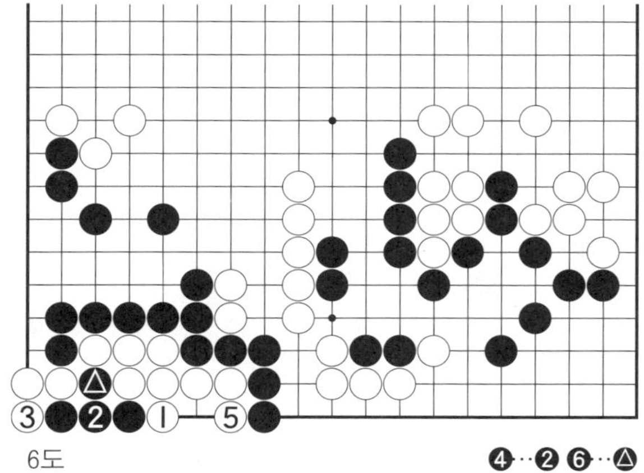

6도

6도 (백, 양자충)

앞 그림 다음 패를 피하고 자 백1로 몰면 흑2로 잇는 수가 성립해 백이 그냥 죽 는다.

계속해서 백3에는 흑4 의 치중이 작렬해 6까지 백은 양자충에 걸린다.

❹…❷ ❻…▲

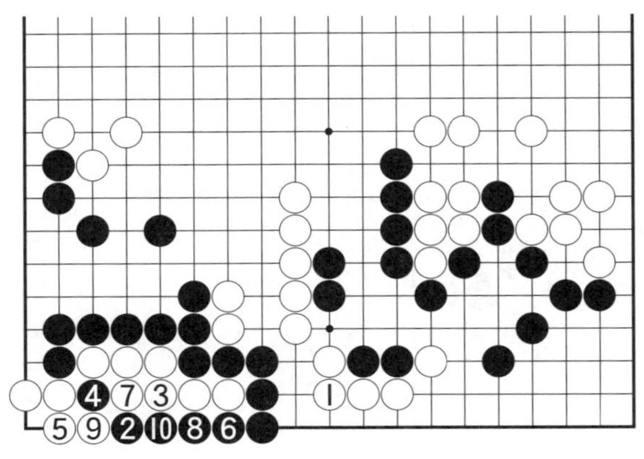

7도

7도 (옥집으로 죽음)

흑4에 백5로 버티는 것은 흑6 이하 10까지 옥집을 면치 못해 역시 백의 사망이다.

결국 흑2를 당한 이상 패를 피할 수 없다는 결론이다.

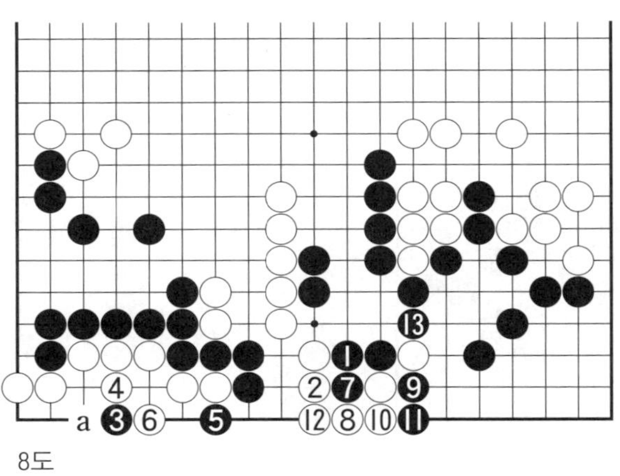

8도

8도 (쌍방 최선)

결론적으로 흑1에는 백도 2로 물러서는 것이 정수이다. 그러면 흑은 3, 5로 이득을 취한 다음 13까지 잡는 것이 최선이다. 좌하귀는 흑3으로 치중한 자체로 1집반 정도 이득이다(백a의 가일수가 필요).

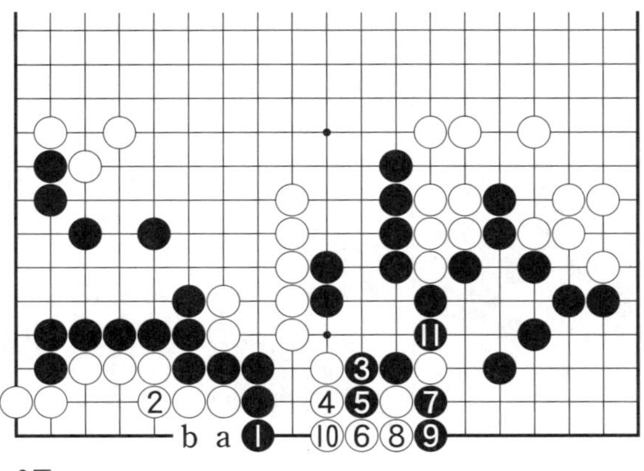

9도

9도 (수순 착오)

그런데 흑1, 백2를 먼저 교환한 뒤 흑3으로 치받는 것은 수순 착오이다. 흑11까지 앞 그림과 비슷하지만, 좌하귀에서 흑은 1집반 정도 손해를 보고 있다(흑a, 백b를 가정해 백 7집, 반면 앞 그림은 5집반).

맞보기와 수순의 묘 (2)

● 흑 차례

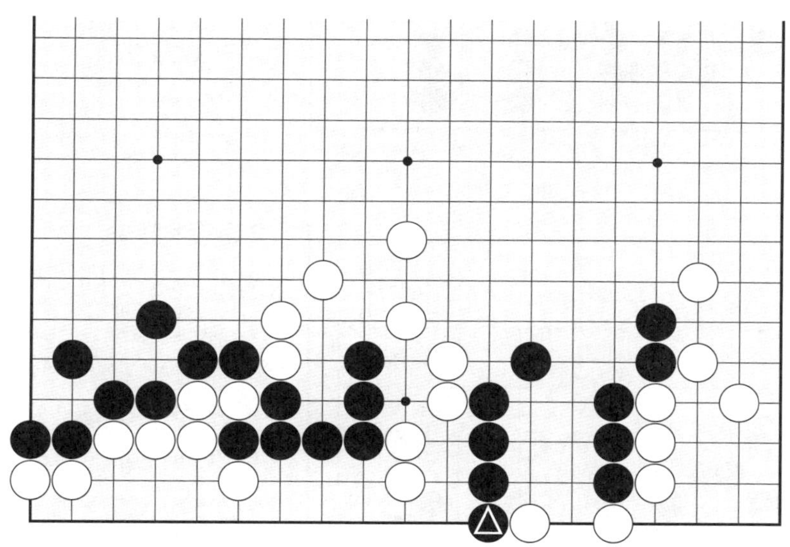

　사활과 연관된 맞보기 테크닉을 하나 더 음미해보자. 이번에는 사활 자체와 직접 관련된 문제이기도 하다.

　하변 쪽 흑의 일단이 백진 속에 갇혀 사경을 헤매고 있는 장면이다. 그러나 좌하귀 백의 사활관계와 흑▲를 연관시켜 극적으로 구출해내는 수단이 있다.

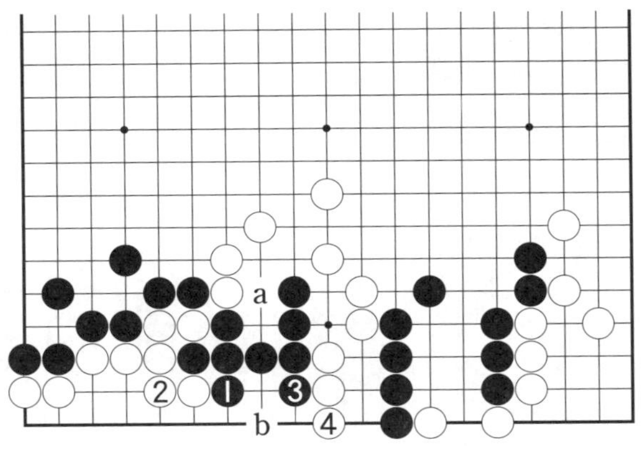

1도

1도 (속수)

흑1, 3 식으로 눈에 보이는 대로 선수하는 것은 단순한 몸부림이다.

 a와 b의 두 곳에 한꺼번에 두지 못하는 한 살길이 없지 않은가.

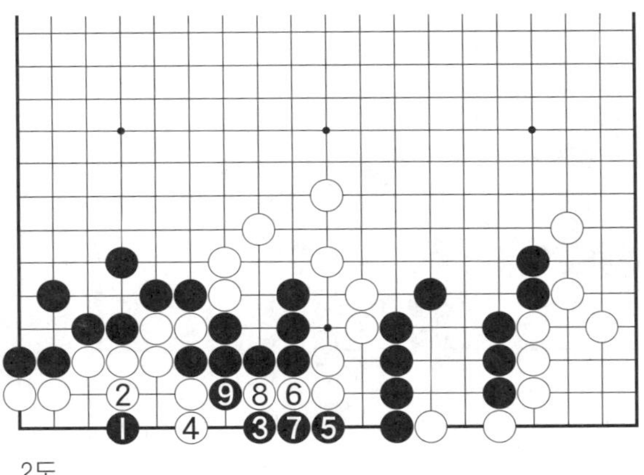

2도

2도 (정해)

먼저 흑1의 치중으로 급소를 알리는 것이 타개의 맥점이다. 백2에는 흑3으로 뛰어 양쪽을 맞보기로 삼는다. 백4의 지킴이 불가피할 때 흑5로 훌륭하게 탈출한다. 그렇다고 백4로 오른쪽을 차단하면 흑4로 귀가 죽는다.

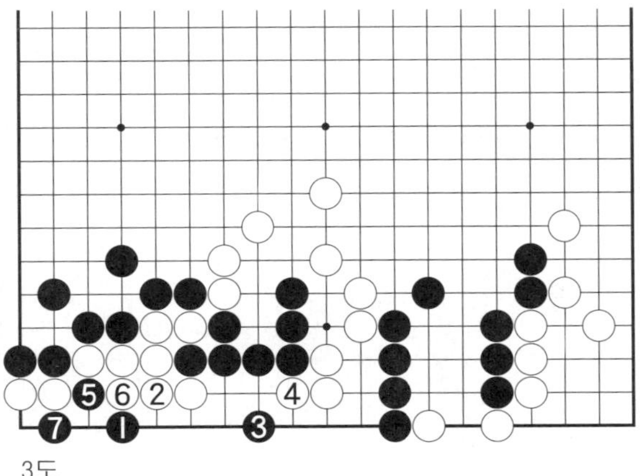

3도

3도 (백, 무리)

흑1, 3에 백2, 4로 버티는 것은 강수이지만 백의 무리이다.

 흑5, 7로 서로 생사가 걸린 패가 나서는 백도 장담할 수 없다.

양쪽을 처리하는 테크닉

○ 백 차례

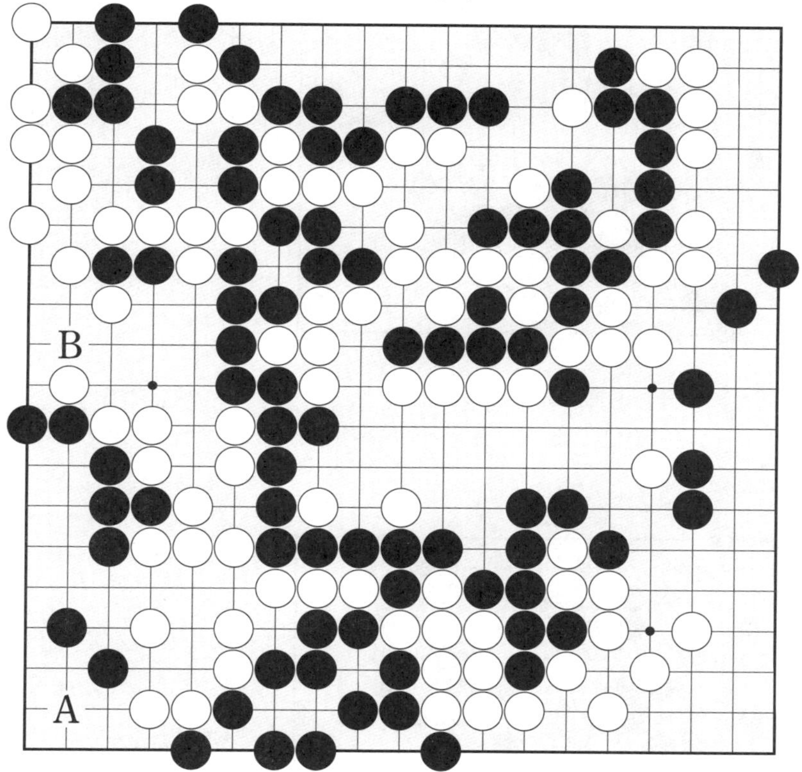

　　1996년 세계아마선수권대회에서 벌어진 최초의 남북대결. 이용만 아마7단과 북한의 최명선 아마7단이 벌인 실전에서 나온 장면이다.

　　미세한 승부에서 백이 좌하귀 쪽을 끝내기할 차례. 일견 A가 커 보이는데 그러자니 흑B가 부담으로 남는다. 양쪽을 효과적으로 처리할 방법은 없을까?

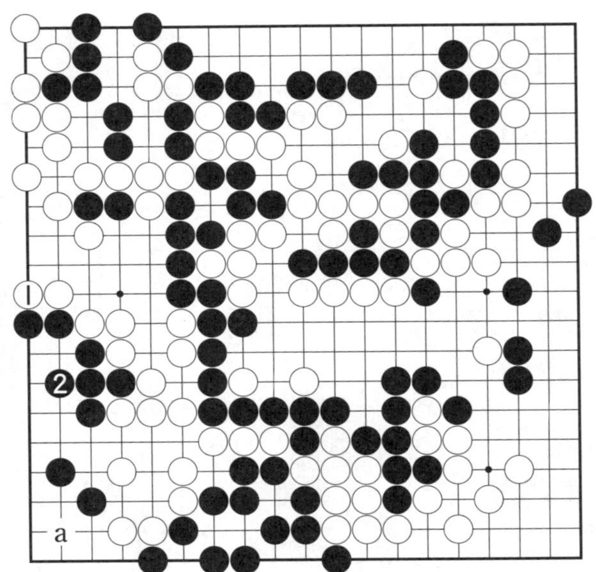

1도

1도 (실패 1)

당장 선수가 되는 곳이라
서 덥석 백1로 막기 십상
이다. 그러나 흑2로 지키
고 나면 백은 더 이상 후
속수단이 없어 실패이다.

　이제 a쪽은 후수여서
누가 차지할지 모르는 지
경이 돼버린다.

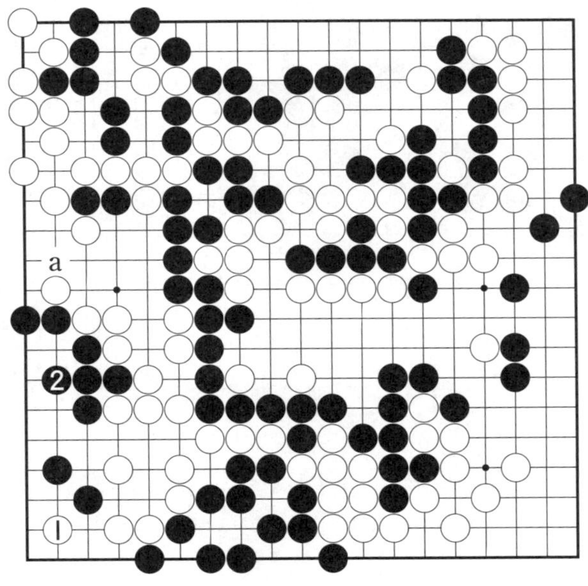

2도

2도 (실패 2)

그렇다고 백1쪽을 선수하
면 흑2로 지킨 다음 흑a
의 큰 수가 남아 역시 백
의 불만이다.

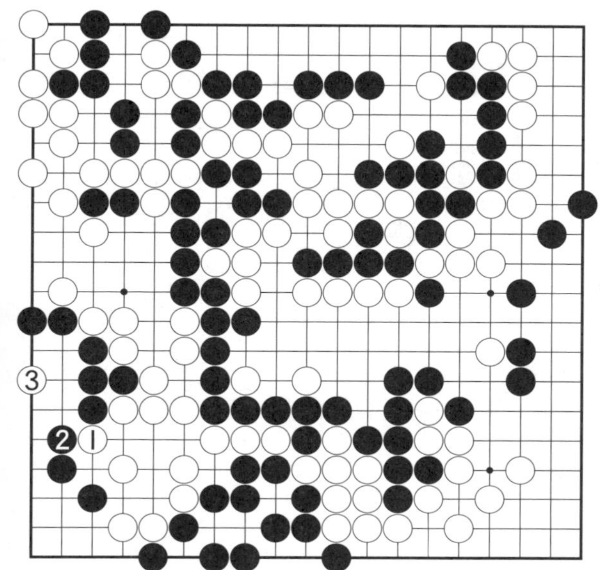

3도

3도

3도 (정해)

여기는 백1로 궁도를 좁
힌 뒤 3으로 급소 치중을
하는 것이 멋진 수순이다.
계속해서~

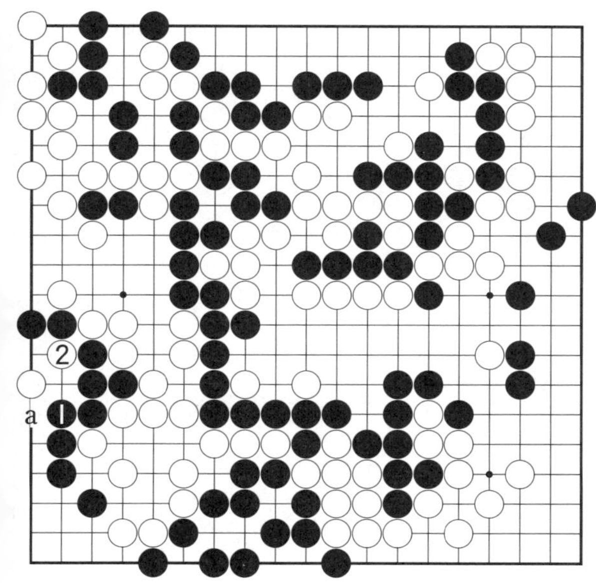

4도

4도 (흑, 망함)

흑1로 잇고 버티는 것은
당장 백2로 끊겨 흑 두점
이 떨어진다.

다음 흑a로 막는 것도
선수가 안 되므로 흑이 망
한 꼴이다.

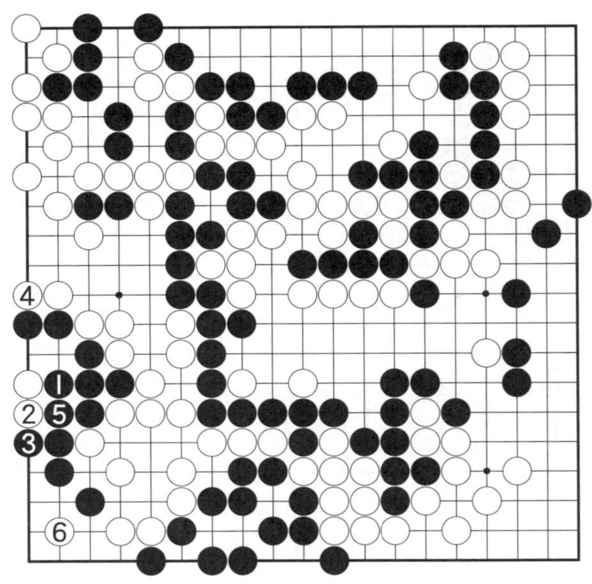

5도

5도 (정밀한 수순)

그러므로 흑1로 치받는 것이 최선이다.

그러면 백2, 4를 선수한 다음 6으로 뛰어드는 것이 정확한 수순이다. 계속해서~

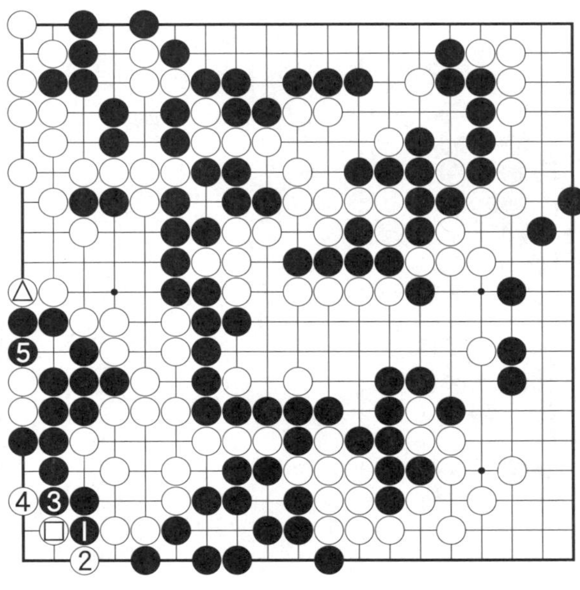

6도

6도 (양쪽을 해치우다)

흑1, 3으로 저항해보아도 5의 후수 삶이 불가피하다. 결국 백은 △와 □의 두 곳을 모두 선수로 해치운 셈이다.

흑의 사활을 위협하는 정교한 수순이 최대한의 이득을 뽑아낸 결과이다.

대마를 볼모로 한 귀의 이득

○ 백 차례

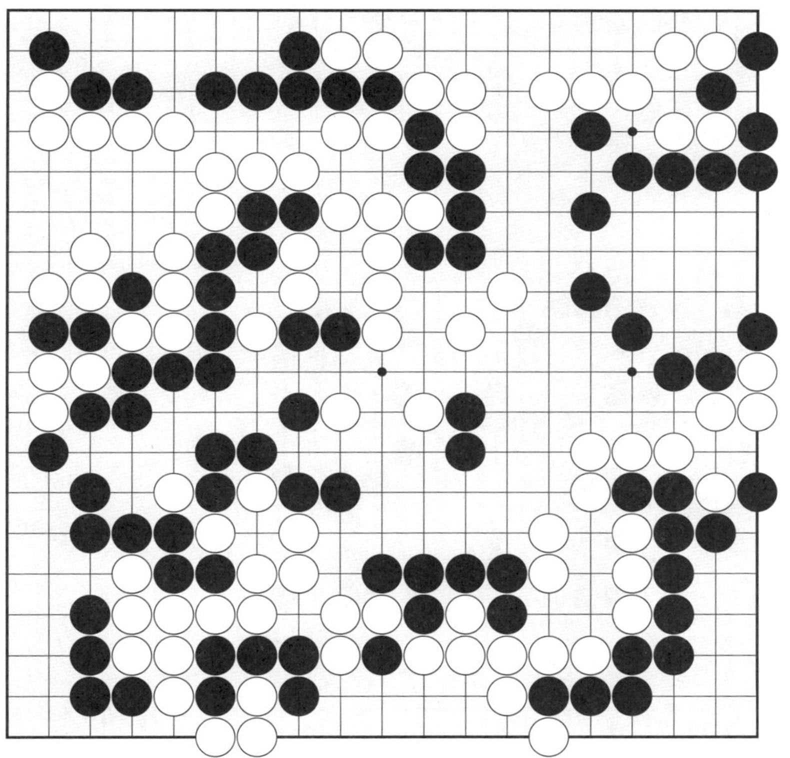

이창호와 김승준이 벌인 17기 국기전 도전기의 한 장면
이다. 좌상 흑 대마는 물론 완생 상태.

문제는 그 사활을 볼모로 해서 백이 좌상귀에서 이득을
얻어내는 수순이 있다. 실전에서 자주 등장하지만 깜빡하
기 쉬운 수이다.

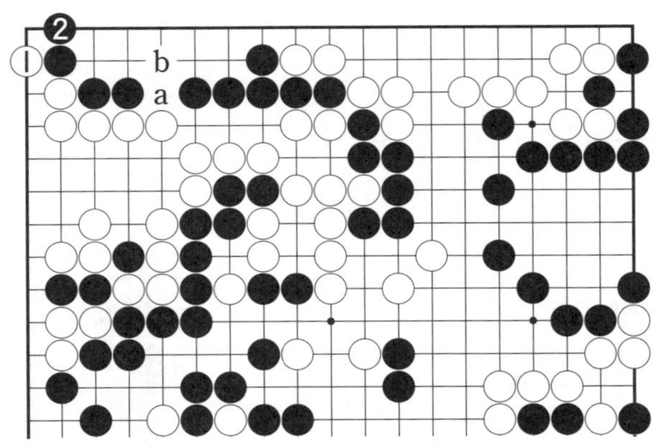

1도

1도 (책략 부족)

무심코 백1로 젖히는 것은 책략 없는 수이다. 흑2로 받아 더 이상의 진격이 불가능하다.

그럼 상변 흑집은 백a, 흑b를 가정해 8집으로 굳어졌다.

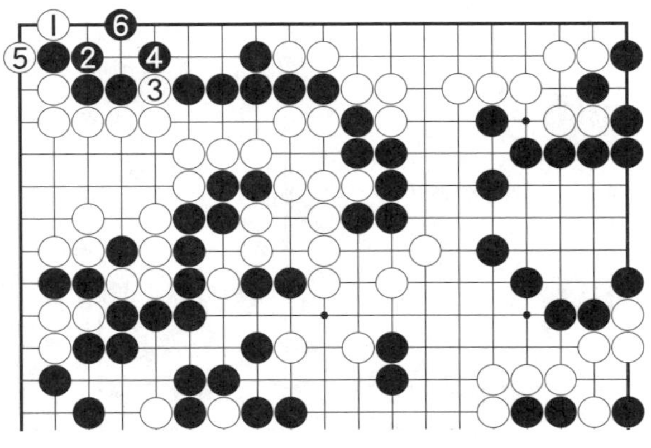

2도

2도 (정해)

여기는 백1의 껴붙임이 교묘한 맥점이다. 흑2의 이음에는 백3, 5를 선수해 만족이다.

어느새 흑집이 6집으로 줄어들었음을 알 수 있다.

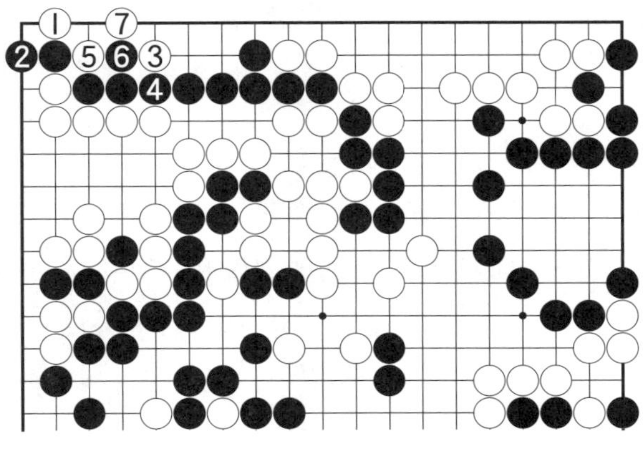

3도

3도 (사활이 걸린 패)

백1에 흑2로 빠져 버티는 것은 무리이다. 백3의 치중이 묘수로 7까지 패가 발생한다. 흑 전체의 사활이 걸려 흑은 이 패를 감당할 수 없다.

댐을 위협하는 물방울

● 흑 차례

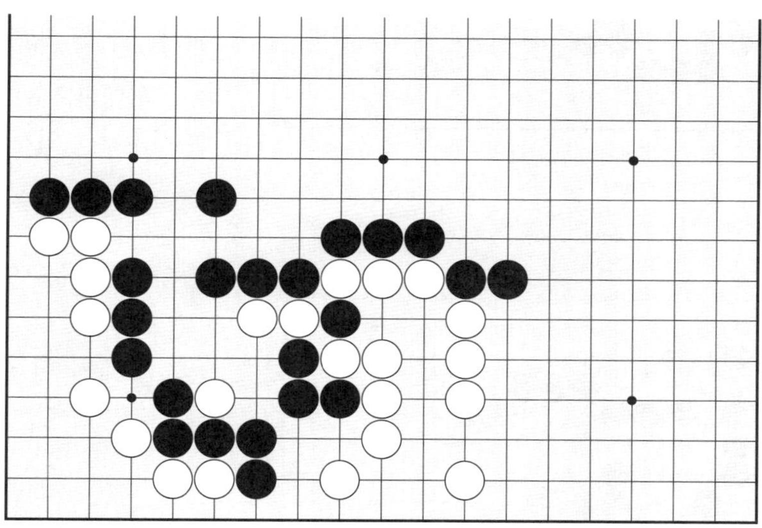

흡사 댐처럼 생긴 좌하귀 백진이 궁도도 넓고 해서 별다른 수가 없어 보인다.

그러나 그리 어렵지 않은 수순으로 백 전체의 삶까지 위협하는 큰 수단이 숨어있으니, 마치 작은 물방울이 파도가 되어 댐을 위협하는 격이라고 해야 할까. 과연 어디서부터 시작해야 할까?

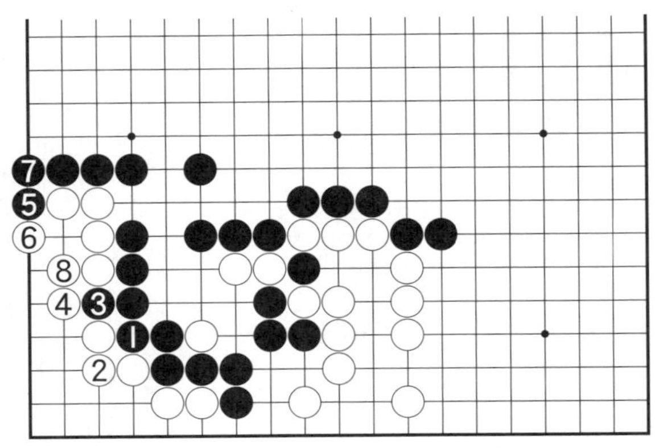

1도

1도 (속수 연발)

흑1, 3으로 연거푸 찔러대는 것은 백의 약점을 모조리 땜질해주는 속수 연발이다.

이하 8까지 선수로 이득을 본 것 같지만, 실은 백집을 최대한으로 만들어 준 이적수에 불과하다.

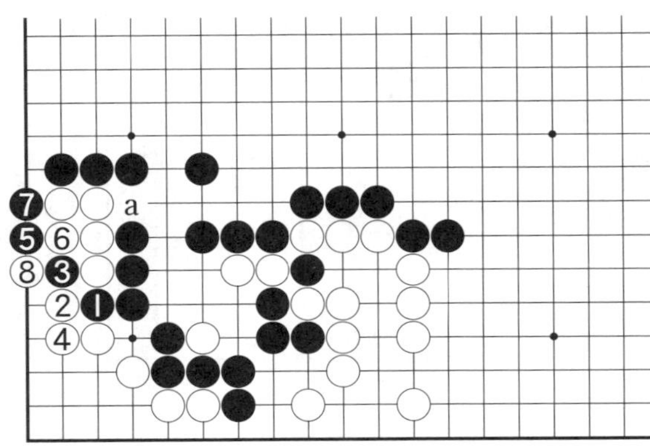

2도

2도 (불발탄)

흑1, 3으로 나가 끊는 수도 불발탄이다.

a의 공배가 비어 있어 수가 나지 않는다.

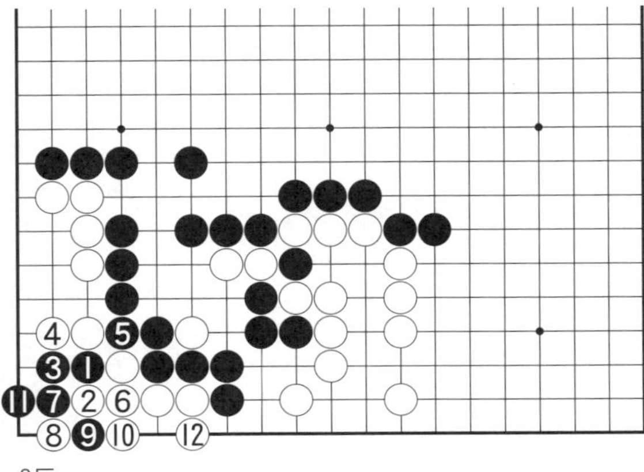

3도

3도 (별무신통)

흑1로 찝는 수가 일견 맥점 같지만 여기서는 백2, 4로 응수해 역시 별무신통이다.

흑11까지 집요하게 물고 늘어져도 백12면 유가무가이다.

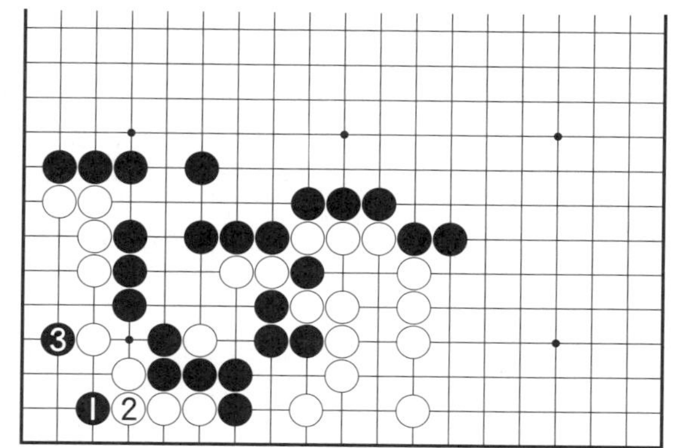

4도

4도 (정해)

흑1로 들여다보는 것이 거대한 음모의 시발점이다.

이어 백2에는 흑3의 붙임이 준비된 맥점이다. 계속해서~

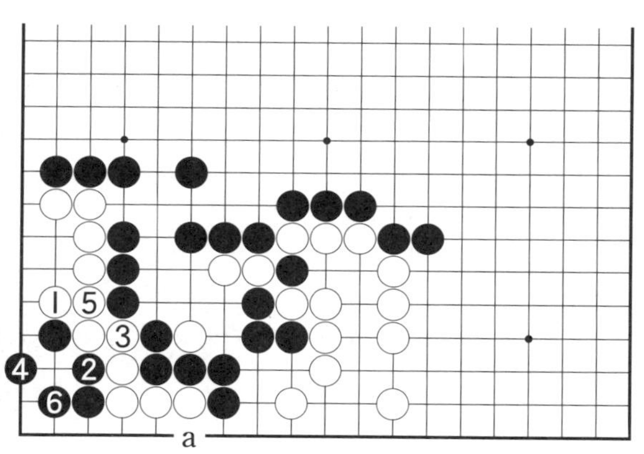

5도

5도 (백, 최악)

백1에는 흑2를 선수한 다음 4, 6으로 알뜰하게 산다. 이제 백은 a 등을 선수하고 거꾸로 후수 삶을 구걸해야 하니 최악의 결과이다.

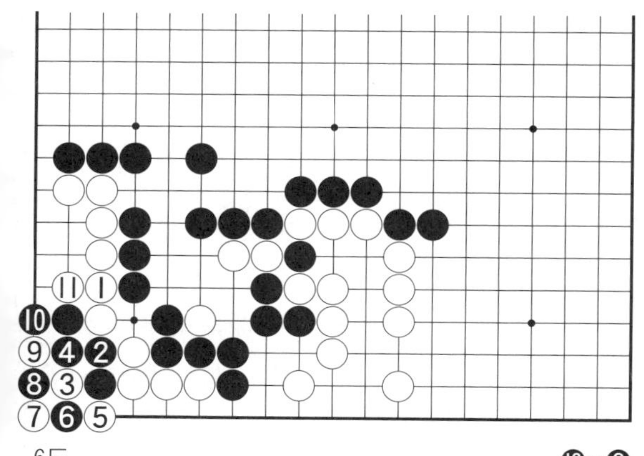

6도

6도 (꽃놀이패)

백1로 잇고 흑2 때 백3으로 배붙임하는 것이 그럴듯한 수습 수단이지만, 그래도 흑4~12로 패를 피할 수 없다.

이 패를 지는 날이면 백 전체가 몰살하므로 흑의 꽃놀이패나 다름없다.

⑫‥❽

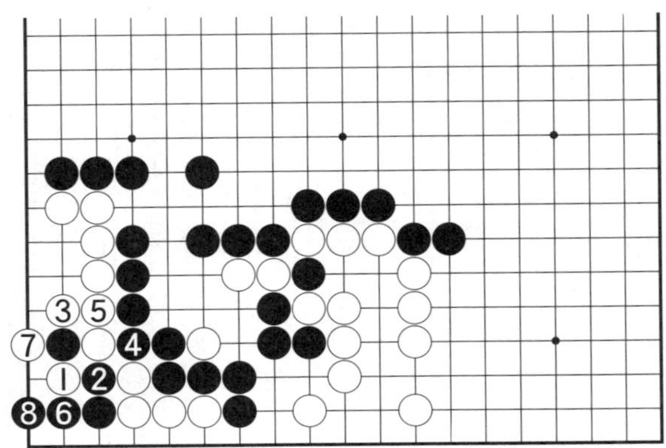

7도

7도 (백, 큰 피해)

백1, 3으로 버티는 것도 무리이다. 흑8까지 백 넉 점이 떨어지며 귀를 흑이 접수해 백의 피해가 너무 크다.

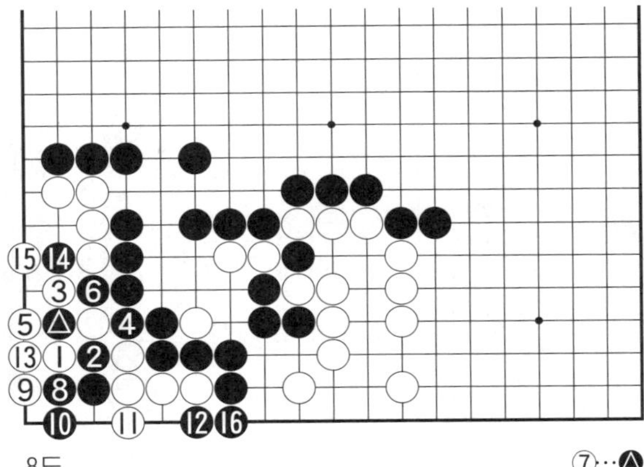

8도

⑦…△

8도 (역시 큰 손해)

그렇다고 흑4 때 백5로 따 내고 버티는 것도 흑16까 지 백의 수부족이다. 역시 출혈이 막심하다.

결국 백이 정면으로 버 티는 수는 잘 안 된다는 결 론이다.

9도 (최선의 수습책)

따라서 당초 흑1에는 백2 로 물러서는 것이 피해를 최소로 하는 수습책이다.

하지만 흑7까지 알토란 같은 백△ 두점이 떨어져 서는 역시 흑의 성공이다. 차후 흑a의 치중이 남은 것도 흑의 자랑이다.

9도

상식을 벗어난 기상천외의 맥점

● 흑 차례

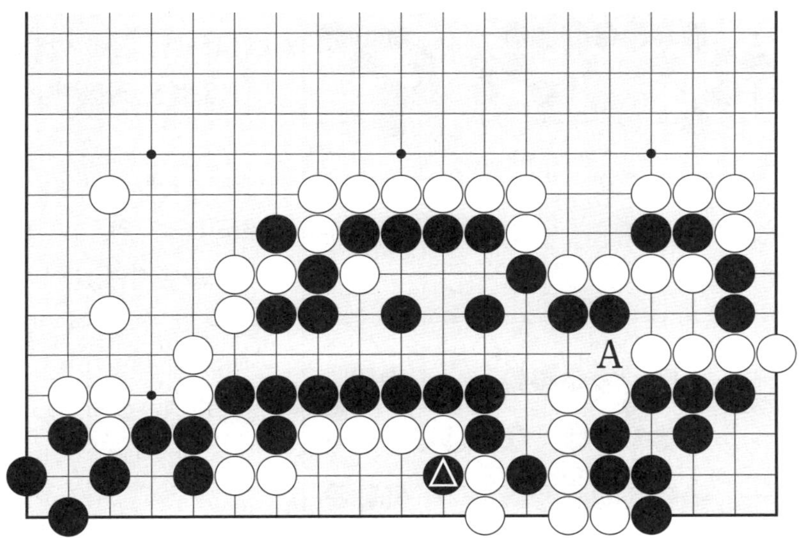

흑▲의 뒷맛을 최대한 이용해 하변 백집을 초토화시키고 백으로 하여금 공배(A)를 이어가게 하는 통렬한 수단이 있다.

상식을 벗어난 맥의 진수라고나 할까. 과연 그곳은 어디일까?

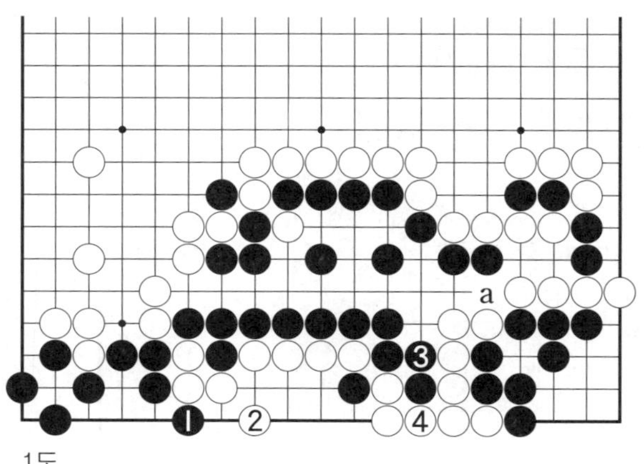

1도

1도 (속수 1)

별 생각 없이 흑1, 3을 선수하는 것은 최하책이다. 백이 너무나 편안해진 모습이다.

이러면 백은 6집으로 완성된다. a에 이을 필요가 없음은 물론이다.

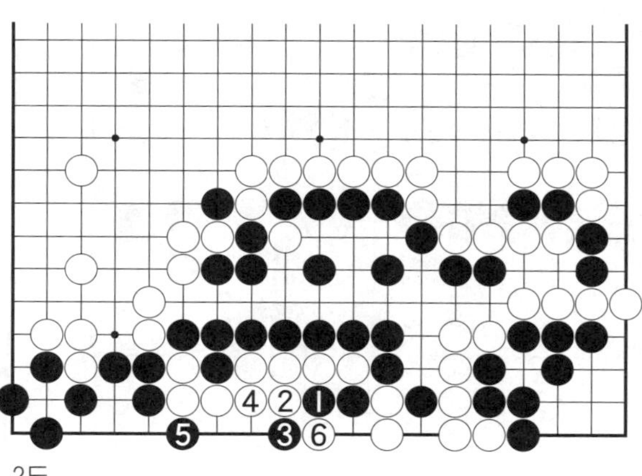

2도

2도 (속수 2)

흑1로 움직여 조이는 것도 생각할 수 있지만, 막상 백6까지 되고 나면 소득이 없다. 흑3의 한점이 살아갈 수 없으니 말이다.

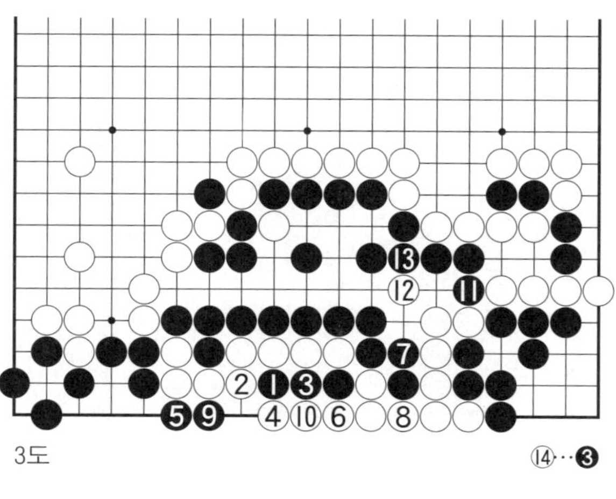

3도

⑭…❸

3도 (치중도 별무신통)

흑1의 치중이 그럴 듯해 보이지만 별무신통이다.

이하 14까지 하변 백이 5집이나 생겨 흑은 역시 실패이다.

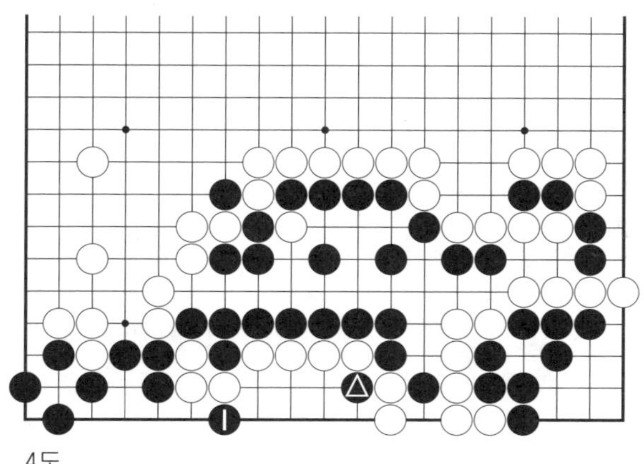

4도

4도 (정해)

흑1의 일선 붙임이 기상천외의 맥점이다.

흑▲의 뒷맛을 최대한 이용하자는 묘수이다. 계속해서~

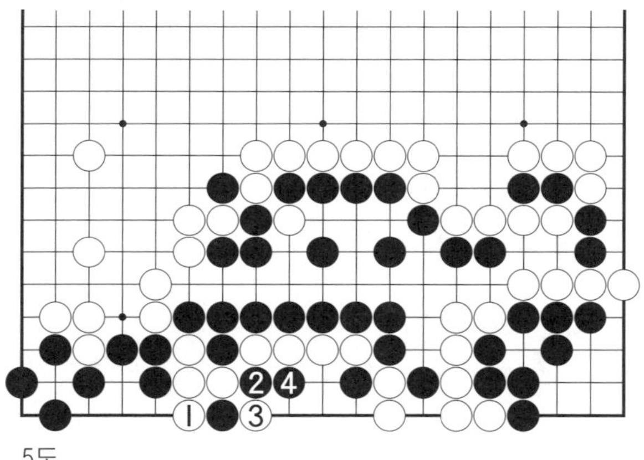

5도

5도 (백, 망함)

이때 백1로 차단하는 것은 흑2, 4로 백이 망하므로 논외이다.

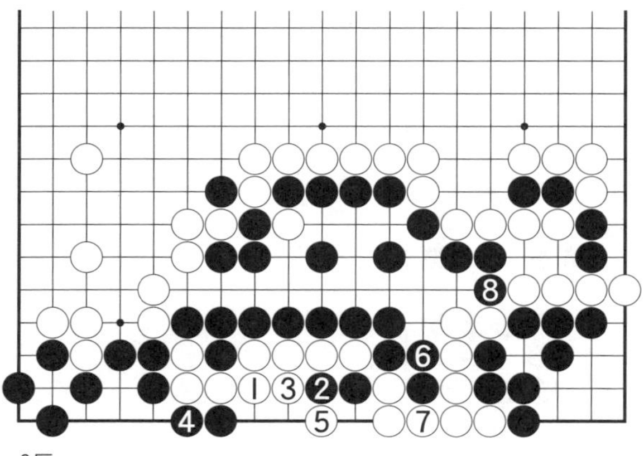

6도

6도 (백, 횡사)

백은 1로 잇는 정도인데, 흑2로 기어나오는 것이 이어지는 묘수이다.

만약 이때 덥석 백3으로 받는다면 흑8까지 백 전체가 속절없이 횡사하게 된다. 이건 백이 걸려든 그림이므로~

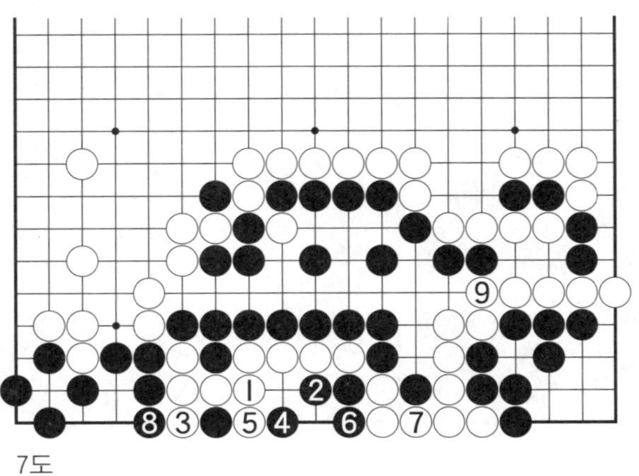

7도

7도 (흑, 최대한의 성과)

흑2에는 백3의 차단이 오직 이 한수. 계속해서 흑4~8의 묘 수순으로 빅을 만든다.

결국 하변 백을 단 1집으로 줄이면서 백9로 공배를 이어가게 만들어 흑이 최대한의 성과를 거둔다.

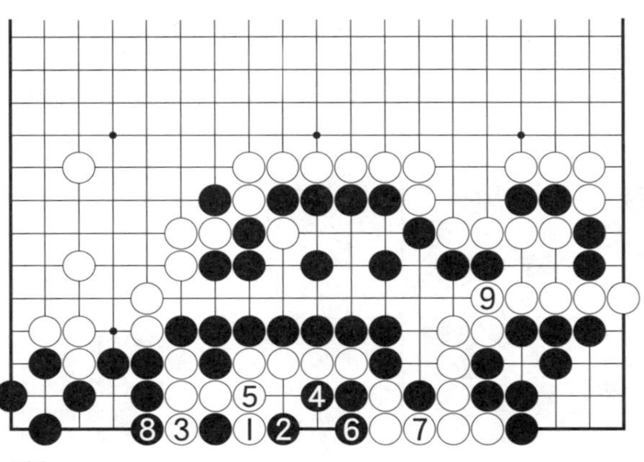

8도

8도 (대동소이)

백1로 젖혀 받는 수도 있다. 이때는 흑2가 급소. 이하 백9까지 수순만 다소 틀릴 뿐 앞 그림과 대동소이한 결과이다.

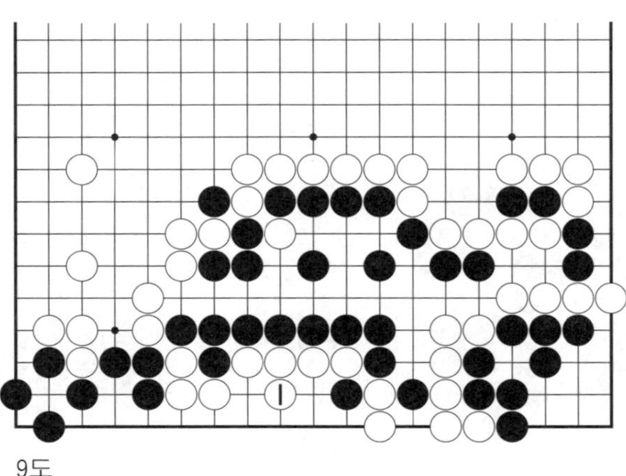

9도

9도 (역끝내기 8집)

따라서 백은 기회를 보아 백1로 지키는 것이 좋다.

역끝내기 8집에 해당하니 무려 16집 정도의 가치가 있는 큰 수이다.

포로의 뒷맛 (1)

● 흑 차례

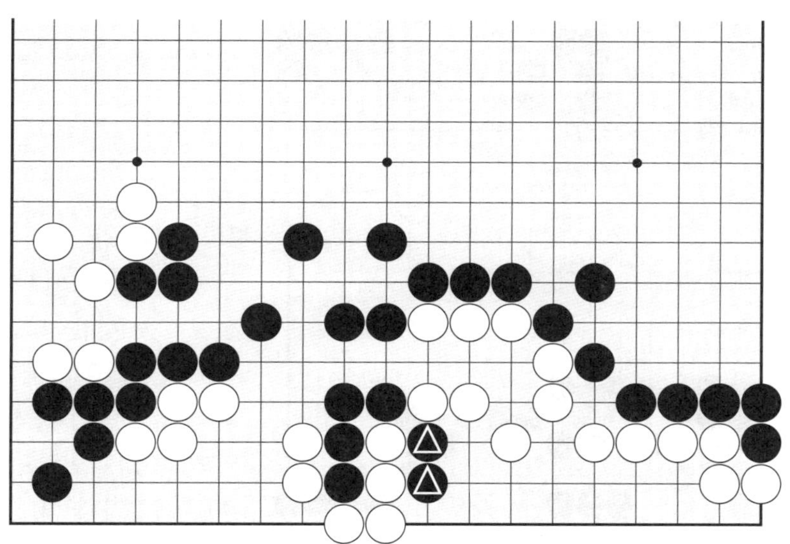

　이번에는 잡혀있는 포로의 뒷맛을 이용하는 테크닉을 살펴본다. 흑● 두점이 꼼짝없이 잡혀있는 상황이다.

　그런데 이 포로를 이용해 최대한 이득을 보는 통렬한 수단이 있다. 과연 흑은 어디서부터 시작해야 할까?

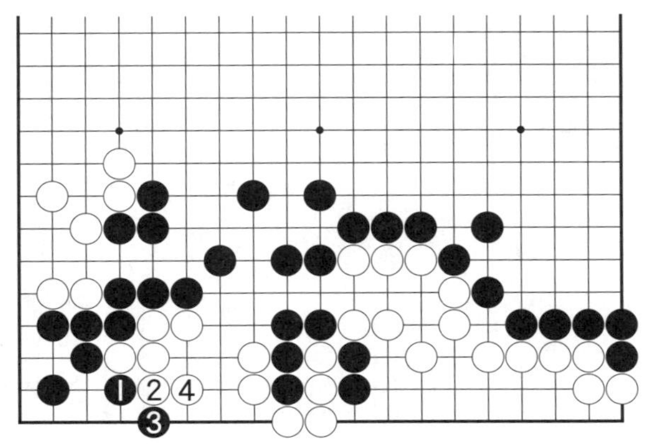

1도

1도 (실패 1)

손길가는 대로 흑1로 젖히는 것은 책략 부족이다.

　백2, 4로 받아 아무 일도 안 생긴다.

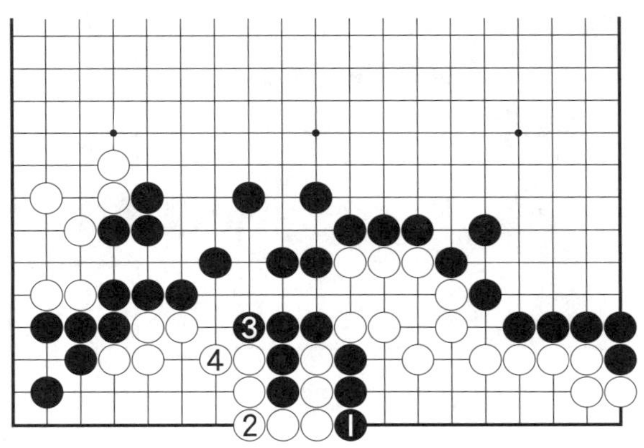

2도

2도 (실패 2)

그렇다고 흑1, 백2를 먼저 결정하는 것은 속수이다. 흑3에는 잽싸게 백4로 물러서면 그만이다. 이렇게 되면 흑1은 오히려 보태준 손해수가 된다.

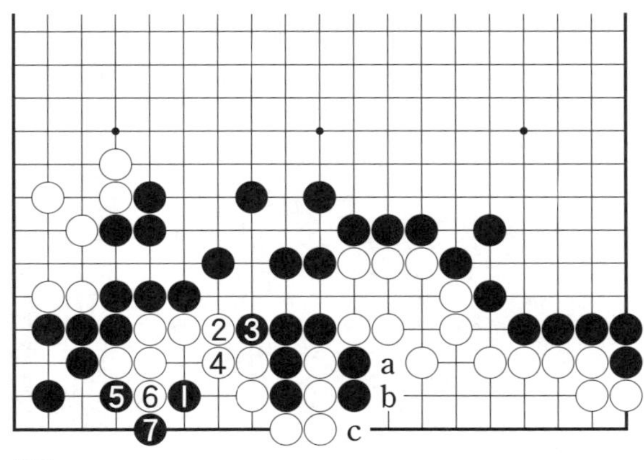

3도

3도 (실패 3)

흑1의 치중이 그럴듯한 급소. 이하 흑7까지 상당한 이득을 얻을 수 있다(훗날 백이 a, b, c를 모조리 놓고 따내야 함).

　그러나 이 정도로는 아직 미흡하다.

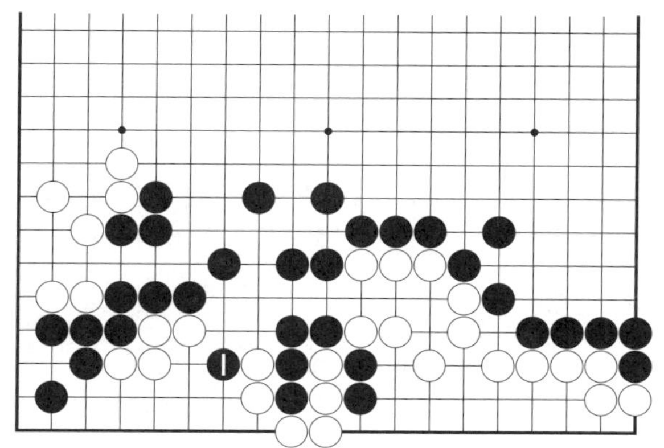

4도

4도 (정해)

흑1로 건너붙이는 수가 절묘한 맥점이다.

겉으로 보기엔 별 수가 아닌 것 같지만, 실은 무시무시한 음모를 내포하고 있는 노림수 일발이다. 계속해서~

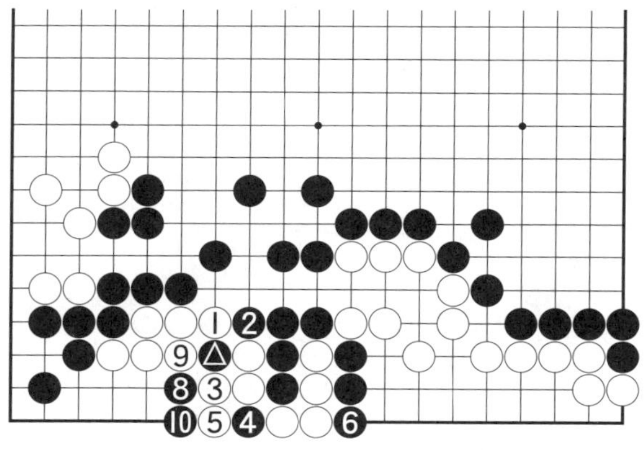

5도

5도 (통렬한 조임)

덥석 백1로 차단하는 것은 걸려드는 수이다.

흑은 2에 이어 4로 먹여치는 것이 긴요한 수순이며, 10까지 숨 쉴 틈 없이 꽉꽉 조여 백을 궁지에 몰아넣는다.

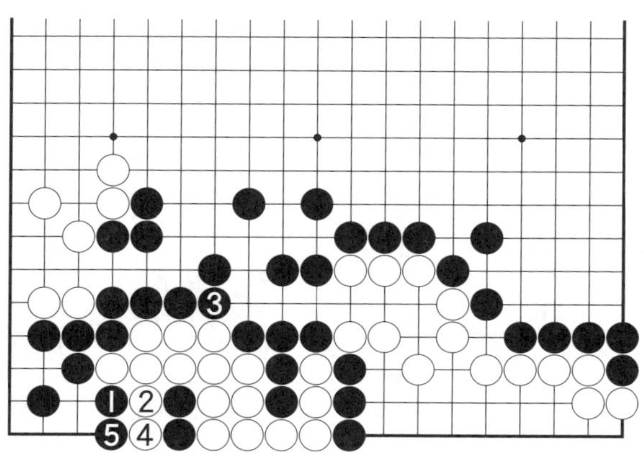

6도

6도 (백, 전체 죽음)

계속해서 흑1 이하로 조여가면 백의 1수 부족이다.

결국 무모한 객기로 백 전체가 죽음을 당하는 신세가 되고 만 것이다.

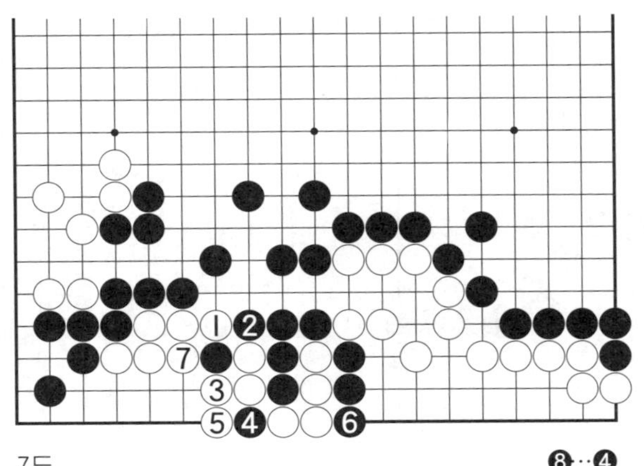

7도

7도 (백, 망함)

물론 흑6 때 백7로 물러서면 한쪽을 살릴 수는 있다. 그러나 흑8로 백진이 관통당해서는 어차피 망한 것은 마찬가지다.

그러니 백은 1의 수로 다른 응수를 강구해야 할 것이다.

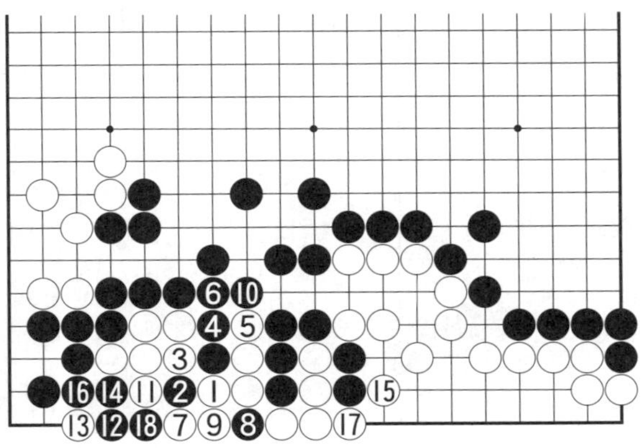

8도

8도 (백, 역시 걸려들다)

그럼 백1로 물러서면 어떨까? 그러나 이번에는 흑2로 젖히는 수가 기다리고 있어 역시 백이 무너진다.

흑18까지 백 여섯점이 선수로 떨어져서는 백이 단단히 걸려든 모습이다.

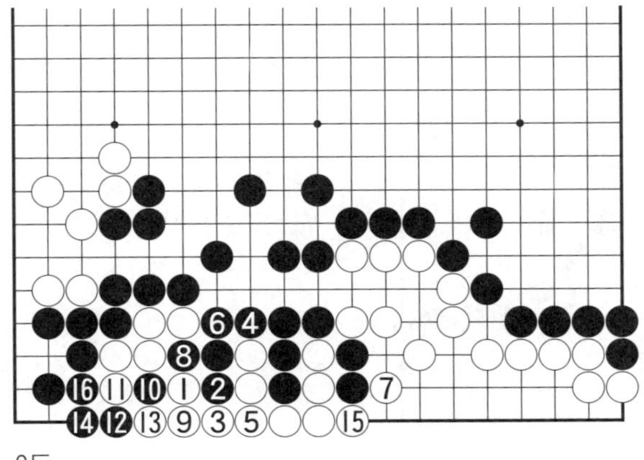

9도

9도 (늦춤이 최선)

백1로 늦추는 것이 최선이다. 그러면 흑2~16의 수순으로 백 다섯점을 잡는다. 다만 이 결과는 백의 선수라는 점에서 앞 그림과는 큰 차이(12집 차)가 난다. 따라서 이 그림이 쌍방 최선의 응접이다.

포로의 뒷맛 (2)

○ 백 차례

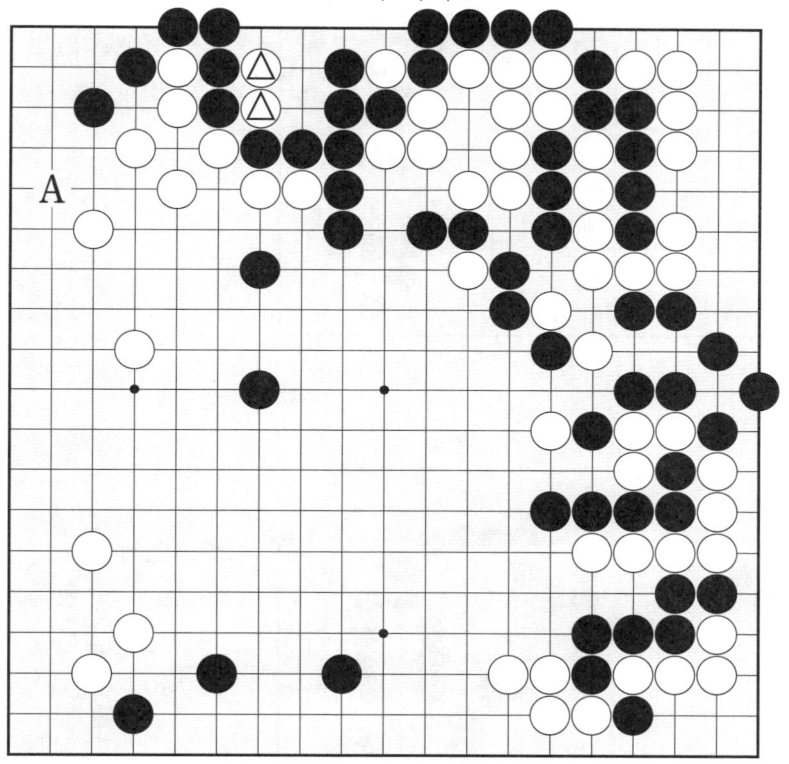

한·중 프로대항전에서 목진석이 거함 녜웨이핑을 격침
시켜 화제를 모은 대국에서 발췌한 장면이다.

상변에 잡혀있는 백△ 두점을 이용해 좌상귀를 효과적으
로 처리하는 수단을 연구해보자. 흑A를 당하기 전에 서둘
러야 한다.

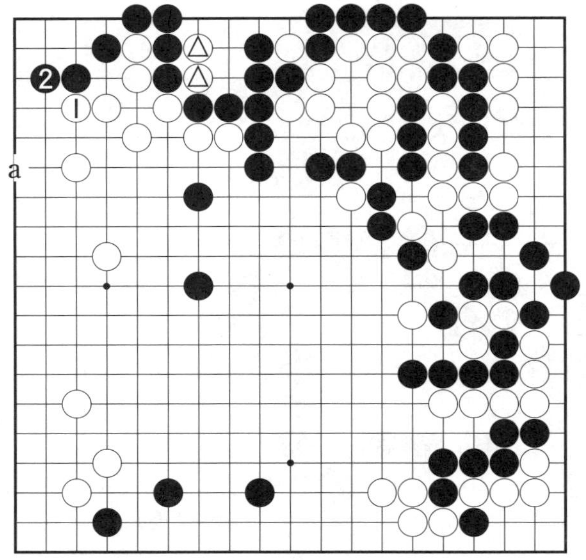

1도

1도 (실패 1)

백1로 막는 것은 너무 순진하다. 흑2로 늘고 나면 훗날 a의 끝내기가 남아 백은 한 것이 없지 않은가. 이제 백△들의 뒷맛도 자동소멸이다.

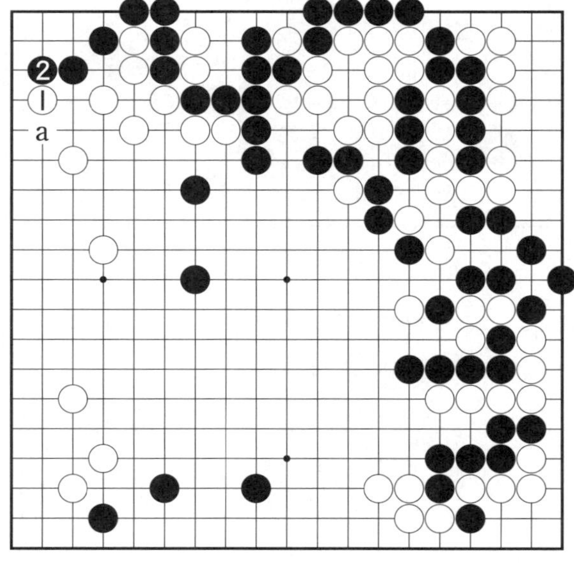

2도

2도 (실패 2)

백1로 뛰어 봉쇄하는 것이 앞 그림보다는 낫다.

그러나 흑2로 받아두면 차후 흑a의 후속수단도 남고해서 역시 백은 얻은 것이 없다.

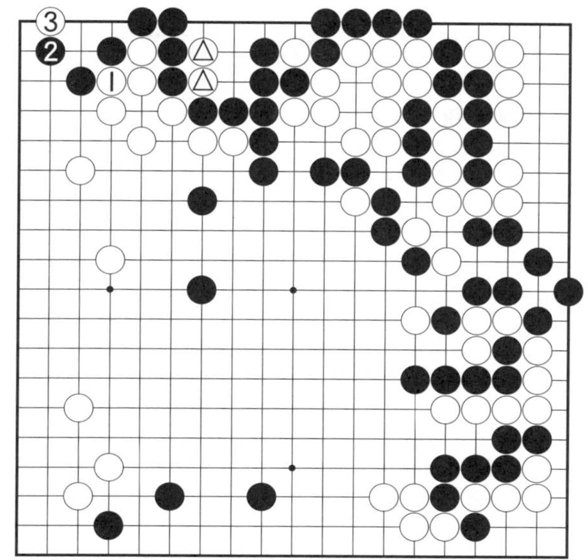

3도

3도 (정해)

그리 쉽게 생각할 수는 없지만 백1로 공배를 채운 뒤 흑2를 기다려 백3으로 급소에 붙여가는 것이 음미할 만한 묘수이다.

그러면 백△들의 뒷맛이 화려하게 부활한다. 계속해서~

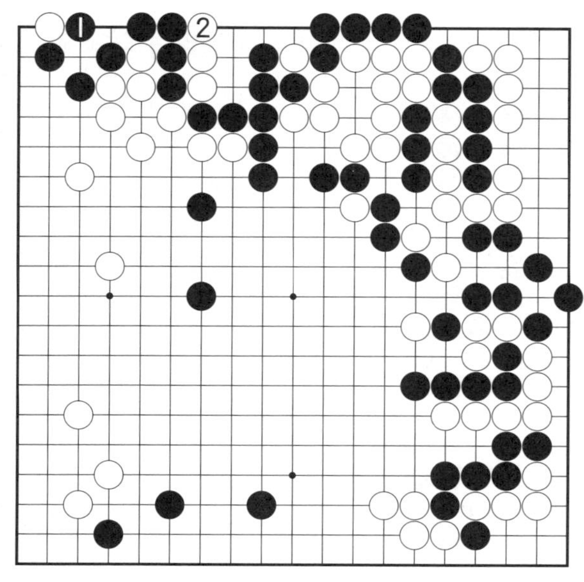

4도

4도 (촉촉수)

이때 덥석 흑1로 받는 것은 물론 백2의 촉촉수에 의해 간단히 걸려든다.

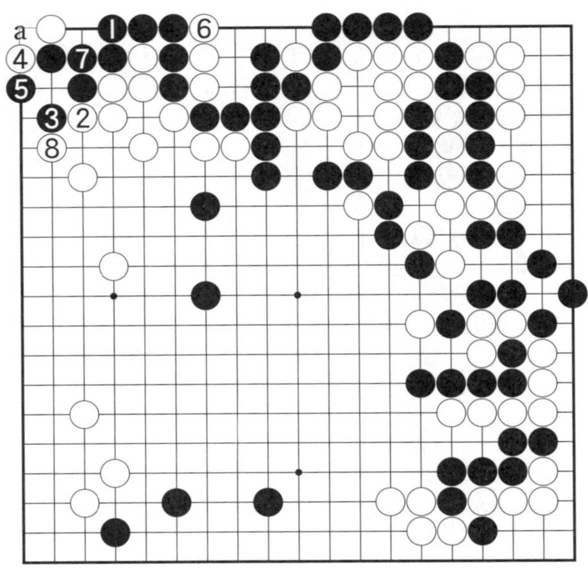

5도

5도 (귀의 특수성 이용)

흑1로 잇는 것이 정수이다. 이어 흑3에는 백4의 젖힘이 귀의 특수성을 이용한 묘수이다. 흑5에는 백6, 흑7을 교환한 뒤 백8로 막는다.

a는 백의 꽃놀이패이므로 흑은 그냥 놓아두는 수밖에는 없다. 그런 다음~

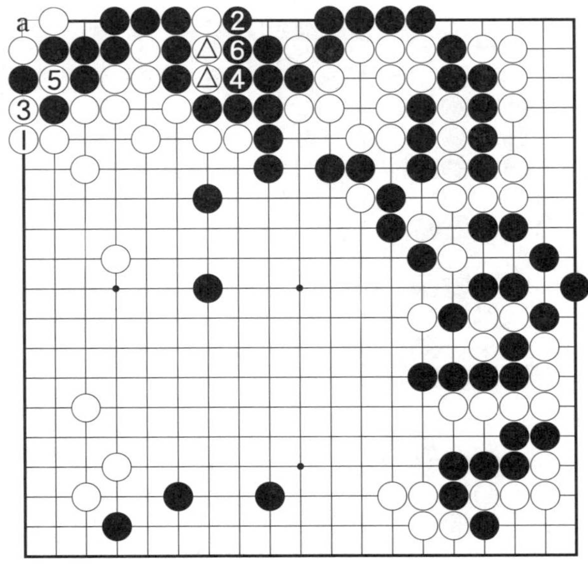

6도

6도 (최대한의 몸값)

백은 훗날 기회를 보아 백1 이하로 조여간다.

흑은 a의 패를 버틸 수 없으므로 2로 후퇴할 수밖에 없으며, 결국 흑6에 이르면 백이 포로(△)의 몸값을 확실히 뽑아냈음을 알 수 있다.

귀를 위협하는 급소 (1)

● 흑 차례

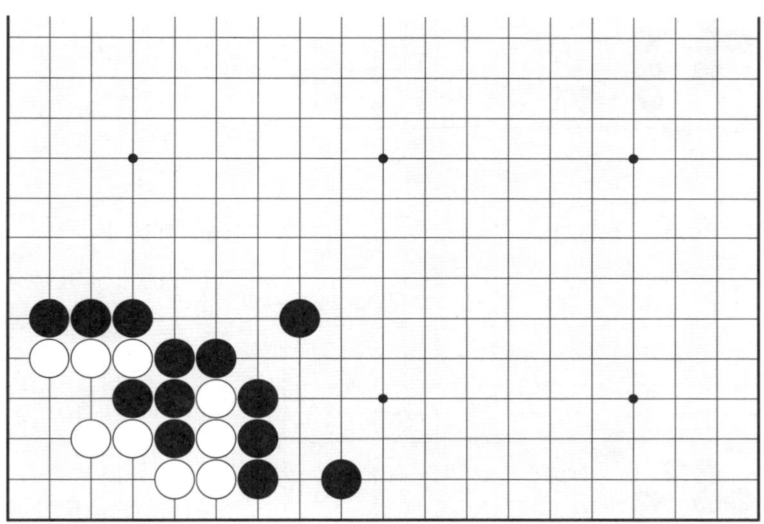

　　좌하귀 백의 삶을 위협하면서 최대한의 끝내기를 해내는
문제이다.
　　역시 실전에 곧잘 등장하는 형태로 응용도가 높다. 첫
급소를 찾아내는 것이 관건이다.

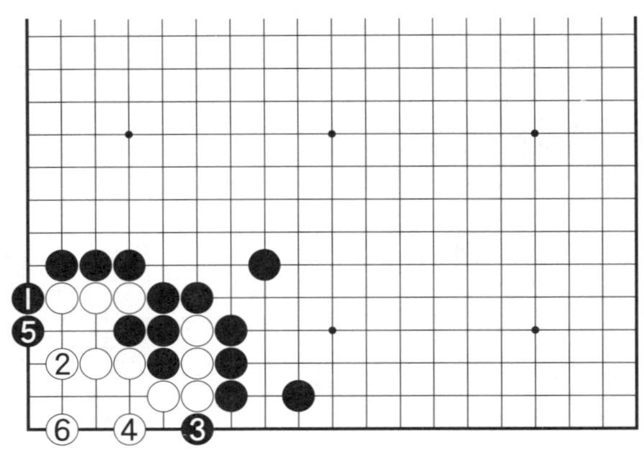

1도

1도 (실패 1)

단순히 흑1로 젖히는 것은 백2로 받아 아무 것도 안 된다.

이어 흑3, 5에는 백4, 6으로 피 흘리지 않고 완생할 수 있다.

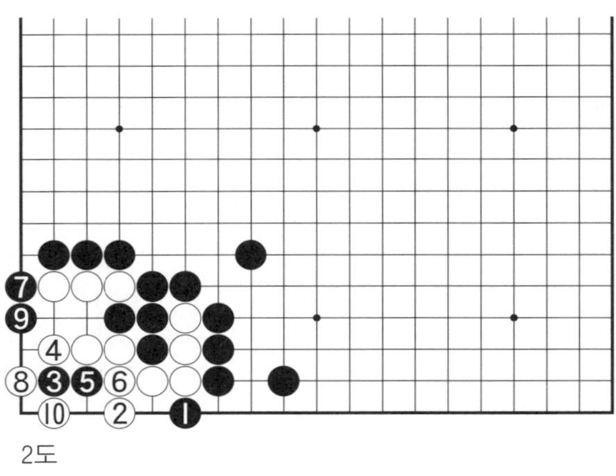

2도

2도 (실패 2)

흑1쪽에서 먼저 젖히는 수도 백2로 받아 무사하다. 흑3의 치중이 집요한 수이지만, 백4～10까지 거뜬히 완생한다.

이 결과는 흑이 앞 그림보다도 손해여서 헛발질을 한 셈이다.

3도 (실패 3)

일견 흑1의 치중이 급소처럼 보인다. 그러면 흑11까지 패를 만들어 백을 괴롭힐 수 있다. 그러나 백도 12로 끈끈하게 버티는 수가 있어 흑도 잡지 못하면 큰 손해이다. 따라서 이 그림은 흑의 모험이다.

3도

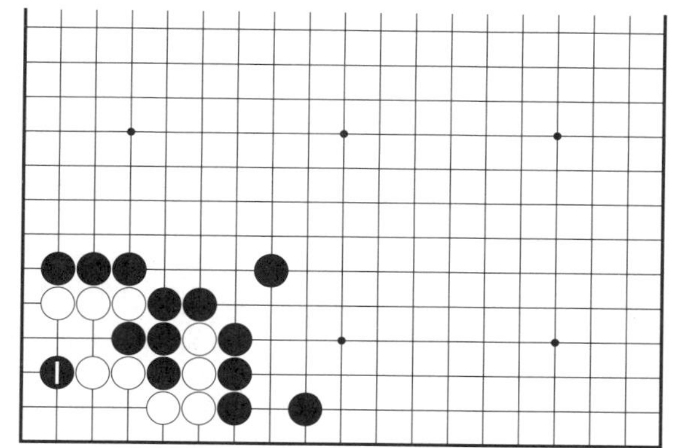

4도

4도 (정해)

흑1의 코붙임이 기막힌 맥점이다.

이 수로 귀는 서로의 공유지가 되며, 더욱이 백은 잘못 응수하면 목숨 자체가 위험하다. 계속해서~

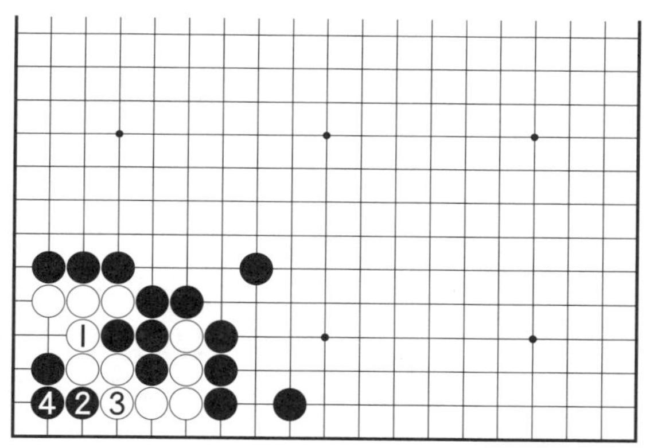

5도

5도 (백, 무리)

백1로 이어 버티는 것은 흑2, 4로 젖혀이어 백의 무리이다.

다음 알기 쉬운 수상전이라면 유가무가의 형태로 백이 잡히는 모습이다.

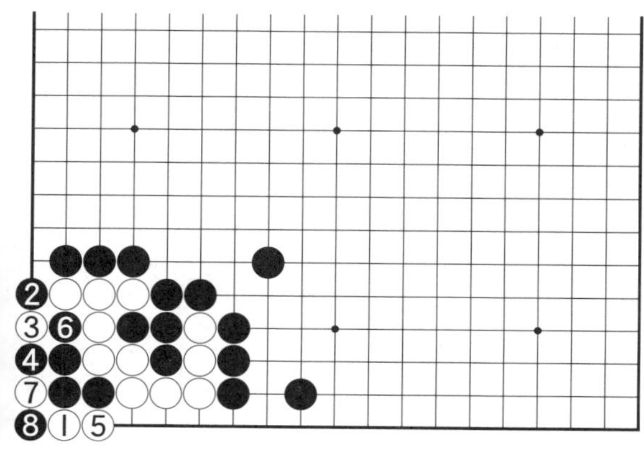

6도

6도 (꽃놀이패)

백1이 타개의 묘수이지만 흑8까지 백 전체가 걸린 패가 발생해 백이 위험천만이다.

반면 흑은 부담이 없으므로 3도와는 큰 차이가 난다.

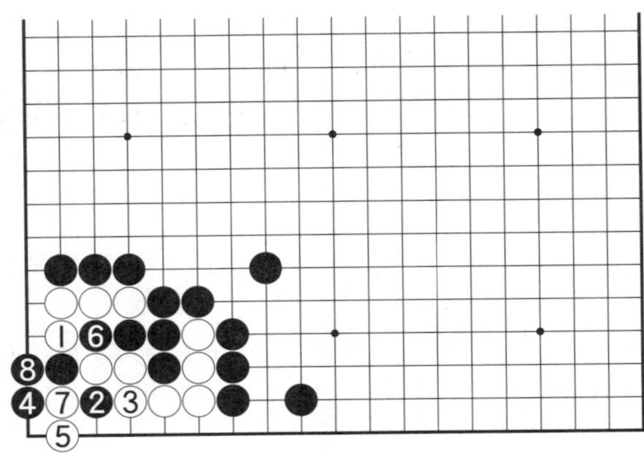

7도

7도 (흑, 넉점 잡음)

백1로 치받는다면 흑2로 젖힘의 맥이 작렬한다. 백3에는 흑4로 틀을 갖추어 역시 수가 난다.

다음 백5에는 흑6이 성립해 흑8까지 백 넉점을 크게 잡는 성과를 거둔다.

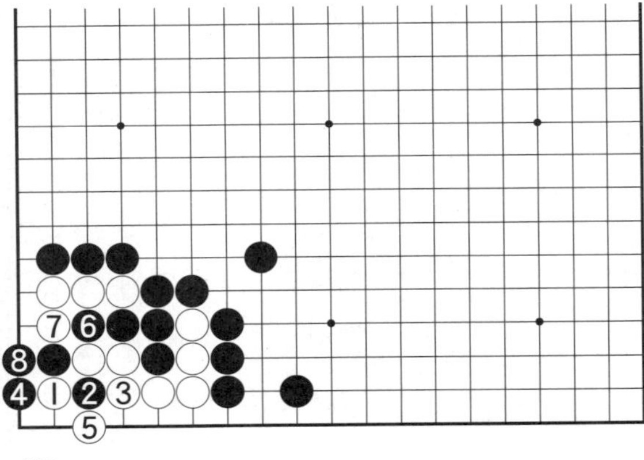

8도

8도 (끊는 맥점)

백1의 안쪽 젖힘에도 흑2로 끊는 곳이 맥점이 된다. 백3에는 흑4, 6의 수순이 성립해 앞 그림과 비슷한 결과이다.

그렇다고 백3으로 7의 곳에 잡는 것은 흑3으로 더 크게 수가 난다.

9도 (유가무가)

그렇다고 흑2 때 백3으로 잇고 버티는 것은 대무리이다.

흑8까지 유가무가로 백이 잡히고 만다.

9도

귀를 위협하는 급소 (2)

○ 백 차례

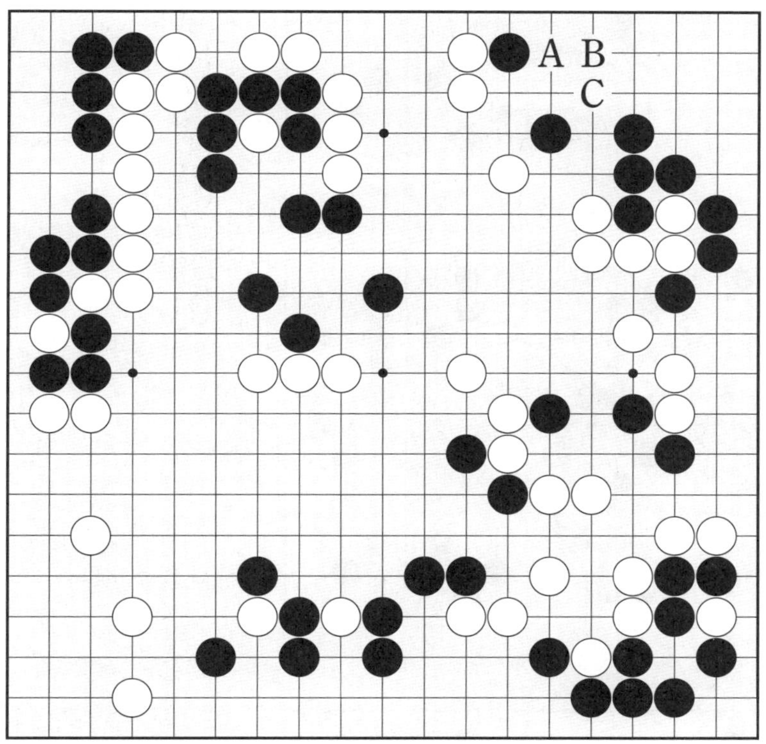

　　신예 프로 유망주들의 실전에서 발췌한 장면이다. 미세
한 계가바둑인데 흑이 좀 남는 형세이다.
　　백은 우상귀에서 상당한 끝내기를 해야 역전의 실마리를
구할 수 있다. A～C 중 어느 곳이 급소일까?

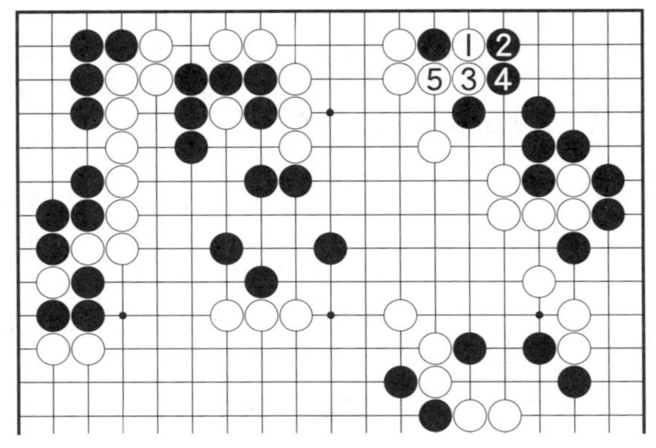

1도

1도 (실패 1)

백1은 상용의 끝내기 수법이지만, 여기서는 무기력하다.

흑 한점은 잡을 수 있지만 이 정도로는 양이 차지 않는다.

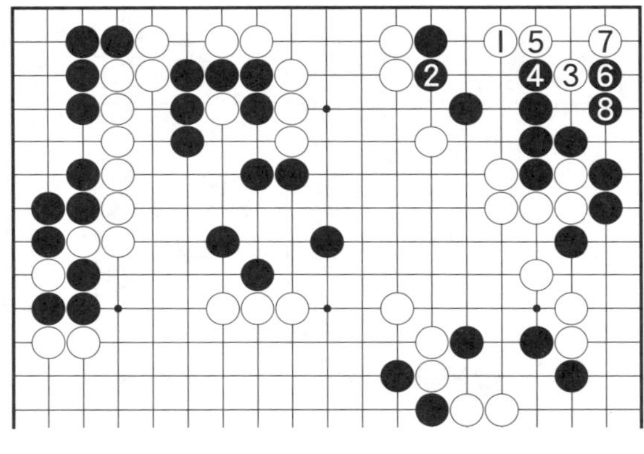

2도

2도 (실패 2)

백1까지 들어가는 것은 흑2로 차단당해 무리이다. 이어 백3으로 움직여보아도 흑8에 이르러 불발에 그친다.

이래서는 잔뜩 보태주었으므로 백의 큰 손해이지 않는가.

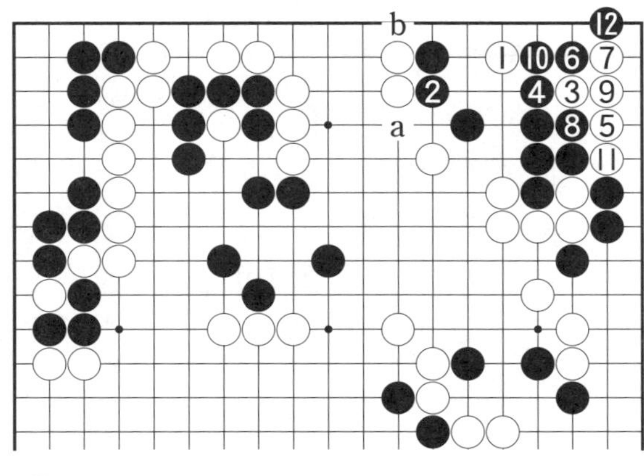

3도

3도 (백, 수부족)

그렇다고 흑4 때 백5로 들여다보며 변화를 구하는 것도 흑6 이하 12까지 빈틈없이 조여 백의 수부족이다.

흑이 우상귀를 놓고 따내더라도 흑a, b 등이 남아 역시 백의 손해이다.

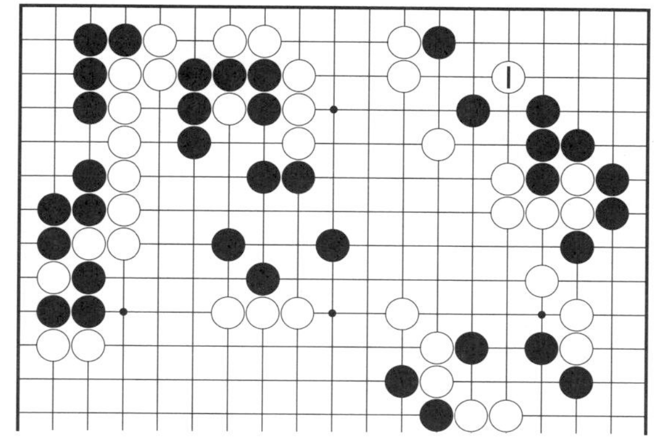

4도

4도 (정해)

백1이 올바른 침투의 급소이다.

흑은 이 한점을 잡지 못하면 상당한 손해를 감수해야 하므로 위기에 처해 있다.

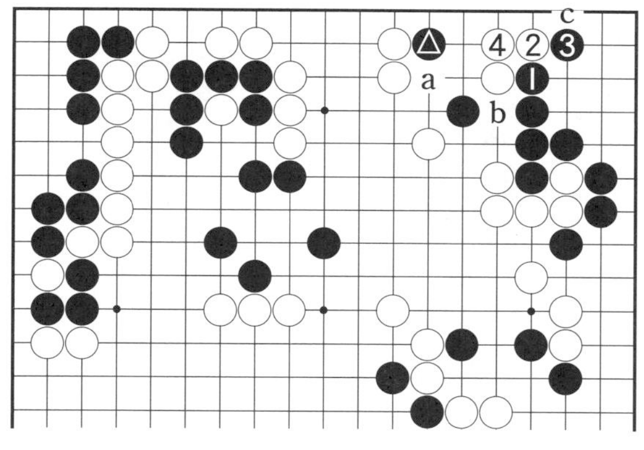

5도

5도 (백, 성공)

계속해서 흑1로 막는 것은 백2, 4로 젖혀이어 백의 성공이다.

a와 b가 맞보기이므로 흑△ 한점이 잡혀있는 데다 백c의 보너스까지 남아 백이 한 건 해낸 모습이다.

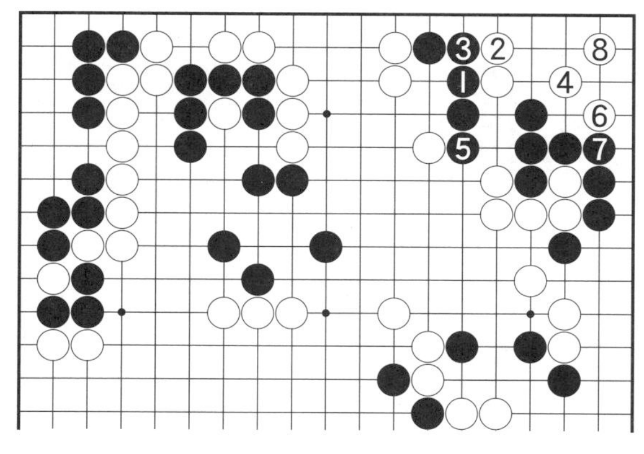

6도

6도 (안방살이)

그렇다고 흑1로 차단해 잡으려가는 것은 백2를 선수한 뒤 8까지 쉽게 살아 바둑이 끝난다.

흑5를 생략할 수 없는 흑의 비극이다.

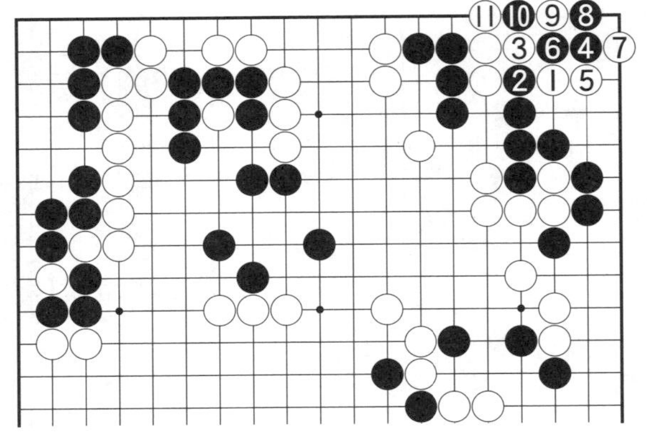

7도

7도 (꽃놀이패)

백1 때 흑2, 4의 강수를 터뜨리며 잡으러 가는 수단은 있다. 그러면 백11까지 패. 그러나 흑진의 안방에서 이처럼 흑 전체의 생사까지 걸린 꽃놀이패가 나서는 당연히 흑이 망한 결과이다.

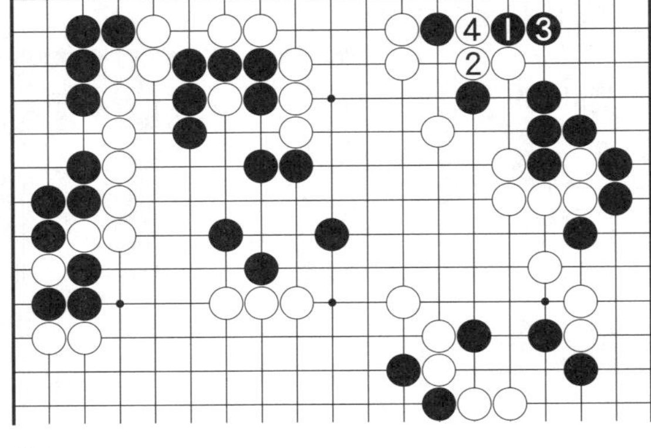

8도

8도 (쌍방 최선)

흑1로 2선 머리에 붙이는 것이 그나마 최선의 방어책이다. 그러면 백4까지 쌍방 최선의 결과이다.

그러나 이 역시 백이 상당히 해낸 결과여서 형세 역전이다.

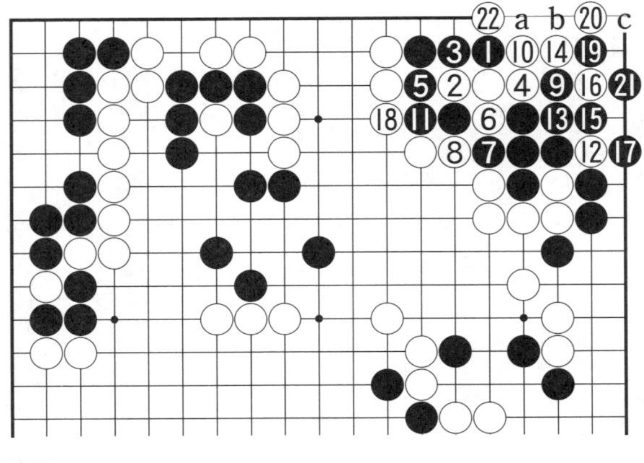

9도

9도 (흑, 무리)

참고로 백2 때 흑3으로 버티는 것은 무리이다. 이하 백22까지 외길 수순으로 큰 수가 난다.

다음 흑a, 백b, 흑c로 들어가는 패는 백의 선패인데다 흑 전체의 사활이 걸려 흑은 언감생심이다.

3장

실전 2탄
(프로의 사활 전략)

　프로와 아마를 막론하고 바둑에서 사활은 승부와 직결되는 경우가 많다. 사활에서 실수를 저지르면 대체로 치명타를 입게 된다. 프로라 하더라도 대마불사라는 말을 무색하게 만들 정도로 착각을 일으켜 죽음의 나락에 떨어지는 경우도 종종 있다.

　이러한 실수를 줄이기 위해서는 사활에 끊임없이 관심을 가질 수밖에 없다. 특히 사활의 기본문제를 풀어본 이후에는 실제 실전에서 나온 모양으로 공부하는 게 살아있는 학습효과를 크게 높일 수 있다.

　프로들의 사활이 걸린 전투를 벌이는 걸 보면 '삶과 죽음'으로 갈리는 극단적인 경우도 있지만, 본능적으로 그런 극단을 피해가려는 심리적인 현상도 느낄 수 있다. 자칫 알 수 없는 역습에 대비하기 위함이다. 그저 약간 이득을 보는 것으로 만족하기도 한다. 이처럼 조금씩 이득을 보다 보면 바둑을 이길 수 있는 것이다.

　이 장에서는 프로들의 주옥같은 실전에서 기발하고 도움이 되는 내용을 엄선해 다루었다. 그러므로 수록된 문제들은 '사활 중의 사활', 그야말로 사활의 백미에 해당하는 내용으로 구성하였다.

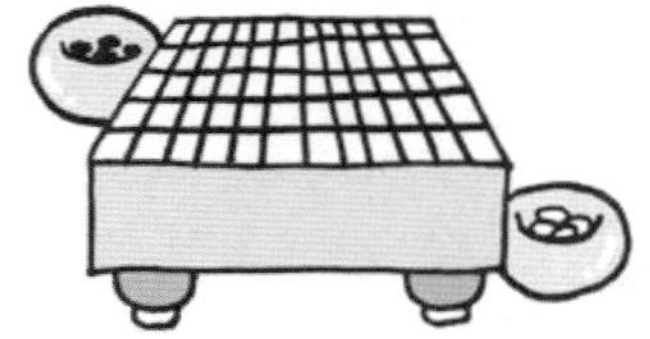

엉성한 장문

● 흑 차례

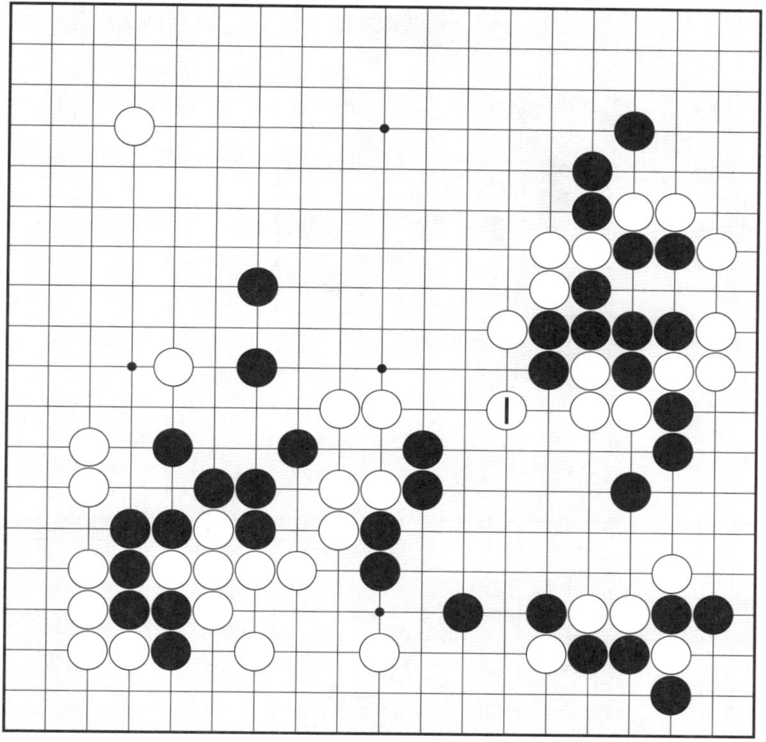

12회 후지쯔배 본선2회전 중 한판. 이성재(흑)와 중국의 창하오의 대국에서 발췌했다.

백1은 엉성한 장문. 하지만 흑도 잘못 응수를 하다간 백의 의도에 그대로 말려들기 쉬운 모습이다. 우변 백의 사활과 연계하면 좋은 결과를 얻을 수 있을 것이다.

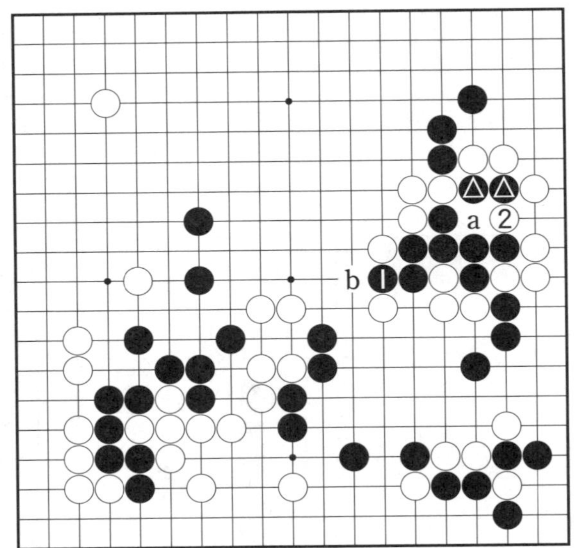

1도

1도 (미끼에 걸려들다)

흑1로 나가는 것은 백이 던진 미끼에 그대로 걸려 드는 수이다.

　백2의 단수에 흑은 요석 두점(△)을 살릴 재간이 없다. 흑a는 백b로 전체가 죽게 된다.

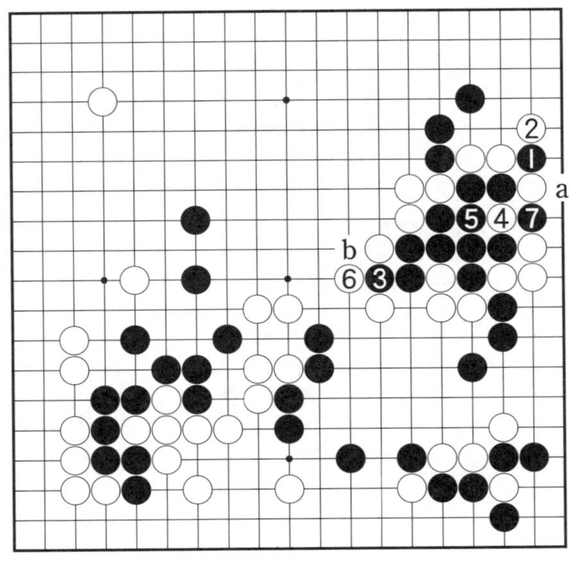

2도

2도 (치밀한 수순)

먼저 흑1에 끊어 응수를 묻는 게 치밀한 수순이다. 백2가 불가피할 때 비로소 흑3으로 뚫는다. 이제는 백4로 몰더라도 흑5에 이을 수 있다.

　다음 백6에 흑7로 따낸 다음 흑은 a와 b를 맞보아 대성공이다.

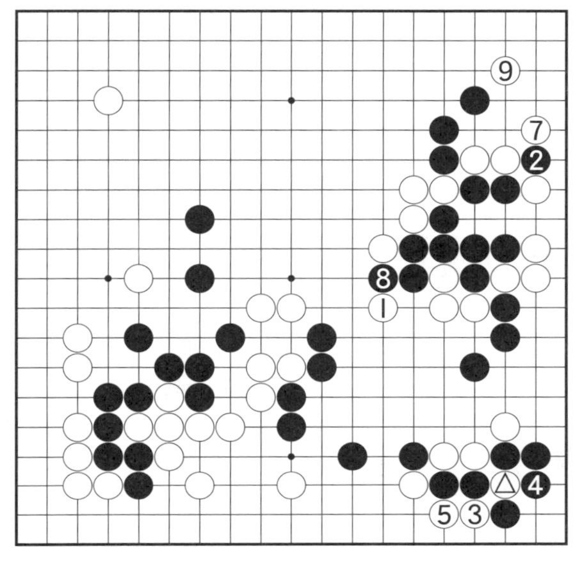

3도

3도 (흑, 불계승)

실전이다. 흑2로 끊는 수를 깜빡한 백은 3, 5로 일단 숨을 돌리고 본다.

아무리 생각을 해 봐도 공격이 여의치 않자 백7, 9로 작전을 변경했다. 여기서 기선을 제압한 흑이 불계승하였다.

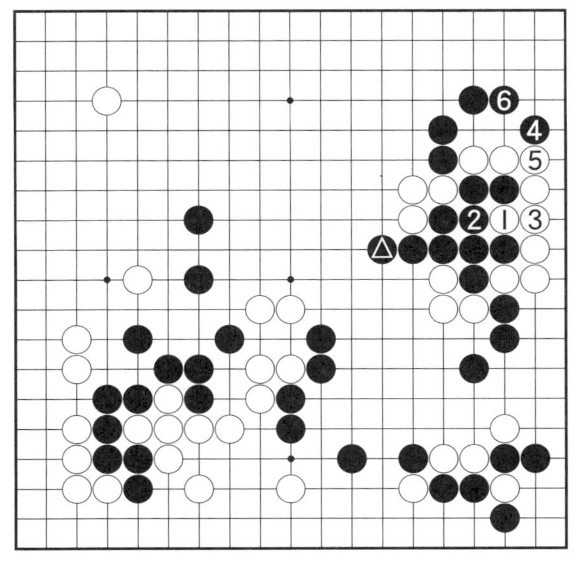

4도

4도 (백, 위험)

흑△로 머리를 내미는 모양으로 바꿔 보았다. 우변 백은 어떻게 수습해야 할까?

백1, 3으로 단순히 처리하는 것은 위험하다. 흑4의 잽을 얻어맞으면 백 대마는 수습이 불가능해진다.

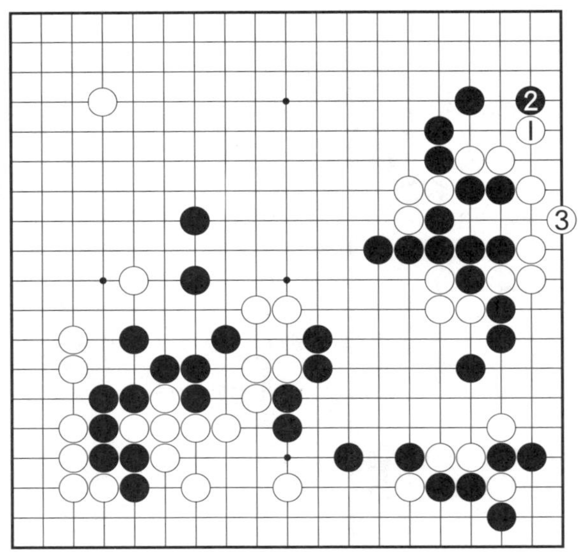

5도

5도 (1선에 호구치고 삶)

우선 백1로 호구를 쳐 귀 쪽 진출을 노리는 것이 노련한 수단이다. 이때 흑2 는 당연한 저지이다.

다음 백은 전혀 걱정할 필요가 없다. 백3으로 1 선에 호구치고 간단히 사 는 수단이 있기 때문이다.

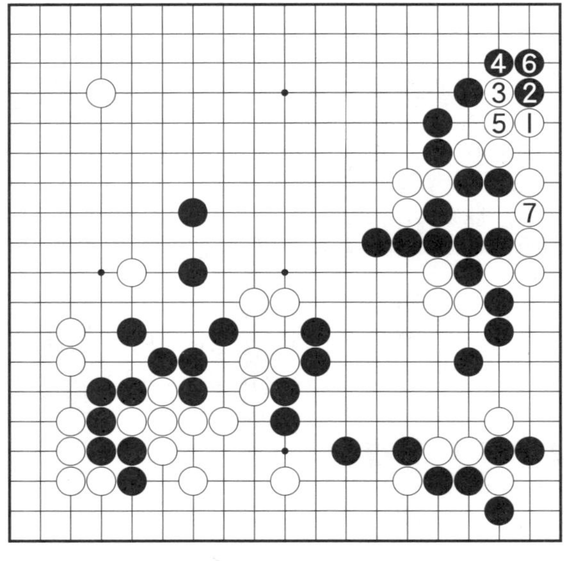

6도

6도 (묘미 부족)

물론 백이 3으로 끼워도 사는 데는 지장이 없다. 이하 흑6의 보강을 생략 할 수 없으므로 백은 그 틈에 7에 잇고 살 수 있는 것이다.

하지만 이것은 귀쪽 흑 모양을 확실하게 굳혀 줘 맛을 남긴 앞 그림보다는 묘미가 부족한 느낌이다.

수상전의 함정을 파하는 묘수

● 흑 차례

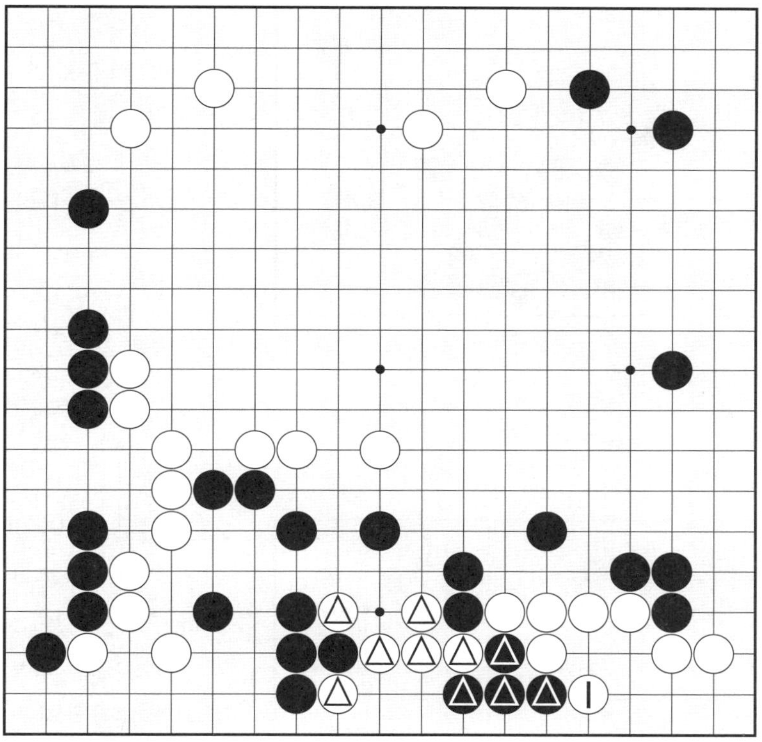

　　12회 후지쯔배 본선2회전에서 일본의 가토 마사오(흑)
와 이창호가 대국한 바둑이다.
　　흑▲와 백△가 대치하고 있는 가운데 백1로 막은 상황이
다. 과연 어느 쪽이 유리한 수상전일까?

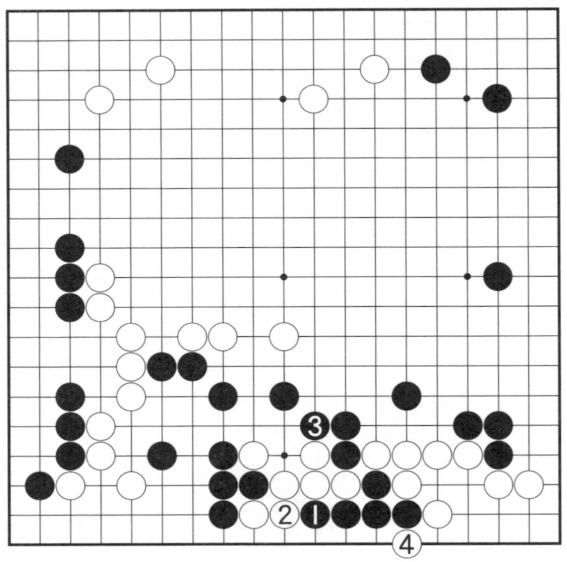

1도

1도 (수상전의 준비)

일단 흑1은 수상전을 하기 위한 당연한 준비 작업이다. 다음 흑3으로 막은 수도 마찬가지로 해석할 수 있다.

이때 백4로 젖히면 흑은 세 수, 백은 네 수라 흑이 일방적으로 죽은 것 같지만 실은 그렇지 않다.

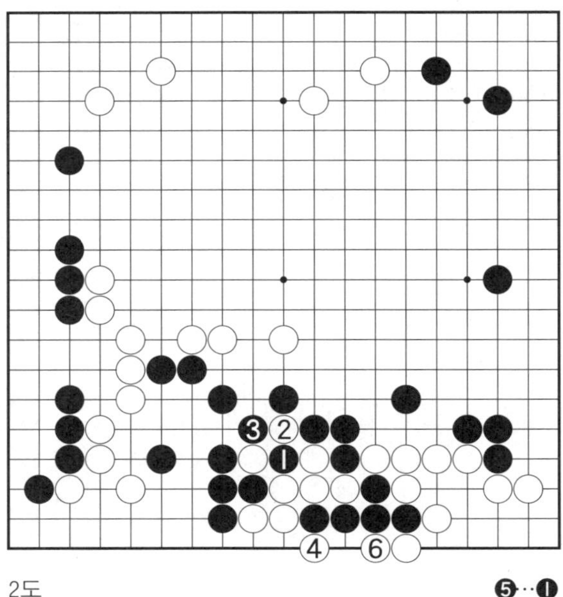

2도

2도 (서로 둘 만하다)

여기서 흑1로 먹여치고 수를 줄이는 것이 보통 생각할 수 있는 방법이다. 그러면 백6까지 아래 흑 다섯점은 백의 수중에 떨어진다.

숫자상으로는 흑이 손해를 본 것이지만 흑도 빵때림으로 얻은 두터움이 괜찮아 서로 둘 만하다.

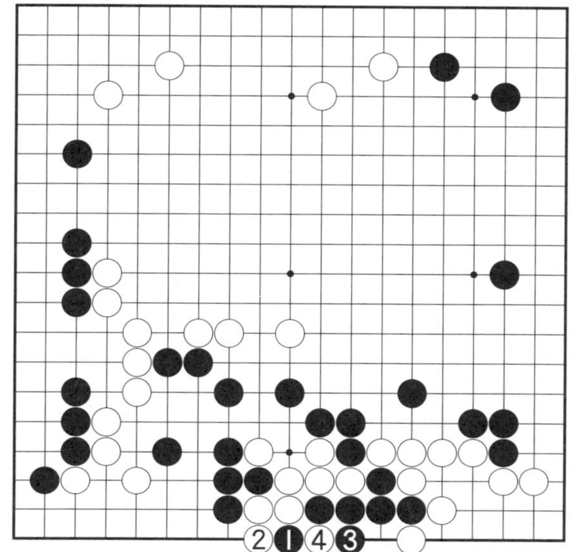

3도

3도 (가장 강력한 수단)

그런데 부분적으로는 흑1로 젖히는 것이 가장 강력한 수단이다. 백2로 막을 때 흑3으로 버텨서 패를 하는 것까지.

　이 패는 비록 늘어지긴 했어도 팻감만 많다면 굳이 못할 것도 없다. 다만 당장 패를 만드는 것은 흑도 부담이다.

4도 (단패 발생)

앞 그림의 패를 피하려고 흑▲ 때 처음부터 백1쪽에서 먼저 젖히는 것은 더욱 나쁘다. 흑2로 먹여치는 수가 듣기 때문이다. 이하 백5까지면 백은 앞 그림보다 더 불리한 패가 발생한다. 다음 흑a면 바로 단패로 들어가기 때문이다.

　또 단패를 피하려고 백3으로 5에 먼저 따내면 이제 흑은 a까지 외곽이 선수로 들어 선택의 폭이 넓어진다.

4도

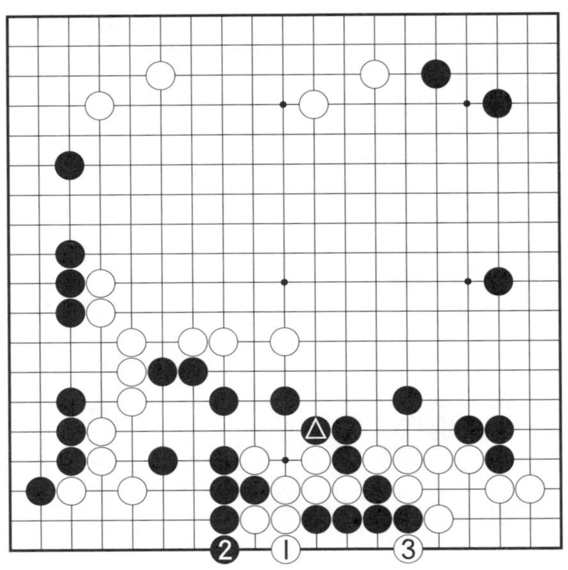

5도

5도 (수상전의 묘수)

흑▲에는 백1의 빈삼각이 상대에게 빌미를 전혀 주지 않는 수상전의 묘수이다. 흑2로 1선에 내려 수를 조여 오더라도 걱정할 필요가 없다. 백3에 젖히면 백이 한 수 빠르다.

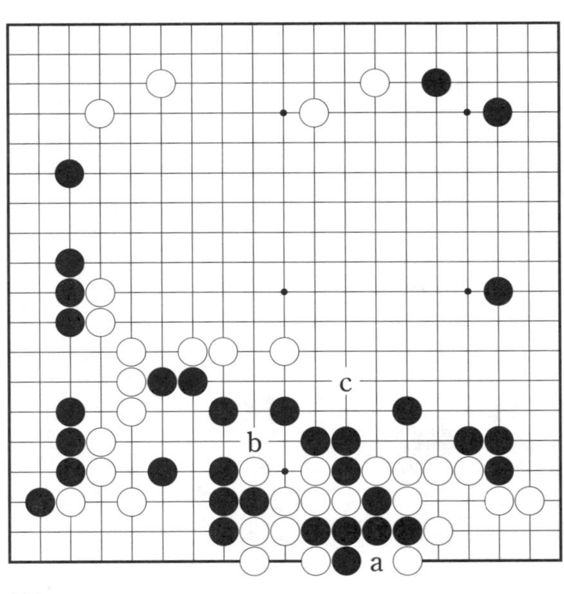

6도

6도 (패가 쉽지 않은 이유)

3도나 4도의 패를 흑도 쉽게 하지 못하는 이유를 설명하기 위해 마련한 그림이다.

백이 a로 따내 패를 해소할 경우 다음 b가 절대 선수로 듣게 된다. 그러면 백c 또한 강력한 급소로 부각되어 하변 흑 대마는 공배 같은 곳을 연결하며 몰리기 때문이다.

성동격서의 전법

● 흑 차례

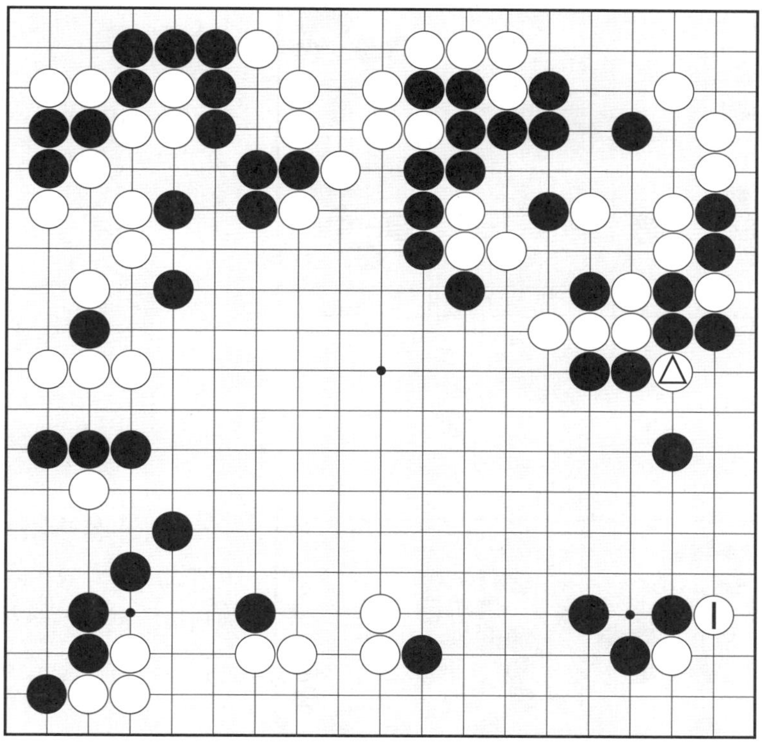

3회 LG배 세계기왕전 결승2국에서 중국의 마샤오춘
(흑)과 이창호가 벌인 대국이다.

백1로 젖혀 응수를 물은 장면. 일종의 성동격서 전법이
다. 흑은 우변 백△와 연계해서 이곳을 처리해야 한다.

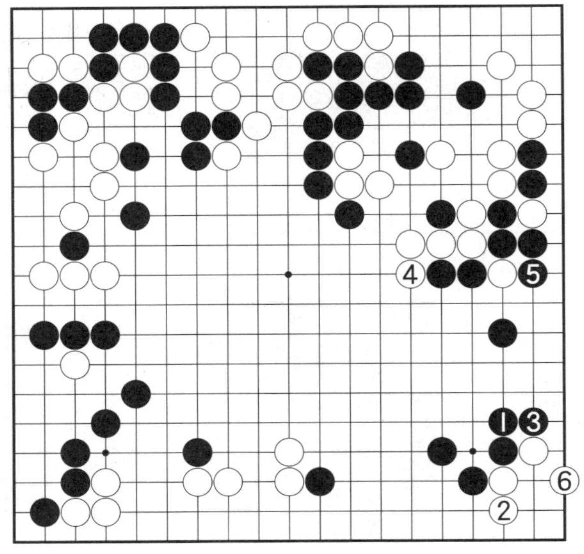

1도

1도 (최선의 갈림)

흑은 1로 물러섰다. 덕분에 백은 2로 귀에서 쉽게 살 수 있었다.

백은 6으로 살기 전에 다른 곳부터 처리하긴 했지만 기본적으로 이렇게 될 자리이다. 이것이 서로 최선의 갈림이다.

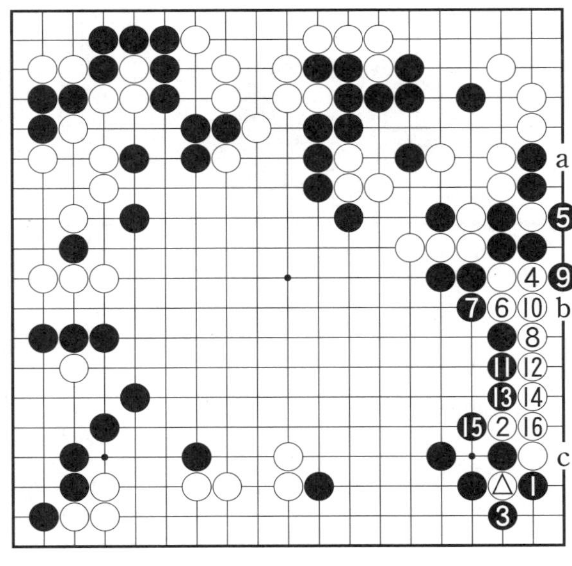

2도

2도 (백이 성공적인 각생)

흑1로 백△ 한점을 잡긴 어렵다. 백4 이하로 줄다리기를 벌이면 골치가 아파진다.

다만 백16에 잇고 나면 상황은 비교적 단순해진다. 흑은 싸우기 싫으면 a로 살면 되고, 그러면 백도 b를 선수한 다음 c에 두고 살 수 있다.

그렇더라도 이 정도라면 백이 성공이다.

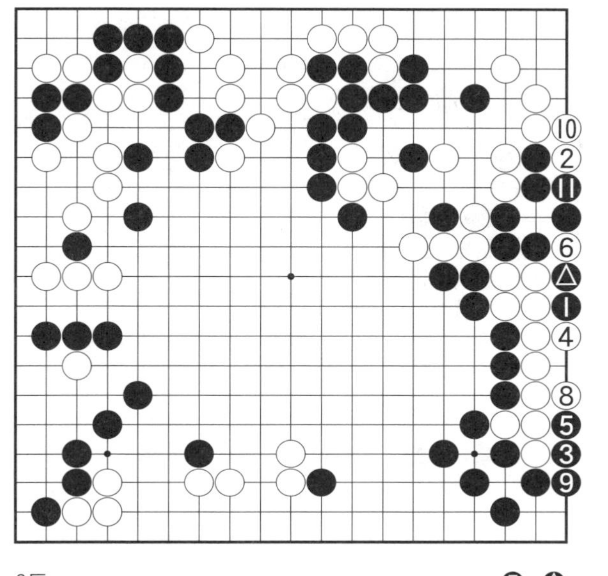

3도

3도 (백, 선수 빅)

앞 그림에 이어서 흑이 계속 싸움을 걸면 어떻게 될까?

이하 11까지 수순에서 보듯 빅은 필연이다. 역시 각생이지만 백은 선수마저 잡아 앞 그림보다도 성공이다.

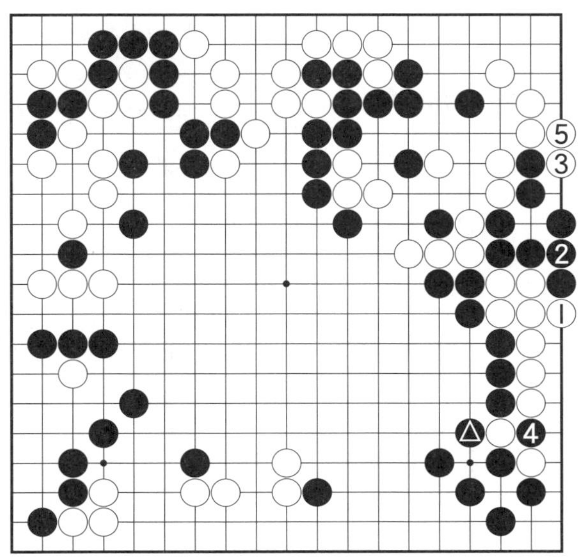

4도

4도 (강력한 단수)

흑△(2도의 15)일 때 백은 더욱 강력한 수단이 있다. 그림처럼 백1로 단수를 치고 수상전을 벌이는 것이다. 다음 흑2에 잇지 못한다. 그러면 백5까지 흑이 한 수 부족이기 때문이다.

결국 흑은 잇지 못하고 2로 4 자리에 둬 패를 해야 하는데, 백이 한참 여유 있는 패이다.

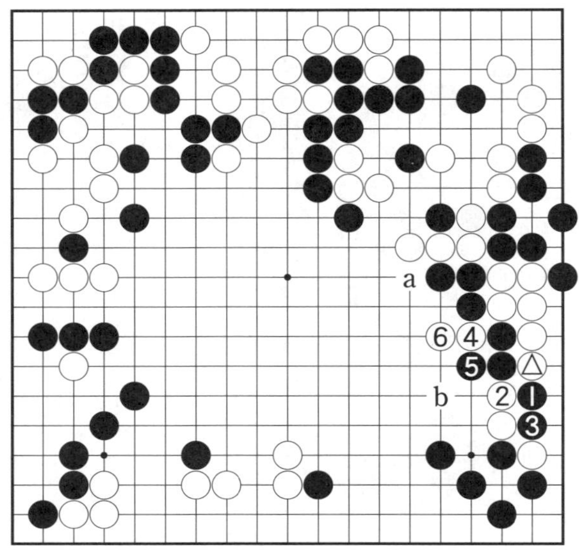

5도

5도 (젖힘은 무리수)

백△에 흑이 먼저 1로 젖혀서 백을 공격하는 수는 없다. 백4, 6으로 끊고 뻗을 때 흑은 속수무책이다.

다음 a와 b를 맞보기로 어느 쪽이든 흑의 요석이 잡힌다.

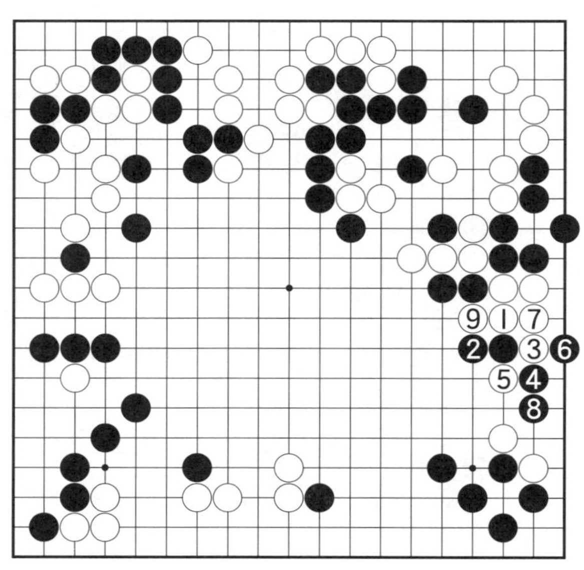

6도

6도 (중앙이 뚫린다)

애당초 백1에 흑2로 늦춰 받아도 좋은 결과를 얻기 힘들다. 이하 백5에 끊는 강수가 있기 때문이다.

다음 흑6으로 몰아 기분을 내더라도 어차피 흑은 8에 늦춰야 한다. 그때 백은 9로 뚫고 나와 성공이다.

난파선의 운명

● 흑 차례

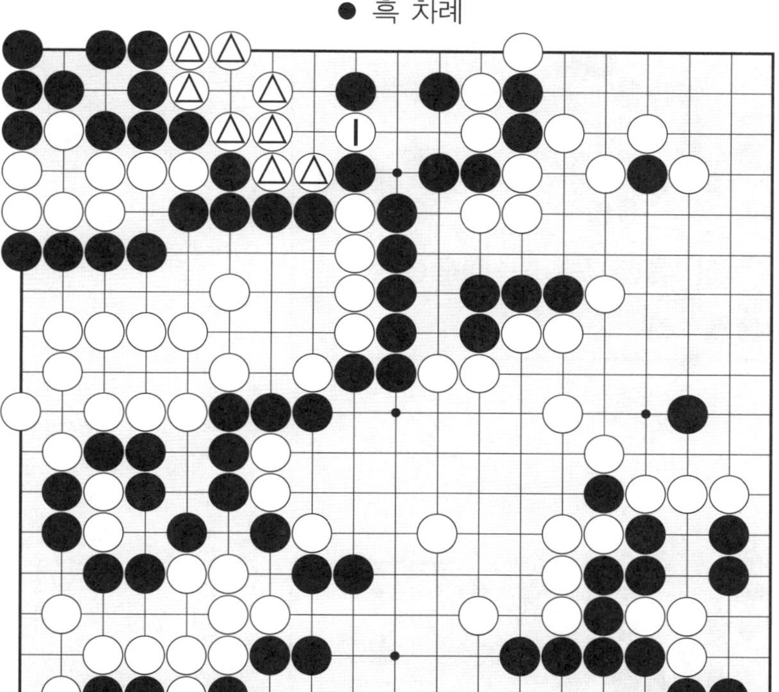

기성전 본선진출 티켓을 놓고 여류기사 이지현(흑)과 임창식이 팽팽한 접전을 벌인 대국이다.

상변 백 일단(△)이 위태로운 상황이다. 백1로 단수쳐 활로를 모색하고 있다. 과연 8명을 태운 이 난파선의 운명은 어떻게 될까?

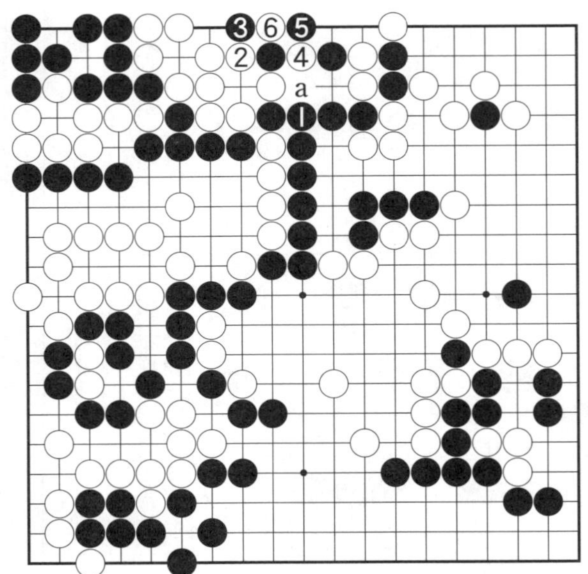

1도

1도 (최선이며 실전)

우선 흑1의 이음으로 a에 받으면 패이다. 하지만 이 패는 흑도 질 경우 출혈이 커 쉽게 결행하기 힘들다. 그러므로 일단 이렇게 이을 자리이다.

　다음에 백2로 치받으면 흑3에 젖혀서 패를 만들어도 결코 늦지 않다. 백6까지는 실전이며 최선이다.

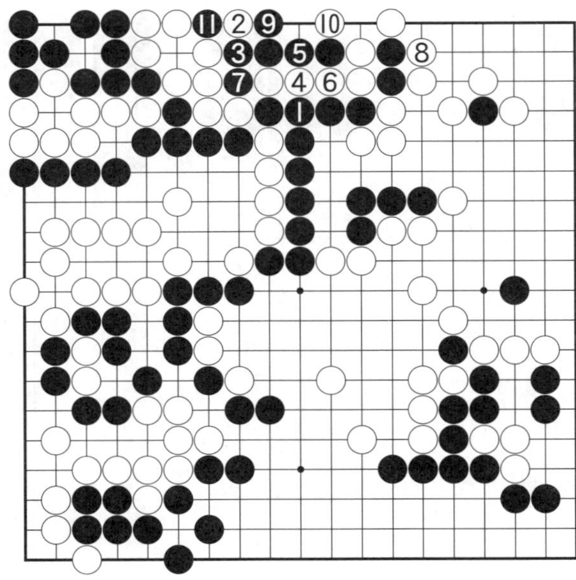

2도

2도 (백의 변화구)

백이 먼저 급소자리 2를 차지할 수도 있다. 실전의 패를 피하기 위한 변화구인 셈이다. 그런데 흑3으로 찝어 끝내 잡자고 덤빌 때 어려워진다. 백6까지 쉽게 흑을 차단할 수 있지만 흑7이 선수라 어차피 패는 마찬가지다.

　다만 흑도 덩어리가 커져 실전보다 부담이 크다.

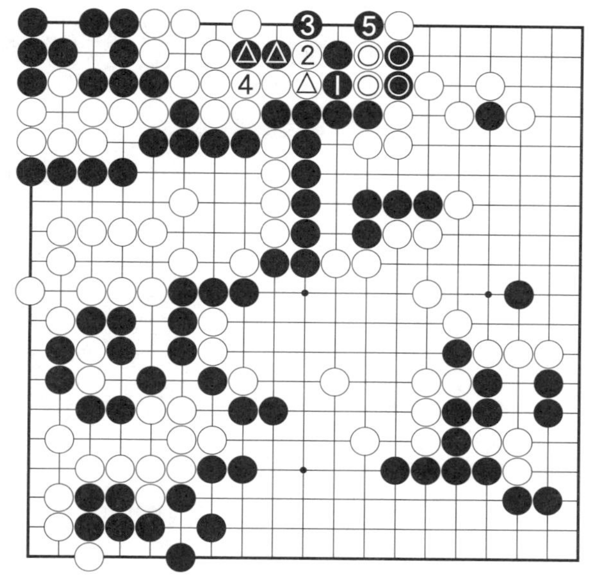

3도

3도 (재치 있는 단수)

백△ 때 흑은 1에 먼저 단수치는 것이 재치 있는 수이다. 그러면 백◎가 단수로 몰린 상태인데도 그곳을 처리하지 못하는 게 백의 고통이다. 우선 상변 백 일단을 살려야 한다.

결국 흑은 △ 두점을 버리는 대신 ◎ 두점을 생환시켜 그럭저럭 둘 만하다.

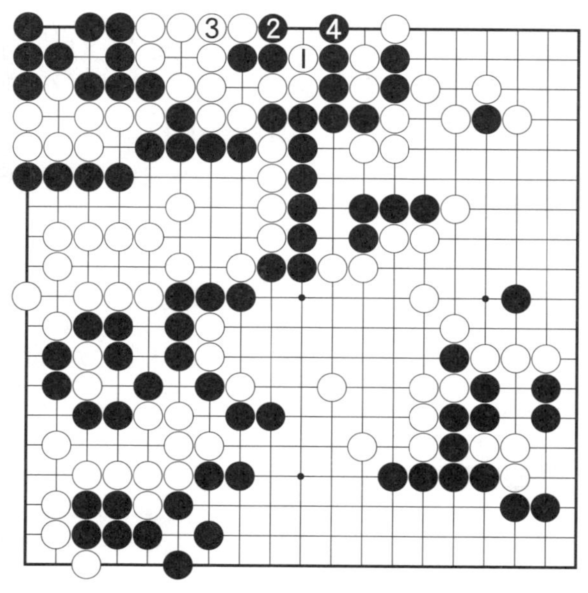

4도

4도 (저항하는 길)

백1에 찌를 때 사실 흑은 강력히 저항하는 길이 있다. 흑2의 단수가 그것.

이 단수에 백이 3에 이으면 큰일 난다. 흑4로 빠지는 간단한 수로 백 대마가 죽기 때문이다.

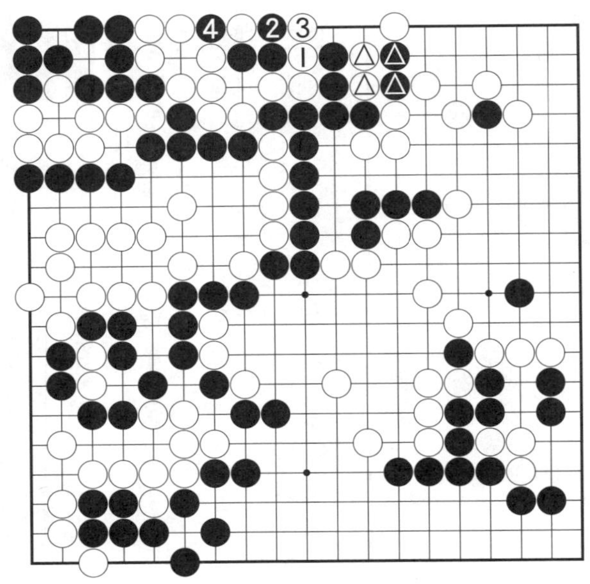

5도

따라서 백은 흑한테 2로
몰릴 때 백3으로 되몰아
패를 할 수밖에 없다. 그
럼에도 이건 백이 상당히
부담이다.

우선 패도 패이지만 흑
▲ 두점을 잡고 있는 백
△ 두점까지 단수로 몰려
있는 탓이다.

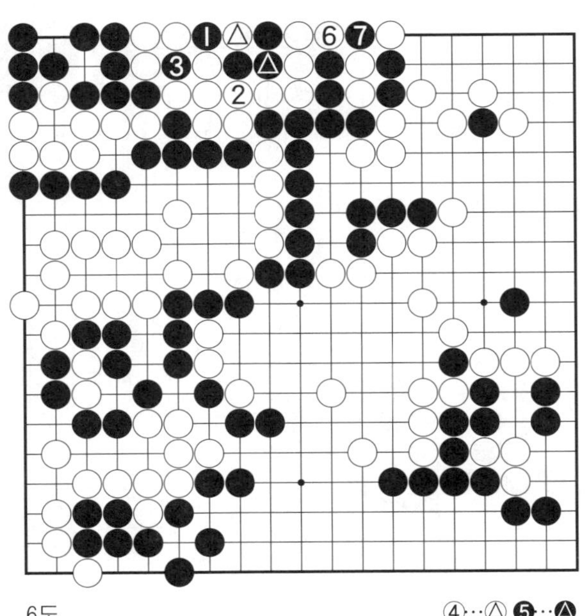

6도

④…△ ❺…▲

6도 (치중으로 죽는다)

그렇다고 앞 그림에 이어
흑1로 따낼 때 백2에 되
몰아 삶을 모색하기도 어
렵다.

다음 흑3에 백4로 흑
석점을 따내면 숨통이 트
이는 듯하지만 이내 흑5의
치중으로 죽어버린다. 백6
으로는 연결이 안 된다.

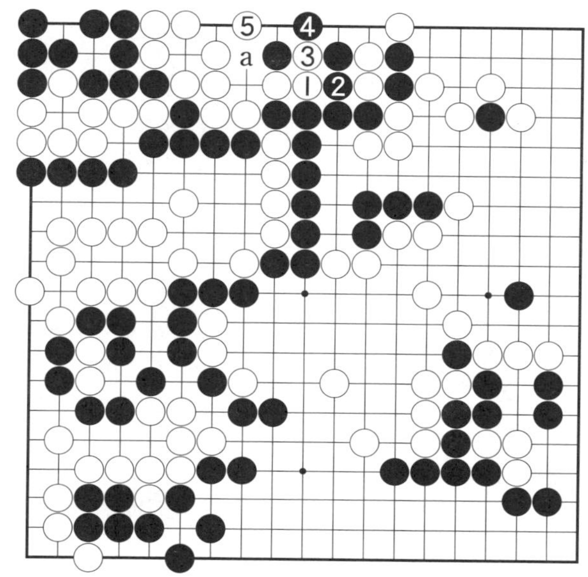

7도

7도 (미리 꾸밀 일)

굳이 2도에서 제시한 대로 마늘모 행마(이 그림 백5)를 이용해 살고자 한다면 미리 꾸밀 일이 있다. 백1, 3이 그것.

　다음 흑4로만 순순히 받아준다면 백5에 두고 소기의 목적을 달성할 수 있다. a가 자충이 되므로 가능하다. 그런데~

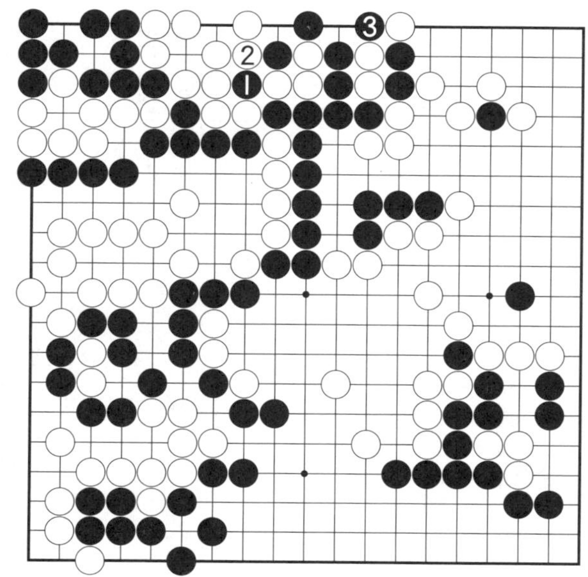

8도

8도 (생불여사)

이건 한 마디로 백이 생불여사라 할 수 있다. 우선 흑1을 선수로 당하는 아픔이 있고, 흑3이면 또한 백은 상당한 출혈이다.

　게다가 흑은 다른 방법으로 백을 괴롭힐 수도 있으니~

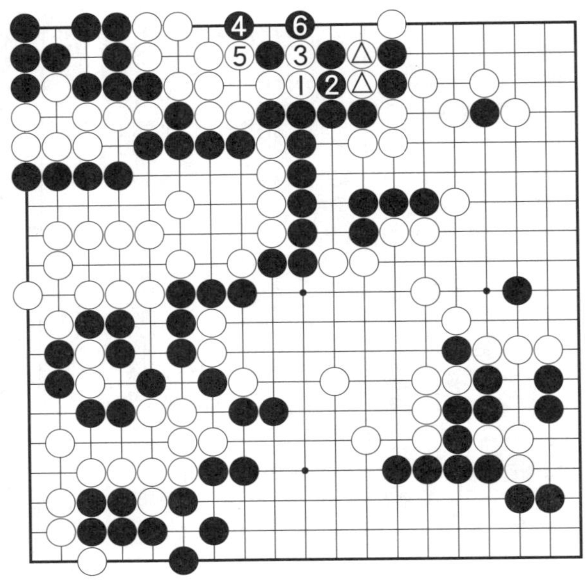

9도

9도 (숨은 최강수)

백이 오른쪽 △ 두점이 단수로 몰리는 악수를 두면서까지 왼쪽 일단에 집착을 하더라도 흑4로 먼저 공격하는 최강수가 있는 것이다. 백5를 기다려 흑은 6으로 패를 만든다.

이 그림을 보니 백이 실전처럼 패를 하는 이유가 더욱 분명해졌다.

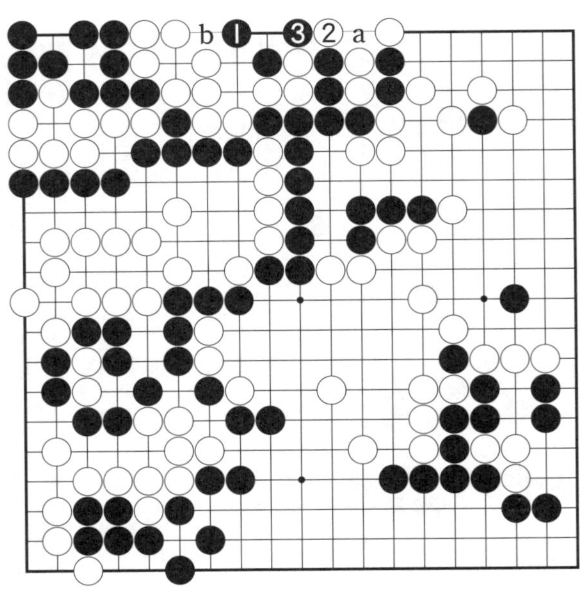

10도

10도 (즐거운 선택)

흑1에 백2로 넘더라도 별반 다를 것이 없다. 쉽게 흑3에 집어넣기만 하더라도 우선 패이다.

경우에 따라서는 흑이 3으로 두는 대신 a에 둬 실익을 챙긴 다음 b로 백 석점을 추가로 잡는 방법도 유력하다.

완벽하게 사는 길

○ 백 차례

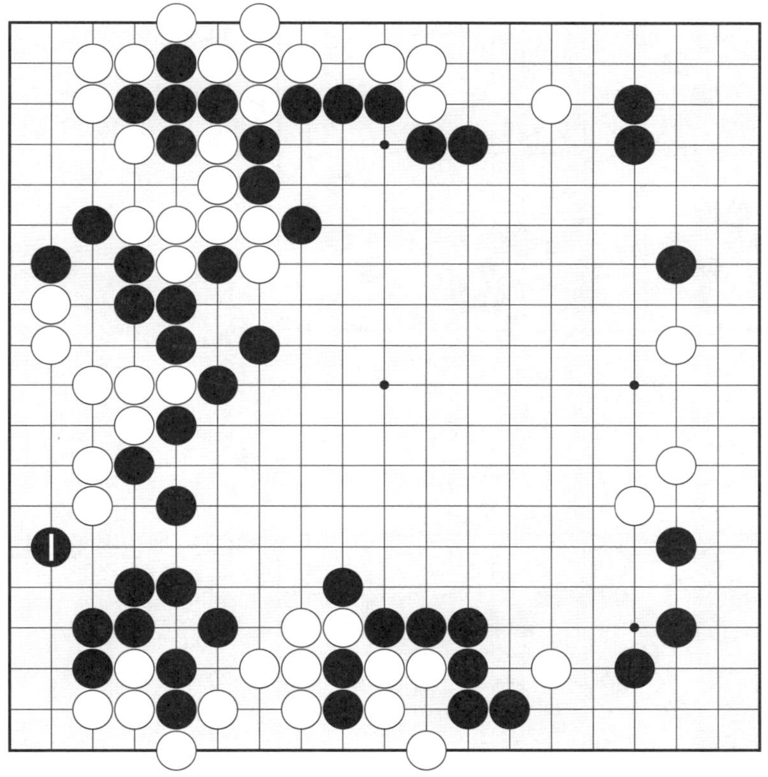

3회 LG배 세계기왕전 결승5번기 제3국이다. 이미 2승을 거둔 이창호(흑)로서는 여유가 있는 한판이다.

수세에 몰린 중국의 마샤오춘은 자포자기를 한 상태이겠지만, 흑1의 좌변 압박에 백의 최선은 어디일까?

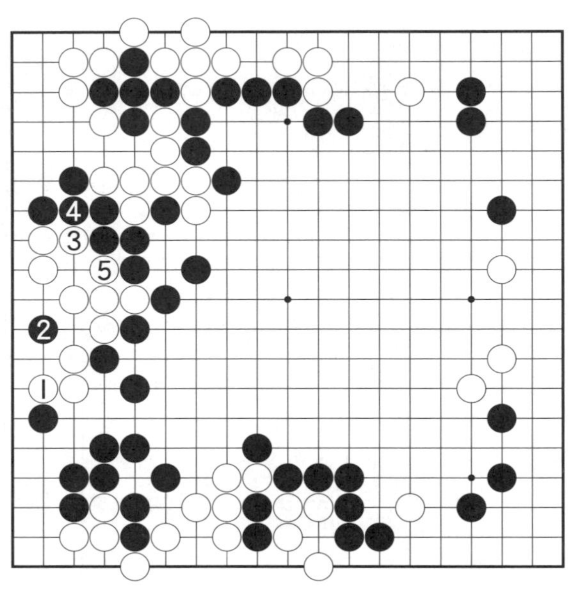

1도

1도 (사활 격언으로 곤란)

궁도를 넓히라는 기초사활 격언에 입각한 백1의 막음은 곤란하다.

흑2로 표독스럽게 백을 괴롭히는 치중수가 있기 때문이다. 백3, 5면 완생인 듯 보이지만 흑은 준비된 맥점이 있다.

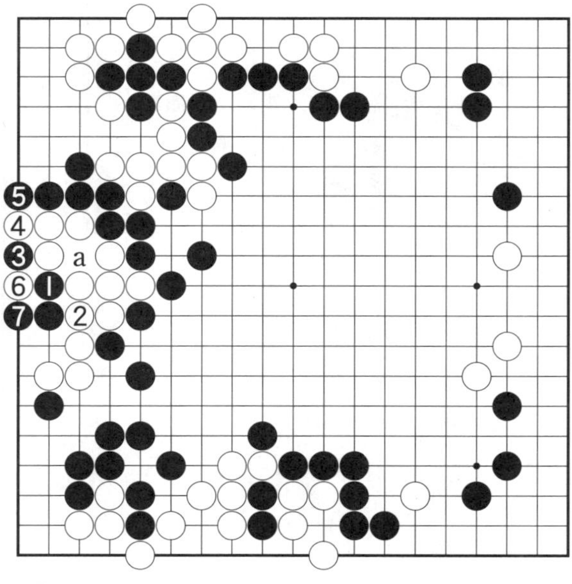

2도

2도 (옥집을 만드는 공작)

다름 아닌 흑1로 찝는 수이다. 공배가 가득 메워져 있는 관계로 백2가 불가피하다. 그 틈을 노려 흑은 3으로 젖히며 백을 계속 몰아붙인다.

결국 흑7까지 패. a의 곳을 옥집으로 만들어 잡기 위한 멋진 수순이다.

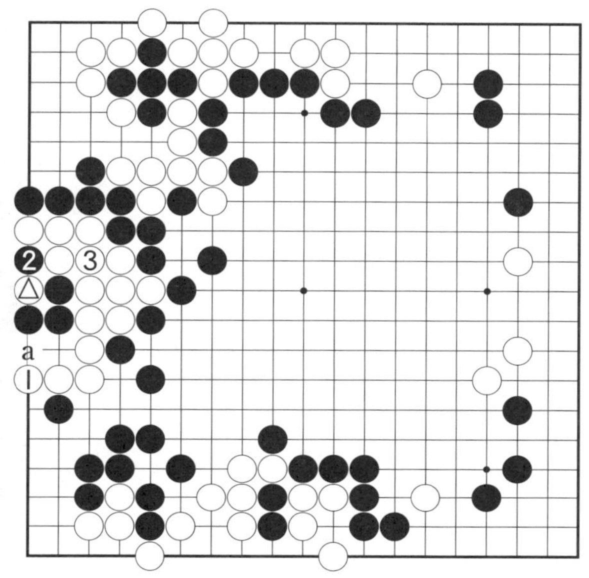

3도

3도 (만년패를 만든다)

앞 그림에 이어 백도 패를 어떻게 만드느냐가 중요하다. 백1로 내려서는 것이 침착한 정수이다. 흑2로 따낼 때 우선 백3에 이을 수 있다. 결국 만년패인 것이다.

물론 그럴 필요는 없지만 흑이 따낸 자리인 △에 이으면 빅이다. 참고로 백1로 a에 두면 단패가 된다는 사실을 확인하자.

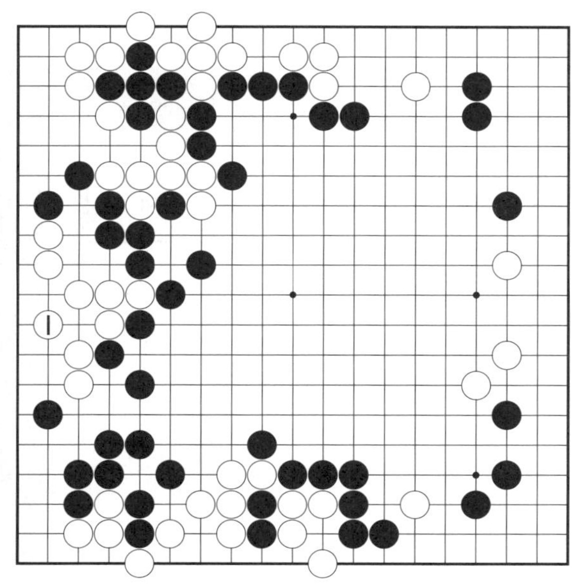

4도

4도 (완벽하게 사는 길)

비록 만년패라 하더라도 백은 상당히 부담이 있다. 따라서 백은 완벽하게 사는 길을 모색해야 한다. 백1의 지킴이 바로 원하는 정답이다.

실전도 그렇게 됐다. 이제는 흑에게 전혀 위협받을 걱정이 없다.

요석으로 둔갑한 폐석

○ 백 차례

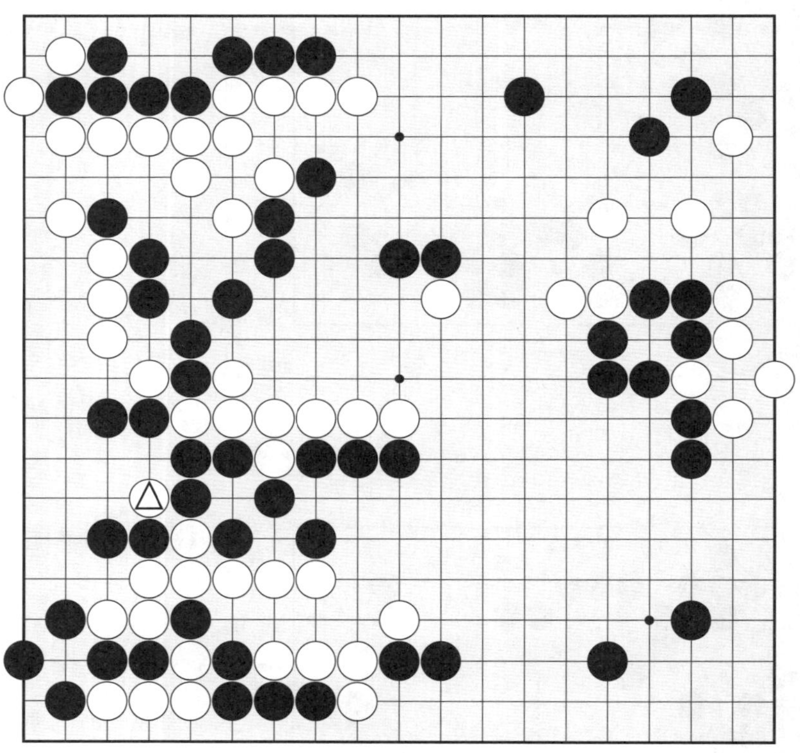

백성호(흑)와 김승준이 명인전 본선1회전에서 대국한
바둑이다.

아무짝에도 쓸모없어 보이는 백△가 실은 무서운 노림수
를 품고 있었다. 우선 흑이 안고 있는 약점을 찾는 게 시급
하다.

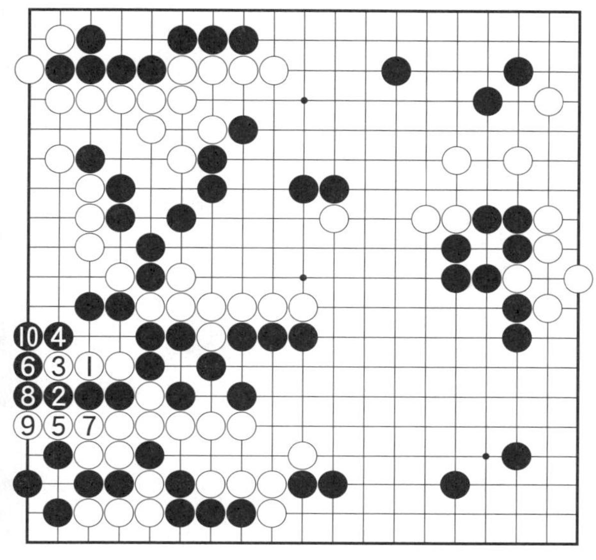

1도

1도 (초가삼간 태우는 격)

슬그머니 백1로 움직이는 수가 좋다. 흑2에는 백3으로 따라 내려간다. 변으로 연결하는 수를 없애려면 흑4의 붙임이 어쩔 수 없는데, 그때 백은 5에 끼워 응수를 묻는다.

다음 흑6으로 백 석점은 잡을 수 있지만, 귀가 백의 수중에 떨어져 '벼룩 잡으려다 초가삼간 태우는' 격이다.

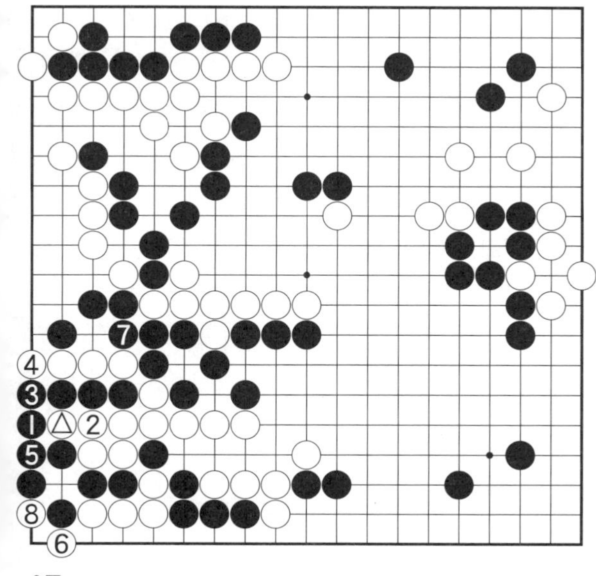

2도

2도 (천지대패 발생)

그렇다고 백△에 흑1로 넘기도 어렵다. 백은 4까지 선수 행사를 한 다음 6에 젖혀 수상전에 들어간다. 흑7에 조일 때 백8에 넣어서 패.

백은 별반 부담이 없지만 흑은 엄청나게 부담이 가는 천지대패인 것이다.

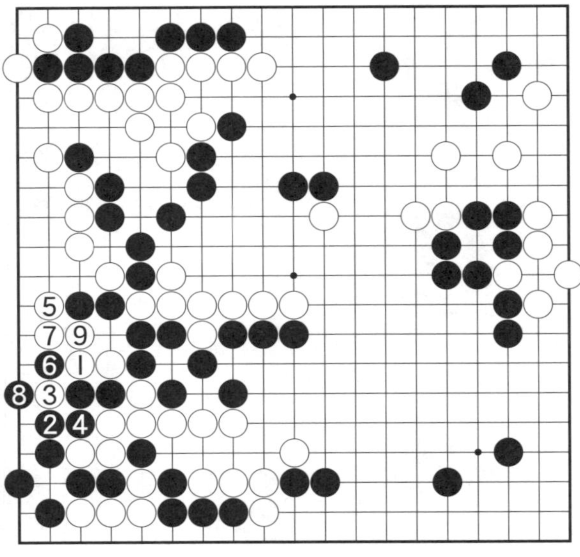

3도

3도 (백, 큰 이득)

지금은 백1에 흑2가 최선이며, 실전이기도 하다. 그러면 백은 3에 단수치고 5에 붙이는 맥점이 있다. 이에 흑6, 8은 속수 같아도 당장 귀를 살려야 하므로 미룰 수 없다.

결국 9까지 백은 흑을 양분시키며 크게 이득을 보았다.

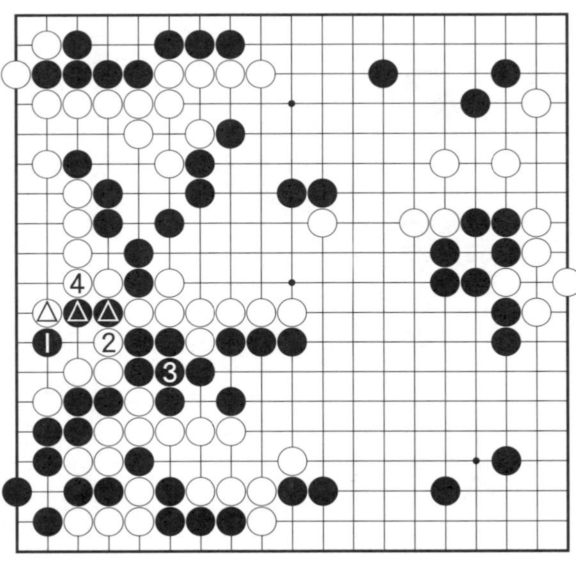

4도

4도 (미리 교환하지 않는다)

백이 △로 붙일 때 흑1로 반발하는 수는 없다. 이제는 아껴둔 백2의 단수를 선수한다. 그런 다음 백4면 요석 흑△ 두점이 살아갈 재간이 없다.

백2와 흑3을 미리 교환하지 않는다는 점이 포인트이다.

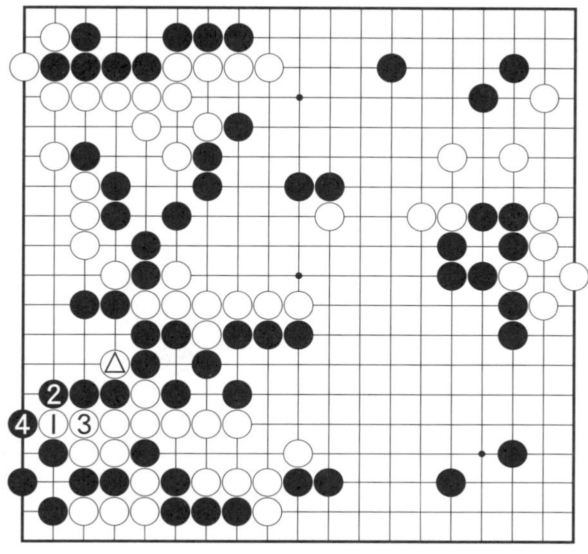

5도

5도 (백, 속수무책)

애당초 백이 먼저 1에 젖히는 수로 좋은 결과를 기대하긴 어렵다. 흑2로 물러서면 그만이다. 백3에 잇지 않을 수 없을 때 흑4로 넘어서 백은 속수무책이다.

백△가 아무런 역할 없이 그대로 죽은 것이다.

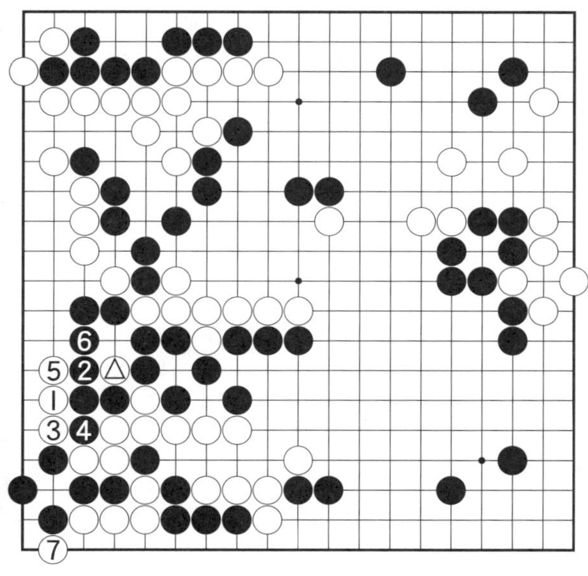

6도

6도 (조금 나은 정도)

차라리 백1의 붙임이 낫긴 하다. 하지만 실전보다는 좋지 않다.

흑은 2에 웅크려 백△를 우선 잡아둔다. 물론 백7까지면 귀쪽과 패 모양이긴 하지만, 이 패는 서로 덩치가 비슷해 백이 일방적으로 즐거운 그림이 아니다.

벼랑 끝에 선 대마의 운명

● 흑 차례

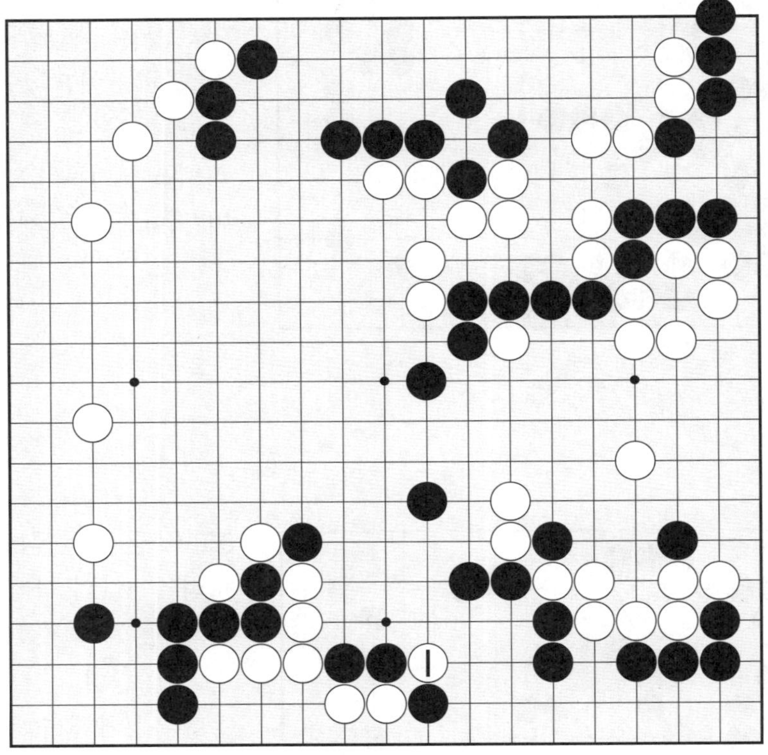

4회 LG배 세계기왕전 본선2회전에서 대마킬러라는 별명을 갖고 있는 일본의 가토 마사오(흑)와 이창호가 한판 승부를 벌였다.

하변 백 대마가 신랄하게 공격받는 상황에서 일단 백은 1로 끊어서 응수를 물었다. 풍전등화에 놓인 이 백 대마의 운명은 과연 어떻게 될까?

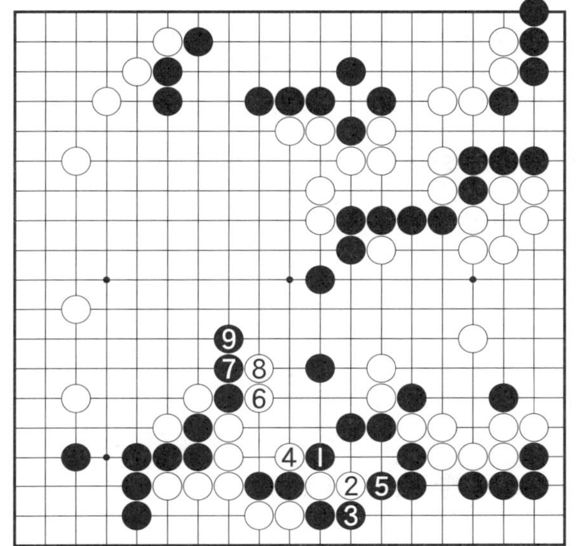

1도

1도 (위험한 발상)

하변을 잡으러 가려면 흑 1은 오직 이 한수이다. 백 2로 늘어둔 것은 당연한 몸부림이라 할 수 있다.

다만 백4에 끊어 살리려는 발상은 아주 위험하다. 백은 안에서 살 수가 없으므로 바깥으로 탈출을 모색해야 하는데….

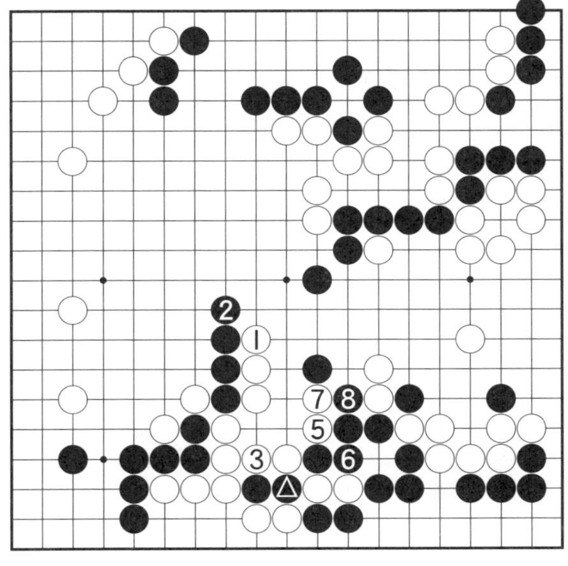

2도

2도 (살고도 진다)

백1은 탈출을 위한 마지막 몸부림이다. 허나 흑2에 늘기만 하더라도 백의 앞길이 순탄해 보이지 않는다. 흑4로 먹여칠 때 백은 두점을 버리면 대충 살수는 있다.

그러나 이런 식으로 비참하게 살아서는 바둑을 이기기 힘들다.

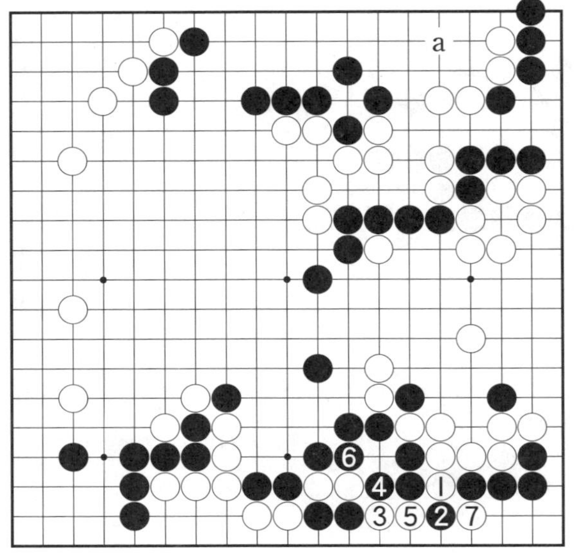

3도

3도 (멋진 바꿔치기)

백은 1로 찔러 응수를 물었다. 과연 멋진 수이다. 흑2로 막으면 백3으로 젖히겠다는 뜻이다. 그러면 백7까지 큰 바꿔치기가 이뤄진다. 그러면 거의 호각이다.

다음 흑a로 상변 백 대마의 급소를 찔러가는 바둑을 예상할 수 있다. 그런데 실전에서 흑은 2에 받지 않았다.

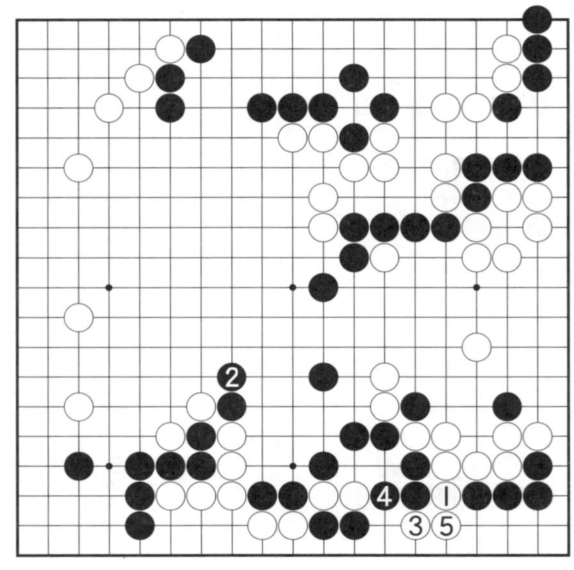

4도

4도 (미처 못 본 수)

흑은 이 그림 2로 중앙을 늘었다. 부분적으로는 이렇게 두는 게 정수이다. 백3에는 흑4로 웅크렸다.

허나 흑이 미처 보지 못한 것이 있었다. 백5 다음 완전히 죽은 것처럼 보이는 백 대마는 아직 숨을 쉬고 있었던 것이다.

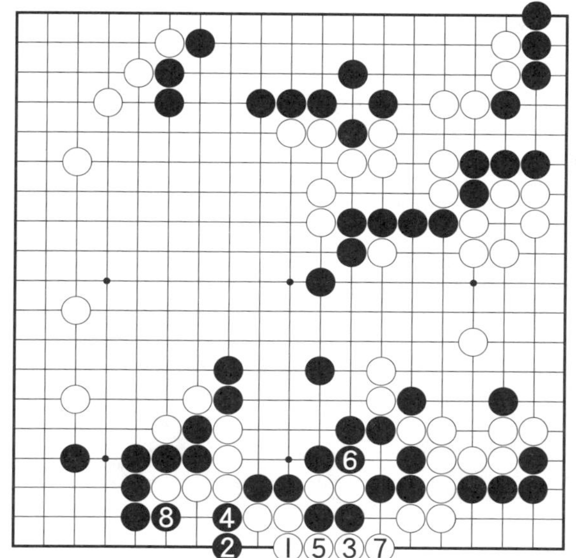

5도

5도 (숨겨진 꼬부림)

흑이 깜빡한 수는 다름 아 닌 백1의 꼬부림이다. 백 은 종반에 이 수를 두면서 승리를 굳힐 수 있었다. 백 이 안에서 살지 못하도록 하려면 흑2의 달림이 불가 피한데, 백3에 붙여서 넘 는 묘수가 있는 것이다.

이처럼 일부만 건너더 라도 미세한 형국이라 백 이 좋다.

6도

6도 (무리한 발상)

백1의 밑붙임에 흑2가 강 력한 차단처럼 보이지만 백3으로 끊는 수가 있어 소용없다. 어차피 백의 꼬 리 부분까지 잡으려는 발 상은 무리이다.

앞 그림과 마찬가지로 흑은 8로 보강해 선수마 저 백에게 넘겨줘야 한다.

프로의 맹점

● 흑 차례

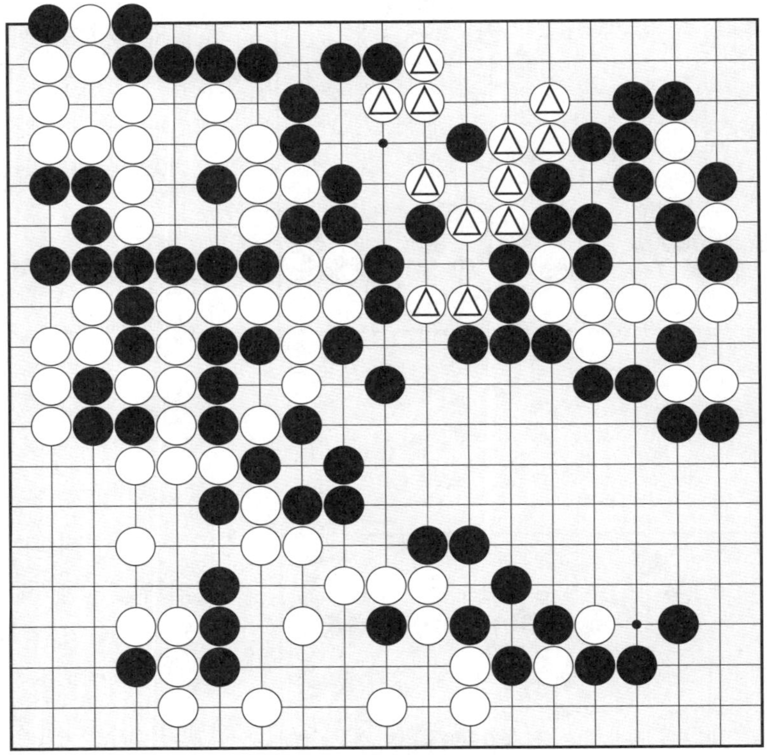

12회 후지쯔배 8강전에서 이성재가 흑을 들고 고바야시 사토루와 둔 대국이다. 백이 국면을 두텁게 처리해 승기를 잡은 상황이다.

흑이 마지막으로 기대를 걸 데는 상변 백 대마(△)의 사활이다. 과연 이 대마에는 어떤 수가 있을까?

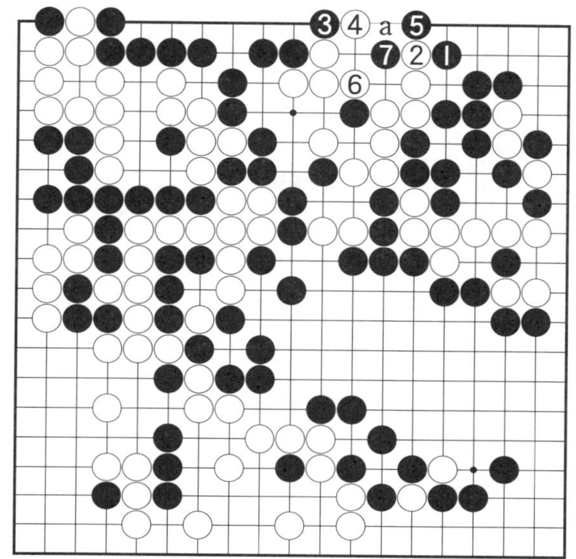

1도

1도 (평범한 접근)

흑1의 마늘모 행마는 가장 평범한 접근이다. 궁도를 좁혀 백을 추궁하고 있다. 다음 흑3, 5의 젖힘이 교과서적 수단이다.

　이때 백6으로 웅크리면 큰일 난다. 흑a를 기대해 백7에 두고 살겠다는 계산이지만, 흑이 먼저 7의 젖힘을 두면 백은 꼼짝없이 죽어버리고 만다.

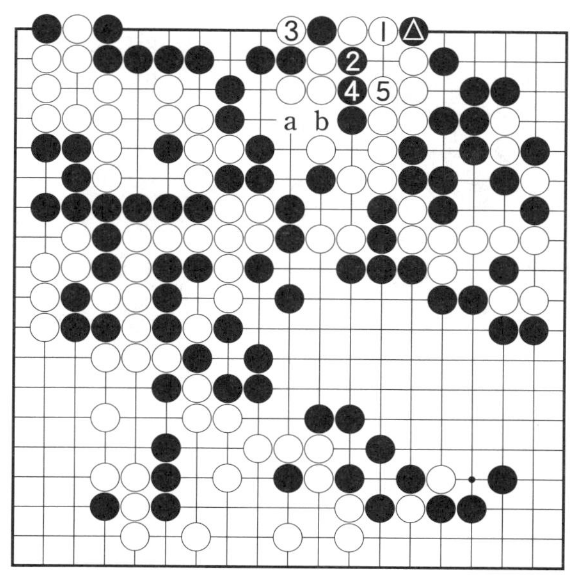

2도

2도 (빅으로 삶)

따라서 흑▲에 백은 1로 받아야 한다. 이때 흑2, 4로 계속 추궁해 잡으려는 것은 잘 안 된다. 백5의 조임이 침착한 수. 이후 흑a, 백b가 교환됐다고 볼 때 빅의 모양이다.

　이처럼 백이 빅으로 살면 승부에는 변함이 없다. 백승!

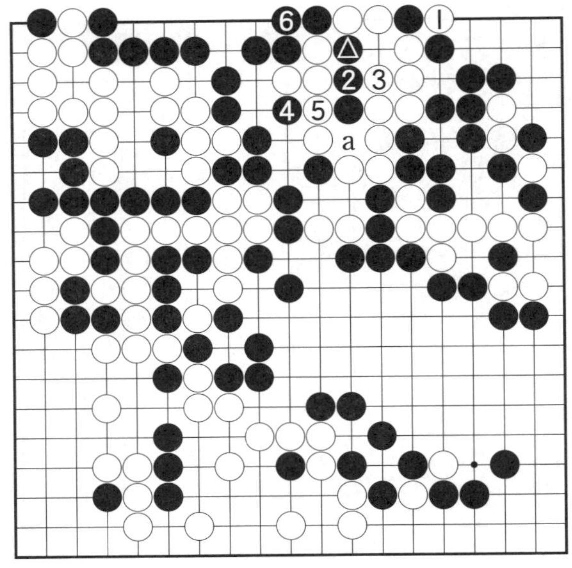

3도 (백, 죽음)

흑◐의 단수에 백이 1로 오른쪽을 따내면 곤란하다. 다음 백3에 둬 앞 그림처럼 빅을 만들고 살려고 해야 하는데 이제는 상황이 다르다. 흑4, 백5를 교환한 다음 흑6에 잇는 수가 생긴다.

공배가 모두 메워지면 백은 a의 곳을 이어야 해 빅을 만들 수 없다. 결론은 백의 죽음이다.

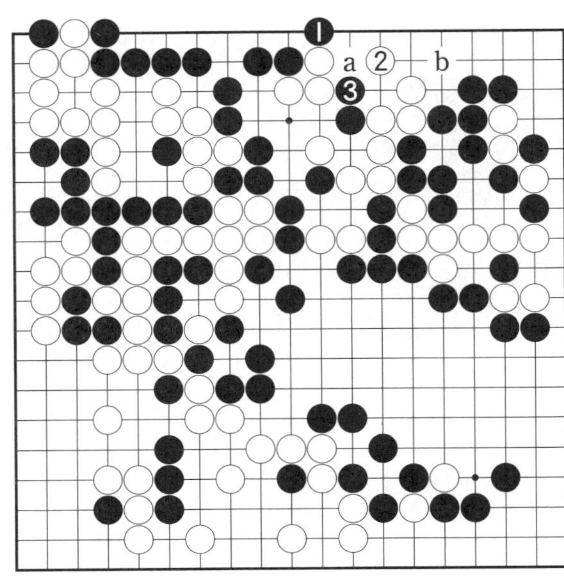

4도 (백, 곤란한 지킴)

실전에서는 장고 끝에 흑1로 젖혀 잡으러 갔다. 다음 백2의 지킴이 행마로는 적절한데 흑3의 추궁을 당하면 곤란하다.

백은 a와 b의 보강을 동시에 할 수 없어 죽음이다.

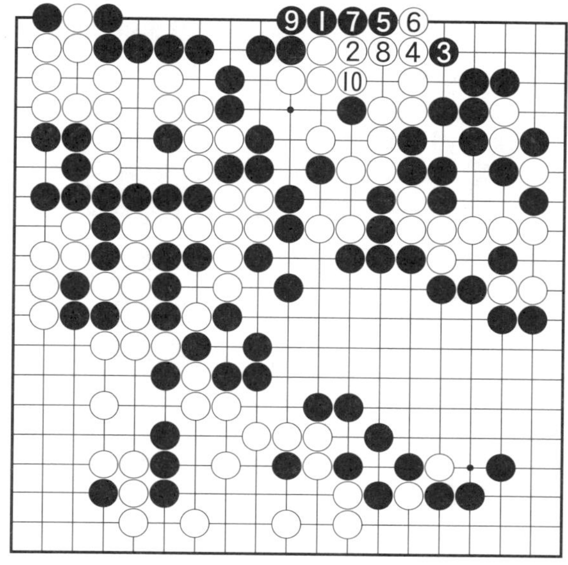

5도

5도 (프로의 맹점)

흑1에는 백2의 늦춤이 정확한 응수이다. 그런데 백2의 꼬부림은 빈삼각의 우형이라 프로는 본능적으로 염두에 두지 않는 행마이다. 바로 프로의 맹점이다.

백2에 흑이 어떤 식으로 공격을 펼치더라도 백 대마는 완생이다. 가령 흑3에는 백4 이하로 처리해 산다.

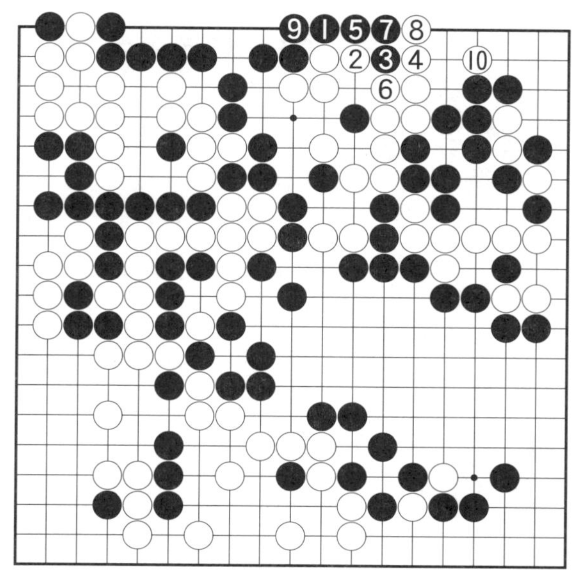

6도

6도 (코붙이는 맥점)

흑3의 코붙이는 맥점 한 방으로 백 대마가 곤란하다고 두 대국자는 착각한 모양이다.

이때 백4에 받으면 걸려들게 된다. 흑5로 넘을 때 백은 8까지 선수로 처리한 다음 10에 두고 틀을 잡아야 한다. 이것으로 완생인 듯 하지만~

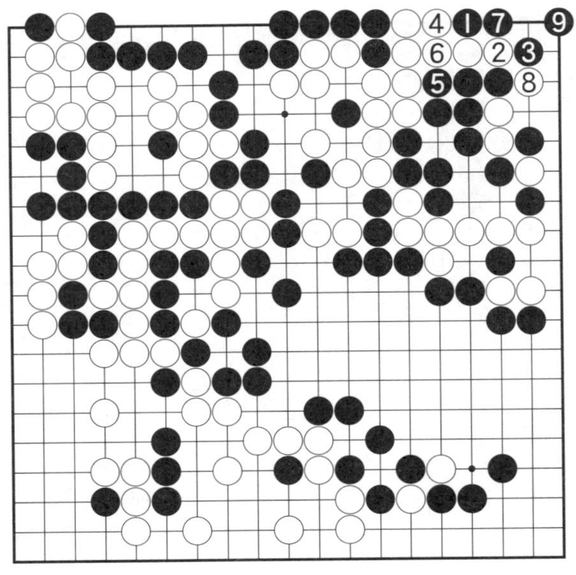

7도

7도 (기발한 일선 맥점)

흑1의 일선 붙임이 꼭 기억해 둘 기발한 맥점이다. 이에 미꾸라지처럼 백2로 빠져 나오더라도 흑3에 더 이상 진격하지 못한다. 다음 백4가 불가피하다. 흑은 5를 선수하고 7로 키워 죽여 이곳에서 백집이 만들어지지 않도록 한다. 백8에는 흑9의 호구가 준비된 수이다. 이것으로 백 대마는 죽음이다.

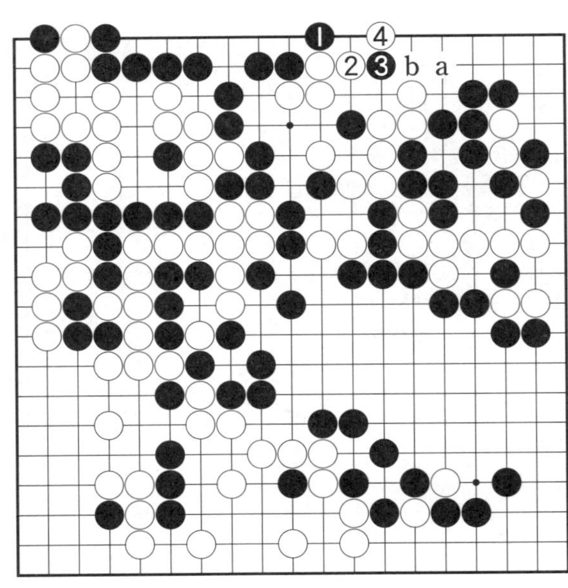

8도

8도 (의외의 젖힘)

그런데 흑3에는 백이 의외로 아주 쉽게 위기를 모면하는 수가 있다. 백4의 젖힘이 그것. 이것으로 흑3의 한점이 연결하는 수단은 없다.

흑3을 a에 두더라도 백은 b로 산다. 이 내용은 이미 5도에서 밝힌 바 있으니 참조하길 바란다.

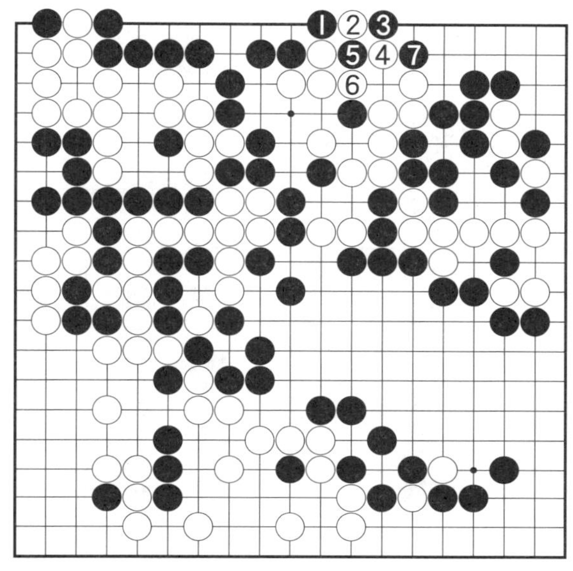

9도

9도 (기상천외한 1선 단수)

두 대국자 모두 앞 그림을 간과한 것이다. 실전에서 백은 2에 받았다. 이것으로도 아무런 수단이 없다고 생각한 모양이다. 그런데 흑3의 일선 단수가 기상천외한 맥점. 이런 수가 있을지는 몰랐던 것이다. 결국 흑7까지 패. 안타깝게도 흑은 멋진 수를 내고도 팻감이 부족해 역전까지는 이루지 못했다.

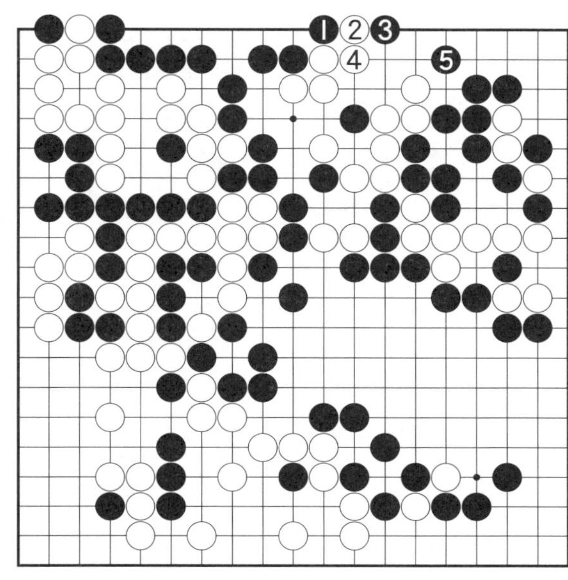

10도

10도 (대마 전멸)

참고로 흑3에 백4로 잇는 수는 없다. 이제는 흑5에 백 대마가 전멸이다. 흑3과 백4의 교환으로 백의 터전이 짓밟힌 탓이다.

흑은 이 바둑을 져 세계대회 첫 4강 진출의 꿈이 좌절됐다.

선후수 관계 점검

○ 백 차례

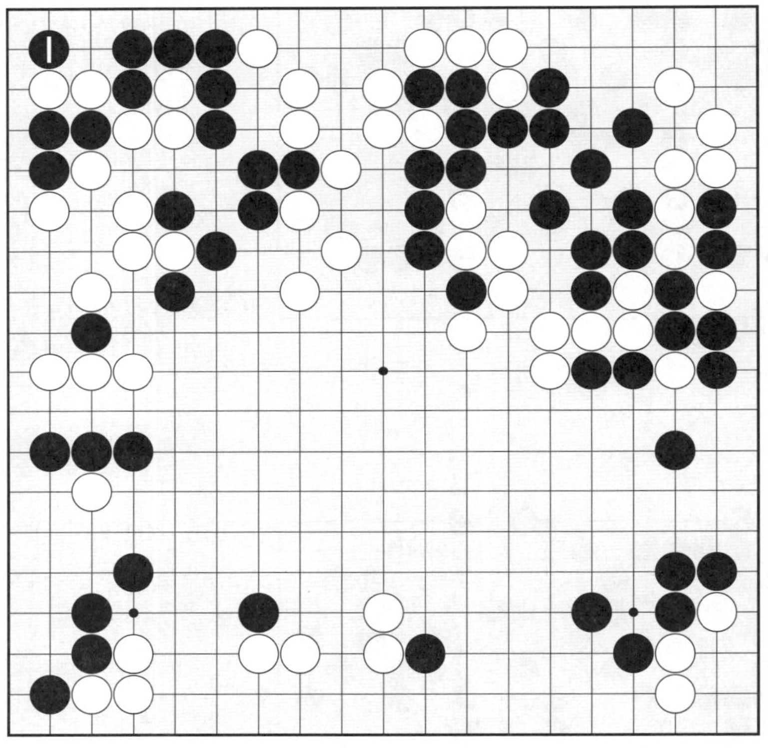

3회 LG배 세계기왕전 결승2국에서 중국의 마샤오춘 (흑)과 이창호가 둔 대국이다.

흑1에 붙여간 상황. 이 흑 대마는 중앙 쪽이 터져 있어 죽을 말은 아니다. 다만 백의 응수에 따라 선후수가 달라질 수 있다. 이번 장면에서는 그런 점을 점검해본다.

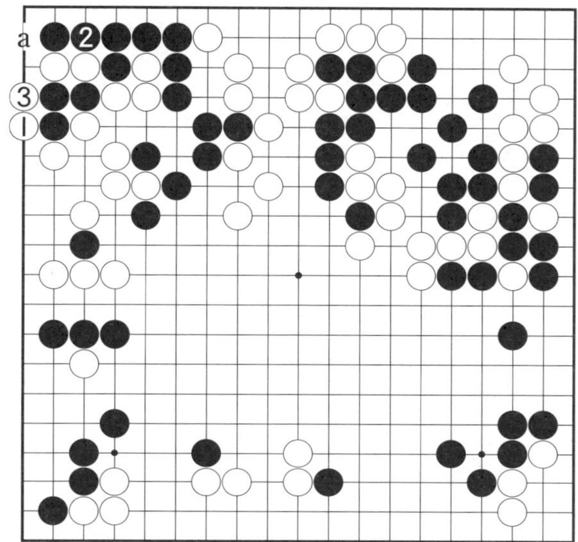

1도

1도 (나약한 응수)

백1은 아주 나약한 응수이다. 흑은 2를 선수한 다음 손을 뺄 공산이 크다. 흑은 중앙 쪽이 봉쇄를 당하더라도 a로 살 수가 있기 때문이다.

백은 좀 더 타이트한 방법을 찾아야 한다.

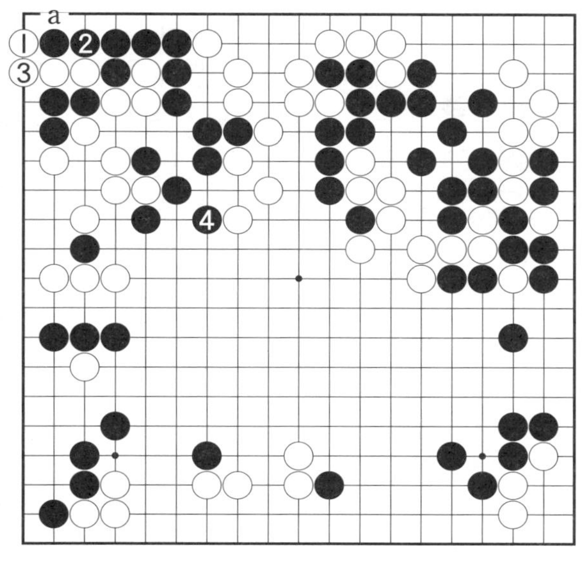

2도

2도 (젖힘이 최선)

지금과 같은 경우에는 백1로 젖히는 것이 정수이다. 흑2의 단수를 걱정할 필요가 없다. 백3에 이을 수 있기 때문이다.

흑a가 선수이긴 하나 귀에서만 두 집을 내고 살 수가 없으므로 흑은 4 정도로 보강이 불가피하다. 실전에서도 서로 이렇게 됐다.

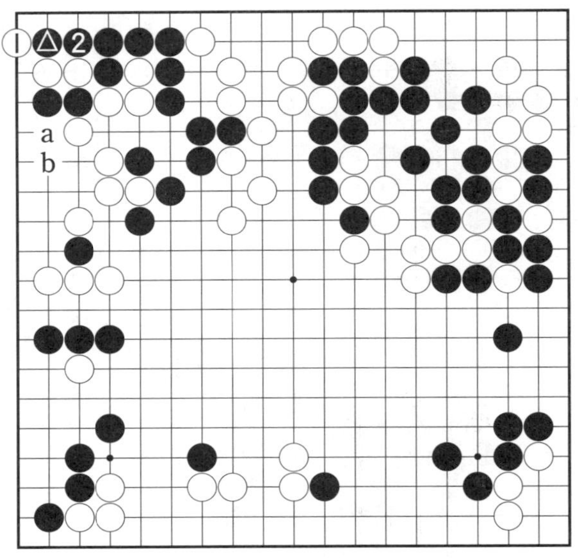

3도

3도 (애초 교환이 잘못)

흑▲에 아무 때나 백1로 젖힐 수는 없다. 흑a와 백 b의 교환이 없는 그림과 같은 상황에서는 흑2에 잡혀버린다. 따라서 흑은 애당초 a와 백b를 교환한 것이 잘못이다.

이처럼 무심코 교환한 수 때문에 상황이 급변한 다는 사실을 알아야 한다.

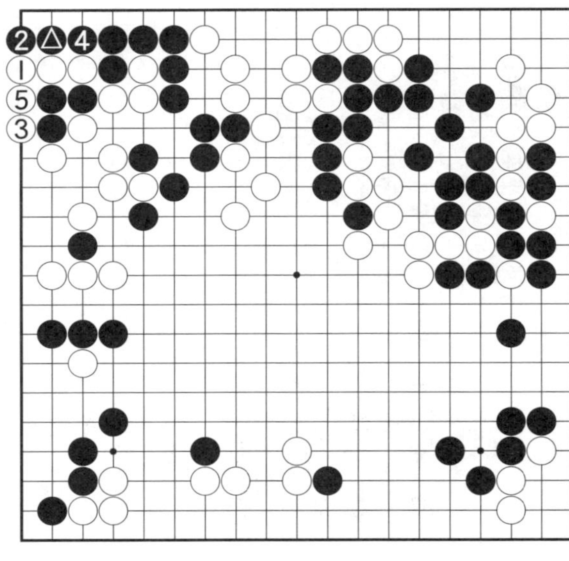

4도

4도 (백, 최악)

흑▲에 백1로 받는 것은 가장 미련한 처리이다. 이 때 흑이 4 자리에 받아주 면 백2로 꼬부려 2도와 같 은 결과를 기대한 것인데, 혼자만의 달콤한 수읽기 이다.

먼저 흑2로 선수하는 수가 있어 흑4마저 모두 선수로 당한다. 그러면 백 은 최악의 모습이다.

수상전의 급소

○ 백 차례

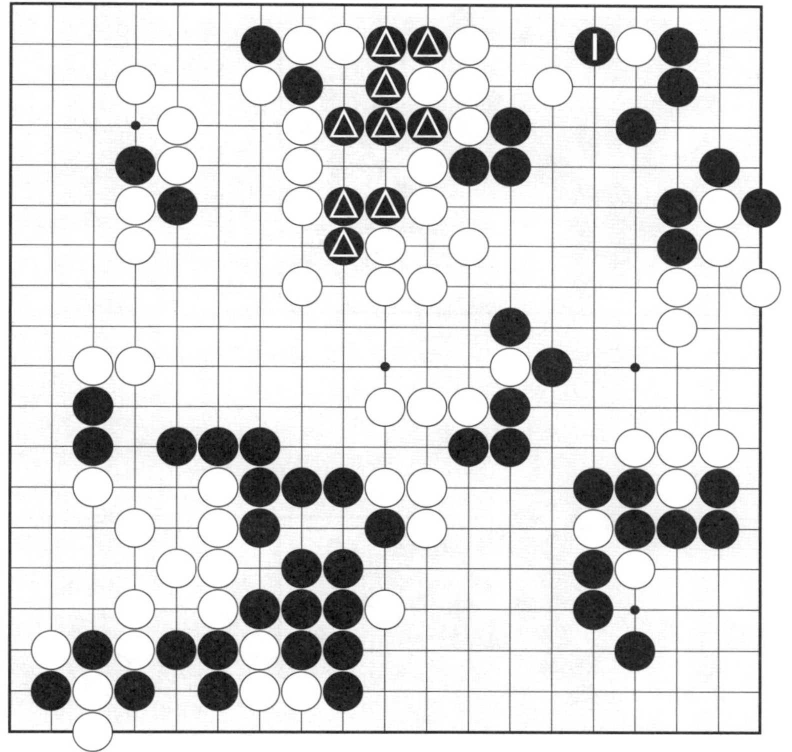

왕위전 도전기에서 조훈현(흑)과 서봉수가 둔 바둑이다. 흑▲가 사경을 헤매고 있는 상황이다. 물론 탈출은 불가능한 모습이다.

안에서 사는 것도 힘들어 보이는데, 흑1에 붙여 동태를 살폈다. 백은 어떻게 응수하는 것이 정수일까?

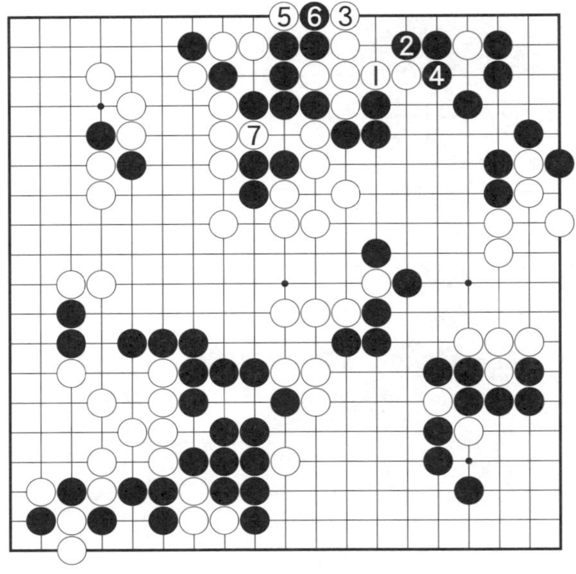

1도

1도 (물러섬이 정수)

백1에 물러서는 것이 정수이다. 흑2를 허용하더라도 백3에 내려서는 묘수가 있다.

계속 흑4로 조여 수상전을 하자고 덤벼도 문제없다. 백5, 7로 젖히고 찔러서 이 수상전은 백이 한 수 빠르다.

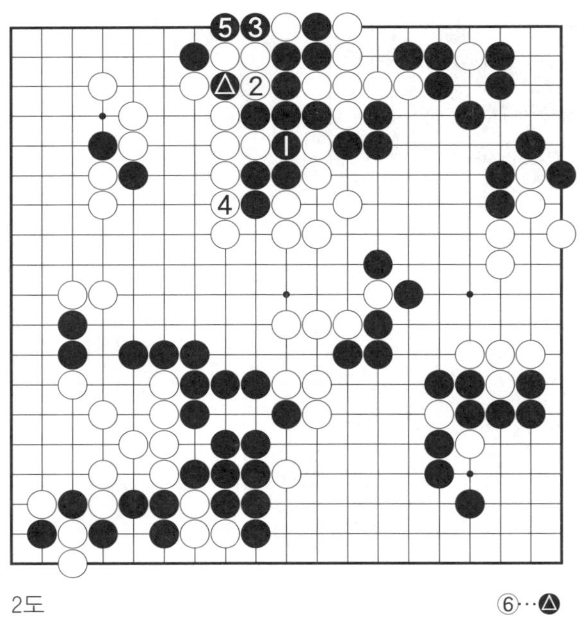

2도

2도 (촉촉수로 1수 부족)

계속해서 흑1에 이어 버티면 어떨까?

그러면 백2로 따내서 그만이다. 흑3에는 아랑곳하지 않고 바깥에서 백4로 메워나간다. 흑5를 선수로 둬 봐야 결국 흑은 촉촉수를 모면할 수 없다. 결국 흑은 1수 부족이다.

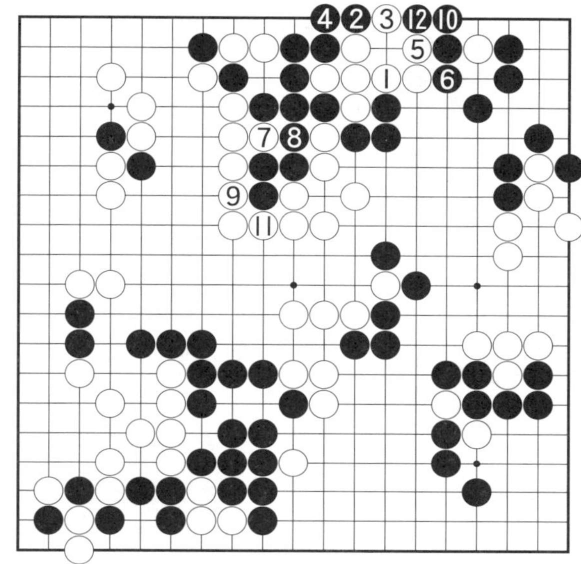

3도

3도 (흑의 젖히는 강수)

그런데 흑도 강수가 있다. 백1에는 흑2로 젖혀서 수상전을 할 수 있다. 이는 상대의 급소가 바로 나의 급소라는 점에 착안한 것이다. 그러면 백5로 집을 만드는 것은 당연하다.

결국 12까지 패가 나는데, 서로 최선이라 할 수 있다.

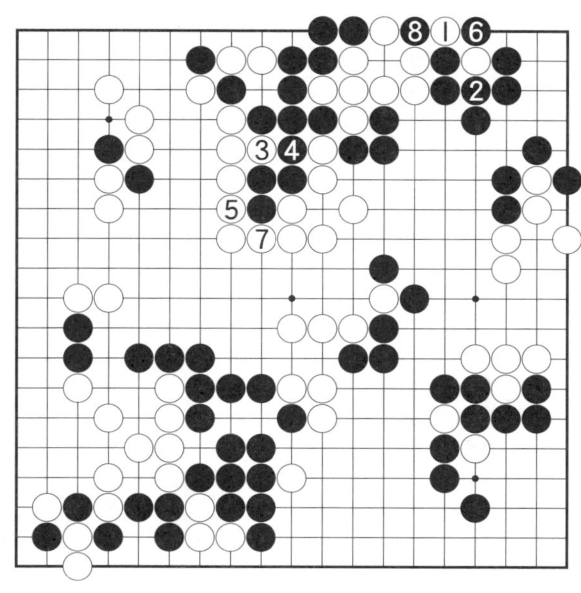

4도

4도 (백이 조금 나은 패)

앞 그림의 흑6 때 백1로 먼저 젖혀도 패가 나는 것은 똑같다. 그래도 백이 패를 이길 경우 앞 그림보다 조금 낮다. 아무튼 대세와는 무관하다.

정작 중요한 문제는 따로 있었다. 흑이 이렇게 패를 만든다 하더라도 바둑을 이기긴 힘들다는 것이다.

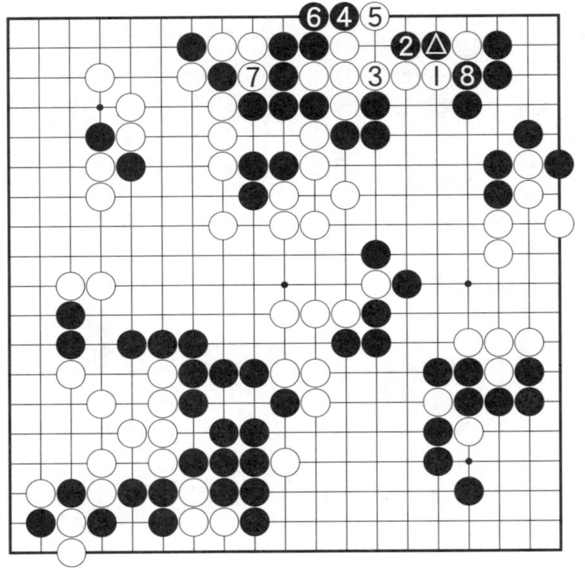

5도

5도 (경솔한 응수)

실전에서는 백1에 뒀는데, 한마디로 흑▲에 대한 경솔한 응수였다. 흑4의 젖힘 한방으로 이 알토란 같은 백 대마가 꼼짝없이 비명횡사를 당하게 됐기 때문이다.

안타깝게도 이렇게 큰 이득을 봤는데도 흑은 형세가 워낙 나빴던 탓에 바둑을 지고 말았다.

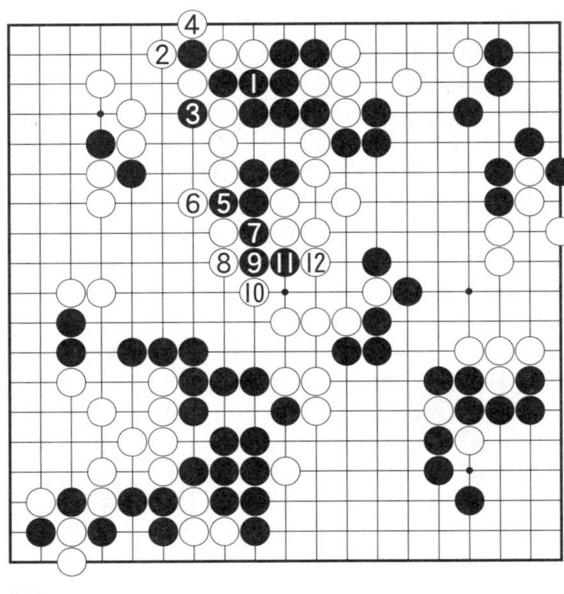

6도

6도 (탈출 불가)

애당초 흑1로 이어 수를 내는 연구도 해볼 만하다. 중앙으로 탈출하는 길만 있다면 흑은 상변 백 대마를 고스란히 품을 수 있다.

하지만 수순에서 보듯 흑은 몇 발짝 못나가고 다시 봉쇄된다.

끊을 수 있다?

● 흑 차례

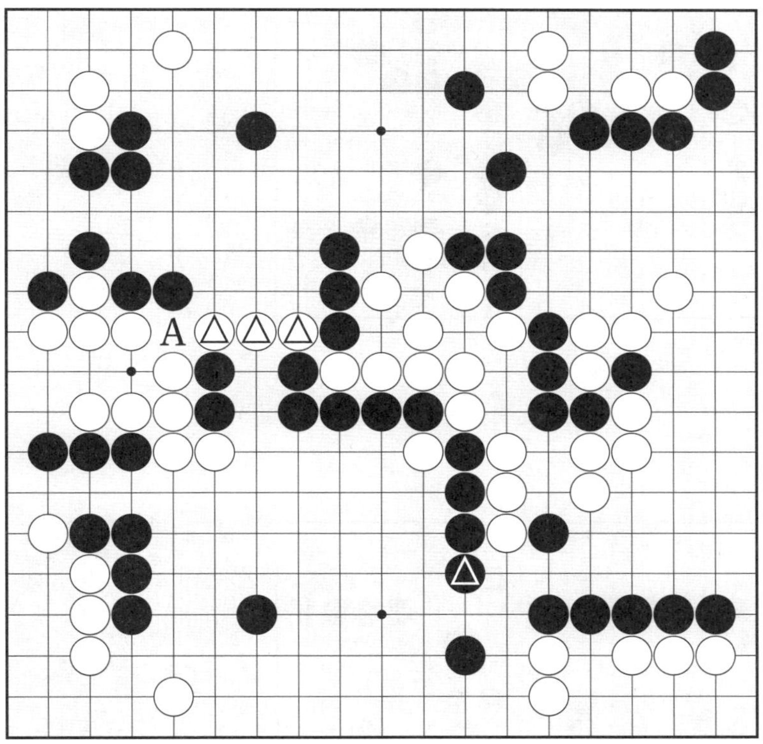

프로 실전에서 나온 바둑이다. 흑은 A로 끊는 유혹을 참고 일단 ●로 뻗은 장면이다. 그곳을 상대에게 얻어맞아선 도저히 감당할 수 없는 탓이다.

그런데 여기서 백이 손을 뺄 경우 흑은 A로 끊고 백△ 석점을 수중에 넣을 수 있을까?

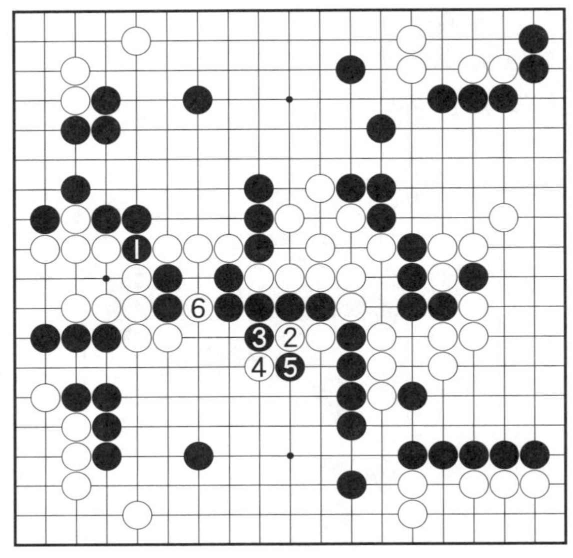

1도

1도 (절묘한 응수타진)

흑1로 끊으면 그것으로 백 석점이 일방적으로 죽은 것처럼 보인다. 정말 그럴까?

실은 그렇지 않다. 백2에 밀어두는 절묘한 응수타진이 있다. 흑이 3, 5로 백 두점을 잡을 수밖에 없을 때 백도 6으로 흑 두점을 잡고 살아가게 된다. 애당초 흑1의 끊음은 무리수라는 얘기다.

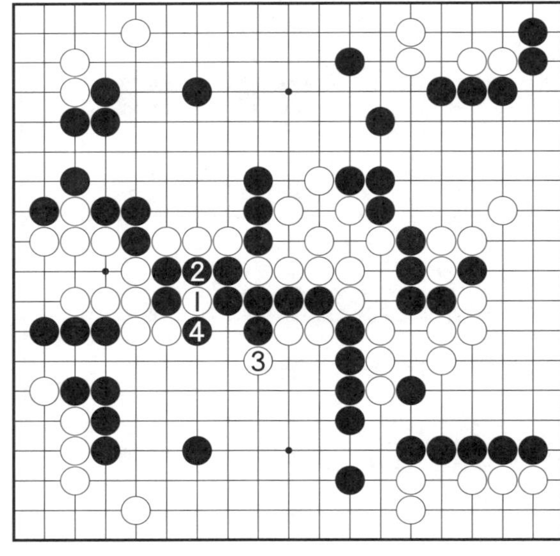

2도

2도 (백, 욕심)

백이 출혈을 줄이겠다고 1부터 두는 것은 욕심이다. 흑2에 받을 때 백3으로 단수쳐 전체를 노릴 수 있어야 하는데, 그게 생각처럼 쉬워 보이지 않기 때문이다.

다음 흑4로 따내는 순간 백은 더 이상 공격할 방법이 없는 것이다.

운명을 건 대마의 활로 찾기

○ 백 차례

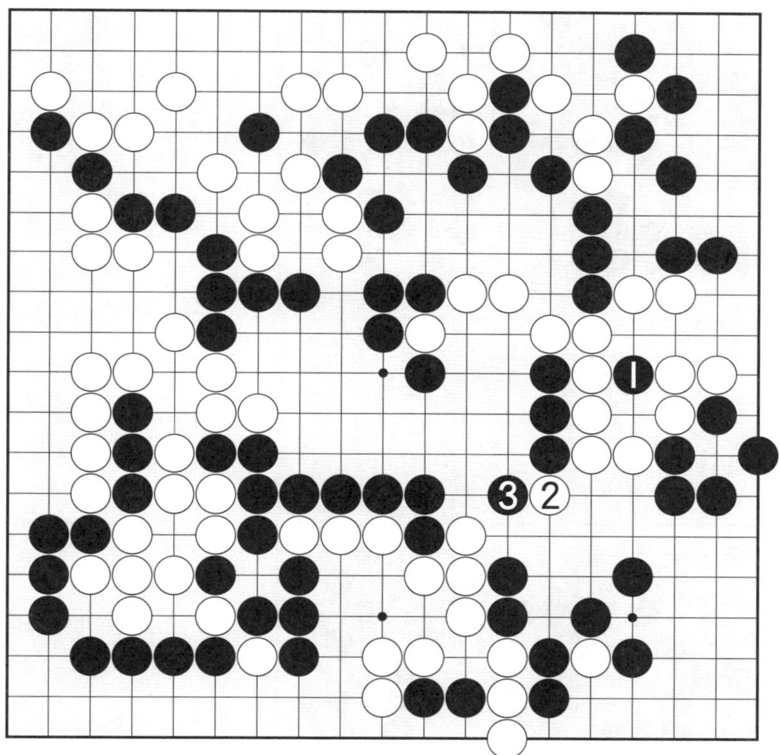

후지쯔배 8강전에서 서봉수(흑)와 대만계 일본 대표 왕밍완이 벌인 대국이다.

흑1로 치중해 우변 백 대마를 잡으러간 상황이다. 이 대마의 운명은 어떻게 될까?

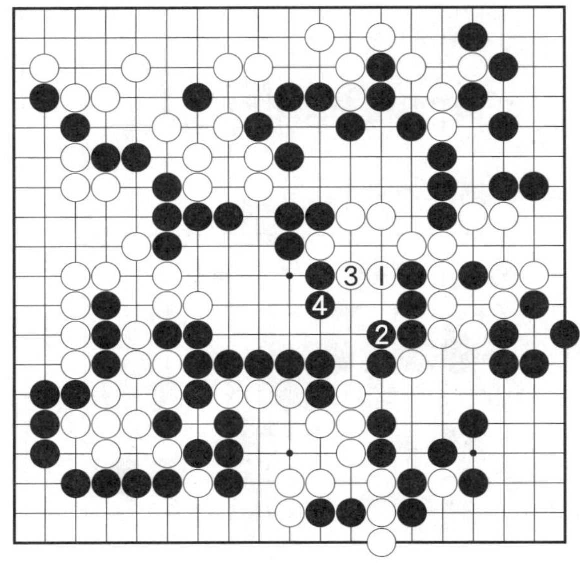

1도

1도 (점검할 사항)

우선 점검해볼 일은 중앙 쪽에서 한 집을 보탤 수 있느냐는 것이다. 백1의 선수를 거쳐 3에 모양을 갖추면 집을 만들 수 있을까?

그럴 수만 있다면 백은 쉽게 완생이다. 하지만 흑4로 늘면 백은 집을 보탤 수도, 연결을 도모할 수도 없게 된다.

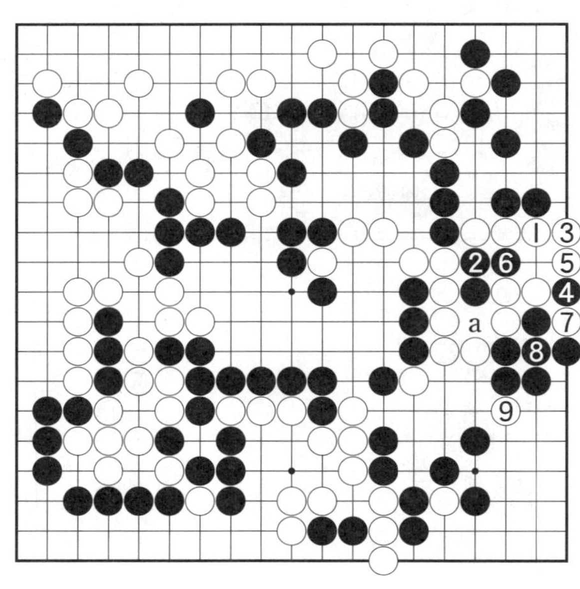

2도

2도 (사활 접근의 기본)

백은 우변이 유일한 희망이다. 그곳에서 어떻게든 두 집을 만들어야 살 수 있다. 궁도를 넓히며 활로를 찾는 백1, 3이 사활의 기본이다. 그런데 흑4, 6이면 백은 두 집이 안 난다. 백a의 곳을 이어야 하므로 빅도 만들지 못한다.

그런데 여기서 백9에 건너붙이는 멋진 맥점이 있으니~

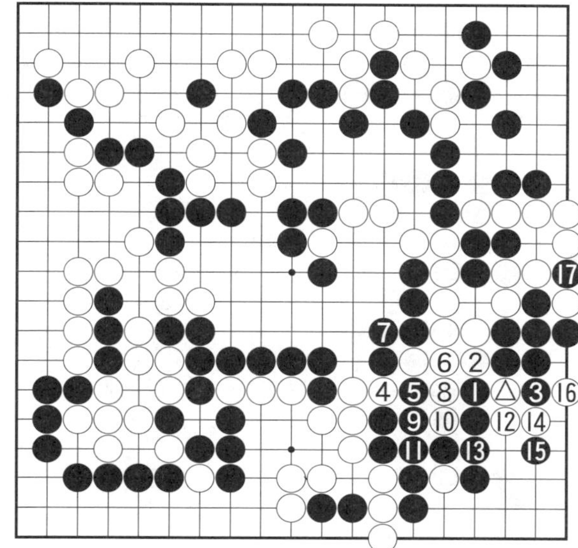

3도

3도 (커다란 패 발생)

백△에 흑1은 최강. 그러면 백은 2 이하 12까지 선수로 반격의 발판을 마련하는 게 요령이다. 흑13에 이을 수밖에 없을 때 백14로 막는다.

결국 흑17까지 아주 큰 패가 발생한다. 부담은 백쪽이 크지만 어차피 불리한 상황이었으므로 백은 환영이다.

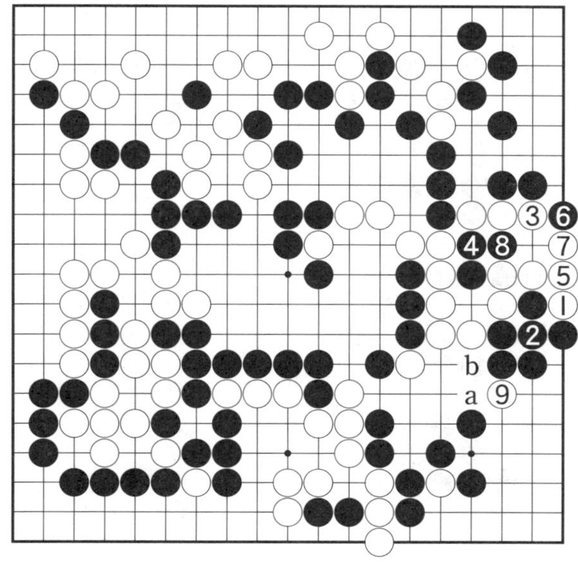

4도

4도 (확실한 결정타)

백1로 먼저 먹여치는 것도 묘미 있는 수이다. 이때 흑이 5로 따내지 않고 2로 고분고분 물러서면 백은 우선 3, 5를 선수한 다음 이번에는 9의 붙임이 확실한 결정타이다.

이제는 흑a, 백b로 끊은 다음 앞 그림과 같은 수순을 밟는다고 볼 때 패도 없이 우변 흑이 죽는 것이다.

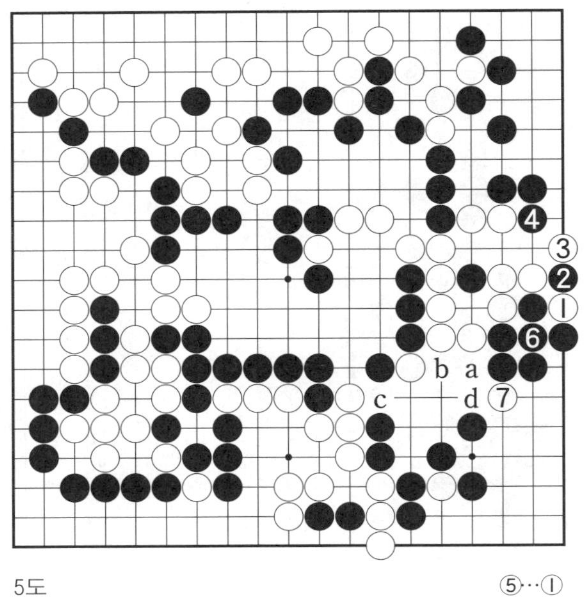

5도

⑤…①

5도 (역시 맥점 발생)

따라서 백1에 일단 흑2로 따내야 한다. 그러나 백을 그냥 잡긴 어렵다. 흑4가 불가피할 때 백5로 되따내면 흑은 6으로 이어야 하므로 역시 백7의 맥점이 생긴다. 그러면 3도와 마찬가지로 결론은 패.

만일 백7에 흑a로 나가면 백b에 이어서 속수무책이다. 다음 백은 c의 연결과 d로 뚫는 수를 맞보기로 하고 있기 때문이다.

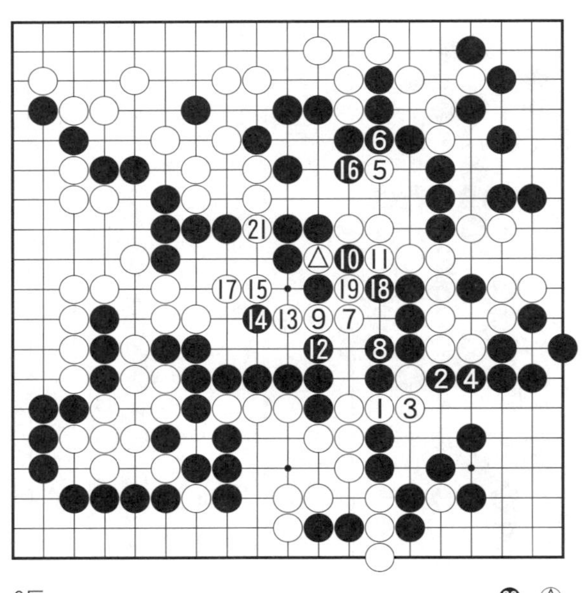

6도

⑳…△

6도 (찬스를 놓친 바꿔치기)

이런 수단을 미처 보지 못한 백은 1에 둬 역전의 찬스를 놓치고 말았다.

백7 이하 21까지 사석 작전을 펼친 끝에 왼쪽 흑 대마를 잡는 커다란 성과를 올리긴 했지만, 우변 백 대마에 비하면 아주 작았다. 결국 바둑은 흑이 불계승을 거두었다.

갇힌 대마의 생사

● 흑 차례

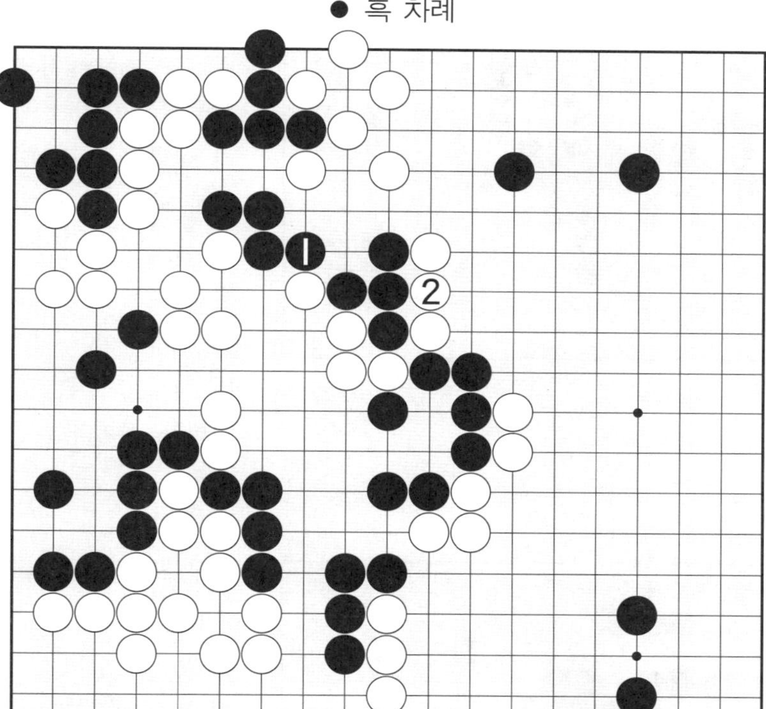

2기 동양증권배 결승5번기 제4국에서 이창호(흑)와 서봉수가 벌인 대국이다.

상변 흑 대마는 한 집도 마련하지 못해 위태로운 상황이다. 흑1로 일단 연결을 하자 백2로 차단한 장면이다. 과연 갇힌 흑 대마의 생사는 어떻게 될까?

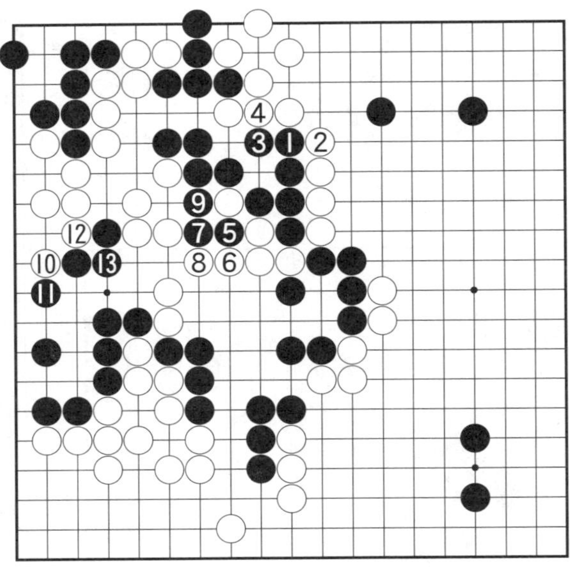

1도

1도 (알 수 없는 승부)

아낌없이 흑1을 선수한 다음 3으로 한 집 모양을 만드는 게 정수이다. 그런 다음 흑5로 단수치면 산다. 흑이 살아가면 백도 서둘러 보강해야 한다. 이하 12까지 두고도 백은 아직 완전히 산 모습이 아니다. 중앙 흑 대마가 엷어 갇힌 백이 죽진 않겠지만, 분명한 사실은 이 결과라면 서로 승부는 알 수 없었다는 것이다.

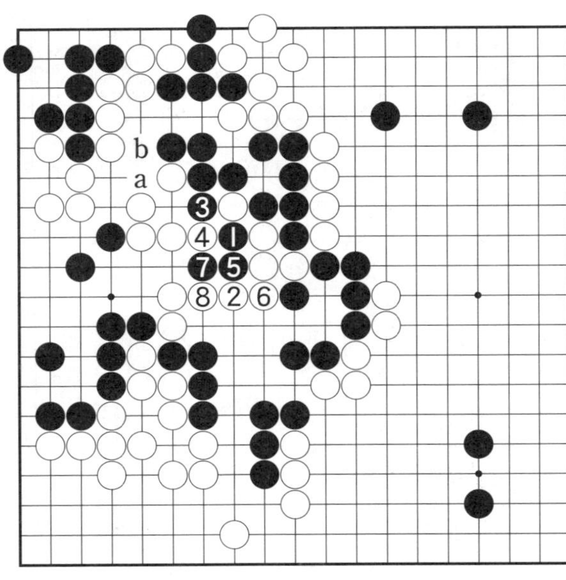

2도

2도 (흑, 걸려들다)

흑1에 백2의 마늘모 행마가 흑을 어렵게 만드는 수이다. 이때 쉽게 생각하고 흑3에 따내는 날이면 걸려든다. 노골적으로 백은 4로 흑 대마 사냥에 나설 것이다.

결국 수상전을 벌여야 하는데, 흑이 한참 수부족이다. 참고로 흑a는 백b로 되몰아 방어한다.

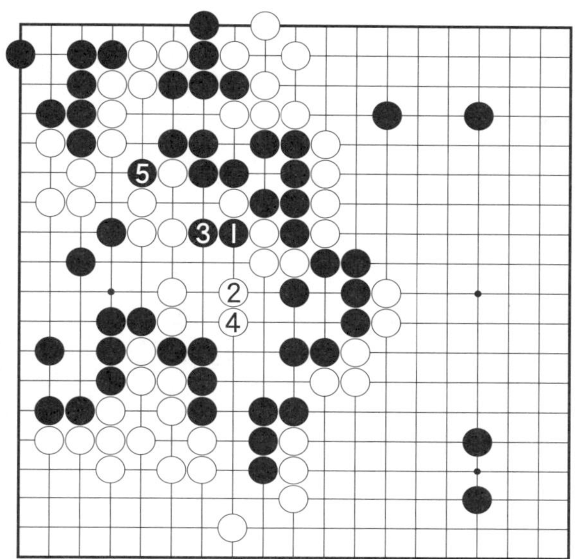

3도

3도 (치받음으로 응징)

백2는 사실 무리수이다. 이 무리수를 응징하는 수가 바로 흑3의 치받음이다. 백4로 쌍립을 서 보강하면 흑5가 준비된 반격 수단이다.

　이것으로 흑은 완생인 반면, 백은 도처에 수습할 데가 많아 흑의 승리가 눈앞에 있다.

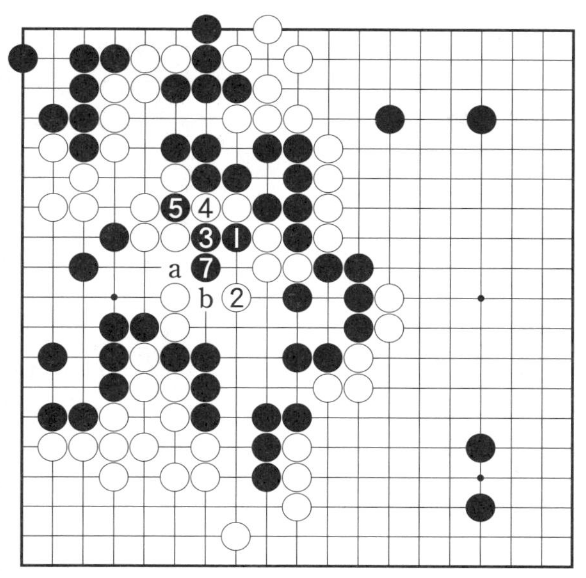

4도　　　　　　　　⑥…④

4도 (두 군데 약점)

흑1, 3 때 백4의 두점으로 키워 죽이며 흑 대마를 계속 공격하는 것도 생각할 수 있다. 흑5면 백6으로 되따내 흑이 이곳에 한 집을 만들지 못하도록 방해한다.

　하지만 흑7에 나오면 백은 응수가 없다. 백이 a, b의 두 군데 약점을 동시에 보강할 재간이 없기 때문이다.

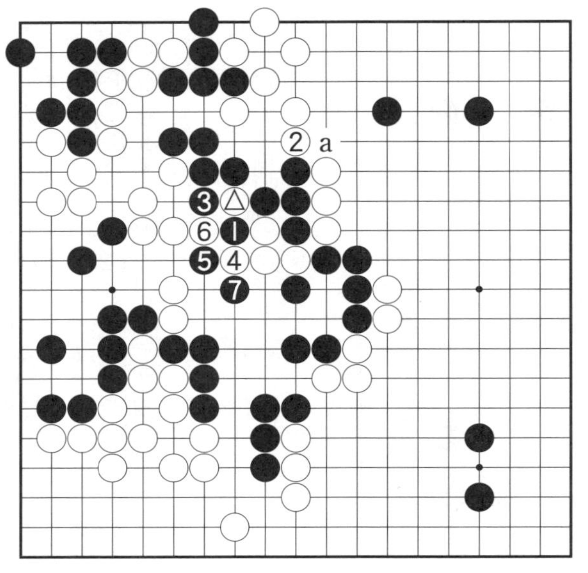

5도

5도 (흑의 실착)

다음은 실전이다. 흑은 a 로 젖히는 맛을 아끼기 위해 그냥 1로 단수쳤다. 그런데 이 수가 실착이 되고 말았으니 맛도 상황에 따라선 과감히 포기할 줄 알아야 한다.

백2쪽에서 되몬 수가 멋진 반격이었다. 흑은 5로 젖혀 패를 만들긴 했지만 부담이 크다. 계속해서~

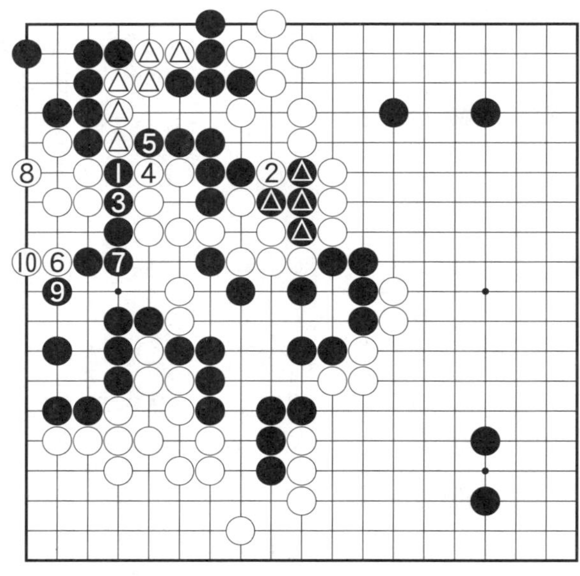

6도

6도 (백, 다소 성공)

흑은 팻감으로 1의 끊음을 썼다. 백은 팻감이 부족해 2로 불청한다, 그러자 커다란 바꿔치기가 이루어졌다. 흑▲ 넉점을 잡은 백쪽이나 백△ 여섯점을 잡은 흑쪽이나 집으로는 엇비슷하다. 하지만 중앙 쪽 두터움을 감안하면 백이 다소 성공했다고 볼 수 있다. 결국 흑은 이곳에서의 실수를 만회하지 못해 패하고 말았다.

소탐대실의 표본

○ 백 차례

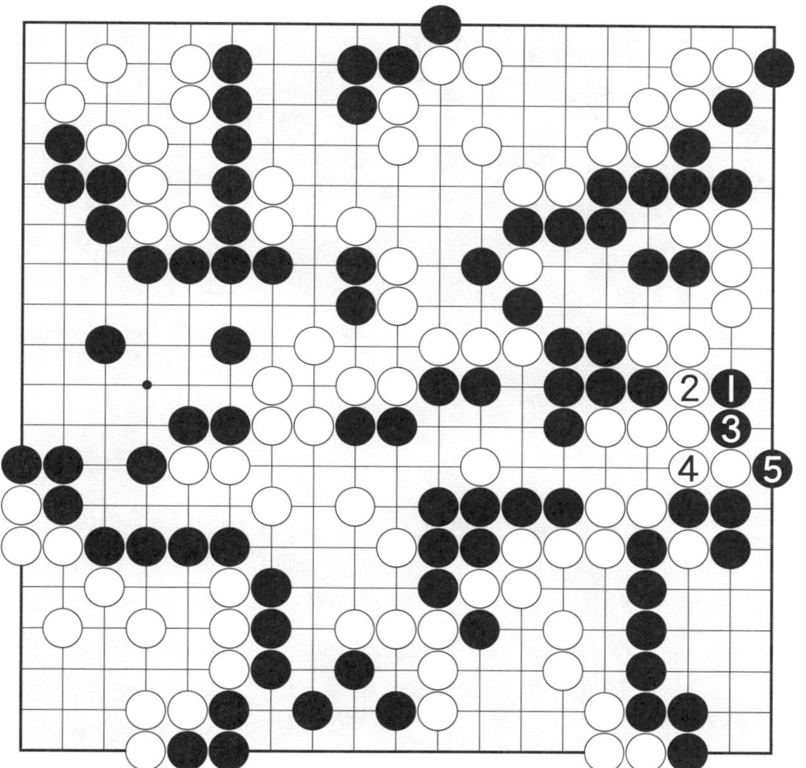

진로배에서 린하이펑(흑)과 조훈현의 대국이다. 팽팽한 가운데 맞은 종반에서 흑의 실수가 나왔다.

흑1에 치중해 5까지 넘은 수는 아주 큰 끝내기였지만 이게 과욕이었던 것이다. 과연 무엇 때문에 그럴까?

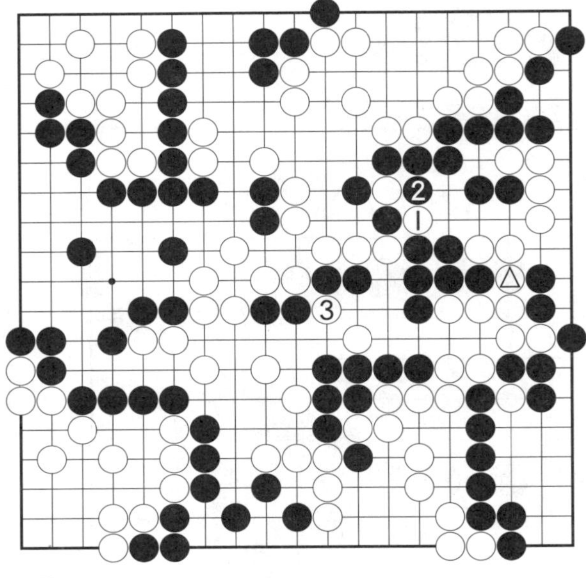

1도

1도 (문제의 핵심)

흑이 우변으로 넘는 사이 백△가 놓여졌다는 게 이 문제의 핵심이다.

　백은 1을 선수한 다음 3에 끊어 응수를 물었다. 순간 흑은 상당히 당황하는 기색이 역력했다.

　과연 백△가 장차 흑쪽에 어떤 영향을 미치게 될까?

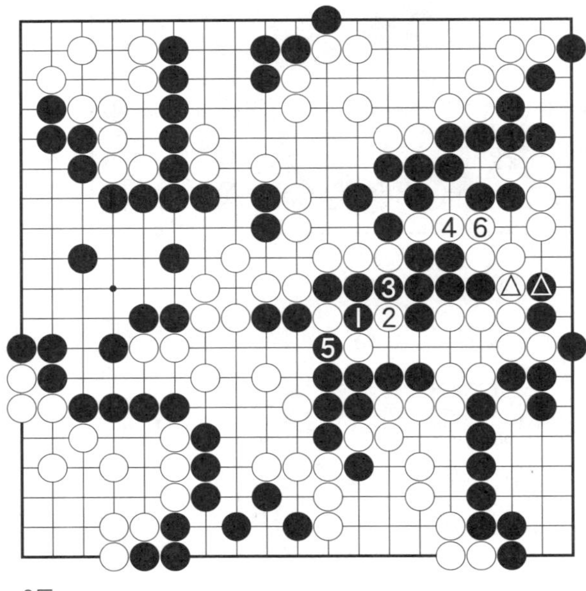

2도

2도 (위쪽 대마의 죽음)

여기서 흑은 1로 백 한점을 몰긴 어렵다. 백2면 흑3에 이어야 하는데, 흑△와 백△를 교환해준 덕분에 백4로 단수에 걸리는 것이다.

　그러면 흑5로 아래쪽 대마는 무사하겠지만, 백6에 끊긴 위쪽 흑 대마는 살 수가 없다.

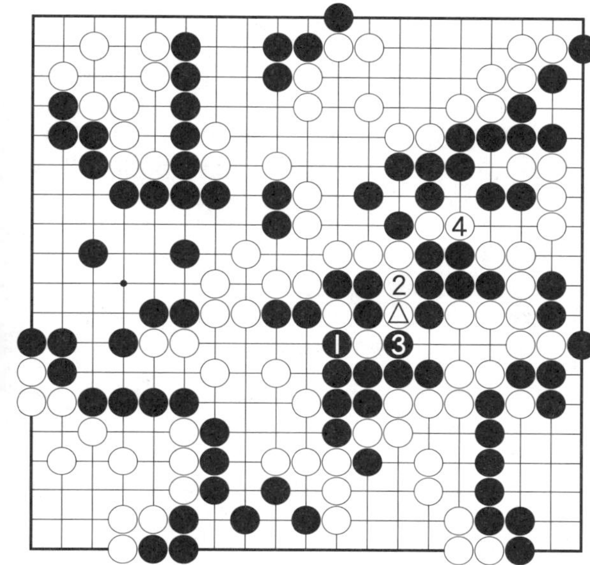

3도

3도 (역시 대마 죽음)

백△로 단수칠 때 흑1로
따내더라도 별다른 차이
점이 없다. 어차피 백2에
흑이 받아야 한다면, 결국
백4의 단수가 마찬가지로
선수로 듣는 탓이다.

이런 식으로 대마가 죽
는다면 바둑도 여기서 끝
이지 않은가.

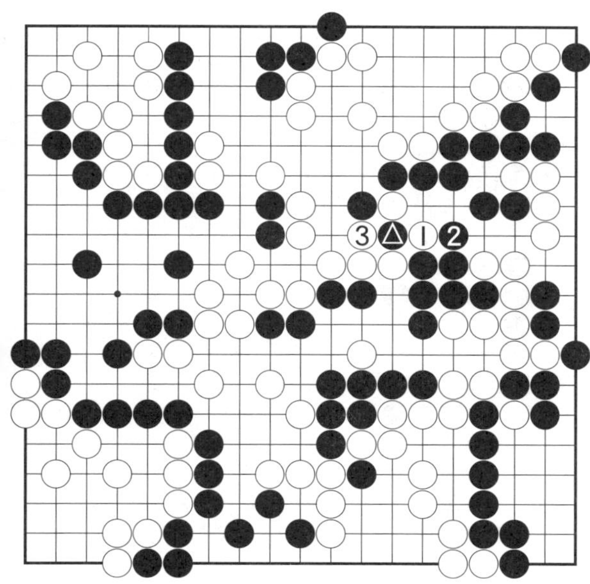

4도

4도 (대가없는 희생)

애당초 백1에 흑2로 물러
서면 전체 대마는 무사할
수 있다.

그러나 바둑이 미세한
상황에서 흑△ 한점을 백
에게 아무런 대가없이 주
는 것이므로 흑이 바둑을
이기긴 어려운 모습이다.
게다가 대마는 아직도 가
일수를 해야 완성이다.

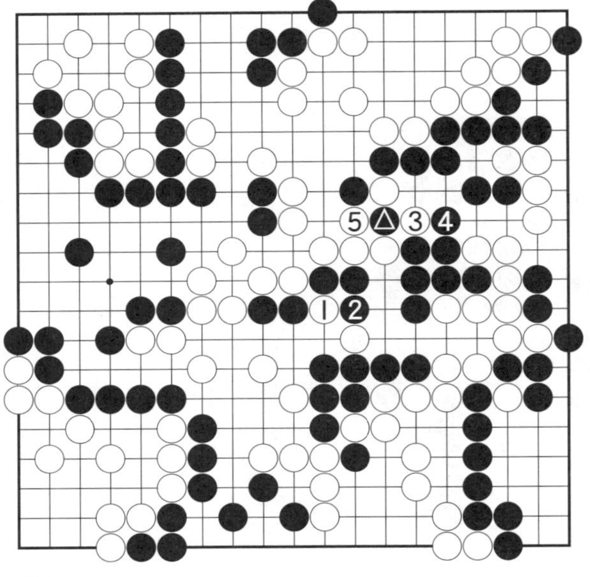

5도

5도 (수순 착오)

백1쪽을 먼저 끊어 응수를 묻는 것은 수순 착오이다. 물론 백3에 흑은 4로 ▲ 한점을 포기할 수밖에 없다. 그런데 백1과 흑2의 교환으로 흑 대마는 완생이다.

따라서 앞 그림과는 달리 흑은 대마에 가일수할 필요가 없어져 한 수 차이가 생긴다.

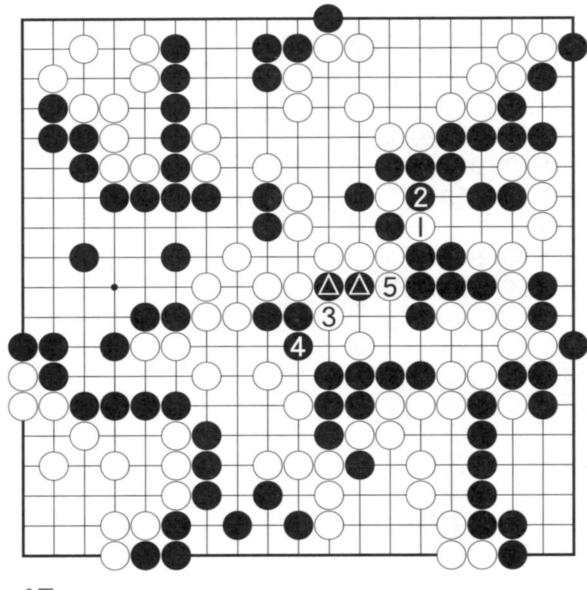

6도

6도 (두점 잡고 승리 굳힘)

다음은 실전이다. 백1에 끊어 응수를 묻자 흑2로 받았다. 다시 백3에 재차 끊자 흑은 4로 물러서고 만다.

이미 앞에서 살폈듯이 흑▲ 두점을 살리려다가는 대마가 죽게 된다. 결국 흑▲ 두점을 잡은 백이 확실히 승리를 굳힐 수 있었다.

알쏭달쏭 수상전

● 흑 차례

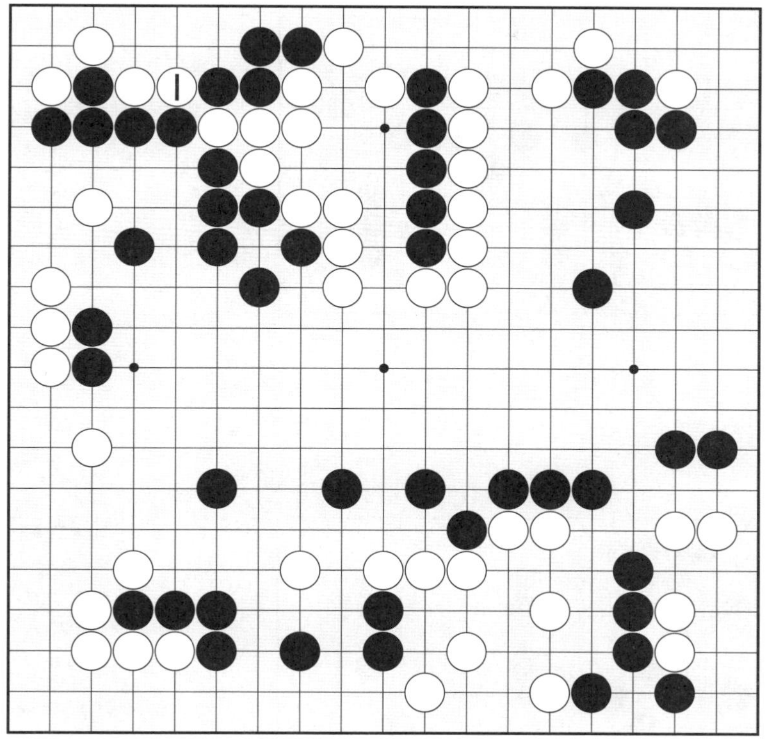

25기 명인전에서 임선근이 도전권을 따내 화제를 모은 적이 있다. 장면은 이창호 명인(흑)에게 도전한 제3국이다. 백1로 끊어 수상전에 들어간 상태이다. 누구 수가 빠른 지 알쏭달쏭한 모습인데, 과연 결과는 어떻게 될까?

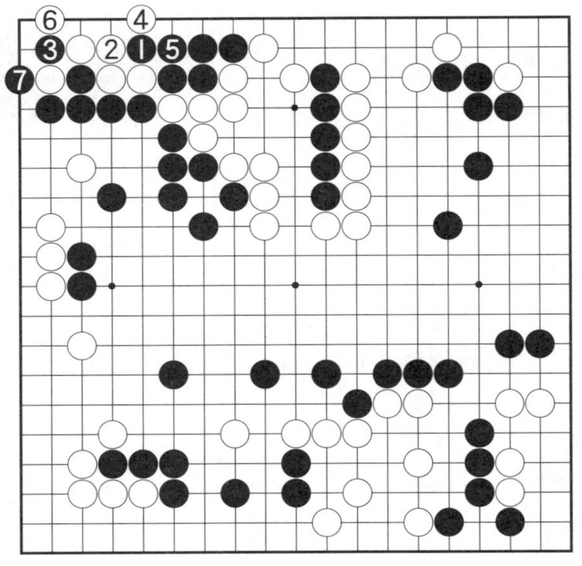

1도

1도 (가장 쉬운 단수)

우선 가장 쉬운 수는 흑1
의 단수이다. 그리고 백2
에 이으면 흑3으로 끊어
본격적인 수상전에 들어
간다.

이러면 흑이 쉽게 백을
잡은 것 같지만 그렇게 간
단하지 않다. 백은 4와 6
을 선수로 둘 수 있기 때
문에….

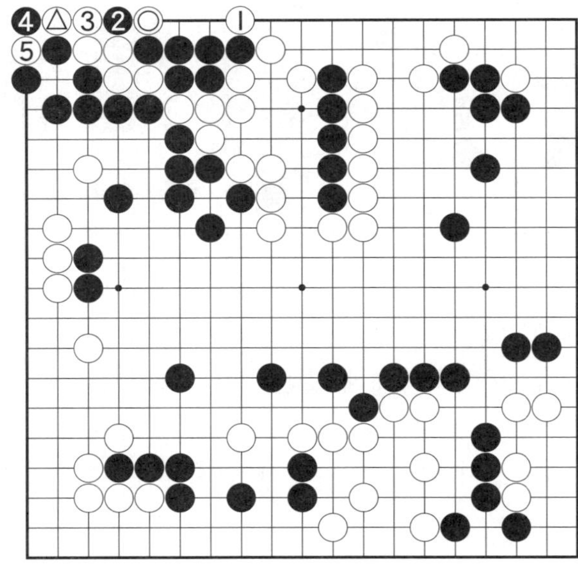

2도

2도 (부담이 큰 패)

양쪽으로 젖혀둔 백△와
◎ 덕분에 백은 1로 당당
히 맞설 수 있는 것이다.
그러면 오히려 흑이 바쁜
모습이다.

정상적인 방법으로 수
상전을 이길 수 없으므로
흑은 2에 먹여치고 4에 집
어넣어 패를 만드는 정도
이다. 그런데 이 패는 흑
도 부담이 커 실패작이다.

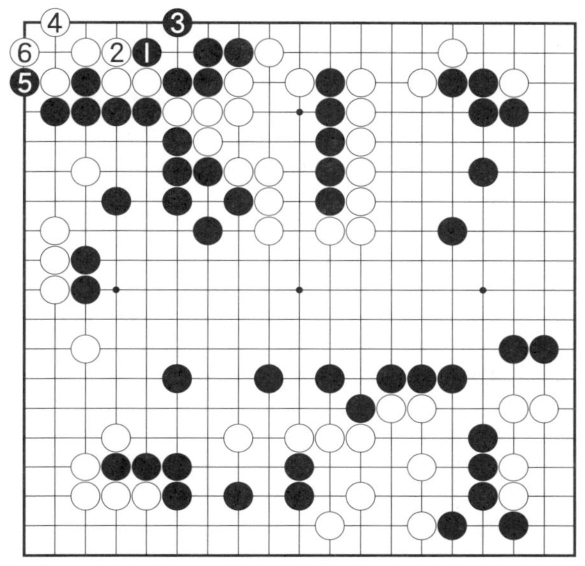

3도

3도 (역시 패)

그런 패의 부담 때문에 흑 3으로 물러서는 것은 나약한 응수이다.

　어차피 백4의 호구에 흑은 5로 몰아 백을 잡으러가야 한다. 그러면 백6에 받아 패. 역시 흑이 부담이 있긴 마찬가지다.

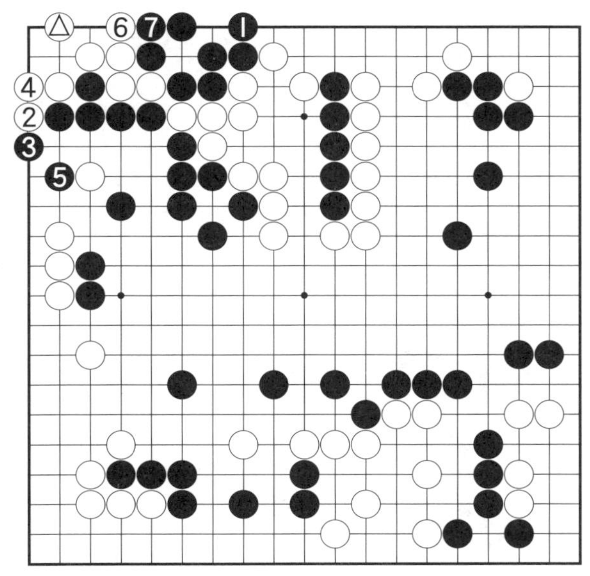

4도

4도 (각생은 백의 성공)

백△로 틀을 잡을 때 흑이 패를 피하는 길이 있긴 하다. 흑1로 우선 살아 두는 수가 그것이다. 물론 그때는 백도 2 이하로 쉽게 살 수 있다.

　이처럼 각생을 하면 백이 대성공이다.

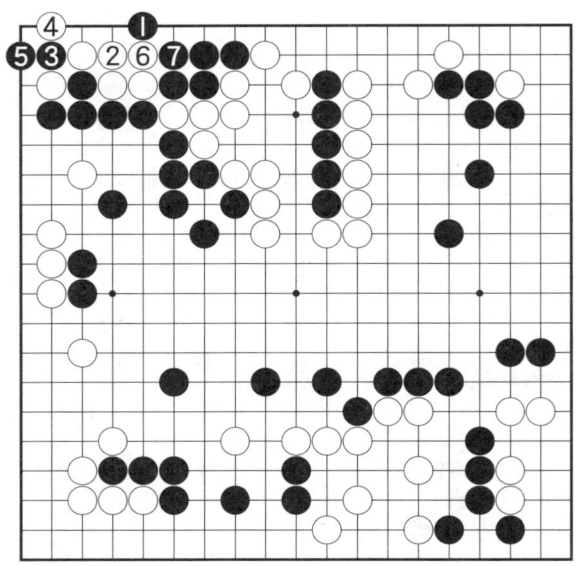

5도

5도 (기발한 일선 행마)

이 모양에서는 흑1의 일선 행마가 기발한 맥점이다. 백2에 이을 때 비로소 흑3으로 끊는다. 이제는 백4의 단수에 흑5로 늘어 걱정할 게 없다.

1도와 비교해 볼 때 백이 1선으로 젖히는 수를 미연에 방지한 효과 덕분에 흑은 한 수 차이로 백을 잡을 수 있는 것이다.

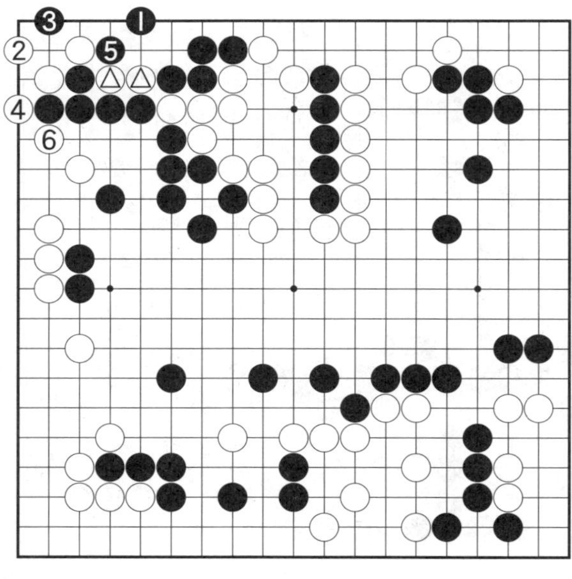

6도

6도 (승기를 잡은 대목)

실전에서도 흑1로 뒀다. 앞 그림처럼 전부 죽일 수는 없는 노릇이므로 백은 2로 호구쳤다. 흑3이 이어지는 강타.

결국 백은 눈물을 머금고 요석 △ 두점을 버릴 수밖에 없게 됐다. 흑이 승기를 잡은 대목이 바로 이곳이다.

사활을 걸고 맞받아치다

● 흑 차례

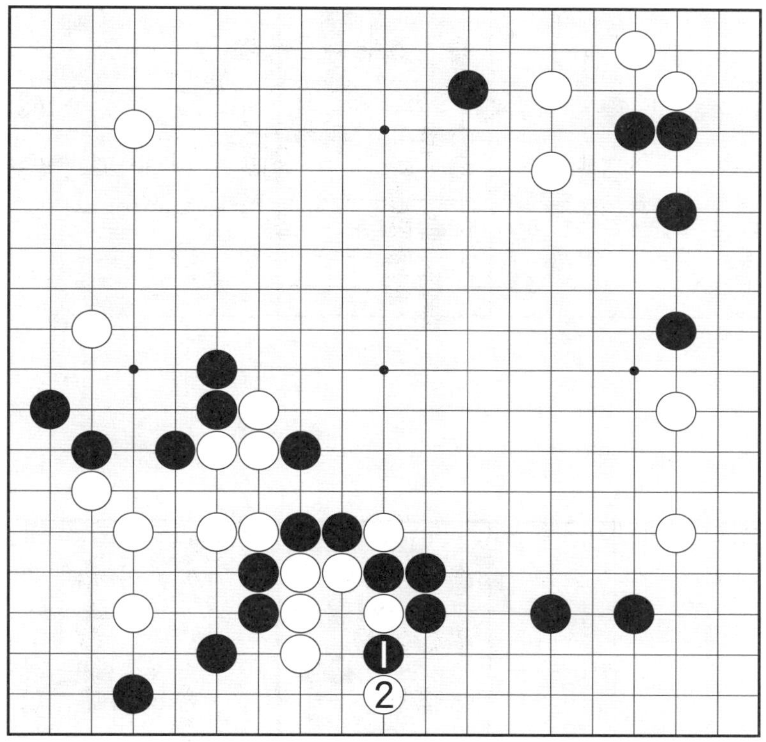

8기 동양증권배. 당시 전략적으로 우세한 이창호(흑)가 고바야시 사토루를 무난히 꺾고 준결승에 진출할 것이라는 예측을 완전히 무너뜨린 바로 그 대국이다.

흑1에 붙이자 백2로 받아친 장면부터 회오리가 일어난다. 흥미진진한 수순의 묘미를 맛볼 수 있을 것이다.

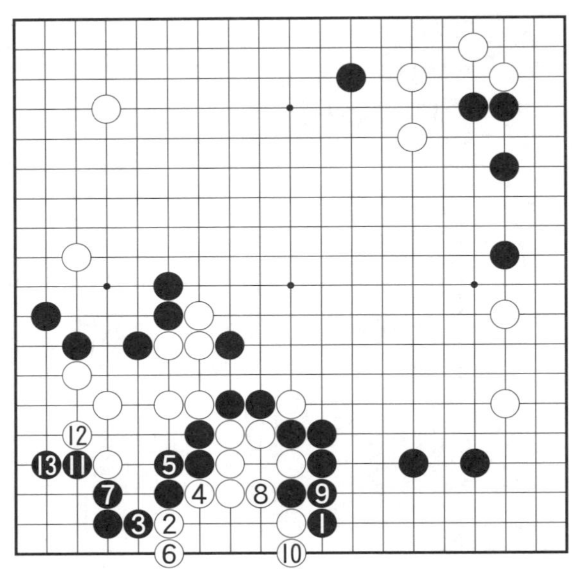

1도

1도 (서로 둘 만한 갈림)

가장 쉽게 생각하면 흑1
로 받는 수이다. 그러면
백2의 붙임이 타개의 맥
점이다. 백은 6과 10으로
두 차례 1선에 내려서서
쉽게 살 수 있다.

흑도 11로 젖히고 13
에 내려서면 거뜬히 살아
갈 수 있다. 서로 둘 만한
갈림이다.

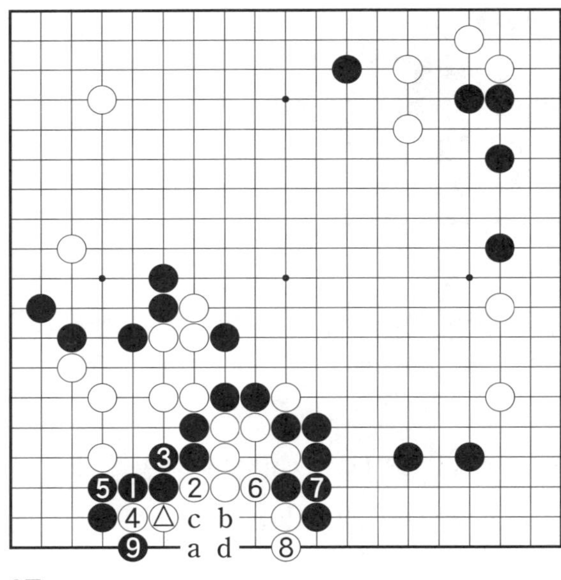

2도

2도 (무서운 노림)

백△에 붙일 때 흑1로 늦
춰 받는 수가 무서운 노
림을 갖고 있는 강수이다.
이때 백이 아무 생각 없
이 2 이하 8까지 궁도를
넓혀 삶을 모색하는 것은
흑이 원하는 주문이다.

그러면 흑9의 젖힘 한
방으로 백은 살기 어렵다.
백a는 흑b, 또 백c는 흑d
의 치중을 당해 곤란하다.

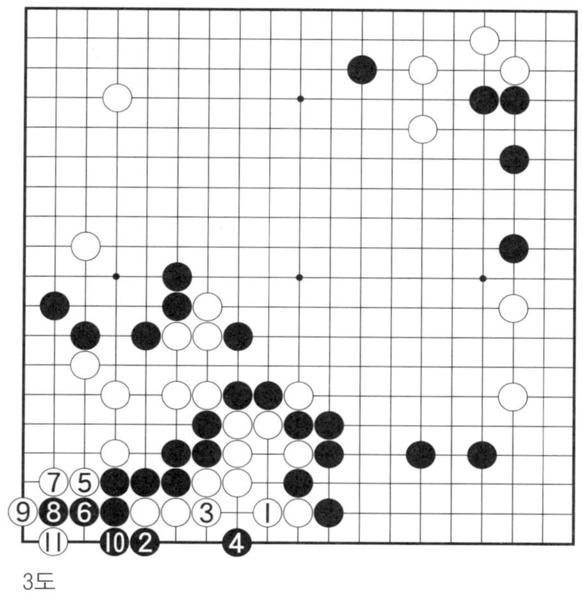

3도

3도 (백의 역습)

앞 그림 백6이 문제수이다. 이 수로는 이 그림처럼 얌전히 백1에 늘어두는 것이 신상에 좋다. 이제는 흑2로 젖혀 수상전을 고집하더라도 걱정할 필요가 없다. 백은 흑4의 치중을 유도한 다음 5, 7로 역습할 수 있기 때문이다.

그런데 흑10의 이음에 백11의 젖힘은 다된 밥에 코를 빠뜨리는 실착이다.

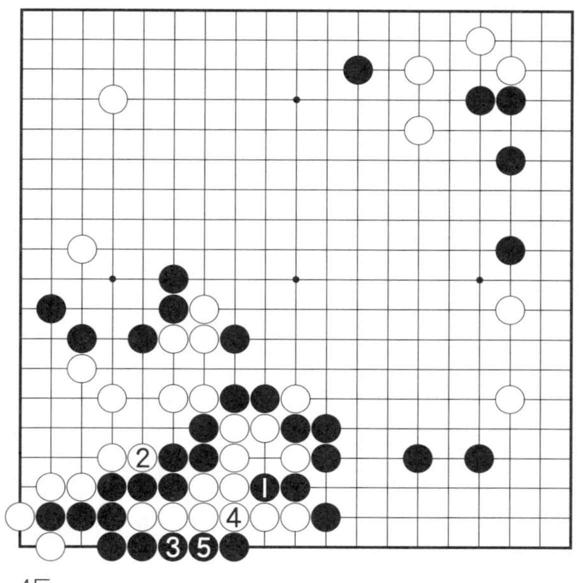

4도

4도 (심장을 찌르는 맥점)

백의 심장을 찌르는 흑1의 맥점이 날카롭다. 백2로 뒤에서 조이며 대응을 해봐야 부질없는 짓이다.

흑3, 5로 파고드는 멋진 수가 있어 백이 1수 부족으로 죽는다. 그렇다면 백은 어떻게 둬야 할까?

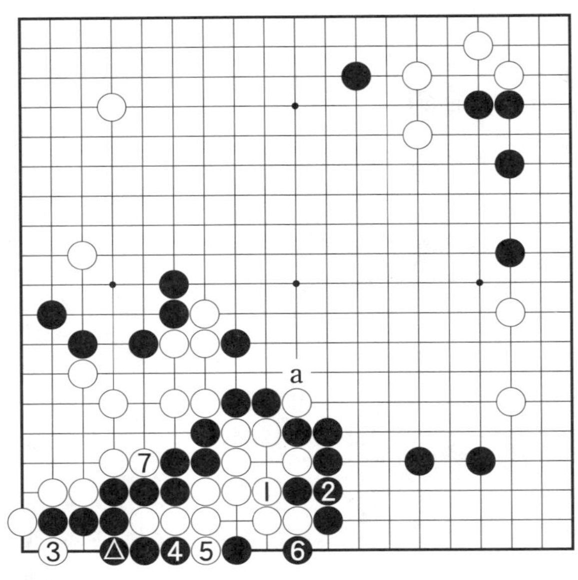

5도

5도 (정확한 대응법)

흑▲에 꼭 잇는 수가 의외의 강수인데, 이때는 아껴둔 백1을 선수하는 게 정확한 대응법이다.

　그러면 백a로 올라서는 자체 팻감을 감당할 수 없으므로 흑은 2에 이을 수밖에 없다. 비로소 백3으로 젖혀서 수상전을 펼치면 이제는 역으로 백이 1수 빨라진다.

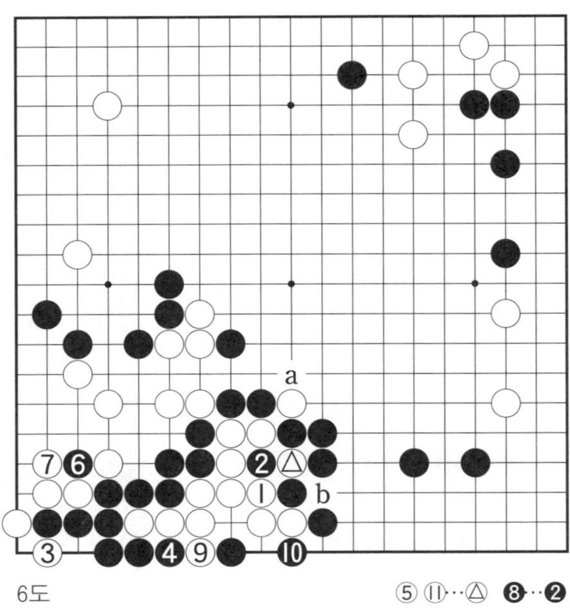

6도

6도 (흑이 부족한 팻감)

흑2로 패를 따내면 백은 a의 팻감을 굳이 쓰지 않아도 된다.

　우선 백3으로 조이는 즐거운 팻감이 있다. 흑도 6에 끊는 자체 팻감을 사용하겠지만, 백은 9에 막는 자체 팻감이 또 남아 있기 때문이다.

　흑은 더 이상 버틸 적절한 팻감이 없어 망한 모습이다.

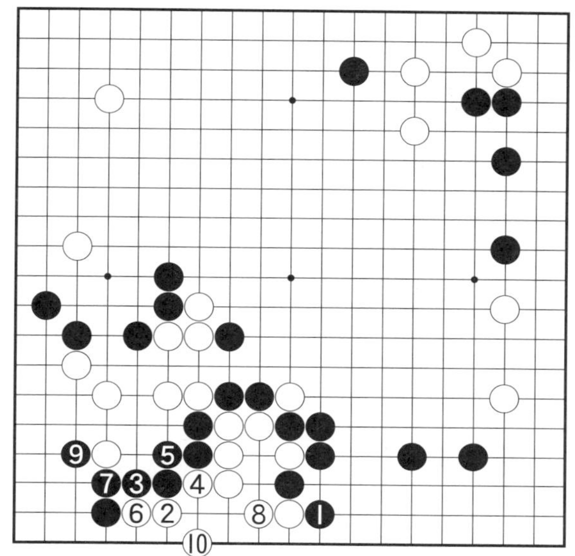

7도

7도 (흑, 불리한 절충)

결국 흑은 백8 다음 서로 사는 절충안을 채택할 수밖에 없다. 즉 흑이 9로 젖혀 귀에서 근거를 확보하고 살아갈 때 백도 10으로 둥지를 튼다.

　그런데 이 같은 각생은 원래 이곳이 흑 진영이라는 점을 감안할 때 흑의 불만이다.

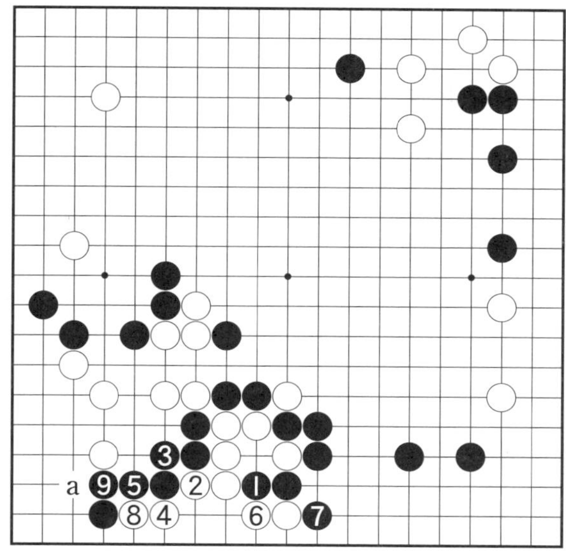

8도

8도 (환원)

애당초 흑1을 먼저 둘 수도 있다. 그러면 백은 반드시 2를 선수하고 4에 젖혀야 한다. 그렇지 않고 백4를 먼저 두면 흑2의 역습을 당해 곤란하다.

　이어 흑5~9로 받을 때 백a로 젖히면 3도로 환원해 백이 위험하다. 물론 흑5를 8에 받으면 1도처럼 알기 쉽게 살 것이다.

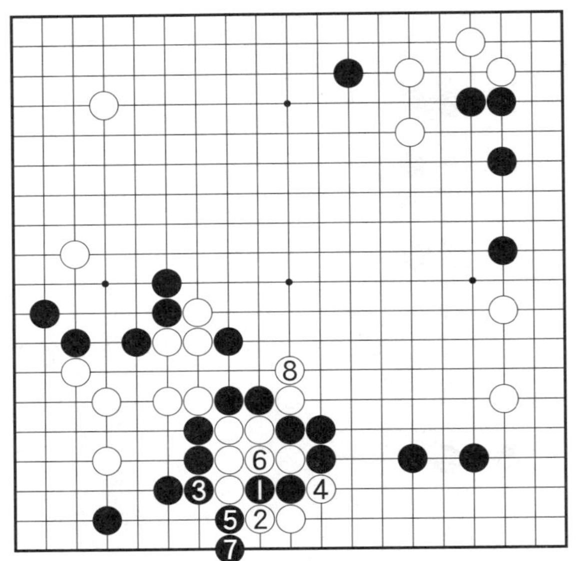

9도

9도 (백, 우위에 선다)

흑1에 백은 2로 받을 수도 있다. 이때 흑3은 무리수. 백이 4, 6으로 요석을 잡은 다음 8에 올라서면 대번에 우위에 올라서게 된다.

중앙 흑을 살리자니 궁색하고 버리자니 출혈이 크기 때문이다.

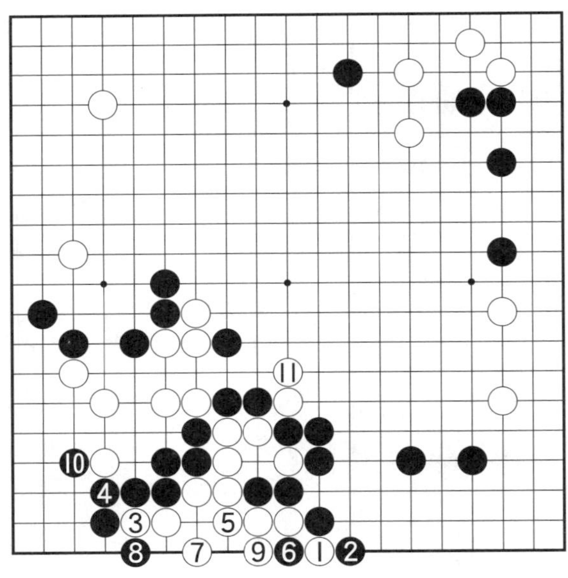

10도

10도 (백, 목표 달성)

8도 백8을 두기 전에 이 그림처럼 1에 젖히는 것이 묘수이다. 흑2는 강수.

백의 궁극적인 목표는 흑6를 강요해 선수로 살아둔 다음 백11에 올라서는 것이다. 이러면 백이 좋다.

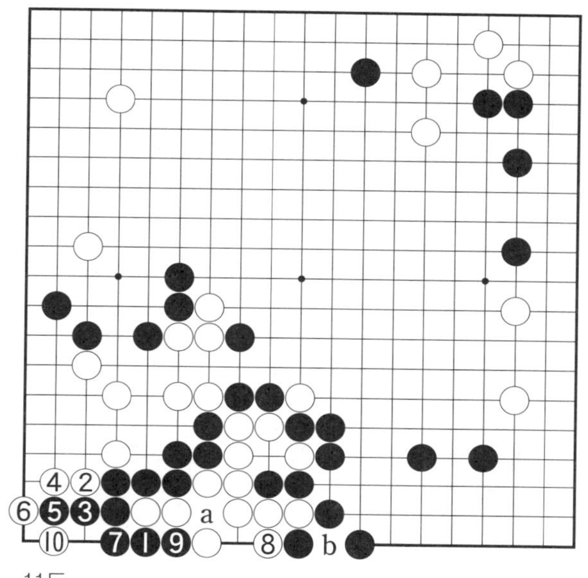

11도

11도 (알 수 없는 승부)

흑1에 젖힐 때 백2면 수상전이 불가피해진다. 흑3 이하 백10까지 외길 수순을 거쳐 패가 나는 모양이다.

흑a로 따내면서 발생하는 패와 b의 패가 두 군데라 매우 복잡해진다. 이 그림은 서로 알 수 없는 승부이다.

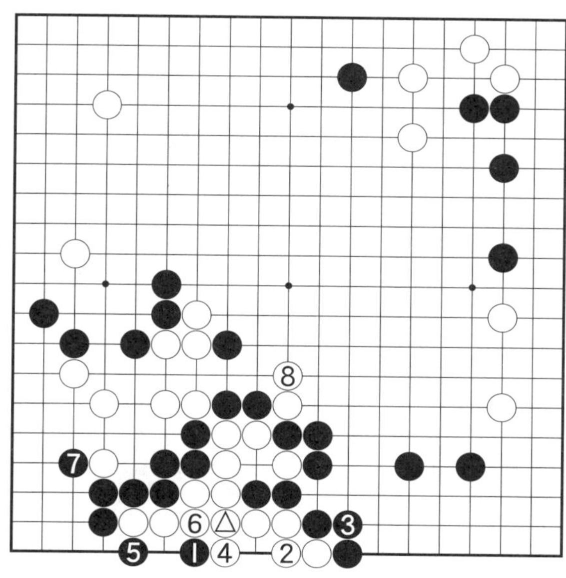

12도

12도 (10도와 비슷)

백△에 이을 때 흑1로 치중해 시비를 걸어와도 백은 전혀 걱정할 것이 없다. 백2가 절대 선수로 들어 4로 쉽게 살아두면 되는 것이다. 흑7을 기다려 백8에 올라서면 10도와 비슷해진다.

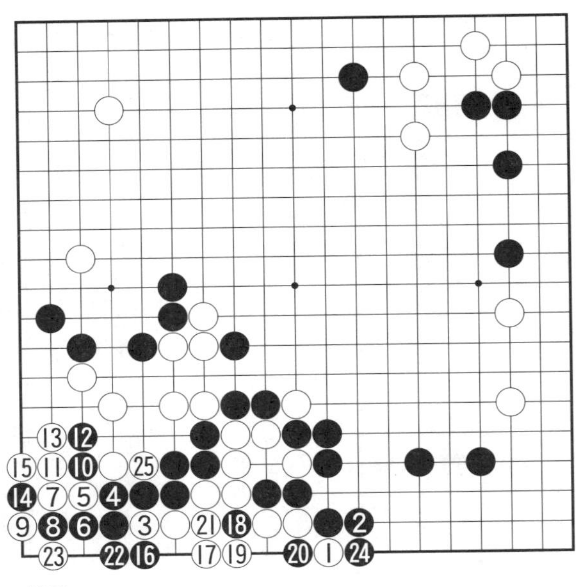

13도

13도 (흑, 1수 부족)

백1에 대해 흑2로 늘 수는 없다. 백은 3, 5로 젖혀 즉각 수상전을 펼치는 게 좋다.

수순이 상당히 복잡하긴 한데, 자세히 살펴보면 거의 외길 수순이다. 백 25까지 흑이 1수 부족임을 확인할 수 있다.

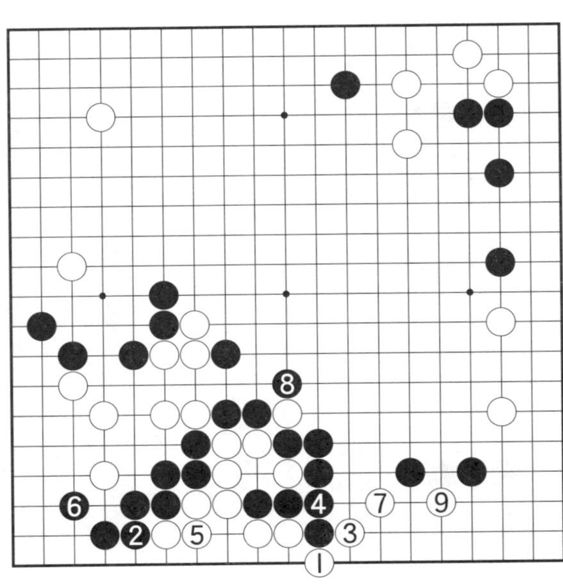

14도

14도 (흑, 망함)

백1에 응수가 여의치 않자 흑은 2로 아예 반대쪽을 뒀다. 그런데 백3의 한 방이 쓰라릴 뿐만 아니라 7, 9로 하변 흑집이 와르르 무너져 버려서는 흑이 망한 모습이다.

여기서 승기를 잡은 백은 끝까지 우위를 지켜 준결승에 진출했다.

목에 걸린 가시

○ 백 차례

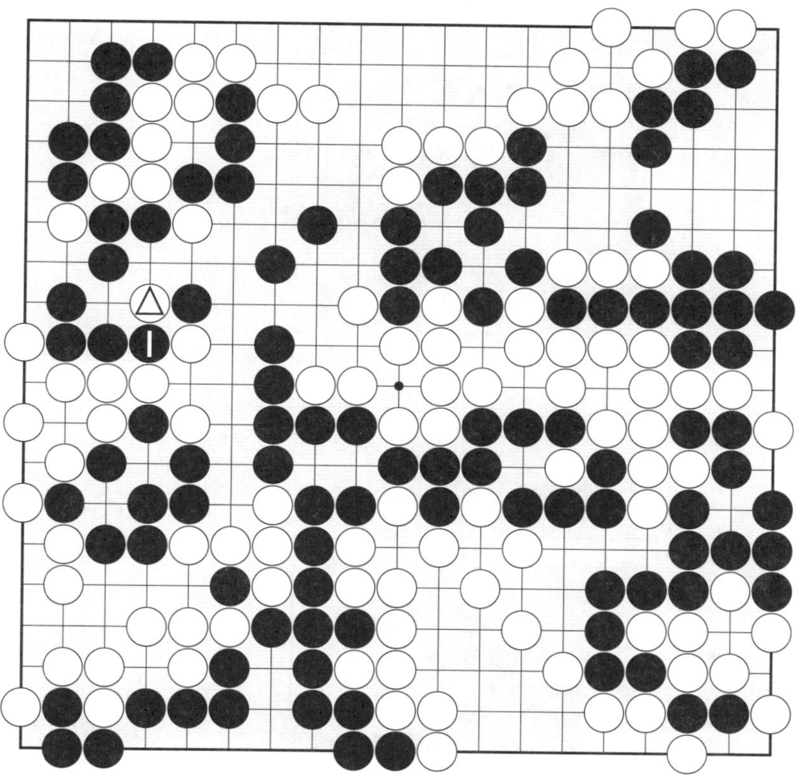

기성전 도전자 결정전에서 유창혁(흑)과 조훈현이 둔 바둑이다.

흑1로 끊어 백△ 한점을 넙죽 잡은 것이 화근이었다. 당연해 보였던 흑1은 사실 문제가 있는 수였는데, 백의 멋진 묘수 한방은 어디일까?

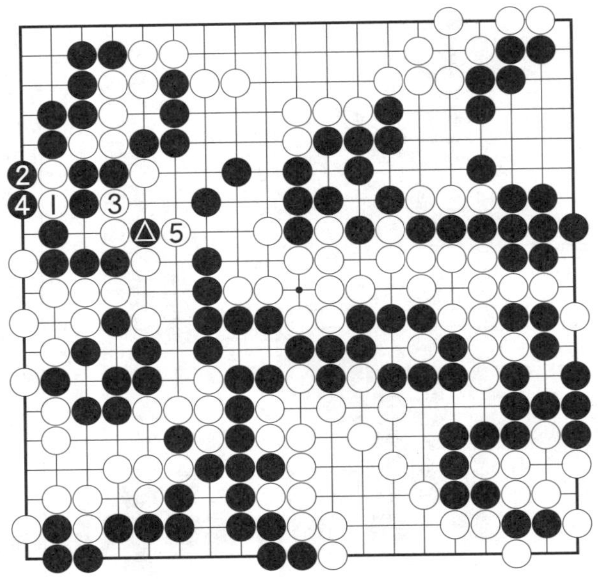

1도

1도 (역전의 묘수)

백1이 아주 생각하기 어려운 멋진 묘수이다. 이때 흑2로 단수친 것은 어쩔 수 없는 일이다. 그 틈에 백은 3을 선수하고 5로 흑 ▲ 한점을 잡는 큰 이득을 보았다.

이를 계기로 백은 불리한 바둑을 역전하는 데 성공했다.

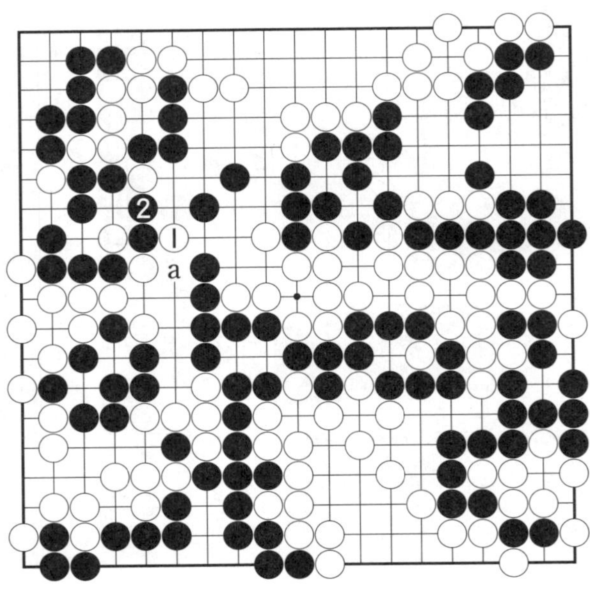

2도

2도 (이길 수 없는 그림)

단순히 백1로 모는 것으로는 별로 이득을 볼 수 없다. 백은 a에 이어야 하는 부담마저 있는 셈이다.

앞 그림처럼 이득을 보고도 백이 겨우 반집을 남겼으니, 이 그림이라면 백의 승리는 물 건너갔다고 해도 과언이 아니다.

기회를 놓친 승부수

● 흑 차례

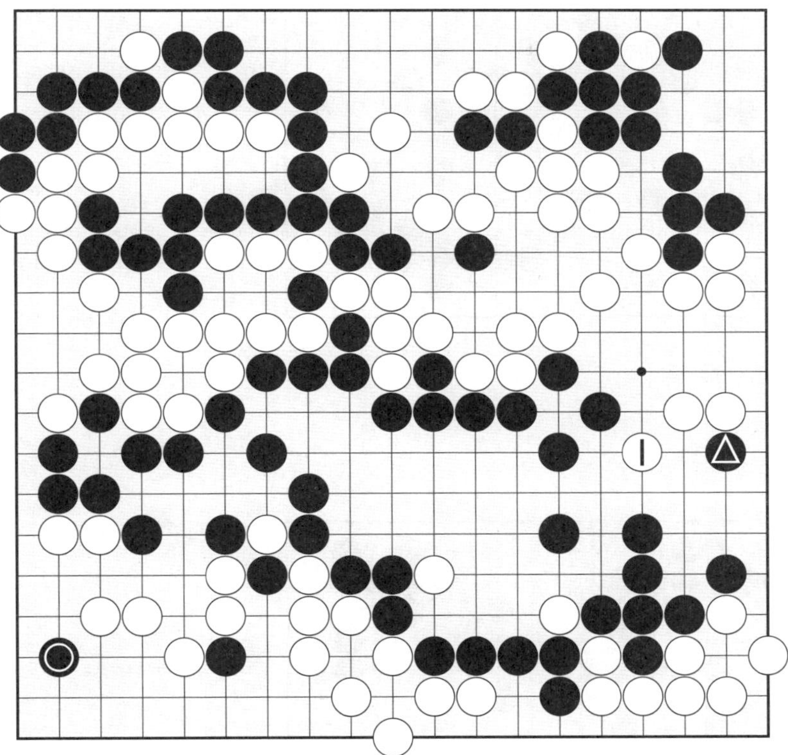

중국이 처음 만든 국제기전인 춘란배 준결승전 중 한판으로 최명훈(흑)과 이창호의 대국이다.

백1로 흑▲를 노린 장면. 그런데 흑은 바로 지금이 국면을 확실히 리드할 수 있는 기회였다. 흑◉를 움직이는 맛이 있었는데, 과연 어떻게 처리하면 좋을까?

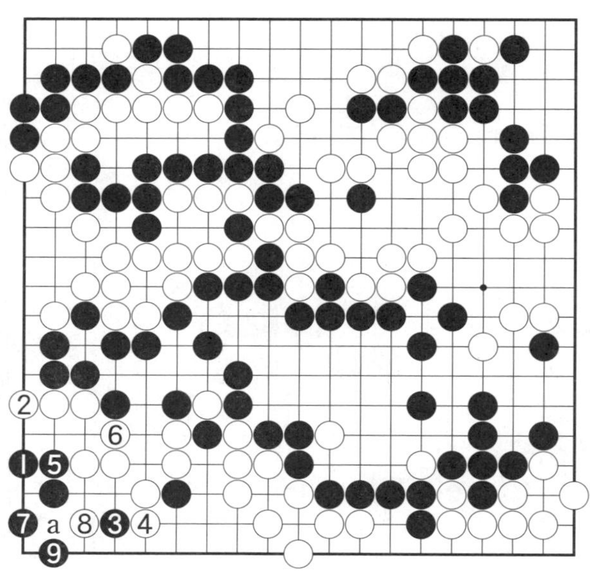

1도

1도 (기발한 마늘모 묘수)

흑1의 마늘모 행마가 기발한 묘수이다. 백2의 차단이 불가피할 때 흑3으로 달린다. 이때 백4로 막으면 흑5를 마저 선수하고 7로 틀을 잡는다. 백8에는 흑9의 마늘모가 멋진 마무리이다.

　a의 곳이 백의 자충이라 완생이다. 이러면 흑의 낙승이다.

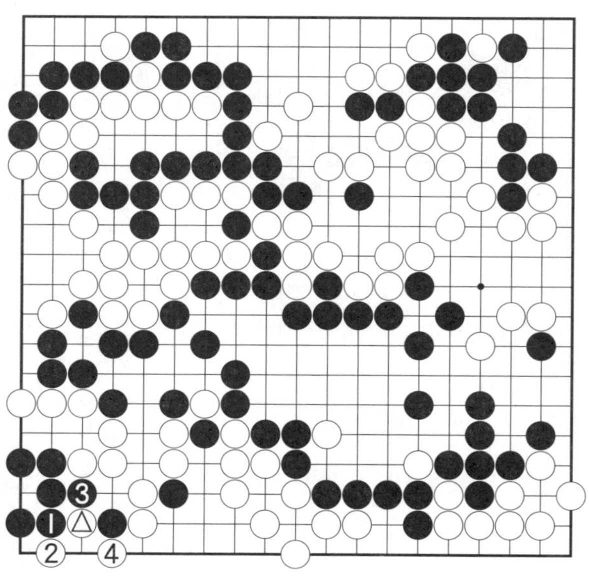

2도

2도 (손 따라 받으면 위험)

앞 그림 흑9는 절대점이다. 백△ 때 흑1로 손 따라 받는 수는 위험하다. 백2에 젖히는 강수가 있는 것이다. 뒤늦게 흑3에 단수쳐 봐야 백4로 버티는 수에 흑은 패를 피할 재간이 없다.

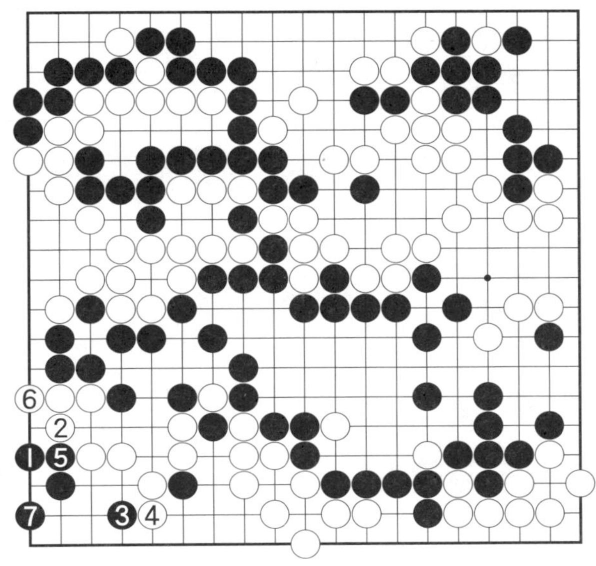

3도

3도 (1도와 마찬가지)

흑1에 백2로 꼬부려 받더라도 흑은 전혀 걱정할 것이 없다.

어차피 흑5에는 백6 정도로 받아 연결하지 못하게 해야 하기 때문이다. 이때 흑7이면 1도와 마찬가지로 흑은 살 수 있다.

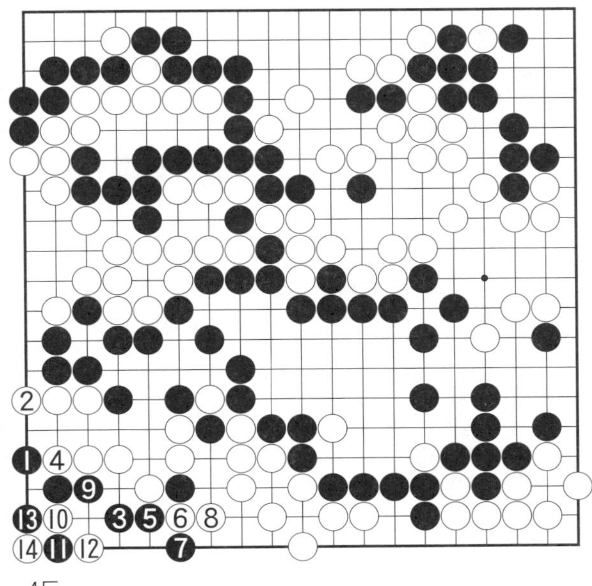

4도

4도 (꽃놀이패)

흑1과 백2는 서로 절대점이다. 그런데 흑3에는 백4의 강수가 있다. 결국 백10과 흑11의 맥점을 주고받으며 만들어지는 패가 서로 최선의 응접이다.

흑도 패에 질 경우 끝내기를 다소 손해 보게 되지만, 근본적으로 백집 속에서 수를 만들었으니 꽃놀이패와 다름없다.

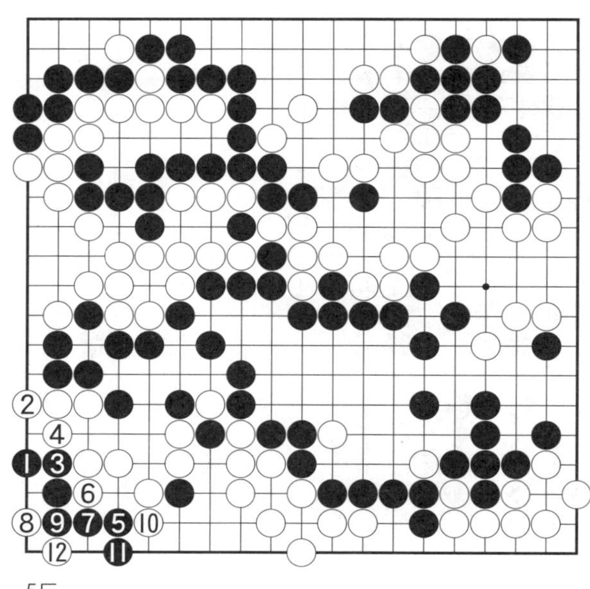

5도

5도 (역습의 기회 제공)

여기서 흑3을 먼저 두면 안 된다. 이제는 흑5에 백 6으로 바로 역습하는 수단이 생긴다. 그리고 백8의 치중이면 흑이 매우 곤란한 모습이다.

결국 백12까지 귀곡사에 걸려 귀의 흑은 그대로 죽게 된다.

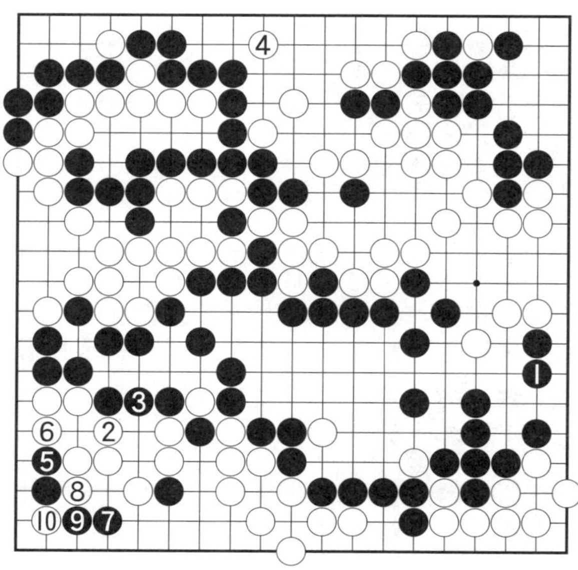

6도

6도 (흑, 기회 상실)

실전에서는 그런 좋은 기회를 마다하고 흑1로 받았다. 그러자 백은 2로 손질해 귀에서 움직이는 맛을 없애 버렸다.

만약 흑5, 7로 움직이면 백8, 10으로 끊는 수가 있어 흑이 귀에서 수단을 부릴 수 없다. 바둑은 백이 반집을 남기고 승리했다.

파워 실전 바둑

❾ 능률 사활 수읽기

2판 1쇄 | 2025년 10월 13일
감　　수 | 김희중 · 김수장
엮　　음 | 이 수 정
발 행 인 | 김 인 태
발 행 처 | 삼호미디어
등　　록 | 1993년 10월 12일 제21-494호
주　　소 | 서울특별시 서초구 강남대로 545-21 거림빌딩 4층
　　　　　 www.samhomedia.com
전　　화 | (02)544-9456
팩　　스 | (02)512-3593

ISBN 978-89-7849-722-0 (14690)
ISBN 978-89-7849-565-3 (14690)